民族学通论

（修订本）

主　编　林耀华
副主编　金天明　陈克进

中央民族大学出版社

图书在版编目(CIP)数据

民族学通论/林耀华主编.--修订本.--北京：中央民族大学出版社，1997.12（2023.9重印）

ISBN 978-7-81001-180-8

Ⅰ.民… Ⅱ.林… Ⅲ.民族学 Ⅳ.C912.5

中国版本图书馆CIP数据核字(97)第21985号

民族学通论(修订本)

主　　编　林耀华
副 主 编　金天明　陈克进
责任编辑　李苏幸
封面设计　布拉格
出版发行　中央民族大学出版社
　　　　　北京市海淀区中关村南大街27号　邮政编码：100081
　　　　　电话：68472815(发行部)　传真：68932751(发行部)
　　　　　　　68932218(总编室)　　　　68932447(办公室)
经 销 者　全国各地新华书店
印 刷 厂　北京鑫宇图源印刷科技有限公司
开　　本　880×1230　1/32　8插页　印张：18.625
字　　数　500千字
印　　数　75001—80000册
版　　次　1997年12月第1版　2023年9月第27次印刷
书　　号　ISBN 978-7-81001-180-8
定　　价　68.00元

目　录

第二单元　民族学的源流、研究方法和任务

第三单元　民族社会形态

第六单元　民族学与我国现代化

导 言

我们编写的这本《民族学通论》是一部力图以马克思列宁主义、毛泽东思想的理论原则为指导，主要运用国内各民族包括汉族和少数民族的资料，以及世界各地区各民族一些有关的最新研究成果，来阐述民族学的基本原理及其研究的对象、内容和方法的著作。国内许多大专院校，特别是历史学系、人类学系、民族学系，甚至社会学系，都急需开设一门《民族学概论》或《民族学通论》的课程，因此，当国家教委高等学校文科教材部门约请中央民族学院（后易名为中央民族大学）民族研究所编写一部能够体现我国民族学研究的新成就并拥有较丰富的资料的民族学教材时，我们便高兴地接受了这一任务。这就是我们编写这本书的起因。

“民族学”作为一个名词，起源于古希腊文，由 'εθγos〔ethnos（族体、民族)〕和 λ'oγos〔 logos（科学)〕两字组成，是一门研究民族共同体的学问。英文的 ethnology、法文的 ethnologie、德文的 völkerkunde、俄文的 зтнография，都是民族学的意思。英国的“社会人类学”(social anthropology)、美国的“文化人类学”(cultural anthropology)和当前合称的“社会文化人类学”(sociocultural anthropology)，无论从研究对象和范围来说，都基本上等同于民族学，彼此间也经常互相通用。

在编写这本书的过程中，我们遇到有关民族学通论的几个重大问题，诸如民族学未成为一门学科前所积累的丰富资料，民族学的产生，马克思主义民族学的创立，民族学的对象、方法和范围，以及具有特色的新中国民族学等。今分别论述如下：

一、民族学资料的积累

远在民族学作为独立学科出现之前，世界各国就积累了极其丰富的民族学资料。公元前30至前20世纪，在古埃及王国陆续建造的许多金字塔中就出现了关于民族的画像和事迹。特别是古埃及第19王朝的金字塔中绘有埃及人、亚洲人或闪米特人、南方黑人、西方白人等明显的区别图像。巴比伦、亚述、波斯等古代帝王的铭文，也有许多民族情况的记载。在西方被称为“历史之父”的古希腊历史学家希罗多德（Herodotus）所著的《历史》中，以大量篇幅叙述了希腊、波斯与西亚各国的地理、历史和风俗习惯，是研究这些地区民族学的重要资料。雅典史学家色诺芬（Xenophon）的《希腊史》一书，也有关于小亚细亚和外高加索各族人民的论述。古罗马独裁者恺撒（Gaius Julius Gaesar）的《高卢战记》和古罗马帝国史学家塔西佗（Cornelius Tacirus）的《日耳曼尼亚志》两书，有大量的关于古代高卢人和日耳曼人的记载。在公元头几个世纪里，古希腊、罗马已拥有从不列颠到印度、从北非到波罗的海沿岸各民族的资料。至中世纪，在一些学者、旅行家、僧侣和商人的著作中，有关于欧洲、地中海沿岸、东亚和南亚各民族的记述，特别是意大利旅行家马可·波罗（Marco Polo）的游记较详尽地记载了中亚、中国各地区和南亚各族人民的情况。

中国是一个历史悠久、有着丰富优秀文化遗产的国家，从出土的殷商（前1766—前1122）甲骨文中，可以约略地了解到当时的一些民族名称，以及他们的生活、礼仪、祭祀和战争等情况。春秋、战国（前770—前221）时期，关于各民族的历史传说和风土习俗的记载更为丰富。秦、汉（前221—220）时期中国形成了统一的多民族国家，司马迁几次游历全国各地，进行实地观察，搜集了大量资料，包括中国境内若干民族的情况，编入其名著《史记》中。后来历代官书都按此范例编纂，因此有关汉族和其他各民族的资料，在二十五史中都占有一定地位。一些学者早就开始撰写有关民族的著作。三国至隋唐时代（220—907）的《吴越春秋》、《越绝书》、《华阳国志》、《蛮书》等，即是著名几例。以后历代的地方志、族谱家传以及文人的游记、笔记和文集，也描述了各族人民的生活和风土人情。

历史上许多建立过国家政权或有自己文字的少数民族，还用本民族文字或汉文记载了各自的历史和文化生活。此外，中国各族人民很早就同四周邻国各族人民有友好往来，对于北方、东邻以及南亚和西方丝绸之路上的国外各族，史书都有所记载。东晋僧人法显于公元399—412年遍访印度、斯里兰卡、爪哇岛等地，游历30余国，写成《佛国记》。唐高僧玄奘（596—664）在印度、巴基斯坦、尼泊尔等地钻研佛经十余年，撰写了《大唐西域记》。明代三保太监郑和于公元1405—1733年间，七次下西洋，远航非洲东岸、红海、伊斯兰圣地麦加以及南亚、东南亚30多个国家，随行人员马欢著《瀛涯胜览》、费信著《星槎胜览》、巩珍著《西洋番国志》。这些都是研究亚、非古代国家史地和民族情况的重要资料。总的说，中国历史上的民族学资料，其丰富程度在世界上可以说是无与伦比的。

特别是在15世纪至17世纪西方所谓的“地理大发现”时代，出现了更多的民族学资料。各国的历史学家、地理学家、旅行家、航海家、探险家、传教士等，对所见到的各民族的风俗作了报道和记载。18世纪开始出现了一些民族学先驱的著作，如法国天主教神甫拉菲托（J. F. Lafitau）著的《美洲野蛮人的习俗与古代习俗的比较》(1724)，认为当代印第安人与亚、欧一些古代具有高度文化的各族之间，在生活方式和风俗习惯上有许多相近的地方。18世纪中叶至末叶，由于文化启蒙运动的开展，又正处在法国资产阶级革命的前夕，一些先进学者特别是启蒙学派的代表人物，为了论证他们对于人类社会原始状况的见解，广泛地利用了美洲、大洋洲和非洲各族人民的民族学材料。但是，民族学成为一门独立学科，并提出自己独特的研究对象、任务和方法，还是在19世纪中叶以后。

二、民族学的产生和马克思主义民族学的创立

19世纪中叶是西方资本主义发展的“黄金时代”。一些主要资本主义国家到世界各地区寻找原料和市场。为了扩大殖民地，统治当地的国家和民族，必须研究殖民地各民族的社会状况。在长期积累资料的基础上，为适应当时的需要，民族学作为一门独立的学科正

式产生，并得到迅速发展的机会。西方主要国家纷纷建立了专门从事民族学研究的组织，如1839年法国的“巴黎民族学学会”，1842年美国的“美国民族学学会”，1843年英国的“民族学学会”，1869年德国的“人类学、民族学和原始社会协会”等。这些机构陆续组织了一些考察队或探险队，到殖民地和边远地区的落后民族中进行调查研究，除了详细记录各族人民的现实社会现象、生活方式和文化风俗之外，还搜集了各种文物作为研究资料。此后，实地调查或田野工作逐渐成为民族学的主要研究方法，从搜集和展出民族文物发展到建立民族学博物馆，也成为民族学研究的一个组成部分。

就在19世纪中叶，先后出现了一批专业民族学家以及民族学专著和调查报告材料。这批民族学家当时在以达尔文（Charles R. Darwin）为代表的生物进化论的影响下，提出了人类社会与文化的进化思想，从而被称为进化学派。主要代表人物有：美国的摩尔根（L. H. Morgan）、英国的泰罗（E. B. Tylor）、麦克伦南（J. F. McLennan）、瑞士的巴霍芬（J. J. Bachofen）以及俄国的柯瓦列夫斯基（M. M. Ковалевский）等人。他们认为各民族社会文化发展的程度尽管不同，但都遵循着相同的途径前进，都经历过或将经历大体相同的发展阶段。马克思和恩格斯曾阅读过这派学者很多著述，对他们立论题材有不同程度的褒或贬，但对他们的社会向前进化发展这一共同点，都采取称赞的态度。

其实，马克思早在19世纪40年代，为了研究资本主义制度，阐明资本主义必定灭亡而社会主义、共产主义必将代之而起，就着重探讨了前资本主义的社会经济形态。正如恩格斯所说，马克思研究任何事物时都考虑它的历史起源和它的前提，这样才能了解社会现象全面的发生发展过程。1845—1846年马克思和恩格斯合写的《德意志意识形态》，阐述了历史唯物主义的基本原理，论证了人们的社会存在决定人们的社会意识，论述了生产力和生产关系的客观规律。他们还提出决定人类历史关系的三个因素：第一，生产物质生活资料是一切历史的基本条件；第二，人们满足需要的活动和已经获得的为满足需要所用的工具又引起新的需要；第三，人类自身的生产，即增殖。后来恩格斯在《家庭、私有制和国家的起源》(1884）第一版序言中，再次强调了这个理论，并将其归纳为历史中的决定性因素是两种生产，即生活资料以及生产工具的生产和人类自身的生产（即种的蕃衍）的历史唯物主义原理，并在全书中贯串了这一根本观点。马克思在1859年发表的《政治经济学批判》序言中，对历史唯物主义的实质下了经典性的定义。列宁指出，在这篇序言中，马克思对运用到人类社会和人类社会史的基本原理作了周密的说明。马克思、恩格斯所创立的唯物史观是建立科学的民族学的理论基础。

的确，马克思从开始创建科学社会主义理论的第一天起，对于民族学的著述，特别是对人类原始时代的历史，就予以高度的重视。当时已有许多民族受到侵略、压迫和歧视，马克思对他们诸如犹太人、波兰人、爱尔兰人、印度人、中国人等，都寄予无限的同情，并用阶级观点阐明了民族和民族问题的实质。特别到了晚年，即1879—1882年间，马克思发现了许多有价值的关于原始时代的民族学论著，经过他分析摘录而目前已知的有摩尔根、菲尔（J. B. Phear）、梅恩（H. S. Maine）、拉伯克（J. Lubbock）、莫尼（J. W. B. Money）、梭姆（R. Sohm）、霍斯皮塔利尔（E. Hospitalier）和柯瓦列夫斯基等人的十来部著作[①]。马克思最赞扬摩尔根的论述，认为《古代社会》一书尤为重要。摩尔根是进化论学派的杰出人物。他

① 马克思摘录的民族学著述，其中有些参见 Lawrence Krader 编译的 The Ethnological Notebooks of karl Marx (2nd Edition, Assen, The Netherlands, 1974）共有四篇：(1) L. H. Morgan: Ancient Society, (2) J. B. Phear: The Aryan Village, (3) H. S. Maine: Lectures on the Eacly Hiatory of Institutions, (4) J. Lubbock: The Origin of Civilization。马克思的汉文译著参见《马克思恩格斯全集》第45卷，人民出版社1985年版，其中也有四篇：(1) 柯瓦列夫斯基《公社土地占有制，其解体的原因、进程和结果》(第一册，1879年莫斯科版）一书摘要，(2) 摩尔根《古代社会》一书摘要，(3) 梅恩《古代法制史讲演录》(1875年伦敦版）一书摘要，(4) 拉伯克《文明的起源和人的原始状态》(1870年伦敦版）一书摘要。

把物质生产的发展和技术的进步看作人类社会进化的原因，指出了氏族制度在原始社会中的核心作用，它的共产制的性质，并谈到了当时社会的未来改造，从而达到了自发的唯物主义的境界。马克思将《古代社会》一书作了详细摘要，调整了书的结构，补充了必要的材料，加上重要的批语和评注，从而大大地提高了摩尔根著作的价值。马克思《摩尔根〈古代社会〉一书摘要》及马克思若干篇民族学笔记是马克思主义民族学的光辉论著。

恩格斯发现了马克思对摩尔根著作所做的十分详细的摘录内容，认为他曾打算把该书介绍给读者。当时恩格斯就写信给考茨基(Karl Kautsky)说："摩尔根在他自己的研究领域内独立地重新发现了马克思的唯物主义历史观，并且最后还对现代社会提出了直接的共产主义的要求。他根据野蛮人的、尤其是美洲印第安人的氏族组织，第一次充分地阐明了罗马人和希腊人的氏族，从而为上古史奠定了牢固的基础。"① 恩格斯认为有必要写一部专门著作，联系唯物主义的历史研究得出的结论来阐述摩尔根的研究成果及其全部意义，并把这看作是执行马克思的"遗愿"。于是《家庭、私有制和国家的起源》一书就在1884年问世。他根据马克思的摘要和批语，摩尔根提供的事实资料，加上自己对欧洲古代一些民族历史所作的研究和新补充的材料，对原始社会的产生、发展和灭亡的规律，做了透彻的阐述，特别着重在经济方面的论证。恩格斯所详细论证的是原始时代人类社会的产生、发展和崩溃的过程及私有制、阶级和国家出现的历史，但他主要目的却在于指出人剥削人的阶级社会必将被改造成未来的社会主义、共产主义。这就是社会历史发展的必然规律。书中许多论述涉及未来，例如关于家庭夫妻关系，如何从阶级关系的一夫一妻制转变为将来无条件的、只有依据纯粹性爱而产生的婚姻关系等等。马克思和恩格斯运用辩证唯物主义和历史唯物主义原则，依据大量的民族学资料写成的民族学论著，为马克思主

① 《马克思恩格斯选集》第4卷，第443页，人民出版社1972年版。

义民族学的创立奠定了基础。

马克思主义创始人留下的宝贵的民族学遗产，树立了研究原始社会的光辉典范。恩格斯还着重指出：随着奴隶制的出现，发生了社会大分裂，分为剥削阶级和被剥削阶级，而这种分裂继续存在于整个文明时代，诸如古代奴隶制、中世纪的农奴制和近代资本主义的雇佣劳动制。这也就是文明时代的三大时期所特有的三大奴役形式①。经典作家语重心长地指出了民族学研究的方向，对不同时代的民族社会进行具体的分析和比较研究应是民族学研究的任务。马克思和恩格斯的学生和战友拉法格(P. Lafargue)用的大量事实所写的《财产及其起源》就是比较优秀的民族学作品。

自从马克思主义民族学建立以后，西方民族学产生了许多流派，反对马克思、恩格斯以及摩尔根的学说，竭力争辩和维护资本主义制度。直到第二次世界大战后，西方民族学才出现了一些变化，一些进步学者开始钻研马克思主义经典著作并试图应用马克思主义观点来论述民族学问题，从而产生了各种新的民族学思潮。这种变化的原因无非是马克思主义越来越深入人心的表现。

三、民族学研究的对象、方法与范围

针对民族学研究的对象，在用词方面，经典作家的看法有一个发展的过程。我们说的民族，当然是一个历史范畴。在中国，民族这个词一般泛指无论处于何种社会发展阶段的共同体，包括原始时代直到社会主义社会的人们族体。但在经典作家的著作里，不同时代所组成的共同体，却有不同的名称术语。最广泛的一个名词是 'εθγoc（希腊）、volk-völker（德）、народ-народы（俄）、people-peoples（英），一般译为族体或民族。这个词等同于俄语 эническая общность，即人们共同体或族体。经典作家相当广泛地使用此词，指的是从原始社会、三个不同时代的阶级社会一直到社会主义社会所有的族体或人们共同体。另一个名词是 nation（德、英）、нация（俄），在马

① 参见恩格斯：《家庭、私有制和国家的起源》，第 173 页，人民出版社 1972 年版。

克思和恩格斯的著作里，此词指的是阶级社会产生以后的民族直到社会主义社会的民族。马克思和恩格斯提到原始时代的共同体时，用的都是 volk-völker、народ-народы，他们绝不用 nation、нация。所以经典作家对上述两词，应该通用时可以通用（如此词亦可用于阶级社会产生以后任何时代的共同体），不应该通用时绝不相混，区分意义相当严格。例如，恩格斯在《家庭、私有制和国家的起源》一书内，用 volk-völker 一词共 66 处，用此词的复合词（诸如 hirten völker 游牧民族、jäger völker 狩猎民族、külktur völker 文化民族、völker wanderung 民族大迁徙等）共 35 处，二者合计 101 处。这些指的主要是原始时代的民族，也有指阶级产生以后的民族。因为 volk-völker 这个词就是泛指各个时代的民族。此书内另有 11 处用 nation 和 nationalität（如 bismarckian nation 俾斯麦民族、neue nationaliläten 新的民族）指的只能是阶级社会产生以后的民族，不再用 völker 这个泛称的名词。在阶级社会出现时，国家（state）和民族（nation）同时产生，到阶级消灭时，国家和民族也随之相继消亡。我们一般说民族这个历史范畴的产物，它的发生、发展和消亡的过程，指的就是 nation 这个共同体。state 国家 nation 民族依据马克思和恩格斯的意见，就是一起产生和相继消亡的。

到了列宁、斯大林时代，民族和民族殖民地问题突出起来，社会经济发展不同，阶级关系变化，在民族本质意义上也有必要加以区别。列宁在《卡尔·马克思》一文中说过："民族（нация 是社会发展的资产阶级时代的必然产物和必然形式。"[①] 这个 нация 指的就是现代民族。斯大林经过多年系统的全面的研究，给予民族 нация 下了一个经典的定义："民族（нация）是人们在历史上形成的一个有共同语言、共同地域、共同经济生活以及表现在共同文化上的共同心理素质的稳定的共同体。"[②] 斯大林并且认定 нация 这一民族不是普

① 《列宁选集》第 2 卷，第 600 页，人民出版社 1972 年版。

② 《斯大林选集》上卷，第 64 页，人民出版社 1979 年版。

通的历史范畴，而是一定时代即资本主义上升时代的历史范畴。他进一步指出，现代民族有两种本质不同的类型：资产阶级民族和社会主义民族。

列宁、斯大林既已把 нация 定为现代民族的意义，他们便提出另外一个名词即 народностъ（德文 völkerschaft）用来专提阶级社会产生以后和资本主义以前的共同体，亦即奴隶制和封建制时代的共同体。这一 народностъ 名词我国一般翻译为部族，而且得到学术界普遍的使用。总的说来，原始时代的族体含有氏族、部落、部落联盟的内容，普通用的'εθγos-völker-народы 一词译为民族。到了奴隶制、封建制的族体，变为部族 народностъ，资本主义、社会主义时代的 нация，又译成为民族。这样一来，学术界和广大读者莫名其妙，为什么原始时代和资本主义以后的族体都是民族，而当中奴隶制、封建制时代却插入一个部族名称呢？弄得学术界、出版界在这个问题上非常混乱，莫衷一是。如果认真研读经典作家的原著，追溯不同时代的发展的进程，有关民族术语演变的由来以及各种族称名词的所指内容，可能不难区别它们的不同涵义和彼此间有所联系的关系①。

在中国共产党的民族问题理论和民族政策文献中，从来就把我国所有各民族，不论它们在解放前或民主改革前处于什么发展阶段，都一概按照我国传统习惯称之为民族。这对我国各民族共同进行民主改革，共同走社会主义道路，促进四个现代化，以及发展各民族间友好团结、互助合作关系，都是极有利的，这是马克思主义民族问题理论原则在我国的具体应用，是中国共产党的民族政策伟大胜利。另一方面，马克思主义经典作家曾经使用不同名词去指明处在

① 参阅林耀华：《关于“民族”一词的使用和译名的问题》一文，载《历史研究》1963年第2期；又见林耀华：《民族学研究》，中国社会科学出版社1985年版。人民出版社1979年12月出版的《斯大林选集》下卷，第506页已把 народностъ 一词改译为“民族”并附注原文。

不同历史发展阶段的族体或族群，那么，在学术研究中为了科学地探讨问题，我们也就不得不在翻译上采取恰当的译名把原文原词的含义明确地表达出来，使学术界有一个统一的认识，因此，我们建议，'εθγos-völker-народы这样一个通用为民族的名词，在它明确指为原始时代的民族时，不妨译为原始民族；völkerschaft-народность可译为古代民族，这已明确指明是奴隶制、封建制时代民族；nation-нация译为现代民族，也就是指明资本主义产生以后以及社会主义时代的民族了。这样一来，不仅准确地表达了经典作家的原意，也使翻译界和学术界形成统一的认识。

民族学是以民族为研究对象的学科。它把民族这一族体作为整体进行全面的考察，研究民族的的起源、发展以及消亡的过程，研究各民族的生产力和生产关系、经济基础和上层建筑。民族学是社会科学中一门独立学科。目前我国民族学的研究，在国内研究我国各民族，包括汉族和少数民族，以及各民族间的相互关系。建国以来由于民族工作的需要，我们更着重于少数民族的研究。总之，在我们统一的多民族的国家里，民族学研究的目的，就是为祖国的统一、民族的团结服务，为全国各族人民的根本利益服务，为中国共产党的民族工作服务，当前更着重于为社会主义祖国特别为少数民族地区的四个现代化服务。当然，民族学作为一门研究民族的学科，它的研究范围不应限于国内，而应该扩展到国外，研究世界各民族。目前我国各族人民与世界各国各族人民的交往越来越频繁，为了适应形势发展的需要，今后我们还必须大力开展对国外民族的研究，以增进对各国各民族的了解，加强友好往来，共同合作。

一门学科既要有独特的对象，也要有它自己的研究方法。民族学的方法是什么呢？概括地说，主要是用实地调查或田野工作方法，以及利用包括文字史料在内的各种资料来研究世界上各类不同的民族共同体。民族学的传统方法就是做实地调查。摩尔根前后花了40年的时间，特别是深入印第安人的各部落中，同他们生活在一起并进行了周密细致的调查研究，才综合写成《古代社会》一书。马克思主义是我国民族学研究的指导思想，我们必须认识到，民族学作为具体的社会科学的一门学问，它必须以历史唯物主义和马克思主义民族问题理论作为指导原则，不掌握这些原则、理论和方法，发展马克思主义民族学的研究显然是不可思议的。我们知道，马克思主义经典作家都特别重视社会调查，并做出了调查报告的典范。恩格斯调查过爱尔兰的民族问题，也考察过英国的工人阶级状况，他的重要著作《英国工人阶级状况》的出版在当时就曾轰动一时。列宁也花了很多时间和精力对俄国做过社会调查，写出了他的名著《俄国资本主义的发展》。毛泽东同志讲过，没有调查就没有发言权。他的著作《湖南农民运动考察报告》也是调查研究的典范。革命导师所作的调查研究是我们民族学工作者学习的榜样。

知道了民族学研究的对象、方法和目的，我们还要进一步了解：民族学是一门什么性质的学科，包括什么内容与范围，它与其它学科有什么不同和相互关系怎样。上面已经讲过，民族学是有明确的对象的，它研究不同时代的民族共同体，没有其它学科像民族学那样，专以民族为研究对象，从这点说，民族学是具有独特性质的一门学科。当然有许多学科都从这个或那个侧面研究民族方面的问题，但不像民族学那样把民族作为一个整体进行全面研究。民族学对各民族的基本知识、社会经济结构、政治制度、社会生活、婚姻家庭、风俗习惯、宗教信仰、文学艺术、道德规范、思想意识，等等，都要全面加以探讨。这么一来，民族学同社会科学的许多学科，也同自然科学的一些学科，诸如地理学、地质学、生态学、体质人类学、考古学、历史学、语言学、社会学、经济学、心理学、宗教学、文学艺术等都有关系，但是它们之间也只有交叉或边缘关系而已，这些学科谁都不能包括谁、代替谁。例如，在原始民族研究方面，民族学和考古学关系密切，民族学研究原始社会的民族时，如果没有考古学的地层按序堆积的确凿资料，特别是远古时代民族共同体的发展层次，就无从找到线索确定发生发展的年代，反之，考古发现的遗址遗物都是一些死的东西，如果没有民族学对民族共同体活的资料印证对比，许多遗物得不到正确解释，不知其作用。所以民族学和考古学需要彼此协作，互相印证，共同发展。再如民族学与语言学是两个相关的学科。语言是民族的一个重要特征，也是构成民族差别的重要因素。不同民族往往使用不同的语言，不同的语言则从许多方面反映不同民族的特点。所以解放初期，我们在云南省进行民族识别调查研究时，就和民族语言调查工作配合进行，取得了很好的成效。语言学的知识还给予民族学工作者一个在调查过程中很重要的记录语音方法。总之，语言的背后隐藏着大量的民族学资料，只要我们拉开语言符号的帷幕，就有可能从中得到在其它方面得不到的民族学资料。民族学与其它各学科的相互关系，也往往是这样。

四、具有特色的新中国民族学

中华人民共和国成立前，马克思主义的民族学已传入中国。1924年，蔡和森编写的《社会进化史》实际上是介绍恩格斯《家庭、私有制和国家的起源》一书的全部内容。三年后，李鹰扬又把这部书译出，译题为《家族私有财产及国家之起源》。郭沫若根据恩格斯和摩尔根有关原始社会史的基本理论，于1929年撰写《中国古代社会研究》一书，对中国古籍中的记载，包括原始社会和奴隶社会加以阐释。按郭沫若的说法，这本书可以说就是恩格斯的《家庭、私有制和国家的起源》的续篇。这些译作和著述对宣传马克思主义起了一定作用。但在中华人民共和国成立前，一切进步思想都受到国民党政府的压制和排挤，而西方资产阶级民族学反而占了上风。

中华人民共和国成立后，情况迥然不同。中国共产党把马克思主义的普遍真理与中国革命实践密切结合起来。在统一的多民族的国家里，民族研究必须以马克思主义，特别是历史唯物主义为指导原则。因此，新中国民族学的发展道路是和中国共产党领导的全国各族人民的革命和建设实践密切联系着的。如是，新中国的民族学有其重要特色：1. 它继承的是马克思主义的科学的民族学，同时对西方资产阶级民族学也加以研究，批判地吸取其中有用的东西；2.

它为革命实践服务，为各民族的发展进步和广大人民群众的利益服务。

新中国的民族学研究在实践中得到发展并做出了自己的贡献。下面特别举出三项突出的具体研究成果为例。

（一）为少数民族的识别工作贡献了力量

中华人民共和国成立前，国民党政府实行大汉族主义的民族压迫和歧视政策，抹煞少数民族的存在，加深了民族间的仇恨和隔阂。不少民族被迫更改、隐瞒自己的民族成分，因而当时无法确知中国有多少民族。中华人民共和国成立后，废除了民族压迫制度，各民族获得平等地位，许多以前不敢说明自己族名的民族，现在敢于公开其民族成分，要求成为民族大家庭中的一员。在 1954 年普选中，自报的民族名称有 400 多个。

为解决数百个名称是否都代表单一民族的问题，中国共产党和政府提出了民族识别的任务。民族学工作者和其他科学工作者特别和语言学工作者协作，根据马克思列宁主义关于民族形成的原则，对全国提出新的族名的地区和单位进行调查研究。基于全国民族识别工作的成果，国务院先后公布了中国共有 55 个少数民族，加上汉族总共 56 个民族。通过科学研究和民族自愿原则决定民族成分，是中国民族研究工作的创举，从而引起了国际民族学界的广泛注意，并得到了较高的评价。

（二）大力进行少数民族社会历史调查

进行实地调查或田野工作，是民族学研究的基本方法。中华人民共和国成立初期，民族学工作者参加了人民政府组织的各种访问团或工作队，到少数民族地区了解各少数民族社会经济发展阶段、阶级状况以及民族之间的关系，作为进行民主改革以及制订民族政策的科学依据。1956—1958 年，全国有关省、区先后组织了 16 个少数民族社会历史调查组，在地区调查的基础上，进一步开展社会历史调查研究工作，参加调查的除民族学工作者外，还有历史学、语言学、考古学等学科的科学工作者，共达千人。中国民族学的特点之一，就是把民族学研究与历史学研究密切结合起来。各调查组从1959年起陆续撰写少数民族简史、简志和民族自治地方概况三套丛书书稿，整理调查资料300多种。1979年由国家民族事务委员会领导，组织了“民族问题五种丛书”编辑委员会，陆续编写并出版各种丛书，到目前为止已出403本、8000万字，详细介绍了中华民族历史文化是各族人民共同创造的，各族人民在祖国大家庭中互相依存、谁也离不开谁的真理。

（三）研究少数民族社会性质

这是民族学研究的一大课题。中华人民共和国成立前，由于历史的原因，各少数民族存在着社会经济发展的不平衡性。解放时约占全国人口6%的少数民族，保留着各种不同的社会形态。总的说来，在中华人民共和国成立前后，大约有30多个少数民族，共3000多万人，保存着封建地主经济，其中有些民族不同程度地产生了一些资本主义因素。另外还有一些少数民族保留着更落后的社会经济形态，其中约有400万人保存着早期的封建制度亦即封建农奴制，约100万人保存着奴隶制度，约70万人还停留在原始公社制末期或保存着原始公社制的浓厚残余。

民族学工作者研究这一课题取得的突出成就是，以马克思主义关于社会发展阶段的理论去判断各民族的社会发展进程，勾画各民族社会经济文化结构的历史断面，并分别不同情况决定各民族向社会主义过渡的不同方针与方式。这些研究成果为制定民族地区的政策提供了依据。例如，关于新中国成立前保存有原始公社制残余的少数民族向社会主义直接过渡的方针，即是根据马克思主义关于建立无产阶级专政性质的政权后，落后民族在本国先进民族帮助下，经过一定发展阶段可以直接过渡到社会主义的论述确定的。对存在奴隶制、农奴制地区，采取“和平协商”方式改革，在废除奴隶主和封建主所有制前提下，对上层采取赎买政策，即在消灭这些剥削阶级的同时，对个人采取团结、教育、改造的方针。对改革其他少数民族地区存在的半封建、游牧地区的封建制的政策，也是以马克思主义关于社会发展的理论为依据提出的。在少数民族地区的民主改革、社会主义革命和建设中贯彻这些方针政策，取得了伟大的胜利。

新中国一向重视民族学的研究和发展，重视对民族学研究人才的培养。早在1950年，周恩来总理曾亲自批示立即着手筹建中央民族学院（中央民族大学前身），后在有关省区又陆续建立了十一所民族学院。在中央民族学院历史系专门设置了民族学专业，讲授民族学课程，包括民族学通论、原始社会史、中国民族志、世界民族志以及有关学科如人类学、考古学等。为了进一步培养人才，还开办了两期民族学研究班。其它如中山大学、厦门大学、云南大学和一些地方民族学院也开设了民族学课程或专业。这些民族学专业毕业生，分布全国各少数民族地区，从事研究、教学和行政工作，他们已成为民族学研究的骨干力量，在民族工作方面做出了很多的成绩。

新中国民族学研究也走过一段曲折的道路。在“文化大革命”的十年浩劫中，民族学学科被否定，研究工作陷于停顿状态。中国共产党十一届三中全会以后，民族学和其他学科一样，进入了一个新的发展时期。1980年中国民族学学会正式成立，以后定期召开全国性的大小学术讨论会。民族学研究者发表了大量研究论文和专著。中国社会科学院以及一些省、区民委和社会科学院相继成立了民族研究所，其中包括民族学研究室或民族学研究组。广州中山大学于1981年成立人类学系，继之厦门大学也建立了人类学系，两系包括民族学（或称文化人类学）和考古学两个专业；中央民族大学于1983年成立民族学系，专事培养民族学人才。民族学研究呈现出一派朝气蓬勃的景象。

最后，扼要地提一下这部《民族学通论》教材的轮廓。因为这是民族学入门基础课教材，所以涉及的面相当广泛，它需要提出民族学研究的基本知识，应包括的主要内容以及民族学在实践中的作用等等问题。全书主要依据新中国建立以来我们民族学工作者在马克思主义的理论指导下，从事教学和科研过程中所取得的考察成果和经验，同时也参照了西方民族学和苏联民族学中可用的论点和资料。

全书分六个单元共二十三章。第一单元民族学研究基础知识，包括人类起源、种族、语言与民族的关系和区别以及同生态学有关的经济文化类型问题。第二单元民族学的源流、研究方法和任务，包括民族的概念、民族学的源流及学派、民族学的调查方法，以及我国民族学目前的主要任务和我国民族识别工作经验等。第三单元民族社会形态是民族学研究主要的课题之一，其中论述资本主义生产以前诸社会形态，包括原始社会、奴隶社会、封建社会诸形态，兼论及亚细亚生产方式问题，最后涉及中国少数民族诸社会形态如何向社会主义过渡等问题。第四单元婚姻家庭和亲属制度，论述婚姻家庭的起源、发展，及其与亲属制度的联系，实际例证以中国各民族情况为主，也涉及国外民族在这方面的有关材料。第五单元文化，主要论述文化的概念和性质，民族学文化研究的意义，并分别详述物质文化和精神文化的各个方面。第六单元民族学与我国现代化问题，也就是应用民族学的问题，主要涉及我国民族地区的生态问题、经济建设问题、人口问题以及科学和教育问题等。以这几个问题作为重点阐述，说明民族学不仅是一门社会科学，也是一门能够为实践服务的学科。

第一单元
民族学研究的基础知识

民族学是研究民族共同体的一门学科。人猿揖别，人类和人类社会才产生，随后又有种族问题，以及民族问题。世界上的物种数以万计，但只有人类才发展了文化。文化对语言有高度的依赖性，如果没有语言，人类文化的传承和发展将无从谈起；同样，如果没有民族语言，民族文化的传承和发展也是不可思议的。经济与文化密切相关。文化生态学是民族学研究的一个新领域，因此我们有必要结合我国实例，就经济文化类型作一番探讨。

第一章 人类的起源

人类和人类社会的起源问题是重要的基本科学理论问题，也是辩证唯物主义和历史唯物主义世界观的重要科学根据之一。在人类起源问题上一直进行着两种宇宙观的斗争。

第一节 人类起源的理论探索

人类对自己的起源问题是十分关注的。然而由于人类本身认识能力的缘故，人们往往不能正确解答这个问题，从而常常导致唯心主义的结论。例如我国就有女娲氏抟土造人的传说。古埃及人相信第一个人是由神在陶器场里塑成的。到了阶级社会，“泥土造人说”渗进了阶级意识，出现了“上帝造人说”。《圣经》上说，上帝耶和华用地上的泥土造人，将气吹在他的鼻孔里，他就成了有灵气的人，名叫亚当。后来取下他的一条肋骨，又把肉合起来，造了一个女人夏娃。由于他们偷吃了善恶果，被上帝逐出伊甸园，去耕种土地，从此在世界上蕃衍不绝。“上帝造人说”蒙蔽了世界上众多的人们。长期以来，它阻碍了科学研究工作的进程。16世纪，当解剖学家维萨里（Vesalius）发现男人的肋骨并不比女人少时，他几乎被迫害致死。“上帝造人说”不仅为奴隶主阶级，也为后来的封建地主阶级和资产阶级所利用。

人类逐步产生了自发的唯物主义思想。古希腊思想家阿那克西曼德（Anaximander），中国古代思想家庄周，都分别提出了“从鱼到人”和“马生人”的论点。我国汉代石刻上还描绘了鱼——猿——人的演化图景。但上述朴素的唯物主义思想缺乏科学说明，抵挡不了在世界范围内泛滥的“上帝造人说”。

最早提出“人猿同祖”思想的是法国学者布丰（G. L. Buffon）。布丰说，猿同属于人类的小家庭，认为人和猿“具有共同的起源”。以后，法国学者拉马克（J. B. Lamarck）继承了布丰的思想，提出了人起源于猿的一般过程。他假设由于环境的改变，古猿被迫下地直立行走，从而促使手脚分工；还假设古猿由于共同生活的需要，单靠叫声和表情已不够用，需要产生了语言，于是猿变成了原始人。

起初，英国著名学者、生物进化论的创始人达尔文（C. R Darwin）在1859年出版了《物种起源》一书，提出了动物不断变化发展，由简单到复杂，由低级到高级的进化学说，这对正确认识人类起源问题提供了重要的基础。正是达尔文在广泛论述生物进化问题的基础上指出：“人类的起源和历史也将由此得到许多启示。”

英国生物学家赫胥黎（T. H. Huxley）首先在达尔文进化论启发下写了《人类在自然界的位置》一书（1863）。他旁征博引，运用比较解剖学和胚胎学方面的科学成果，仔细研究了前人发现的头骨化石，找出了从猿到人的过渡类型，论述了人类与猿的亲缘关系，明确提出了人猿同祖论。随后，德国学者海克尔（E. H. Hackel）在

《自然创造史》(1868)中用大量事实进一步论证了"人猿同祖"论，他还把人类出现以前的动物划分为若干"祖先级"，从而建立了人类起源的谱系树。这本书还预言，在南亚的上新世和更新世的地层中，会存在从猿到人的中间环节——"无语言的猿人"，"由无语言的猿人进化为有语言的真正的人类"。这一论点是人们在人类起源的认识历史上的一个新的转折点。

达尔文的另一个重大研究成果是《人类起源和性选择》(1871)。达尔文论述了人类在生物界里的位置、人与高等动物的亲缘关系及其区别。他认为，人类与猿类的分化不是超自然的东西，而是生物演化的规律，即用自然选择和性选择解释人类起源中的一切变化。达尔文把人从上帝手中解放出来，归还于动物界，从而使人类对自己的自然界中的位置有了正确的认识。但达尔文不能彻底解决人类如何从动物界中分化出来，以及远古人类怎样发展为现代人问题。达尔文更多的是站在纯粹生物学的观点看待人在动物界中的位置。所以恩格斯说，"甚至达尔文派的最富有唯物精神的自然科学家们还弄不清人类是怎样产生的，因为他们在唯心主义的影响下，没有认识到劳动在这中间所起的作用"[①]。

人类和人类社会起源和发展问题的正确解决是由革命导师马克思、恩格斯做出的。马克思在《经济学—哲学手稿》中说："这全部所谓世界历史不外是人类经过的劳动创造了人类"。恩格斯于1876年写的《劳动在从猿到人转变过程中的作用》这一名篇中，一开始就说："政治经济学家说：劳动是一切财富的源泉。其实劳动和自然界一起才是一切财富的源泉，自然界为劳动提供材料，劳动把材料变为财富。但是劳动还远不止如此。它是整个人类生活的第一个基本条件，而且达到这样的程度，以致我们在某种意义上不得不说：劳

---

① 恩格斯：《自然辩证法》，《马克思恩格斯选集》第3卷，第515页，人民出版社1972年版。

动创造了人本身。”① 所以如果说，达尔文把人类从上帝手里解放了出来，归还于动物世界，那么，马克思、恩格斯又把人类从动物界中区别出来，使人看清了人作为劳动者，作为自然界的改造者、征服者的特殊的新生命的本质。

人是社会的成员，有了人就有了人类社会，人类和人类社会是必然一起产生的，这又是人类本质上区别于其他动物的特征。恩格斯曾明确指出：“随着完全形成的人出现而产生了新的因素——社会”；“人类社会区别于猿群的特征又是什么呢？是劳动”，“劳动是从制造工具开始的”②。人们既是社会的成员，也就必然受着社会规律的制约，所以马克思说：“人的本质并不是单个人所固有的抽象物。在其现实性上，它是一切社会关系的总和。”③ 对于人类社会的起源问题，只有马克思主义的辩证唯物主义和历史唯物主义才能做出真正科学的解释。

在马克思主义产生以前，对于人类社会漫长的历史的认识是模糊不清的。正如恩格斯所说：“在 1847 年，社会的史前状态，全部成文史以前的社会组织，几乎还完全没有人知道。”④ 美国民族学家摩尔根（L. H. Morgan）在 1877 年出版的《古代社会》一书，受到了马克思和恩格斯的极端重视和高度评价。马克思在 1881—1882 年间写了《摩尔根〈古代社会〉一书摘要》，恩格斯于 1884 年出版了《家庭、私有制和国家的起源》，1891 年又对该书加以修订，作了重要补充。马克思、恩格斯在摩尔根提供的资料基础上，提出了阶级与国家起源的科学学说。列宁也于 1917 年和 1919 年分别发表了《国家与革命》和《论国家》，进一步阐明了国家起源的理论，从而确立了原始社会史这门科学，阐明了人类社会的起源和发展的整个

① 恩格斯：《自然辩证法》，《马克思恩格斯选集》第 3 卷，第 508 页。

② 恩格斯：《自然辩证法》，《马克思恩格斯选集》第 3 卷，第 512、513 页。

③ 马克思：《关于费尔巴哈的提纲》，《马克思恩格斯选集》第 1 卷，第 18 页，人民出版社 1972 年版。

④ 《马克思恩格斯选集》第 1 卷，第 251 页。

过程，进而全面地系统地论证了人类社会发展的规律性。

恩格斯在论述从猿进化到人的过程中曾说："人离开动物愈远，他们对自然界的作用就愈带有经过思考的、有计划的，向着一定的和事先知道的目标前进的特征。"① 自觉的能动性是人类的特点。毛泽东说："思想等等是主观的东西，做或行动是主观见之于客观的东西，都是人类特殊的能动性。这种能动性，我们名之曰'自觉的能动性'，是人之所以区别于物的特点。"② 毛泽东论及的自觉的能动性，进一步阐明了人类劳动的涵义。劳动是人们有预见的活动，是人类自觉能动性的特点的表现。达尔文等人虽然确定了人类在自然界的位置，提出了人源于古猿的唯物主义的结论，但过渡并进化到人类社会历史领域，他们的论点就显得肤浅了。只有马克思主义关于人类、人类社会起源的科学理论，论证了劳动是人类、人类社会起源和发展的重要因素，并揭示了人类社会起源和发展的根本规律。

近年来，学术界结合最新科研成果，均证明了恩格斯关于劳动在从猿转变到人过程中的这一重要作用。

1. 劳动创造说

劳动创造了人是恩格斯提出来的。拉马克和达尔文的学说作为当时的最重大研究成果至今仍具有宏大的价值。恩格斯从这一科学实际出发，提出从猿到人的转变的决定因素是劳动。他说，劳动"是整个人类生活的第一个基本条件，而且达到这样的程度，以致我们在某种意义上不得不说：劳动创造了人本身。"③

那么，从猿过渡到人必须有一定的条件做先导。其中起决定性作用的是人类祖先——类人猿的直立行走和前肢的解放。然而，对人类祖先前肢化石形态的研究，证明只能做最简单的动作。前肢是经过了漫长时期的劳动，才演变成人的手。可见，手不仅是劳动的

① 恩格斯：《自然辩证法》，《马克思恩格斯选集》第3卷，第516页。

② 《毛泽东选集》（合订本），第445页，人民出版社1967年版。

③ 《马克思恩格斯选集》第3卷，第503页。

器官，而且是劳动的产物。劳动所引起的手的发展影响到全身。人类语言也是因劳动产生的。正是在劳动中，人们之间才产生了一种相互通话的需要。人类祖先的脑在劳动和分节语言的影响下发达起来，与此同时，感觉器官也更为健全了。脑和感官的发展，反过来又大大影响了劳动和语言的发展。随着人类脱离动物界，随着“完全形成的人”的出现，产生了一种对人类发展过程中有重大影响的新要素——猿群变成人类社会。把人类社会同猿群区别开来的特征是什么？是劳动活动。真正的劳动是从制造工具为开端的，发明工具和广泛地使用工具对人类日后的发展意义非常大。所以说，人类的手、脑、语言和社会等都是劳动的产物。劳动改造了猿，劳动创造了人。而形成中的人在劳动中所引起的变异，为什么会在后代保留呢？这主要是靠学习与遗传。

上述关于“劳动”的概念，可有狭义与广义之分。在形成中的人阶段，人类祖先使用天然物的活动，称为广义的劳动，也有人称之为本能的劳动或萌芽的劳动。而完全形成的人产生以后，才开始制造工具的劳动，即为狭义的劳动。

2. 劳动“推动力”说

学术界一种意见认为，恩格斯在《劳动在从猿到人转变过程中的作用》中对人类起源的发展问题曾从多方面探讨，广义的劳动在人类起源中的作用，仅是在从猿到人转变过程中起作用的许多因素之一。因此，恩格斯文章的原意是指“从某种意义上”而言，并未说劳动在从猿到人的转变过程中起着主要的、唯一的“决定性作用”。从猿到人是从一个物种进化到另一个物种，它的进化过程并不能完全超脱生物进化过程的一般规律，应该是符合物种形成过程的。恩格斯在上引一文中多次谈到劳动是使猿发展到人的最主要推动力，而在事物发展变化中，内因是主要的，那么能否说劳动是人类起源的内因？我们看到，恩格斯强调的始终是劳动作为“推动力”的作用，没有和从猿到人过渡阶段中内在矛盾性联系在一起。而内因却是指事物内部的矛盾性。毛泽东在这方面有一系列论述。现在看来，既然劳动只是作为从猿到人转变的主要推动力，并不反映事物内部的矛盾性，显然不能说它就是人类起源的内因。劳动只是一种特殊的适应手段，适应方式。它适应外界条件的变化，推动古猿的内部矛盾性发展与转化。

"劳动创造人"的命题认为，古猿下到地面之后，因为使用天然工具进行劳动，所以发展成为人。古生物学的研究成果表明，人和猿的关系是非常复杂的，实际上只有一种古猿发展成为人。有人指出，南方古猿阿法种的生活环境是森林灌木丛，而不是平原草地，其饮食以杂食和食腐为主，双脚行走不可能是适应平地生活的结果。

3. 突变选择说

学术界另有学者认为，人类起源的决定因素是突变、选择和隔离。简称突变选择说。

生物的主要遗传物质是DNA，即脱氧核糖核酸，这是决定生物性状并世代相传的物质。一个DNA大分子是由许多腺嘌呤、乌嘌呤、胞嘧啶、胸腺嘧啶和磷酸脂及核糖组成的长链。基因相当于DNA长链上带有遗传信息的片段，由若干核苷酸组成，生物体的遗传特征是由DNA中特定的核苷酸顺序所决定的，物种间的差异是由基因的差异及基因表达方式的差异造成的。遗传物质发生变化即是突变，突变可引起生物基因型及其性状的改变。如有角家畜中出现无角个体，有芒小麦中出现无芒小麦等。杜布赞斯基（Th · Dobzhansky）认为，种群的基因频率只能保持暂时相对的稳定，迟早会发生变化，由此引起生物类型的逐渐演变。进化的实质就在于基因频率的改变，当突变发生时，就会引起基因频率的改变。如果考虑到自然界动植物有多至上百万个基因，那么不难想象杂交产生的个体为什么不会出现两个相同的个体，同时生物的物种又是多种多样的。由此可见，任何种群，包括从猿到人的过程中始终存在着足够的变异材料来对任何环境的变化做出反应，从而满足物种进化的需要。一般地说，内因（遗传基础的变化）是引起生物变异的主要原因；外因（如环境条件）是引起生物变异的次要因素。而这种变异的发生，总是以种群（population）为单位而非个体（individual）为单位。除了基因突变，变异的来源还在于染色体畸变及基因重组。染色体畸变是指染色体数目及结构上的变化；基因重组可以使群体暴露其隐藏的变异。

选择的含义，在达尔文来说是保留有利，淘汰有害性状的过程，称为自然选择或适者生存。这是通过长期的生存斗争实现的，同时包括性择，即争取与异性交配发生竞争，得到交配个体得以传种，是自然选择的一种。现代达尔文主义学说则认为，自然选择是在群体中发挥作用。自然选择过程主要是通过选择引起种内群体基因频率的改变，自然选择的实质是定向地改变群体的基因频率，所以选择决定进化方向。因突变而产生的随机的基因，也许有利于生存发展，也许不利于生存发展。而突变不可避免地引起基因型破坏，其中多数突变是有害的，它表现为遗传性疾病，这种有害的基因则难于成为进化的基础。杜布赞斯基认为，在进化过程中，随机的基因突变一旦发生后，就受到选择的作用，通过自然选择作用，使有害的基因突变消失，而保存有利的基因突变，结果造成基因频率的定向改变，使新的生物类型得以形成。基因频率的定向改变，归根结底是生殖作用的选择性，因为个体存活未传后代，从进化意义上讲，它们是被淘汰者，对基因频率的改变无作用；只有代代繁殖才有进化意义，才是真正的适者，所以生存斗争实际上是繁殖斗争，适者生存实际上是适者繁殖。这样经过许多世代，基因频率就会发生一定改变，导致新物种形成，否则归于消灭。

同时，隔离也起很大作用，它能导致新种形成。生物进化中一旦有新种，标志着生殖作用连续性的间断，即出现不连续性。从遗传机制上分析，基因只能在种内互相交流，而不能在种间交流。新种的形成，最初是由它的祖先种分化成不同的种群，分布在不同的地理区域，随后这些分布在不同地理区域的种群各自发生不同的突变和重新组合，产生不同的变异。经过自然选择，基因和基因频率定向地发生变化，于是形成了不同的“地理族”，即亚种。亚种之间的性状分歧发展到隔离后再相遇已不再能发生基因交换时，无法交配，便产生了生殖隔离，形成了不同的物种。地理隔绝是空间隔绝，它有促进性状分歧的作用，是生殖隔离的先决条件，而生殖隔离则是物种形成最重要的一个步骤，因为物种实质上是生殖隔离的种群。同一物种间的个体无论差异多大，均可交配繁育子代，而不同物种间的个体则不能交配。现代人类个体间虽千差万别，但任何健康异性间均可交配产生子代。因此，现代人类是一个统一的物种。

突变是生物界普遍存在的现象，在每一物种中都会发生。种群内经常存在的足够的变异材料，进一步增加了生物变异的可能。在生物进化过程中，随机的基因突变一旦发生就受选择作用，使有害的基因突变消除，保存有利的基因突变。结果造成基因频率的定向改变，使新生物类型形成。

根据以上生物科学理论观察，从猿到人既然是从一个物种变为另一个物种，这当然不会完全离开生物学规律，所以人类起源的转化过程应是通过上述突变、选择、隔离等过程实现的。我们参考以上理论，可以认为在人类起源过程中，是以自然环境变化作为外因条件。如古猿从树栖下地，其机体不断冲破遗传保守方面的束缚而变化。在适应过程中由变异产生的身体结构上的特点逐渐积累并传给后代，表现为都朝直立行走的变化。智力与适应能力不断提高，且本能地利用天然物做“工具器官”以弥补身体本身器官之不足。同时，群体关系也得到强化。如果认为使用天然工具属于“劳动”，那么“劳动”就是从猿到人过程中的一种选择因素，而不是决定因素，其中“劳动”好的个体存活下来。随环境逐渐变迁的外因作用，又由劳动的推动作用，使人类种群的基因库（gene pool）① 也朝向适应于新环境的方面改变。在这一过程中，生物体内部的遗传和变异的矛盾斗争成为物种演变的根本原因。古猿进化到人的体质特征的变

① 基因库，指在任何一个有性繁殖的生物群体中，所有具有繁殖能力的个体所包含的全部基因或遗传信息。

化正是内部遗传变异矛盾发展的结果，而这种矛盾的发展表现在突变、选择与隔离过程中。该理论综合了选择论与基因论的成就，进一步丰富了对人类进化机制的认识。但亦有一些现象不能得到令人满意的解释。

20世纪60年代兴起的分子生物学在人类起源研究方面又提出新的看法，非洲猿在亲缘关系上要更接近人类，而非洲猿与亚洲猿的亲缘关系则较远。通过DNA“杂交”证明，人类与非洲猿的细胞核DNA碱基顺序非常相似，基本上能够吻合相配，但人类与亚洲猿的细胞核DNA碱基顺序则有较大差异。线粒体DNA的研究也表明，人类与非洲猿（特别是黑猩猩）之间有十分紧密的亲缘关系，与亚洲猿的关系较远。免疫学的研究同样表明了人类与非洲猿的紧密关系，因为它们在抗体距离及免疫距离上都比较相近。染色体及血红素的研究也都支持上述观点。因此，非洲猿被从猿科中分离出来，改归入包括人在内的人科（Hominidae）。

1967年萨里奇和威尔逊提出分子钟的摆设，用免疫测量法确定各种灵长类白蛋白的不同份量，从而推算各种灵长类系统分离的时间，结果人属与黑猩猩、大猩猩属分离的时间在500万年前。

近30年来，人类起源研究取得许多新的进展，特别是分子生物学的发展为遗传密码提供了解释。诚如吴汝康教授所预见的那样：正在进行的基因的分离和顺序化会对人类起源的研究产生更大的影响，有助于建立人猿超科内人类进化系统的正确地位；有助于追踪人类最早的灵长类祖先，显示人类的系统与其他灵长类系统的真正关系；有助于确立在灵长类系统的时间框架内人类祖先从我们最近的猿群分离出来的时间以及我们与更远的灵长类亲属分离的时间；有助于了解与人类起源有关的遗传变化的速度和方式，提供在此过程中自然选择和其他进化力量的作用。[①]

人类起源与进化是生物学、人类学、民族学等多学科关注的课

---

① 吴汝康：《分子生物学的兴起与人类历史的缩短》，《大自然探索》1992年第2期。

题。一些学者提出了不少有价值的见解。但限于当今的科学水平，在对生物与人类起源、进化过程中不遗传变异与遗传变异、偶然性与必然性、表现型与基因型上反映的复杂面貌，其间相互联系、制约及转变的现象尚待进一步解释。然而，劳动在从猿到人转变过程中的重要作用是不容置疑的。

第二节 人类的远祖

人由古猿变来，那么，人类究竟是在什么时候从猿的系统中分化出来呢？今日猿类与人类共同的祖先是谁？人类的古猿祖先又是谁？

总的说来，从已经发现的最古的猿类化石和人类化石看，对人类进化的一般轮廓还是可以清楚地确定的。最古的猿类化石都是在地质年代第三纪地层发现的。根据地质学上划分，最近的一个较大的阶段叫新生代。新生代又分为第三纪和第四纪两个时期。就绝对年代来说，新生代一般认为是距今 7000 万年，其中第三纪便占了 6700 万年，最后为 300 万年是第四纪。

根据地史学的研究，地球大约形成于 40 至 50 亿年前。整个地球的历史可划分为太古代、元古代、古生代、中生代和新生代五大阶段。其中每个代分为若干纪，每个纪又分为若干世。人类起源和发展于新生代。新生代分为第三纪（Tertiary）和第四纪(Quatemary)，其中第三纪又分为古新世（Paleocene)、始新世(Eocene)、渐新世（Oligocene)、中新世（Miocene）和上新世(Pliocene)；第四纪分为更新世（Pleistocene）和全新世(Holocene)。第三纪是哺乳类动物发达的时代，最早的人类祖先出现于第三纪的后期，而人类的进化大部分是在第四纪。

过去 100 多年的研究中，古人类学和旧石器时代考古学的发现提供了大量有关人类进化的实物证据，推动了人们对人类起源的认识。而对人猿分离时间的问题，长期以来有着不同的意见与争论。

最早人类的历史被认为不过几千年。随着欧洲尼安德特人类型化石的发现，人类历史被向前推进了10万年以上。20世纪二三十年代，印度爪哇人、北京周口店猿人化石的发现，则又把人类历史向前推进了几十万年。50年代随着南方古猿化石在人科中地位的确立，人类的历史被延长到300—400万年。从60年代中期开始，古人类学界提出的人类起源理论认为，人和猿的分离至少在1400万年以前，最早的人科成员为腊玛古猿，是由一种森林古猿演化而来的。

腊玛古猿（Ramapithecus）化石最早发现于1932年，地理位置在印度和巴基斯坦交界的西瓦立克山。腊玛是古代印度史诗中的英雄，该学名在1934年确定。刘易斯（G. E. Lewis）认为，其犬齿与其他齿平列，无缝隙，齿弓与人一样呈抛物线型，脑量$300cm^3$，体重10—15公斤，可能是向人的方向发展的人科早期代表。1965年美国耶鲁大学教授西蒙斯（E. L. Simons）和他的同事皮尔彼姆（D. Pilbeam）把中新世和上新世的大型猿类化石大致上分为两类，一类是森林古猿，另一类是腊玛古猿，并认为后者是人类的祖先。

据对腊玛古猿个体分析，非洲肯尼亚古猿（Kenyapithecus Wickeri）属中新世晚期，距今1400万年；我国云南小龙潭煤系的时代经与动物化石对照，据信亦属中新世晚期，而西瓦立克腊玛古猿时代则属上新世早期，距今1000万年至800万年间。综合世界多地区地层年代，腊玛古猿大约生存在1400万年至800万年前。

总之，自50年代以来，随着较早地层中有关材料的发现，人类历史不断地被证明越来越早。

然而，随着有关学科的不断进展，这一认识也在经受挑战。70年代以来，分子生物学研究有很大的进步。对现代猿和现代人的蛋白质相似性的研究表明亲缘关系较近的物种，具有较多相似的蛋白质。应用清蛋白和输铁蛋白的免疫学、免疫扩散、DNA杂交等方法所得的结果，均表明人猿分离的时间较晚，距今不过400—500万年，这与化石得出的年代有很大差距。此外，人们对腊玛古猿及与之密切相关的西瓦古猿的化石有了更多的了解，不少人类学家对腊玛古猿是否人科的最早成员及是否在人的进化系统中表示了怀疑。我国古人类学家吴汝康据研究指出：在每一个腊玛古猿化石地点甚至同一层都有西瓦古猿化石存在，而后者肯定是猿类。两者在形态、性状的许多方面没有重大差别，应该是同一类型的雌雄个体，它们的学名，按照国际动物命名法，西瓦古猿属名在先，腊玛古猿在后，因此腊玛古猿的属名应予取消，并入西瓦古猿，作为西瓦古猿的雌性个体。如此便否定了传统上的认为腊玛古猿是人科最早成员的认识，人类的历史也比原来所设想的大大缩短了。

上述新的认识，也使有关人类进化谱系的观点有所改变。原先认为人和猿来源于共同祖先，约在中新世时期，便开始从主干上分开，一支发展为现代猿，另一支发展为现代人。在生物学分类上，前一支的所有种类都归属猿科（Pongidae），后一支上的所有种类都归属人科（Hominidae）。现在的观点则认为，中新世的人猿超科成员是人和猿的共同祖先，它们与现代猿或人的关系不像原来认为的那样有明显的祖先—后裔的系统关系，而是模糊不清的，究竟哪一种是人的祖先，哪一种是某种现代猿的祖先，现在都无法确定。

由于对腊玛古猿的系统地位存在争议，到目前为止，能够确认的最早的人科成员是南方古猿（Australopithecus），其生存的地质年代从上新世一直到更新世早、中期，大约距今500万—100万年前，其中有一段时间是和人属成员共存的。

南方古猿（简称南猿）早在20世纪20年代就被人发现，最早是1924年在南非的汤恩（Taung）地区发现。那是一个6岁的幼年头骨化石。从1936年起，陆续发现了类似化石，标本数量非常多。经过比较分析，人类学界一致同意各种南猿可归为一个属两个种，即南方古猿非洲种（Australopithecus africanus），或称南方古猿纤细种；南方古猿粗壮种（Australopithecus robustus）。50年代末以来，首先在坦桑尼亚的奥杜威峡谷（Olduwai gorge），随后在肯尼亚特卡纳湖（L. Turkana）周围，也发现了南方古猿化石，进一步扩大了南猿地理分布和时间范围。特别是南方古猿阿法种（Australopithecus afarensis），是70年代在坦桑尼亚的莱托里尔（Laetolil）和埃塞俄比亚的哈达（Hadar）发现的。据对L. H. —4标本的分析，南方古猿阿法种形态纤细优美，躯干男女区别很大。取名“露西”（Lucy，A. L. 288—1）的标本体高约3.5—4英尺，手小巧，两足行走，但脑型、牙齿较原始，脑量也小，估计在其他南方古猿种类大小范围之内。对阿法种的归属，目前学术界尚有不同意见，如有的认为阿法种不是一个新种，应归入纤细种；有的则认为阿法种已是最早的人属，与南方古猿并存。对南方古猿的进化过程，至今亦尚无定论。有学者认为，阿法种是最早的南方古猿，在200—300多万年前分化，一支向人的方向发展，另一支演化为非洲种、粗壮种，并于更新世灭绝；有人则认为阿法种演变为纤细种，纤细种中的一支进化为人类，另一支演化为粗壮种。凡此种种不同的认识表明，对南方古猿的研究还有待于更多的化石材料的发现和研究的深入。

南方古猿代表了一组形态变异范围大、生存时间延续相当长的人群。目前已知的南方古猿阿法种、纤细种、粗壮种等，它们的生存时间大约距今500—100万年前。在它们身上，一方面仍然保留了若干人猿共同祖先继承下来的原始特征，即“共同遗传的特征”（Characters of common inheritance）；另一方面，更重要的是已经进化出了人这一支所特有的、而与猿那一支区别开来的人科特征，即“独立获得的特征”（Characters of independent acquisition），表现在齿弓、头骨、枕骨大孔，髋骨、拇指等多方面。这表明南方古猿的进步种类已从猿的世代系统分化出来，采用了两足直立行走的行动方式。这是一种与猿科系统发生了趋异的进化，并随着趋异进化的进程，其身上的猿的特征愈来愈为人科特征所代替的过程。

南方古猿经常使用天然木石，从事采集和狩猎。考察南猿的脑部构造，表明初步萌芽了毛泽东提出的人类特有的“自觉能动性”。在当时野兽众多的情况下，南猿必须依靠合群的力量才能生活。恩格斯说："社会本能是从猿进化到人的最重要的杠杆之一。"①。南方古猿就是出自这种社会本能，成群而居，共同生活。群体成员之间为了进行共同的劳动与防卫，就有互相交流的必要，因而与初级意识一起，分节语言也开始产生了。马克思、恩格斯所阐明的原始蒙昧人或正在形成中的人，还不知道用火，"没有音节清晰的语言，也没有人工制造的武器……依靠……地上自生的果实"②。这正符合南方古猿的情形。我们判断南方古猿处于原始群时期，能够使用天然工具进行劳动，但不会制造工具，还没有文化；有合群能力，但还没有真正的社会组织，没有婚姻规例，实行杂乱的性关系，不存在任何家庭。这一切标志从猿到人的过渡状态，再前进一步就达到真人地位了。

"人们最初怎样脱离动物界（就狭义而言），他们就怎样进入历史"③。我们既然承认人类是从动物界分化出来的，那么我们也就不能不将从猿转变到人的过渡阶段，算做人类发展的一个阶段（可称南猿阶段）。这一过渡阶段，也就是原始群时期，既反映了人与自然史的联系，又是人类祖先用自己的劳动揭开了人类历史的序幕。它是自然史向人类史过渡的桥梁，是人类历史的曙光。

第三节　直立人——真人的出现

人类的原始社会，由原始群时期发展到前氏族公社时期。人类本身的发展，也是由以南方古猿为代表的从猿到人的过渡阶段，发展到真正的人类，也就是直立人阶段。这一时期的标志是什么呢？

第一个标志是人类体质发展上的突破。从南方古猿到直立人是

① 《马克思恩格斯全集》第34卷，第164页。

② 马克思：《摩尔根〈古代社会〉一书摘要》，《马克思恩格斯全集》第45卷，第379页，人民出版社1985年版。

③ 恩格斯：《反杜林论》，第176页，人民出版社1970年版。

一种质的飞跃。早期直立人，正是从南方古猿中的进步类型——阿法种转变而来。

第二个标志是人工制造工具的出现，也就是人类开始创造文化。恩格斯认为，制造工具的出现，才是人类真正的劳动，“劳动是从制造工具开始的”[①]。我们认为，南猿采用天然木石作工具，只是广义的劳动；从制造工具之日起，这种劳动才是人类真正的劳动，也可以说是狭义的劳动，即特指人类制造工具的劳动。

第三个标志是人类社会组织的出现。马克思指出：“血缘家庭是第一个‘有组织的社会形式’。”[②] 这一标志很重要，因为在这之前还没有人类社会组织，原始群指的是从猿到人过渡阶段的群体，还不是真正的人群，从原始群转变到人类社会组织的出现，才真正进入人类的历史。

早期直立人的化石和石器材料主要发现于非洲。在坦桑尼亚发现的有能人（Homo habilis）、原始直立人（Proto Homoere ctus）和莱托里尔人（Laetolil）。1964 年由李基（L. S. P. Leakey）等人宣布定名的能人，发现于著名的奥杜威峡谷（Olduwai），年代距今约 190 万年，属早更新世。能人是当时奥杜威成百上千件石器的制造者。原始直立人也发现于奥杜威，同属早更新世。莱托里尔距离奥杜威 40 多公里，1974—1975 年在这里发现了距今 350 万年的人属化石。在埃塞俄比亚的奥莫（Omo）河谷也发现了能人的化石和石器。从 1972 年起在肯尼亚特卡纳湖（L. Turkana）东面的库彼福勒（Koobi Fora）发现了登记号为 1470 和 1590 的早更新世人，年代在 290 万年前。在特卡纳湖以东的几个地区，还发现有 300 多块粗制砾石石器，年代距今为 244 万年。在南非的斯瓦特克朗司（Swartkrans）曾发现远人（Telanthropus）化石和石器，年代为距今 200 万年；在南非的

① 《自然辩证法》，《马克思恩格斯选集》第 3 卷，第 513 页。

② 马克思：《摩尔根〈古代社会〉一书摘要》，《马克思恩格斯全集》第 45 卷，第 348 页。

斯特克方丹（Sterkfontein），近年也发现了能人的牙齿和石制手斧，年代也有 190 万年。在乍得也曾发现早期直立人的化石。据报道，在摩洛哥、法国、罗马尼亚等国也曾发现属于早更新世的零星石器。

在我国早更新世的地层中也有早期直立人化石及其文化遗物发现。在湖北郧县发现了直立人三颗牙齿，初步认定比北京猿人还早，遗址洞口有石片、石块。在山西西侯度发现的人工打制石块，年代约有 190 万年。

在云南元谋地区古猿与古人类化石获得了重大成果。1965 年发现的元谋人牙齿化石距今已有 170 万年历史。1986 年和 1987 年先后发现了距今 200 万年、250 万年的"东方人"牙齿化石。从时间上看，考古学者认为，在同一地区发现的"蝴蝶腊玛古猿"新种距今 300—400 万年，它是"东方人"的直系祖先。元谋人和腊玛古猿新种的发现，表明它们处于前述禄丰腊玛古猿和元谋直立人之间的两个重要环节。这一发现对于从猿到人的转化研究具有重大意义，并将我国人类历史至少推前了 80 万年。

以能人为代表的早期直立人，具有如下特征：（1）手足进一步分化，手已能制造工具，具有了人的性质。"没有一只猿手曾经制造过一把哪怕是最粗笨的石刀。"①（2）脑部较发达，平均脑量 637cm^3，有的高达 810cm^3。额部高和头顶隆起表示语言区发达，可能产生了分节语言。（3）文化方面有砾石工具和粗制石斧，标志着真正的劳动的开端。奥杜威能人的生活层中，有一处发现了排成一圈的石块，似人工排成的房基，推测能人已能建造简单的防风所。早期直立人有合群能力，已经有社会组织了。

晚期直立人只是同早期直立人相对而言。早期直立人在距今 300—150 万年，而晚期直立人在距今 150—20 万年，但并不排除二者在时间跨度上的某种重叠。

---

① 恩格斯：《劳动在从猿到人转变过程中的作用》，《马克思恩格斯选集》第 3 卷，第 509 页。

在我国目前已经发现并定名了的晚期直立人有蓝田人、北京人、和县人、南召人等；在国外，有印度尼西亚的爪哇人，非洲坦桑尼亚的李基直立人（Homo erectus，leakeyi），肯尼亚库彼福勒的3733号直立人，阿尔及利亚和摩洛哥的毛里坦人，欧洲法国境内的海德堡人和法国的阿拉戈（Arago）人，此外，匈牙利、捷克来也发现有直立人化石。

著名的北京直立人发现于北京西南郊区周口店龙骨山洞穴堆积中。1929年中国人类考古学家裴文中首次发掘出一个完整的北京人头盖骨，到1937年已发现5个头盖骨，1966年发现一个残破头盖骨。此外，尚有大量的下颌骨、牙齿、股骨、肱骨、锁骨、月骨等属于40个左右的个体。北京人的地质年代为中更新世的明德尔—里士（Milndel—Riss）间冰期，据黄培华等人采用电子共振测年新技术测定，年代距今为60万至25万年。

北京人的头骨最宽处在左右耳孔稍上处，而现代人宽处则较高一些。北京人头骨低平向后倾斜，平均脑量为1059cm^3，约为现代人平均数的80%。它的牙齿粗壮，门齿铲形，齿弓近现代人。从北京人的肢骨看，除骨壁厚、髓腔小，大腿骨已与现代人相似，以及肱骨短于股骨的事实，可以判断北京人已能够屈膝地直立行走。人们认识到，北京人与爪哇人一样，较原始的头部和略进步的四肢不协调的特征正是直立人的特点。

研究北京人脑壳印出来的颅内模型结构，确认北京人已有语言，且大脑左边比右边为大，证明北京人用右手比左手多，看来北京人脑内多中心区包括语言区有了发展，意识与思维也有了改观。

北京人从洞外远处寻来砂岩、燧石和石英岩制造工具，有砍砸器、刮削器、雕刻器、石锤和石砧等多种类型。一些学者从某些骨器上判断，北京人有制造骨质工具的可能性。洞穴中的灰烬层表明，北京人已能用火，保存火种，而元谋人则有更早的用火记录。它们取暖避害，制取熟食，改善了生活条件，促进了旧石器早期的直立人体质的进步，扩大了生存空间。

蓝田人和北京人都属直立人。60年代发现的蓝田人，泛指陕西省蓝田县公王岭和陈家窝两地发掘的旧石器时代早期的直立人化石。两地用古地磁断代的年代数据在100—50万年之间，并发现有石制三棱大尖状器和用火痕迹。从眉脊、头盖骨看，均较北京人粗壮，偏厚些，吻部亦比北京人突出，故较北京人原始。

1980年在安徽和县龙潭洞发现一个完整的猿人头盖骨化石。和县人头骨总的形态上与北京人相似，但眶后缩窄较不明显，颞鳞相对较高及其顶缘呈弧形上曲等，说明和县人是直立人中进步类型。

在欧洲，考古研究开展较早，遗物也较多。同晚期直立人同时代的旧石器早期文化有著名的阿布维利（Abbevillean，舍利Chellean）文化、阿舍利（Acheulian）文化和克拉克当（Clactonian）文化。德国的海德堡人虽在晚期直立人中很著名，但没有伴随文化遗物。北非毛里坦人（Atlanthropus mauritanicus）既有人类化石，又有伴生石器文化，它的重要意义在于为欧洲阿布维利（舍利）—阿舍利文化的创造者——晚期直立人的面貌提供了证据。

直立人时期属考古文化的旧石器时代早期。直立人的社会组织已由先前的不会制造工具、不知用火、实行杂乱性关系的原始群，转变到能制造工具、懂得用火、出现初步婚姻规则的人类第一个社会组织——前氏族公社。马克思指出，原始群因分成前氏族就是“为了生计。”这就是说，生产力的发展导致生产关系的改变，导致前氏族公社的产生。

在前氏族公社内，有了初步的婚姻规则，不同辈的男女禁止婚配，将允许通婚的范围限制在同辈男女之间，实行群婚。同血缘的兄弟姐妹的关系即夫妻关系，所以叫血缘婚。人们共同劳动生产，共同消费，过着原始共产主义的生活。

对当代采集狩猎群体的民族学田野调查，考虑到可利用的天然资源、提供每人足够食物的生存范围和狩猎工具的技术工艺水准，是有助于推测旧石器时代人类群体的规模的，因为群体规模同上述三个因素是密切相关的。据有的学者推测，北京周口店人类群体规模为50—60人是可能的，因此作为一个原始公社的规模也是合乎逻辑的。

直立人即真人的进一步发展，才走向组成氏族的人类社会。

第四节 智 人

从直立人向智人阶段的转化，大约发生在距今30—20万年。智人较之直立人，双手变得更为灵巧、脑的结构与智能都有了重大进步。智人所处的时代是旧石器中、晚期，人类群体已从前氏族公社时期过渡到母系氏族的萌芽时期。

智人(Homo sapiens)分为早期和晚期。早期智人(Homo sapiens neanderthalensis)即过去所称古人(Paleanthropus)和尼人；晚期智人——“智人的智人”(Homo sapiens sapiens)即旧称新人(Homo sapiens)。

早期智人生存于距今20—30万年到4—5万年前，包括更新世中期后一段时间和更新世晚期前一段时间内的古人类。尼人是尼安德特人的简称，1856年在德国迪塞尔多夫(Düsseldorf)城附近的尼安德特河谷(Neander River Valley)发现，故名。

尼人化石除美洲、大洋洲外，各大陆上均有发现，数量很多，目前已发现的早期智人化石达70余处。地层年代介于晚期直立人和新人之间。这些化石差异较大，因此关于同类化石之间的关系及在人类发展史上的位置有多种说法。一般认为，在西欧的德国、法国、比利时、意大利等地出土的许多时代较晚的化石属于典型尼安德特人；亚、非和欧洲其他地区发现的早期智人都不是典型的尼安德特人。无论是典型的还是非典型的尼人，考虑到它们有或多或少的相似性，所以均归为早期智人。在欧洲比较有名的还有1908年法国发现的莫斯特(Le Moustier)人、圣沙贝尔(La Chapelle-Saints)人，1924年苏联发现的基克—柯巴（Киик Коба）人，非洲的勃罗根山（Broken Hill）人，亚洲的梭罗（Solo）人，伊拉克的山尼达（Shanidar cave）人。在中国，有陕西的大荔人、山西阳高许家窑人、广东马坝人、湖北长阳人、山西丁村人、贵州桐梓人等。另外，目前世界范围内发现的一些人类化石在分类上归入直立人还是早期智人尚有争论，有些学者将其归入“过渡类型”，如我国辽宁营口金牛山发现的“金牛山”人就属于这种过渡类型。

典型的尼安德特人复原后，可见眉脊发达，头顶低平，额部很倾斜但不缩狭，头骨最宽处比现代人低，但比直立人稍高，头骨后部没有现代人圆隆，颞骨鳞部的上缘几乎成一直线，不像现代人那样成一向上凸的弧线，这些特征反映了脑子外形较原始。典型尼人的脑量较大，为 $1575cm^3$，比晚期直立人大，脑颅形状介于晚期直立人和现代人之间。

早期智人推广了一种打制石器的新技术——修理石核技术。在西欧，以手斧为主体的阿舍利文化逐渐被以细小尖状器和刮削器为代表的莫斯特文化（Mousterian culture）代替。尼人能狩猎巨兽，缝制简单衣服，已会取火，并适应亚、非、欧多种气候条件的生活。

值得提到的是，1957 年在伊拉克北部山区发现的距今 4—5 万年的山尼达人（Shanidar cave）。这是一个完整的尼人化石。圆胸是尼人特征，但眉脊不厚重。此外还出土六个成人、一个孩子和一个婴儿化石。据估计，山尼达人在该地区居住了 6 万年之久，所以以往认为欧洲是人类的摇篮，显然是错误的判断。从中东发现的多件尼人头颅化石分析，因其与典型尼人类同的到极近现代人的都有，证明这是因人类进化而发生的类型变化。当中东尼人变得越来越接近现代人时，欧洲尼人则变得典型尼人化。一些学者认为，其原因在于欧洲尼人因冰河期把它们同遗传基因总和隔离了，所以不能和中东的类型有同样的进化。[①]

中国的早期智人主要有大荔人、许家窑人、马坝人、长阳人和丁村人，依顺序表现了从较早的智人向晚期智人的过渡。

1978年在陕西省大荔县发现一无下颌骨的头骨。其主要性状同早期智人，但眉脊、骨壁、低平头顶与北京直立人相似，所以认为大荔人属早期智人中的较早类型。

属于较早类型的还有许家窑人。1974—1976年在山西阳高县许家窑发现的头骨，脑颅骨很厚，牙齿似北京人，但头骨最宽处比北京人高，顶骨不像北京人那般低平，说明比北京人进步，但吻部尚前倾，因此认为许家窑人是属北京人和尼人的过渡类型。

此外，较早的还有1958年在广东韶关马坝乡发现的完整头盖骨，头颅比直立人薄，前额高，仍在尼人范围内。而1956—1957年在湖北发现的长阳人化石，上颌骨比晚期直立人后缩，面部似现代人，是属于稍晚的早期智人。1954年在山西襄汾县发现的丁村人三枚牙齿显然比北京人细小，亦比尼人细小，从牙齿上判断，丁村人是介乎直立人同晚期智人之间，所以丁村人是一种向晚期智人过渡的类型。

距今3—4万年的旧石器中期与晚期交界阶段进入晚期智人阶段。晚期智人已相当接近现代人。晚期智人化石的分布相当广泛，除亚洲、非洲、欧洲外，美洲和大洋洲也有发现。

1868年在法国多尔多涅区（Dordogne Region）克罗马农（Cro-Magnon）村发现了克罗马农人。这是包括一个估计为50余岁的男人在内的四具人骨化石。头颅稍大，下颏突出，鼻梁高、牙小而平整，脸阔，很像今日欧洲人。前臂骨比肱骨长，小腿骨比股骨长是克罗马农人的特点。因此，克罗马农人已能迅速地直立行走，动作灵活，

① 慕尼黑大学帕博及其研究小组最近从一具有3万多年历史的尼人骨骼中取出了DNA，并与现代人和类人猿的DNA作了比较，结果表明，尼人大约处在现代人与黑猩猩之间。

手富于技巧，尚能雕刻绘画。巴勒斯坦四个卡麦尔（Carmal）人骨发现，证明其特征是介于尼人与克罗马农人之间的，而且从卡麦尔山地层年代分析亦有这一进化序列的背景，特别是在同一山洞里发现了克罗马农人的典型化石，则是尼人向克罗马农人演化的有力证据。一系列过渡类型的发现终于使国际人类学界承认尼人（古人）和新人不过是亚种的区别，它们分别属智人种的早期与晚期类型。

中国的晚期智人以柳江人和山顶洞人化石较为完整。1958年在广西柳江通天岩穴中发现完整头骨与部分体骨、肢骨。柳江人是我国最早的晚期智人，从中可看出原始黄种人的特征。

资阳人是在1951年四川成渝铁路修筑时发现的。这是一老妇人头骨，脑颅细小，颅顶高，国内一般学者均认为属晚期智人化石。

1933年在周口店山顶洞发现三个完整头骨、一些破碎骨，至少代表了八个男女个体，年代距今约有1.8万年。被称为山顶洞人的化石比丁村人进步，表现在头骨最宽处在顶骨结节附近，牙齿小且齿冠相对较高，下颌前内曲极明显，下颏突出，脑量在1300—1500cm^3，男性身高174cm，女性159cm，形态上有原始蒙古人种特征，仅颅骨一些指数表现原始性状，无疑属晚期智人范围。山顶洞人反映同中国人、美洲印第安人和爱斯基摩人相似的特点，所以山顶洞人可能是上述三种现代人的祖先。

从智人化石演变上看，刚脱离直立人阶段的大荔人、许家窑人、马坝人还像其祖先一样，头骨较厚重，前额低平，头顶骨高度介乎直立人与现代人之间，眉脊仍明显突出，但两侧眉梢部位比起直立人已有后缩。刚从早期智人过渡到晚期智人的柳江人，额骨还稍向后倾斜，眉脊也还较突出，而山顶洞人头骨虽有原始性质，但已与现代人相差无几了。总之，由直立人向现代人发展，头骨高度逐渐增加，额部倾斜度逐渐变小，额向前向上发展、愈来愈圆隆，眉脊后缩，由突起到低平。整个头骨从厚重到轻薄，头盖骨由下部膨大、上部收缩的馒头形逐渐变为圆球形，这是与人脑不断发展相适应的。大荔人脑容量1120cm^3，山顶洞人已达1300—1500cm^3，脑结构也变得复杂了。这种进化的相似趋势也反映在从尼安德特人到克罗马农人的化石上。

旧石器中期的代表文化曾是莫斯特文化或称勒瓦娄哇（Levallois）—莫斯特文化，发掘地点均在法国。勒瓦娄哇文化的特点是从龟甲形石核上打片的技术，莫斯特文化的石器则较勒瓦娄哇文化为薄，其尖状器尤为典型。莫斯特文化首次出现使用动物骨角、硬木修理石器是修理技术的进步，石器类型增多，直立人时的阿舍利手斧已渐少，乃至退居次要地位，体现了人类认识多种石料质地，以及制成有代表性的多类石器的共同制作程序，因此也是我们从中发现其改进工具方式的特征。

我国丁村文化也多有石片石器，但制造方法与勒瓦娄哇—莫斯特文化不同。丁村的厚三棱大尖状器、小尖状器，单边、多边刮削器，以及用石核制成的砍伐器与石球，丁村人多用摔砸、碰砧法，二次加工少。过去北京人多一面打击法；而丁村人是交互打击法；北京人一器多用，而丁村人石器变成了多类型石器。

旧石器晚期也就是晚期智人时期，在新的社会组织氏族的推动下，社会经济向前发展，文化进步表现在劳动工具与制造方法的改良。修整技术的改进，石器获得了精致形状，出现了钻、磨技术，为新石器时代磨制石器打下了工艺上的基础。

欧洲旧石器晚期文化由奥瑞纳（Aurignacian）、索鲁特（Solutrean）和马格德林（Magdalenian）文化构成。奥瑞纳文化由莫斯特文化发展而来，打下的石片狭长且工整，有石刀、石叶尖状器、船底形刮削器、小雕刻器。有的尖状器可衔接在棒上做成矛，是向复合工具过渡的征象。索鲁特文化压制的月桂叶矛头是其典型。马格德林文化石叶工具虽无索鲁特文化精致，但重实用与刃部加工，骨角工具占一定比例，其中投矛器是绝妙的发明。考古发掘表明，马格德林文化已处于旧石器晚期的最后阶段；至少还可以这样判断，奥瑞纳文化的创造者正是克罗马农人。

我国旧石器晚期文化与欧洲有别。欧洲的长石片技术表现在长大于宽一倍以上，双边平行，石叶背有棱脊，显示了欧洲石器文化的传统。而我国华北旧石器晚期文化则是利用小石片制造细石器。山西下川和峙峪遗址均以细小石器为构成主体，填补了山顶洞人文化遗存的空缺。

智人掌握了取火术，延长了白昼，为人类争取了更多的时间。尼人时期还是穴居，但在旧石器时代晚期有的已修建了人类住所。表现原始宗教与艺术的祭祀雕像、绘画等也大量出现了。

从旧石器时代中晚期的工具（石、骨器）看到，智人制造的工具虽有进步，但仍同他们的祖先一样，几乎全部供打猎、捕鱼、采集用，还是属攫取经济时期，没有畜牧与农业。人们的经济活动仍只是自然的与按性别分工进行。一般说，打猎主要是男子的事，采集主要是妇女的工作。

从旧石器中期到晚期，生产力提高，猎取大兽、组织经济生活，需要有严密的组织与协作，要有固定的持久的集团。而自然的血统关系提供了结合成这种集团的形式。由于当时社会组织很大程度上受血族关系支配，自然选择原则还在一定程度上起作用，便逐渐出现了外婚制，人口获得了发展。婚姻集团行外婚制，如一个妇女可以有一群丈夫，其生子女也就有一群父亲，然而谁是亲生父亲不清楚，而只确知自己的母亲，故“知母不知父”，血统当然也按母系计算。氏族就是在这种场合下形成的。

氏族一代代发展，人口不断增加，就有可能发生分化，这样邻近有亲属关系或通婚关系的氏族结合在一起便形成部落。部落有共同的活动地域，有共同语言或方言，有共同经济社会生活。氏族与部落的活动往来加大了，促进了原始社会经济文化的发展。

在氏族制度下，家庭从来不是也不可能是一个组织单位，夫与妻分属两个不同的氏族，而家庭却是一半包括在丈夫氏族内，一半包括在妻的氏族内。美国民族学家摩尔根首次揭示了氏族外婚制的根本原则，阐明了氏族的本质。氏族是智人在一定发展阶段上的产物，氏族组织不仅促进了氏族社会经济的发展，也促进了智人本身相应的进步性的改观。

人类起源问题是现代科学问题中的几大谜题之一。随着新资料、新技术、新方法的不断出现和应用，人类起源问题的新观点、新问题也不断出现，如有的学者通过对图腾制的研究，指出人与动物最重要的区别是人类已实行“族外婚”及其行为的文化性，从这个意义上说智人的出现才是人类真正形成的标尺，20万年至10万年前才是完整意义上的人类真正形成的时期。①

本章主要参考书目：

① 马克思：《摩尔根〈古代社会〉一书摘要》，《马克思恩格斯全集》第45卷，人民出版社1985年版。

② 恩格斯：《自然辩证法》，《马克思恩格斯选集》第3卷，人民出版社1972年版。

③ 恩格斯：《家庭、私有制和国家的起源》，人民出版社1972年版。

④ 林耀华主编：《原始社会史》，中华书局1984年版。

⑤ 吴汝康：《古人类学》，文物出版社1989年版。

⑥ DANIEL E. LIEBERMAN，Testing Hypotheses about Recent Human Evolution from Skulls：Integrating Morphology，Function，Development，and Phylogeny，Current Anthroplolgy Vol. 36，No. 2，April 1995。

⑦ 贾兰坡：《中国大陆上的远古居民》，天津人民出版社1978年版。

① 参见俞伟超、汤惠生：《图腾制与人类历史的起点》，《中国历史博物馆馆刊》1995年第1期（总第24期）。

第二章　人类的种族

人类的种族（Races of mankind）又称人种。但严格说来，它所指的应是现生人类这个统一物种即晚期智人（Homo sapiens sapiens）当中的各个亚种[①]。一般的定义规定，种族是“在体质形态上具有某些共同遗传特征的人群”。但现代的专业人类学和民族学家则倾向于将其理解为“经常地在内部进行婚配和繁育的种群（breeding population）”[②]。种族这个概念所要表示的主要是存在于外表体质特征上的人类变异（human variation）。

种族即人类变异作为人类进化和发展中必然出现并长期存在的一种客观现象，一直是人类学和民族学研究的传统课题之一，是体质人类学中必不可少的一个方面。研究这个课题有着两个方面的重要意义。从科学意义上讲，它能帮助我们更深刻地理解人类起源以来的进化过程，特别是在这一过程中人类的生物学特征与文化特征和生态环境之间相互作用的关系；从社会意义上讲，它能帮助我们正确地认识全人类各个种族一律平等的科学基础，破除人们头脑中由于无知而形成的种族偏见，进而自觉地为维护人类的尊严而批判种族主义的各种谬说。

第一节　种族的分类

体质特征上的人类差异现象的存在由来已久，古代的人们对此

① 晚期智人（新人，Homo sapiens sapiens）与早期智人（古人，Homo sapiens neanderthalensis）有别，但二者都属智人种。

② 参见〔美〕H. Nelson 和 R. Jurmain 合著：《体质人类学导论》，西方出版公司 1985 年英文第 3 版，第 579 页。

也早已有所认识。例如，早在公元前1350年，古埃及人就采用了四种不同的颜色来表示不同的人种。他们用红色表示埃及人，黄色表示东方人，白色指来自北方的人，黑色指居住在埃及以南的非洲人。[①]

中国在历史上原是个人种成分较为单一的国家。但随着汉、唐之际的兴盛和丝绸之路的开辟，许多“西域”的“胡人”纷至沓来。这些胡人的体质特征，自然引起了当时的人们的注意，因而留下了对于人种的较早的观察记录，甚至出现了依据不同的人种特征制造出来的人物造型。例如，我国著名的唐三彩人俑当中，就有很多明显地带有西域人种特点的胡俑。他们往往是高鼻深目，碧眼黄须，肤色浅淡，迥然异于书画或陶俑中常见的“大唐”人如“唐僧”玄奘和杨贵妃等人物的形象。

我国在西安附近的一座唐代古墓中发现了一尊具有黑色人种特征的陶俑。俑高15厘米，周身肤色漆黑，头发卷曲，宽鼻厚唇，大眼无须，活脱脱一副非洲黑人模样。这一发现不仅表明我国古代人民对人种特征有着较为清晰的认识，而且还是我国古代与非洲存在过人员往来关系的历史见证[②]。

虽然我国和世界各地都曾发现过不少早期的人种观察记录，但这些记录都是局部，或零散和肤浅的。对全世界的人种做出系统的划分，从而得以使人种学成为一种专门的学问，那还是地理大发现之后人类眼界进一步开阔以来的事。这件事情本身也有一个近300年历史的发展过程。

1684年，法国内科医师伯尔尼埃(François Bernier)把世上的人口分成我们所谓的各个种族，即欧洲人、远东人、黑人和拉普人。“这可能是历史上对于人类的所有种族进行分类的第一次尝试。”[③]

---

① 见 Thomas F. Gossett《种族，美洲一种观念的历史》，达拉斯，南卫理公会大学出版社（Southern Methodist University Press）1963年英文版，第4页。

② 参见时墨庄：《浅谈种族》，民族出版社1984年版，第5页。

③ 〔美〕Thomas F. Gossett：《种族，美洲一种观念的历史》，达拉斯，南卫理公会大学出版社1963年英文版，第33页。

从此以后，许多科学家，包括像林奈（Carlvon Linnaeus）、布丰（Comte de Buffon）和赫胥黎（Thomas Henry Huxley）这样的科学巨匠都曾致力于人种的分类，其中以林奈在1758年所做的分类较为著名。林奈以他独创的自然体系的知识，正确地把人类归入统一的智人（Homo Sapiens）的名下，又依据肤色和地理分布的不同而把世界人类划分为四个种族：亚洲的黄色人种，欧洲的白色人种，非洲的黑色人种，美洲的红色人种。

1781年，德国的解剖学家、生理学家和人类学家、哥丁根大学教授布鲁门巴赫（Johann F. Blumenbach）根据颅骨测量研究的结果，提出了更为系统的划分方案。他主张全世界人类可分为五大人种，即高加索人种（Caucasian）——白种、蒙古人种（Mongolian）——黄种、马来亚人种（Malayian）——棕种、埃塞俄比亚人种（Ethiopian）——黑种和阿美利加人种（American）——红种。这种分类对于后来的人种划分产生了深远的影响，并由此而促成了一个新的学科分支——人体测量学（anthropometry）的繁荣。

应该指出，到此时为止的种族分类都是以纯属外表形态的因素为基础的，而且这些体质人类学家在对种族的认识中都或多或少地持有白种人优越的偏见。这种偏见在种族主义的始作俑者戈比诺（A. Gobineau）于1853年出版的《试论人类种族的不平等》一书中被体现得淋漓尽致，以致不少人类学、民族学家斥该书为"种族主义者的某种圣经"①。联合国教科文组织前总干事阿马杜—马赫塔尔·姆博（Amadou-Mahtar m'bow）在1978年曾指出：18—19世纪大规模掠夺殖民地的远征，主要就是以这种认为白种人优越于别的种族的理论作为旗帜的②。此外，由于在布鲁门巴赫时代大洋洲还没

① 见〔苏〕托卡列夫：《外国民族学史》，汤正方译，中国社会科学出版社1963年版，第176页。

② 参见阿马杜—马赫塔尔·姆博：《种族与种族主义》，载于《人民的时代》一书，中国对外翻译出版公司1986年版。

有进入欧洲人的视野，所以他的分类体系中还没有大洋洲人的位置。这一重大缺陷在1870年赫胥黎提出的分类方案中得到了弥补。赫胥黎把人类分成尼格罗(Negroid)、澳大利亚(Australoid)、蒙古(Mongoloid)和高加索(Caucasoid或Xanthochroid)四大人种，从而完善了世界范围内的人种分类框架。

赫胥黎之后，人类学和民族学家又付出了上百年的努力，以求对世界人种做出更为科学的分类。他们所采用的方法，从表面观察、体质测量到血型测定，乃至遗传疾病的特质等等，可谓应有尽有，所划分出的人种从3个到300个不等，但从来没有一种方案能够把整个人类划分清楚，在此背景下，美国著名体质人类学家、哈佛大学人类学系教授胡顿(E. A. Hooton)1946年提出的系统分类法得到了较为广泛的流行。他在充分考虑到大洋洲人种的地位之后，认为世界人类可以在第一个层次上分成三大人种，每个大人种下面包括几个分支，分支下面又包括几个地区性的人种类型①。这样，整个人类的统一性，人种变异的过渡性等内容就都得到了客观的体现。根据这个方案，我们认为世界人种大体可以分成以下三大类：

(1) 蒙古人种(Mongoloid race)，亦称亚美人种或黄色人种。主要体质特征为：皮肤浅黄色，头发色黑形直，胡须和体毛较少，颜面扁平，鼻梁不高，唇厚适中，身材自北向南呈现从中高到较矮和从粗壮到纤细的过渡趋势，眼内角多有蒙古褶。此人种分亚洲和美洲两大支系。亚洲支系包括北、东、南三个分支以及各种过渡类型和混合类型；美洲支系指因纽特(Inuit即Eskimo)和印第安各族。他们主要分布在东亚、东南亚、西伯利亚和美洲，约占世界人口41%。

(2) 赤道人种(Equatorial race)，亦称尼格罗—澳大利亚人种，俗称黑色人种。特征为：皮肤深色，头发色黑形卷，次生体毛一般不多，但大洋洲部分却相当发达；脸型较窄，鼻型低宽，唇厚颌凸，

① 详见Nelson和Jurmain合著《体质人类学导论》，西方出版公司1985年英文版，第190—194页。

身材高矮不等。赤道人种分尼格罗和澳大利亚两个支系以及各种过渡类型和中间类型，主要分布在北回归线以南，包括热带非洲、大洋洲、南亚和东南亚的许多民族。16 世纪后，美洲亦有分布，约占世界人口 16%。

(3)欧罗巴人种(Europeoid race)，亦称欧亚人种或高加索(Caucasoid)人种，俗称白色人种。主要体质特征：肤色一般浅淡，部分呈褐色，毛发颜色不一，发型波状，次生体毛发达，泪阜外露，鼻高唇薄。此人种分南北两个支系，南支包括印度、地中海和巴尔干高加索分支类型；北支包括大西洋、波罗的海和白海波罗的海分支类型以及各种过渡类型和中间类型。欧罗巴人种过去主要分布在欧洲、北非、西亚和南亚，包括印欧和闪含两大语系内的各个民族。16 世纪以来，美洲、大洋洲和南非等地区亦有分布，约占世界人口 43%。

各大人种的面部特征详见下图[①]：

蒙古人种（黄）

欧罗巴人种（白）

① 转引自时墨庄：《浅谈种族》，民族出版社 1984 年版。

赤道人种尼格罗型（黑）

赤道人种澳大利亚型（棕）

需要说明的是，虽然我们出于认识世界的需要而在人类中分出了不同的人种、支系、分支乃至人种类型，但这种划分是在承认了人类属于统一的现代智人种这一前提下进行的。遗传学意义上的同一物种意味着人类中任何个体都具有23对即46条染色体(chromosome)，这种共同性保证了任何两个有生育能力的异性个体都能通过婚配而生出健康的，具有正常生育能力的子代，而不管这两个异性个体分属于哪个人种。从科学上讲，没有任何生理上的障碍能把人类不同种族之间的成员隔离开来。我们上面所说的，仅仅是对现代智人种这个生物学上的统一体进行类型上的相对划分。事实上，拿任何种族中的任何成员身上的任何特质作标准，我们都能发现种族的内部成员之间的差异，不管我们所选定的特质（trait）是遗传学上的表现型（phenotype），还是基因型（genotype）。

例如，1972年，美国哈佛大学的遗传学家列文丁(R. D. Lewontin)运用多元种群遗传学方法测定了人类的17个多态性特质（包括血型，Rh血因子，发色，味觉，镰形红血细胞等位基因等）在基因频率（gene frequency）上的种群差异。经过反复推敲权衡，他把抽样取材的180多个标本群体（民族）划分成七个地理种族，即高加索人、黑非洲人、蒙古人、南亚土著人、美洲印第安人、大洋洲和澳大利亚土著人。从理论上讲，列文丁的分类比我们上面采用的三分法要详尽得多。但当他使用高速电子计算机来测算七大人种能在多大程度上说明现代智人种当中总的遗传学变异的时候，却惊异地发现在所有的变异中，只有6.7%的变异能够在地理种族的水平上得到解释。换言之，在种族的水平上偏离标准类型即发生遗传变异的比率高达94%左右。列文丁认为种族之下的大种群单位即地方性种族还能解释另外8.3%的变异现象。即便如此，传统的种族概念也只能解释人类遗传变异内容的15%，剩下的85%的内容都要靠村落与村落、家庭与家庭，甚至个体与个体之间的区别来加以说明[①]。

鉴于种族这个概念有着如此巨大的局限性，当代的许多体质人类学家，特别是人类遗传学家纷纷主张限制它的使用范围，而代之以繁育种群（breeding population）或人类变异（human variaton）的概念[②]。种族类型的划分也被看成是一种已经过时的研究方法。目前，体质人类学家正在尝试采用一种新的方法，即渐变群（cline），又译倾群，是指人体特质中的某种基因频率在空间上的渐次分布。这种研究方法的要旨，是选取人体的某个单一特质（例如血型）作为研究对象，通过大量的抽样测查来描绘出该特质的空间分布状况（即基因频率分布图），再结合生态环境来解释该种特质的适应性含义。有些学者甚至认为可以用测定某些特质的遗传间距（genetic distance）的方法，建立起谱系树，借以判断历史上的民族亲缘关系。我

① 参见Nelson和Jurmain合著：《体质人类学导论》，西方出版公司1985年英文版，第201—202页。

② 参见〔美〕哈维兰（William A. Haviland）：《当代人类学》，王铭铭等译，上海人民出版社1987年版，第143页。

们认为，这种方法是从生物学上解释人类进化中出现的各种变异情况的一种切实可行的手段。但在把这种手段引进民族学上某些课题的研究时却要十分慎重。应该尽可能地综合考虑各个方面的证据，特别是社会历史和地理分布及文化等方面的证据，不能过分依赖生物学手段。因为民族现象，特别是历史上各民族的接近程度和交流的内容等情况毕竟是受多方面的因素影响，而且主要是受社会文化因素影响的。另外，国际民族学和人类学界也不是全都对传统上的种族概念和人种类型划分的做法持否定态度。例如过去苏联的学术界就不仅坚持这方面的研究，而且还在体质人类学内设立“人种学”这一专门的研究分支①。

第二节 种族的成因

人类体质特征上的多态性，亦即人类变异，是怎样形成的呢？人种又是怎样产生的呢？回答问题之前，首先要搞清作为种族标志的各种体质特征的本质。我们在本章开头曾讲到种族是“在体质形态上具有某些共同遗传特征的人群”。这里所讲的体质形态，是指人体上各种可观察和可测量的表现型特质，例如肤色，毛发颜色和形状，眼睛的颜色和状态，鼻型，唇形，头型，面部特征，身材的高矮和粗壮与纤细等等。这些特质都必须具有一种共同的特性，那就是它们都只能通过遗传而得到。换句话说，这些特质都具有先天性而不能通过各种后天的努力而加以改变。各种后天的获得性特征，无论是出于自然原因，如曝晒日光使肤色变深，少动多吃使身体肥胖，体力活动造成的胼手胝足，机械损伤带来的肢残体缺；还是出于文化的原因，如中国古代妇女裹出的小脚，百越人的文身断发，现代人健身锻炼所导致的肌肉发达等等，都不能作为种族分类的标准，因为这些特征是不遗传的。举例说，无论一对父母文身的图案多么精

① 见《苏联百科辞典》“人种学”条，中国大百科全书出版社 1986 年版。

巧，也无论这对父母的祖辈如何世代文身，他们都生不出皮肤上自然带有花纹的子女来。同理，一对白人夫妇即使在赤道地区被晒成黑红色，他们所生的子女仍会是白肤色的；而且，倘使这对夫妇返回高纬度多云地区，他们自己的肤色也会重新变浅。

遗传特征则是与生俱来而且不能在一代人身上轻易改变的。一般地说，如果一对夫妇都属于黑色人种，那么他们所生的子女必然具有黑色皮肤。不管他们如何避免日光照射，也不管他们迁居到何处，皮肤的颜色都不会改变。同样地，如果某人长有浓密的络腮胡须，那么他自己的胡须就不会因为经常刮脸而停止生长，他的儿子也极可能继承这一特质。遗传特质之所以具有这种先天固定的特性，是因为控制这种特质产生的遗传信息即等位基因，已经深深地镶嵌在拥有这些特质的个体的基因型之中了。我们在进行人种分类时所采用的各种特质，都具有这种先天遗传的特性。

那么，遗传特质，或者说控制这些特质产生的遗传信息，又是如何产生和固定下来的呢？答案是，它们产生于人类进化过程中的突变和选择。

进化首先是生物学上的一个术语。应用到体质人类学中，它的定义是：人类种群中的基因频率从上一代到下一代之间发生的变化。进化之所以会发生，是因为生物体（包括人类）在性细胞的基因和染色体的层次上会发生突变(mutation)，突变之所以被固定下来，是因为它们经历了选择而达到了适应。

突变是性细胞中遗传物质的改变。它是进化过程中的创造性因素，也是生物进化的基本动因。突变的形式有点突变（point mutation）和基因重组（recombination）两种，其中又以点突变最为活跃。点突变是脱氧核糖核酸（DNA）长链上的遗传信息即各种基因在传递过程中出现误差所致。我们知道，虽然生物体为了保持稳定而使遗传信息的复制过程精密得近乎天衣无缝，但由于各种生物体，特别是像人这样的高等生物体的基因数目庞大，所动用的有机化学物质即氨基酸的品种非常之多，每种氨基酸又都要由三种碱基来合成，加之复制遗传信息的程序又相当复杂，所以很难做到绝对避免误差。而任何微小的误差都可能改变遗传信息，从而影响到某个表现型特质的形态。退一步说，即使复制过程绝对精确，突变还会以另外一种形式即基因重组的形式发生。

基因重组是有性繁殖的生物体必须经历的一个步骤。以人类为例，我们每个人身上的基因型都是由父母两个人的基因型组合而成的。为了保持染色体数目的恒定，父母双方只能各拿出 1/2 的遗传信息来组成我们的基因型，而当我们向下一代传递遗传信息时，也只能由夫妇双方各拿出自身基因型中 1/2 的信息。这样，我们的性细胞（精母或卵母细胞）要先进行减数分裂（meiosis）以形成精子或卵子，然后再通过受精过程实现重组，构成我们某个子女的基因型。由于每次分裂和重组在遗传物质的分配上都会有些许不同，而每个男子一生中形成的精子数以亿计，女子一生形成的卵子也有成百上千，又由于人类一般都是单胎生育即每次重组只能形成一个受精卵，所以每个受精卵都可能有独特的遗传物质搭配。综合上述两种突变因素，我们可以理解人类基因型组合的形式几乎是无限的。正是这种多态性造成了我们每个人的基因型都是不同的现象。从人类起源到现在，能够找出两个在基因型上完全相同的人的数字概率几乎等于零(同卵孪生者自然例外)。“按照这个逻辑而极而言之的话，我们甚至可以说，每一个单个的人就是一个种族，而且是一个绝无仅有的种族。”[①] 无怪乎同一对父母所生的兄弟姐妹之间都会有所差别了。应该说，变异的这种无限可能性是进化中的一个积极因素，它为人类从生物学特征上适应各种环境条件提供了足够多的候选“材料”。

但是，过多的突变显然不利于物种的稳定，而不稳定的物种又不成其为物种，也谈不上对自然界的适应。针对这一点，自然界又

---

① 姆博（Amadou—Mahtar M'how）：《人民的时代》，郭春林等译，中国对外翻译出版公司 1986 年版，第 47 页。

有一种淘汰机制，那就是选择。具体到人类身上，经过突变之后的各种基因一旦通过受精过程而实现重组，就构成了特定的基因型，这种基因型又通过控制胚胎中各种身体特质的产生而形成表现型。表现型一旦产生，就会暴露在无情的自然选择的作用之下。它将通过严格的淘汰来剔除绝大多数的不利变异而使携带有利变异性状的个体稳定地存活并达到繁荣。这样，各种生物体漫无边际的变异在经过自然选择的严格筛选之后，就只能朝着适应的方向发展和演化了。

适应的最终标志是“净繁殖成功”。也就是说，适应的个体能够产生出更多的具有生殖能力的子代。相反，不适应的个体虽然可能有不同的遭遇——从自然流产、生病致残到找不到配偶或冻馁而死，其结果却只有一个，即不能养育成有生育能力的子代，从而作为不适应者而被从种群基因库（gene pool）中淘汰出去。在生存条件有限的情况下，这种淘汰将为适应的个体繁育子代创造更多的机会，从而使携带适应性状的个体的基因频率在整个种群基因库中占有越来越大的比例。

懂得了这一原理，我们就能知道所谓的种族特征完全是进化机制作用的结果。没有任何一个种族的任何一个特质不能从变异、选择和适应当中找到合理的答案。

种族特征即人类差异，究竟在什么时候出现的？或者说，全球范围内的人类种族分布格局是在什么时候形成的？从上述原理出发，我们认为，人类从一开始就存在着个体间的差异。随着人类分布范围的扩大，这种差异自然会表现为种群间的差异。例如，我国的古人类学家吴汝康教授曾指出，世界各地发现的直立人头骨有着“个体的和区域性的变异”，当人类足迹遍布全球之后，种族分布的基本格局就已大体形成。鉴于考古学材料确凿地证明人类在1.2万年前的活动范围已经遍布全球[①]，我们认为那就是人类种族分布格局基本确定的时期。此后的新石器时代只是充实了这一格局中的过渡性

① 参见吴汝康：《人类起源研究的新进展》，载《百科知识》1986年第8期。

类型的内容，而没有造成人类种族的实质性变化。这是因为：第一，从那时起，人类基本实现定居，相对缩小了活动空间，也放慢了迁徙的步伐。第二，人类发展出了更为有效的文化手段，而不必再以生物学的方式对自然界进行被动的适应。地理大发现以来的历史对人类种族的形成只有相反的影响，即它起着打破生物学上的种族界限的作用。

人类种族作为一种生物学上的奇观，原因决不在于它们之间的差异，而在于它们之间的一致性。整个地球生物史上，人类是唯一的一个分布范围遍布全球而没有在内部发生种系分化（speciation）的物种。造成这种奇观的原因只有一个，那就是人类拥有文化。靠着文化，人类能够从赤道分布到南北两个极圈附近，生存在截然不同的环境中而保持着物种内部的一致性。这是任何一种别的高等生物无法做到的。

总之，现代智人种自形成以来，一直就是个统一的物种。这个物种中的所有成员，在用双足直立行走，具有发达的大脑，能够创造各种文化事物，且能通过有性繁殖而生育出健康的子代等最基本的特点上是完全一致的。世界上任何种族类型的人都有自己的音节语言和全球各地遍布着各种混合的人种类型这两种现象即是明证。这也是我们一贯主张所有种族一律平等的科学基础。

第三节 种族和民族

上面的讨论，使我们清楚地看到，种族作为一种生命科学现象，完全是人类对自然界进行生物学意义上的适应的结果，其中本来不包含也不应包含任何社会文化意义。既然如此，我们为什么要探讨种族和民族的关系问题呢？换言之，种族和民族这两个概念之间又有什么相干呢？

从纯粹科学的意义上讲，二者的确是互不相干、泾渭分明的。种族所涉及的是人类种群（human population）对于自然生态环境的适应关系，它主要是自然科学，特别是生物科学研究的对象；而民族所涉及的则是人类的社会文化群体（ethnic group，简称族群）与生态环境（包括自然生态和文化生态环境）之间的互动关系，它主要是社会科学，特别是行为科学研究的对象。我们也可以把种族和民族看作是两套分类系统按照不同的标准对人类这个统一体（continuum）所作的划分；前者主要考虑生物学因素而不考虑文化因素，后者则主要考虑文化因素而不考虑生物学因素。因此，从理论上讲，一个种族或种族类型中包含了若干个民族，或者是一个民族中包含了几个种族或种族类型成员的现象都是正常的，甚至是不可避免的，虽然我们在日常生活中所见到的前一种现象远较后一种现象为多。然而，从研究实践上讲，由于客观事物之间的关系错综复杂，人类对客观事物的认识也很不相同，这就使得种族和民族这两个概念在使用中又有许多瓜葛。

首先，尽管我们严格地认为种族和民族是两个截然不同的概念，但在复杂的现实世界中，这两个概念的外延还是有重合的时候。例如在今日的美国，印第安人就不仅是个种族类型，而且是个包含有许多支系的民族共同体，其中的每个支系又都往往被称作民族。又如美国的黑人，他们不仅是属于赤道人种，而且显然是该国的一个少数民族。发生在他们身上的歧视现象，既有种族的原因也有文化的原因。在这种情况下，人们把种族和民族两个概念互换使用，应该说是无可厚非的，尽管这样做不够科学。

其次，民族和种族这两个概念在日常用语中都被人们赋予了多种含义，其中尤以民族为甚。时至今日，还有不少的学术书刊把民族学（ethnology）一词译成“人种学”，无端地给民族蒙上了一层生物学色彩，就是一个极端的例子。但因为通常情况下民族一词的各种含义都未超出社会科学的范围，所以我们在此不做详细讨论。这里只谈种族一词的歧义所带来的混乱。虽然专业的民族学和人类学家反复强调种族一词的严格的生物学定义，但还是有不少人把这个词当成一个社会文化概念来使用。也就是说，很多人仍倾向于把一个人们群体（group of people）说成是个种族，而不考虑这个群体究竟有没有遗传特征。例如，所谓的“雅利安种族”实际上是个语言共同体，而所谓的“犹太种族”在实际上则是个民族或宗教类别。此外，在一些讲英语的国家中，不得人心的政治群体如纳粹、黑手党、军国主义等等，有时也被冠以种族的名称。为了澄清这种混乱，国外不少学者曾主张用“社会种族”（social race）一词来指那些有别于生物学含义的人群。在这种用法中，“种族”的含义实际上是“集团”，它与科学意义上的种族完全是两码事。对此，我们不必厚非。但当今世界上也确实有一些人怀着恶意的偏见而偷换概念，硬拿一些与生物学特征无关的内容，如经济地位、教育程度、生活方式、发展水平等来与人的生物学特征挂钩，进而捏造口实以歧视和迫害其他种族的成员。这就远不是学术问题或认识问题，而是种族主义（Racism）的问题了。

种族主义是策源于近代欧洲的一种敌视人类的思潮。这种思潮基于一种毫无科学根据的信念，即认为人们的体质特征同人们的个性、智力、文化之间有因果关系，认为一些种族天生就比其他种族优越。种族主义还认为各个种族的优劣之分都是遗传的；不仅体质特征可以遗传，而且与体质无关的文化特质如发达程度、伦理规范、行为方式和价值观念等也是遗传的。例如，白人种族主义者即认为自已属于优越种族，身上集中了人类的所有美德；而黑人和其他有色人种则不仅形貌丑陋，而且粗鲁、懒散、愚蠢、不卫生、不思进取，进而得出这个世界应该由白人来主宰的结论。这显然是无稽之谈。

科学事实早已无可争辩地证明，整个人类在体质特征上，即双足直立行走、具有发达的大脑及学习和创造文化事物的能力等方面，是没有差别的。作为种族特质的肤色、体型、身高、面部形态特征等，都是次要的适应性遗传特征。这些特征，既不影响人类的双足直立行走，又不影响学习和创造文化的能力，更不影响各种族成员之间的生育活动。在人类家族的演化史上不存在纯粹的种族。1995年国际人类学民族学联合会通过《关于种族概念》的声明：生活在现今的所有人类属于单一人种，拥有共同的血统，“种族”不是一个科学的概念。[①] 至于有些种族成员的经济地位不高，生活水平低下，教育程度欠发达，行为方式与时代潮流的走向不尽符合等，则完全是社会文化因素使然。这些人决不是没有学习和创造先进文化的能力或潜力，而是为各种环境因素所困，没有得到学习和创造的机会。事实上，那些振振有词地鼓吹种族优越论的人，正是对欠发达的种族和民族的剥夺者，而种族主义的实质也正是为少数人对多数人的政治和经济垄断提供理论依据。

还应该特别指出的是，从来的种族主义者都没有满足于把种族主义的思潮停留在口头上和信念中。他们往往直接参与或是纵容歧视、迫害甚至虐杀其他种族或民族成员的行为。臭名昭著的希特勒纳粹党徒和美国的三K党恐怖分子，在现代史上对欧洲犹太人的疯狂虐杀和对美国黑人的残酷迫害，足以表明种族主义给人类带来多么深重的灾难。

在当今世界上，种族主义已经变得声名狼藉，但种族主义的残余还不同程度地存在于一些人的观念中和行为上，它的表现形式，包括种族偏见（racial prejudice）、种族歧视（racial discrimination）和种族隔离（racial segregation）等，其中以过去白人统治的南非当局所奉行的种族隔离政策（apartheid）最令人深恶痛绝。他们在国内把人们分为四个种族等级，即白人、亚洲人、黑人和有色人。非白种人在旅行、财产继承、就业、入学、婚姻、选举等方面，都遭到法律上的歧视性限制。例如，占国内人口绝大多数的非洲黑人的土地所有权被限制在指定的保留地内，其比例仅占全部耕地面积的13%；白人和非白人之间的性关系和婚姻被视为非法；非白人没有选举权；所有的非洲黑人如要进入城市或在城里居住都必须得到批准，如此等等。无怪乎人们称当年南非当局的政策是一种“极端残

① 杨侯第、阮西湖：《参加国际人类学与民族学联合会1995年意大利中期会议情况汇报》，见《中国都市人类学会通讯》1995年第9期。

暴的种族主义”。

我国作为一个政治统一和文化多元的社会主义国家，一贯主张民族平等和民族团结，反对民族歧视与压迫。基于相同的出发点，我们也坚决反对世界上存在任何形式的种族主义表现，支持一切反对种族隔离、种族歧视和争取种族与民族平等的斗争。中国全国人民代表大会常务委员会已先后正式做出关于中华人民共和国加入《消除一切形式种族歧视国际公约》、《禁止并惩治种族隔离罪行国际公约》和《防止及惩治灭绝种族罪行公约》等条约的决定。

我们从生物科学和文化科学的事实出发，坚信所有的种族和民族都是现代智人大家庭中地位平等的成员。大家分享着共同的人类基本特征，因此就应该有充分平等的发展机会。种族之间的偏见、歧视和隔离现象的存在，如同民族之间的偏见、歧视和压迫现象的存在一样，是整个人类的奇耻大辱，是应该尽早从人类文明之树上摘除的罪恶之果。我们深信：随着科学的昌明，人类的进步，人性的觉醒和文化的发展，人类种族之间和民族之间的种种隔阂都将破除；妨碍欠发达的种族和民族发展的所有障碍都将被人类进步的浪潮所冲毁。

本章主要参考书目：

① 林耀华主编：《原始社会史》第 2 章，中华书局 1984 年版。

② [美] 哈维兰（W. A. Haviland）：《当代人类学》第 3—6 章，上海人民出版社 1987 年版。

③ 吴汝康：《人类的起源和发展》，科学出版社 1976 年版。

④ [苏] 布鲁克（G. И. Брук）：《世界民族——民族与人口手册》第 2 章，新疆人民出版社 1985 年版。

⑤ 林耀华：《关于民族、少数民族和种族主义的问题》，载《种族问题国际会议文集》，重庆出版社 1988 年版。

⑥时墨庄：《浅谈种族》，民族出版社 1984 年版。

第三章　语言与民族

语言是人类区别于动物界的最主要标志之一，是维系民族共同体的重要纽带，也是民族的重要特征之一。我们对任何民族的研究，都不能忽略对该民族的语言的研究。因此，民族学工作者必须掌握语言学知识和语言调查技术。语言学在民族学的学科体系中占有举足轻重的地位。当前学术界流行的世界民族分类体系，从本质上讲就是建立在语言谱系分类法的基础之上。民族学研究中的许多具体理论和方法，如摩尔根对古代亲属称谓的研究，列维-斯特劳斯(C. Levi-Strauss)的结构主义理论等等，都同语言学有着不解之缘。列维-斯特劳斯曾深有感触地指出："语言学与人文科学的关系就如同数学与物理学的关系"，前者对后者有方法论的指导意义[①]。尽管这种说法有夸张之嫌，但它却深刻地揭示了一个道理，即掌握了基本的语言学知识是保证民族学工作者富有成效地开展调查和研究工作的必要前提。

第一节　语言的产生

民族学上所讨论的语言产生的问题，主要是指整个人类的语言是怎样起源，怎样发展的，而不是指某种具体语言是怎样演变来的。民族学之所以要讨论语言产生的问题，出于两个方面的需要：第一，语言的产生是语言学基本知识的必要组成部分，它对于我们认识语言的性质及其对人类社会生活的作用有重大意义。第二，语言的产生还与一个更为重大的民族学命题密切相关，那就是人类的起源和

① 列维-斯特劳斯：《裸身人》，巴黎普隆出版社1971年法文版，第570页。

进化的问题。虽然从专业知识的角度来看，人类的起源进化与语言的发生和发展不可同日而语，但对于语言这个人类区别于动物界的主要标志的产生有一个科学的认识，无疑会有助于我们正确而且完整地理解人类起源进化的问题。只因两者的关系如此密切，所以从恩格斯以来所有研究人类起源和进化的学者都十分注重对于语言的产生这一问题的研究。当代流行的原始社会史和体质人类学等教科书，无不把语言的产生列为一项重要的论述内容。

然而，由于语言起源方面的材料比起人类起源进化方面的材料更难直接获得和辨认，所以尽管古人类学在百年来的发掘和研究中取得了许多方面的进展和突破，却仍然远远不能确切解答语言的产生这一重大问题，各种关于语言起源的理论，都还由于缺乏必要的资料和依据的支持而处于假设性的理论探讨阶段。但简单追溯一下语言起源理论的历史进程，我们就能看出这一领域中的研究正在朝着最有希望的方向前进。

人类对语言产生这一问题的解释，大致经历过神话臆测、生理和心理学、社会学以及古人类学这样几个阶段。

在神话阶段，人们往往把人的起源和语言的产生都归结为自然力和神力的作用。例如《圣经·旧约全书》开宗明义就讲“创世”，其中说到上帝于冥冥之中用六天时间创造了天地万物和人，并一一为它命名。从此，人类就有了语言。后来，人类不自量力，要造通天塔，又是上帝从中干预，把建塔的人们的语言搞乱，使他们彼此之间因为语言不通而无法协调工作，终于一事无成。[①] 仔细地研究世界各民族的民族志资料，特别是我国西南地区很多少数民族的神话资料，我们会看到不少对于语言起源的解释。这些神话固然算不上科学，但它们毕竟反映出人类在早期为探求语言起源之谜而做的努力。

---

① 《圣经》中讲上帝创世时，所使用的主要手段就是语言，如“Let there be light”等。这一点很引人注目，它可能代表着希伯来人对语言重要意义的认识。

到了生理和心理学阶段，人们开始从人的生理和心理状态来考虑语言起源的问题，从而提出了拟声说、感叹说、劳动呼声说、歌唱说、游戏说等等。这些学说的理论基础是人生而有情，情发而为声，声即是言，言为心声。直至现代，语言学界主张这些论点的仍然大有人在①。

近代以来，随着社会学的兴起，人们开始把语言放到社会背景中去观察，从社会上人们之间交际的角度来考虑语言产生问题，于是出现了各种社会学观点的语言起源论，如“公约”论、口形论、手势论等都产生或流行于这一阶段。这些学说的共同特点是，认为语言出自人们对约定俗成的手势或身体姿势，由姿势发展成有声的符号，诸如点头表示肯定，摇头表示否定，招手使来，挥手使去，等等。后来，由于社会交往的增加，口腔就替代了上述的姿势，进而产生了语言。

进入20世纪以后，古人类学有了突破性进展。许多旧石器时代中、晚期原始人头骨的发现，为人们从体质特征特别是人们的脑量、脑皮层的区域定位和发音机制的构造上了解原始人群的生活和语言发展状况提供了确凿的证据。以古人类学为基础的科学的语言起源论开始逐步发展。例如，通过测量我国周口店出土的“北京人”头骨，我们知道这些标本的平均脑量已达1059cm^3，这一数字虽然仅及现代人平均脑量1400cm^3的80%，却大大高于现代大猿类的平均脑量，达到它们的1.5倍②。专家们通过比较北京人脑壳印出来的模型结构，仔细研究头骨的脑纹和脑腔，认定他们的大脑左边大于右边，这同现代人用大脑左半球专司语言功能的解剖学结论是一致的。再加上打制石器、用火等文化因素的佐证，人们就有理由认为“北京

① 参阅宋振华、刘伶：《语言理论》，辽宁人民出版社1984年版，第235页。

② 现代大猿类包括黑猩猩、大猩猩、猩猩三种，其脑量平均数分别为394cm^3、506cm^3和411cm^3，合计平均数为434cm^3。此数据引自美国H. 纳尔逊和R. 哲梅因主编的《体质人类学导论》，美国西方图书公司1985年版，第399页。

人已有了语言，不但能用字句，而且还是有音节的语言”[①]。这种以古人类学为基础的语言起源论，显然比前面讲过的各种理论都更接近于科学。

应该指出，上述语言起源理论的历史进程，尽管在逐步地接近真理，但它们都还没能对语言的产生这一问题做出系统和全面的科学解释。鉴于语言既是生物进化的产物，又是社会进化的产物，同时与人类的物质文化和精神文化都有着深深交叉的特点，我们主张在马克思主义哲学原理的指导下，采用以体质人类学和原始社会史学为中心的多学科综合研究的方法来探讨语言的起源问题。从方法论上讲，我们认为应该以承认进化论为先决条件，首先确定语言产生的生物前提和社会前提，然后从人类体质特征和社会经济文化这两个方面入手，考察人类社会早期（旧石器时代）所能提供的满足语言产生的诸种前提条件，进而对语言的产生做出尽量科学的解释。在这方面，革命导师恩格斯为我们树立了榜样。

对于恩格斯的语言起源理论，人们一般都将之概括为“劳动起源说”。其实，从整体上考察，恩格斯的语言起源论有着更为丰富的内容。它至少包括了三个互相联系的基本论点：(1) 语言的历史和意识的历史同样长久的论点，或者说语言与思维互动的论点。(2) 分节语的出现是人类童年的主要成就的论点。(3) 语言产生的前提和条件是直立行走和劳动的论点。特别值得注意的是，恩格斯在做出“语言是从劳动中并和劳动一起产生出来的，这是唯一的正确的解释”的结论之前，曾把劳动当作语言产生的前提而加以详细论述。他指出，劳动使人成为“一切动物中最社会化的动物”；劳动使人“在自然对象中不断发现新的、以往所不知道的属性”；劳动的发展使人清楚地意识到共同协作的好处，使正在形成中的人“到了彼此间有

① 参阅林耀华主编：《原始社会史》，中华书局1984年版，第67—71页。

些什么非说不可的地步了”。[1] 可见，恩格斯的语言起源理论，并不像一般的感叹说或劳动呼声说那样试图说明语言产生的具体过程，而在于以劳动为出发点剖析语言产生的前提和条件。实际上也就是在确定语言产生的社会经济文化前提。正是这种科学的方法论，使他的理论得以站住脚。现代神经语言学和大脑生理解剖观测的成果，以无可辩驳的事实证明了恩格斯对语言的起源前提的分析。请看下图[2]：

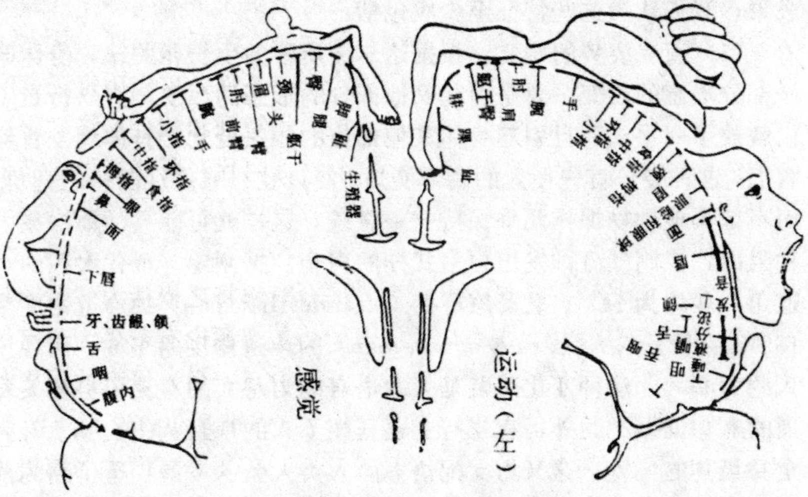

人类大脑皮层中央沟两侧的机能定位

这是现代科学家运用在开颅病人的大脑皮层上施行电刺激并观察其反映而绘制出的大脑皮层机能定位图。图中器官越大就表示控制该器官的运动皮层的比例越大。通过此图，我们看到，人的手部和头部在大脑皮层中所占的比例与之在身体各部位中所占的比例相

① 恩格斯：《劳动在从猿到人转变过程中的作用》，见《马克思恩格斯选集》第 3 卷，第 510—511 页。

② 本图引自吴汝康教授 1986 年在中央民族学院讲授体质人类学课程时的附图。

较都是异乎寻常的。这说明手和头在人的活动中占有至关重要的位置。同时我们注意到，在头部中，发音器官特别是嘴唇各器官在头部各器官运动皮层比例中所占的位置也是超常的。由此我们不难看出，恩格斯的人类起源和语言起源理论，特别是语言和劳动相关的理论的科学性，确实是不容置疑的。

在确定人类社会文化的前提之后，人体机制上又应具备哪些特征才能满足发出音节语言的条件呢？综合达尔文以来的体质人类学成果，我们认为这些特征至少应包括：

（1）直立姿势的确立。根据达尔文所称的生长相关律，身体某一部分形态的改变，总是引起其他部分的形态的改变。直立行走不仅解放了双手，而且引起身体其他部位的相关变化。具体到发音器官上，这种姿势首先使人的吻部变短，使口腔与喉部逐渐接近直角，而不像其他动物那样几乎保持一条直线，这样就可能灵活地构成多种阻碍，控制气流，发出更多式样的声音。据测定，现代大猿的声道角一般约为142°，尼安德特人（Neanderthal man）的声道角度为139°，克罗马农人（Cro-Magnon man）的声道角度为109°，而现代人约为99°。[①] 这种变化无疑是人的语言能力与人的直立姿势相关发展的有力证据。此外，直立行走还开阔了人的视野，使大脑上升到全身最高的位置，这又为支配语言的人类大脑的发展创造了新的前提。再从生物学上的所谓重演学说（The theory of recapitulation）的角度观察，尽管现代人的婴幼儿具备了进化所得的先天语言机制，但在未能站立（一般在一岁半）之前，他们多数不能说出音节语言。然而一经蹒跚学步，他们的语言能力就有了明显的发展，开始学会简单的词汇，如对父母的称谓和bye-bye等。到了能够很有把握地直立行走时，他们的语言表现能力也基本上能运用自如了。目前，学术界普遍认为直立姿势是在550万年前南方古猿出现之时即已基本确立。据此我们认为，在南方古猿时期（距今500—200万年前），人

① 参见陈建生：《人类化石的语言痕迹》，载《化石》1986年第3期。

类已经为自己奠定了发出音节语言的基础。[①] 至于这一现象与“劳动”之间存在着时间差距，我们主张根据马克思对“有益的”劳动的定义来理解劳动的概念。

（2）大脑语言中枢的初步形成和发展。人类大脑皮层的某些特定区域是产生语言和理解的基础。我们知道，人的语言能力需要大脑的颞叶、顶叶、额叶甚至枕叶的协调活动才能发挥其功效，但其中最关紧要的还是颞叶，这是人类大脑语言中枢所在，也是人脑与猿脑在性质上的分水岭。我们说音节语言是人类借以区别于动物界的重要标志，就是因为任何动物，包括与人类最近的黑猩猩，也没能发展出这个语言中枢[②]。这种现象说明人的大脑不仅在形体上较猿脑为大，而且它的体积增加与工具的使用、言语和计划能力这些为人类所独有的特性直接相关，换言之，人脑的独特处不但在于它的体积大，而且还在于它所扩大的那些特殊的区域使人与动物产生了本质上的区别。近年来，有的人类学家通过对非洲南猿进步类型“能人”（Homo habilis）生活的距今 200 万年前后的化石进行脑铸模研究，辨明他们的额叶、颞叶的新皮层区有了较大范围的发展，从而推断了这类南方古猿或许已经有了初级的语言能力。这一结论有待进一步证实，因为早期人科化石的颅内膜往往难以显示出清晰的脑表面结构[③]。

（3）发音器官的完善。人类的发音器官是经过几百万年的进化与演变才日臻完善的。当代科学家用生理解剖的方法，把人类跟他的近亲——黑猩猩的头部加以比较，结果有如下图[④]：

---

① 参见马克思：《哥达纲领批判》，单行本，人民出版社 1971 年版第 8 页；林耀华主编：《原始社会史》，第 28—29 页。

② 关于人脑某些神经中枢的分布和人脑语言中枢的位置，请参见林耀华主编：《原始社会史》第 70 页和第 15 页上的插图。

③ 参见陈建生：《人类化石的语言痕迹》，载《化石》1986 年第 3 期。

④ 该图转引自林耀华主编：《原始社会史》，第 15 页。

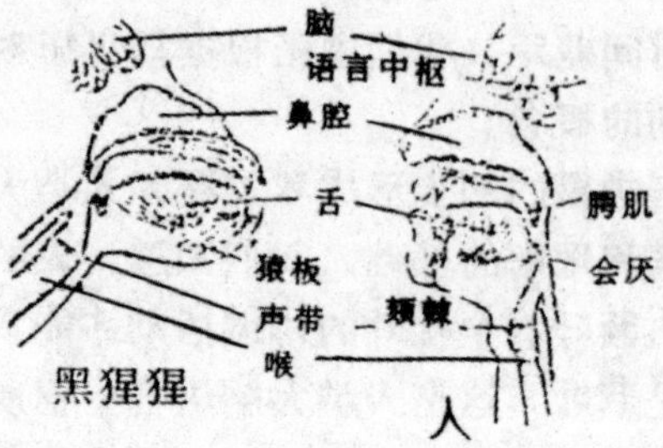

人与黑猩猩头部器官比较

除了语言中枢为人类所有之外，我们还可以看出发音器官上的两点本质差别。第一，口腔构造不同。黑猩猩的吻部又长又大，这是因为黑猩猩的嘴巴担负的职能较多。除了进食（有时还要用以采食)，它还被用来打架和移动物体等。人类的主要动作则由双手负担，嘴巴只用来进食和讲话，因此，猿口腔缩小，吻部更随着直立行走和额头的隆起而相应变短，这就使口腔肌肉和舌头都变得轻便灵巧，适合说话。第二，喉门构造不同。从图中可以看到，黑猩猩的声带位置比人类要高约1—2节颈椎骨，因此它的会厌软骨与软颚十分接近，而且形成的角度极小。这样，会厌容易和小舌接触，形成阻碍，使气流只能由鼻腔呼出。由于鼻腔成了黑猩猩发音的主要共鸣器，而且这里没有口腔那么多的活动部分，因此，它能够发出来的声音种类就很少了。人类的发音器官却迥然不同。由于声带部位较低，会厌与软颚之间有好几厘米的距离而且形成很大的角度，这样会厌可以垂下来，使气流自由地通过口腔，从而运用口腔内的器官发出更为精致和清晰的声音。更由于人类的舌位比其他任何灵长类动物的都要高，因此易于和口腔内其他器官接触，发出一些别的灵长类动物根本无法发出的声音来。

这里需要进一步强调的是，人类这套发音器官的进化，是同人的社会属性紧密相关的。我们从上图中可以清楚地看到，人类的头部器官固然利于发音，却十分不利于在吞咽食物的同时进行呼吸。在一切动物中，只有人类具有说出分节语的能力，也只有人类才会遇到在进食时有被噎住而窒息的危险。但进化机制最终还是迫使人类朝着使自己的头部器官有利于发音的方向发展。仅此一点就足以表明，语言对于人类这种一切动物中最为社会化的动物的生存和发展有着何等重要的作用了。

依据上述分析并结合原始社会史学研究所提供的关于人类社会组织进化的线索，我们可以粗略地勾勒出人类语言产生的轨迹：距今550—200万年左右的南方古猿阶段，人类初步确立了直立行走的姿势并因此而奠定了音节语产生的基础，其中的进步类型即能人（早期直立人），可能具有了初步的音节语言。到了距今约200万—30万年左右的猿人即晚期直立人，人类的语言能力有了进一步的提高。这方面较为有力的一个证据是，人类已经发展出特有的社会组织，即前氏族公社。如没有语言和意识方面的进步，这种为人类所特有的社会组织断然不能产生出来或维持下去。在文化史上，这个时期相当于蒙昧时代中级阶段，人类已能制造较进步的石器并开始用火。在距今30—20万年至10—5万年的早期智人阶段，人类的音节语言能力已接近现代人的程度，并因此而产生了氏族外群婚，萌发了氏族公社制度。新近对尼安德特人的研究确立了尼人躯干挺直，眼神贯注的新形象。同时清楚地知道了尼人照顾老人和残废人，并为死者举行葬礼，为死去的亲人随葬食物和工具，有时还随葬以花卉①。这说明他们已经有了某种信仰上的追求。就是用现代流行的语言定义即语言是人类所独有的一套象征符号系统来衡量，我们也不能否认尼人已经具有这种能力，并将其运用得恰到好处了。到了以克罗马农人和我国的山顶洞人为代表的晚期智人阶段，人类的语言能力肯定已与现代人不相上下。他们确立了氏族公社，这是一种以共同语言为重要标志之一的人类社会组织。同时，他们还创造了雕

---

① 参见吴汝康：《尼安德特人的新形象及其演化问题》，载《人类学学报》1983年第2卷第1期。

刻和绘画艺术，懂得了创造和佩带装饰品。此后，人类语言能力的发展，可能不再是生物进化的结果，而主要是随着社会经济文化的发展及交往的增加而呈现为一种纯粹的文化发展的图景了。

以上就是我们在现阶段对于人类语言起源问题的解释和结论。无庸讳言，这一结论还不能说是一劳永逸地解开了语言起源的谜。但我们深信，只要我们循此方向前进，并注意不断地掌握古人类学、体质人类学和原始社会史学研究为我们提供的新线索，我们就能最终达到对这一难题的圆满解决。

第二节 语言和民族

语言和民族固然是两个完全不同的概念，有着不同的内容，但在广义的文化这一宽阔的背景中，二者有着紧密的联系。语言是文化的重要表现形式，而作为具体民族成员而使用语言的人是文化的载体。语言是维系民族的重要纽带，而民族又是语言赖以存在的底座。另外，从文化史的角度考察，语言的发展也是同民族的发展密切相关的。斯大林所讲的“从氏族语言到部落语言，从部落语言到民族（народность）语言，从民族（народность）语言到民族（нация）语言”[①]，就既是语言发展的规律，又是民族发展的规律。这种紧密关系还体现在给民族所下的著名定义中：“民族是人们在历史上形成的一个有共同语言、共同地域、共同经济生活以及表现在共同文化上的共同心理质素的稳定的共同体”。[②] 在这里，“民族”指的是现代民族，即资本主义产生以后的民族。在我国民族一词一般指处在任何时代的族体，诸如原始民族、古代民族、现代民族等。斯

① 斯大林：《马克思主义和语言学问题》、见《斯大林选集》下卷，第506页，人民出版社1979年版。

② 斯大林：《马克思主义和民族问题》，见《斯大林选集》上卷，第64页，人民出版社1979年版。

大林把共同语言列为现代民族的第一个构成要素还可作为参考，因为民族的形成虽然要以共同的居住地域等作为必要条件，但一般说来，只有在具备共同语言的前提下才会形成民族的内聚力——民族感和民族的排他性，即区别于其他民族的愿望。语言在民族构成诸要素中占有重要地位，是由于它和任何一个民族中的每一个成员息息相关，最深刻地反映该民族的特征，是维系民族内部关系的纽带，也是人们区分不同民族时最先使用的标志。

语言之所以是民族的重要特征，还在于民族的其他特征，一般要通过语言才能得到体现。有人认为共同的文化和共同的心理是一个民族必不可少的特征，而这些特征离开了共同语言中的特定词义就往往无从体现。例如，在哈萨克语中，表示男孩和女孩的词直译成汉语分别为“牧羊人”和“有马人”。这就显示出该民族生活里的两个重要特点：一是哈萨克族以牧羊为男子的主要生产活动；二是该民族婚姻中有以马匹为聘礼的习俗。

在民族诸特征中，语言还是最稳定、变化最慢的一个。地域的改变，民族成员的分散，经济生活的变革，甚至文化的变迁，一般都不会立即引起语言的迅速改变。例如，犹太民族早年曾因失去了自己的国家而在长达2000年的时间里星散于世界各地，但其成员却在如此漫长的时间里不约而同地保持着以希伯来语为核心的民族语言——意第绪语（Yiddish），并以此为保持民族感的有力手段。如果某个民族的语言确实发生了变化，其成员采用了其他某种语言，那就意味着该民族与其他民族密切接触的时间已相当久远，而且随着语言的改变，该民族成员的民族意识也必然会发生不以人们意志为转移的相应改变。

当然，语言与民族二者之间的密切关系只是事物的一个方面。在另一个方面，我们也应看到，这两者之间关系十分复杂，远非一个对一个的整齐对应。这种复杂性应该从两个角度去认识。第一，虽然各民族都有自己的语言，但这一语言并不一定为该民族所独有。换言之，两个或者两个以上民族讲同一种语言的情况是很常见的。比如美利坚民族讲英语，一些拉丁美洲民族讲西班牙语，中国的满族、回族和大部分土家族讲汉语，就是例证。第二，同一民族操两种或两种以上语言的例子亦非罕见。例如，我国瑶族中就有一部分人讲汉藏语系苗瑶语族瑶语支的勉语，一部分人讲苗语支的布努语，还有一小部分人讲壮侗语族侗水语支的拉珈语。又如我国甘肃省的裕固族，总人口仅有1万余人，却分别使用三种语言，西部地区的人讲裕固语，属阿尔泰语系突厥语族；东部地区的人讲恩格尔语，属蒙古语族；还有千余人讲汉语。这种现象主要是长期历史过程的产物。

正因为民族和语言的关系具有复杂性的一面，所以我们认为共同语言是民族的重要特征，但又不是唯一的特征。语言和民族毕竟是两个概念。它们各有自己内部的发展规律，对于外界的影响也各有不同的反应方式。因此，在确定一个族体的民族地位时，我们既要把握共同语言这一重要标准，又要考虑地域分布、经济生活、文化特点，乃至族体成员的意愿等因素。

第三节　语言学在民族学研究中的地位

语言和民族的密切关系，决定了语言学在民族学学科体系中的重要地位。

当然，民族学研究语言的角度同语言学相比，自有其不同之处。语言学主要研究的是语言的内部结构，如语音、词汇、语法、句法和语言的发展规律。语言学家在进行这种研究时当然也要联系社会、文化、民族等背景，但他们是从解释语言事实的角度出发的。民族学研究语言则站在另一个角度，它把语言看成一种历史文化现象，注重探讨语言对于了解历史、文化、社会、民族等现象的作用。民族学家要通过现代语言中保留的古代语言的遗迹来探讨古代文化史上的未知因素，要通过语言间的相互关系来确定某些民族的接近程度，要通过语言的分布、扩散及互相借贷的过程来推论历史上民族的迁徙、接触和文化交往情况，还要通过求索语言从萌芽到成熟、从原始记事手段到文字发明的具体过程来印证原始文化的发展历史。

然而，不管研究目的和侧重点有何差异，人们只要对语言进行研究，就必须以一定的语言学知识为基础。民族学自身并没有一套独特的研究语言的方法，因而只能用语言学的方法来研究语言，并努力从语言事实的规律性中引出民族学需要的理论。从这个意义讲，语言学材料具有同考古学材料一样的权威性。当然，民族学家也可以用自己的理论、方法和成果给语言学家以启示和补充，进而推动语言学的发展。

民族学在研究实践中获益于语言学成果之处甚多，其中最明显的是能随时借鉴语言学中的历史比较法及其成果。历史比较法给语言学带来的最丰硕成果，就是把世界上被研究过的即做过历史比较的语言按亲属关系做出分类，这就是人们所熟知的语言谱系分类。在这种谱系分类中，最高的谱系单位是语系。同一语系中的语言在来源上是相同的。也就是说，每个语系中的语言无论多寡，都应有一种“祖语”，其他语言都是从这种祖语中分化出来的。例如被语言学家们研究得最充分的印欧语系诸语言，就是以梵语、希腊语、拉丁语这三种古典语言分化之前的某种共同语言为“祖语”的。语系之下的语言，根据关系的亲密程度而分成若干语族；一个语族中的语言又可运用同样的原则分出若干语支；每个语支下可能有一种或几种语言。确定语系、语族、语支的标准，就是运用语言学的历史比较法而证明语言之间关系的密切程度。

语言的谱系分类对于民族学研究的重大意义是显而易见的，因为科学的民族学研究总是要以民族分类为基础，而民族分类又应该提供关于世界各地的民族接近程度的概念。鉴于语言的相似之处，在许多场合下可以作为民族关系的主要标志，所以现代民族学家和人类学家所采用的最普遍的方法，就是按民族语言接近的原则进行民族分类。这种分类实际上往往是以语言学上的谱系分类为蓝本。只是在语言本身不足以构成民族分类的必要界限的情况下，才考虑民族分类的其他标志。这种以语言原则为基础的民族分类方法，我们称之为民族语言学分类法。

民族语言学分类法既然承袭的是语言学中的历史比较法，并以该方法产生的谱系分类为基础，就不免带有方法中的缺陷。这种缺陷来源于历史比较法对较晚发现的语言研究的不足。根据最保守的统计，世界语言的总数在2000种以上，其中被系统研究过的语言不到1/10。因此，从语言种类（而不是从语言分布和使用人数）上讲，许多语言在谱系上还没有找到准确位置，没有被列入特定的语支、语族，甚至连语系上的归属也难以确认。例如，日语的语系归属就至今悬而未决。同时，语言学界对于许多语言的系属划分也远未达成一致意见。

应该指出的是，语言谱系分类中的缺陷不是历史比较法本身的缺陷，而是由于历史比较语言学家对欧洲以外的许多语言缺乏必要的了解和研究。从理论上讲，建立在历史比较法基础之上的民族语言学分类法的科学性是无可怀疑的。这种方法在我国的成功运用就是明证。按照民族语言学分类法，我国现有的56个民族的语言分属五个语系，即汉藏语系、阿尔泰语系、南亚语系、马来—波利尼西亚语系（又称南岛语系）和印欧语系。大体说来，汉藏语系分布在华北、西北、东北、西南和中东南绝大部分地区；阿尔泰语系分布在东北、西北两大地区；印欧语系分布在新疆西部边陲；南亚语系分布在云南边地；马来—波利尼西亚语系分布在台湾岛。这种格局基本上客观地反映了中国各民族语言乃至文化上的接近程度，可以作为民族学家认识中国民族族源、族际关系和中华各民族历史发展的重要参考依据。

除了语言谱系分类这个明显的例子外，语言学知识对民族学研究的重要作用还突出地表现在具体的民族学调查和研究实践中。例如，民族学研究的一项主要方法就是实地调查。任何形式的实地调查都不能不通过语言来进行。如果实地调查者不懂得被调查者的语言，就只好求助于翻译，其被动之处是可想而知的。此外，民族学作为一个研究人类文化的综合性学科，其研究对象不仅仅是民族，而且包括各种方言及地域性的人类文化群体。无论这些群体处在人类社会组织的哪一个层次上，语言都是使调查者与调查对象沟通的重要渠道，也是反映调查对象内心世界的主要窗口。因此，我们说语言学知识和语言要素在民族学研究中的地位是举足轻重的。

第四节 民族学研究中的语言学方法

我们要借助语言学知识来研究民族学，就必须解决好方法问题。语言反映民族的特点是多方面的。有的比较直接，可以一目了然；有的却是间接的，需要经过深入分析才能看到实质。如果研究者没有一套科学的认识途径和操作方法，对于语言材料缺乏应有的敏感，就不能捕捉住对民族学研究具有重要价值的语言现象，许多生动而宝贵的材料就会从我们的眼前滑过。有鉴于此，国内外学者早就开始注意总结从语言学角度研究民族学的具体规律，注意在语言学和民族学之间架设一座桥梁。这座桥梁就是方兴未艾的语言民族学。

从学科分类上讲，语言民族学不同于民族语言学。民族语言学属于语言学范畴，它侧重于在文化上的框架内研究先前不为人们所知的语言，强调必须在社会结构里处理语言现象，以揭示这些前所未知的语言的内容。语言民族学在出发点和归宿上都与民族语言学不同。它把语言当成文化的重要组成部分，通过语言来研究民族和文化的特征和过程。因此，语言民族学属于民族学范畴。它要从语言学的角度来为民族学提供特殊的“养料”①。值得指出的是，语言民族学和民族语言学都是交叉学科。二者在研究实践中所起的作用往往不像学科分野所规定的那样界限分明。事实上，一个学者同时担负两种使命的现象是屡见不鲜的。我们欢迎并鼓励这种一身二任

① 参阅马学良、戴庆厦：《论“语言民族学”》，见《民族学研究》第1辑，民族出版社1981年版。

乃至一身数任的新趋向。

那么语言民族学是怎样透过语言的现象来看民族和文化的特点及其发展规律的呢？换言之，民族学研究中的语言学方法包括哪几个主要方面呢？由于语言民族学在我国还处在起步阶段，所以对这一问题的回答还不可能全面。但根据以往的经验和学科的要求，我们认为下列四种方法是必须列入的：

（1）音位记音法。这原是语言学研究的基本功，但因为民族学者的调查也要求首先记下语音材料，所以它就理所当然地成了民族学研究中的语言学方法的基础。准确地记录发音人的语音是用第一手材料进行比较、分析、考据和论证的先决条件。当然，民族学并不一定要求调查者像语言学家那样全面地归纳和描写某种语言的整个音位系统，但它确实要求调查者对于所要论证的语言材料（特别是语词）做出准确的记录，而且这种记录必须用世界语言学界公认的国际音标进行。这是音位记音法的核心规范。音位记音法的价值不仅在于它的准确性和科学性，而且在于它能为我们提供一把打开民族语言资料宝库的钥匙，为民族学的研究和论证工作开辟一个新天地。因此，我们要求民族学工作者下苦功夫熟练地掌握国际音标的整个系统，以及用国际音标进行音位记音的基本知识和技能①。

（2）词义分析法。就是通过对词义特点的分析来认识其中包含的民族和文化特点，这一方法的认识论基础在于民族语言与民族历史和文化的紧密联系。历史语言学的先驱格里姆(J. L. K. Grimm)曾讲过两段足以振聋发聩的名言：一是“我们的语言也就是我们的历史”；二是“关于各个民族的情况，有一种比之骨头、工具和墓葬更为生动的证据，这就是他们的语言”②。词义分析法的主要对象包括：

---

① 关于国际音标系统，请参见马学良主编：《语言学概论》，华中工学院出版社 1981 年版，第 30—32 页

② 转引自〔苏〕阿巴耶夫：《语言史和民族史》，见《民族问题译丛》1957 年 12 月号第 13 页。

① 词的多重涵义；② 复合词的构造及其涵义；③ 亲属称谓的外延；④ 借词；⑤ 词汇系统构造中的涵义。

由于每一代人对于客观世界的认识都是有限的，而客观世界的发展是无限的，所以在任何语言的传承过程中都必然会出现不同程度的一词多义现象。这种多义词就成了我们认识各个民族的发展经历的宝贵线索。通过对多义词的本义及各义项之间的关系的分析，我们可以得到不少民族学材料。例如，英语单词 fee 的本义是“牲口、牛羊、财产、金钱”，但在现代英语中它的意思是“费用、经费”。其他印欧语系语言的同源词也有类似的意思。这说明在欧洲的古代社会里，人们曾把牲口当成重要的财富和交易手段。同样的例子还可以在我国的民族语中找到。例如彝语中的 $dʐɯ^{33}$ 就既是牲畜又是钱。这个多义词也能使我们认识到牲畜在彝族的历史和文化中一直占有十分重要的位置。又如汉语中与“钱币”有关的字如财、货、账、贷、赊、贿赂、买卖（買賣）之类都属于“贝”部，其原因就是中国的许多民族在古代都曾广泛地以贝壳为钱币。这一点已被越来越多的考古资料所证实。

词组和复合词中也可能反映出一些民族特点。分析这些词的涵义，能使我们窥测到该民族历史上存在过的风俗或观念。比如“结婚”这个概念，在独龙语中用“买女人”一词来表达，可见该民族在历史的某一个阶段上的婚媾方式。云南丽江地区的纳西语中，“夫妻”这一词组的构成序列直译成汉语是“妻子丈夫”，“男女”这个概念用该语言来表达是“女男”。又该族语言中的“母”与“大”是同义词，“男”与“小”是同义词，因此，“大树”一词直译成汉语是“树母”，而“小树”是“树男”；“祖房”是“房母”，“小房”是“房男”。虽然现在丽江纳西族的家庭以丈夫为主，但从语言痕迹上我们可以看出他们是经历过以母系为中心的继嗣制度。[①]

① 详见和志武：《从象形文东巴经看纳西族社会历史发展的几个问题》，载《中央民族学院学报》1980 年第 2 期。

分析亲属称谓的外延，即一个称谓所适用的范围，可以帮助我们了解某个民族在历史上可能存在过的婚姻家庭制度。这是摩尔根在对人类家庭史的研究中成功地运用过的方法。我们也可以从汉语中找到这方面的证据。例如，古代汉语中把“公婆”称为“舅姑”，就可能与远古时代部落内婚、氏族外婚的制度有关。两个通婚的父系氏族互相嫁女给对方，实际上是姑舅表结亲。就女方来讲，所嫁氏族的“公公”，正是母亲的兄弟辈，应该称“舅”；所嫁氏族的“婆婆”，正是父亲的姊妹辈，所以称“姑”。这样，公婆与舅姑就集中到一对长辈身上了。同理，古汉语也曾把岳父称为舅姑。

某个民族语言中的借词现象，是它和其他民族发生接触后才会出现的。因此，借词可以作为民族关系和文化交流的标志，还往往可以作为两个民族发生接触的断代证据。例如景颇语中有关水田生产的词，多借自傣语和汉语，这种语言上的事实说明，景颇族耕作水田是在与傣、汉等民族发生文化接触之后的事情。

最后，我们能够通过对语言词汇系统构造分析中看到不同民族的社会文化、物质生产、心理状态等方面的特点。比如从事畜牧业的民族在其词汇系统里就往往有一套丰富的反映畜牧业生产的词，这是从事农耕的民族所没有的。哈萨克语关于羊、马、牛、骆驼等都因性别、年龄不同而冠以专用的名称，如关于牛的名称，就有群牛、公牛、母牛、犍牛、公牛犊、小牛犊、1岁牛、2岁牛、3岁牛、4岁牛、1岁公牛、1岁母牛等，使人对于所指的对象有十分明晰的概念。但是哈萨克语中有关蔬菜的名词却少而又少，一些主要的蔬菜如白菜、萝卜、茄子、豆角儿、韭菜等的名称都借自汉语。又如，我国景颇族语言中关于“砍”这个动作，有着特别丰富的词语，诸如砍、砍伐、平砍、横砍、斜砍、齐根砍、砍削、砍柴、砍成节等；对旱地的分类也有单独的指称，如正在耕的地、熟荒地、丢荒旱地、种了一年后丢荒的地等。这些语言现象分别反映出哈萨克族的畜牧业生活和景颇族曾一度流行刀耕火种的生活特征。

（3）同源词比较法。对同源词的研究也同样可以帮助我们认识民族历史、民族关系和民族的社会文化发展过程。如果某个词在不同语言或方言里是同源的，那就说明讲这些不同语言或方言的人曾共同使用过该词。事实上，这也是历史比较语言学确定语言谱系的重要依据。例如，我国学者通过对藏缅语族彝语支各民族对铜铁金银等金属名称的比较，确认这一语支所属各民族的分化是在认识和使用这些金属之后，而不是在此之前。因为上述金属在这些民族的语言里大都是同源的，而且还保持着相当严整的语音对应关系[①]。摩尔根在其著名的《古代社会》一书中，也曾多次使用这种方法来研究民族的文化特征，并在后来得到马克思的充分肯定[②]。

（4）词源考证法。在民族学研究中，我们有时要对某一种语言现象的来源问题进行考证，以弥补其他方面材料的不足。掌握这种方法有时能对民族学工作者论证民族史上的一些事实起到至关重要的作用。经常被民族学家考证的语言现象是地名和民族名称，其中地名尤为重要。

地名在词汇中具有较大的稳定性。历史上有的民族从一个地方迁徙了，或是在当地与其他民族发生融合而改变了民族成分，但这个地方的地名却被后来迁入的民族所沿用。也有的民族迁到一个新的地广人稀的地方，就会把自己原来所在地方的地名加于新的居地。因此，考证地名的来源能够帮助我们推测古代民族的分布、迁徙及历史上不同民族相互接触的情形。例如云南南部有个地方叫“磨黑”，是个盐矿，现为汉族居在地。但汉语从不以“磨黑”称盐矿，傣语里却把盐矿叫“磨黑”[③]。由此可见，这一地区早先必曾有傣族居住。又如50年代末期，我国识别出的土家族主要聚居在湘西北，

---

① 详见马学良、戴庆厦：《论“语言民族学”》，载《民族学研究》第1辑，民族出版社1981年版。

② 详见马克思：《摩尔根〈古代社会〉一书摘要》，见《马克思恩格斯全集》第45卷，第334页，人民出版社1985年版。

③ 详见马学良、戴庆厦：《论“语言民族学”》，载《民族学研究》第1辑，民族出版社1981年版。

但是著名民族学家潘光旦教授以渊博的历史、民俗、方志、语言等学科的知识，考证出在湖北、四川、贵州等地都有同土家族自称（“毕兹卡”）在词源上相近的地名，并以此推断土家族在历史上的分布范围远远大于湘西北一隅。这一科学结论已被民族识别工作的实践所证实。同理，今日美国和加拿大许多地名都反映着欧洲移民的来源或印第安人居住过的痕迹。

总之，一个民族往往将自己的历史，将自己对于环境做出反应的种种经验即文化都凝聚积淀在自己的语言中。这一事实要求，以研究民族发展规律为己任的民族学家必须掌握坚实的语言学基础知识，以便使自己的研究工作事半功倍。在这一点上，还是列维-斯特劳斯说得对：“谁要讨论人，谁就要讨论语言，而要讨论语言，就要讨论社会。”①

本章主要参考书目：

① 马学良主编：《语言学概论》，华中工学院出版社 1981 年版。

② 林耀华主编：《原始社会史》，中华书局 1984 年版。

③ 宋振华、刘伶：《语言理论》，辽宁人民出版社 1984 年版。

④ 桂诗春编著：《心理语言学》，上海外语教育出版社 1985 年版。

⑤ ［美］博克（Philip K. Bock）：《多元文化与社会进步》第三章，辽宁人民出版社 1988 年版。

⑥ ［美］马文·哈里斯：（Marvin Harris）：《文化人类学》第二章，东方出版社 1988 年版。

① 转引自埃得蒙·利奇著、王庆仁译：《列维-斯特劳斯》，三联书店 1985 年版，第 41 页。

第四章　经济文化类型

人类社会的经济文化特点与生态环境之间的关系问题，一直是民族学研究的中心问题之一。从早期的进化论学派到目前的文化生态学，各家对环境作用的估价虽然是畸重畸轻，或有时而别，但处处都能看到学者们为阐述这一问题所付出的辛勤劳动。学者们之所以在这个问题上锲而不舍，正是因为它事关重大。众所周知，人类必须结成社会才能生存并发展经济文化，而社会又一定是要建立在某种生态环境的基础之上。作为社会现象之一的民族，当然也不能例外。民族共同体的各种历史发展阶段，无不以共同地域为基本的构成条件之一。这个地域，就是各族人民借以发展其经济文化的历史舞台。各民族的发展既然必须以一定的地域为根基，就不免受到该地域的各种特征的影响。这种影响固然不会始终如一，但它却是始终存在的。在某种意义上我们甚至可以说，正是由于这种影响的历史作用，才使得我们这些同属于现代智人种的人类分成了各种不同的民族，并且出现了操不同语言的许多民族在文化上有很大的相似之处，而操亲属语言的某些民族却有很多文化上的差别的现象。民族学要对这些现象做出科学的解释，就不能回避生态环境与人类社会经济文化的互动作用（interaction）的问题。

第一节　经济文化类型的含义

经济文化类型，是苏联著名民族学家托尔斯托夫（С. П. Толстов）、列文（М. Г. Левин）和切博克萨罗夫（Н. Н. Чебоксаров）在20世纪50年代提出的民族学科学概念之一。经过几乎40年的实践与发展，我们认为这一概念已经具有了学说或方法论的意义。因此，我们在这里所讲的经济文化类型，就有了两个层次的含义。作为科学概念的经济文化类型，它的基本定义是：居住在相似的自然地理条件之下，并有近似的社会发展水平的各民族在历史上形成的经济和文化特点的综合体。作为民族学方法论的经济文化类型，则还有围绕着该核心概念而产生的一系列操作规范。这些规范包括：

第一，经济文化类型不是单纯的经济类型，而是经济和文化相互联系的特点的综合体。这是因为经济发展方向和地理环境在很大程度上决定着各族人民的物质文化的特点，决定着他们的居住地和住房的类型，交通工具和搬运重物的方式，以及饮食和用具、衣服、鞋帽和装饰等。

第二，经济文化类型具有超地区性的特征。在地理环境相似和社会经济发展水平相接近的条件下，居住在不同的甚至相距很远的地区中的不同民族可以属于一个经济文化类型。这一点特别适用于在世界范围内进行的经济文化类型划分。

第三，每一个类型的文化特征首先取决于该类型所处地理条件所规定的经济发展方向。

第四，经济文化类型是历史过程的产物。由于在历史的进程中，无论是各族的社会经济发展水平还是其周围的自然地理环境，对经济文化的影响的程度都是逐渐在改变的，所以经济文化类型会随着时代的变迁而发生重大的变化。这种变化积累到一定程度，就可能在某些地区或某些民族中发生经济文化类型更替或进化的现象。这种更替或进化可能是经济文化类型内各民族内部经济文化发展的结果，也可能是地理环境变迁或文化交流的产物。

第五，各种经济文化类型都有着各自的历史年龄。其中最早的可以追溯到旧石器时代后期，最晚的可能产生于早期阶级社会，甚至更晚的时期。因此，我们对于经济文化类型的研究既要注意共时的、静态的空间分布，又要把握历时的、动态的发展进程。无论哪种类型，都在漫长的历史过程中经历过或多或少的变化，并将随着工业社会和信息社会的到来而进化成新的经济与文化生活的地区性综合体。

以上就是苏联学者所提出的经济文化类型的概念和理论的基本内容。

第二节 经济文化类型理论的作用

经济文化类型的概念和理论的提出，对于民族学的发展和民族学研究的深入有着十分明显的积极意义。这些意义主要体现在它所能发挥的作用当中。

首先，经济文化类型理论充分地肯定了自然地理环境和社会生产力水平对于物质文化发展所带来的影响，从而为民族学对于人类社会物质文化的起源和特征的研究提供了一条科学的认识途径。这一途径有助于我们把研究的内容置于可以操作和验证的科学基础之上，进而克服民族学研究中容易出现的抽象化、概念化和纯粹思辨的缺陷。

第二，这一概念和理论为世界民族分类这一重大的民族学研究课题提供了一套新的选择方案。应该提到的是，目前通行的世界民族分类方法，就其实质而言，都是建立在语言学，特别是历史语言学中的谱系分类法的原则之上的。经济文化类型理论的提出，打破了这种垄断现象，从而丰富了民族分类的手段。虽然这种方法，到目前为止还远不如语言谱系分类法那样完整和严谨，也不能像语言谱系那样准确地标示出各个民族在历史上的亲缘关系及接近程度，但它确实能从共时的角度标示出世界各族人民所处的地理环境，他们的经济文化发展方向和他们所从事的生计方式的特征。这一点是民族学研究必须涉及而语言谱系分类法却是无济于事的。目前学术界出现的“农耕民族”、“游牧民族”、“狩猎民族”，乃至“海洋民族”、“骑马民族”等含义颇有争议的术语，正是语言谱系分类法中存在的缺陷所致。经济文化类型理论为弥补这一缺陷带来了现实的可能性。国外的一些学者也已在不自觉之中进行了这种尝试，并收到了成效。[①]用发展的眼光来看，我们认为，经济、文化类型分类法，可能而且应该同语言分类法相辅相成地成为世界民族分类的重要工具。

第三，经济文化类型的理论能够对考古学中的“文化”“类型”等概念的形成和解释提供重要的参考依据。大家知道，考古学是通过发掘和研究古代人类活动的实物遗存来认识人类社会，特别是古代社会的历史和文化的。但是，考古发掘毕竟是要以点为单位进行，而且见物不见人，亦即见物质遗存而不见社会制度和观念形态，是考古实践的一个特点。因此，对于面上的环境和社会的了解是考古工作者必要的知识装备。经济文化类型正好能提供这个背景知识的框架。近年来，我国的新石器时代考古的迅速发展使人们迫切地感受到建立中国考古文化的区、系类型系统的重要性，这恰好是经济文化类型理论的用武之地。如果考古学界能在建立中国考古文化的区、系、类型框架的过程中把经济文化类型理论结合进去，则不仅能收到事半功倍之效，而且能为考古学与民族学的有机结合奠定良好的基础。

第四，经济文化类型对于体质人类学材料和数据的搜集、分析和解释也能起到重要的参考作用。我们知道，体质人类学主要是研究人类的体质特征的，而人类的体质特征不外乎是人类的生物学特征在环境和社会文化这两大因素的综合作用之下长期进化的产物。因此，了解作为人类进化的遗传和变异背景的经济文化类型，必然能使体质人类学的认识途径得到丰富。例如，当代中国的许多学科和部门经常展开对于现代国人体质特征的测量和化验，积累了不少的资料和数据，但由于受到理论视野和认识途径上的局限，许多部门对于这些资料的分析和处理的角度却显得很单调。其中一种典型

① 例如，《泰晤士世界历史地图集》就有这方面的图示，见三联书店1982年版，第37—39页。

的方法就是以民族为单位来确定测量对象，再将测量（或化验）的结果同其他民族进行比较，进而得出结论。这样的操作程序固然有其科学根据，但同样不可否认的是，由于民族主要是以语言、地域和经济、文化等因素而结合的人类群体，所以地域和文化的因素不能不在人类的体质特征上打下烙印。如果我们以经济文化类型为单位，确定测量对象并在类型之间进行比较研究，肯定能够得到更为丰富的成果，并能对某些既成的结论起到修正的作用。

第五，经济文化类型理论对于民族史志的撰写和讲授也能起到纲不动领性的作用。这一点对于中国的情况尤其切合。我们国家现有56个民族，其中有不少民族在历史上没有留下清楚的记载，现实分布又是一种大分散小聚居的状况。单纯以民族为单位编写和讲授民族史志，不仅会遇到材料上的困难，而且势必会有所重复。这种方法论上的难题，可以通过运用经济、文化类型理论得到较为理想的解决。因为这一理论不仅本身就注意到环境、地域和经济、文化的综合因素，而且还有一个历史民族区或历史文化区的概念与之相辅相成。就中国的情况而论，历史民族区的界限较之各个民族的分布界限明显地简单和清晰得多。

最后，经济、文化类型理论还能为民族学走向社会，积极参与民族地区的现代化建设开辟出新的途径。当前，中国各民族都面临着一个如何发展经济文化，如何根据现有条件来扬长避短，尽快实现社会主义现代化的问题。在这一历史关头，我们十分有必要帮助各族人民制订出一套以历史为鉴，因地制宜地开发和利用、保护生态环境与资源的发展战略，使他们既能通过自己的努力来实现本民族和本地区的经济文化的发展，又能尽量减轻文化变迁中不可避免的心理压力及其他方面的消极影响，并使各族人民在实现社会主义现代化之后仍能保持其应有的文化特点。在这一方面，经济文化类型理论及其实践肯定有着不可替代的作用，因为这一理论正是以环境与经济文化的高度协调为特征的。

第三节 经济文化类型理论在中国的实践和发展

新中国的民族学界对于经济文化类型理论的出现给予了充分的重视。中国的学者们不仅及时、详细地介绍了这方面的进展，而且在切博克萨罗夫教授来中央民族学院讲学期间（1956—1958），同他进行了直接的探讨和交流。由此而产生的一项重要的学术成果，就是林耀华与切博克萨罗夫两位知名教授合著的《中国的经济文化类型》一文。在这篇长达30000字的论文里，两位学者全面地运用经济文化类型理论，从纵横两个方面对中国乃至东亚的经济文化类型进行了详细的划分，并周密地阐述了各个类型的特征和它们的地理及生态基础，从而开创了运用经济文化类型理论研究中国民族情况的先河①。这篇论文60年代初期用俄文在苏联发表之后，日本和联邦德国等国家纷纷予以翻译转载，足见已经引起国际民族学界的重视。然而，由于60年代中期以后，中苏关系和中国国内的形势都出现了急剧的变化，民族学在中国受到长时间的冲击和干扰，所以中国虽然具备了研究和应用经济文化类型理论的良好基础，却没能在这方面取得应有的进展。直到中国共产党十一届三中全会确定了拨乱反正的方针之后，中国的民族学才恢复了生机。《中国的经济文化类型》一文的汉文版本由林耀华教授修订后重新发表，中国民族学界才又在这个领域里进行研究。

在最近的30多年时间里，整个世界在科学技术的推动下取得了前所未有的进步，民族学的研究也大大地发展了。在这样的前提下，我国民族学工作者综合了国内外民族学研究的新成果和本国民族学研究中的实际情况，对原有的经济文化类型理论进行了下述几个方

① 参阅林耀华、切博克萨罗夫：《中国的经济文化类型》，见林耀华《民族学研究》一书，中国社会科学出版社1985年版，第104—142页。

面的修正和发展：

第一，定义的修正。原有的经济文化类型的基本定义是：居住在相似的自然地理条件之下，并有一定的社会经济发展水平的各民族在历史上形成的经济和文化特点的综合体。不难看出，这一定义是把“自然地理条件”和“社会经济发展水平”当作经济文化类型的两大构成要素。以今日的知识来推敲，这两大要素却需要有所修改。

首先，近些年来，整个世界对自然与人这一课题的多学科综合研究的趋向日益明显。生态学特别是文化生态学的研究成果已经极大地丰富了人类对于“环境”的认识。现在我们心目中的环境，已不仅指一个地区的自然地理条件，即不仅指它的地形、气候、水文等条件，而且包括了植被情况，动植物的种群及其结构，人类居住及其活动的情况，文化的接触与交流，以及上述诸因素之间的互动现象。因此，我们认为用“生态环境”这一概念取代“自然地理条件”是合适的。

其次，用“生态环境”取代“自然地理条件”之后，突出了人类活动与环境之间的密切关系，这就使得原定义中的“社会经济发展水平”这一概念在相形之下显得空泛，因为经济文化类型理论中并没有给出衡量社会经济发展水平的相应指标。与此相反，该理论特别强调的一条是“每一个类型的文化特征首先取决于该类型所处的地理条件的经济发展方向”①。事实上，经济文化类型理论要阐述社会经济发展水平近似的各族人民在生活方式上有所异同的原因问题，也只能把重点放在受环境制约的经济文化发展方向上，因为即使是作为社会经济发展水平指示器的生产工具，在一定的环境条件的制约之下也会失去作用。这一点在山区有着特别明显的表现。例如，我国广西壮族自治区隆胜各族自治县尤脊乡的壮族同胞在十分

① 列文、切博克萨罗夫：《经济文化类型与历史民族区》，见《民族问题译丛》1959年“民族学专辑”，第32页。

陡峭的山坡上经营梯田，种植水稻。从社会经济发展水平上讲，他们在解放前夕至少已经发展到了以犁耕为特征的封建地主经济阶段，但是，当地农民使用的生产工具直到1984年仍是手锄，因为那个乡的梯田每一级宽不到2米，两级之间的落差却在1米以上，不仅不适合使用农业机械，甚至连牛耕也很难。又如，在我国东北的某些少数民族内部，直到解放前尚未出现超越地域公社之上的社会组织，这些民族所从事的生产活动主要是采集和渔猎，但他们使用的狩猎工具却已经具有现代气息。解放后，他们的狩猎工具更近于现代化，捕鱼的工具中也有了机帆船和尼龙网。然而，依据经济文化类型理论，这些民族还属于采集渔猎型经济文化的主人。由此可见，在共时的经济文化类型的划分与比较研究中，"社会经济发展水平"这一概念往往没有实际意义。因此，我国民族学工作者近年提出用体现谋生手段的"生计方式（means of livelihood）"这一概念来替代"社会经济发展水平"，并认为"生计方式"不仅能明确地标示出人类社会经济活动的方向，同时也能容纳社会经济的发展水平这一含义。又因为这个概念与生态环境之间的关系更为直接，所以这一修正能提高上述两个要素作为经济文化类型核心的质量，进而增强这种理论处理各种实际情况的能力。这样，我国对于经济文化类型的定义就表述为："经济文化类型是指居住在相似的生态环境之下，并操持相同生计方式的各民族在历史上形成的具有共同经济和文化特点的综合体。"综观现有的几篇运用经济文化类型理论进行民族学研究的代表作，我们认为修改后的定义更名实相符。

第二，具体认识的深化。苏联学者在50年代提出的经济文化类型理论是以粗线条的平面比较为基本特征的。作为经济文化类型的具体构成要素，他们列举出的项目也多限于物质文化方面。这种横向的比较加上对历史进程的纵向探索，构成了经济文化类型理论双维的认知特征。这里存在一个明显的缺陷是，缺乏对同一个经济文化类型的立体结构的认识，特别是明显忽略了精神文化的作用。这显然不利于对经济文化的整体性认识。有鉴于此，我国民族学工作者提出了应该在经济文化类型理论的运用中加入结构层次分析的见解，即要求对每一个经济文化类型都要进行结构层次上的划分，以求认识的深化。这种层次划分的一般序列是：① 生态基础；② 生计方式（包括人类的生产生活活动及物质文化）；③ 社会组织形式及各种典章制度；④ 意识形态（包括行为准则、道德规范、宗教信仰和思想观念等）。这种划分显然有利于我们对任何经济文化的整体性认识，并能使民族学工作者在面对工作对象时选择准确的认知角度。之所以提出这种看法，还因为我国民族学工作者在研究实践中越来越深刻地认识到，在我们这样一个处在社会主义初级阶段上的统一的多民族国家里，各个民族的经济文化发展还存在着严重的不平衡状况。这种状况使得处在每个经济文化类型的最高层次上的意识形态（特别是思想观念）能够对于各个类型乃至各个民族的经济文化发展起到十分重要的作用。在不同经济文化的接触中，它也能在很大程度上决定这种接触能否产生积极的结果。例如，我国现在大力提倡市场经济的发展，并把它看成是搞活民族地区经济的有力杠杆。但是，起初中国有许多兄弟民族对此缺乏应有的认识，大部分人认为经商是丢面子的事。即使有些观念更新的人率先垂范，他们的做法也得不到本民族一般群众的鼓励。许多人还把本村本族先富起来的人户当成吃大锅饭的对象。他们开的饭馆，大家都是白吃；他们有了钱，大家都来“借”，事后又往往不还。还有些民族种地不施肥，特别是不施人粪尿，不肯采用优良品种和科学的管理方法，甚至有些民族因为宗教信仰上的原因而不肯用农药来杀灭害虫，不肯送子女上学而宁愿让他们从事宗教职业方面的训练，等等。从理论上讲，这些现象都应该随着社会主义制度的建立而消灭。但是，实际上这些现象不仅存在，而且严重地影响了各族人民经济文化的发展。这应该说是“观念”这个文化中的深层结构上的问题了。所以，我国学者认为对经济文化类型中的这个深层结构也应该加强研究，并把它视为意识形态对经济基础的反作用力量的来源，进而结合经济文化类型的研究去探讨各民族观念进行更新的最佳方案。顺便指出，我们在进行这种分析时，也不排斥使用“文化特质”“文化丛结”“文化模式”和“文化模型”等术语，但这种使用应以不从识识上割裂经济和文化的整体性为前提。

第三，研究方法的系统化。随着近年来系统论、信息论等知识的普及，我国民族学工作者在经济文化类型的研究方面也提出手段的综合，即在研究一个地区的经济文化类型现象时考虑到了系统化的要求。这种要求有两个方面的含义。首先，强调研究手段的综合，即在研究一个地区的经济文化现象时，不仅考虑经济文化类型理论的因素，同时也要结合实际情况而注意到民族的分布和语言谱系以及历史文化区等方面的因素，尽量做到以经济文化类型为中心而兼顾从物到人、从环境到文化的各种情况，以求使研究结果最充分地体现各方面的实际状况。其次，强调一个体系内的经济文化类型之间的系统性和结构关系。为了达到这个目的，我国学者在研究中国经济文化类型的过程中提出了处在几个不同层次上的概念，如体系、类型组、亚型、分支等，其中体系是指一个研究范围内所有的经济文化类型组的总和；类型组是指生态学原理相似的几个类型的总和；亚型是指同一类型下面出现的地方性经济文化的变异形态；分支是指相同的类型和亚型下面出现的更为细小的地方性经济文化的变体。通过在调查和研究的实践中运用上述的概念，我们不仅能够在任何地域内建立起比较研究的框架，而且能够把这种研究从宏观的认识逐步深入到微观的程度。

第四节 中国经济文化类型的基本框架

根据上述的经济文化类型的理论和方法，我国民族学工作者以解放初期各民族的经济文化状况为基础而整理出的中国经济文化类型框架大致如下：

1. 采集渔猎经济文化类型组

这一类型组分布在东北大小兴安岭的森林地区及黑龙江、松花江、乌苏里江的交汇处，其中包括了讲阿尔泰语系通古斯—满语族诸语言的赫哲、鄂伦春及部分鄂温克族。这一类型组内的各族人民均以渔猎兼采集为主要的生计方式，其特点是直接攫取野生动植物。当然，要把这些自然界的现成礼物制成衣食还是需要付出劳动的，但是，这些劳动不是作用在植物的栽培或动物的饲养上，就是说，这个类型组内人们劳动的主要内容，是根据需要而去收集生态系统在循环代谢的过程中产生的剩余能量。这是人类在生产技术发展的早期所采用的谋生手段。处在这一类型组里的各个民族都在其内部保持着阶级社会之前的许多特征。他们的社会组织形式较为原始，带有浓厚的以血缘纽带为特点的氏族部落性质。在枪械传入以前，弓箭、鱼叉和网罟是他们的主要生产工具。他们的生活器物中都含有大量的桦树皮制品，在冬季，又都使用雪橇作为交通和运输的工具。典型的萨满教在这一类型组的各族人民中间普遍流行。由于居住地的气候异常寒冷，这些民族中都有着一些与火塘有关的禁忌。

严格说来，这一类型组中含有两个经济文化类型，即以鄂伦春族为代表的山林狩猎型和以赫哲族为代表的河谷渔捞型。前者到解放初期仍然以狩猎为主要的经济活动，用树枝和桦树皮等建造简陋的“仙人柱”窝棚为住房，以马匹为主要的行走和运输工具，过着居无定所、食肉寝皮的迁徙生活；后者则是过着定居或半定居的生活，他们冬天多住土窑，夏天则住地面及至桩上的方形木质房屋或窝棚。早些时候，赫哲族多用鱼皮缝制服装。他们的食物以鱼类为主，有时还用晒干或腌制的办法来贮存鱼类。各种形制的小型轻快船只，在他们的交通和运输中有着很大的意义。

解放以来，这一类型组内各族人民的经济文化都有了许多的发展和变化，但即使是在这些变化中也仍然能够看出生态环境和传统的生计方式在他们进行文化选择时所发生的影响。例如，属于河谷渔捞型的赫哲族，由于生态环境和定居生活方式的影响，较为成功地发展了农作物种植业；而山林狩猎型的鄂伦春族则更倾向于选择森林为活动基地，饲养驯鹿作为自己的职业。

2. 畜牧经济文化类型组

这一类型组，分布在东起大兴安岭西麓，西到准噶尔盆地西缘，南到横断山脉中段（云南省中甸县）的广大地区内，基本上构成了一个从东北到西南的半月形畜牧带。属于这个类型组的有蒙古、哈萨克、裕固、塔吉克、藏和部分鄂温克族和达斡尔族。畜牧生计是人类对于干旱或高寒地区生态环境的一种适应形式。它的生态学原理就是在人与地、人与植物之间通过牲畜建立起一种特殊的关系，构成一条以植物为基础，以牲畜为中介，以人为最高消费等级的长食物链。这一点与狩猎生计不无相似之处。但在畜牧生计中，人类虽然没有对生态系统进行根本上的改造，却能巧妙地对之加以积极的利用，牧民们可以在尽量长的时间里，通过有规律的“转场”而把畜群牧放在生态系统的能源输出口——青草地上，从而达到以较大的活动空间来换取植被系统自我修复所需时间的目的。掌握畜群的牧民，除了食肉寝皮之外，还可以挤畜奶，剪畜毛，促进畜群的繁殖，乃至燃烧畜粪。这种对畜群的高度综合利用，是狩猎生计所不能比拟的。

虽然从事畜牧生计的民族仍以氏族部落为社会组织的基础，但由于他们所处的地域较为广阔，他们的生产效率较之渔猎生计为高，也由于马匹的驰骋之功，所以典型的畜牧民族都有过在部落的基础上建立更为高级的社会政治机构的经历。与此相适应的是，这些民族多数都具有了较为发达的宗教观念，而且这种观念在他们的社会生活中取得了较高的支配地位。畜牧生计的另一个共同特点是，它的产品单一和不耐贮存。这就使得它对于农耕社会的贸易有着特别强烈的需求。因此，来往于农牧两种生计之间的马帮和商队及与之相应的一套文化丛结如驮具、驿道等对于畜牧类型的存在和发展都有着不可或缺的作用。嗜饮浓茶也是这一类型组中普遍存在的一个文化特质。

按照经济文化类型的划分条件，这个类型组里至少还可分为四个类型，即以部分鄂温克族为代表的苔原畜牧型，以蒙古族为代表的戈壁草原游牧型，以哈萨克族为典型的盆地草原游牧型，以藏族为典型的高山草场畜牧型。

在苔原畜牧类型里，牧民们所养的牲畜主要是高度适应当地生态环境的驯鹿。这种牲畜同时具有乘骑和运输的功能。狩猎在这种类型的经济生活中仍有着较为重要的意义。它不仅是为了增加收入，同时也为了保护人畜的安全。由于苔原往往是穿插在树林之间，所以牧民们的房屋仍然大量地使用木材。较为原始的萨满教和对诸多的自然神的崇拜，是这一类型中人们精神生活的一个特点。

戈壁草原游牧型是畜牧生计最为发达的形态。羊和马取代了驯鹿而成为这一类型中的主要畜种。在东部水草丰美的地方，人们也放牧牛群，而在这一个类型所处地带的西部，由于戈壁的特点更为鲜明，植被相对稀疏，所以适应地理条件的骆驼就有着重要的意义。典型的游牧民族多以蒙古包为住房。这是一种由格孔式骨架和毡块苫盖而成的尖顶圆柱型帐篷，可以随时拆开并装载到二轮大木车上运走。在金属和塑料制品普及之前，牧民们的日常生活器械多为木制品或皮革制品，这当然是对游牧生活的适应。种种证据表明，这个类型里的各民族早先都信仰萨满教，但元代以来，藏传佛教却逐渐在这里普及。

盆地草原游牧型的生计特征近似于戈壁草原型，但生态环境和文化特质上的差异却使它能够自成一个类型。这里的牧场坐落在回环四合的大盆地里。较为充满的水源潜存着发展农业的可能性。哈萨克族所住的毡房与蒙古包有着相同的功能，但在结构上却表现出了圆顶圆柱形的特殊风格，毡房内各个部分的划分也更为严格。这一类型中牧民食物构成里的粮食比重略高于戈壁草原型，而且其食物制作中更多地使用烤、炸等方法。伊斯兰教以及与此有关的一系列文化特点是把这一类型同其他类型的文化特点加以区别的最为重要的标志。

在这一类型组的南端分布着的是以藏族为代表的高山草场畜牧

类型。以繁殖牦牛为主的畜牧业是这一类型的经济基础。牦牛的奇特生理特征很适应于青藏高原的严酷气候。它那厚重的皮毛和含油脂很高的奶品为这一类型中的牧民提供了理想的衣食来源。由于牦牛善于登山，所以它也被用于运输。这种牦牛通过与黄牛杂交而产生的犏牛，则因为性格驯顺、产奶量高而深为牧民们青睐。严格说来，这一类型内的草场都穿插在崎岖的山间，而不如前面两个类型那样广阔。这里的牧民也多在海拔较低的地方种些青稞和蔓菁等作物，以此作为人畜过冬时的粮草。因此，他们的游牧是季节性的。一般要等到高山化雪长出青草时，才驱赶羊、牛等畜群上山。这个类型中居民住宅也别具一格。作为冬季定居的住宅是永久式的建筑，多建在山下的平坝上，形制为厚重坚固的双层或三层土木平顶碉楼，室内供奉佛像。房屋周围的青稞地里高耸着一排排木架，这是为了贮存冬草而防止牲畜在夏秋等季节随意取食。作为夏季游牧的帐篷相当简陋，通常是用树枝支起的几块牦牛毡或牛皮。举家随畜迁徙的现象在这个类型里并不多见。即使是在夏季，也往往是由男女青壮者赶畜群上山，而孺老则留在山下永久性的住宅里料理家务，并负责照看青稞等。这个类型里的牧民不仅嗜茶，而且要在其中掺入大量酥油。这种酥油茶能产生很大的热量，并且在人的嘴唇上留下一层厚厚的油膜以防止其干裂。在高海拔、强日照、寒风凛冽的地区，其优点是不言而喻的。遍布各地的寺庙、经房和“嘛尼堆”则能使人充分地意识到宗教气氛在这一类型中是十分浓厚的。

3. 农耕经济文化类型组

整个农耕经济文化类型组分布在从帕米尔高原东坡到台湾，从黑龙江到海南岛的辽阔地域里。它的主体部分处在作为中国干湿地域分野的大兴安岭至拉萨线以东的湿润地区。该类型组内各个类型的生态环境和经济文化内容丰富多彩，但它们遵守着共同的生态学原理，即“任何类型的农业，都试图努力改变某种生态系统，以增加流向人类方向的能量”[①]。农耕生计开辟了把劳动直接注入生态系统的途径，使人类可以通过强化劳动和改进技术来放大或增加生态系统的输出功率，从而在生产力和劳动产品之间第一次建立起并行发展的正比例关系。以此为基础，人类不但能安居乐业，而且能积聚财富，发展技术，创造出前所未有的文明。根据目前的认识水平，我们在这一类型组中区分出下列六个经济文化类型：

（1）山林刀耕火种型。这一类型主要集中在青藏高原与云贵高原结合部的横断山系南段，行政区划主要在藏东南、滇西北至滇东南沿国境线地段，其分散部分则向东沿南岭及两侧的山地丘陵直到海南岛，呈现为一片片的文化列岛。属于这一类的民族有门巴、珞巴、独龙、怒、佤、德昂、景颇、基诺以及部分傈僳、苗、瑶、黎、高山等族。这是农耕经济文化类型组中生计方式较为原始的一种类型，也可视为由采集渔猎向农耕过渡的一个阶段。直到现在，采集渔猎的产品还在这一类型各个民族的经济生活中占有重要的地位。各种珍贵的草药和毛皮是他们与周围其他民族交换生产工具和生活必需品的重要物品。语言谱系的复杂和各民族较为简陋的住房以及高度分散的居住方式，反映出从事刀耕火种生计中需要频繁迁徙的特征。在中国的现代化过程中，这一类型中的各个民族面临着最严峻的挑战。国家生态环境保护与当地人民生存手段之间出现了尖锐的矛盾。如何帮助这些民族尽快做出适应时代需要的经济文化调整，是我们民族学工作者迫在眉睫的研究课题。

（2）山地耕牧型。它分布在青藏高原的东南斜坡、雅鲁藏布江谷地和云贵高原中西部山区。属于这一类型的主要是讲藏缅语族诸语言的羌、纳西、彝、白、普米、拉祜和部分藏族及澜沧江东岸的傈僳族。从事这一类型生计的民族，多在山区经营旱作，种植小麦、荞麦、青稞、玉米、马铃薯等耐旱耐寒作物，同时拥有牛、羊、猪、

---

① 转引自基辛（Keesing）：《当代文化人类学》，于嘉云、张恭启译，巨流图书公司1981年版，第167页。

鸡等畜禽。他们的牛、羊多在村舍附近的山坡上牧放，猪只没有严格的棚圈。这些民族的住房多系土墙木顶，但房屋的承重部分是墙中的木架，土墙只起到御寒和隔离的作用。火塘设在屋内，不少人还乐于把家畜圈在居室里过夜。在这个类型里，宗教信仰呈现出纷纭复杂的景观，但积淀在藏传佛教和各种基督教教派之下的应是较为原始的自然崇拜。自从我国实行开放和鼓励市场经济的政策以来，这一类型中许多民族市场经济观念的严重缺乏表现得十分突出。

（3）山地耕猎型。这一类型分布在云贵高原中部以东的山区和华南的丘陵山地，其西端通过语言谱系较为复杂的土家和仡佬族地区而与耕牧类型接触，向东则散布在长江、珠江之间的南岭及武夷山区。从事这一类型生计的主要在讲汉藏语系苗瑶语族语言的苗、瑶、畲等民族。土家和仡佬暂被归入这一类型里。它们总体分布格局也具有文化列岛的特征。这可能是该类型中的民族早期迁徙活动的结果，因为采集、狩猎和刀耕火种在这一类型中仍有着很重要的意义，而这类生计是鼓励游徙的。处在这一类型中的民族多以锄类农具垦殖山田，栽培水稻、玉米、小麦和红薯、豆类等粮食作物；他们的住房依山而建，为不发达的干栏式；负载重物，多用背篓；服饰当中特别注重头部的装饰；民间文学里广泛流行着史诗和山歌，其题材多取自盘瓠（盘古）的传说，或表现打猎、爱情等。宗教信仰中的祖先崇拜色彩甚浓。

（4）丘陵稻作型。它的分布地区以云南中南部经贵州、广西、海南岛、台湾到东北沿边，构成一个不连贯的大新月型地带。属于这一类型的各个民族如傣、壮、侗、水、仡佬、毛南、黎等多讲汉藏语系壮侗语族诸语言的民族。处在东北的朝鲜族，虽然距离遥远，且语言谱系独特，但其经济文化特征，如种植水稻、席地而坐、崇尚白色、手击长鼓等，与傣、壮等民族依稀相似，所以也应属这一类型。水稻种植与干栏式建筑的结合是丘陵稻作型的基本文化丛结。而渔捞活动也往往是一个重要的补充特征。属于这一类型的各个民族均嗜米食，喜酸辣，服装尚黑白两色（至少在老年人身上是如此）.

运输或行走中善用小船和竹排，负重多以肩挑。居民除普遍存在的各种原始信仰外，也多有信佛教或道教者。

（5）绿洲耕牧型。它分布在塔里木、准噶尔两大盆地边缘，经河西走廊到宁夏的地带上以及青藏高原东北坡的河湟地区。从事这一类型生计的除回族和俄罗斯族外，多讲阿尔泰语系诸语族语言的民族。计有维吾尔、乌兹别克、塔塔尔、东乡、保安、撒拉和部分裕固、达斡尔和锡伯等族。他们在干旱地区的绿洲上，主要依靠人工灌溉系统种植小麦、水稻、玉米、马铃薯和棉花等农作物。品质优良的瓜果是这一类型内的特产。此类型的农耕生活中普遍杂有浓厚的畜牧因素，肉、奶、皮革、毛等畜产品在各族人民的衣食中占有颇为重要的位置。居民住房多为土木或砖木结构，平顶和圆顶建筑较为多见。活跃的商业及经商的传统，使得这一类型呈现出与其他类型中的各民族迥然不同的特点。在市场经济受到鼓励的今天，这一类型中的各个民族的传统优势正在得到发挥，并将对整个西北地区的经济产生深远的影响。伊斯兰教以及与此有关的一系列文化特征普遍流行于这一类型中。

（6）平原集约农耕型。这一类型分布在中国东部各大平原和关中、四川两个盆地及其周边地区。属于这个类型的，除作为中国主体民族的汉族之外，还有散居在上述地区中的满、回、维吾尔族及蒙古族的成员。这一类型生计方式的特点是，在单位土地面积上密集地投入劳动力和技术（现在包括农机、化肥、塑料薄膜、农药、优良种籽等），以此作为增加产品产量的主要手段。有些地方还对农副产品进行深加工，并因此而产生了密集的乡镇企业。稠密的人口以村落为单位聚居是这一类型的特征。每个村落事实上都是进行多种经营的单位。对于孔子的学说以及天、地、君、亲、师的信奉和推崇把人们的价值观念上升到不亚于任何宗教的地位。由于这一类型分布面积广大，所以它的地方性变异形态十分丰富。我们撮其要点，以秦岭—淮河为界可将其分为南北两个亚型：

北方亚型，是这一经济文化类型的原生形态。这里气候冬季干寒、夏季湿热，四季分明，雨量少而不均匀。农作物以小麦、谷子、高粱、大豆为主，年收一至二造。由于地形平坦，所以村镇街道亦较开阔。民房建筑多为泥墙土顶（现在砖墙瓦顶已经普及）。村落格局整齐有致。居民喜面食，讲大同小异的普通话。运输多靠畜挽车具。文化景观较为一致，人们的思想比较持重，往往有安土重迁、追求正统的观念。人口自然流动多朝东北、西北两个方向，即俗语所讲的“闯关东”和“走西口”。

南方亚型则气候湿热，地势崎岖，四季不明显，植被丰厚，无霜期长。农作物以水稻为主，副业多与渔桑有关。年收可达二至三造，产量高而且较稳定。居民饭稻羹鱼，不喜面食。村落不似北方整齐紧密，村镇街道狭窄弯曲，民房星罗棋布。室内有木床，无火炕，一般不大注意采光。运输多赖船舶或人力。这个亚型分布区内丘陵较多，加之进入集约农耕体系较晚，所以文化模式丰富，方音错综复杂，人民思想活跃，喜于标新，乐业工商，不惮奔波。历史上的人口自然流动多朝南方甚至海外，即俗语所谓“下南洋”。

需要说明的是，中国幅员广大，民族众多，生态环境复杂，文化现象丰富，生计方式多样化，是很难用上述几个经济文化类型囊括净尽的。我们这样做，只是为民族学中关于人与环境的研究提供一种认识的途径。此外，在分析和研究中国的经济文化类型时，我们还应牢记每个类型都是中国经济文化有机系统的组成部分。在这一前提下，各个类型在空间分布上的交叉切入、时间进程中的转换更替和具体内容上的重叠融会，不仅是可能的，而且是必然的。这种现象正是我们今后进行定量分析研究的一个广阔天地。况且，这里提出的框架也还没有把上面几节中提出的工作设想全部实现。这方面的工作仍等待着有志于民族学研究的同志们同心协力地去开展。

本章主要参考书目：

①《民族问题译丛》1956年“民族学专辑”。

② 托尔斯托夫等：《普通民族学概论》，周为铮等译，科学出版社 1960 年版。

③ 林耀华、切博克萨罗夫：《中国的经济文化类型》，见林耀华《民族学研究》一书，中国社会科学出版社 1985 年版。

④ 李旭旦主编：《人文地理学概说》，科学出版社 1985 年版。

⑤ 张海洋：《中国经济文化类型研究》，中央民族学院 1985 年硕士毕业论文打印稿。

⑥［美］马文·哈里斯：《文化人类学》第三章《生态学、能量、人口》，东方出版社 1988 年版。

第二单元
民族学的源流、研究方法和任务

作为民族学的研究对象——“民族”一词，究竟应该怎样理解？它的定义是什么？马克思主义民族学是怎样创立的？民族学有哪些流派？民族学研究的主要方法有哪些？中国民族学目前面临的主要任务是什么？中国的民族识别工作有何成就和意义？诸如此类问题，本单元将力求予以一个扼要的说明。

第五章　民族学的源流

第一节　民族的概念

民族学作为一门科学，顾名思义，它的研究对象就是民族。

“民族”一词在我国汉语中的出现，乃是近代末期的事情。就目前所掌握的资料看，最早使用该词的是梁启超，见之于他 1899 年写的《东籍月旦》。尔后，该词的使用才渐渐多起来。这同当时中国的局势发展有直接关系。1901 年签订辛丑条约之后，中国完全陷入了半殖民地半封建社会，中华民族的危亡到了严重关头。以孙中山先生为代表的资产阶级革命派，为了拯救中华民族，打倒列强，推翻帝制，建立共和，大力进行民族民主革命活动，民族一词也就随之不断出现在各种革命文献中。自进入现代社会以来，无论党政界还是学术界，该词的运用则更加普遍。

一、关于"民族"一词的译名问题

为了了解国外民族学研究状况和学习马克思列宁主义经典作家有关民族问题的论述，我国学术界和出版界自 20 世纪 30 年代以来特别是 50 年代以来翻译出版了大量的外文资料和著作。但是，在翻译过程中，一些译者对民族概念理解不一，从而把国外有不同涵义的名词，诸如德文的 volk、nation，英文的 ethnic（来源于古希腊语 ′εθros）、people（复数 peoples）、nation，俄文的 народ、нацня 等，一概译为"民族"，这就造成我国学术界对民族一词认识混乱的状况。

在马克思和恩格斯的著作中，德文 volk（复数 völker）和 nation 两词，虽然在一些场合下是可以互相通用的，但在大多数场合下，它们却是有区别的，即有不同含义和不同用法。具体地说，volk（völker）一词有从古到今的一切人们共同体的广泛含义，它可以指处在原始时代的民族、处在奴隶制和封建制时代的民族，也可以指处在资本主义和社会主义时代两种类型的现代民族。英文 ethnic（people，复数 peoples）一词的含义也是如此。俄文 народ（复数 народы）一词，经查列宁、斯大林的一系列著作，在用法、含义上与德文 volk 亦相同，例如他们既用之于殖民地的、被压迫的、落后的民族，又用之于欧洲的、压迫的、先进的民族，还用之于资本主义时代的民族和社会主义时代的民族。

至于德文 nation 一词，马克思和恩格斯仅仅用于表示阶段和国家产生以后的各个时代的共同体，而从不用来指明原始时代的共同体。当然，马克思和恩格斯也已经注意到，在阶级社会产生以后，不同时代的民族在内容、实质上并不相同，所以他们又往往用复合词的形式区分出"古代民族"（kultur völker）和"现代民族"（zivilisierten nationen）。俄文 нация 一词，一般说，其意义等同于德文 nation，不过，列宁、斯大林全面地研究和分析了各个时代的共同体及其不同内容和本质后，着重给予现代民族（нация）以科学定义，从而 нация 一词逐步地用以专指资本主义产生以后的民族。

此外，引起学术界混乱的另一个俄文词是 народность 的翻译问题。列宁、斯大林认定 нацня 为现代民族的同时，他们又经常用 народность 这个词指称较落后的民族，或是殖民地、被压迫的民族、非俄罗斯民族等等。特别是 1950 年斯大林写《马克思主义和语言学问题》时，他对 народнсоть 一词的所指范围最后明确下来，说明它是奴隶制和封建制时代的人们共同体，也就是阶级社会产生到资本主义社会出现为止这一大段时期的共同体。俄文 народность 一词，似乎源于恩格斯使用德文 völkerschaft 一词所具有的含义：在原始公社的生产方式和氏族部落关系的瓦解时期，以及在奴隶制社会初步形成时期，由每个部落联合而成为一个共同体；这个共同体内部和它的领土上已经出现了对战俘进行剥削的可能性，并且已形成有不大的城市和地方性的市场[1]。然而由于译者对 народность（völkerschaft 或 völkchen）一词的确切含义未加仔细辨别和考究，便独出心裁地译之为部族，使人们把对该词的理解与中国古代史中的“部族”概念混同了起来。这种翻译上的错误所造成的混乱现象在我国曾延续了很长一段时间，直到 70 年代末才逐渐地改正过来[2]。

自 50 年代以来，在苏联的民族学著作中还使用了 этническая общность 一词，它用以概括以上各种类型的共同体。在我国翻译界，或译为“人们共同体”，或译为“民族共同体”，我们认为，后一种译法更确切些。我们知道，民族、民族共同体两个名称所指的都是同一事物，而民族学的研究对象应是各个不同历史时期的民族共同体，这既完全符合民族学研究史上的传统意义，也等同于我国一般学者对民族这一概念的看法。

二、民族的定义

对民族这一人类社会特有的现象，中外研究者甚多，不少名人

① 参阅恩格斯：《家庭、私有制和国家的起源》，第 102 页。

② 最明显的例子莫过于中共中央马克思、恩格斯、列宁、斯大林著作编译局对 народность 一词的最新译法及所做的编者注。详阅《斯大林选集》下卷第 606 页，人民出版社 1979 年版。

都想为它下一个明确的定义。就中国而言，近现代之交试图界定民族含义者便有梁启超、孙中山等。梁启超在 1903 年向国人介绍布伦奇理（J. K. Bluntschli，瑞士—德国法学家、政治理论家）有关民族定义时说："民族者，民俗沿革所生之结果也。民族最重要之特质有八：（一）其始也同居于一地（非同居不能同族也，后此则或同一民族而分居各地或异族而杂处一地……）；（二）其始也同一血统（久之则吸纳他族，互相同化，则不同血统而同一民族者有之）；（三）同其肢体形状；（四）同其语言；（五）同其文字；（六）同其宗教；（七）同其风俗；（八）同其生计。有此八者，则不识不知之间，自与他族日相阂隔，造成一特别之团体固有之性质，以传诸其子孙，是之谓民族。"① 1924 年，孙中山在《三民主义》一文中说："我们研究许多不同的人种，所以能结合成种文相同民族的道理，自然不能不归功于血统、生活、语言、宗教和风俗习惯这五种力。"孙中山的解释，因其处于革命领袖的地位，一直为解放前出版的各种著作所援引或作为理论根据，直至 1947 年版的《辞源》"民族"条释义仍然沿用。

这些民族定义，尽管都有一定的道理，但仔细分析，却又都存在着不科学的成份。首先，他们都把"血统"作为民族的基本要素，有的还作为最主要的因素，这是不正确的。民族不是血缘组织，相反，它正是血缘组织瓦解之后的产物，因此，"血统"是决不能作为民族的基本要素之一来确定的。其次，他们又都把宗教作为民族定义的基本内容，这也是不正确的。宗教在某些民族中确实是一个很重要的特征，但是，信同一宗教的不一定是一个民族，同样，一个民族也不一定只信一种宗教。例如我国少数民族中，朝鲜族、白族、布朗族、鄂温克族、拉祜族、傈僳族、苗族、纳西族、怒族等都是信仰数种宗教的民族，不能因为他们没有信仰一个共同的宗教就否定他们是民族。再者，把共同体质特征作为民族的基本要素之一，也

---

① 见《饮冰室文集》卷五说二。

是不正确的，因为在许多民族中，一个民族往往有几种不同的种族成分，如许多拉美民族就是例证。因此，他们的民族定义，都称不上科学的民族定义。

民族是人类社会发展到一定阶段的历史现象，有着它本身的特殊规律。因此，对这个特殊的社会历史现象如果不用历史唯物主义的观点去分析，是决不可能找到它的特殊规律的。

创立了科学社会主义的马克思和恩格斯对民族这一特殊的社会历史现象一直十分关心，在许多著作和论文中都讨论到了它。如前所说，他们对不同的发展阶段的民族共同体分别使用了不同的术语。马克思和恩格斯区分不同阶段民族共同体的思想为科学的民族定义的产生奠定了基础。

到了列宁和斯大林时代，由于全世界殖民地的民族问题更加突出，因而也引起了列宁和斯大林的极大关注。

列宁在领导俄国十月革命和建立无产阶级政权的整个过程中，始终很重视对民族问题的研究。他曾写下了许多有关民族问题的著作。在1913年以前，他的许多著作中已分别提到语言、地域、经济和文化等民族定义的几个基本特征，但由于他当时的注意力较多地放在当时最突出的阶级斗争和党内斗争问题上，因而还没有专门考虑民族定义问题。

20世纪初，本来就是“各族人民的监狱”的沙皇俄国，更进一步掀起了大俄罗斯民族沙文主义狂热，对国内各族人民尤其是少数民族人民加剧了剥削和压迫，激起了各族人民的强烈反抗，在各个非俄罗斯民族中，形形色色的民族主义浪潮日益汹涌地逼来。因此，民族问题当时在俄国已非常突出。在多民族地区从事革命活动的斯大林非常敏锐地洞察到了这一问题，他认识到，无产阶级要取得革命的胜利，不解决民族问题是不可能的。因此，在1912年12月和1913年1月间，他先后在克拉科夫和维也纳全面研究了民族问题。他收集了“所有奥国的和其他的一切材料”，并在1912年12月俄国社会民主工党在克拉科夫召开的会议期间，同列宁就民族问题进行了交谈。在此基础上，他在著名的《马克思主义和民族问题》这一著作中，根据马克思和恩格斯关于民族问题理论，完整地、系统地对民族下了定义："民族是人们在历史上形成的一个有共同语言、共同地域、共同经济生活以及表现在共同文化上的共同心理素质的稳定的共同体。"1929年，斯大林在《民族问题和列宁主义》一文中又稍有改变地重申了这个定义："民族是人们在历史上形成的有共同语言、共同地域、共同经济生活以及表现于共同的民族文化特点上的共同心理素质这四个基本特征的稳定的共同体。"这两个说法，原则上没有什么差别。

斯大林简明扼要地把一个民族作为独特的共同体所必须具备的最基本也是最重要的特征全部表述出来了，而且还精辟地论述了民族定义四个基本特征之间的相互关系，一改资产阶级民族定义机械地罗列条款或孤立地强调某一因素的片面做法。

首先，斯大林认为，民族是历史上形成的一个稳定的人们共同体。这是历史唯物主义的基本立场。就是说，民族不是人类一开始就有的，也不是一朝一夕形成的，而是人们在长期生产、生活的历史中逐渐形成的稳定的共同体，是一定历史时期的产物。当然，斯大林所指的历史时期是资本主义上升时期。

接着，斯大林又说，不是任何历史上形成的稳定的共同体都是民族，比如奥国和俄国也是这种稳定的共同体，但不能称民族，因为国家与民族不一样，国家不一定要有一个共同的语言，而民族则非要有共同语言不可。斯大林的这一见解是非常正确的。语言确实是人们社会联系的交际工具，没有一个共同的语言，就不可能形成一个民族共有的经济和文化生活，也不可能形成共同的民族心理素质，而没有这些共同点，当然也不能称其为民族。

但是，斯大林并没有机械地强调语言因素，而是辩证地说，不同的民族不一定要有不同的语言，例如英吉利人和北美美利坚人就是操同一种语言的两个民族。为什么操同一种语言的人成了两个民族呢？这是因为他们长期生活在不同的地域上。因此，斯大林又进一步认为，只有长期在共同地域上世世代代地共同生活，并不断交往的人们才能形成民族。

有了共同的语言和共同地域，斯大林认为还不够，要成为民族，还需要有内部的经济联系来把本民族中各部分结合于一个整体之内。他又以英吉利人和美利坚人为例，认为他们如果各自都没有联系成一个经济上的整体，那么他们就都不配叫民族。英吉利人和美利坚人正因为他们各自在经济上联成了独立的整体，而不是一个整体，所以他们是两个不同的民族。

最后，斯大林强调了表现在民族文化特点上的共同心理素质。他认为，各民族之所以不同，不仅是他们生活条件的不同，而且还在于表现在他们民族文化特点上的精神形态的不同。他又以操同一语言的英吉利人、北美美利坚人和爱尔兰人为例，认为正因为他们历代生存条件的不同，因而形成了各自特征的心理素质，而这种心理素质对他们成为三个不同的民族起了相当大的作用。

斯大林在阐释了民族的上述四个特征之后，强调指出，这四个特征是一个完整的定义，把四个特征中的任何一个单独拿来作为民族定义都是不够的，而且这四个特征只要缺少一个，民族也就不成其为民族。因此，只有一切特征都具备了的时候，才能够说得上是民族。

斯大林的民族定义提出来后不久，就得到了列宁的肯定和高度赞扬。当列宁知道有人提议把这篇文章当作讨论的文章时，他坚决表示："当然我们绝对反对。那篇文章写得很好。这是当前的重要问题，我们丝毫也不放弃反对崩得混蛋们的原则立场。"1913 年 3 月，列宁在写给《社会民主党人报》编辑部的信中说："……柯巴（斯大林）在被捕前写了一篇很长的（可供《启蒙》杂志 3 期用的）关于民族问题的论文。好！应当为真理而对崩得和取消派中的分离主义者及机会主义者进行战斗。"1913 年 12 月，列宁在《论俄国社会民主工党的民族纲领》一文中又说："在马克思主义的理论文献中，对于这种情况和社会民主党民族纲领的原则，最近已经作了阐明（在这方面首屈一指的是斯大林的论文）。"

斯大林的民族定义提出后，得到了世界各国马克思主义者的公认。我国早在30年代后期就有人把它翻译成汉文，为中国共产党人所接受和运用。尤其是在新中国成立之后，更是被作为制定民族政策和进行民族识别工作的理论依据，也是进行民族研究工作的基本理论依据。特别是经过50年代关于汉民族形成问题的大讨论以后，斯大林的民族定义便成了我国学术界所熟悉的原则。

斯大林的民族定义不仅为马克思主义者所公认和接受，甚至也为一些西方民族学家所承认。他们认为，斯大林根据马克思主义立场给民族下的定义，它的权威性一直保持着长久不衰的地位。

但是，自从斯大林的民族定义发表以来，也曾有人想予以“修改”和“补充”。例如，1929年，苏联的梅什柯夫、柯瓦里楚克等人写信给斯大林，提出要给这个定义加上第五个特征，即“具有自己单独的国家”，认为没有这一条就没有而且不可能有民族。斯大林在同年的3月18日给他们写了回信，即后来发表的《民族问题和列宁主义》，对他们的错误观点进行了严肃的批驳，指出如果按照他们的公式，那一切没有自己独立国家权利的民族就得从民族范畴中一笔勾销，因而这些民族反对民族压迫、反对帝国主义的斗争，也要从“民族运动”、“民族解放运行”的概念中取消了。斯大林指出，这实际上是为民族压迫、帝国主义压迫和资产阶级的民族压迫辩护。在这篇文章中，斯大林重申了民族定义的四个特征。由于斯大林的严肃批判，梅什柯夫等人的“补充”意见没有市场，因而也没有造成什么影响。

60年代，在赫鲁晓夫大反斯大林的政治背景下，罗加乔夫等人借学术讨论为名，想否定斯大林的民族定义。他们声称斯大林的民族定义要作重大的修改，而且还提出了所谓“新的民族定义”。他们说：“民族是历史上形成的一种具有稳定的共同经济生活（有工人阶级存在）、共同地域、共同语言（特别是标准语）、共同民族属性意识，以及在心理上、在习俗、文化和解放斗争的传统上具有某些共同特点的人们共同体。”当时苏联学术界大部分人对这一主张持沉默的态度，响应者寥寥无几。在赫鲁晓夫倒台之后。罗加乔夫等人的主张便受到了很多苏联学者的反对。例如查麦梁，就专门撰文予以批评。他坚持认为，斯大林的定义基本上是科学的、马克思主义的。苏联《历史问题》编辑部在总结关于民族概念争论的文章中也否定了罗加乔夫等人的主张，认为“民族属性意识”不能作为民族的基本特征之一，它与“习俗、文化和解放斗争传统的特点”一起实际上都已包括在民族的第四个特征，即“表现在共同的民族文化特点上的共同心理素质”中了。

在我国学术界，70年代末和80年代初也有一些人对民族定义提出了这样或那样的“补充”、“修改”意见，但几乎没有赞同者，因为大多数学者迄今仍然认为，斯大林的民族定义基本上是科学的。

诚然，斯大林的民族定义指的是资本主义产生后的资产阶级民族和社会主义民族，也就是现代民族（нация、nation）。但有了这个民族定义作为基础，有关民族问题的研究就有所依据。例如，50年代初期我们开始做民族识别时，就是以斯大林的民族定义为指针的，虽然当时我国各民族都没有达到现代民族的程度。斯大林本人在《民族问题和列宁主义》一文中提到现代民族的要素时，也曾说“语言、地域、文化共同性等等——不是从天上掉下来的，而是还在资本主义以前的时期逐渐形成的”①。因此，我们根据实际情况，灵活地运用斯大林关于现代民族的定义，是完全必要的，也是合乎科学发展规律的。

最后，我们必须强调，在我国通用的“民族”一词，指的是所有历史时期的民族共同体。这个民族或民族共同体正是民族学研究的对象。外文也有类似的名词，诸如希腊文'ε0γos、德文 volk（völker）、俄文 народ（народы）、英文 people（peoples）、法文 peuple（peuples）等。鉴于马克思主义创始人使用不同名词用以代表不同社会发展时代的民族，我们建议使用“原始民族”（如 volk、复数 völker，

① 《斯大林全集》第11卷，第289页，人民出版社1955年版。

专指原始社会时代时）表示处于原始时代的民族共同体，“古代民族”表示处于奴隶制与封建制时代的民族共同体（德文 völkerschaft、俄文 народность），“现代民族”表示处于资本主义与社会主义时代的民族共同体（德文 Nation、俄文 нация）。这种分类法已经为国内许多民族学家赞同，因为它可以避免翻译界对这些不同名词的不同译法的纷扰。

第二节　马克思主义民族学的创立

任何一种完整和系统的学说都来源于长期的知识积累，有其肥沃的土壤。马克思主义民族学也不例外。马克思在着手编写《资本论》时就意识到，若要彻底揭露资本主义制度的实质，必须深入了解前资本主义的各种社会经济形态。正如恩格斯所说，马克思在研究任何事物时都要考虑它的历史起源和前提，以求了解社会现象全面发生和发展的过程。马克思对前资本主义社会历史的研究，是它全部学说的一个重要组成部分。1845—1846 年，马克思、恩格斯合著的《德意志意识形态》一书，详细叙述了历史唯物主义的基本原理，论证了人们的社会存在决定人们的社会意识，阐明了生产力与生产关系发展的客观规律。他们创立的辩证唯物主义和历史唯物主义是建立科学的民族学的理论基础。

马克思主义民族学与马克思、恩格斯学说之间的关系十分密切。两位马克思主义奠基人的一生，恰好是民族学这门科学产生和发展的时期。19 世纪中叶，当西方民族学刚刚开始形成时，就引起了马克思、恩格斯的密切关注。他们的充分体现无产阶级革命理论、辩证法和唯物史观的著作，对民族学的发展起着巨大的指导和推动作用。同时，当时出现的许多民族学资料对马克思、恩格斯的学说和世界观的发展也有一定影响。

马克思、恩格斯关于民族学问题的理论和观点，有一个逐步充实和深化的过程。只从 19 世纪 50 年代以后看，他们涉及民族学课题的论著和笔记日见丰富。比如，在马克思方面，有《经济学手稿(1857—1858年)》《给维·伊·查苏利奇的复信草稿》《马·柯瓦列夫斯基〈公社土地占有制，其解体的原因、进程和结果〉一书摘要》《路易斯·亨·摩尔根〈古代社会〉一书摘要》《亨利·萨姆纳·梅恩〈古代法制史讲演录〉一书摘要》《约·拉伯克〈文明的起源和人的原始状态〉一书摘要》等等；在恩格斯方面，有《反杜林论》《劳动在从猿到人转变过程中的作用》《论俄国的社会问题》《德国古代的历史和语言》《马尔克》《家庭、私有制和国家的起源》等等。所有这些，都在不同程度上探讨了人类起源、民族组织、婚姻家庭形态、原始公社制度及其解体、私有制和阶级的产生、民族的形成、国家的起源及其阶级实质和发展前途等重大问题，因而都是马克思主义民族学的光辉论著。

特别要指出的是，马克思在生命的最后时刻，甚至忍痛放下《资本论》的写作而孜孜不倦地去钻研当时陆续问世的各种民族学著作，所做的笔记竟达3万页之多。据恩格斯后来说，马克思生前曾计划在长期积累起来的民族学资料的基础上，参考摩尔根的《古代社会》，撰写一部关于古代史研究方面的专著。可惜，由于马克思的过早去世而没有如愿以偿。然而，恩格斯实现了马克思的"遗愿"，终于写就《家庭、私有制和国家的起源》这部名著。诚然，它首先是科学社会主义的主要著作，但是恩格斯在书中详细论证了一系列古代社会和现实社会中的问题，提出了许多深邃、透彻的学术见解，因而正如周恩来所说，它乃是"马克思主义的第一部民族学著作"①。我们认为，《家庭、私有制和国家的起源》的问世，标志着马克思主义民族学创立起来了。

马克思和恩格斯对民族学的贡献是多方面的。

首先，关于劳动在人类起源过程中的作用问题。人类由动物进化而来，这一发现是达尔文（G.R.Darwin）进化思想的一大贡献。

① 参见杨堃：《民族与民族学》，第5页，四川民族出版社1983年版。

但是，进化论中的自然选择法则远未能解释清楚人类起源的一系列问题。只有恩格斯根据当时的古生物学、比较解剖学和地质学等实际资料写成的《劳动在从猿到人转变过程中的作用》一文，才科学地说明了人类的起源。他指出，人类远古祖先的共同劳动是社会性的劳动，劳动不仅完善了人的生物本质，而且建立了人类社会。共同劳动使实际生活的各个领域发生了重大变化，以至恩格斯有充分的理由这样说："劳动创造了人本身。"①

其次，关于"两种生产"的理论。所谓"两种生产"，是指物质资料的生产和人类自身的生产。对于"两种生产"做出科学说明的，最早要数马克思、恩格斯。早在1845—1846年，他们就共同提出了如下的见解："我们首先应当确定一切人类生活的第一个前提也就是一切历史的第一个前提，这个前提就是：人们为了能够'创造历史'，必须能够生活。但是为了生活，首先就需要衣、食、住以及其他东西。因此第一个历史活动就是生产满足这些需要的资料，即生产物质生活本身。""第二个事实是，已经得到满足的第一个需要本身、满足需要的活动和已经获得的为满足需要用的工具又引起新的需要。""一开始就纳入历史发展过程的第三种关系就是：每日都在重新生产自己生命的人们开始生产另外一些人，即增殖。""不应把社会活动的这三个方面看作是三个不同的阶段，而只应看作是三个方面……。从历史的最初时期起，从第一批人出现时，三者就同时存在着，而且就是现在也还在历史上起着作用"②。过了40年，即1884年，恩格斯在《家庭、私有制和国家的起源》第一版序言中，对此重新作了言简意赅的表述："根据唯物主义观点，历史中的决定性因素，归根结蒂是直接生活的生产和再生产。但是，生产本身又有两种。一方面是生活资料即食物、衣服、住房以及为此所必需的工

---

① 《马克思恩格斯选集》第3卷，第508页，人民出版社1972年版。

② 马克思和恩格斯：《德意志意识形态》，见《马克思恩格斯选集》第1卷，第32—34页，人民出版社1972年版。

具的生产；另一方面是人类自身的生产，即种的蕃衍。一定历史时代和一定地区内的人们生活于其下的社会制度，受着两种生产的制约：一方面受劳动的发展阶段的制约，另一方面受家庭的发展阶段的制约。”① 这就是我们通常所说的“两种生产”的理论。前后两种说法，只是文字表达繁简有别，而理论内涵却完全一致。

“两种生产”理论是历史唯物主义的一条基本原理，也是马克思主义民族学的一块基石。我们认为，物质资料的生产和人类自身的生产，是社会生产这一矛盾统一体的两个方面。二者相互依存，相互制约，相互渗透，没有人类自身的生产，物质资料的生产就失去了前提、主体和目的，就不会有人类社会；没有物质资料的生产，人类自身则无法生存。应该说，人类社会的存在和发展，正是这两种生产矛盾运动的结果，并不是只由哪一种生产单独地起决定性作用。近二三十年来，世界上多数国家都越来越重视人类自身生产问题的研究，试图寻找出它与整个社会经济发展相适应或和谐的最佳方案。为此，就目前来说，不同国家对人口政策各有自己的侧重点。比如，人口生产偏低、老龄化现象突出的国家，往往突出鼓励生育，或使少、青、中、老年的人口结构尽可能合理，以保证有足够的劳动力去进行物质资料生产和社会事业的发展。又如，人口生产过高的国家，特别是像我国有 12 亿人口的社会主义国家，人口政策倡导一对夫妇只生一个孩子和晚婚晚育、优生优育，使人口生产和物质资料生产尽可能彼此适应。民族学工作者结合实际深入研究“两种生产”理论，在各民族的人口生产等问题上为国家、为人类社会献计献策，有着十分重大的意义。

第三，关于氏族和家庭史的理论。氏族和家庭问题，一直是民族学家十分重视的研究课题。在 19 世纪 60 年代以前，由于对原始社会的研究很不充分、透彻，即便像格罗斯、尼布尔、瑟尔沃尔、梅恩、蒙森及其他一切古典古代史学家，尽管能够正确地描述民族的

---

① 恩格斯：《家庭、私有制和国家的起源》，第 3—4 页，人民出版社 1972 年版。

许多特征，但是他们并不理解氏族的起源及其本质，因而总是把氏族看作家庭的集合体。在家庭发展史方面，他们也没有科学的认识，家庭似乎根本就没有经历过任何历史的发展。正因为受当时科研水平的限制，马克思和恩格斯早先也不能不受到传统偏见的影响，误认为最早的“社会结构只局限于家庭的扩大：父权制的酋长、他们所管辖的部落成员以及奴隶”[①]。

然而，马克思和恩格斯并没有停留在以往的看法上，而是密切注视着有关学科所提供的新材料和新结论，并且以自己的唯物史观和方法论系统地阐明了氏族和家庭方面的理论问题。这集中地反映在马克思的《摩尔根〈古代社会〉一书摘要》等民族学笔记和恩格斯的杰作《家庭、私有制和国家的起源》中。关于他们的看法，这里概括地转述如下：当实行杂交的原始群内部开始排除兄弟和姊妹的婚姻关系以后，氏族才产生出来；在氏族社会的组织中，氏族是基本组织，它既是社会体制的基础，也是社会体制的单位；首先出现的是母系氏族社会，然后过渡为父系氏族社会，它们均以原始共产制经济为基础，人们过着原始平等、民主的社会生活，整个氏族制度随着农村公社的出现而逐渐崩溃；至于家庭与氏族的关系，任何家庭形态都不是氏族的基础，氏族整个包括在胞族内，胞族整个包括在部落内，部落整个包括在民族内，而家庭只要氏族存在就从未整个包括在氏族内，即它总是一半包括在丈夫的氏族内，一半包括在妻子的氏族内。关于家庭发展史问题，马克思和恩格斯认为：在实行杂交的原始群时期，没有家庭，往后才依次发展出血缘家庭、普那路亚家庭、对偶家庭、一夫一妻制家庭[②]；有什么样的婚姻形态就

---

① 马克思和恩格斯：《德意志意识形态》，见《马克思恩格斯选集》第1卷，第26页。

② 恩格斯在1883年为《资本论》第1卷第3版（德文版）作注时称：“后来对人类原始状况的透彻的研究，使作者得出结论：最初不是家庭发展为氏族，相反地，氏族是以血缘为基础的人类社会的自然形成的原始形式。由于氏族纽带的开始解体，各种各样家庭形式后来才发展起来。”见《马克思恩格斯全集》第23卷，第389—390页。我们认为，“家庭”一词有广义和狭义之分，详见本书第十二、十三章正文及有关脚注。

会有什么样的家庭形态，而不同类型的亲属制度则以各种不同形态的家庭为基础，或者说，前者是对后者的反映和记录；在阶级社会中，一夫一妻制不再以自然条件为基础，而是以经济条件为基础，因而它从一开始就具有了自己的特殊的性质，使它成为只是对妇女而不是对男子的一夫一妻制；只有随着无产阶级革命的胜利，生产资料转归社会所有，个体家庭才逐渐不再是社会的经济单位，妇女的平等地位才能实现，以性爱为基础的婚姻，对男子来说是真正的一夫一妻制才能成为社会公认的道德。

第四，关于原始公社的理论。还在19世纪40年代，马克思、恩格斯就着手探讨所有制问题，提出了区分各种所有制形式的一个基本原则："分工发展的各个不同阶段，同时也就是所有制的各种不同形式。这就是说，分工的每一个阶段还根据个人与劳动的材料、工具和产品的关系决定他们相互之间的关系。"① 据此，他们首次指出："第一种所有制形式是部落［Stamm］所有制。它是与生产的不发达的阶段相适应的，当时人们是靠狩猎、捕鱼、牧畜，或者最多是靠耕作生活的。在后一种情况下，它是以有大量未开垦的土地为前提的。在这个阶段上，分工还很不发达……"② 这表明，当时他们已觉察到，在私有制产生以前，人类社会尚无阶级和国家，只是存在着一种土地公有的社会，但对其内涵并不明晰。通过二三十年的独立探索，马克思和恩格斯对原始共产制的公社在认识上有了质的飞跃。例如，马克思在1867年写《资本论》第一卷时指出："在印度的不同地区存在着不同的公社形式。"③ 恩格斯在1876年写的《反杜林论》进一步阐述道："我们在所有的文明民族的历史初期所看到的不是'大地主'……而是土地公有的氏族公社和农村公社。从印度到

① 马克思和恩格斯：《德意志意识形态》，见《马克思恩格斯选集》第1卷，第26页。

② 同上。

③ 马克思：《资本论》第1卷，见《马克思恩格斯全集》第23卷，第396页，人民出版社1972年版。

爱尔兰，大面积的地产经营，最初正是由这种氏族公社和农村公社来进行的，同时，耕地或者以公社为单位共同耕种，或者分成小块，由公社在一定时期内分配给各个家庭去耕种，而森林和牧场总是公用的。”[①]引人注目的是，此时柯瓦列夫斯基的《公社土地占有制，其解体的原因、进程和结果》以及摩尔根的《古代社会》均尚未问世，而恩格斯却已明确地把原始公社划分出氏族公社和农村公社两个时期，并把农村公社被经营的土地分作两种情况，这就相当真实地反映了原始公有的范围、程度不断缩小和削弱的历史趋势。当马克思于1879—1880年读了柯瓦列夫斯基的《公社土地占有制，其解体的原因、进程和结果》这部民族学著作后，对原始公社的发展过程也有了相当明晰的看法。他的看法可归纳如下：（1）在不是定居的远古群的状态下，财产是公有的，“产品本身作为共同产品都是群的财产”，“还不存在‘不动产’”[②]。（2）氏族公社的公有制，土地为氏族成员所共有，他们“共同生活，共同耕地”，“并用共同的（公共的）收益满足自己的需要”[③]。（3）父系家族公社的公有制，早期的亦即“南方斯拉夫式的家庭公社”[④]，或如阿尔及利亚卡比尔人中“不分居家庭”，共有集体耕种的土地，其他财产也为全体家族成员所有，个人只占有极为有限的动产如衣服、装饰品等，公社成员共同消费产品。后来，土地所有权的不可分割和共同的耕作、消费消逝了，于是“这种家庭在历史发展的过程中也越来越简化为现代意义上的私人的个体家庭了”[⑤]。（4）农村公社，定期平均分配耕地，

① 恩格斯：《反杜林论》，第172—173页，人民出版社1970年版。

② 马克思：《马·柯瓦列夫斯基〈公社土地占有制〉一书摘要》，见《马克思恩格斯全集》第45卷，第210页，人民出版社1985年版。

③ 同上书，第231—232页。

④ 同上书，第242页。

⑤ 同上书，第309—311页。

"如此等等"[①]。后来，公社"共同使用者以时效［давность владения, Alter des Besitzes］为理由而把他们的个体份地变为私有财产"[②]。长此以往，由于"份地的不平等已经很大，这种不平等必然逐渐地造成财富、要求等等方面的各种不平等，简言之，即造成各种社会的不平等，因而产生争执，——这就必然使事实上享有了特权的人极力确保自己作为所有者的地位"[③]。原始公社制度终于走到了它的尽头，因为"通过把土地所有制个人化，也达到了政治的目的——消灭这个社会的基础"。[④] 这里应强调指出，马克思在晚年给俄国作家维·伊·查苏利奇的复信草稿中，对农村公社的历史地位及其主要特征，提出了为后人经常引用的卓越见解，诸如农村公社"摆脱了牢固然而狭窄的血统亲属关系的束缚"[⑤]，具有原始公有和私有的二重性，"既然是原生的社会形态的最后阶段，所以它同时也是向次生的形态过渡的阶段，即以公有制为基础的社会向以私有制为基础的社会的过渡"[⑥]。

第五，关于私有制产生的理论。剥削阶级特别是资产阶级及其代言人，历来宣扬私有制自有人类以来就存在，而且是"天然地合理"。马克思和恩格斯从民族学角度，多次分析、论证了私有制是人类社会一定历史阶段上的产物，而且同它的产生具有必然性一样，它终将被消灭，而为最高形式上的公有制所取代。早在19世纪40年代，马克思和恩格斯就指出："无论在古代或现代民族中，真正的私有制只是随着动产的出现才出现的。"[⑦] 而"动产的私有制以及后来

---

① 马克思：《马·柯瓦列夫斯基〈公社土地占有制〉一书摘要》，见《马克思恩格斯全集》第45卷，第243页。

② 同上书，第246页。

③ 同上书，第247页。

④ 《马克思恩格斯全集》第45卷，第327页。

⑤ 《马克思恩格斯全集》第19卷，第450页，人民出版社1963年版。

⑥ 同上。

⑦ 马克思和恩格斯：《德意志意识形态》，见《马克思恩格斯选集》第1卷，第68—69页。

不动产的私有制”，“是从自然形成的共同体形式的解体过程中”发展起来的。[①] 这个基本思想，马克思和恩格斯一直坚持不逾。比如，19 世纪 60 年代，马克思指出：“私有制作为公共的、集体的所有制的对立物，只是在劳动资料和劳动的外部条件属于私人的地方才存在。”[②] 在 70 年代，恩格斯论述商品生产与货币之间的关系时写道：“如果生产商品的社会把商品本身所固有的价值形式进一步发展为货币形式，那么还隐藏在价值中的各种萌芽就显露出来了。最先的和最重要的结果是商品形式的普遍化。甚至以前直接为自己消费而生产出来的物品，也被货币强加上商品的形式而卷入交换之中。于是商品形式和货币就侵入那些为生产而直接结合起来的社会组织的内部经济生活中，它们逐一破坏这个社会组织的各种纽带，而把它分解为一群群私有生产者。最初，正如在印度所看到的，货币使个人的耕种代替了公社的耕种；后来，货币以最后的分割取消了还实行定期重分的耕地公有制（例如在摩塞尔流域的农户公社中，在俄国的村社中也开始出现）；最后，货币促成了余留下来的公有森林和牧场的分配。无论促进这一过程的还有什么其他基于生产发展的原因，货币始终是其中影响公社的最有力的手段。”[③] 而马克思在 80 年代则从个体劳动等角度指出：小土地经营、各种动产的积累和个体交换的发展，必然破坏着原始的经济平等和社会平等，“引起公社内部各种利益和私欲的冲突，这种冲突，首先会破坏耕地的公有制，然后会破坏森林、牧场、荒地等等的公有制；一旦这些东西变成了私有制的公社附属物，也就会逐渐变成私有制了”[④]。

第六，关于“直接过渡”的理论。马克思和恩格斯是在对马克思主义的敌人进行论战中提出这个光辉理论的。1874 年俄国民粹派

① 马克思和恩格斯：《德意志意识形态》，见《马克思恩格斯选集》第1卷，，第 26、70 页。

② 马克思：《资本论》第 1 卷，见《马克思恩格斯全集》第 23 卷，第 830 页。

③ 恩格斯：《反杜林论》，第 306—307 页。

④ 马克思：《给维·伊·查苏利奇的复信草稿（三稿）》，见《马克思恩格斯全集》第 19 卷，第 450 页。

分子彼得·特卡乔夫发表致恩格斯的“公开信”，指责、谩骂恩格斯对于俄国没有“丝毫知识”，不主张立即发动革命就是站在沙皇政府一边等等。他认为，在俄国实现社会主义革命，比西欧各国要容易得多，因为俄国绝大多数人民“都充满着公社占有制原则的精神”，“是本能的、传统的共产主义者”[①]。为批判毫无社会主义常识的特卡乔夫，揭穿他奢谈社会革命的骗人伎俩，恩格斯于1875年出版了题为《论俄国的社会问题》的小册子。正是在这里，恩格斯率先明确地提出了“直接过渡”的理论：“俄国的公社所有制早已度过了它的繁荣时代，看样子正在趋于解体。但是也不可否认有可能使这一社会形式转变为高级形式，……然而这种过渡只有在下述情况下才会发生，即西欧在这种公社所有制彻底解体以前就胜利地完成无产阶级革命，而这个革命会给俄国农民提供实现这种过渡的主要条件，其中也为他们提供在整个农业制度中实行必然与其相联系的变革所必需的物资。”[②] 过了六年，俄国的查苏利奇写信向马克思求教。为消除他对《资本论》有关资本主义制度起源的理论分析存在的误解，马克思及时给回了信。在复信草稿中，马克思除论述了农村公社的特征等问题外，还探讨了俄国公社的发展前途问题。他是同意恩格斯上述意见的，并有更加详明的阐述。他指出，资本主义制度的存在和发展，在西方“是把一种私有制形式变为另一种私有制形式。相反地，在俄国农民中，则是要把他们的公有制变为私有制”[③]。同时，他也考察了俄国公社存在另一种发展前途的可能性：“如果它在现在的形式下事先被引导到正常状态，那它就能直接变成现代社会所趋向的那种经济体系的出发点，不必自杀就能获得新的生命。”[④] 究竟是私有制战胜原始的公有制，还是后者直接向高级形式过渡，“一切

---

① 转引自《马克思恩格斯选集》第2卷，第623页，人民出版社1972年版。

② 《马克思恩格斯选集》第2卷，第625—626页。

③ 《马克思恩格斯全集》第19卷，第447页。

④ 《马克思恩格斯全集》第19卷，第451页。

都取决于它所处的历史环境"[1]。就是说，无产阶级革命取得了胜利，通过国家各方面的帮助，尤其是引导人民对原始公有制进行根本改造，就能使残存着原始公社的民族，"可以不通过资本主义制度的卡夫丁峡谷"[2]，而直接过渡到社会主义。

马克思主义创始人关于"直接过渡"的英明预见，在社会主义国家中已成为现实。在我国，不只是保留有原始公社浓厚残余的少数民族，而且已经进入到奴隶制、农奴制社会的少数民族，由于中国共产党制订的有关方针、政策和方法、措施正确，还由于国家从人力、物力、财力等方面的巨大帮助和扶持，它们都成功地建立起社会主义制度，而且在昔日的废墟上迅速发展着经济、政治、文化等事业，为跻于先进民族之林迈出了坚定步伐。

关于马克思、恩格斯为创建新型的马克思主义民族学立下的丰功伟绩，我们在这里不可能一一介绍，比如民族的形成、国家的起源（这既是国家学说的内容，也关系到民族学的内容），就没有涉及。但是，从以上列举的几个方面，读者足可看出，他们从辩证唯物主义和历史唯物主义原则出发，为我们继承和发展马克思主义民族学奠定了良好的基础。

第三节 西方民族学流派

西方民族学大体经历了三个发展阶段，第一阶段从19世纪中叶到20世纪初，这一阶段占主导地位的主要是进化论学派；第二阶段从19世纪末到第二次世界大战，是西方民族学大发展时期，整个学术界形成了百家争鸣的局面，出现的流派有播化学派、历史学派、社会学年刊派、功能学派、心理学派等；第三阶段从第二次世界大战至今，是西方民族学大变化时期，出现的学派有结构主义学派、新

① 《马克思恩格斯全集》第19卷，第451页。
② 同上。

进化论学派、文化相对论学派、新心理学派、社会生物学学派等。下面我们对这十几个学派进行扼要的介绍。

一、进化论学派

进化论学派是19世纪中叶西方出现的第一个民族学流派。进化学派主要研究人类社会文化的起源和发展过程，认为人类的社会文化和生物进化一样，也是由简单到复杂，由低级阶段向高级阶段逐渐地发展。这种循序的进化过程是全世界所有文化的普遍发展规律，造成这种普遍性的原因在于人类心理的一致性。

进化论学派的主要代表人物有斯宾塞（H. Spencer，1820—1903）、泰勒（E. B. Tylor，1832—1917）、摩尔根（L. Morgen，1818—1888）。他们都以各自的特点系统阐述了进化论思想，对民族学的初期发展做出了重要贡献。

1. 斯宾塞

斯宾塞是英国哲学家、社会学家、民族学家。在达尔文《物种起源》（1859）发表之前就发表了《演进假说》（1852）、《进步之规律和原因》（1857），提出了自然选择和适者生存的概念，被达尔文称为是他的先驱之一。从1860年起，斯宾塞开始撰写十卷本的巨著《综合哲学》，对进化论进行了系统阐述。他从宇宙万事万物的起源说起，直到生物、心理、社会、伦理的进化发展都进行了讨论。其中的《社会学原理》一书早于1903年就被译成中文[①]。

斯宾塞认为，和一切生物都在自然选择和适者生存的原则下进化一样，人类社会也是在这样的原则下，由较简单的形式向较复杂的形式进化，各种文化虽然不处在同一时代，但都遵循着同样的程序，同时代的文化尽管发展速度有快慢不同，但都得遵循一定的发展阶段，不能逾越。诸如家庭、礼节、政治、宗教、职业和工业等的进化都是适应的结果，人类社会的每一种适应都解决一系列生存中的问题，但又会遇到一系列新的问题，因而又要求新的适应。人

① 严复译《群学肄言》。

类社会就是在这种不断的适应中进化发展，由最初的原始军事制社会发展到有国家的工业社会，最后达到没有国家和政府的、合乎道德标准的乌托邦境界。

2. 泰勒

泰勒被誉为英国人类学的创始人，著有《人类早期史研究》(1865)、《原始文化》(1871)、《人类学》(1881) 等。

泰勒认为，人类的文化史就是人类的技术、经济、精神生活自我运动的发展史，犹如生物界的一类物种是由另一类物种发展而来的一样，一类工具、设备、艺术形式和道德信仰也是由另一类工具、设备、艺术形式和道德信仰发展而来的。他认为人类的文化就像他们生存的地球一样，层系分明，先后衔接，次第演化，序列一致。他把人类的文化分为蒙昧、野蛮、文明三个阶段，认为尽管全世界的文化形式繁多，甚至有种族和语言的表面差异，但都要经历这三大阶段。

泰勒在宗教进化研究中提出了著名的“万物有灵论”。他认为，处于低级阶段的原始人通过做梦、晕倒、病昏、死亡等现象的探索，得出了人有灵魂的思想，并进而得出万事万物都有灵魂、世界有阴间、阳世和鬼神的推论，后世的宗教正是在这种万物有灵论的基础上发展起来的。

泰勒在民族学研究方法上做出了三方面的贡献。第一，提出了“残存”法，即通过研究当代生活中的古代文化遗存，探索历史发展的过程；第二，发展了比较法，即通过对民族志资料的跨文化比较研究，对各种文化特征进行了分类，理清了文化发展的基本脉络和阶段；第三，在文化现象的研究中采用了统计学的方法，例如他收集了 350 个原始和文明社会的统计资料，计算了相关文化的百分比，并通过制表、分类等方法探讨了文化现象之间的关系。

泰勒也和其他同时代的进化论学者一样，认为人类文化发展过程之所以具有相似性，其原因在于人类心理的一致性。

3. 摩尔根

摩尔根是美国著名的民族学家。他是一位律师，因帮助印第安人诉讼成功，夺回了土地，被接纳为塞讷卡部落的成员和鹰氏族的养子，从而开始了对印第安人的研究。在对易洛魁印第安人多次深入调查研究和广泛收集资料的基础上，于 1851 年发表了《易洛魁联盟》一书。该书追溯了易洛魁人数百年的历史，详细记述了他们的生活环境、经济活动、生产工具、房屋、服饰、家庭、习俗、宗教和语言，着重介绍了联盟的组织结构，讨论了他们的命运。该书被学术界誉为第一部关于印第安人的科学著作。1871 年他又发表了《人类家族的血亲和姻亲制度》，该书不仅讨论了印第安人的奇特亲属称谓和族源问题，而且开始了对人类早期社会组织原则及其普遍发展规律的探索。他于 1877 年发表的《古代社会》一书，正是这一探索的科学结晶。

摩尔根在《古代社会》一书中全面表述了他的进化论思想。他采用了比较研究的方法，通过对印第安人和世界其他地区的部落及希腊、罗马等古代史的研究，阐述了人类社会从蒙昧时代经过野蛮时代到文明时代的发展历程，并指出了人类社会最终必将进入没有私有财产的乌托邦境界的前景。摩尔根这部署作得到了马克思和恩格斯的高度评价。恩格斯说："在 1847 年，社会的史前状态，全部成文史以前的社会组织，几乎还完全没有人知道。……最后，摩尔根发现了氏族的真正本质及其对部落的关系，这一卓绝发现把这种原始共产主义社会的内部组织的典型形式揭示了出来。"[①] 恩格斯还说："摩尔根的伟大功绩，就在于他在主要特点上发现和恢复了我们成文历史的这种史前的基础，并且在北美印第安人的血族团体中找到了一把解开古代希腊、罗马和德意志历史上那些极为重要而至今

① 《共产党宣言》1888 年英文版加的注，《马克思恩格斯选集》第 1 卷，第 251 页，人民出版社 1972 年版。

尚未解决的哑谜的钥匙。”[①] 因此，恩格斯认为：“摩尔根在美国，以他自己的方式，重新发现了四十年前马克思所发现的唯物主义历史观，并且以此为指导，在把野蛮时代和文明时代加以对比的时候，在主要点上得出了与马克思相同的结果。”称赞《古代社会》是划时代的少数著作之一”。[②]

进化论学派除上述三人以外，比较出名的还有巴斯典（Adolf Bastain，1826—1905）、巴霍芬（Johann Jacob Bachofen，1815—1887）、麦克伦南（John Ferguson Mclennan，1827—1881）、拉伯克（Sir John Lubbock，1843—1913）、梅恩（Sir Henry James Sumner Maine，1822—1888）以及较晚一点的弗雷泽（Sir James George Frazer，1854—1941）、柯瓦列夫斯基（M. M. Kowalevski，1851—1916）等。

二、播化学派

播化学派是19世纪与20世纪之交出现的西方民族学流派。他们反对进化论学派的理论，主张从空间上研究文化，认为人类文化的类似性可以用文化传播的概念来解释，每一种文化现象都是在某个地点一次产生，一旦产生后，便开始向各个地方传播，各民族的文化并不都是自己发明的，而主要是从其他文化发明中心向外传播着的文化现象中“借用”来的，因此，可以根据若干共同的文化特质或因素来划分文化圈。民族学的主要任务就是研究作为文化历史基本内容的文化传播和文化圈。故此，该派又被称为“文化圈学派”或“文化历史学派”。播化学派又分德奥播化学派和英国播化学派。

（一）德奥播化学派

德奥播化学派的主要代表人物是格雷布纳（Fritz Craebner，

① 《家庭、私有制和国家的起源》，《马克思恩格斯选集》第4卷，第2页，人民出版社1972年版。

② 同上书，第1—2页。

1887—1934）和施密特（Wilhelm schmidt，1868—1954）。

1. 格雷布纳

格雷布纳是德国民族学家，一生几乎都在博物馆的展品和书堆中度过，没有作过实地调查。主要代表作有《民族学方法论》(1909)、《大洋洲的文化圈和文化层》(1905) 等。

格雷布纳反对用进化的眼光看待人类的社会文化现象，认为民族学研究的唯一的主题就是文化现象的传播和借用。他认为，只有少数几个地区的较优秀民族才能创造和发明文化，而其他民族都要从这些优秀民族中借用。他还认为，无论是相邻的民族还是远隔重洋的民族，只要发现他们之间有类似的文化特质，就可以断定他们历史上有过文化传播关系，因而也就可以划在一个文化圈之内。为了判断文化特质的类似性，他提出了两个标准，一个是“形的标准”,即从文化事物的形式、结构和作用上来判断文化特质的类似性；另一个是“量的标准”,即从类似文化特质的数量多少来断定文化的传播关系。

2. 施密特

施密特是奥地利天主教神父、民族学家和语言学家。主要著作有《神灵的起源》(1926—1955，共 12 卷)、《民族学的文化历史法》(1937)、《地球上的语系和语圈》(1926) 等。

施密特进一步发展了格雷布纳的文化圈思想，在“形的标准”和“量的标准”基础上又提出了“连续标准”和“亲缘关系程度标准”。所谓“连续标准”就是指在两个远隔重洋的文化或地域上不连续的文化之间，只要找到与两个文化具有相似文化特质的岛屿居民，便可断定两个文化之间过去有过联系；“亲缘关系程度标准”是指在相互隔离的两地文化之间，只要文化特质的形式十分相似，而数量又较多，便可断定两个文化之间曾有过传播关系。

施密特在强调文化的空间划分的同时，又非常强调文化的时间顺序，他把全世界的文化划分成四级文化圈。但是，施密特进行“科学研究”的最终目的，实际上是为了论证一神教是最古老的宗教，从而维护上帝的信仰。

(二) 英国播化学派

英国播化学派的主要代表人物是史密斯(G. E. Smith, 1871—1937)和佩里(W. J. Perry, 1887—1949)。

史密斯是英国考古学家和人类学家。主要代表作有《古埃及人》(1911)、《早期文化的移动》(1915)、《文化的传播》(1933)等。

史密斯播化学说的主要内容是，认为埃及是全世界最早出现文明的地方，因此在世界其他地方发现的高级文化现象都是由古埃及传播过去的，尼罗河是全世界文明的发明中心，诸如农业、灌溉、造船、太阳崇拜、木乃伊制作等文化因素都是在公元前3000—前2000年间在埃及集合起来，到公元前900—前800年时才开始逐渐向世界各地传播的。

佩里是史密斯的学生。他进一步发挥了史密斯的学说，认为古埃及人是航海民族，名为“太阳之子”，他们为了寻找贵金属和珍宝而四处航海，在找到贵金属和珍宝的地方停留了下来，从而把他们的文化发明如技术、宗教、政治制度等传播了过去。佩里的主要著作有《印度尼西亚的史前巨石文化》(1918)、《太阳之子》(1923)等。

三、美国历史学派

美国历史学派形成于20世纪初。该派以实证主义为其方法论的哲学基础，主张对具体的文化现象进行详细的收集、整理和分析研究，不主张过早地作理论概括。他们宣称人类学研究的主要目的是：(1)重建人类发展的历史；(2)决定历史现象的类型和它们的历程；(3)探讨文化变迁的动力。该派又被称为批评学派、历史特殊论和文化历史学派，主要代表人物是博厄斯(Franz Boas, 1858—1942)。

博厄斯是美国著名的人类学家，曾经对爱斯基摩人、美国西北海岸的印第安人等进行过长期和多次的实地调查。他认为，人类学的基本任务是研究社会生活现象的全部总和，这种研究构成包括一切民族在内的人类历史。每个文化集团都有自己独特的历史，因此，必须在每个民族的特点中来研究每个民族。民族学应当是文化史的一部分，最终目的是揭示社会发展的一般规律。

他对进化和播化两派都采取了批判的态度。他认为19世纪中叶的进化论是简单的进化主义，过早地进行理论概括和推测，缺乏深入细致的调查研究，资料不充分，细节没核实，是不科学的研究结论。他说，文化现象太复杂，过早建立一般规律必然流于空泛笼统，对于了解具体的文化动态没有多大实际作用。只有把世界上具有代表性的文化中所能观察到的典型现象，都包罗无遗地纳入一个规定的序列而加以概括，才能称为普遍规律。他批判播化学派，说他们只是抓住了文化的表面传播现象就得出结论，是没有实证基础的推测。他尤其反对"埃及中心论"，指出外表上彼此相同的现象，可能有根本不同的来源和根本不同的功能，不是任何相同性都可以说明"历史联系"或一个民族从另一个民族吸取。他以大量的实例说明文化是可以单独或平行发明的。

博厄斯通过对博物馆展品的研究发现，各地区都有与其他地区不同的独特物质文化，因此，可以根据不同的文化特征来划分地理区域。但他又说，他提出的文化区概念，最初目的只是为了便于物质文化的分类，并不是适用于一切文化现象的万能理论，但这一概念被人误解了。

博厄斯坚决反对种族主义，主张民族平等。他用大量资料说明，人类不同种族在外表体质形态上尽管有所不同，但在天赋上和生理功能上没有什么差别，影响各民族文化发展水平的是历史条件而不是种族能力上的差别。他提出，每一种文化都有自身的价值，都有自己的逻辑、理想、世界观和道德观，不应该用自己民族的一套标准去衡量其他民族的文化。

另外，博厄斯在语言学、体质人类学和考古学等方面也都提出了独到的见解，对人类学的发展起到了很大的推动作用。

历史学派除博厄斯以外，还有他的许多学生。这些学生也都是美国很有名的人类学家，如克罗伯（A. Kroeber，1876—1960）、罗维（R. Lowie，1883—1957）、威斯勒（C. Wissler，1870—1947）、赫斯科维茨（M. Herskowits，1895—1963）、戈登威塞（A. Goldenweiser，1880—1940）、雷丁（P. Radin，1883—1959）等。

四、法国社会学年刊派

法国社会学年刊派形成于19世纪末和20世纪初，既是社会学的一个流派，也是民族学的一个流派。主要代表人物是杜尔干（E. Durkheim，1858—1917）及其继承人莫斯（M. Mauss，1872—1950）。该派因杜尔干1896年创办《社会学年刊》杂志而得名。

杜尔干曾任法国波尔大学和巴黎大学教授，在社会学、民族学、哲学和教育学等方面都有研究。他的主要著作有：《社会学方法论》（1895）、《论自杀》（1879）、《宗教生活的原始形式》（1912）等。

杜尔干认为，民族学是一种叙述性的学科，不是理论性的学科，而社会学则是一门综合性的学科，其中包括民族学。尽管他本人没有亲自参加过实地调查，但他对民族学的调查资料非常重视，能利用别人的民族学调查资料提出自己的分析和看法。

总的来说，杜尔干基本上赞成摩尔根的进化论思想，也认为人类社会是由低级向高级发展的，但他不同意用人类心理一致性作为解释人类社会文化发展阶段共同性的原因。他还认为，社会不是个体的简单总和，而是他们结合的一种体系；它是具有自己特征的一种特殊现实。应当严格用科学的、实证的方法来研究。

杜尔干的民族学思想主要体现在宗教研究和社会组织研究两个方面。

在宗教研究方面，他提出，最原始的宗教是氏族宗教，图腾信仰则是氏族宗教的主要形式，它与氏族外婚制密切相关，持同一图腾信仰的人便是同一氏族的人，不能互相通婚。个人图腾和性别图腾则是在氏族图腾之后出现的图腾形式。

在讨论宗教信仰的起源问题上，杜尔干提出了自己的独特见解。他主张，任何宗教崇拜的对象，即任何“神”（广义上），都不过是统治人类的社会力量化身。因为每个个体都无法认识社会力量的强制力和压力，从而产生一种思想，认为在人之外存在着一种或几种他必须依附的实在力量。它就是每一个图腾祭祀所敬奉的神，而图腾的各种对象，动物、植物或其他自然物只是这种力量的象征。因此，社会、社会环境才是宗教观念产生的唯一根源。

在社会组织研究方面，杜尔干基本上赞同摩尔根的观点。认为先有原始群，然后有氏族，而氏族又是先有母系氏族，后有父系氏族。家族则是在氏族之后才出现的。

杜尔干认为，应根据各个具体社会的结构特征来划分社会类型或社会种类。他说，每个社会都是由较简单的社会构成，因此，应把最简单的社会作为分类的基础，氏族便是这种最基本的单位。他的这一主张成了战后“结构主义”学说的基础。

莫斯是杜尔干的继承人，曾担任法兰西学院教授，与其他人共同组织了法国民族学研究中心——巴黎民族学研究所。莫斯比杜尔干更加重视民族学研究，主要著作有《民族学概论》(1947 年)、《赠礼》(1924)、《社会学与人类学》(1947)。莫斯本人虽然没有亲自参加民族学的实地调查，但是，他十分重视培养学生从事实地调查。在巴黎民族学研究所，他培养了一大批有实地工作经验的民族学家。

莫斯根据爱斯基摩人冬天集中过大家庭生活，夏天分散过小家庭生活的特点，得出社会生活是受物质条件决定的结论。他的《赠礼》一书在民族学界有很大的影响，该书实际上是论证早期人类社会的经济关系，认为早期人类集团之间的馈赠实际上是一种互惠性的交往方式。一些西方学者认为，莫斯的赠礼研究对功能主义和结构主义的产生都有影响。

五、英国功能学派

英国功能学派是 20 世纪 20 年代在英国形成的人类学学派。该派对进化论学派、播化学派和历史学派都持批评的态度。他们认为人类学研究的主要任务是要把文化作为一个有机的统一体来考察，弄清楚这个有机统一体中各个组成部分对整体所作的贡献，以及各组成部分之间的相互关系。因其两个主要代表人物用功能观点阐述土著社会文化的专著，即马凌诺斯基（B. K. Malinowski，1884—

1942）的《西太平洋的探险队》和拉得克利夫-布朗（A. R. Radcliffe-Brown，1881—1955）的《安达曼岛人》在1922年同年发表后，吸引了许多追随者，从而在英国形成了较有影响的功能学派学术队伍。

1. 马凌诺斯基

马凌诺斯基是英国著名的功能人类学派的领袖人物之一，曾到特洛布里恩德群岛作过整整2年的实地调查工作。他的主要代表作除上述一书外，还有《科学的文化理论》（1944）[①]、《野蛮人的性生活》（1929）等。

马凌诺斯基认为，进化论学派把文化的发展看作一连串的、依一定次序演化的阶段，是一种假设，不能用经验来了解，因而是不科学的；播化学派和历史学派也多少是靠它们的猜度，来重构相同文化在地面上如何传播的历史，因而也是不可靠的。他主张，人类学的最重要工作，就是要弄清楚文化内部各要素相互之间的功能关系。他的文化功能观主要是说，文化实际上是满足人类需要的手段，文化是一种物体、态度和活动的体系；它是一个整体，其中的各个组成部分都是互相依存的；文化在满足人类需要的过程中创造了新的需要，新的需要又促使新的文化手段的出现，这正是人类进步的关键所在。

马凌诺斯基创造的一套实地调查方法，受到了英美人类学界的普遍重视，长期以来，一直为民族学家和人类学家们所沿袭。

2. 拉得克利夫-布朗

拉得克利夫-布朗也是英国功能学派人类学的领袖人物之一，曾到安达曼岛和澳大利亚等地进行过实地调查。主要著作除《安达曼岛人》以外，还有《文化的历史解释和功能解释》（1929）、《原始社会的结构与功能》（1952）、《社会人类学方法》（1958）等。

拉得克利夫-布朗也认为，进化论学者们过于匆忙地做出了结

① 费孝通等译《文化论》。

论，他们的错误在于以这种或那种文化现象的起源问题取代了发展规律的研究，而起源理论是无法检验的。要想揭示发展规律，就要先弄清楚结构、功能与意义。他对功能的解释与马凌诺斯基差不多，认为功能就是一部分活动对整个活动所作的贡献，一个社区内社会活动的各方面都密切地相互关联着，在研究任何一个方面时，必须研究它与其他各方面的关系。他在强调功能研究的同时，还强调结构研究，他认为在某种意义上来说，这是科学的最基础部分。

在方法论上，拉得克利夫-布朗主张用自然科学的方法，即实验推理的方法来研究人类学。他说，全世界的原始社会便是人类学家的广大实验室，应有尽可能多的人类学家来精密考察尽可能多的社会与文化，然后进行比较，才有可能得出比较科学的结论。

六、美国心理学派

20世纪30年代初，在弗洛伊德（S. Freud，1856—1939）的精神分析法的影响下，美国一部分人类学家和民族学家转向文化与个人关系研究。他们认为，文化塑造了各民族的“基本人格”，而“基本人格”又决定了这个民族文化的命运，各民族文化的差异正是由“基本人格”的差异造成的。文化是抽象的东西，而个人才是真正的客观现实，因此，研究某个民族的文化，必须从研究这个民族的个人开始。主要代表人物有卡迪纳（A. Kardine，1891—1918）、林顿（R. Linton，1884—1953）、本尼迪克特（R. Benedict，1887—1948）、米德（M. Mead，1901—1978）等。

1. 卡迪纳与林顿

卡迪纳虽本不是人类学家，而是心理学家和精神病理学家，但实际上他却是心理学派的主要领导人，许多有声望的人类学家都要把自己的材料或著作交给他加工。

林顿是博厄斯之后的哥伦比亚大学人类学系主任。他同卡迪纳共同组成了哥伦比亚大学讨论会，明确、系统地把精神分析学方法运用到人类学研究中。他们俩合作的主要著作是《社会心理学新领域》（1949）。

在该书中，他们提出了“基本人格”的概念。他们认为，同一民族的人，童年的经历都差不多，所以由文化造成的童年人格也都差不多。这种大体相同的人格便是这个民族的“基本人格”，而这种“基本人格”又决定了这个民族的文化形式和命运。“基本人格”不同，文化便呈不同的形式，民族的命运也就不相同。他们进而认为，要改变一个民族的文化，只要改变他们的儿童教育方式，尤其是5岁之前的儿童教育方式，就可以相应改变这个民族的“基本人格”，从而达到改变这个民族的整个文化，包括整个社会制度和宗教制度的目的。

2. 本尼迪克特

本尼迪克特是美国著名的女人类学家，曾到印第安人和新几内亚、非洲等地的许多部落中进行实地调查。她的主要代表作有《文化模式》(1934)、《菊与剑》(1946)、《种族、科学和政治》(1954)等。

早在1927年，当本尼迪克特到皮马 (pima) 印第安人中作调查时，就发现了文化与人格的关系，经过多年酝酿后，终于写成了《文化模式》一书。

在该书中她首先认为，人格是由文化决定的。她说，个体生活的历史首先是适应由他的社区代代相传下来的生活模式和标准。从他出生之时起，他生于其中的风俗就在塑造着他的经验与行为。到他能说话时，他就成了自己文化的小小创造物，而当他长大成人并能参与这种文化的活动时，其文化的习惯就是他的习惯，其文化的信仰就是他的信仰，其文化的不可能性也就是他的不可能性。但是，她也强调个人对文化的作用。她说，文化中所具有的要素，归根到底没有不是个人所做的贡献。除了来自具体的男人、女人或孩子的行为之外，还能从其他地方获得任何文化的特质吗？

根据各文化的个人心理和行为特点，她描述了三种文化模式，第一种是典型的日神型文化，即新墨西哥的普韦布洛人；第二种是酒神型文化，即美洲西北海岸的夸库特尔人；第三种是妄想狂型文化，即美拉尼西亚群岛的多布人。

3. 米德

米德也是美国著名的女人类学家，曾到过印第安人、萨摩亚人、新几内亚等地区进行实地调查。她的主要代表作有《萨摩亚人的成年》(1928)、《三个原始部落的性别和气质》(1950) 等。米德也坚持认为人格是由文化决定的，用种族差别、生理差别、地域或饮食差别以及自然选择的理论都不能完满地解释人格差别的原因。她以阿拉佩什人、蒙杜古马人、德昌布利人三个相距不远而男、女人格却有明显差异的部落为例，说明人类的天性是十分柔顺的，有较大的可塑性，可以精确地并有差别地应答周围多变的文化环境刺激，故而，人格的差异取决于社会条件，尤其是个体发展的早期条件。米德的观点在心理学和人类学界一度造成了很大的影响。

七、结构主义学派

结构主义学派产生于20世纪40—50年代。结构主义思想实际上是一种方法论。结构主义者们认为，在人类社会文化的表面结构之后，都隐藏着一种真正的社会结构，人类学研究的任务就是要用建立模式的方法去分析、说明和揭示这种真正的结构，并揭示人类的思维结构。结构主义的代表人物主要是法国的人类学家列维-斯特劳斯 (Claude Levi-Strauss，1908—2009)，英国人类学家利奇 (Edmund Leach，1910—1989) 也被认为是代表人物之一。

1. 列维-斯特劳斯

列维-斯特劳斯是法国著名人类学家，曾到巴西中部进行过实地调查。在学术上受到多种思潮的影响，其中最主要的是地质学、精神分析学和马克思主义。但结构主义的提出主要源于语言学。他在布拉格结构语言学派代表人物雅克布逊 (R. Jakobson，1896—1982) 的音位结构分析法启发下，提出可把这种方法运用在人类学的亲属关系分析上，于是便形成了人类学的结构主义方法。他的主要代表作有《结构人类学》(2集，1958，1973)、《野性的思维》(1962)、《神话学》(4卷，1964，1967，1968，1971) 等。

列维-斯特劳斯说，社会结构不是经验主义实体，也不是对特定社会关系总和的描写，而是一种可以运用于任何社会的研究方法，一种为分析和说明问题而建立起来的模式，即从人类学资料中抽象出来的逻辑结构。他认为，人类学家在土著民族中进行调查时，为他们提供情况的当地人往往会提供不确切的甚至是错误的情况，因此，这就需要人类学家进行结构分析，即用模式的帮助去解释社会关系。人类学家的任务，就在于考察社会结构的无意识基础，就是要通过人们正常意识到的层次（即有意识层），越来越深入地达到无意识层（即发现社会的深层结构），在纷乱的规矩和习俗背后发现存在于不同空间和时间中真正起作用的结构系统。

2. 利奇

英国人类学家利奇（Edmund Leach，1910—1989）是结构主义思想在英国的提倡者，被认为是最能理解列维-斯特劳斯思想的人类学家。他的主要著作有《缅甸高地的政治制度》（1954）、《列维-斯特劳斯》（1970）等。

在解释结构主义的时候，利奇也认为，人类学家描述的结构仅是存在于他们心中的逻辑构思模式，所谓对社会制度的说明，就是用一个概念化的模式，来陈述集团之间关系和组成集团的个人之间关系的正确状况。但是，他的思想中还是带有英国功能主义传统的经验主义色彩，如在模式建设的问题上他明确表示，他关心的始终是可观察到的人类行为的物质世界，而决不是那种玄奥的东西或观念制度。

八、新进化论学派

新进化论学派是美国在 20 世纪 40—50 年代形成的民族学和人类学学派。他们一方面恢复 19 世纪以摩尔根为代表的进化论学派的名誉，另一方面提出了与 19 世纪进化论不同的学说，如文化学与能量进化、文化生态学与多线进化论等，因而被学术界称为新进化论学派。主要代表人物是美国人类学家怀特（L. White，1900—1975）和斯图尔德（J. Steward，1902—1972）。

1. 怀特

怀特是美国著名人类学家，早在30年代，就坚持不懈地宣传摩尔根的学说，先后出版了摩尔根以前没有出版过的作品，如《摩尔根1859—1862印第安人日记等》(1959)，重新编辑再版了摩尔根的《古代社会》一书，并为该书撰写了长篇序言。他的主要代表作有《文化科学》(1949)、《文化的进化》(1959)等。

在学术思想上，怀特并没有完全继承摩尔根的学说，而是提出了文化学和能量进化的学说。他认为，文化（包括制度、技术和意识形态）是一种独特的事物，是超有机体的、时间上持续的事物，它有自己的组织原则和运动规律，因此，只能用文化来解释文化，而不能用生物学的或个人心理的事实来解释文化。在衡量文化进化的尺度上，怀特主张，技术与工艺的进步是文化进化的根本原因，而技术和工艺本身实际上就是利用能量来为人类服务，因此，能量因素是测量所有文化进化阶段的尺码，人类文化能利用的能量总量越高，文化发展的阶段也就越高。

2. 斯图尔德

斯图尔德也是美国著名的人类学家。他对19世纪的进化论表示同情，曾公开表示，反进化论的浪潮支配人类学理论的时间太长，以致对真正社会文化科学的发展起了阻碍作用。但他认为摩尔根的进化论是单线进化论，怀特的进化论是普遍进化论，这两种进化论都不全面，因而他提出了文化生态学和多线进化论的主张。他的主要著作有《文化变迁论》(1955)、《进化和生态：社会变迁文集》(1977)等。

他的文化生态学主张主要是认为，越是简单的、早期的人类社会，受环境的影响就越直接，地形和动、植物群的不同，就会使人们采用不同的技术手段和组成不同的社会组织。这种看法正是他多线进化论的理论基础。他的多线进化论认为，正因为不同的自然环境下产生了不同的生产技术和社会组织，因此，尽管人类的社会文化可能会达到大致相同的发展水平，但各社会文化仍会有自己的特殊性，因此，各民族社会文化是多线平行地发展着的。

九、文化相对论学派

文化相对论是第二次世界大战后美国出现的民族学和人类学流派。该派认为，任何一个民族的文化都具有其独创性和充分的价值，都是在长期的历史过程中形成的并与其经济条件相适应的。文化价值没有共同的等价物，不能用欧美的道德观念作为评价其他文化的尺度，人类学应该维护每个民族独立发展的权利。主要代表人物是美国人类学家赫斯科维茨（M. Herskovits，1895—1963）。

赫斯科维茨是博厄斯的学生。他在对博厄斯的文化相对论思想进行充分阐发并加以系统化的基础上，自成一文化相对论学派。他的主要著作是《人及其劳动》(1948)，该书于 1955 年更名为《文化人类学》重新出版。

赫斯科维茨认为，一切文化价值都是相对的，对各群体本身所起的作用都是相等的，因此，文化谈不上进步和落后。文化是特定社会中组成人们行为与习惯和思维模式的总和，每个族群的文化都有自身世代相传的价值观，他们通过文化传承的屏幕辨认物质世界的事实，因而时间、距离、重量、大小和群体现实的概念都是该族群约定俗成的结果。文化特征的表现形式虽然有所不同，但其本质是一致的，价值是相同的，都能服务于自己的族群。每一种文化都是独立的体系，不同文化的传统和价值体系是无法比较的，文化价值没有共同的一般等价物，对不同文化价值及其所造成的文化背景的估价，应该是相对的。因此，强调各种生活方式都有存在的价值，是对各个文化价值的肯定和尊敬，人类应以寻求了解和协调为目的，而不是毁坏与自己不相吻合的东西。

十、新心理学派

新心理学派是 20 世纪 60 年代在美国重新崛起的民族学、人类学流派。他们除了继续进行战前老心理学派的文化与人格研究以外，又展开了一些新的研究课题，如人的学习、感知、智力发展等心理过程的研究，人类族群认同的文化差异研究，文化变迁和民族性研究等。在一批人类学家的积极活动和推动下，这类研究产生了两门新的学科——心理人类学和认知人类学。主要代表人物有许烺光(Francis L. K. Has)、怀廷(John W. M. Whiting，1908—1999)、劳恩斯伯格（Eloyd Lownsburg）和古德纳夫（Ward Goodenough，1919—2013)、华莱士等（A. F. C. Wallace，1923—2015)。

1. 许烺光

许烺光是出生于中国的美国人类学家。1961年在美国出版了他的《心理人类学》一书，他在书中说，学术界对“人格”一词的不确当提法，导致人们把它看作一种完完全全的实体和某种具体的终极的产物，而不是将它视为个人在其一生中，和其社会文化互动的过程；人们认为这种终极产物将按照这样或那样的方向行动，但却忽略了人格是处在不断运转的社会文化场景之中。因此，他建议将“文化与人格”研究改为“心理人类学”。他的建议得到了一部分人类学家的支持。

2. 怀廷

怀廷是美国较著名的人类学家之一，是1978年成立的心理人类学会的首任会长。二战前他就是心理学派的积极人物之一。其主要代表作有《科瓦人的成人过程：新几内亚一部落的教学》（1941)、《儿童训练与人格：一项跨文化研究》（1953)、《社会化过程与人格》(1961）等。

怀廷最初关心的仍是文化与人格的传统课题，侧重讨论社会对儿童戒律的松与严，对人们解释与治疗疾病的影响。他认为人类社会的生计制度影响了儿童训练，而儿童训练又影响了人格变化，人类各文化在解释与治疗疾病上的心理与行为差异，正是儿童时期接受训练不同的投影。后来，他又研究了青春期男子成年礼仪的功能，认为母子同床而眠的安排，必然会导致男孩对母亲的依恋，从而孕育了儿子对父亲的敌视态度。于是为了解决这一矛盾，借青春期的来临对男孩进行训练，强迫其与母亲分离就成了原始社会成年礼仪的普遍形式。

十一、社会生物学学派

社会生物学学派是美国在20世纪70年代出现的人类学和民族学流派。该派以基因理论为基础，认为一切动物的行为都有其生物学上的基因基础，动物的行为，包括社会性的行为，都是基因为保存自己而精巧设计的结果。其主要代表人物是美国哈佛大学昆虫学家威尔逊（E.O. Wilson）。

威尔逊的学术思想主要表现在他1975年发表的《社会生物学：新的综合》一书中。在该书中，他认为生物的社会行为，甚至某些人类的行为都有其基因基础。基因是自然选择的最基本单位，基因的天性是自私的，为了要保存自己就要在染色体上与其他基因争夺有利位置，使自己在下一代生命中优先获得。所谓生物进化，实际上是生物的基因库中某些基因变多，另一些基因变少的过程。一切生物的行为都与基因的这种自私性和竞争性有关。

社会生物学理论出现之后，在学术界引起了强烈的反响。美国哈佛大学波士顿区一部分学者联名发表文章表示反对，但也有不少学者撰文表示支持。我国学者中也有两种不同意见，80年代中期讨论仍很激烈，但后期有所降温。

第四节 苏维埃民族学派

一、十月革命前的俄国民族学

在17世纪以前，当时俄国的政治、经济和文化活动的范围很小，尚未超出俄罗斯族的分布地区。整个17世纪是沙皇俄国向外扩张的时期，也是俄国历史中由俄罗斯民族国家变成多民族国家的时期。在这100年中，沙俄领土扩大了几倍，使得俄罗斯人与被并入地区的各族人民接触日益频繁，从而加强了对他们的了解。18世纪，是彼得一世及其继承者的“贵族帝国”时期，也是俄国史上的“大调查”时期。彼得大帝出于政治需要，于1725年提出探测从东北亚到美洲的通路。俄国著名学者罗蒙诺索夫（M·B·Ломоносов）是这个时期学术界的代表人物。他在《俄国古代史》一书中，第一次提出了俄罗斯族及其他斯拉夫各族的民族起源问题。

19世纪的30年代，农奴制危机逐渐加深，沙皇俄国为了稳定国内局势和加强对外政策，开展了对国外民族的研究。19世纪中叶，俄国资本主义迅速发展和封建农奴制危机日益尖锐化。这是俄国民族学史中一个十分重要的时期。在俄国古典文学中出现了米科夫斯基的诗歌，克雷洛夫的寓言，科里卓夫的歌曲，特别是普希金和果戈里的作品，引起了广大读者对俄罗斯人的注意。于是在1845年成立了俄罗斯地理学会及其属下的民族学研究组。19世纪后半期，是民粹主义发生危机和马克思主义开始传播的时期，俄国著名民族学家米克路霍·马克莱（Н. Н. Миклухо－Маклай）从1871—1878年在东南亚、新几内亚等地调查研究。阿努琴（Д．Н. Анучин）把人类学、考古学和民族学三者结合在一起，建立了“阿努钦学派”。马克思主义经典作家的著作对当时民族学发展起了显著的积极作用。1890—1917年，这是沙皇俄国崩溃和工人运动高涨时期，马克思主义彻底击溃了民粹主义，这时出版了《民族学评论》（1889年创刊）、《古风今存》（1890），同时在彼得堡建立了俄罗斯博物馆民族学部，并出版了《人类学和民族学博物馆丛书》。

二、十月革命后的苏维埃民族学

十月革命后，苏联民族学得以建立和发展。1917—1928年，因革命胜利不久，国内军事、政治、经济、文化等方面的情况十分复杂，布尔什维克党要求苏联民族学者重视国内各族人民的调查研究。这个时期的主要任务是实地调查和培养大批的民族工作干部。这时，在帮助少数民族创制文字、统一方言等方面做了大量工作。

在1929—1934年，苏联国内实行了工业国有化和农业集体化。这时，民族学界的任务是批判西方资产阶级民族学对苏联的影响。1935—1941年，国内政治、经济相对稳定，社会主义建设取得了一定进展，科学事业也得到了进一步发展。这时，在莫斯科大学和列宁格勒大学设置了民族学教研室，在有关系科开始系统讲授民族学课程。1942—1956年，起初由于卫国战争，民族学工作者很快转到为国防服务，并提出了许多与战争和战后事务密切相关的问题（如批判种族主义、宣传民族团结等等）。1957—1978年，苏联民族学研究的主要内容是强调国内“民族一体化”和加强对世界民族的研究。这时出版了《世界民族志》（18卷）、《国家与民族》（20卷）等。从1979年以后，苏联民族学界又十分重视民族学理论和方法论的研究，并加强国际合作，共同研究世界各地的民族发展过程。80年代，苏联民族学十分重视研究民族学与社会学等各学科之间的相互关系问题，并出现了“民族社会学”、“民族语言学”、“民族人口学”等新的学科。

有人说，从十月革命取得胜利、建立苏维埃政权开始，民族学中的苏维埃学派就已形成。其实不然，它作为一个学派实际上萌芽于20年代末30年代初，正式形成于30年代末40年代初。与西方民族学比较，苏维埃学派主要有以下几个特点：

（1）对原始社会史的研究。西方民族学家大多只对原始社会史的某些问题感兴趣，不进行系统研究，甚至有人不承认原始社会史是人类历史的一部分，称之为“史前史”。而苏联民族学则把原始社会史看作整个人类历史的一部分，并在这个问题的研究上提出了不少独特的见解，得到国内外学者的高度评价。

（2）对民族起源问题的研究。从30年代起，它几乎成了苏联民族学的中心课题。十月革命后，各民族人民要求了解本民族的历史真相，这是促进研究民族起源的重要因素之一。当时成立了“民族成分研究委员会”，并先后召开了四次有关的学术讨论会，影响很大。

（3）人类学（指体质人类学）与民族学相结合。苏联民族学充分利用人类学材料来研究民族学问题。这两个学科的结合有助于解决民族起源上的一系列问题。苏联在民族学与人类学的研究中，十分重视批判各种形式的种族主义，如生物种族主义和心理种族主义等。

（4）重视对国外民族的研究。从50年代起，苏联民族学开始面向世界，大力开展对国外民族的研究。出现了一些著名学者和著作，如由奥尔德罗格（Д . А. Ольдерогте）和波切兴（И. И. Потехин主编的《非洲民族志》，在国内外影响很大。《美洲民族志》的主要执笔人克诺罗佐夫（Ы. В. Кнорозов）是最早破译玛雅文字的学者之一。又如布鲁克（С. И. Брук）编制的世界民族分布图，在同一张图上同时反映出民族成分、人口密度和语言系属等，是一项创新，在世界上也是独一无二的。

（5）对西方民族学的批判。苏联民族学继承了俄国民族学的传统，深受西方资产阶级民族学（尤其是功能学派和种族心理学派）的影响。50年代曾出版《为帝国主义、种族主义服务的资产阶级民族学》（论文集），在一定程度上进行了批判。

（6）重视民族学理论问题的研究。他们对民族的形成、民族定义、民族发展过程、民族共同体发展的类型问题等，都进行了大量的、细致的专门研究。

（7）对物质文化和精神文化进行了十分细致的研究。苏联民族学者强调多方面的综合研究，即不是孤立地研究各个文化因素，而是把它们与社会经济发展紧密联系起来。这样做可以帮助人们澄清社会发展过程中出现的一系列尚未解决的问题。

（8）对经济文化类型和历史民族区的研究。关于社会发展水平近似的各族人民在生活方式上存在异同的原因问题，是民族学研究的重要课题之一。操不同语言的各族人民在文化生活上往往有很多相似之处；反之，操亲族语言的各民族在文化方面却存在着很大差别。这一事实早就为许多民族学家所注意。苏联民族学家对此进行了专题研究，并在有关的理论问题上有所突破和建树。

第五节　中国民族学的发展历程

民族学自从西方传入我国几近100年。中国历史悠久，有众多的民族，民族学在这个特定空间的发展，经历了特定的历程，初步具有了自己的特点。

19世纪后半期，中国遭受帝国主义侵略，处于被动挨打的境地。为了自强富国，中国一些贤哲提出“中体西用”的口号，企图在延续传统文化的前提下，部分地学习西方文化。由于重视自然科学知识的引进，没有注意人文社会科学知识的学习，收效不大，于是一些维新派和资产阶级革命派知识分子为了不同的目的，积极引进西方民族学和社会学知识，用来解释中国社会的发展。“五四”新文化运动宣传了民主主义的新思想、新道德、新文化，也引发了中西文化的论战。通过论战，人们对怎样认识和发展中国文化，怎样借鉴或吸收西方文化方才有了深入的思考。

自林纾、魏易译出德奥学者哈伯兰的《民种学》(英文本书名为Ethnology)，并于1903年由京师大学堂官书局出版之后，许多国外民族学著作逐渐翻译介绍到中国来。“五四”运动前后，一批中国学生陆续前往西方各国和日本留学，其中一些人系统地学习了民族学/文化人类学知识。他们回国之后，成为中国民族学学科建立初期最早的一批干部，考古学、新派历史学和体质人类学在此前后也得到了较大的发展。随着新知识的介绍，人文社会科学在中国有了长足的发展。1913年，上海沪江大学开设社会学课程，1915年设立中国第一个社会学系。在20年代至30年代初，全国许多院校，如金陵大学、燕京大学、厦门大学、华西协和大学、大夏大学、中央大学、岭南大学、中山大学、复旦大学、东吴大学、光华大学、广西大学、华中大学、福建协和学院等校纷纷设立社会学系。在这些社会学系中，大部分都开设有与民族学有关的课程。北京大学等校虽然没有设置有关系科，也开设了人类学、民族学课程。李济在美国学习人类学并获得博士学位后，于1923年回国，到南开大学担任人类学教授。当年在南开大学的分科之中，文科有人类学系，课程表上开列人类学和进化史两门课程。[①] 这是见于文献记载的中国最早的人类

---

① 南开大学：《分科概略与各科课程》，见《天津南开大学一览》，南开大学1923年刊行。

学系。

1926年，蔡元培在《一般》杂志上发表了题为《说民族学》的论文，他提出“民族学”这一术语，明确了学科定义，回顾了民族学的发展历程，对学科进行了界定。在此之前，蔡元培还撰写了一些文章，以进化论的观点分析人类文明的演进，特别注意使用了中国社会文化的材料。

国民政府在南京建立后，1928年中央研究院成立社会科学研究所，其中第一组为民族学组，由院长蔡元培亲自兼任该组主任。它是迄20世纪30年代中期中国最主要的民族学研究机构。中央研究院历史语言研究所建立之时，其中第七组为人类学与民族学组，此时的人类学工作主要集中在体质人类学方面。以后这个组并入以考古学为主的第三组。由于蔡元培等人的大力提倡，“民族学”成为当时大家公认的学科名称。当时，民族学与体质人类学两个学科又经常被合称为人类学。1934年，社会科学研究所的民族学方面的研究工作划归该院历史语言研究所。民族学组成为历史语言研究所第四组。吴定良自欧洲返回后，加盟中央研究院历史语言研究所，民族学组随之改名为人类学组，由吴定良任组主任，特别加强了体质人类学的研究，使体质和文化并重①。

中国民族学家在学科建立之后，进行了国外学科理论的翻译介绍、学科理论和方法的研讨、民族学文物的搜集等工作。进化论学派、传播学派、功能学派、历史学派等西方民族学主要流派当时的一些重要著作译成中文出版，吴文藻、杨堃、孙本文、戴裔煊等人发表了许多介绍西方民族学理论的文章，人们对民族学的概念、理论和方法更加了解，从而初步建立了学术研究的规范。1934年12月，中国民族学会正式成立，中山文化教育馆出版了《民族学研究集刊》，中国民族学家有了更多的交流，促进了学科发展。

许多学者在二三十年代读书时，就认真思考过怎样进行民族学

---

① 参见王建民：《中国民族学史》上卷，云南教育出版社1997年版。

实地调查研究的问题。凌纯声等人认为民族学可以分为记述的民族学和比较的民族学两种，在中国发展民族学就必须从前者开始，于是他们将早期研究活动的大部分时间用于田野调查。在调查中，许多学者以细致全面著称，从调查提纲的拟定到调查的实施，均尽力按照当时国际学术界的规范进行。随着法国民族学派精细调查方法和以后的参与观察方法的介绍，在田野工作实践中，一些中国民族学家开始尝试更深入地浸润在各族民众的生活之中。中国民族学家们以不懈的努力形成了重视实践的传统，即使在最困难的时期也坚持了田野调查，经过不断积累，为学科发展奠定了基础。

中国民族学家们自 20 世纪 20 年代末开始，陆续对少数民族地区和汉族社区进行民族学田野调查。1928 年，在中山大学担任教授的俄国人类学家史禄国与容肇祖、杨成志一起到云南进行调查。其中，杨成志独自一人前往滇川交界地区的彝族聚居区进行考察。同年，中央研究院社会科学研究所民族学组成立之后，马上派出颜复礼、商承祖到广西凌云调查瑶族生活与文化。此后几年，民族学组又派遣凌纯声、商承祖到东北调查赫哲族，凌纯声、芮逸夫到湘西调查苗族，凌纯声、陶云逵等到云南调查滇西各民族，凌纯声等到浙江和福建调查畲族，林惠祥到台湾调查高山族。在各大学工作的民族学家（其中也包括在中国长期从事研究的外国学者）也进行了大量田野调查，足迹遍布全国各地。到抗日战争爆发前，费孝通、王同惠、徐益棠等人分别对广西瑶族进行了调查；刘咸、杨成志、伍锐麟、江应樑、王兴瑞、史图博（德国人类学家）等人先后对海南岛黎族、苗族进行调查；胡鉴民、何联奎、史图博先后调查了浙江的畲族；伍锐麟、罗香林、陈序经、徐松石、杨成志等人分别对广东瑶族和疍民等特殊文化群体进行调查；胡鉴民、冯汉骥、葛维汉等对四川西部各民族的调查；林耀华、费孝通、杨懋春、陈礼颂、李有义等分别对华北、华南、华东等地汉族社区进行了实地调查。

抗日战争爆发后，许多民族学研究和教学机构转移到西部地区。他们在抗战期间开展了对西部少数民族的大量田野调查，调查较为深入。云南大学和燕京大学合作建立的社会学实地调查工作站（又称魁阁），对云南几个不同社区进行调查研究，研究人员各自有专题，到选定的社区去调查，然后组织集体讨论，最后写成研究论文。在成都的华西协和大学和抗战时迁来的燕京大学、金陵大学等校的民族学家，到四川西部少数民族聚居地区进行了深入调查。吴泽霖、陈国钧、岑家梧等在大夏大学进行了对贵州各民族的实地调查。

20世纪前半期中国学者的一些重要的研究著作就是根据这些田野调查写成的，如《松花江下游的赫哲族》（凌纯声）、《湘西苗族调查报告》（凌纯声、芮逸夫）、《江村经济》（费孝通）、《金翼》（林耀华）、《一个中国的乡村——山东省台头村》（杨懋春）、《云南民族调查报告》（杨成志）、《台湾番族之原始文化》（林惠祥）、《花蓝瑶社会组织》（费孝通、王同惠）、《凉山彝家》（林耀华）、《摆夷的摆》（田汝康）、《祖荫下》（许烺光）、《禄村农田》（费孝通）、《易村手工业》（张之毅）、《贵州苗夷社会研究》（吴泽霖、陈国钧）等。在田野工作中，许多人注意到了具体问题调查与描述，在著述中注意采用西方学术界运用较多的资料整理方法，注意到文化的各个方面和文化的整体观察，较为准确地报告所见到的种种现象，调查结果具有较强的规范性和通用性。一些较为杰出的民族志至今仍是较好的范本，在研究中依然具有参考价值。

同时，中国民族学家的实践说明，除了时间的延长可能会加深参与的程度、纠正研究者的偏差之外，学者在本土文化或与自身文化有一定相似性的文化之中，如果能够既借助自观的体验，又从他观的角度加以分析与思考，可能会做出更符合实际、更说明内在联系的解释。通过自观与他观相结合的调查研究，在一定程度上减少了主观臆测和偏见。一些中国学者的研究引起了国际学术界的高度评价。马凌诺斯基在评价费孝通对中国农村的研究时认为，《江村经济》“是一个土生土长的人在本乡人民中间进行工作的成果。如果说人贵有自知之明的话，那么，一个民族研究自己民族的人类学当然是最艰巨的，同样，这也是一个实地调查工作者的最珍贵的成就。”

因此它“将被认为是人类学实地调查和理论工作发展中的一个里程碑”。马凌诺斯基认为在30年代中期，吴文藻和他的学生们“已独立自发地组织起一场对文化变迁和应用人类学的真正问题进行学术上的攻关。这一学术进攻表达了我梦寐以求的愿望。”他预言：“费博士的书和他同行的贡献，将成为他们可能完成的精雕细琢的镶嵌品中的一件件珍品。”[①] 英国人类学家弗思在评论林耀华所著的《金翼》一书时指出：“读者早已希望能看到中国学者的这类著作，他们作为身临其境的参与者从童年起就熟悉自己叙述的场景，而且精通现代社会科学方法，本书就是这样的一部著作。”他认为，《金翼》“提供了一套作为论据的事实，它将有助于摧毁任何残存的中国人在社会事务中麻木不仁，不可理解的神话。”[②] 李安宅对美洲印第安祖尼人的研究也引起了美国学术界的注意，至今仍被当作重要的实例，说明美国白人人类学家对印第安文化认识的偏差。[③]

为了建设抗战大后方，一些民族学家提倡建立民族学与边疆政治相结合的专门学问——“边政学”，以“研究边疆民族政治思想、事实、制度，及边政”[④]。民族学家关于各民族情况的介绍和调查报告大量出版，人们对少数民族有了更多的了解。同时，他们在对西南、西北少数民族地区的调查中，注意到当地面临的实际问题，包括边疆经济建设、政治建设、文化建设等。民族学理论开始和实际结合，国人对民族学给予了高度重视。许多大学和研究机构在十分艰苦的条件下，进行实地调查研究，培养民族学专业人才。抗战后期，由于边疆建设和研究的需要，中央大学和西北大学先后建立边

---

① Malinowski B. K., Preface to Peasant Life in China, by Fei Hsiao—tung. London & Henley, 1939, Routledge and Kegan Paul.

② Firth, Raymond：《金翼》导言，见《金翼》中文版，庄孔韶等译，生活·读书·新知三联书店1989年版。

③ Keesing, R.. M., Cultural Anthropology: A Contemporary Perspective,《文化社会个人》，甘华鸣等译，辽宁人民出版社1988年版，603—604页。

④ 吴文藻：《边政学发凡》，载《边政公论》第1卷（1942年）第5、6期。

政学系，国民政府建立边疆文化教育馆，旨在加强边疆各民族语言、文化教学与研究。抗战时期成为20世纪前半期中国民族学发展的高潮。

社会科学和人文学科在各个领域的发展面临着一般和特殊的问题。各个国家、各个地区自然地理、社会文化环境不同，是否能够把一套在某一特定环境中建立起来的理论模式运用到其他地方呢？在中国民族学发展过程中，人们一直在考虑是否能够或应当如何将西方的民族学理论和方法应用于中国社会文化的研究。西方理论与方法引进之初，在许多大学的课堂上，是用外语讲授的，读外国的教科书，民族学在一定程度上说还是属于舶来品。

后来，由于民族学在中国得到了迅速发展，一些学者提出了建设中国民族学体系或者实现民族学中国化的设想。概括说来，有三种意见。第一种意见主张利用外国民族学的方法，择其善者，根据中国实际，综合而成中国化的民族学。在理论上必须对国外学科理论进行全面的研究和综合的汲取，再根据中国的现实加以检验与修改，由是取得思想上的独立。[①] 第二种观点试图以经过比较择出的某一学派的国外民族学理论为张本，实现民族学的中国化，但更强调以试用假设始，以实地证验终，理论和事实结合，使西方学术植根于中国土壤之上，再加上有了独立的科学人材，来进行独立的科学研究，实现彻底的中国化。[②] 第三种设想主张吸收国外民族学理论的合理之处，但因为国情不同，中国所需要的民族学和欧美殖民地式的民族学应当有本质的区别。应建立一种中国民族学，在观点、方法和内容上都与西方有别，成为中国自己的独立的民族学。中国的民族学应当尤其注重

---

① 这种见解参见孙本文《中国社会学之过去现在及未来》(中国社会学社第一次年会演词)，燕京大学抄本；孙本文《建设本位文化的标准》，载《中国文化建设讨论集》第58—59页，经纬书局1935年版；孙本文《近代社会学发展史》，学生之友社主编，商务印书馆1947年版；黄文山《民族学与中国民族研究》，载《人类学研究集刊》第1辑(1936年)等。

② 此种观点最集中地体现在吴文藻《〈社会学丛刊〉总序》，载《凉山彝家》商务印书馆1947年版。

中国人独有的一面。要修正地应用民族学，将一些民族学原则在中国加以应用，以求适合中国的特殊情况。[①] 这些思想从不同角度讨论了民族学在中国发展的根本问题，至今依然具有启发性。

由于人类学在二次世界大战前和战时的发展，人类学在学术体系中的位置更为重要，范围更加扩大，方法更为多元，一些学者试图用发展人类学的办法带动战后民族学的发展。抗战胜利后，国民政府教育部先后批准暨南大学、清华大学、中山大学、浙江大学和辅仁大学建立人类学系，以培养更多的边疆建设的专门人才。许多学者将在抗战时期进行的调查成果加以总结发表，同时，民族学博物馆的建设，民族学教学活动的恢复，也都有了一定程度的进展。

这里应当指出，自 20 世纪前半期开始，中国民族学家们就有一个在国际学术界十分鲜明的特点，即重视历史资料的运用。中国历代有关历史的研究著作不胜枚举，资料的丰富举世无匹，是历时性研究的广泛资源。将史学与民族学结合起来，早在民族学在中国发展的初期就有许多学者在付诸实践。中国的历史学对民族学影响较大，许多中国民族学家都经过了较好的历史学训练，把史学功底视为必备的素质，他们能够熟练地运用史学方法研究中国古代民族志资料，用民族学的理论分析历史问题。从丰富的史籍中辑录出大量材料，做出新的解释，是中国民族学的早期发展过程中的主要研究方向之一。民族学在中国作为独立学科诞生之后，许多学者都注意到将历时性研究和共时性研究融于一体，进行了纵横结合的学术探讨。例如，他们为了更好地说明民族文化发展的大致脉络，在研究课题中将中国历史中丰富的资料加以稽考和分析，并往往把有关的研究列为卷首。通过历史发展线索的探索，可以更好地把握现实中研究对象一些基本特点的形成过程，从另一个角度解释民族文化，更客观地说明民族文化

① 这种观点可参见岑家梧《西南边疆民族艺术研究之意义》，载《责善》第 2 卷第 3 期；岑家梧《中国民族与中国民族学》，载《南方》第 1 卷第 3、4 期合刊；马长寿《人类学在我国边政上的应用》，载《边政公论》第 6 卷第 3 期。

的特征，展示民族文化的全貌。因此，许多中国民族学家同时也是出色的民族史学家。与此同时，民族学家参与各民族历史的研究，也给中国民族史研究带来了新的方法和观点，促进了民族历史的研究。

中华人民共和国成立后，经过 1952 年院系调整，各大学社会学系、人类学系和民族学系先后撤消，但苏联模式的民族学仍然以“马克思主义民族学”的名义保留下来，并且在民族学应用方面进行较多的发挥。新中国成立初期，我国民族学家参加了中央访问团对各民族地区的慰问、民族地区民族民主建政、民族识别、少数民族社会历史调查等项工作。

其实，在中华人民共和国成立以前，中国共产党就在长期的革命斗争中对于中国民族问题的现实情况进行了研究。抗战时期中国共产党在陕甘宁边区对于回族和蒙古族问题所作的研究成果，正是将马克思主义理论应用于民族现实问题分析和研究较为成功的初步实践。

新中国成立初期，为了向广大少数民族群众宣传党的方针、政策，团结少数民族上层，配合民族民主建政，吸取经验，了解少数民族同胞的需要，中央人民政府于 1950—1952 年，先后派出 4 个中央访问团，到全国各少数民族地区进行访问。其中有费孝通、岑家梧、江应樑、施联朱等民族学家参加。林耀华、李安宅、于式玉、宋蜀华、谢国安、王晓义等民族学家则参加了和平解放西藏的工作。由此开始了将民族学与新民主主义革命和建设实践结合的新举动。

在 50 年代，运用民族学知识进行大规模的调查研究工作主要是民族识别和少数民族社会历史调查两项。关于民族识别问题，本书第七章第二节有专门介绍，这里从略。

根据党中央有关“抢救落后”的指示，1956 年在全国人民代表大会民委组织之下，开始进行少数民族社会历史调查。起先由中央民族学院研究部起草《社会历史调查参考提纲》，经过各省区民委副主任会议提出修正意见后，又有一些民族学家参加了修改。随后，由中国科学院、文化部、中央民族学院、中国人民大学、北京大学、中央工艺美术科学研究所筹备处、中央音乐学院民族音乐研究所等单位抽调各有关学科研究工作者。参加调查的人员在北京集中，由一批老民族学家为他们讲授有关社会历史调查的基本知识，如吴泽霖讲授民族文物的搜集、岑家梧谈关于少数民族社会历史调查的一些问题等。许多老民族学家担任各调查组的领导工作，指导调查工作的开展，更多的民族学工作者参与了调查、研究和有关各族简史简志的编写，在此基础上，内部铅印了各民族自治地方概况、各民族简史和简志三套丛书。党的十一届三中全会之后，又在此基础上编辑出版了“民族问题五种丛书”，使人们对于民族状况更加了解。调查研究为政府制定少数民族地区社会改革方针政策提供了依据。1961 年，根据国务院指示设立了民族文化工作指导委员会和民族历史研究工作指导委员会，其中都有民族学家参加。

不可讳言，这两次规模空前的实践，今天看来存在某些缺憾，如在民族识别过程中，有族称确定方面的问题，也有一些值得从学术上加以探讨的地方；在社会历史调查中注意了社会经济形态，注意了社会性质研究，在文化及其特点调查研究方面则着力不足。

自“反右”斗争开始，民族学开始受到批判。一些老一辈民族学家被公开地指称为“资产阶级民族学家”，成为在民族学领域里拔“白旗”的对象。一些主持少数民族社会历史调查组的专家被从调查地召回，批评他们对民族文化的调查是“猎奇”，“专找落后”，有人甚至因此被打成“右派”。这个时期，民族学界对如何吸收借鉴国外学说存有戒心，惟恐被说成是“资产阶级学术思想”。在学科理论方面基本上只坚持了古典进化论的学术主张，简单地套用模式，划分社会发展阶段。更有甚者，用“阶级分析”取代了学科理论，对中国民族学的发展造成了很大干扰。在学术界，过去的民族学被批判为资产阶级民族学，到了后来，苏联的民族学又被说成是修正主义民族学，进而有些人否定民族学是一门科学。到“文化大革命”时期，许多民族学教学科研机构被撤消，搞民族学的人被扣上复辟资本主义的罪名，大批民族学家受到批判和冲击。

党的十一届三中全会之后,民族学在中国得以新生。1980年10月,中国民族学研究会成立(1984年改名为中国民族学学会)。1981年建立了中国人类学学会。1981年中山大学复办人类学系。随后,厦门大学也建立了人类学系和人类学研究所。中央民族学院于1983年建立民族学系,中南民族学院复办后亦设有民族学系,其他一些高校也开设了民族学或人类学专业。这些学术团体、机构的建立,使学科的新发展有了可靠的依托。同时各研究、教学机构也注意引进国外民族学理论与方法,逐渐建立研究规范。一些新的调查也开始进行。

90年代以来,特别是邓小平南巡讲话发表以后,思想进一步解放,学科的发展迈出了更大的步子。在理论与方法的引进与吸收方面也更加积极,同时,对民族学的中国化或本土化有了更深的思考。中国各地在发展民族学的过程中,也形成了一些区域性的特点,这种特点有利于研究解决各区域的特殊问题,也有利于中国民族学界相互促进,共同发展。

一批大陆民族学家在40年代末期陆续迁到台湾,1949年秋于台湾大学文学院建立考古人类学系。1955年,台湾"中央研究院"在原民族学组的基础上,设立民族学研究所筹备处,由凌纯声担任筹备处主任。1965年,民族学研究所正式成立。台湾政治大学、清华大学、东华大学等校也设有民族学教学研究机构。最初,台湾学者重点研究台湾土著民族及中国民族文化史,以后逐渐扩展到台湾社会文化变迁研究、汉人社会研究、东南亚华人社会研究。70年代以来,台湾民族学家开始重视行为科学的综合研究,利用多学科综合优势,谋求建立中国特有的社会科学研究途径与理论。1973年,香港中文大学新亚书院设立人类学组,1980年该校建立人类学系。香港科技大学、香港大学在近些年也逐渐发展了文化人类学研究。

经过中国民族学家的不懈努力,中国的民族学从无到有,经历了近百年的发展历程,从依附到独立,从引进到20世纪前半期形成具有某些特点的中国学术倾向,并着力从事中国民族学学科体系的建设。50年代之后,中国民族学又经历了曲折的发展道路,中国民族学家们克服了“左”的干扰，根据中国社会文化的特点，积累了新的经验。在中国民族学的发展历程中，也有不少教训，应该认真地进行总结，使今后的民族学学科建设更为规范，能够向更为健康的方向发展。通过坚持不懈的努力，注意学习国外的经验，开展深入扎实的田野工作，运用中国的丰富历史资料，就一定能够使中国民族学在世界民族学界占有自己应有的地位。

本章主要参考书目：

① 斯大林：《马克思主义和民族问题》，《斯大林全集》第 2 卷。

② 林耀华：《关于“民族”一词的使用和译名问题》，《历史研究》1963 年第 2 期。

③ 金天明、王庆仁：《“民族”一词在我国的出现及其使用问题》，《社会科学辑刊》1981 年第 4 期。

④ 恩格斯：《家庭、私有制和国家的起源》、《自然辩证法》。

⑤ 摩尔根：《古代社会》，商务印书馆 1977 年版。

⑥ 杨堃：《民族学概论》，中国社会科学出版社 1984 年版。

⑦ 马雷特：《人类学》，吕淑湘译，商务印书馆 1931 年版。

⑧ 托尔斯托夫等著、周为铮等译：《普通民族学概论》，科学出版社 1960 年版。

⑨ 托卡列夫著、汤正方译：《外国民族学史》，中国社会科学出版社 1983 年版。

⑩ 黄淑娉、龚佩华：《文化人类学理论方法研究》，广东高等教育出版社 1996 年版。

⑪ 哈登著、廖泗友译：《人类学史》，山东人民出版社 1988 年版。

⑫ 绫部恒雄主编、周星等译：《文化人类学的十五种理论》，贵州人民出版社 1988 年版。

⑬ 陈永龄、王晓义：《二十世纪前期的中国民族学》，载《民族学研究》第 1 辑，民族出版社 1981 年版。

第六章 民族学的实地调查方法

第一节 实地调查是民族学研究的主要方法

民族学在一个多世纪的发展过程中，形成了许多流派。但是，不管是哪一个流派，其理论都不是空中楼阁，都要建立在大量的民族学材料基础之上。民族学的材料，主要不是来自现成的书本，也不是取自官方的文件，也不像某些自然科学学科得于实验。它的基本来源只有一个：民族学实地调查。美国民族学家C. 恩伯和M. 恩伯指出："大约在20世纪初期，人类学家开始意识到，如果想要创造出任何具有科学价值的研究成果，就必须像其他科学家研究他们的对象那样来研究自己的对象——即要系统地进行观察。为了更准确地对文化进行描述，他们便开始同所研究的民族生活在一起。他们观察，甚至参与那些社会的某些重要事务，并向土著详细询问他们的习俗。换句话说，人类学家开始了田野工作。"① 这里的"田野工作"，也就是"实地调查"。

在西方民族学中，民族学实地调查被通称为人类学田野工作(Anthropological Field Work)。实地调查是民族学家获取研究资料的最基本途径，是"民族志"(Ethnography)即"记述民族学"(descriptive ethnology) 构架的源泉。美国人类学家R.M. 基辛 (Keesing) 说："田野工作是对一社区及其生活方式从事长期的研究。从许多方面而言，田野工作是人类学最重要的经验，是人类学家收集资料和

① 〔美〕C. 恩伯、M. 恩伯：《文化的变异——现代文化人类学通论》，杜杉杉译，第97—98页，辽宁人民出版社1988年版。

建立通则的主要根据。人类学者撰写的文章和书籍就是在提炼出这些经验累积的精华，而终究是要指涉到某一民族的特殊经验。人类学家会这样写道：'在阿加瓦加族（Agawaga）的风俗中，聘金是付给新娘的父亲，他保留最大的一份，然后把其余的分给同世系群的近亲。'这位人类学家这么讲的原因，是因为他在所居住的阿加瓦加村落中看到八桩这样的婚事，再加上当地一些过去婚事的记录。我们叫这种有关生活方式的记录为民族志。"[①] 实地调查被看作是"现代人类学的基石"[②]，"田野之社会即是一所现成之实验室，供其搜集资料及试验理论；此二者之关系略似生物学家之于人体然。"[③] 英国人类学家塞利格曼曾声称："田野调查工作之于人类学就如殉道者的血之于教堂一样。"[④]可见，民族学实地调查是民族学研究的基础，也是民族学研究最主要、最基本的方法。所谓实地调查，是经过专门训练的民族学工作者亲自进入民族地区，通过直接观察、具体访问、住居体验等方式获取第一手研究资料的过程。

在民族学作为一门独立学科出现之前，没有真正意义上的"田野工作"，但是有关民族学的资料，却通过非专业民族学家大量积累起来。被称为西方民族学"先躯著作"是由"地理大发现"之后蜂拥而入到美洲、大洋洲、非洲等地的航海家、冒险家、旅行家、地理学者、殖民者、传教士们留下的。19 世纪中叶，专业民族学家出现。1874 年，英国不列颠科学进步协会编印发行了民族学田野考察专业手册《人类学的记录和询问》，这是民族学学科产生的一个标志。民族学草创初期，民族学家们便以搜集资料为目的到民族地区考察。德国进化学派的先驱、民族学家阿道夫·巴斯蒂安（Bastian，Adolf）在旅行中度过自己生命的近三分之一，著有《民族学研究和

① 〔美〕R.M.. 基辛：《当代文化人类学》，第 21 页。
② 《文化的变异——现化文化人类学通论》，第 98 页。
③ 引自《云五社会科学大辞典·人类学》，第 22 页，台湾商务印书馆 1971 年版。
④ 引自〔美〕威廉·A. 哈维兰：《当代人类学》，王铭铭等译，第 21 页，上海人民出版社 1987 年版。

资料的搜集》(1871—1873)一书。当时，并不是所有的民族学家都重视实地调查。马尔堡大学哲学教授西奥多·魏茨(Waltz, Th.)著有六卷本《自然民族的人类学》，是当时有关非欧洲各族全部现有资料的最大型的总汇，但他却是个纯粹的书斋学者[①]。他自己虽没进行过实地调查，可他使用的资料都是前人调查搜集的。“在原始历史的研究方面开辟了一个新时代”的美国民族学家摩尔根是对亲属制度进行科学研究的开创者，在民族学调查方面也有开拓性贡献。1846年，他被塞讷卡部落鹰氏族接纳为养子。他详细地调查了易洛魁人氏族、胞族、部落、部落联盟的结构、经济和社会生活。他以养子的身份使他得以了解那些从不向外人透露的秘密习俗和仪式。1851年他发表了被誉为世界上关于印第安人的第一部科学著作《易洛魁联盟》。他还精心设计调查表格寄到世界各地，通过各种关系搜集当地民族情况。摩尔根的成就与他所实行的实地调查是分不开的。19世纪90年代，西欧和美国的民族学出现了新阶段的象征，一支受过专业训练的民族学家队伍形成，民族学博物馆如雨后春笋般地建立，民族学专业杂志和集刊遍及西方各国。这是民族学实地调查工作不断扩大与完善的结果。大约19世纪70年代末，开始出现了由专业人员撰写的第一批民族学专业著作和田野调查纪录。强调造就训练有素的民族学调查者，是美国历史学派创始人博厄斯(Boas, Franz)的一个重要主张。从19世纪80年代起，他开始了对美国北部的科学考察旅行，1897—1902年，他组织和领导了大型的北太平洋沿岸科学考察队(所谓杰塞普考察队)的工作。博厄斯培养的学生如A.L.克罗伯、R.H.罗维、E.萨皮尔、C.威斯勒等都是美国著名的民族学家。在他的门下，还诞生了一批杰出的女性民族学家，佼佼者如R.本尼迪克特、M.米德在民族学实地调查中都取得了令

① 参见〔苏〕G.A.托卡列夫:《外国民族学史》，汤正方译，第28—31页，中国社会科学出社1983年版。

人瞩目的成果①。19 世纪后 30 年至 20 世纪初，随着实地调查的深入，民族学迅速发展起来。田野调查研究和出版物不仅数量剧增，科学水平也有很大提高。大部分调查研究是由有专业素养的学者、民族学家进行的，他们不是简单地记录和出版，而是指出一定的问题，系统地收集有关的材料。20 世纪上半叶，功能学派的理论和实践对民族学实地调查的方法论产生了重大影响。法国人类学家列维-斯特劳斯指出：

> “民族学者进入某一民族地区，有可能使该民族的社会文化受到影响、发生变化，这就是观察者对观察对象的介人问题。民族学者对于被观察的民族的社会可以有两种态度：一种是作为无关的外人；一种是亲身加入该社会中去，成为该民族的朋友。”
>
> “后一种态度，在五十年前，对人类学创始时代的一些前辈们来说，是不加考虑的。如詹姆斯·乔治·弗雷泽爵士（1854—1941），一生写下数十卷巨著，其中包括著名的《金枝篇》十二卷，是集全世界各民族风俗习惯和宗教信仰研究之大成的权威学者。但是，当人们问他是否想到民族地区看一看时，他总是说：‘对不起，绝对不想去。’后来，到第二代的民族学者时，比第一代进了一步，他们乘船去到遥远的国度。但是，到达当地后，他们几乎都不下船，至多只是在殖民地行政长官公署的阳台上，坐在安乐椅中，找一两个本地人来进行调查。”
>
> “这种状况，到第一次世界大战时，才被所谓‘马凌诺斯基革命’所改变。马凌诺斯基，假如不是在 1914—1918 年被软禁在大洋洲的特罗布里恩德群岛，无法回到英国，而不得不在当地的村落中搭帐篷居住，他也决不会想到要进入作为自己研究对象的民族当中去生活。”②

这里的“马凌诺斯基革命”，指的是对民族学实地调查方法的创新，即开创了“参与观察”（Participant Observation）式的田野工作的新局面。这是民族学实地调查发展过程的一次变革，一次飞跃，奠定

---

① 参见《外国民族学史》，第 91—92、260—261、270—271 页。

② 〔法〕列维-斯特劳斯：《民族学者的责任》，《民族译丛》1979 年第 4 期。

了现代民族学实地调查的基石。美国马里兰大学人类学教授南茜·冈萨勒斯1981年8月10日在北京大学作学术报告时谈到："我们研究民族学，要深入下去，和人们长期住在一起，观察他们的生活，这是民族学的基本方法。"现代民族学实地调查所强调的仍然是"参与观察"，因而在一些场合，"田野工作"，又被称为"参与观察"[①]。

中国的民族学出现得比较晚，但从它产生之日起，便把实地调查摆到重要的地位。自1928年起，蔡元培主持的中央研究院民族学组开展了对广西瑶族、台湾高山族、黑龙江赫哲族、湖南苗族、浙江畲族、海南岛黎族、云南彝族等民族的实地调查[②]。直至1949年，中国民族学家所做的工作有两大项，一是介绍西方民族学，二是从事本国的民族学实地调查。中国民族学的产生和发展，与民族学实地调查紧密相关。

中华人民共和国成立后，民族学走过了曲折的路程。尽管民族学作为一门独立学科曾被打入冷宫，但民族学的实地调查却在"民族研究"、"民族工作"的领域中取得了举世瞩目的成就，并且表现出鲜明的中国特色。新中国的民族学实地调查最突出的成果有两项：一是民族识别，一是少数民族社会历史调查。新中国成立后，在民族工作中遇到的第一个问题便是中国究竟有多少个民族。在1953年人口普查时，自报的民族名称有400多个。民族学工作者和其他科学工作者通力合作，对全国提出新的族名的地区和单位进行调查研究。基于全国民族识别工作的成果，国务院先后公布了中国共有55个少数民族。通过科学研究和民族自愿原则决定民族成分，是中国民族研究工作的创举，引起国际民族学界的广泛注意和较高的评价。中华人民共和国成立后，民族学工作者参加了人民政府组织的各种访问团或工作队，到少数民族地区进行调查，为进行社会改革以及

① 参见宋光宇编译：《人类学导论》，第17页，台湾桂冠图书有限公司1977年版。

② 参见陈永龄、王晓义：《二十世纪前期的中国民族学》，《民族学研究》第1辑，民族出版社1981年版。

制订民族政策提供了科学依据。1956—1958年，全国有关省、区组织了16个少数民族社会历史调查组，开展社会历史调查研究工作。除民族学工作者外，参加调查的还有历史学、语言学、考古学等学科的工作者，共有上千人。各调查组搜集了上千万字的原始资料，自1959年起，陆续撰写出少数民族简史、简志和自治地方概况三套丛书书稿，整理调查资料300余种。1979年起，由国家民族事务委员会领导，组织“民族问题五种丛书”（包括《中国少数民族》、《中国少数民族简史丛书》、《中国少数民族语言简志丛书》、《中国少数民族自治地方概况丛书》、《中国少数民族社会历史调查资料丛刊》）编辑委员会，陆续编写并出版了各种丛书。正是大规模的少数民族社会历史调查，为五种丛书的编写提供了最基本的素材。1950年后民族学实地调查打下了中国民族学研究的扎实基础。

民族学实地调查是民族学学科的传统方法，它不仅推动了本学科的发展，也对其他相关的学科发生着重要影响。在社会学的研究方法中，民族学方法是其中的重要组成部分。美国社会学家D.K.贝利（Bailey）在他的《社会研究的方法》一书中专立一章论述《民族学方法论》，他指出，“民族学方法论收集资料的主要手段是观察”[①]。社会学采用的民族学方法主要就是指实地调查法。

当前，我国的民族学正处在一个发展阶段，要发展就必须创新。这不但需要理论创新，也需要在方法上创新。民族学实地调查是民族学创新的基本动力。西方民族学的发展道路表明，民族学的发展创新不在书斋里，而在民族学田野工作的广阔天地。在这改革开放的时代，中国的民族学工作者只有迈开双脚，到中国和世界各民族的广阔天地中去进行实地调查，才能开拓出一条中国民族学的新路。

---

① 《社会研究的方法》，余炳辉等编译，浙江人民出版社1986年版。四川大学出版社1976年出版的袁亚愚、徐晓禾编译的《当代社会学的研究方法》，亦以《社会研究的方法》为蓝本。

第二节　民族学实地调查的特点

民族学实地调查（田野工作）是民族学发展过程中形成的一种具有本学科特色的研究方法，与一般的调查研究既有共同之处，又有自身鲜明的特点：

第一，社会性和多元性。

民族学以民族为研究对象，它关注的不是民族的某一局部，而是整体，即民族社会的方方面面。作为某一民族的民族志，无疑是对该民族的社会全貌描述。费孝通指出："民族学在中国主要是搞少数民族地区的社会调查，所以，在中国，社会学和民族学从学术分科上说可以合而为一的。"① 我国第一代民族学家和社会学家大多是身兼二职的，如吴文藻及其弟子费孝通、林耀华等。民族学的研究，与社会学密不可分。中央民族学院创建之时，即以燕京大学社会学系为骨干形成了民族学研究队伍。中国的民族学与社会学都有实地调查的传统。费孝通在广西大瑶山对花蓝瑶做过颇有成就的民族学调查，他在江苏省进行的著名的江村经济调查又是典型的社会学调查。林耀华的《金翼》（台北从英文译本为《金翅》）是一本福建农村社会学调查研究著作，而《凉山彝家》又是一本民族学调查研究著作。这种民族学、社会学不分家的历史状况，造就了一批身兼民族学和社会学二职的"两栖学者"。解放后中国民族学最大规模的工作是少数民族社会历史调查，突出地显示了民族学调查的社会性。目前，国内各民族学与社会学的学科分界越来越明显，但传统的纽带是无法割断的。

民族社会是一个整体，民族学调查不能再满足于单一的民族志资料的收集。在整体的研究中，民族学工作者遇到的是一个复杂的、多元的系统工程。这种多元性，在其他学科是不多见的。"对于人类

① 费孝通：《民族社会学调查的尝试》，《中央民族学院学报》1982年第2期。

学家来说，一般都要花费许多时间与人类学以外的专家共同研究。这些时间超过与其他在野外方面的人类学家磋商的时间。”① 正是这种多元性要求民族学的调查研究必须与交叉学科保持着密切的横向联系。

第二，文化性和生活性。

民族学研究的一项最主要的内容是文化。在美国，民族学和文化人类学差不多是同义语。文化的范围太广泛，其定义五花八门，美国文化人类学家克罗伯和克拉克洪在 1952 年统计的文化定义就有 164 种之多。从广义广角讲，凡是人类创造的区别于自然的产物都可视为文化。民族学家都应该是文化专家，但任何一个人都不可能了解整个人类文化。在民族学的领域内，文化是举足轻重的，但民族学只侧重于研究文化的一部分，即非主流文化。所谓非主流文化是相对而言的。在一定的时代、一定的范围内，在社会基础和上层建筑领域中形成占主导地位的文化，如政治、经济、哲学、法律、科学技术、文学艺术等，是主流文化，都具有“官方”色彩，都以独立的学科存在。除此之外，还有另一种文化，存在于社会生活之中，具有“民间”色彩，通常不以书面形式展现，诸如婚姻、家庭、风俗、习惯等，就是非主流文化。对于民族学研究而言，主流和非主流是以调查者所处的社会文化背景确立的。对于调查者来说，所研究的是站在他所处的社会角度来看的非主流；但对于调查对象来说，这种非主流文化可能仍是他们所处的社会的主流文化。以往的西方民族学强调研究“异民族”“土著民族”“原始民族”“落后民族”，都是站在西方现代社会的角度上来看问题的。在我国，民族学研究中“主流文化”与“非主流文化”的界限是比较模糊的，但是，“非主流文化”仍是侧重点。以 50 年代进行的少数民族社会历史调

① 〔美〕F. 普洛格（Plog，Frde）、D.G. 贝茨（Bates，Daniel G.）：《文化人类学》，中译本题名《文化演进与人类行为》，吴爱明等译，第 12 页，辽宁人民出版社 1988 年版。

查为例，当时的重点在于少数民族社会的生产力和生产关系、上层建筑和经济基础，这些对整个中国社会来说，并不是主流文化部分，正因为如此，对于展开这次大规模的调查，毛泽东做出了“抢救落后”的指示。

非主流文化表现出强烈的生活性。在民族学遭到批判时，民族学被形容成一门专管“吃喝拉撒睡”的学科，被斥为不是学问。平心而论，“吃喝拉撒睡”不是民族学调查研究的全部，但确实是民族学的重要组成部分，通过对不同的民族在生老病死、衣食住行、喜怒哀乐、风土民情等行为方式的研究，民族学家探寻的是人类千姿百态的文化模式。相对而言，民族学家所关心的很少有历史学家们把握的名垂青史的人物、轰轰烈烈的事件，但正是在那些人人皆知的“不起眼”的生活领域中，民族学家们建立起一座座对人类文化研究的丰碑。

第三，历史性和现实性。

民族学家们很注意琐碎的日常事物，但不等于他们的视野就局限于此。对于民族学调查来说，洞察历史的深邃力在某种意义上更强一些。通过对生活在现代社会中的原始的、落后的民族的调查研究，民族学重新构建起人类史前史的框架。可以说，人类的原始社会史是民族学的专利。民族学家们通过调查和研究，为那些没有文字的民族重建了历史。民族学的一大贡献在于用实地调查所获取的“活化石”材料，描绘出人类社会由原始社会向文明社会过渡的社会发展史的蓝图。可以说，中国50年代的民族学调查有两大领域，一是少数民族社会，一是少数民族历史。

民族学的调查不仅有着深沉的历史性，同时还表现出敏锐的时代感，即现实性。在历史与现实之间，没有一道泾渭分明的界线。昨日的现实，是今日的历史，今日的现实，很快又会成为明日的历史。民族学的调查是立足于现实的，它更重视目前的状况。中国民族学界正在讨论“民族学面临的迫切课题”，表现出民族学工作者在变革时期面对现实的责任感。今天，为少数民族地区实现四个现代化的现实服务，已成为中国民族学界一个响亮的口号。

第四，实践性和探索性。

在民族学发展史上，确实出现过颇有成就的书斋学者，但他们自己不去实践，不去搞社会调查。我们不能把这种坐在安乐椅上的加工者排斥在民族学家的圈子之外，今后可能还会有集他人调查资料之大成、一鸣惊人的纯粹的研究者。但是，推动民族学发展的源泉不在书斋，而在田野。民族学调查的基本属性是实践。只有民族学调查的实践，才会给学科提供用之不竭的营养。民族学的调查，只能亲身去实践，才会获取第一手资料。也只有在民族学调查的实践中，才会熔炼出有出息的一代新人。

民族学调查的目的全在于获取资料，这种资料，不是文献上记载过的，也不是别人已经发现了的，而应是调查者独自占有的。有的教科书提到课题假设应该是“独一无二的”[①]。这就要求每一个调查者都要去探索。民族学的实地调查是一个探索过程。调查者在进入实地之前，会带着许许多多假设，但民族学调查并不立足于假设，而是立足于调查所获取的实际资料。假设可以被证明成立，也可以被实际材料所推翻，这个过程，鲜明地表现出探索性。只有认真的、严肃的、实事求是的探索，才会有民族学真正的发现。

第五，艰苦性和变化性。

一般情况下，民族学实地调查，对于调查者来说都是在陌生的、偏僻的、具有族际差异的地方进行的，艰苦性不言自明。不论在国外，还是在中国，在以封闭的落后的民族为对象进行调查时，民族学家们大都有过冒险的经历，自然、地理、气候、生活以及文化和语言的障碍迭出不穷，“出生入死”的境况并不鲜见。有人说：“由于他们亲自到许多遥远的地方搜集全人类的资料，他们得了宇航员的美名。”[②] 由于历史和社会条件的制约，中国民族学实地调查基本

① 《文化演进与人类行为》，第69页。

② 〔美〕D.G.蒙德尔勃姆：《文化人类学》，《民族译丛》1984年第1期。

上没超出国内范围。但是，解放前老一辈民族学家们也有过惊心动魄的经历。1935年冬季，费孝通偕同前妻王同惠深入广西大瑶山，旅途上迷失道路，误落猎人的陷阱受伤。其妻下山呼援，天黑路险，溺水丧生①。林耀华在1943年考察凉山彝族时，冒着被掳掠为“娃子”的危险②。解放后，这种状况已有根本改变。但是，艰苦性仍然存在。一些没有去过民族地区的年轻人对实地调查怀着罗曼蒂克式的幻想，为冒险的刺激所激动，但往往经受不住没有冒险、没有刺激但确实是艰苦的磨炼。今天，民族地区与内地存在生活方式方面的差异正在缩小，但“生活关”仍是一个大问题。除此之外，“语言关”“工作关”也并不是好过的。有志于民族学实地调查的优秀工作者，必须能承受住日常的、较长时期的艰苦的磨炼。

民族学不是静态的学科，它在不断地变化。民族社会在变，调查对象在变，调查内容在变，调查的方法和手段也注定要随之变化。民主改革以前的奴隶主、“娃子”（奴隶）今天不见了，我们手中的录音机、录像机对当年的调查者来说是无法奢求的。我们一方面要吸收前辈在民族实地调查中积累的宝贵经验，另一方面我们也不能抱住50年代社会历史调查提纲不放。民族学调查需要新的一代不断创新，走出一条中国民族学实地调查的新路。

第三节　民族学实地调查的类型

在民族学发展的过程中，不管是哪一流派，也不论选择什么样的对象和课题，都离不开实地调查所提供的原始资料。然而，民族学实地调查却没有一个古往今来一成不变的模式。根据调查者的身份、选择的角度、视野的范围、分析的深度和广度、课题的内容以及组织的规模，民族学实地调查可以粗略地划分出以下五种类型：

---

① 费孝通：《盘村瑶族》一书序言，民族出版社1983年版。

② 林耀华：《凉山彝家》附录二《川边考察纪行》，商务印书馆1947年版。

1. 自观和他观

这是本世纪60年代在美国人类学领域中兴起的一种新的研究方法。这种方法是借用语音学中“音素的”（phonemic）和“语音的”（phonetic）二词的后缀而得名的。“音素”又叫“音位”，是语音中的最小单位。“语音”是人们运用语言时的普遍发音规律。美国语言学家、人类学家肯尼斯·派克（Pike，Kenneth L.）认为，语音学中的语音分析缺少结构性和深入性，而带有规律性和模式性；音素分析则强调结构性和深入性，但缺少规律性和模式性。他将音素分析法和语音分析法引进文化人类学领域，产生了“emic”和“etic”研究方法，我们把前者称为“自观方法”，后者称为“他观方法”。也有人将“emic”译作“本位方法”，“etic”译作“非位方法”[①]。还有人将二者译为“文化主位研究法”和“文化客位研究法”[②]。自观方法是站在被调查对象的角度，用他们自身的观点去解释他们的文化。他观的方法是站在局外立场，用调查者所持的一般观点去解释所看到的文化。F. 普洛格和D.G. 贝茨对这两种方法做过具体的阐述：

> “在这些研究中，民族科学家普及了——和由此而发展了一套方法论——所谓的本位方法（引者注：即emic），即用本地人的观点来努力理解文化。这与非位方法（引者注：即etic）是相对立的，它是从人类学家所利用的观点出发去研究文化。比如，当地人会说，他们遵守他们文化的乱伦禁忌，是因为他们害怕触怒众神或者因为他们并不为他们的男亲属所吸引（这是本位的解释）。利瓦伊-斯特劳斯会说，当地人遵守乱伦禁忌，是为了确立群体之中相互的关系和义务（这是非位的解释）。
>
> “民族科学家为本位解释的研究有很广泛的影响。这个学派迄今为止的最大贡献大概仅仅是使现代人类学家明白了本位和非本位方

① 《文化演进与人类行为》，第52页。

② 《中译人类学词汇》，第24、26页，香港中文大学出版社1980年版。

法之间的区别。"①

在民族学调查过程中,以什么眼光来看问题是个重要的前提问题。明瞭"自观",可以克服"族际差异"所造成的障碍,如实地反映真象,不带"偏见",但并不能把握本质。自观方法和他观方法是互补的,并不是互相排斥的。在调查中运用好这两种方法,才会得出真实而深刻的见解,才会分析出表层现象后面的深层结构,才会总结出规律性的东西出来。领会自观与他观方法,对于中国民族学工作者来说尤有特殊的意义。在西方民族学的传统中,研究异民族曾是一条金科玉律。这一传统在中国已被打破。解放以后,一代少数民族出身的民族学工作者已成长起来。海外已有人看到了这一点,认为国内的"民族学系很可培养出一批'本土的人类学家'(Native Anthropologist)","中央民族学院里的民族学系,很可能因其特殊性而为中国人类学界训练出一批研究中国少数民族文化的本土人类学家来"②。经过专门训练的本民族的学者研究本民族文化,无疑具有"自观"和"他观"相结合的优势。在民族学研究中如何实践和验证"自观"与"他观"方法,是我们今后民族学实地调查的一个课题。

2. 宏观和微观

这是从调查的视野范围上划分出的两种方法。在物理学中,宏观物体一般指空间线度大于 $10^{-6}-10^{-4}$厘米的物体,由极多的原子组成,肉眼能见的物体都是宏观物体。微观与宏观相对,微观粒子一般指空间线度小于 $10^{-7}-10^{-6}$厘米的粒子,包括分子、原子和各种粒子。民族学调查中借用宏观和微观的概念,来表示调查视野范围的大小。宏观和微观是相对而言的。一般来说,比较大的区域性调查或跨区域调查都是宏观调查,如西南地区、东北地区,彝族地区、傣族地区,怒江、澜沧江走廊地区,丝绸之路沿线地区等。日

① 《文化演进与人类行为》,第62页。

② 陈中民:《一九五〇年后中国大陆人类学的概况》,台湾《中国论坛》1985年第21卷1期。

本民族学界常提的“稻作文化圈”、“照叶林文化”也属这一类型。微观调查又称“微型调查”[①]，就是在一定的地方，在少数人可以直接观察的范围内进行的调查。“‘微’是指深入到生活实际，而不是泛泛地一般化的叙述，要做到有地点、有时间、有人、有行为，这样才能说是‘直接的观察’。‘微型’是指把一个麻雀作为一个类型的代表，解剖得清清楚楚，五脏六腑，如何搭配，如何活动，全面说明，而且要把麻雀的特点讲出来，它和别的麻雀有何不同，为何不同等等。这样的‘微型’研究是民族研究的基础，通过比较不同‘型’，就能逐渐形成全面的宏观的认识。”[②] 一般以村镇为单位的社区调查，属于微型调查。《盘村瑶族》[③] 即是近年来在微型调查基础上写出来的一本著作。说得通俗一点，宏观调查是指“面”，微观调查是指“点”。一般地说，宏观调查要“大兵团作战”，少数几个人难以胜任，而微观调查既可以组织“小分队”，也可以单枪匹马，独立完成。只有点面的有机结合，才能对文化进行整合。

3. 社区和个案

这都是在微观范围内的调查，是传统的民族学的两种典型调查方法。

社区（community）在社会学中是一个出现频率最多的一个词汇，社区调查（community survey）是社会学中应用最广泛的一种实地调查。但是，社区不是社会学的专利，追本溯源，社区研究方法是从民族学对原始民族调查研究中产生的。什么是民族学的社区？它是民族学调查研究中一个基本单位，“人类学家用以指一群互相依赖的家族，在一个队群（band）或聚落（encampment），或较大的聚居区，营共同生活。一个社区能否自给自足并不一定，但一个社会则为经济上能自给自足的若干社区所构成。那些社区未必是相互依赖

① 费孝通：《民族社会学调查的尝试》。
② 费孝通：《民族社会学调查的尝试》。
③ 胡起望、范宏贵：《盘村瑶族》，民族出版社 1983 年版。

的，但它们却是互相通婚，而且有共同的领土、语言、社会经济体系及文化遗产的。”[①] 概括起来，社区有三个基本要素：第一，人民；第二，人民所居处的地域；第三，人民的生活方式或文化[②]。在民族学研究中，社区调查是为了揭示民族社会某一层面文化的全貌。社区是一个变量，有大有小，广义的社区可以包括一个或几个民族，如傣族社区、西双版纳社区。在实际的调查中，社区都是微型的，区域在调查者有可能进行直接观察的视野范围内。

民族学是以“群体”为研究目标的，社区是群体的一个基本单位，社区调查被重视是理所当然的，但这并不排斥另一种方法——个案调查法。个案法最初是心理学的一种研究方法，指搜集关于某个人的家庭情况及社会地位、教育影响、职业经历、事业成就、健康条件等历史资料，加以分析，从而探究其心理特性的形成和发展过程。民族学借用这种方法，进行文化个案研究（Culture Case Study）。个案法虽然以个体为调查对象，但其目的在于通过个体去发现整体。个案法以个人或家庭为调查研究的单位，通过对个案的调查，探求一个社区群体文化的构成。正因为如此，个案被界说为“一个整体”（a whole）。个案调查是社区研究的一个重要侧面。

4. 定性和定量

任何人进行任何调查，都是为了发现问题，解决问题，因而都离不开分析。“定性分析”（qualitative analysis）和“定量分析”（quantitative analysis）出自于化学。定性分析的功能在于鉴定物质中含有哪些元素、离子或功能团等，但不确定其含量。定量分析的功能是专门测定物质中各种成分的含量。在民族学中，定性调查研究在于确定性质，定量调查研究在于确定数量。在以往的民族学调查中，定性和定量调查揉杂在一起，而定性的方法一直占据着主导地位，通

① M. Jacobs and B. Stern：An Outline of General Anthropology，1947 年。引自《云五社会科学大辞典·人类学》，第 146 页。

② 吴文藻：《现代社会实地研究的意义和功用》，《社会研究》第 66 期。

过调查实例分析出本质特征，是我们过去调查研究中典型的传统的方法。在民族学研究中，量化十分复杂、困难，定性是十分重要的。在中国少数民族社会历史调查基础上进行的少数民族社会性质研究工作基本上采用的是定性的方法。重定性轻定量已成为我国民族学调查具有传统性的倾向。这固然与方法论的制约有关，但科学技术手段上的障碍也起着至关重要的作用。定量调查是新技术带来的趋向。有的研究者指出："社会调查研究的现代趋势，是同它的方法手段的科学化同步发展的。方法的科学化，实质上也是一种现代化特征。而且，方法的科学化，往往成为社会调查研究工作现代化的先导。""社会调查研究的科学化，核心是现代科学技术及其方法论与社会调查研究的结合。这种结合，使社会调查研究产生了深刻的变革。""当代调查研究方法变革的第一个突破口，是电子计算机开辟的。"① 在西方，民族学和文化人类学已开始注重定量分析，主要表现在把统计学广泛用于调查研究中，在调查研究过程中，统计学原理被运用到建立假设和资料分析全过程。在我国，进入80年代后，社会学已把定量调查提高到一定水平，并取得可观的成果。1982年以来两次全国人口普查、两次全国1%人口抽样调查，都是用现代化技术手段进行的定量分析调查。相比之下，民族学在定量调查方面仍然裹足不前。这有物质条件的原因，有调查对象文化素质制约的原因，更重要的，恐怕是传统的僵化模式的思维仍然在起着禁锢作用。如何把定量分析调查应用到中国民族学研究中去，是一个至今仍没有取得突破性进展的大问题。

5. 专题和综合

中华人民共和国成立以后的几十年，通过民族学工作者艰苦的创业，各少数民族的民族志都已初具规模，像50年代那样全国范围内的大规模的社会历史调查不说是空前绝后，也可以说是十载难逢。对于新一代民族学工作者，面临着新的课题选择。如何在大量的中

① 张硕城：《社会调查研究工作的现代化、科学化》，《广州研究》1985年第2期。

国民族学资料的积累之上，进一步探索出新，把民族实地调查引向深入，专题调查研究应是一个突破口。所谓专题调查，就是选择某一方面具体的内容，进行深入的、全面的或比较的调查和研究。它与民族志调查的不同之处在于研究性更突出。专题调查研究的内容范围虽然比较局限，但对调查者的素质要求却比较全面，因为它需要多学科的交叉。专题调查还提出另一个重要任务，以深入细致去弥补以往调查资料的不足。专题调查并不主张躺在前人民族调查资料的摇篮里张口吃现成饭，而是要求调查者深入到更多的实地，进入前人没有涉足的现场，获取属于自己的第一手资料。专题调查还要求调查者具有创新意识、开拓精神，探寻那些前人没有发现或随时代变化新出现的课题。

民族学在发展过程中已形成了自身的专门化，这是它的长处和优势。但民族和文化的领域十分广阔，单靠民族学的专门化已无法驾驭层出不穷的新的重大课题，这就要借助于其他学科。任何一个民族学工作者都不可能掌握全面的多学科的知识和技术，这就要求民族学运用整体论的观点，打破学科封闭，与其他学科交叉协作，进行综合调查研究。大规模的综合调查不是少数人所能承担的，组织协调也比较复杂、困难。解放后中国的民族调查在这方面积累了许多宝贵经验，50年代全国少数民族社会历史调查是一次成功的大规模的综合调查研究。当前，在区域性调查中，综合调查被广泛采用。中国西南民族研究会组织的六江[①]流域民族综合考察，即包括民族学、民族史、语言学、考古学、宗教学、经济学、人口学、体质人类学、血型研究等学科，并取得了重大成果，也为在新形势下在民族地区进行综合研究提供了可资借鉴的经验。

---

① “六江”指大渡河、岷江、雅砻江、金沙江、怒江、澜沧江。

第四节 民族学实用调查法

民族学实地调查包含着两层含义，从广义上讲，它是一种方法论（methodology）；从狭义上讲，它是一种具体的方法（method）。美国社会学家贝利（Bailey，K.）指出："方法论与方法不同，后者在科学研究中是指研究的技术或收集资料的工具，前者是指研究过程的哲学。它包括作为研究理论基础的各种假说和价值，以及研究者用以解释资料和得出研究结论的准绳或标准。"① 在民族学实地调查的长期实践中，形成了多种行之有效的具体方法，下面列举的是最常用的调查法：

1. 观察与参与观察

民族学工作中特别注重观察，并以此为搜集第一手资料的最基本的方法。初到一个地方，首先四处看看，这是很自然的，但作为民族学调查，不是随便看看，也不是"走马观花"，而是有目的地细致观察，当地的自然地理、人工建筑等都要尽收眼底，这是对静态的物的观察。另一方面，对当地的日常活动、生活礼仪、人际交往等更要留心，这是对动态的人的观察。观察要身临其境，所以通常称为"现场观察"、"直接观察"。观察是否细致入微，往往是发现问题的关键。观察要深入，更要全面，特别对于某项活动，要"眼观六路"，就是说要看得全，又要自始至终，把握全过程。如婚礼过程，不能只观察男方，不管女方；不能只看仪式怎样举行，不管迎亲路上有没有什么特别的活动。一个人一次很难观察细致全面，而要多人配合，或者多次反复观察。民族学调查更强调"参与观察"（partici pation observation）。这种方法，又被称为"局内观察法"或"居住体验法"。这是一种高层次的观察法，其先决条件是在一个地方长期住下去，至少要一年时间，要求调查者学会被调查民族的语言，"入

① 《当代社会学的研究方法》，第9页。

乡随俗”，参与当地人的生活，像一个“尽量合格的当地人”。这种方法是西方民族学家所倡导并付诸实践的。民族学发展史上许多重大的成果，都是在此基础上孕育出来的。在中国这种“参与观察”并没有真正实行，尽管50年代曾以“三同”（同吃、同住、同劳动）为口号激励过民族学工作者，但由于受各种条件的制约，真正的民族学的“参与观察”至今仍是纸上谈兵，充其量，我们所做到的“参与”，还停留在局部范围、短期阶段上。进行中国民族学参与观察，我们具备国外所无法企及的优越条件，但也必须正视，对于大多数民族学工作者来说，又面临着自身难以逾越的各种现实条件的障碍。如果说中国民族学实地调查工作需要改革的话，创造条件，克服障碍，实践参与调查，应该是一个突破口。

2. 个别访问

民族学调查强调“直接”性，即深入实地，面对面地接触调查对象。个别访问，是获取第一手资料的一个主要方法。访问的对象以个人或一个家庭为单位。内容既可以围绕访问对象自身的情况，也可以了解其他问题。对访问的对象要精心选择，或者有阅历，或者是知情人，或者具有典型性。访问可以是正式的，约定时间，拟好提问提纲，有目的地了解某一方面的问题；也可以是非正式的，采用无拘无束的拉家常的形式。个别访问最忌死死板板的问答，聊天式的谈话往往最有收效。个别访问不拘于少数人，也不能希冀一次便有大收获。访问中，访问者可以对不清楚的地方提出疑问，但不要驳斥甚至批评对方。忠实记录是个别访问的准则，访问者不能凭自己意愿或依据其他来源的资料对访问记录进行篡改。访问时可以用笔做记录，也可以使用录音机，但要灵活掌握。有时记录或录音会影响调查对象的情绪，这时就不要采用，可以在访问后追记。个别访问说来容易，做起来并不简单，做好了更难。在不懂被访问对象语言的情况下，要找翻译，但要注意，翻译水平的高低，直接影响调查材料的质量。

3. 调查会

开调查会是国内各种调查的一种最常用的方法。毛泽东指出："开调查会，是最简单易行又忠实可靠的方法，我用这个方法得到了很大的益处，这是比较什么还要高明的学校。"[①] 在民族地区，调查会已是一种易于被接受的形式。开调查会，应得到当地主管部门的支持和配合。调查会之前，应例行听取当地主管部门领导的介绍，一是熟悉当地情况，二是取得地方领导的支持。听取介绍已是我国民族学调查的一个必不可少的程序。调查会有多种层次，比如到一个县，首先可在县城召开有关工作人员的调查会，一般称为座谈会。这类调查会可开得比较正规些，因为到会者多是见过场面的。到区乡再开各种不同人员的调查会。开调查会要事先做好准备。参加调查会的人选也需周密考虑，如尽量避免让彼此间人际关系极不融洽的两个人参加同一调查会。基层调查会到会的人不宜多，一次有四五个人就可以了。调查者要善于引导发言者把话题集中在所调查的问题上，但要注意打断或制止任何一个发言都会造成不良的影响。每开一次调查会，都要做详细记录，会后及时整理。

4. 问卷法

问卷法是社会学调查研究中为观察研究而采用的一种由调查对象填写表格的方法。问卷应设计出提问及一组答案，由答问者从中选择一种答案作为回答。这种手段用于抽样调查。"与社会学家不同，民族学家通常不借助于预先制定好的调查表，这些调查表只能倾向于发现他们想要发现的东西。相反的是，民族学家坚持尽可能开放思想，并因而发现许多预想不到的事。这并不是说，人类学家从不运用问题调查表，有时候他们也用它。一般说来，它们被用作补充方法来说明用别的方法取得的资料。"[②] 民族学采用社会学的问卷法，除用于抽样调查，也用于观察和访问中，所不同的是，在大多

① 《农村调查的序言和跋》，《毛泽东选集》第3卷，第790页。

② ［美］威廉·A. 哈维兰（Haviland，V. A.）：《人类学》，中译本译名《当代人类学》，王铭铭等译，第19页，上海人民出版社1987年版。

情况下，并不采用填写问卷表的办法，而是由调查者直接向调查对象进行口头提问。问卷法主要目的在于了解被调查者对某一问题关心的程度、态度及心理状态。

5. 谱系调查法

这种方法又称谱牒分析法，指对调查人的家谱、族谱和亲属制度的调查分析，对于调查家族制度、婚姻制度以及民族迁徙等都有价值。谱系调查由现今一家一户的姓氏和名称、亲属称谓、直系和旁系的血亲姻亲关系为出发点，一代一代地上溯到不能记忆为止。我国少数民族中有许多特殊的命名制度，如彝族的父子连名制、怒族的舅甥连名制等，还有许多有特点的家族制和亲属称谓制，都是民族学的宝贵资料。进行这种调查，要掌握必要的语言学和语音知识。谱系调查法有专门的一套记录方法，参见下列图式（采自《文化演进与人类行为》第379—380页）：

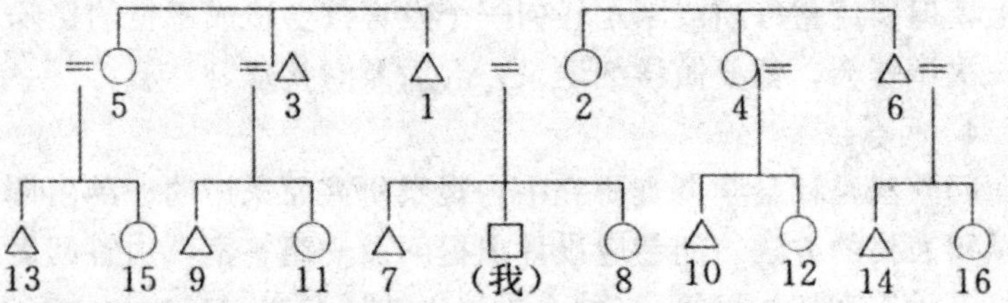

说明：□我，个人（性别不定），当作参考中心

△男人 ○女人 ＝夫妻关系 |父子关系 ⌐¬同胞关系

1. 父亲 2. 母亲 3. 父亲的兄弟 4. 母亲的姐妹 5. 父亲的姐妹 6. 母亲的兄弟 7. 兄弟 8. 姐妹 9. 父亲的兄弟的儿子 10. 母亲的姐妹的儿子 11. 父亲的兄弟的女儿 12. 母亲的姐妹的女儿 13. 父亲的姐妹的儿子 14. 母亲的兄弟的儿子 15. 父亲的姐妹的女儿 16. 母亲的兄弟的女儿

6. 自传调查法

这种方法，以个人为对象，全面记录其生平经历，不仅可以反映出一个人全部历史，而且反映出他的家族史、行业史，以及民族史的某一侧面。如调查一个职业宗教大师，可以获取有关这种宗教

的许多具体资料。取得被调查者的信任，使他能吐露真情，谈出秘密，是这一方法取得成功的关键。同一类型的人，要选择多个对象。对同一对象，也要进行多次调查，真实的材料，往往得之于最后几次调查。

7. 定点跟踪调查法

这种方法，有人称为“历史溯源法”，是指在某一社区建立固定调查点，对于一个群体进行有间隔性的长期持续不断的观察，以研究这一群体在总体上或局部上发生的演变，从中发现历史演变的特点、原因和规律。老一辈民族学家对于他们早期调查的社区旧情难忘，费孝通“五访江村”，林耀华“三上凉山”，即是以“定点跟踪”来探索社区的变迁。作为一个研究者或研究单位，应该建立一二个固定的社区调查点，每隔一二年下去调查一次，经过多年积累之后，再做比较分析，这种方法值得提倡。

8. 文物文献搜集

少数民族文物与常规文物不同，它存在于少数民族的现实社会生活之中。只要具有民族学研究和民族博物陈列价值，都可以为民族文物，例如一件正在使用的器物，一身正在穿的衣服，一座正在供奉的神像，等等。民族文物要有一定的代表性和典型性，即富有民族特点。搜集民族文物要按政策办事，不能硬取强索，更不要采取其他不正当手段。还应注意，不要因搜集民族文物伤害民族感情。搜集民族文物要做好文物登记卡，妥善保藏。

民族学实用调查法多种多样，不论哪一类型的调查，单用一种方法都是不行的。作为一个专业民族学工作者，应该熟练掌握各种方法，在实际工作中运用自如。然而，只有在实地调查的实践中，才能达到这一点，除此别无他途。

第五节 民族学调查者素质的培养

民族学实地调查并不神秘，但也不是那么简单，好像什么人都能干。有人以为只要下到民族地区就是搞调查；不管学没学过民族学，只要在民族地区工作一阵子，掌握一些情况，就可以写出调查报告和文章。这是一种肤浅的认识。当前，民族地区的情况已发生很大变化，早期民族学调查“看见什么就记什么”的时代已过去，民族学实地调查已发展成为一门复杂的系统的学问，对调查者的素质和能力的要求越来越高。一个合格的训练有素的调查者需要具备哪些最基本的素质和能力呢？

1. 树立正确的指导思想

民族学实地调查者在他工作的全过程，都不是被动的，而是主动的，他的自我意识随时随地都在起作用，因此以什么样的理论、观点作指导，是个不容回避的大前提。费孝通在谈到解放后中国民族学调查研究的体会时说：“这些体会涉及到三个方面：一是我们怎样决定我们调查研究的问题？二是我们这些调查者与被调查的关系是怎样的？三是调查者对自己调查的后果采取什么态度？”[①] 这里提出了中国民族学在指导思想方面的几个核心问题。以马克思主义理论以及党和国家制定的各项民族政策为指导，是我们必须遵循的基本原则。在调查中，坚持各民族一律平等的态度，是一条基本的准绳。在西方民族学中，对调查者最头疼的事莫过于如何克服“族际差异”和“文化差异”所造成的障碍，这种障碍被称为“文化震撼”(culture shook)。R. M. 基辛在他的书中写道：“对于每个田野工作者来说，人类学者的探索历程都具有不同的背景和经验。‘文化震撼’——对完全不同环境和风俗一开始所感到的冲击——是很普通的事。同样地，从各方面逼近而来的排斥、敌意和困惑等一波一波地造成情绪的低潮。”[②]F. 普洛格和 D. G. 贝茨说：“不能有效地沟通和‘文化冲击’——人们在一个完全不同的社会背景里所感到的迷

① 费孝通：《迈向人民的人类学》，见《民族与社会》第 83 页，人民出版社 1981 年版。

② 《当代文化人类学》，第 25 页。

惑——是与野外工作者的孤独感相伴随的。在某些方面，在最初的几个星期，几乎每一个人类学家都迷惑不解，'我一个人在这儿，在世界的边缘，究竟在做什么？'（鲍德海克尔，1966：51）当查格伦看见扬马人时，他打起了退堂鼓"[①]。这反映出西方民族学调查者与调查对象之间存在着一种普遍的对立紧张关系。在这方面，新中国的民族学工作者得天独厚，在已经实行了各民族一律平等的国度里，这种"文化震撼"已成为历史。但是，族际差异或文化差异仍然存在，调查者和被调查者之间的鸿沟需要填平，最重要的是要求调查者以真诚平等的态度处理与调查对象的关系。实现民族平等和帮助少数民族发展起来，不仅是调查者的目的，也是被调查者的要求。因此，我们完全可以把调查的目的公开地告诉被调查者，而且被调查者完全可以懂得和乐于接受这项调查工作。只有在被调查者明白并相信调查者是为他们服务的，旨在帮助解决他们自己的问题，调查是有益无害的，他们才会主动配合。为调查对象服务是我们调查工作的出发点和归宿。一般情况下，我们所调查的地区是比较落后的，生活是艰苦的，风俗习惯上有许多特殊之处。尊重当地的群众，尊重他们的风俗习惯，是调查者应该时刻铭记的一条准则，"入乡随俗"对于沟通与被调查者之间感情、建立信任感，是十分必要的。在调查中，涉及到容易刺激民族感情的敏感性问题，要十分谨慎、格外小心。要遵守民族学工作者的职业道德，以诚取信。为获取急于想得到的资料而不择手段是万万要不得的。与少数民族群众交往，还要注意不能做不负责任的表态和言而无信的许诺。"言必信，信必行，行必果"，这对于每一个调查者来说，都是一条最起码的要求。

2. 打破僵化模式，适应新形势，建立新思维

建国 40 多年来，中国民族学调查已取得丰硕成果，积累了宝贵经验，形成了优良传统。传统，是我们的财富，但传统僵化了，便成为束缚我们的思维的框框。民族学要创新，首先就要打破僵化模

① 《文化演进与人类行为》，第 87 页。

式，适应新的形势，建立新的思维。施正一指出："当前之所以迫切需要有这种新思维，是因为我们已经面临着完全变化了的或正在要发生变化的新情况与新局面：社会经济改革与政治改革已全面展开，对内、对外开放也在不断扩大，商品经济的洪流正在冲击着各个民族地区大大小小的封闭系统中的关口；生产在发展，差距也在拉大，旧的社会制度的发展不平衡遗留下来的贫穷落后的困境正在被新的社会生产力的发展不平衡所带来的贫富差别拉大的现实所代替；传统的意识与文化也正在被五颜六色的新思潮与外来文化所冲击，民族文化形式在改变，民族自我意识在加强，民族与民族之间传统的联系方式也在改变着，如此等等。正是这些新的因素，促使我们要抛去旧的思维，并且同时产生着新的思维方法。"[①] 这段话虽然是立足于民族经济而发的，但也反映出民族学所面临的客观形势急剧变化所产生的新问题。对于民族学实地调查来说，对象、任务、课题、方法等的变化，呼唤着思维方式的改变。什么是民族学调查的新思维？目前还很难做出令人满意的回答。有一点可以指明：50年代社会历史调查所形成的一整套理论和方法对于新时期的民族学调查来说，已经不够用了，其中某些部分已经不能用了。你今天去凉山调查，仍用当年"奴隶制调查提纲"显然不行，今日还能找见一个现实生活中的奴隶主或者奴隶吗？在以往的调查中，我们没有建立起整体论的思维。大多数调查，都局限在一个民族一个民族地搞，一个地区一个地区地搞。对于文化的调查，做的工作比较少，更缺少"整合"。真正的定量调查，可以说至今还是块"未被开垦的处女地"。当代科学的新思想、新理论、新技术和新方法在我们的民族学调查中还谈不上结合。我们的民族学调查方法和手段已经陈旧，僵化模式还在束缚着我们的头脑，制约着我们的行动。学会新思维是民族学调查创新的前奏。

3. 专业基础扎实，知识视野开阔

---

① 施正一：《民族工作也需要新思维》，《民族经济》1988年第4期。

我们说调查者是训练有素的，主要指在调查前要掌握民族学专业基础知识。这种训练，可以通过在大学民族学系或人类学系的正规学习获得，也可以通过自学、函授、短训班等多种途径达到。没有扎实的专业基本功，希冀在调查中碰上好机遇而一鸣惊人是不可能的。对于一个不具备起码的专业基础的人来说，再有价值的东西也会从眼皮底下丢掉，更不要说进一步深入细致的分析和研究。对于国外的民族学理论、方法和资料，要善于借鉴、吸收。民族学是一门开放的学科，更大范围的跨文化比较调查研究是一项没有国界的大课题。民族学调查研究要走向世界，这是毫无疑义的。对于年轻一代的民族学工作者来说，学会和精通一二门与自己研究方向紧密相关的外语，是十分必要的。中国民族学调查研究有一个特殊性，就是不但有大量的汉文历史记载，还有多种少数民族的文献资料。每个合格的调查者，都要先过“古文关”。在调查之前，先熟悉有关文献特别是地方志记载，已是民族学调查中不可忽略的必要步骤。至于少数民族文字资料，更弥足珍贵，掌握调查对象的民族语言文字，在调查中将如虎添翼。民族学调查研究的趋势，正向着多学科综合方向发展，囿于民族学自身范围，难于有更大的作为，因而必须多进行学科交叉的综合调查研究。为此，调查者的知识视野应尽量开阔，对于社会学、历史学、地理学、考古学、哲学、文化学、心理学、生态学、人口学、经济学、教育学以及自然科学都要有所涉猎。诚然，一个人的精力有限，想要把所有的交叉学科都精通是不可能的，但是，对于和调查课题关系最密切的交叉点能够略知一二，或者对于一二个学科比较谙熟，这是办得到的。一个合格的民族学调查者，不但要成为民族学的专家，而且还应该是个知识广博的杂家。从这个意义上讲，民族学家“更像一盒‘万金油’”[①]。对于一个好的调查者来说，多才多艺不是苛求。记录、录音、摄影、录像、绘图、统计、测量等技能应该是必备的。登山、游泳、骑马、跋涉不是民

① 〔美〕D.G. 蒙德尔勃姆：《文化人类学》，《民族译丛》1984年第1期。

族学调查者的体育竞技，而是工作的需要。能唱会跳是令人羡慕的才能，在节日文化调查时会大有用场，即便是在其他调查中，能歌善舞也会起到意想不到的妙用。进入实地十天半月可能打不开局面，而参与一次当地的歌舞活动，却会交下许多朋友，获取当地人对你的信任和好感。“艺多不压身”，这在实地调查中会有切身的体会。

4. 善于沟通人际关系，具备应变能力

民族学实地调查主要是和人打交道，不管调查的范围宽窄、调查的题目大小，都要接触各种各样的人。调查者遇到的不仅有调查对象，还有许许多多非调查对象，或者说，他们面临的是复杂的社会、形形色色的人。这就要求调查者善于沟通各种关系，否则在某一个环节上出现“摩擦”或“卡壳”现象，都会直接影响调查工作正常进行。比如你要赶在某一天去参加一次节日活动，一张车票弄不到手就会使你整个计划告吹。你要是得罪了某一个主管某方面事务的地方官员，可能会使调查陷入一筹莫展的窘境。可见处理好人际关系是一门艺术，因此需要我们学一点公共关系学，培养一点“公关”能力。

一个像样的民族学调查者还应具备在复杂的意料不到的或条件变化情况下的应变能力。民族学调查有一套科学的方法，但它不是一成不变的死框框。美国人类学家P. K. 博克（Bock，Philip K.）说过：“野外工作者还必须使自己及其研究技术适应当地情况，因为无论谁也无法保证其准备是完全的，哪怕他预先充分地做了准备。对于一个优秀的野外工作者来说，灵活性是最基本的因素，尤其要保持清醒，不过分拘泥于既定的研究方案。”① 这是切肤的经验之谈。

民族学调查是一个广阔的天地，有出息的新一代民族学工作者在那里是可以大有作为的。

---

① 〔美〕P. K. 博克：《现代文化人类学（Modern Cultural Anthro pology）》，中译名《多元文化与社会进步》，第304页，余兴安等译，辽宁人民出版社1988年版。

本章主要参考书目：

①费孝通：《民族社会学调查的尝试》,《中央民族学院学报》1982年第2期。

②杨堃：《略论民族学调查方法》,《中南民族学院学报》1984年第2期。

③杨庭硕：《民族调查综述》,《贵州民族研究》1986年第1期。

④R. M. Keesing：Cultural Anthropology，中译本《当代文化人类学》，导论第一章，陈其南等译，台湾巨流图书公司1980年版。

第七章　中国民族学的任务

第一节　近期中国民族学的主要任务

民族学尽管是一门世界性的学科，但是，由于各国的制度、国情和文化传统不一样，因此，各国民族学的研究任务也不一样。即使在一个国家中，由于社会历史时期不同，或学术发展阶段的不同，民族学研究的任务也会不一样。欧美各国民族学自其诞生以来的相当长时期内，一直把对原始民族的研究作为主要任务，但近几十年来有了不少变化，包括发达民族在内的所有发展阶段民族的社会文化的方方面面，都被列入了民族学研究任务的范围之内。如前文所述苏联民族学在不同历史时期也有不同的任务。

中国民族学虽然一开始是从西方引进来的，后来又受到了苏联民族学的影响，但是，在研究任务问题上一向有着自己的特点。早在 20 世纪 30 年代后期，当西方民族学还以原始民族研究作为主要任务的时候，老一辈的民族学家们就把包括汉族在内的国内所有民族都列入了自己的研究任务之内。新中国成立后，中国民族学家把为民族工作服务，如参与民族识别等作为自己的主要任务，又是苏联民族学所不及的。

现在，中国进入了新的历史时期，改革开放和实行市场经济体制给中国各民族带来了巨大的变化，中国民族学的研究任务显然也应该随之发生变化。根据学术界各方面的意见，近期中国民族学的研究任务主要如下。

第一，继续加强少数民族和民族地区现代化建设问题的研究。

党的十一届三中全会以后，尤其是实行改革开放和市场经济体制以后，我国的现代化建设取得了举世瞩目的成就，少数民族和少数民族地区也相应有了不少的发展。但是，由于种种历史遗留下来的因素尚不能立即解决，因此，在各民族现代化建设的过程中，出现了许多新的情况和新的问题，例如，东部沿海地区与西部少数民族地区的差距不仅没有缩小，反而更加扩大了的问题；民族地区边贸发展的问题；民族地区国有企业、私有企业和外资企业如何发展的问题；民族地区城镇如何发展的问题；少数民族企业家培养的问题；民族地区农业如何面对市场经济的问题；少数民族的传统文化和传统观念如何与市场经济调适的问题等。这些问题显然是中国民族学工作者所必须面对的重大课题。民族学是一门应用性很强的学科。对中国民族学本身来说，只有把研究中国各民族现代化建设的理论与实践问题作为自己的主要研究任务，才能体现学科的自身价值，才能获得自身发展的强大动力。

中国民族学会 1995 年在大连召开的“中国民族学如何面对 21 世纪”学术讨论会，对少数民族地区现代化建设问题进行了热烈讨论。会议认为：

①应积极研究民族地区现代化过程中出现的新情况、新问题，为决策部门提供有价值的建设性意见。

自十一届三中全会后民族学得以恢复和发展以来，就少数民族和少数民族地区现代化建设问题作了大量的研究，公开发表的论文和著作为数不少，但真正能发挥应用价值的却为数不多。这一方面需要调整某些机制，而另一方面则需要民族学工作者具有更加严谨的科学态度和对国家、民族的高度责任感，既要博学多才，又要具有某种专长，才能在研究中，尤其是在实地调查研究中善于发现问题，抓住关键，为决策部门提供较全面、较系统、较科学而又便于操作的切实可行方案。

② 扬长避短，加强少数民族现代化过程中的文化因素研究。

民族学家毕竟不是经济、金融、财贸、法律等方面的专家，民族学家的专长主要是文化研究，因此，应把自己的研究重心放在少数民族和少数民族地区现代化过程中的文化因素研究上。例如，如何改变某些少数民族的自然经济观念和原始物质财富观念的问题；如何改变羞于经商、耻于竞争观念的问题；如何改变听天由命和“等、要、靠”的观念的问题；如何抛弃阻碍经济发展的各种陈规陋习问题；如何树立现代的价值观、道德观、人生观、市场观、竞争观、时间观、科技观和人才观的问题等，都是民族学家比较擅长的研究课题。经济是文化的基础，文化是经济的动力，经济因素制约文化的发展，同样，文化因素也制约经济的发展。因此，文化因素的研究具有十分重要的现实意义。

③ 创立民族学自己的社会发展理论和现代化学说。

诸如经济学、社会学、政治学、法学等学科都已有了自己的社会发展理论和现代化学说，而中国民族学在这方面的建树还不多，因此，建立具有民族学特色的社会发展理论和现代化学说是民族学工作者的重要研究任务之一。民族学工作者应利用自己研究方法的全貌性和整体性特点，应用传统的参与观察法对各民族地区进行长期的跟踪调查，从而对各民族地区的社会、经济和文化从内容到形式、从历史到现状做出客观、具体的记录和实事求是的分析，科学地总结出该地区的发展途径和规律，并进而提出适合各民族情况的社会发展理论和现代化学说。

第二，进一步深入开展国内各民族的研究。

国内各民族的研究一向是中国民族学的主要任务，由于社会的需要和各方面条件的限制，在今后相当长的一段时期内，这种状况不会发生重大的变化。自中国民族学诞生以来的 70 多年中，各时期的民族学家对国内各民族做了大量的研究工作，从而使每一个民族都积累了相当多的资料和研究成果。但是，这并不是说国内各民族就没有什么可研究的了，相反，国内各民族的研究仍然是中国民族学工作者的广阔天地，在这块广阔天地里，中国民族学工作者仍然是大有可为的。例如，中国 56 个民族文化及其发展过程的共同性和差异性，中国的民族关系及其所起到的作用，中华民族凝聚力的主要基础，改革开放以来各民族的文化变迁，各民族哲学思想和伦理道德方面深层文化的发掘和研究等问题以及社会主义民族问题、中国少数民族社会性质问题、汉民族研究的问题等等，都是中国民族学工作者需要长期深入研究的课题。

第三，加强世界民族的研究。

按照语言种类的划分，全世界大约有2000多个民族，文化内容极其丰富多彩，然而，由于历史原因，我国对世界民族的了解并不深入和广泛。十一届三中全会以后世界民族研究虽然有了很大的发展，但是，由于各种条件的局限，我国民族学工作者很少有机会做世界民族的实地调查研究工作，因而使我们对世界民族的了解仍处于不甚深入的状态。这种状况与我国迅速发展的改革开放形势是十分不相称的。随着我国国际地位的日益提高和经济发展的需要，我国与世界各国的经济文化交往日益频繁，这就需要我们更多、更广泛地了解世界民族和深入研究世界民族，这不仅对于我们处理国际事务，发展与世界各族人民的友好关系，搞好文化交流和对外贸易具有极其重要的意义，而且对于我们吸取其他民族的文化长处、认识民族发展的进程、总结民族主义浪潮发生的原因及其经验教训也有十分重要的意义。因此，世界民族的研究必将是民族学工作者今后越来越繁重的任务。

第四，继续开展国外民族学理论的研究。

20世纪初，国外民族学理论开始逐渐传入中国，至第二次世界大战期间，传入我国的西方民族学理论就有进化论学派、播化学派、法国社会学年刊派、历史学派、功能学派以及心理学派。这些学派对我国民族学都产生了一定的影响，如英国功能学派，早在30年代，燕京大学社会学系的社会学和民族学工作者便以该派的理论与方法为指导，开展了国内各民族社会文化的研究。有的学派如进化论学派，不仅影响了学术界，而且影响了思想界，如梁启超、孙中山等人的社会政治思想就都受到了重大影响。

新中国成立以后，我国的民族学主要受苏联民族学思想的影响，如50—60年代关于社会形态的讨论和民族形成问题的讨论都是在苏联学术界的影响下进行的。而对西方民族学理论则完全采取批判和拒斥的态度。正因为如此，我国学术界对战后西方民族学理论的发展变化情况，可以说，直到十一届三中全会之前几乎完全不了解。十一届三中全会以后，我国学术界开始陆续介绍西方民族学理论发展的情况以及近期动态，但由于与西方学术界隔绝的时间太长，因此，直至目前，我们对西方民族学战后发展变化情况的了解仍然很不充分。要想使我国民族学研究有较大的发展，只着眼于国内是不够的。我们只有充分了解国外民族学发展的情况，才能丰富我们的参考框架，才能使我们具有国际的眼光，才能使我们对国外民族学理论有加以中国化的前提，从而使我国的民族学有可能步入世界民族学的前列。对国外民族学采取拒之门外或置之不理的态度，无疑是作茧自缚，封堵了民族学发展的道路。

但是，我们吸取国外民族学思想、理论和方法，决不能照搬照抄，拿国外的理论来生搬硬套中国的民族情况，这种“食洋不化”的做法无疑也是不利于中国民族学发展的。因此，我们在吸取国外民族学思想、理论和方法的时候，一定要根据中国的情况对其加以鉴别，取其精华，去其糟粕，对之加以“中国化”，使其能真正起到丰富和发展中国民族学的作用。

第五，继续开展影视民族学（即影视人类学）的研究。

影视民族学作为民族学、人类学与影视的交叉学科，在深入开展民族学、人类学研究，积累人类文化知识，对人民群众进行宣传教育等方面起着越来越重要的作用，受到国内外学术界和影视界的普遍重视。

中国具有影视民族学资源极其丰富的优势，影视民族学的研究也有一定的基础。从 1958 年起，我国就拍摄了 21 部共 121 本少数民族科学纪录片，真实反映了我国少数民族当时的社会文化状况，为中国影视民族学的发展奠定了基础和积累了经验。

随着改革开放的深入，我国的有关科研机构、大专院校、文博单位、各级电视台拍摄了大量有关民族方面的影视片和风情片，发表了大量影视民族学方面的论文，翻译和出版的影视民族学的专著、论文资料集约100万字，初步造就了一批影视民族学的骨干队伍。

但是，影视民族学在中国仍是一门新兴的学科，处于初创阶段，无论在拍摄的内容、主题、研究方向、表现手法、现代化手段和理论研究方面，都还存在不少问题，影视民族学要得到进一步发展，就必须进一步解决好如下一些问题：影视与民族学、人类学的关系和如何更好结合的问题；民族学、人类学影视片与记录片的关系问题；民族学、人类学影视片的题材问题；民族学、人类学影视片的商业前景问题；如何发展具有我国特色的影视民族学、人类学的问题等。

第六，进一步开展马克思主义民族学的研究。

新中国建立以后，中国的民族学工作者始终以马克思主义的历史唯物主义、马克思主义的民族问题理论和党的民族政策指导民族学研究，旨在服务于人类的进步事业、国家的繁荣富强和各族人民的经济文化发展，因此，从这个意义上来说，我们的民族学是马克思主义的民族学，这也正是中国民族学的特点之所在。但是，关于马克思主义民族学的诞生、发展和体系等方面的问题，我们的研究并不深入。近年来我国有学者提出，马克思主义人类学是马克思主义哲学、政治经济学、科学社会主义之外第四个来源的观点并没有得到广泛和深入的讨论，西方60年代以后出现的诸如结构马克思主义、法兰克福学派、文化唯物论、社会生活辩证法等之类的形形色色马克思主义人类学，我们的研究和了解也很不充分。因此，我们应该进一步深入开展马克思主义民族学的研究，并且进一步深入开展经典作家们关于民族问题理论著述的研究和党的民族政策的研究，在研究和实际工作中逐步完善马克思主义民族学的体系，同时补充马克思主义的民族问题理论，为党和国家制定和调整民族政策提供依据。

第七，开展民族文物研究和建立民族学博物馆。

我国56个民族中蕴藏着丰富的物质文化和精神文化，充分反映了我国各族人民的丰富创造力和文化特点，而数量极其浩繁的民族文物又正是物质文化和精神文化的具体体现，它们是民族学研究取之不尽、用之不竭的源泉，也是民族学研究的一个基本方面。因此，收藏、陈列和研究民族文物是民族学的一项不可忽视的任务，而要完成这一任务就要建立民族学博物馆。近十几年来，我国的民族学博物馆有了不少发展，但是与发达国家相比，我们还有不少差距。民族学博物馆在欧美、俄罗斯和日本等国家中是很普遍的机构。我国是一个统一的多民族国家，应该有更多更好的民族学博物馆。民族学博物馆不仅能陈列、研究、保藏文物和标本，而且具有向广大人民群众及国际友人宣传党和国家的民族政策，介绍我国民族研究工作成果，促进各民族大团结的重要作用，因而是民族学不可缺少的一个阵地。

第八，开展民族统计学的研究。

民族统计学是指对各民族的政治、经济、文教、卫生、人口等方面的统计和研究工作，它能以具体的数据反映各民族的现状及其发展变化的程度。50—60年代，我国民族工作者曾收集和积累了不少有关少数民族在工业、农业、文教、卫生和人口等方面的资料，但是由于十年浩劫，这些长期积累起来的宝贵资料有的散失，有的变成一堆废纸，没有得到应有的利用，这是非常可惜的。粉碎“四人帮”之后，尤其是党的十一届三中全会以后，这一情况开始得到了改善。但是，直到目前还没有专门的机构和人员来系统整理以往的资料和收集新资料的工作。民族学工作者中至今还缺乏受过统计学专业训练的人才，这对于整个民族学研究的深入发展是很不利的。因此，民族统计学研究也是我国民族学工作者当前和今后必须重视的任务。

除了上述八项任务以外，还有一些任务和工作也是我国民族学工作者所必须要进一步深入开展的，如种族问题研究、民族地图志的绘制、民族识别的扫尾工作（我国还有70多万人有待民族识别）、民族人口学研究、民族生态学研究、民族心理学研究、电子计算机的应用等。这些任务和工作的深入开展，对我国民族学的迅速发展必将会产生强大的推动力。

第二节 中国的民族识别工作

一、民族识别是我国民族学工作者的历史使命

我国自古以来就是一个统一的多民族国家。从公元前2世纪司马迁所撰的我国第一部纪传体通史《史记》起，历代封建政权所修的“正史”都有对国内少数民族及其政权的专章记述。至于对少数民族人文地理等做出介绍的“野史”更不胜枚举。可是，所有这些记述在对少数民族名称与族体的区分上都很不严格。20世纪初，孙中山先生曾提出过“汉、满、蒙、回、藏五族共和”。20世纪30年代，毛泽东在他的《中国革命和中国共产党》一文中，对组成中华民族大家庭的我国各民族作过一段概括。他说：中国是一个由多数民族结合而成的拥有广大人口的国家。

在黑暗的旧中国，统治阶级推行反动的民族歧视、民族压迫政策，以至后来把许多历史上早已公认的民族都说成是汉族的宗支，致使许多少数民族隐瞒、更改了自己的族称，中国的民族成分一直处于模糊不清的状态。

解放后，在中国共产党领导下，社会主义的新中国彻底废除了民族压迫制度，贯彻执行民族平等、团结政策；进行社会改革，帮助少数民族发展政治、经济、文化事业；为保障各族人民行使当家作主的权利，实行民族区域自治以及改善民族关系等等，所有这些都大大促进了少数民族的自觉意识。于是，除了那些历来被公认的少数民族外，许多大小族体也都纷纷公开了自己的族称。到1953年，汇总登记下来的民族名称达到400多个，其中仅云南一省上报的族体就达260多个[①]。这样一个巨大的民族名称名单，是否每个都确实

① 林耀华：《中国西南地区的民族识别》，《云南社会科学》1984年第2期。

能成为单一民族呢？显然不行。例如，有些是同一民族的自称和他称，有些是同一民族内不同支系的名称，有些是同一民族的不同汉语译名，有些是民族居住区的地名，还有些是将自己所从事的职业作为族名上报的。当然，也有一些族体受汉族影响较深，讲汉语，民族特点不甚显著，但还保留着强烈的共同心理感情等等。可见，情况十分复杂。因此，要认真落实党的民族政策，必须首先搞清楚我国究竟有哪些民族，也就是说，要对这个群众自报的民族名称进行一番甄别，看看其中哪些是少数民族，哪些实为汉族。如果确认为少数民族，还要进一步确认是单一民族，还是某个少数民族的一部分，然后确定他们的民族成分和族称，最后用国家法律的形式固定下来，以便帮助他们充分享受民族平等和民族区域自治的权利，发挥他们在祖国民族大家庭中的主人翁作用，激发他们在社会主义革命和建设中的积极性。于是，新中国建立之初，民族识别就被提上了议事日程。

民族识别不仅是一项重大而紧迫的政治任务，同时，也是一项严肃而又艰巨的科学研究工作，这是由“民族”这一概念本身的科学规定性以及民族形成、发展与演变的长期性、复杂性所决定的。如前所述，民族学是一门以各个时代的民族共同体为研究对象的社会科学，因此，民族的产生、发展、演变、消亡，以及包括作为“民族”这个特殊的共同体所应具备的条件等，都属于民族学研究范围。民族识别无疑是属于民族学研究的重要内容之一，因此，新中国成立之初，这项巨大的集社会实践性与科学性为一身的民族识别任务，便历史地落到了新中国民族学工作者的肩上。

二、民族识别的科学依据与原则

民族识别，就是要判定一个待识别的人们共同体是汉族还是少数民族，是单一少数民族还是某一少数民族的一部分。在具体的识别工作中，我们坚持的指导思想是：注意运用马克思主义关于民族问题的理论，密切结合我国的实际情况，坚持历史唯物主义观点，尊重本民族群众意愿，慎重、稳妥地逐一进行识别，以明确民族成分，确定民族名称。作为识别标准的科学依据或原则有以下三点：一是结合我国实际，灵活地运用斯大林关于民族四个特征（或称四个要素）的著名理论；二是从民族集团的现状出发，分析研究历史；三是尊重本民族集团中大多数人的意愿。现将我们对民族识别依据或原则的理解和运用逐一作如下展示。

第一，结合我国实际，灵活运用斯大林关于民族四个基本特征的著名理论。这是民族识别工作所仰赖的基本的科学依据，也是进行民族识别工作的主要理论依据。

民族识别工作的理论前提是民族定义。在民族学史上，存在着许许多多有关民族的定义，但先前的一切资产阶级民族学，由于缺乏马克思主义的历史唯物主义思想作指导，故他们的定义往往不尽全面，缺乏严密的科学性。而在马克思主义的理论宝库中，斯大林的有关民族四个基本特征的著名定义，则为马克思主义民族学提供了巨大的启示。斯大林从对西方资本主义上升时期的民族研究中得出结论："民族是人们在历史上形成的一个有共同语言、共同地域、共同经济生活以及表现在共同文化上的共同心理素质的稳定的共同体。"① 这一论断"是对资本主义时期形成的西方民族的科学总结"②。它无疑对我国的民族识别工作"具有原则上和实践上的指导意义"③，是民族识别的主要理论依据。同时也应该看到，怎样灵活运用这个理论来研究我国具体的民族情况，则是我们做好民族识别的关键。

众所周知，我国是个长期处在封建社会的多民族国家，解放前处于半殖民地半封建状态，各民族的社会经济发展极不平衡，除少数几个民族具有一些资本主义因素外，大多数民族还处在前资本主义的历史发展阶段，对于斯大林总结的资本主义上升时期民族（亦

① 斯大林：《马克思主义和民族问题》，《斯大林全集》第2卷，第294—295页。
② 费孝通：《关于我国民族的识别问题》，《中国社会科学》1980年第1期。
③ 林耀华：《中国西南地区的民族识别》，《云南社会科学》1984年第2期。

即现代民族）的四个特征，他们并不一定完全具备。然而，我们必须承认，民族是个历史范畴，是历史发展的产物，现代民族的四个特征是在历史的发展过程中逐步具备的，前资本主义时期的民族共同体必然在不同程度上存在着这些要素的萌芽。对此，斯大林恰恰又有这样一段重要的补充："当然，民族的要素——语言、地域、文化共同性等等——不是从天上掉下来的，而是还在资本主义以前的时期逐步形成的。但是，这些要素当时还处在萌芽状态，至多也不过是将来在一定的有利条件下使民族有可能形成的一种潜在因素。这种潜在因素只有在资本主义上升并有了市场、经济中心和文化中心的时期才变成了现实。"[①] 因此，在我国的民族识别工作中，既不能生搬硬套、教条主义地运用斯大林提出的四个特征作为识别标准，亦即应采取具体问题具体分析的方法，同时，又必须把这些特征作为识别研究中的理论依据和所要遵循的原则。

面对我国纷繁复杂的民族现象，我们对民族四个特征理论在民族识别工作中是这样认识并具体运用的：

首先，关于共同语言问题。

语言是人们交流思想、进行交际的工具，是民族的特征之一。一般说来，每一个民族都有一种共同使用的语言，它是判定民族的一个重要依据。有单独的语言，自然可以作为形成单一民族的有力证据。但是，在现实中往往存在着这样的复杂情况，即不同的民族使用着同一种语言和同一民族使用着不同语言。前者如我国的回族，他们始终使用汉语；满、畲、土家、仡佬等民族由于种种历史原因，如今绝大多数已失去本民族固有的语言而通用汉语；另外，由于民族之间频繁交往，有的民族除了讲本民族语言外，还普遍会说其他民族的语言，像很多少数民族会说汉语，达斡尔族同时会说蒙古语，塔吉克族同时会说维吾尔族语等等。后者如甘肃省的裕固族，在不同的地区使用两种不同的裕固语，有一部分地区的裕固族还使用汉语

① 斯大林：《民族问题与列宁主义》，《斯大林全集》第11卷，第289页。

或藏语；滇西的景颇族各支系主要使用着两种语言。此外，我国各民族的语言在共同性方面，与西方资本主义现代民族相比差距相当明显，这主要指同一语言中方言多，差别大。这些情况都说明，在民族识别工作中，我们既不能撇开语言分析，又不能把语言作为孤立的识别标准，单独地依据语言分析来确定他们的族别。正确的做法，应该是在参照语言标准的同时，还要把民族的其它方面特征结合起来，综合分析，做出认定。

其次，关于共同地域问题。

共同地域是民族形成的基础，也是识别民族的标准之一。一个民族共同语言的产生是与共同的生存地域分不开的，文化传统通常也是在这种共同的生存背景中形成的。例如，大至以广西为中心的壮族，小至聚居于黑龙江省三江平原一隅的赫哲族，都大体有着自己的一定地域。但是，必须看到，由于历史、地理等多种原因，我国各民族大多都经历了长期流动、分合的复杂过程，形成了大分散小聚居的交错杂处状态。解放时，有较完整聚居区的蒙古、维吾尔、藏、壮等民族，占 50 多个少数民族的少数；有些民族分隔在互不相连的地域上，有聚居区但又散居各地，如苗、瑶、彝、锡伯、达斡尔等族；有的基本上分散居住，如满、回、畲、仡佬、乌孜别克等族。总起来看，属于后两种情况的民族居多。苗族古代曾在武陵山脉一地，历史上由于不断地流动迁徙，至今除湘西和黔东南是较大的聚居区外，大多居住分散，广布于南方的 7 省区 200 多个县。这种分布状况形成了各地苗族语言、文化的差异，但他们在方言、服饰、婚俗、节日、文学艺术等方面的传统特色乃至民族认同感等，仍相当强烈，并未因居地不同而消失。再如新疆的锡伯族，是清代从东北调往戍守边防的八旗官兵的后代，他们虽与遥远的祖居地分隔了 200 多年，但原来的语言和文化特征却至今保留着。以上实例都说明，“共同地域”这一特征不能绝对化。当然，共同地域的条件在民族共同体形成之初是绝对必要的，而民族一经形成，其重要性就相对减弱了。

再次，关于共同经济生活问题。

共同经济生活，斯大林原意是在资本主义上升时期产生的民族市场和民族经济中心，它使每个民族内部都有广泛的经济联系，从而形成民族的又一要素。我国的情况是，少数民族大都处在前资本主义阶段，生产力发展水平普遍很低，分工、交换不发达，本民族内部的经济联系微弱，很难形成单一的民族市场和经济中心。但由于有和汉族长期交错杂居的特点，与汉族和其他先进民族便形成了不可分割的经济联系，从而形成了多民族共同的集市和经济中心。这时，我们看到的是，杂居民族地区的共同经济生活把不同民族联系在一起，却没有消除他们各自的语言、文化等民族特点。因此，在民族识别工作中，共同经济生活这一要素并非在任何一个民族地区都很显著，而只能根据实际参照使用。

最后，关于"表现在共同文化上的共同心理素质"问题。

这一要素包含有两层涵义，一是共同文化，二是共同心理素质。显然，共同文化是产生共同心理素质的基础，共同心理素质则是共同文化在思想意识领域的集中体现，因而也是整个要素的核心内容。

所谓共同心理素质，通俗地说，就是同一民族的人之间存在着的一种族属亲近感、认同感心理。这种心理是客观存在的，而且每个人都会以自己的经验体会到的。这个特征往往能比其它特征在形成和维持某个民族共同体上更为重要。例如满族，就在我们能见到的这几代人中，绝大多数满人在语言、习俗、生活方式上都与汉人相同了，但他们依旧认为自己是满人而非汉人。又如苗族，散布在以湘西、黔东南为中心的南方 7 省、区 200 多个县的广大地区，各地苗族操着不同方言，居住不相连接，甚至相距千里的村寨，但自认是一个民族的心理十分强烈。解放前，特别是清末苗民起义时，鸡毛信所到之处，千里赴义的苗民常常达几万乃至几十万人。类似的现象在其他少数民族身上也屡见不鲜。可见，共同心理素质在构成民族共同体上的重要性是极其突出的。

应当看到，一个民族的共同心理素质的深浅与强弱，往往会因为时间、事件和场合的不同而有所变化。为了加强团结，民族内部总要设法巩固其共同心理。比如，总是要强调一些有别于其他民族的风俗习惯、生活方式上的特点，赋予强烈的感情，把它升华为代表民族的标志；还常常把从长期共同生活中创造出来的喜闻乐见的风格，加以渲染、宣扬，提高成为民族形式，使人极易辨别其民族属性，也就是所谓的民族风格。这些实际上都是共同心理的表现，并且起着维护和巩固其成为一个独立族体的作用。因此，把共同心理素质表述为“表现在共同文化上的”，其含义正在于此。

总之，民族识别这项科学研究工作必须在马克思主义理论的指导下进行。正确认识斯大林关于民族四个特征的理论，并将之具体运用到我们的民族识别工作中，是马克思主义原则性与科学性密切结合的体现。

第二，从民族集团的现状出发，注意分析其长期的社会历史发展情况，做到历史与现状相结合，是民族识别工作的又一科学依据。

虽然民族的四大特征是民族识别工作的主要理论依据，但是，仅此还是不够的，因为我国少数民族大都有着既相互关联，又各具特色的悠久历史，不论从居住地域到变迁发展，都存在着我中有你、你中有我的复杂现象。因此，在民族识别工作中，还必须对各民族长期的社会发展情况、民族地区的历史、民族来源、政治制度、民族关系以及民族发展前景、民族团结等因素进行综合研究，充分利用史料、传说、系谱以及其它一切有关资料，做历史文化遗迹分析，为民族识别工作提供科学的客观依据。特别是对那些和现今的族名称谓相同的文献资料，更要加以重视，这种材料对解决民族识别问题往往能起到重要作用。

第三，尊重本民族集团中大多数人的意愿，是民族识别工作应该遵循的又一依据和原则。

我们进行民族识别工作并不是代替各民族决定他们的族别问题。民族的族属、名称是不能强加于人或由别人来任意改变的。党和国家在民族识别工作中一向遵循“名从主人”的原则。据此，科学工作者的任务只是提供民族识别的科学依据。有了科学依据，还要征求本民族人民群众和爱国上层人士的意见，坚持民族意愿的原则，经过充分协商，实事求是地确定民族成分和族称。

须知，民族意愿作为民族识别的依据之一是不容忽视的，因为民族意愿不仅是指人们对于自己究竟是不是少数民族，或是不是单一民族的一种主观愿望，同时，也是民族共同体在自我认识上的表述。所谓民族共同体自我认识，指的是民族共同体对本身的历史和特征的认识、理解与综合，并形成为民族的自觉意识，是对长期的民族形成、繁荣、发展历史过程等客观事实的自我表述，它具有长期性、相对的稳定性和独立性。就此而言，民族意愿应属于民族心理素质的内容，是民族心理素质上的族别意识。显然，它的科学性是不能否认的。

当然，也应看到，由于历史上反动统治者长期的民族压迫、歧视造成的各民族的孤立和一个民族中各部分之间的隔阂，加上一些民族的广大群众还没有掌握对本民族历史、语言等的科学认识，使得有些民族人民还缺乏充分条件正确表达民族意愿。在这种情况下，我们就要本着耐心说服的精神，帮助他们真正懂得本民族的特点和历史真面目，以便他们对自己的族别问题做出正确的判断与决定。这样，既尊重了民族意愿，又符合了科学的客观依据。

三、民族识别的成就与意义

我国的民族识别工作在新中国成立之初就提上了议事日程，但大规模的民族识别工作则开始于 1953 年，到 1979 年底，经过识别后法定的少数民族已达 55 个。在这之后，工作重心则转向了解决局部性的诸如民族成分的恢复、更改等情况复杂、难度较大的遗留问题。40 多年来，我国的民族识别工作及其成就是举世瞩目的，其成就的取得，就发展进程看，大体可分为以下三个阶段：

从 1949 年新中国成立起，经 1953 年全国人口普查，到 1954 年第一届全国人民代表大会第一届的召开，为第一阶段。

全国解放后，由于昔日民族歧视、民族压迫政策的彻底废除和党的民族平等、团结政策的迅速贯彻落实，民族关系空前改善，民族意识大大增强，于是到 1953 年人口普查时，全国汇总登记下来的自报民族名称达到 400 多种。这几百个自报了族名的共同体是否都属于单一的民族呢？经过初步分析，情况远非如此，其中有待于进行民族识别的，大致可归于这样一些情况：(1) 有些汉人迁居到少数民族地区，保留着汉族的特点，但是并不知道自己是汉族，而以当地其他民族称他们的名称作为自己的族称，被列入少数民族行列报了上来。例如云南的蔗园、广东的疍民等。(2) 迁居到少数民族地区的汉人，前后有若干批。早去的汉人曾经长期和内地隔绝，和后去的汉人，在语言、风俗习惯上有一定的区别，并且受到后去的汉人的歧视，因而自认和当地汉人有区别，解放后有人要求承认是少数民族。例如广西的六甲等。(3) 有些少数民族在民族压迫时代曾经不愿表明和汉族有区别，又有一部分民族上层受反动统治者的利用，统治过当地的其他少数民族。在被他们统治过的少数民族看来，他们是和汉人一样的，解放后不愿承认他们是少数民族。如湖南的土家。(4) 历史上，有些民族曾经被分散，各自迁移。在迁移过程中，有些又和汉人接触，受到较深的影响，改变了语言，本民族的特点已不显著，经济上和汉人已分不开，但是受歧视，居住上不和汉人相混，自认是少数民族。例如福建、浙江等省的畲族。(5) 原来同是一个民族的各部分，迁移到了不同地区，基本上保持了相同的语言、风俗习惯、历史传统，但长期隔离，又被其他民族用了不同的名称相称，报了不同的民族名称。例如，广西称布壮、云南称布沙、布侬的壮族等。(6) 有些民族分布在不同地区，各部分分别接受了邻近民族的生活和文化特点，但仍保持共同语言，并被别族用同一名称相称。如四川、云南皆被称为“西蕃”的普米族等。(7) 有些民族集团分散在很广的地区，形成许多不相连接的聚居区，在语言、文化等方面都有差别，但长期以来被其他民族用同一名称相称，又自认是同一民族。如苗族等。(8) 有些民族内部对于该族是单一民族还是另一民族的一部分的问题有不同意见。如东北的达斡尔族等[①]。

面对上述复杂情况，我们遵照马克思主义的民族识别理论与原则，经过大量艰苦细致的调查研究，进行了深入的比较、分析、识别、归并。第一阶段首先认定了包括原来公认的蒙古、回、藏、满等在内的共38个少数民族。他们是：蒙古、回、藏、维吾尔、苗、彝、壮、布依、朝鲜、满、侗、瑶、白、哈尼、哈萨克、傣、黎、傈僳、佤、拉祜、高山、水、东乡、纳西、景颇、柯尔克孜、土、羌、撒拉、锡伯、塔吉克、乌孜别克、俄罗斯、鄂温克、鄂伦春、保安、裕固和塔塔尔族。

从1954年到1964年的全国第二次人口普查，为第二阶段。

这个阶段是在前阶段取得经验、获得成果的基础上，把民族识别工作在全国范围内向更广泛、更深入的方向推进。这时，根据人口普查登记下来的民族集团已剩183个，经过进一步的工作，从中又认定了15个民族，他们是土家、畲、达斡尔、仫佬、布朗、仡佬、阿昌、普米、怒、崩龙（今已改名德昂）、京、独龙、赫哲、门巴和毛难（今已改名毛南）族。同时，将普查中的74种自报族体归并到了已经识别出的53个民族中。

从1964年起，经1982年第三次全国人口普查到现在，为第三阶段。

1965年8月，经识别认定了珞巴族。“文革”期间民族识别工作被迫中断。1979年3月，又识别认定了基诺族。到1982年第三次全国人口普查时，我国法定的少数民族共为55个。

在本阶段，我国民族识别工作除继续对个别族体认定外，主要是在局部地区对一批人的民族成分进行更改、恢复和对一些自称少数民族的族体进行归并工作。例如，关于更改、恢复民族成分问题，自1982年全国人口普查时起，仅湖南、辽宁、河北、贵州省部分地

① 详见费孝通、林耀华：《当前民族工作提给民族学的几个任务》，《中国民族问题研究辑刊》第6辑，中央民族学院研究部1955年编印。

区提出要求者就达 500 多万人，经过识别、恢复、更改的有 260 多万。鄂西一地的 140 多万人口，经 1982 年识别后，就已全部恢复、更改为土家族族称。又如关于族体的归并问题，党的十一届三中全会以后，仅贵州省需要识别的自称少数民族的就有 23 个，经过多年耐心细致的调查研究和反复论证，最后认定应归为汉族的 3 个，其余 20 个则分别归并到 9 个少数民族中。

到目前为止，我国历来被公认而且经国务院公布的民族，包括汉族在内，共有 56 个。我国民族大家庭的构成至此已基本弄清。如今，在平等、团结的社会主义祖国大家庭中，各民族都享受到了当家作主人的权利，民族识别工作取得了重大的成就。但是，还必须看到，虽然我国的民族识别已基本上解决，但还可能有一些遗留问题。民族这个共同体固然有它的稳定性，但它毕竟属于历史范畴，是社会历史发展的产物，在长期的历史发展中，有的会产生分化，有的会出现融合，民族的成分与族称绝不是一成不变的。因此，个别已经识别了的民族，由于种种原因，还可能出现新的情况和问题，对此，我们还要认真对待，予以解决。

我国民族识别工作的成功，有着多方面的重要意义：

首先，民族识别使我国历史上长期受歧视、受压迫、不被承认或不敢承认自己的广大少数民族，从此有了明确的族属，并得到了国家法律的保护。党和国家制定的一系列民族政策，诸如民族区域自治政策、民族平等团结政策、培养少数民族干部政策、发展少数民族经济文化政策等，也只有在民族识别的基础上才得以全面地贯彻执行。民族识别为少数民族在祖国社会主义大家庭中行使当家作主的权利提供了前提，为建立在平等团结基础上的新型的社会主义民族关系创造了条件。

其次，在当今的世界上，绝大部分国家都是由多民族组成的，但是，一些国家的民族成分却相当混乱，究竟有多少民族，并不清楚。例如多民族的大国印度，由于没有一个如何划分民族的统一标准，民族成分始终不清。就连过去苏联那样的国家，政府部门和科研机构始终未能提出一个准确的数字来。在民族民主与民族自觉意识空前增强的今天，许多国家都在为本国民族的族属不清而付出代价。我国大规模、大面积的民族识别工作的开展和所积累的经验，得到了许多国家学者的赞扬，特别是为第三世界国家人民的重视，或者说，在国际上引起了一定程度的反响。

最后，从前面所述的斯大林有关民族四个基本特征理论在我国的具体运用中可以看出，民族这一历史上形成的共同体，由于在漫长的发展过程中不断发生变化，可能会失去形成期具有的共同地域和经济联系，甚至会失去固有的语言，但共同文化特点却是相对稳定、不易变化的，否则就不成其为原来的民族。因此可以说，共同文化特点是构成民族的最基本特征，或者说，文化是民族的根本尺度①。众所周知，民族学是以民族为研究对象的，既然文化是鉴别民族的根本尺度，那么，民族文化也必然就是民族学研究的中心课题。其实这一认识早已为西方的、苏联的和中国的民族学学科发展史所证实，只是新中国成立以来，主要是由于在各少数民族地区进行社会改革、制定相应民族政策的需要，少数民族社会形态一直成为民族学研究的中心，传统的民族文化研究被冲淡、被忽视了。今天看来，民族文化研究不仅仍然是民族学研究的主体，同时也是当前民族地区发展的迫切需要。这是因为，随着改革、开放政策的推行和社会主义市场经济的发展，民族地区传统文化滞后效应问题已日趋突出，少数民族中存在的诸如传统的宗教迷信思想，共吃共喝的平均主义思想，只求温饱不图进取的惰性观念和耻商贱商观念等，已经成为发展生产、发展市场经济的严重障碍。这就需要对人们的观念、心理、行为取向等文化因素进行研究，以建立起促进民族地区经济、政治、文化全面发展的立体发展战略。克服文化滞后效应，建立民族地区经济、文化同步发展的内在机制，是民族地区建设四化的客观要求，也是历史赋予民族学工作者的又一重大责任。

① 黄淑娉：《民族识别及其理论意义》，《中国社会科学》1989年第1期。

文化是民族学研究的主体这一命题，尽管新中国成立后由于种种原因曾被一度忽略过，但民族识别的理论与实践的启示，却使我们无法否认这一命题的正确性，而且它还再次被今天民族地区经济与社会发展的紧迫需要所肯定。我国各民族的文化有着极其丰富的内容，但新中国成立以来并未得到应有的重视，正因为如此，它对我国民族学研究不论在内容上还是理论上，都是一个大有作为的天地。就此而言，民族识别工作对我国民族学学科的发展，有着重要的理论建设意义。

本章主要参考书目：

①费孝通、林耀华：《当前民族工作提给民族学的几个任务》，载《中国民族问题辑刊》第6集，中央民族学院研究部1955年编印。

②费孝通：《关于我国民族的识别问题》，《中国社会科学》1980年第1期。

③林耀华：《中国西南地区的民族识别》，《云南社会科学》1984年第2期；《新中国的民族研究与展望》，《民族研究》1981年第2期。

④斯大林：《马克思主义与民族问题》，《斯大林全集》第2卷。

第三单元 民族社会形态

民族社会形态是马克思主义民族学研究的一项重要内容。社会形态作为马克思主义政治经济学的概念应用得最普遍，同时，在历史学领域中也屡见不鲜。只有首先弄清社会形态的定义和社会形态学说创立的过程，才能使我们认识到马克思主义民族学为什么要研究民族社会形态，怎样去研究社会形态。资本主义生产以前诸社会形态是民族社会形态研究的核心内容，包括原始社会形态、奴隶制社会形态和封建社会形态。其中，原始的和奴隶制的社会形态在民族学研究中尤为重要，因而本单元在篇幅上对其有所侧重。研究民族社会形态，势必涉及到“亚细亚生产方式”问题的讨论，所以我们在本单元中专列一章予以介绍，并尽量结合民族社会形态加以阐述。解放前，中国各少数民族社会发展很不平衡，中国少数民族社会中保留的各种资本主义生产以前诸社会形态，是一部社会发展史的活化石。探讨中国少数民族社会形态及其向社会主义过渡问题，体现出民族社会形态研究的中国特色，对于我国少数民族地区实现四个现代化，有着重要的现实意义。

第八章 社会形态与民族学研究

第一节 人类社会形态学说

一、什么是社会形态

社会形态是历史唯物主义的最重要范畴之一，也是以马克思主义为指导的中国民族学研究的主要对象之一。社会形态是指一定历史发展阶段上以一定的生产关系为基础的社会，是经济基础和上层建筑的具体的历史的统一。按照历史唯物主义观点，生产力和生产关系的统一，即生产方式，是社会形态的物质基础，因而在许多场合下，社会形态又称社会经济形态。但是，要了解一种社会类型，当然不能只局限于了解它的物质方面，还必须了解受物质因素制约的政治关系和思想关系及其它一切社会现象，因而社会形态的研究，不仅包括经济基础，也包括上层建筑。社会形态作为马克思主义政治经济学的概念，应用得最普遍，同时，在历史学领域中，也屡见不鲜，例如“社会性质”的研究，便是史学中社会形态研究的瞩目课题。以民族的发生发展规律为研究对象的民族学，是无法超脱于社会形态研究之外的。每一个民族，在一定的时期，都处在一定社会形态之中。每一种社会组织、政治制度，每一种文化现象、生活方式，都是一定社会形态的产物。正因为如此，研究一个民族，首先弄清它的社会性质，即处在什么样的社会形态，便成为民族学工作者的首要任务。中华人民共和国成立后不久开展的大规模的少数民族社会历史调查，正是紧紧围绕着社会形态这一中心课题进行的。在社会形态研究领域，民族学需要经济学、历史学等学科的配合，但是，它们研究的重点与方法并不完全一样。民族学的重点不是已成为久远历史的过去，也不是逻辑的抽象，而是现实中自己正在致力了解与研究的那些民族的社会形态，其中包括那些正在起着变化或虽然已发生变化但为时不久的社会形态。民族社会形态研究是现实的、具体的，运用的主要方法是实地调查与比较研究。

二、社会形态学说的创立

社会经济形态的学说是马克思和恩格斯创立的。无产阶级的革命导师正是通过社会形态的研究，发现了人类社会发展的普遍规律。马克思逝世以后，恩格斯在评价他对人类科学的贡献时指出，马克思一生中有两个伟大发现：一是“发现了人类历史的发展规律”，创立唯物主义历史观；一是由于剩余价值理论的揭示，“发现了现代资本主义生产方式和它所产生的资产阶级社会的特殊的运动规律”[①]。马克思这两大发现，揭示出社会形态的本质，正如恩格斯所说：“正像达尔文发现有机界的发展规律一样，马克思发现了人类历史的发展规律，即历来为繁茂芜杂的意识形态所掩盖着的一个简单事实：人们首先必须吃、喝、住、穿，然后才能从事政治、科学、艺术、宗教等等；所以，直接的物质的生活资料的生产，因而一个民族或一个时代的一定的经济发展阶段，便构成为基础，人们的国家制度、法的观点、艺术以至宗教观念，就是从这个基础上发展起来的，因而，也必须由这个基础来解释，而不是像过去那样做得相反。”[②]

社会形态的概念，首创于马克思、恩格斯在1845—1846年合写的《德意志意识形态》一书。在此之前，由于生产力和生产关系、经济基础和上层建筑的原理还在形成之中，因而他们对整个社会结构的认识，尚处于萌芽状态。在《德意志意识形态》中取得的实质性进展是提出了生产关系的科学概念。马克思和恩格斯认为，构成社会的基本因素，是“生产力、社会状况和意识”，又说“生产力的总和决定着社会状况”[③]。这里的社会状况，指的是社会经济结构和政治结构，即经济基础和政治上层建筑的统一。它受着生产力的决定，同时又决定着各种意识形态和其它思想现象。据此，可以把马克思的社会形态概念，简要地概括为由生产力决定的经济基础和上层建筑的统一。这里的“社会状况”正是用来表示当时初步形成的社会形态的基本思想的术语[④]。

1858—1859年马克思写了著名的《政治经济学批判》一书，确立了唯物主义历史观的基本原理。在这一著作的序言中，马克思指

① 恩格斯：《在马克思墓前的讲话》，见《马克思恩格斯选集》第3卷第574页，人民出版社1972年版。

② 同上。

③ 《马克思恩格斯选集》第1卷，第33、36页。

④ 参见陈先达、靳辉明：《马克思早期思想研究》，北京出版社1983年版，第354—357页。

出："人们在自己生活的社会生产中发生一定的、必然的、不以他们的意志为转移的关系，即同他们的物质生产力的一定发展阶段相适合的生产关系。这些生产关系的总和构成社会的经济结构，即有法律的和政治的上层建筑竖立其上并有一定的社会意识形式与之相适应的现实基础。物质生活的生产方式制约着整个社会生活、政治生活和精神生活的过程。不是人们的意识决定人们的存在，相反，是人们的社会存在决定人们的意识。社会的物质生产力发展到一定阶段，便同它们一直在其中活动的现存生产关系或财产关系（这只是生产关系的法律用语）发生矛盾。于是这些关系便由生产力的发展形式变成生产力的桎梏。那时社会革命的时代就到来了。随着经济基础的变更，全部庞大的上层建筑也或慢或快地发生变革。在考察这些变革时，必须时刻把下面两者区别开来：一种是生产的经济条件方面所发生的物质的、可以用自然科学的精确性指明的变革，一种是人们借以意识到这个冲突并力求把它克服的那些法律的、政治的、宗教的、艺术的或哲学的，简言之，意识形态的形式。我们判断一个人不能以他对自己的看法为根据，同样，我们判断这样一个变革时代也不能以它的意识为根据；相反，这个意识必须从物质生活的矛盾中，从社会生产力和生产关系之间的现存冲突中去解释。无论哪一个社会形态，在它们所能容纳的全部生产力发挥出来以前，是决不会灭亡的；而新的更高的生产关系，在它存在的物质条件在旧社会的胎胞里成熟以前，是决不会出现的。所以人类始终只提出自己能够解决的任务，因为只要仔细考察就可以发现，任务本身，只有在解决它的物质条件已经存在或者至少是在形成过程中的时候，才会产生。大体说来，亚细亚的、古代的、封建的和现代资产阶级的生产方式可以看作是社会经济形态演进的几个时代。资产阶级的生产关系是社会生产过程的最后一个对抗形式，这里所说的对抗，不是指个人的对抗，而是指从个人的社会生活条件中生长出来的对抗；但是，在资产阶级社会的胎胞里发展的生产力，同时又创造着解决这种对抗的物质条件。因此，人类社会的史前时期就以这种社会形态而告终。"[①] 马克思在这里准确地阐述了历史唯物主义的最基本原理。也正是在这里，他明确地提出了"社会形态"（即社会经济形态）的概念。同时，他还具体地阐述了人类社会经济形态演进的几个时代的客观规律。这里提到的"亚细亚的"生产方式概念，成为后人研究社会形态的一个重大的理论性问题（详见本书第十章）。

马克思提出的生产力和生产关系、经济基础和上层建筑的理论，构成了历史唯物主义的基本原理，而这个原理的核心是社会形态学说。马克思后来说过："我的观点是：社会经济形态的发展是一种自然历史过程。不管个人在主观上怎样超脱各种关系，他在社会意义上总是这些关系的产物。"[②] 对此，列宁做过这样的解释："显而易见，马克思关于社会经济形态发展的自然历史过程的基本思想，是从根本上摧毁这种妄想以社会学自命的幼稚道德的。马克思究竟怎样得出这个基本思想呢？他所用的方法就是从社会生活的各种领域中划分出经济领域来，从一切社会关系中划分出生产关系来，并把它当作决定其余一切关系的基本的原始的关系。""马克思也推翻了那种把社会看作可按长官的意志（或者说按社会意志和政府意志，都是一样）随便改变的、偶然产生和变化的、机械的个人结合体的观点，第一次把社会学置于科学的基础上，确定了作为一定生产关系总和的社会经济形态的概念，确定了这种形态的发展是自然历史过程。"[③] 马克思关于社会经济形态发展是一个自然历史过程的思想是个伟大的发现，是认识人类社会由低级向高级发展必然规律的理论基础。马克思在这段著名的论述中，不仅提出了历史唯物主义的基本原理，还具体地勾画出人类社会经济形态演进的几个时代的发展规律。马克思和恩格斯在其后的著作中，进一步完善和发展了这里提出的社会形态

① 《马克思恩格斯选集》第2卷，人民出版社1972年版，第82—83页。

② 《〈资本论〉（第2卷）第一版序言》，见《马克思恩格斯选集》第2卷，第208页。

③ 《什么是"人民之友"以及他们如何攻击社会民主主义者？》，《列宁选集》第1卷，第6、10页。

学说，发现并创立了原始社会史学说，详细地论述了奴隶占有制、封建领主制、资本主义以及共产主义（包括第一阶段的社会主义）等生产方式的特征和本质。正是在此基础上，斯大林根据历史唯物主义的基本原理，概括出著名的“五种生产方式”学说①。

三、马克思主义民族学是在社会形态的研究中产生和发展起来的

马克思和恩格斯在创立他们的历史唯物主义学说、研究社会形态的过程中，十分重视使用民族学资料。可以这样说，正是民族学方面的资料的发现和研究，为马克思主义的社会形态学说的确立提供了有说服力的证据。同时，马克思主义民族学也在社会形态研究不断深化的过程中产生和发展起来。

民族学作为一门学科，严格说来，形成于 19 世纪 70 年代，但它毕竟是随着资本主义的发展、殖民主义的兴起而产生的。17 世纪下半叶和 18 世纪上半叶，西方殖民主义向亚洲、大洋洲、非洲、拉丁美洲肆无忌惮地扩张。殖民主义的冒险家们进入了一个新天地，碰上一大堆前所未有的民族问题。为了殖民主义的统治需要，资产阶级的民族学应运而生。可以说，刚刚诞生不久的西方民族学，是为殖民主义利益服务的，其思想基础是唯心主义的，所罗列的只是一些民族方面的现象，不可能揭示殖民地社会形态的本质。但是不能否认，早期资产阶级民族学积累的大量资料，为马克思主义社会形态学说的创立准备了条件。

马克思和恩格斯在他们的科学研究中，十分注意民族学的资料，并批判地运用到历史唯物主义的社会形态研究过程。他们特别关注民族学提供的现代资产阶段社会已不复存在的具有原始性的各种资料，尤其是关于原始公有制的资料。早在 1845—1846 年，马克思和

① 斯大林：《论辩证唯物主义和历史唯物主义》，见《列宁主义问题》，人民出版社 1964 年第 1 版，第 649 页。“五种生产方式”同时写进《联共（布）党史简明教程》，人民出版社 1975 年版，第 137 页。

恩格斯在他们合写的第一部初次详尽叙述唯物主义基本原理的著作《德意志意识形态》一书中，已开始运用有关民族学的材料，并探讨了人类社会“第一种所有制形式”，认为这种形式是“部落所有制”。书中还谈到“印度人和埃及人借以实现分工的原始形态”①。

马克思、恩格斯在创立历史唯物主义理论的过程中，十分注意资本主义生产以前诸社会形态的研究。为了弄清人类社会第一种社会形态——原始社会，他们特别重视关于农村公社形态的探讨。马克思、恩格斯对原始社会的科学研究首先是从农村公社土地公有制问题入手的。他们很早就关心有关公社的材料。1853年，马克思在一篇著作中就提到苏格兰盖尔人的氏族——“克兰”。他说：“某一克兰，即氏族，所居住的地区就属于该氏族，正如俄国的农村公社所占用的土地不属于个别农民而属于整个公社一样。”② 尽管这时马克思还没有搞清氏族公社与农村公社的区别，但他已认识到苏格兰盖尔人组织与俄国的农村公社具有的共同特点，就是土地公有制。1853年，马克思和恩格斯在他们的通信中，开始对印度公社进行认真的探讨。马克思在给恩格斯的信中引述了法国医生、旅行家和作家贝尔尼埃在《大莫卧儿、印度斯坦、克什米尔王国等国游记》的材料说：“贝尔尼埃完全正确地看到，东方（他指的是土耳其、波斯、印度斯坦）一切现象的基础是不存在土地私有制。”恩格斯在给马克思的复信中表示完全赞同马克思的看法，他说：“不存在土地私有制，的确是了解整个东方的一把钥匙。”③ 之后，马克思和恩格斯紧紧地抓住这把由民族学提供的农村公社的钥匙，打开了人类社会发展史的第一章——原始社会的迷宫。从19世纪50年代至80年代初，马克思和恩格斯对农村公社进行了长期的多方面的具体研究。他们不仅研究了亚洲的印度村社，还研究了俄国村社、爱尔兰和日耳曼的

① 《马克思恩格斯全集》第2卷，第25、44页。

② 《马克思恩格斯全集》第3卷，第571页。

③ 以上见《马克思恩格斯全集》第28卷，第256、260页。

公社。马克思在《经济学手稿》(1857—1858)中详细地探讨了当时他认为是最早的所有制形式——“亚细亚所有制形式”，作为实例，列举了古代墨西哥、秘鲁、克勒特人、斯拉夫人、印度和希腊各部落、犹太人、日耳曼人及美洲印第安人的材料[①]。他写于同时期的《政治经济学批判大纲（草稿）》中有一著名的章节，题为《资本主义生产以前的所有制形态》，这是运用民族学材料对前资本主义所有制形态进行科学探讨的一部重要著作[②]。正是在对农村公社的土地所有制形态研究基础上，马克思在1859年《政治经济学批判·序言》中提出了“亚细亚生产方式”概念，并把它排在古代的（指奴隶制）、封建的、现代资产阶级的生产方式之前。在《资本论》第一卷中，马克思也援引了许多民族学资料，列举印度及其他东方国家和多瑙河公国的公社制形式。马克思很早就注意有关俄国村社的民族学材料，对有关俄国土地占有制和整个土地关系的原始材料进行了专门的研究。他与俄国的社会活动家有着广泛联系，获得了大量俄文书籍、各种文件和杂志论文。1879年俄国民族学家柯瓦列夫斯基出版了《公社土地占有制，其解体的原因、进程和结果》一书，立即受到马克思的重视。他在1879—1880年间认真阅读了这本书，写成《柯瓦列夫斯基〈公社土地占有制，其解体的原因、进程和结果〉一书摘要》。在多年研究基础上，马克思对于农村公社的认识有了一个飞跃，这集中表现在他于1881年写给维·伊·查苏利奇的三封信稿中[③]。在这几封信稿中，马克思第一次明确地概括出农村公社的最本质特征——二重性。他在第三稿中做了简要而又科学的概述："农业公社既然是原生的社会形态的最后阶段，所以它同时也是向次生的形态过渡阶段，即以公有制为基础的社会向以私有制为基础的

① 见《马克思恩格斯全集》第46卷上册，人民出版社1979年版。

② 马克思：《政治经济学批判大纲》，第三分册，中译本，刘潇然译，人民出版社1963年版。

③ 《马克思恩格斯全集》第19卷，第430—452页。

社会的过渡。不言而喻，次生的形态包括建立在奴隶制上和农奴制上的一系列社会。”这时，马克思发现，农村公社的出现不过是漫长的原始社会解体过程中的一段小小的过渡性链条，他不再认为农村公社是人类社会最古老的形态，而是把它看作“原生的社会形态的最后阶段”。他指出：“把所有的原始公社混为一谈是错误的；正像地质的形成一样，在这些历史的形成中，有一系列原生的、次生的、再次生的等等类型。”马克思发现农村公社土地所有制最本质的特征是二重性，即“公社土地所有制”仍然存在，但“小土地劳动”已经产生，这种特征，即今天人们通常所说的“共有私耕”。可见，马克思认识到农村公社土地所有制与原始公社土地所有制有着本质上的差别，从而科学地解决了原始土地所有制问题，为科学原始社会史的创立奠定一块牢固的基石。

科学的原始社会史确立，以恩格斯于1884年的名著《家庭、私有制和国家的起源》为标志。列宁指出，这部著作是“现代社会主义主要著作之一”①。这部著作第一次系统地对早期阶段的人类历史作了科学的唯物主义的阐述，论证了家庭发展的历史，揭示了私有制的发生、社会分为各对抗阶级、作为剥削阶级手中的统治工具的国家出现的原因，预言没有阶级的共产主义社会彻底胜利时国家将消亡。恩格斯在这本书中运用辩证唯物主义和历史唯物主义的基本原理，对原始社会的发生、发展和解体的历史过程作了科学的阐述，深刻地揭示了原始公社制的发展规律，因而该书也是一部重要的民族学著作。这部著作的副标题是《就路易斯·亨·摩尔根的研究成果而作》，鲜明地表现出民族学著作的特色。七年之前，即1877年，美国著名的民族学家摩尔根的《古代社会》一书问世。摩尔根的著作对阐明氏族社会内部结构有着重要贡献。他在原始社会史的研究领域，以崭新的观点和前所未有的事实根据，打破了诸如父权制度家庭自有人类以来就存在的一类传统偏见。恩格斯评价说：“他巧妙

① 《列宁全集》第29卷，第431页。

地展示出原始社会和原始社会共产主义的情景。他独立地重新发现了马克思的历史理论，并且在自己的著作的末尾对现时代做出了共产主义的结论”[①]。“他根据野蛮人的，尤其是美洲印第安人的氏族组织，第一次充分地阐明了罗马人和希腊人的氏族，从而为上古史奠定了牢固的基础。”[②] 正因为摩尔根的《古代社会》一书发现了人类最初的社会形态中的氏族组织，为马克思主义唯物史观提供了有力的证据，所以这本书刚刚出版，便受到马克思和恩格斯的极大重视。1880 年马克思从柯瓦列夫斯基那里得到摩尔根的这本著作，便以极大的热情，于同年 10 月至次年 2 月写出了《摩尔根〈古代社会〉一书摘要》这本民族学笔记。马克思本打算写出一部著作，联系唯物主义的历史研究所得出的结论来阐述摩尔根的研究成果。马克思的《摘要》是按照他打算写的著作计划来做的。他改变了摩尔根原著内容叙述的次序。他在《摘要》中不仅摘录摩尔根著作中的材料和论点，而且还附上了自己的评语和结论。同时，他还读了其他有关原始文化史的著述，其中包括亨·梅恩、鲁·佐姆、泰罗等人的著作，也作了摘要和评注。后来，由于许多繁重的工作迫使马克思没有再回头研究，特别是不幸于 1883 年 3 月 14 日去世，他生前想就摩尔根的书写一著作的打算便成为“遗愿”。恩格斯理所当然地成为“遗愿”的执行者，他读到马克思的《摘要》手稿后，深知据此去撰写一部理论著作的重大意义。于是在马克思逝世的第二年，恩格斯便完成了《家庭、私有制和国家的起源》这一不朽之作。从民族学发展史角度而论，这部著作比较系统地阐述了人类所经历的第一种社会形态，确立了科学的原始社会史，从而标志着马克思主义民族学以崭新的面貌诞生。

---

① 恩格斯致弗·阿·左尔格的信（1884 年 3 月 7 日），《马克思恩格斯全集》第 36 卷，第 127 页。

② 恩格斯致卡·考茨基的信（1884 年 2 月 16 日），《马克思恩格斯全集》第 36 卷，第 113 页。

第二节　社会形态是马克思主义民族学研究的重要课题

一、马克思主义民族学和资产阶级民族学相区别的一个重要标志

马克思主义民族学一个鲜明的特点是建立在历史唯物主义基础之上，认识人类社会发展的普遍规律。重视各种社会形态特别是原始社会的研究，是这一学科的重要任务。法国著名的社会主义者、马克思忠实的拥护者保尔·拉法格（Lafargue Paul）的理论著作《财产及其起源》充满了民族学材料。他写道："至今还存在着这样的野蛮部落，他们一点也不知道什么是土地所有制（不论是个人的或是集体的），而对个人使用品的个人占有也只是刚刚开始。""原始人不可能有个人财产的观念，理由很简单，因为他没有意识到自己的个性，他还没有意识到与他所依以生存的血族集团分开的个人。"他以民族学材料，论证了私有财产不是从来就有的，人类社会不是私有制的产物。"共产主义是人类的摇篮。文明所到之处，这种原始的共产主义就被破坏，尽管贵族和资产阶级的贪得无餍，而这种制度的尚存的残迹仍然表现着自己的公有财产的特点。"① 那些处于原始社会形态下的民族所提供的资料为这一理论提供了强有力的证明。而这一理论，正是资产阶级所无法接受并竭力反对的。不论是马克思之前还是马克思之后，资产阶级民族学尽管在流派上有千差万别，但是有一点是一致的，那就是反对历史唯物论，不承认人类社会发展的规律性，不承认人类社会所发端的原始共产制。

自恩格斯的《家庭、私有制和国家的起源》问世后，资产阶级民族学把反对马克思主义社会形态学说的火力集中在对原始社会史

① 拉法格：《财产及其起源》，王子野译，生活·读书·新知三联书店1963年版，第35、37、58—59页。

做出重大贡献的摩尔根的进化论学派上。摩尔根是社会进化论学派中贡献最大、影响最深的民族学家。他是对亲属制度进行科学研究的开创者。他的理论，推翻了先前的历史学家们认为父权制家庭自古就有，并且始终是人类社会的基本单位的谬说。他在著名的《古代社会》一书中，对母系氏族作了完整的阐述，揭示了氏族的本质和氏族制度存在的普遍性，证明母系制先于父系制，说明氏族制度发展的结果必然产生它本身的对立物——政治社会即国家。他对所有制发展做出了唯物主义的解释：私有制的发展当与发明和发现的进步并驾齐驱，集体占有土地最初占优势，只有到野蛮时代末期，由于生产力的普遍提高，私有制才取得统治地位。而私有制的产生，又导致了母系制向父系制的过渡，之后出现奴隶制。他在自己的著作中宣称："我们可以根据有力的证据断言，人类一切部落，在野蛮社会以前都曾有过蒙昧社会，正如我们知道在文明社会以前有过野蛮社会一样。人类历史的起源相同，经验相同，进步相同。""人类的各种主要制度都起源于蒙昧社会，发展于野蛮社会，而成熟于文明社会。"① 他在《古代社会》一书结尾部分充满激情地写道：

> "只要进步仍将是未来的规律，像它对于过去那样，那么单纯追求财富就不是人类的最终的命运了。自从文明社会开始以来所经过的时间，只不过是人类已经经历过的生存时间的一小部分，只是人类将要经历的生存时间的一小部分。社会的瓦解，即将成为以财富为唯一的最终目的的那个历程的终结，因为这一历程包含着自我消灭的因素。政治上的民主、社会中的博爱、权利的平等和普及的教育，将揭开社会的下一个更高的阶段，经验、理智和知识正在不断向这个阶段努力。这将是古代氏族的自由、平等和博爱的复活，但却是在更高级形式上的复活。"②

摩尔根的《古代社会》一书科学研究成果和书中所表现的唯物史观

① [美]路易斯·亨利·摩尔根：《古代社会》序言，杨东莼、马雍、马巨译，商务印书馆1977年版。

② 摩尔根：《古代社会》，第556页。

受到马克思、恩格斯的高度重视和赞赏。恩格斯评价说："摩尔根在美国，以他自己的方式，重新发现了四十年前马克思所发现的唯物主义历史观，并且以此为指导，在把野蛮时代和文明时代加以对比的时候，在主要点上得出了与马克思相同的结果。"①

摩尔根的研究成果对于马克思主义的科学原始社会史的确立和社会形态学说的形成具有重要价值。摩尔根是早期资产阶级民族学者，由于他的著作表现出和历史唯物论不谋而合的科学论点，由于他的《古代社会》受到马克思和恩格斯的引用和赞扬，因而他遭到资产阶级民族学界不公正的冷遇、非难和攻击，甚至在专门文献中形成一种看法，认为摩尔根的出名，不是由于他本人的发现，而是因为他受到国际革命社会民主党领袖，首先是马克思主义奠基人的庇护，从而对他的思想在工人群众中的传播起了促进作用②。在西方资产阶级民族学界，反对马克思主义的历史唯物论和社会形态学说，集中在否定科学原始社会史上，而摩尔根的进化论学派，自然也就成为众矢之的。19世纪末20世纪初，西方民族学界出现了一股反对进化论学派的浪潮，相继出现的传播学派、历史学派、功能学派、心理学派等，都以进化论学派为攻击对象。传播学派中影响较大的维也纳学派（或称"天主教学派""文化历史学派"）领袖人物、神甫威廉·施密特（Wilhelm Schmidt）极力反对摩尔根的学说。他写有一部两卷本的大型著作《人类早期阶段的财产》，其中大量具体的民族学材料是按"文化"和各族安排的。他在这个问题上的总的结论，没有超出早期财产具有绝对的个体形式这个纯资产阶级论点的范围。他认为，"人类的我在自己认识了的身份中是财产的代表者，而且只有他才有财产"，"财产是我的意志在外部世界的延伸"，"要消

① 《马克思恩格斯选集》第4卷，第1页。

② 见[俄]A·马克西莫夫：《麦克伦南和摩尔根》，载俄国《民族学评论》，1906年，第3—4期。转引自[苏]C.A. 托卡列夫：《外国民族学史》，汤正方译，中国社会科学出版社1983年版。

灭财产，必须消灭我”[1]。不难看出，他们反对摩尔根的关键在于维护私有制自古就有的学说。以美国人类学家博厄斯（Franz Boas）为代表的历史学派，既不满意传播学派，也批评进化论学派，而以后者为主攻方向，特别是批评摩尔根的那些被马克思和恩格斯所采纳并加以发展了的观点和原理。此派的一位重要人物罗维（Robert Heinrich Lowie）于1920年所撰《原始社会》《Primitive Sosiety），就是专门为反对摩尔根的《古代社会》而写的。他一再宣称，他写这本书的目的是和主张存在社会内在演进规律的理论作斗争，要推翻摩尔根的进化理论。他认为氏族不是普遍存在的制度，母权制不一定先于父权制。他在《财产》一章中，竭力否定原始共产制，认为不存在“名实相符的共产制”。总而言之，资产阶级民族学反对进化论的各流派的目标虽然集中在摩尔根的学说上，其实质是反对马克思的历史唯物论和社会形态学说。

社会经济形态学说与资产阶级民族学是水火不相容的。因此，在资产阶级民族学中，除了攻击社会形态的谬说外，是不包括社会形态内容的。功能学派大师马凌诺斯基（Bronislaw Kaspar Malinowski）的代表作是《科学的文化理论》（A Seientific Theory of Culture），费孝通将该书主要部分译成中文，名为《文化论》[2]，其“文化总表”有“决定文化的外在因子”、“描写的入手法”、“功能方面”、“文化的基本因子”四大项目，下面分类繁多，涉及历史、经济、政治、社会组织等，但不见社会经济结构即社会形态内容。让我们再看几本西方民族学通论性著作目录：罗维的《文化人类学导论》（An Introduction to Cultural Anthropology，1932）共分14章：宗教和巫术；知识和科学；婚姻和家庭；氏族；阶级；政府和法律；

---

① W. 施密特：《人类早期阶段的财产》，第1卷，蒙斯特，1937年。转引自托卡列夫：《外国民族学史》，第163页。

② 《文化论》，费孝通译，商务印书馆1944年版。

衣著和装饰；食物；房屋和居址；运输；工艺；艺术；娱乐；战争①。博厄斯的追随者克拉克·威士勒（Clark wisser）著《社会人类学概论》共分20章：人类学之范围；区域社会；生物团体；经济基础；语言之研究；考古学上的问题；部落；人口两区制与外婚制；亲属制度；婚姻制度；图腾主义；灵魂主义；魔术；神话；基本信仰与仪式；工艺学；地理观点；地理方法；文化区域观念；文化过程②。目前，在西方颇享声望的一本民族学教科书是美国人类学家基辛(Roger M. Keesing)所著《当代文化人类学》(Cultural Anthropology——A Contemporary Perspectvei，1976)③，全书共分四篇25章81节，其中第三篇《部落社会的传承》共九章，题目是：亲属、继嗣和社会结构；婚姻、家庭和社群；经济制度；不平等性的社会结构—社会阶级和世袭阶级；政治组织；社会控制；宗教—仪式、神话和宇宙观；世界观与文化的整合。这里虽涉及到社会的经济制度、政治制度的材料，但只是罗列一些现象，并没有触及社会经济形态这一本质课题。总之，资产阶级民族学研究领域是把社会经济形态排除在外的。

社会形态研究是马克思主义民族学研究中不可忽视的重要内容。俄国十月社会主义革命以后形成的苏维埃学派，把社会形态研究特别是原始社会史研究作为重要课题。1933年第一版的《苏联大百科全书》的“民族学”词条中，把民族学确定为研究“处在各种不同的、常常是早期的前资本主义发展阶段、因而本身保留了前资本主义形态残余”的那些民族的一门科学。

中华人民共和国成立后，对中国少数民族大规模的社会历史调查研究是史无前例的。在此基础上，少数民族在社会变革前的社会性质（即社会经济形态）的研究取得了长足的进展。这一课题研究

---

① 参见《民族学研究集刊》第5期，第154页。

② 钟兆麟译，世界书局1935年版。

③ 于嘉云、张恭启合译，台湾巨流图书公司1969年版。

在目前或今后都是不可忽略的。

是否承认并重视社会经济形态的研究，是马克思主义民族学和资产阶级民族学相区别的一个重要标志。

二、社会形态研究的意义

社会形态研究在马克思主义民族学创立过程中起过重要作用，而且在现实民族学研究中，仍然有着积极的意义。

首先，民族学的社会形态研究为丰富和完善马克思主义唯物史观提供了生动的活材料。无论在历史上，还是在今天，世界上各民族的社会结构丰富多彩，社会经济政治文化生活千差万别。但是，只要用唯物史观去观察，就可以在纷繁芜杂的现象中发现和认识各民族在社会发展进程中所经历的共同规律，以及每一个民族所走过的特殊历程。每个民族，不管其社会发展是先进的，还是落后的，都处在一定的历史发展阶段，都属于一定的社会经济形态范畴。同时，马克思主义的历史唯物主义也需要不断地完善和发展，因为在历史的进程中总会出现新的问题需要人们去解答，而民族社会形态的研究成果却能为之提供借鉴。众所周知，1984 年 9 月 26 日中英两国草签了关于香港问题联合声明，中国政府宣布，于 1997 年 7 月 1 日对香港恢复行使主权以后，将在一个时期内保留香港现行的资本主义制度，采取“一个国家、两种制度”的作法。到那时，中国还是社会主义国家吗？回答是肯定的，因为决定社会制度性质的，仍是占主导地位的社会主义生产方式。“一国两制”是历史唯物主义在中国的新发展，而民族学关于社会形态的研究为这一理论的建立提供了佐证：1954 年中华人民共和国宪法列举了四种生产资料所有制，即全民所有制、劳动群众集体所有制、个体劳动者所有制和资本家所有制。但实际上，当时在中国少数民族地区，还存在着原始公社所有制、奴隶主所有制和封建领主所有制。这些非社会主义的所有制的存在，并没有改变中国的社会主义性质。

其次，社会形态研究是认识各民族社会现象的基础。民族学所研究的内容是多方面的，涉及的社会现象也是十分复杂的。认清一个民族的社会，必须首先搞清这个社会的发展规律是什么，这就必须研究其社会性质。只有如此，才能对各种现象做出合理的解释，才能抓住本质，找到各种现象之所以产生和赖以存在的基础。

第三，民族社会形态研究在多学科的综合研究、交叉研究中有着重要的作用。社会形态研究自身就具有综合性、交叉性的特点。它与哲学、历史学、经济学、社会学（社会史）、文化学等学科有着紧密的联系。民族社会形态的研究对这些姊妹学科提供了宝贵的活材料。中国著名的史学家郭沫若最早运用民族学所提供的凉山彝族奴隶制的材料，去探讨中国商代的奴隶制①。在中国古代社会历史分期的争论中，民族学调查所揭示的各种社会形态的材料被大量运用。特别是探讨人类第一种社会形态——原始社会的过程中，民族学资料显得更有分量。

第四，民族社会形态在后进民族实现现代化进程中有着直接的现实意义。传统的民族学研究的对象，是处于落后的社会形态下的民族。民族社会形态不是一成不变的，第二次世界大战以后，整个世界的面貌发生了巨大变化，第三世界国家的民族社会正在经历着历史性的变革，为民族学研究提出了许许多多与社会形态密不可分的新课题。

三、民族社会形态研究的特点

社会形态研究具有跨学科性，民族学中的社会形态研究有着自身鲜明的特点。

民族社会形态研究与社会发展史是不是一回事？二者有什么联系和区别？民族社会形态是否可以取代社会发展史？反过来，社会发展史是否可以取代民族社会形态研究？这一连串的问题，都涉及民族社会形态研究的特点。

在马克思主义的社会科学领域中，社会发展史作为一个独立的交叉学科而存在。它既属于历史唯物主义的范畴，也属于历史学范

① 参见郭沫若：《奴隶制时代》，修订本，人民出版社1973年版。

畴，同时，其研究的具体内容，也属于政治经济学范畴。中华人民共和国建立的第二年，中央人民广播电台播放的社会科学讲座第一讲就是艾思奇讲的《历史唯物论——社会发展史》。艾思奇说："有许多人，把历史唯物论和社会发展史看作两种可以完全分开的课程，以为学习社会发展史，只是学习一些人类历史发展的知识，而在学习历史唯物论时，又离开了历史发展的具体知识，单只学习一些抽象的理论，这是错误的。历史唯物论和社会发展史是密切联系着的，学习社会发展史的主要目的，也就是为着要懂得历史唯物论的理论。"① 社会发展史是历史唯物论的具体体现，历史唯物论是社会发展史的抽象概括，因而社会发展史属于历史唯物论的范畴，在历史唯物主义教程中，社会发展史是不可缺少的内容②。社会发展史毕竟不是社会发展的抽象理论，而是具体的历史的构成，因而，它自然也属于历史的范畴。社会发展史又是一门特殊的历史，它不以具体的历史过程为重点，而是着重阐述人类社会发展的阶段性的规律。社会发展史研究的实质是人类社会形态演变规律，其核心是社会经济结构，亦即各种社会生产力和生产关系、经济基础和上层建筑的矛盾运动。因此，社会发展史所容纳的每一个时代的社会形态也都属于政治经济学的范畴。

民族学中的社会形态研究与社会发展史有着割不断的联系。民族学为社会发展史提供了大量生动的活材料。80年代出版的《社会发展史》清楚地反映了这一点③。但是，民族社会形态研究并不是简单的社会发展史的资料库，也不是社会发展史的重复。在历史唯物主义指导下，民族社会形态研究以具体的民族社会为对象来探讨人类社会发展的普遍规律以及某一民族在某一阶段发展的特殊性。同

---

① 艾思奇：《历史唯物论——社会发展史》上册，生活·读书·新知三联书店 1950 年版。

② 参见艾思奇主编：《辩证唯物主义与历史唯物主义》，人民出版社 1978 年版。

③ 参见陶大镛主编：《社会发展史》，人民出版社 1982 年版；王同勋等编著：《社会发展简史》，人民出版社 1980 年版。

时，民族社会形态研究还有两个突出的侧重点：第一，侧重前资本主义形态特别是原始社会形态；第二，侧重现实社会中后进形态向先进形态演变的实际过程。在研究方法上，民族社会形态研究与社会发展史有明显的不同。社会发展史研究主要采用的是历史的和逻辑的方法。所谓历史的方法，就是按照历史发展的自然顺序进行研究，在历史研究中普遍采用。所谓逻辑的方法，就是在研究任何一种经济形态范畴时，可以抛开具体的历史条件，排除偶然性的东西，找出最典型、最成熟的规律性。这种方法在政治经济学中为人们普遍运用。恩格斯认为，在政治经济学批判中纯历史的方法是不合适的，“逻辑的研究方式是唯一适用的方式”①。社会发展史研究主要采用历史的和逻辑的统一的方法。民族社会形态研究虽然并不排斥逻辑的和历史的方法，但主要采用的是民族学实地调查方法。因而，民族社会形态所研究的是“活”材料，亦即那些现实中存在或在现实中刚刚消失的那些民族社会的材料。正因为如此，在民族社会形态研究中新问题迭出，新疑团不断，随时为历史唯物论和社会发展史注入新的活力。这也表明，民族社会形态不仅仅是材料库，在理论上也是有所作为的。历史唯物论的某些命题，非由于民族社会形态研究的发现而改变创新不可。

总之，民族社会形态研究不可能取代社会发展史，但可以吸收其成果，并为其提供新材料，提出新问题；社会发展史研究也无法取代民族社会形态研究，但可以从中吸收营养，不断创新。

本章主要参考书目：

①马克思：《资本主义生产以前的各种形式》。见《马克思恩格斯全集》第46卷上，人民出版社1976年版，第470—520页。

②林耀华：《关于民族学研究的对象和民族社会性质的研究》，

① 恩格斯：《卡尔·马克思〈政治经济学批判〉》，《政治经济学批判》，人民出版社1976年版，第176页。

《云南社会科学》1981年第3期。

③宋蜀华:《中国的民族学研究必须和历史学紧密结合》,《民族学研究》第1辑,民族出版社1985年版。

第九章 资本主义生产以前诸社会形态

第一节 处于资本主义生产以前诸社会形态下的民族是民族学研究的传统对象

一、政治经济学研究中的资本主义生产以前诸社会形态

人类社会发展史上，出现在资本主义生产方式之前的封建社会、奴隶社会和原始社会统称为资本主义生产以前诸社会形态，也叫前资本主义各社会形态。这既是一个历史概念，也是一个逻辑概念，不但包括18世纪至19世纪资本主义制度确立以前的各种历史发展阶段，也包括这以后仍然存在的尚未发展到资本主义阶段的各种社会。

资本主义生产以前诸社会形态是马克思主义政治经济学研究的一个重要内容。马克思主义政治经济学是马克思和恩格斯创立的以社会生产关系即经济关系为研究对象的科学，它阐明人类社会各个发展阶段上支配物质资料的生产、交换以及与之相适应的产品分配的规律。在马克思主义产生以前，政治经济学只限于对资本主义生产方式进行理论分析。恩格斯指出："要对资产阶级经济学全面地进行这样的批判，只知道资本主义的生产、交换和分配的形式是不够的。对于发生在这些形式之前的或者在比较不发达的国家内和这些形式同时并存的那些形式，同样必须加以研究和比较，至少是概括地加以研究和比较。到目前为止，总的说来，只有马克思进行过这种研究和比较，所以，到现在为止在资产阶级以前的理论经济学方面所确立的一切，我们也差不多完全应当归功于他的研究。"① 恩格

① 恩格斯：《反杜林论》，第48页，人民出版社1970年版。

斯这里所说的与资本主义生产、交换和分配形式做比较研究的那些形式，正是指资本主义生产以前诸社会形态。

马克思和恩格斯所处的时代，资本主义已成熟并且是具有典范形式的阶级社会，因此，它就成为马克思和恩格斯研究人类社会历史的起点和终点。资本主义和先行于它的各种社会形态有本质的区别，同时彼此之间又有着历史的联系。资本主义是在以往的社会基础上发展起来的。马克思和恩格斯在研究资本主义社会形态过程中，探讨了它和以前的各种社会形态的区别和联系，同时，还分别研究了前资本主义社会发展史。马克思谈到："资产阶级社会是历史上最发达的和最复杂的生产组织。因此，那些表现它的各种关系的范畴以及对于它的结构的理解，同时也能使我们透视一切已经覆灭的社会形式的结构和生产关系。资产阶级社会借这些社会形式的残片和因素建立起来，其中一部分是还未克服的遗物，继续在这里存留着，一部分原来只是征兆的东西，发展到具有充分意义，等等。人体解剖对于猴体解剖是一把钥匙。低等动物身上表露的高等动物的征兆，反而只有在高等动物本身已被认识之后才能理解。因此，资产阶级经济为古代经济等等提供了钥匙，但是，决不是像那些抹杀一切历史差别、把一切社会形式都看成资产阶级社会形式的经济学家所理解的那样。人们认识了地租，就能理解代役租、什一税等等，但是不应当把它们等同起来。""资产阶级经济只有在资产阶级社会的自我批判已经开始时，才能理解封建社会、古代社会和东方社会。在资产阶级经济没有把自己神话化而同过去完全等同起来时，它对于前一个社会，即它还得与之直接斗争的封建社会的批判，是与基督教对异教的批判或者新教对旧教的批判相似的。"①

马克思主义政治经济学创始人研究的中心或主体无疑是紧紧地把握住资本主义社会，但是，他们把资本主义仅仅看作是人类社会

① 马克思：《导言（摘自1857—1858年经济学手稿）》，《马克思恩格斯全集》第12卷，第755—757页。

发展运动中的一个阶段，因而，他们也对其他社会经济形态进行了研究，论述了资本主义生产以前诸社会形态的基本特征。在著名的《政治经济学批判·序言》中，马克思提出了“亚细亚的、古代的、封建的和现代资产阶级的生产方式可以看作是社会经济形态演进的几个时代”的论点。在政治经济学巨著《资本论》中，马克思回顾了一切文明民族的历史初期都有过的劳动的原始的形式①。在第三卷第五篇论述生息资本或高利贷资本时，单列“资本主义以前的状态”一章②，马克思特别注意资本主义生产以前诸社会形态的土地所有制，着重从劳动者和生产资料的关系主要是和土地的关系角度研究资本主义和以往各种社会形态的区别和联系③。马克思在《政治经济学批判大纲》中，专门列出一节论述《资本主义生产以前的（所有制）形态》④。在这一章节中，他详细探讨了资本主义生产以前具有代表性的亚细亚的和希腊、罗马的以及日耳曼的三种所有制形态。恩格斯的《家庭、私有制和国家的起源》，以极其丰富的材料探讨了人类从蒙昧时代到氏族社会，到希腊、罗马、德意志国家的社会形态，是研究古代史和广义政治经济学前资本主义社会形态的重要著作。

马克思和恩格斯为资本主义生产以前诸社会形态研究奠定了科学的基础。他们的出发点和归宿是政治经济学。资本主义生产以前诸社会形态已成为马克思主义政治经济学的一个组成部分⑤。同时，我们还应该看到，马克思和恩格斯在研究资本主义以前诸社会形态

① 参见《资本论》第1卷，人民出版社1975年版，第94—95页。

② 参见《资本论》第3卷，下册，人民出版社1975年版。

③ 参见《资本论》第3卷，第696页。

④ 见刘潇然译本，人民出版社1963年版第三分册。《马克思恩格斯全集》译作《政治经济学批判（1857—1858年，草稿）》，人民出版社1979年版。

⑤ 参见［苏］列昂捷夫：《政治经济学》，中译本，解放社1949年第1版，人民出版社1974年第3版；［苏］奥斯特罗维强诺夫：《政治经济学教程》第二分册，《资本主义以前的诸社会经济形态》，三联书店1951年版；徐禾等：《资本主义前的各社会经济形态》，人民出版社1980年版。

的过程中，使用了大量的民族学资料，为民族学的社会形态研究打下了理论基础。

二、民族学研究中的资本主义生产以前诸社会形态

生活在资本主义生产以前诸社会形态下的民族，是民族学研究的传统对象。民族学产生于资本主义上升时期。民族学从它产生之日起，就不以资本主义民族为对象，而是把视野放在那些存在于西欧之外的“原始的”“土著的”“落后的”民族身上。15世纪末至17世纪是西方所谓“地理大发现”时代，伴随着“新大陆”的出现，西方资产阶级发现了与欧洲文明大不相同的“野蛮人”。19世纪中叶是西方资本主义发展的“黄金时代”，西方一些主要资本主义国家争先恐后地进行殖民地开拓。为了实行殖民地统治，必须研究殖民地各民族的社会状况。西方民族学正是在这样的背景下应运而生。西方民族学机构一创立，便组织一些考察队或探险队，到殖民地和边远地区的落后民族中进行调查研究，除了详细记录各个民族现实的社会现象、生活方式和文化习俗之外，还搜集当地民族各种文物作为研究资料。西方民族学从一开始就把“无文字民族”或“史前民族”作为自己的重要研究对象。之后，对象虽然不断扩大，有文字的非原始民族也划入研究之列，但其传统研究对象仍然是那些落后于资本主义生产发展阶段的民族。西方资产阶级民族学是不讲社会形态的，但是，他们所研究的对象的重点，却无法超出资本主义生产以前诸社会形态的民族。

20世纪20年代末产生的苏维埃民族学派，力图以马克思主义的辩证唯物主义和历史唯物主义为指导，因而把资本主义生产以前诸社会形态特别是原始社会形态规定为主要的研究内容之一，并对母系氏族在原始社会史上的重要作用，以及如何由母系氏族向父系氏族过渡的研究有独特见解。

中华人民共和国成立以前，中国的民族学受西方民族学的影响，所研究的对象主要是那些处于原始社会、奴隶社会和封建领主社会下的民族。虽然当时还没有马克思主义的指导，但在具体的研究中，

积累了许多有关研究对象社会形态方面的资料。新中国成立后，马克思主义关于资本主义生产以前诸社会形态的理论成为中国民族学研究的重要指导思想，这集中地体现在50年代后期到60年代初期所进行的大规模的少数民族社会历史调查及少数民族社会性质的研究上面。资本主义生产以前诸社会形态是新中国民族学研究的一项重要课题，一方面继承了民族学在研究对象上的传统，另一方面吸收了马克思主义关于社会形态学说的理论，同时体现出中国民族学鲜明的特色。

民族学研究的对象不是一成不变的，无论是西方民族学，或是苏联民族学，还是中国民族学都如此。第二次世界大战以后，随着民族解放运动蓬勃发展，西方殖民主义体系土崩瓦解，第三世界发展中国家原有的社会经济结构已经或正在发生重大变化。随着“原始”“落后”的消失，西方民族学面临着“传统对象”的危机。西方一些民族学家，已开始打破“研究异民族”的壁垒，逐渐转向“都市社会”研究。然而，旧的社会形态的消失是需要一个过程的，在当今世界，在纷纭复杂的各种社会形态上成长起来的第三世界如何走向新生，如何过渡到现代化社会，仍然是民族学面临的重要课题。为此，这些国家和民族刚刚消失不久或正在消失中的前资本主义社会形态的研究依然是不能忽视的。今日中国，那些落后的前资本主义的社会形态已不复存在，但是旧制度的遗痕和影响不是消失殆尽，相反，在刚刚消失不久的那些落后的社会形态上生长起来的观念、传统、文化和生活方式仍然在现实生活中起着某种作用。那些在解放初期保留着资本主义生产以前诸社会形态的民族如何向社会主义直接过渡、如何实现“四个现代化”，仍是中国民族学面临的迫切课题，为此，不但要提出新问题，而且还需要继续进行资本主义生产以前诸社会形态的研究。在中国当前日新月异的变革时期，中国少数民族中的资本主义生产以前诸社会形态及其向社会主义过渡、实现“四个现代化”的问题，仍是民族学研究中的一个重要课题。

第二节　原始社会形态

原始社会是原始共产主义社会的简称，为人类历史上第一种社会形态。我们认为，它包括原始群、前氏族公社和先后以母系制、父系制为特点的原始公社诸阶段，而农村公社和家长制家庭则是原始社会向阶级社会过渡的中间阶段。

一、原始群

原始群指从猿到人过渡时期正在形成中的人的群体，是刚刚脱离动物界的原始人共同生产和生活的集团[①]。在马克思、恩格斯早期著作中，使用德文 rudel[②]，俄文译作 стадо，意为群或群居。1877 年摩尔根《古代社会》出版后，马克思、恩格斯采用摩尔根使用的英文术语 horde，俄文仍译为 стадо。汉译最初为“原群”，后又有“群”“群团”“群居”“原始群团”“原始游群”等译法。现在英、德、法文一般写作 horde，俄文作 стадо。列宁在 1913 年给高尔基的信中曾使用 первобытное стадо 这一复合词[③]，意即“原始群”。

原始群时期，相当于摩尔根所说的“既谈不上任何技术，也谈不上任何制度”的“原始人”时代；马克思所说的过着群团生活、无婚姻可言的“原始的蒙昧人”；恩格斯所说的“以果实、坚果、根茎作为食物”，由于“没有武器”而以“群的联合力量和集体行动来弥补个体自卫能力的不足”的“正在形成中的人”，亦即“同从动物状态向人类状态的过渡相适应的杂乱的性交关系的时期”[④]。从古人类学来说，约 400 万年前的南方古猿（阿法种）和 800 万—1400 万年

---

① 学术界还有一种见解，认为原始群是包括直立人在内的真正人类社会的群体。

② 参见恩格斯致波・拉甫罗夫的信（1875 年 11 月 12 日—17 日），《马克思恩格斯全集》第 34 卷，第 164 页。

③ 见《列宁全集》第 35 卷，第 111 页。中译本误译为“原始人群”。

④ 恩格斯：《家庭、私有制和国家的起源》，第 9 页，第 31—32 页。

前的腊玛古猿，都属于原始群阶段。

人从猿而来，其演变过程无比漫长，肇始则是手和脚的运用出现了某种分工。一方面，由于生长相关律的作用，手的发展引起身体其他部分的相应变化。另一方面，劳动的发展促使“形成中的人”更紧密地结合在一起，因为他们都能在实践中逐渐意识到可以从彼此的联合、协作中得到好处。而联合、协作现象的不断增多又意味着，“这些正在形成中的人，已经到了彼此间有些什么非说不可的地步了”①。这一时期的主要成就，大概是手足的初步分工、尚不平稳的直立行走，以及产生了初步的语言。

正在形成中的人，还不会制造工具，只是使用木棒、石块这些天然工具去觅食和防卫；没有婚姻家庭形式可言，只是过着杂乱的性生活；那种纯粹的思想意识尚未产生，至多有了一些萌芽；谈不到社会组织形式，只有游荡性的群居生活。

二、前氏族公社

前氏族公社是原始社会的第二阶段。这是随着“完全形成的人”的出现而产生的原始共产制公社的头一个阶段。它属于人类学上的直立人（包括能人即早期直立人）阶段，为考古学上的旧石器时代早期，或相当于恩格斯所说的蒙昧时代低级阶段和中级阶段的前期，距今已有二三十万年到三四百万年的历史。

恩格斯指出：“由于随着完全形成的人的出现而产生了新的因素——社会。”“人类社会区别于猿群的特征”，“是劳动”，而“劳动是从制造工具开始的”②。正是通过劳动，使猿类演变为人类；有了人类，人类社会就随之出现。人类在地球上的历史有多长？目前尚无定论，但根据古人类学和考古学的成果可以断定，至少已达 300 万年以上。

---

① 恩格斯：《劳动在从猿到人转变过程中的作用》，见《马克思恩格斯选集》第 3 卷，第 511 页，人民出版社 1978 年版。

② 同上书，第 512—513 页。

直立人会制造工具，并且已知用火，这已为一系列的考古资料所证明。这意味着他们既吃植物也吃肉食，开始学会了在任何气候下生活。直立人的体质特征已与猿类相去甚远，而与现代人相当接近。这里以北京猿人为例。学者们确认，他们能够自由运用两手进行劳动，完全可以直立行走了，而且有了分音节的语言，已发展起人类所固有的思维能力。至于他们所达到的生产力水平，从极其丰富的文化遗物可以看出，他们会制造不同功用的石器，主要的有砍斫器、刮削器、尖状器等，而且型式比较固定，加工也较精细。在北京人居洞，成堆的灰烬多有发现，有的还厚达 6 米，这表明他们对火的使用和管理已有相当的经验。再结合那里的烧骨、烧石和 100 多种哺乳动物化石，以及当时的自然地理条件，我们不难猜测，北京人过的是采集、狩猎生活。合群协力去攫取自然界提供的食物是最经常的谋生手段，同时也可能产生了初步的性别上的劳动分工。

与直立人极端原始的生产力水平相适应，那些粗糙、简单的生产工具归集体所有，每一种生活资料的取得都是共同努力的结果，因而由大家共同消费，至于无劳力的老人小孩，也同样获得一份。这就形成了最初的原始共产制公社——前氏族公社，亦即人类第一个有组织的社会形式。如果说，原始群时期“只有母权能够起某种作用”[①]，那么，在前氏族公社时期，“母权”的作用当是有了一些发展，整个公社的生产和生活由妇女们来管理；不过，大家都是平等的，每一个人的权利和义务紧密地结合在一起。

当时的婚姻状况是怎样的呢？通过长期的物质生活资料生产的实践，特别是人类自身生产的实践，直立人不知不觉地服从自然选择原则的作用，从原始杂乱的性交状态中脱离出来，即逐渐排除了亲子间的性交关系，只允许同一辈的男女间过性生活。按照辈分来划分的这种婚姻制度，就叫集团内婚（族内群婚），又叫血缘婚。这

① 马克思：《摩尔根〈古代社会〉一书摘要》，见《马克思恩格斯全集》第 45 卷，第 338 页，人民出版社 1985 年版。

是人类的第一种婚姻形态。与其相应的家庭形式叫血缘家庭（血缘家族），它是人类家庭发展史上的第一种家庭形态。

马克思曾指出，“生活上的共产制”，乃是当时人们“存在的必要条件”而通行于血缘家庭中。随后又说：“一旦原始群为了生存必须分成较小的集团，它就从杂交转变为血缘家庭；血缘家庭是第一个‘有组织的社会形式’。”① 恩格斯在《家庭、私有制和国家的起源》一书中写道：“家庭组织上的第一个进步在于排除了父母和子女之间相互的性交关系”。“每个原始家庭，至迟经过几代以后是一定要分裂的。原始共产制的共同的家庭经济（它毫无例外地一直盛行到野蛮时代中级阶段的后期），决定着家庭公社的最大限度的规模，这种规模虽然依条件而变化，但是在每个地方都是相当确定的。不过，一旦发生同母所生的子女之间不许有性交关系的观念，这种观念就一定要影响到旧家庭公社的分裂和新家庭公社的建立（这种新家庭公社这时不一定要同家族集团相一致）。”② 这里应做解释的是，所谓“旧家庭公社”应是指前氏族公社③；至于“新家庭公社”，联系恩格斯把排除同母所生的子女间的性交作为前提，又考虑到原始共产制公社的发展序列，它当是指母系氏族公社。

三、氏族制度下的原始公社

继前氏族公社之后，人类社会形成了以氏族制度为基本格局的原始共产制公社。与氏族制度的形成、发展、繁荣和衰落大体同步，原始公社先后经历了母系氏族公社、母系家族公社和父系家族公社，亦即由母系到父系、由大型到小型的演化过程。这一阶段，相当于

① 马克思：《摩尔根〈古代社会〉一书摘要》，见《马克思恩格斯全集》第45卷，第347—348页。

② 《家庭、私有制和国家的起源》，第35—36页。

③ 本书1990年第1版称“旧家庭公社”为“血缘家族公社”，有关作者经比较研究认为，还是采纳“前氏族公社”说为宜。作者就“废弃血缘家族公社称名的缘由”有充分说明。详见陈克进：《〈关于原始社会的分期〉余论》，载《中央民族大学学报》1996年第3期，第37页。

恩格斯所说的蒙昧时代中级阶段后期至野蛮时代高级阶段前期，或相当于考古学上的旧石器时代中、晚期至新石器时代晚期。

人类的祖先在长期的社会劳动实践中，既不断地改变着人类自身(即由直立人发展到早期智人和晚期智人——现代人)，也同时促进着原始公社的发展,终于由前氏族公社过渡到母系氏族公社时代。

氏族的产生是由于生产力的进步和开始实行群体外婚制的结果。先是母系氏族，然后它又转变为父系氏族。一般说来，既已有氏族存在，就会出现胞族、部落，乃至形成部落联盟（这是父系氏族社会才可能有的社会现象)。生产力的发展水平由低到高，氏族制度下的原始公社亦显现出不同的发展阶段。

在首先存在的母系氏族公社阶段里,生产力水平仍极其低下,以石器为主的劳动工具在功用上毕竟非常低劣，生产技术和经验亦很贫乏，人们只有依靠集体的力量方能获得起码的生活资料，并在严酷的自然环境里得以生存和繁衍。与集体劳动相适应，人们活动范围内的地域及其附着物和劳动产品，都归同一氏族的人所共有。这些出自同一假定女始祖的一群人,在最有权威的女长者组织领导下,按性别和年龄这种自然分工进行采集、渔猎、加工食物等等。就是说，以女性为中心的、以血缘联系为基础的这种群体，集体占有生产资料，共同劳动，共同消费，人人平等、民主地生活着。在婚姻上,严格实行族外婚,夫妻分别在自己的母方氏族参加经济活动,性生活是采取丈夫拜访妻子的方式，但他们还停留在一定范围内的共夫共妻这种群婚阶段，因而子女只知其母不知其父，世系只能依女系计算。既然夫妻分别属于各自的氏族，他们创造的劳动财富也就归各自的氏族所有；他们亡故后，遗留下来的生产工具等财产依女系原则由各自的氏族集体继承,尸体也埋入各自氏族的公共墓地。这种母系氏族公社既是当时社会组织的细胞，也是生产和消费产品的基本单位。

随着劳动技能的进步，石质工具类型增多了，骨角工具和经过加工的木质工具出现了，简单的制陶和纺织、缝纫等手工业，原始的种植业和家畜饲养也相继发展起来，采集和渔猎提供的产品比过去有了较多的增加，人们过上了定居生活。此时的母系氏族公社已到了繁荣阶段。在这个阶段上，家族公社或叫共产制的母系大家庭出现了，并逐渐由它取代母系氏族公社成为人们经济生活的基本单位。

母系家族公社产生后，一般说来，原先的氏族组织和社会生活的基本原则仍然存在，所不同的大概主要是：经过多少个世代人口大大增加了，一个个的母亲氏族分裂出了若干个女儿氏族，于是自然形成了胞族以至部落。由于生产工具的进步和生活资料生产部门增多，以氏族为集体劳动单位的组织形式逐渐失去了意义，而代之以母系家族为集体劳动单位，而且这种劳动组织形式的变化终于导致以家族为消费产品的基本单位。在婚姻家庭形态上，由群婚发展到对偶婚，夫妻居住制也渐渐发生了变化，即到了后来，丈夫不在母方氏族居住，而实行从妻居，并参加妻方氏族的一切经济生活。由于一对配偶的婚姻关系比较确定了，父子关系的观念自然也渐渐产生出来。若干个对偶家庭共同生活在一个规模相当的母系家族中。不过，原始共产制家庭经济仍然是当时妇女在社会上和家庭中享有崇高地位的物质基础，所以未曾出现氏族制度的本质变化，“母权制”还处于充分发展的巅峰状态。

母系氏族公社以及进一步小型化了的母系家族公社的原有面貌，近代以来的民族学家都曾力求予以详尽的描述，其中成绩最突出且开创了新局面的当推摩尔根。他以北美印第安人塞讷卡部落的一整套氏族组织及他们的社会经济制度为古典形态。恩格斯认为，摩尔根发现的氏族制度具有普遍性，并说“只要与美洲社会制度作一比较，也有助于我们解决最困难的争论与疑难”①。50年代以来，我国民族学者对少数民族中残存的原始氏族、家族公社结构，进行了相当充分的调查研究，并取得了丰硕成果。

① 《家庭、私有制和国家的起源》，第94页。

云南宁蒗彝族自治县北部永宁地区的纳西族，由于经济、政治、历史和地理等诸种原因，直至民主改革前，大多数人仍然保存着初期对偶婚和母系家庭的基本特征，氏族组织的痕迹亦较明显。简单地说，其社会组织形式有三级，即"尔"（氏族）、"斯日"（母系大家庭，亦可视为女儿氏族）、"依度"（母系家庭）。据传说，这里的纳西族祖先，早期迁来时分属于西、胡、牙、峨、布、搓六个尔，其中布、搓两个尔早已消失。他们把尔叫做"一根骨头"或"一个根根"。这意味着，尔是由同一母系血缘的后裔组成的集团。虽然纳西族的氏族制遗迹已不完全，但那些"社会的化石"毕竟十分珍贵，具有很大的研究价值。这里侧重从氏族制度的痕迹作些介绍。

（1）在母系氏族社会中，氏族的名称一般都使用动值物的名称，即存在图腾崇拜。尽管纳西族早已不存在图腾崇拜，但直至20世纪40年代，从以虎、豹、狮等动物作为斯日或依度的名称，以及禁止猎虎等习俗来看，显然它们就是纳西族最早的氏族图腾之一。

（2）氏族实行外婚制，内部成员不得通婚。这是氏族存在的根本原则。纳西族无论结交临时的还是长期的阿注①（包括正式结婚），都恪守一定的范围或界限：凡属不同母系血统的成员皆可建立阿注关系；同一母系血统的后裔则禁止通婚。据说，很早以前，同一个尔或斯日的成员，都不允许结交阿注。这种外婚制的特点，只是20世纪50年代民主改革前夕才发生了明显变化。

（3）氏族制度在本质上是民主的。过去永宁土司的基层政权，实行的是伙头制度。据称，这是古代的社会组织形式。每个伙头（纳西语"拉梅"）管辖一村至数村，负责调解纠纷，代土司征收钱粮杂派。它最早可能就是氏族或部落酋长的称号。伙头历来由责卡（解放前为农奴等级）中的头人担任，实行世袭制，一般为舅传甥或兄传弟，亦可由该家子女担任。责卡等级虽然在解放前属于封建农奴，

① "阿注"系永宁纳西族从普米族中借来的词，意为朋友，无论有无性关系均适用。

但仍保留着行使“散羊毛疙瘩”（“苦札尼克”）[①] 这种原始民主的权利：一旦土司和土司政权的总管、头人“做事不合古规”，责卡们就可以约集成百上千群众，奔赴被反对者的家里，抄没财产，宰杀猪、羊。被反对者不但不许反抗，而且要用酒饭招待，自责道歉：“我违反了我们民族的古规，做了错事，请你们原谅，以后我不敢再那样做了。”

（4）氏族共同占有、利用土地，人们集体生产、共同消费，即实行原始共产制原则。永宁纳西族除斯日还保留有少量公有地外，在各个母系家庭里，包括生产资料和主要生活资料均属集体所有。一切财产均按照母系制原则继承：母死由其子女或其姊妹的子女继承，舅死由其甥子女继承；男子在家庭中的财产和他经营副业的收入，乃至日常生活用品，自己的亲生子女都不能继承。

（5）同一氏族的人必须相互保护、帮助复仇。这在纳西族斯日一级母系大家庭活动中保留着残迹，主要表现在同一斯日的各个母系家庭，举凡丧葬、盖房、迁居，或丧失了劳动力的人，大家都从人力、物力、财力上予以帮助，倘若本斯日的成员与别的斯日的人发生重大纠纷，同斯日各家有共同商议、协理的义务，一旦出现了人命案，肇事者的斯日各家都有义务承担一部分偿命金或罚款。

（6）同一氏族的人有共同的宗教信仰活动。纳西族不同“尔”的人死后，都有自己固定的送魂路线。所谓送魂，实际上就是请巫师“达巴”举行一种宗教仪式。此外，绝大多数的斯日，农历每年十月都要举行祭祖活动，届时由各家单独祭祖，并邀请同斯日的各家参加；少数斯日则选择一个固定的日子（八月或十月的某一天），同一斯日的全体成员一起祭祀。

（7）氏族有公共墓地。从前，纳西族的公共墓地是以“尔”为

① “羊毛疙瘩”是以传递方式取得联络的一种信物，即在一小长条的木板上，缠有羊毛搓成的小绳，绑上辣椒、木炭，羊毛绳上打有小结，结数代表集合日期数。它一旦散出，接此信物的村落，便如期派人前往指定的地点集合待命。

单位放置骨灰袋，如胡尔在尼错瓦山，峨尔在狮子山，牙尔在格各启比山，西尔在木西锡比山。到了20世纪30年代，公共墓地已由尔缩小到以斯日为单位，后来又在斯日公共墓地内单独选择一个地点作为依度的固定墓地。

古典意义上的母系家族公社，至少近代以来已不复存在。这是文明浪潮席卷全球的必然结果。然而，民族学家们据以研究的残余形态，则屡见不鲜。在中国，除永宁地区的纳西族具有此种研究的价值外，部分拉祜族（“拉祜西”）中存在的母系大家庭，亦是一个难得的例证。云南澜沧县糯福区和勐海县巴卡囡寨等地的拉祜族，直至20世纪中叶，被称为“底页”的大家庭，规模包括以女家长为中心、按女性传递世系和财产的三四代成员（这些成员同时又往往被称为“底谷”的若干个小家庭联系在一起）。母系大家庭——底页是一个生产和消费单位，共同占有土地，集体劳动，共同分配。每个大家庭都有自己干栏式的长屋（上层住人，下层放杂物、关禽畜）。一般房高7—8米，宽10余米，长度则与人口多寡有关，过去有的长达30—40米。上层屋内设有几个或十几个火塘。火塘两侧用木板分隔成若干个格，供夫妇及其子女们住宿。据老人们回忆，南段老寨在20世纪初还有隔成70格的长屋。在这种大家庭里，普遍实行从妻居（一般占80%以上），世系以母系为主，财产多为女子继承，女子的地位在家庭和社会上都较高，男女家长的地位平等，家长负责指挥、安排全家的生产生活、收支和教育事宜。这种集体占有财产（尤其是耕地）、共同劳动和消费的母系大家庭，过去曾是普遍的形式，只是到了40—50年代才开始走向解体。

继母系家族公社之后为父系家族公社时期。它相当于恩格斯所说的野蛮时代中级阶段晚期和高级阶段前期，或相当于考古学上的新石器时代晚期。

自人类出现以来，性别上的劳动分工并不意味着男女们各自独占某一生产领域。在出现原始农业和家畜饲养之初，可能主要是妇女负责经营，随后，男子也参加进来，并逐渐成为全社会生产活动中的基本力量，而妇女们则更多地从事辅助性劳动，包括加工生活资料，负责炊爨等。男子的经济地位日益加强。当他们在社会上和家庭中的经济作用占有决定性意义时，母权制氏族的衰落和父权制氏族的兴起就必然到来。母权制向父权制的过渡，实质上是共产制经济的母系家族公社向父系家族公社的过渡。正如前面所述，氏族制度充分发展起来后，母系家族公社在氏族组织之下已经成为共同生产和平均消费的单位。这时，氏族在经济生活方面的职能已近乎于零，它更多的是肩负宗教活动，保卫本氏族、部落的安全，维护社会公共秩序，调节婚姻关系等职责。因此，父系氏族社会取代母系氏族社会的初期，顺乎自然，是由父系家族公社承接了母系家族公社原有的生产和消费这一基本职能。这时，父系氏族还是存在的，但并不形成一个新的父系氏族公社，因为基于同样的原因，父系氏族只是从母系氏族那里继承了残缺不全的氏族功能。

19 世纪以来的民族学研究成果表明，父系家族公社的存在具有普遍性，对此，恩格斯通过引述俄国、德国、爱尔兰、法国、阿尔及利亚、墨西哥、秘鲁和印度等国的有关文献资料加以论证，特别是全面概述了南方斯拉夫“扎德鲁加”从组织形式到经济生活的一套制度。他说：“它包括一个父亲所生的数代子孙和他们的妻子，他们住在一起，共同耕种自己的田地，衣食都出自共同的储存，共同占有剩余产品。公社处于一个家长的最高管理之下，家长对外代表公社，有权出让小物品，掌管账目，并对账目和对整个家务的正常经营负责。他是选举产生的，不一定是最年长者。妇女和她们的工作受主妇领导，主妇通常是家长的妻子。……最高权力集中在家庭会议，即全体成年男女的会议。家长向这个会议作报告；会议通过各项最后的决定，对公社成员间的争端进行裁判，以及对比较重大的买卖特别是地产的买卖等做出决定。”①

20 世纪 40—50 年代我国少数民族中，如东北鄂温克、鄂伦春族

① 《家庭、私有制和国家的起源》，第 56 页。

的“乌力楞”，海南岛黎族的“纹茂”（海南方言叫“合亩”），云南独龙族的“吉柯罗”等等，都比较明显地残存着这种父系家族公社。限于篇幅，这里不准备逐一予以介绍，仅就独龙族的残存形态略作说明。独龙族的家族公社——吉柯罗，由父系三四代成员构成，大家同住在一座长屋中，每个公社有一个家族长，由年长辈高、能说会道、办事公正的男子担任，不管是自然形成的还是大家推选的，不中途撤换，也不允许父子相袭。家族长没有特殊的权利，只以社会公仆的面目出现，但有很高的威信。他的主要职责包括选择耕地、领导和组织生产、排解内部纠纷、维持社会秩序、主持婚丧事宜和宗教活动，以及对外交换物品、协商解决公社间的争端等。凡属重大事务，均由公社会议民主讨论后才做出决定。每个公社都有公共的房屋、粮仓、耕地等。这里虽然形成了耕地“公有共耕”、“伙有共耕”和“私有共耕”或“私有私耕”的局面，乃至除公共的大仓房“邦千”外，也出现了各个小家庭自建的小仓房“邦秋”，但是，在消费方面继续实行原始共产主义的原则：公社的每顿饭，由各个小家庭的主妇轮流制作，所用的粮食取自“邦千”，待其用完则取自“邦秋”，都没有存粮了，大家就靠打猎、采集充饥。

虽然我们据以研究的家族公社资料，都已掺杂了私有化现象，如扎德鲁加、吉柯罗都决不是古代父系家族公社的原生形态，但是，这并不妨碍我们追溯出父系家族公社固有的如下几个特征：(1) 以血缘关系为其天然的组织基础，世系计算和财产继承法则依父系确定。(2) 生产资料公有（包括长期占有的残存的氏族公有的土地、森林、水面），以家族为单位共同劳动、共同消费。(3) 实行原始民主制，家族长是一个社会公仆，对全家族的内部事务进行民主管理，对外则代表家族公社，与其他公社进行交换等相互往来，或与氏族、部落保持着密切的社会联系。(4) 在婚姻家庭方面，除初期可能还保留着对偶婚外，已实行一夫一妻制的个体婚；由夫妻及其子女组成的小家庭，到了后期可能成为一个消费单位，但其他经济生活和宗教活动等等仍然从属于家族公社，即它们尚未从根本上从公社母体中游离出来。

四、原始社会向阶级社会的过渡

继父系家族公社之后，人类社会进入农村公社或家长制家庭时期。它相当于恩格斯所说的野蛮时代高级阶段的晚期，或相当于考古学上的金石并用时代到初期金属时代。这个时期从各个方面所表现出来的二重性，说明它是从原始共产主义社会向以私有制为基础的阶级社会过渡的最后一个阶梯，或者说，是原始公社制度彻底崩溃、以私有制为基础的阶级社会最后形成的前夕。

农村公社，又称“农业公社”“农户公社”“毗邻公社”“地域公社”等，简称“村社”。广义上，它包括农业公社、游牧公社和游猎公社等不同类型；狭义上，则专指农业公社。本书是从广义上使用这个词的。

农村公社是从父系家族公社中发展起来的。关于它的主要特征，马克思主义创始人有过阐述。马克思在给俄国学者查苏利奇的著名复信草稿中指出：“它摆脱了牢固然而狭窄的血统亲属关系的束缚，并以土地公社所有制以及由此而产生的各种社会关系为自己的坚实基础；同时，各个家庭单独占有房屋和园地、小土地经济和私人占有产品，促进了个人的发展，而这种发展同较古的公社（按：指氏族公社）机体是不相容的。”他还就农村公社的历史地位问题做出精辟的结论：“农业公社既然是原生的社会形态的最后阶段，所以它同时也是向次生的形态过渡的阶段，即以公有制为基础的社会向以私有制为基础的社会的过渡。不言而喻，次生的形态包括建立在奴隶制上和农奴制上的一系列社会。”① 对于国家权力的萌芽，他在其他场合虽有涉及，但并无明确的论述。不过，恩格斯在《反杜林论》一书中曾明确地写道：生活状况和社会地位的某种平等，“在开化得比较晚的民族的原始农业公社中还继续存在着。在每个这样的公社中，一开始就存在着一定的共同利益，维护这种利益的工作，虽然是在

① 《马克思恩格斯全集》第19卷，第450页，人民出版社1963年版。

全社会的监督之下，却不能不由个别成员来担当：如解决争端；制止个别人越权；监督用水，特别是在炎热的地方；最后，在非常原始的状态下执行宗教职能。这样的职位，在任何时候的原始公社中，例如在最古的德意志的马尔克公社中，甚至在今天的印度，还可以看到。这些职位被赋予了某种全权，这是国家权力的萌芽。”①

对于农村公社古老的典型面貌，马克思和恩格斯都曾根据各种记述予以描画。到了19世纪80年代，恩格斯指出：在德国摩塞尔河畔和霍赫瓦尔特山脉的马尔克（农户公社——Gehöferschaften）中，公有地虽然不再一年分配一次，但是每隔3年、6年、9年或12年，总要把全部开垦的土地（耕地和草地）合在一起，按照位置和土质，分成若干“大块”（Gewanne）。每一大块，再划分成若干大小相等的狭长带状地块，块数多少，根据公社中有权分地者的人数而定；这些地块，采用抽签的办法，分配给有权分地的人。没有开垦的土地、森林和牧场，仍然共同占有，共同利用。后来，它的耕地变成了各个社员的私有财产。农户公社也越来越感觉到，停止周期分配，变交替的占有为私有，对它们是有利的。变成个人私有财产的第一块土地是住宅地，随之是宅房旁地，然后是长期占有使用的耕地。其他一切土地，即除去家宅和园地或已经分配的村有地以外的一切土地，和古代一样，仍然是公共所有、共同利用。这里有森林、牧场、荒地、沼泽、河流、池塘、湖泊、道路、猎场和渔场。马尔克社员除了拥有平等的土地份额和平等的使用权以外，当初他们在马尔克内部在参加立法、管理和裁判方面，都拥有同等的机会。他们定期地或经常地（如有必要）举行露天集会，商定马尔克的事务，审判马尔克中的不法行为和纷争。也制定法律（虽然只是在少有的十分必要的情况下），也推举公职人员，也检查公职人员执行职务的情形，但主要还是宣判。主席只能提出问题，判决由到会的全体社

① 《马克思恩格斯全集》第19卷，第45页。

员决定。[①]

马克思指出：俄国长期存在的“米尔”这种农村公社（农业公社）是没有血统关系的自由人的社会联合。房屋及其附属物——园地，是农民私有的。耕地是不准转卖的公共财产，定期在社员之间进行分配，因此，每一社员用自己的力量来耕种分给他的地，并把产品留为己有。[②]对于印度的农村公社，他也曾写道：目前还部分地保存着的原始的规模小的印度公社，建立在土地公有、农业和手工业直接结合以及固定分工之上。这种公社都是一个自给自足的生产整体，它们的生产面积从一百英亩到几千英亩不等。除了从事劳动的群众外，还可以看到一个“首领”，他兼任法官、警官和税吏；一个记账员；登记农业账目，登记和记录与此有关的一切事项；一个官吏，捕缉罪犯，保护外来旅客并把他们从一个村庄护送到另一个村庄；一个边防人员，守卫公社边界防止邻近公社入侵；一个管水员，从公共蓄水池中分配灌溉用水；一个婆罗门，司理宗教仪式，一个教员，在沙土上教公社儿童写字读书；一个专管历法的婆罗门，以占星家的资格确定播种、收割的时间以及对各种农活有利和不利的时间；一个铁匠和一个木匠，制造和修理全部农具；一个陶工，为全村制造器皿；一个理发师，一个洗衣匠，一个银匠，有时还可以看到一个诗人，他在有些公社里代替银匠，在另外一些公社里代替教员。这十几个人的生活由全公社负担。如果人口增长了，就在未开垦的土地上按照旧公社的样子建立一个新的公社。[③]

实质相同、残存程度有别的农村公社，从欧洲、美洲到亚洲的许多民族都可以看到。直至 20 世纪中叶民主改革前，我国西南的佤

① 参阅恩格斯：《马尔克》，《马克思恩格斯全集》第 19 卷，第 355—360 页，人民出版社 1963 年版。

② 参阅马克思：《给维·伊·查苏利奇的复信草稿（三稿）》，《马克思恩格斯全集》第 19 卷，第 449 页，人民出版社 1963 年版。

③ 参阅马克思：《资本论》第 1 卷，《马克思恩格斯全集》第 23 卷，第 395—396 页，人民出版社 1972 年版。

族、怒族、景颇族、布朗族、傣族的部分地区，仍然残留着农村公社的一些内容和组织形式，其中尤以西双版纳傣族为最。西双版纳农村进入封建领主制社会已有几个世纪，但它在经济上、政治上等诸方面却一直与农村公社固有的原始形式结合在一起，或者说，封建领主的政治统治、经济剥削利用了农村公社的躯壳。尽管如此，这里还是为我们追溯古老的农村公社提供了难得的线索。西双版纳的经济形态，特别是在土地所有制问题上，存在着二元现象：在公有制方面，主要是土地的"集体所有"（"寨公田"），即除牧场、森林等仍然共同使用外，耕地实行定期分配，各个体家庭所分得的耕地由自己耕种，他们仅有占有使用权，没有所有权，亦即不能私自转让、买卖。在私有制方面，每个家庭都有自己的私有财产，这主要是房屋、牲畜、农具、农产品、日用品等。不过，西双版纳的最高统治者"召片领"（意为"广大土地之主"），是整个西双版纳土地的所有者，所以社员必须履行"种田出负担"的规定。就村社内部的组织系统而言，也酷似前述的印度等农村公社。这里有村社社员称为"寨父"、"寨母"，又被领主封为"叭"、"鲊"、"先"的头人，他们有管理居民迁徙、代表村社接受新成员、管理村社土地、代领主征收各种贡赋、管理宗教和婚姻以及调解争端等职权。在他们之下又有：管武装的"昆悍"，向下传达、向上反映类似"乡老"的"陶格"，通讯联络的"波板"，执掌文书的"昆欠"，专管水利灌溉的"板闷"，管社神的"波摩"，管佛事的"波占"。有的村社还设有银工、金工、铁工、木工、猎手、屠宰师、酒师、商人、医生、马医、理发师等等。许多村社均有"赞哈"，即诗人兼音乐家。所有这些人，都不脱离农业生产。同时，除有若干头人组成的村社议事会负责处理日常事务外，凡有关分配"负担"、调整土地、水利纠纷、社员外迁或吸收新成员等重大问题，都要召开村社民众会议讨论，对这种残存的原始民主，即便头人也往往不得不在形式上遵从。[①]

国内外的实例表明，农村公社以其所固有的二重性而体现出它的过渡性。其二重性至少表现在以下四个方面：（1）居民的社会联合主要以地域为基础，但一般都还在不同程度上保留有以家族为单位的血缘联系，具体到某一个村社的血缘谱系，可能是一支也可能是多支。（2）荒山、森林、草地、水面和耕地，一律归村社集体所有，村社成员对它们仅仅存在着占有使用权，而房屋及小块园地已成为个体家庭所有，劳动产品等动产则完全是私有财产。（3）在劳动组织形式上，以小家庭为单位的个体劳动是最经常、最普遍的形式，但还有一定的集体劳动予以补充，这包括全村社范围内的公益劳动（如兴修水利、架桥铺路等），在农忙季节若干农户（同一家族或跨家族）的互助协作。（4）为了维护村社的共同利益，一些人分别担任了被赋予某种全权的职位，于是产生了国家公共权力的萌芽，但原始民主、平等的习惯依然存在，由村民大会来讨论决定一切大事，有职位的人无权擅自评断各种争端，只是随着时间的推移，他们才由社会公仆逐渐向社会的主人转化。总之，居民联合、生产资料所有制、劳动组织形式和社会管理这四个方面，都有着鲜明的二重性，反映了新旧社会两种因素的对立和消长情况，其中最有决定意义的、最具破坏力的（相对而言又是进步的）是小土地劳动。小土地劳动是“私人占有泉源”，“是牲畜、货币、有时甚至奴隶或农奴等动产积累的基础”，是“对公有土地进攻的堡垒”[②]，是贫富分化、阶级对立、国家产生的根源。

家长制家庭是在生产力发展到一定的水平后由父系家族公社分裂出来的，与农村公社具有同等的历史地位。恩格斯指出，“家长制家庭这一中间形式”的主要特点是：“若干数目的自由人和非自由人

① 参阅“民族问题五种丛书”云南省编委会编：《傣族社会历史调查（西双版纳之二）》，第2—8页、32—34页，云南民族出版社1983年版。

② 《马克思恩格斯全集》第19卷，第450页，人民出版社1963年版。

在家长的父权之下组成一个家庭。在闪米特类型的家庭中，这个家长过着多妻的生活，非自由人也有妻子和子女，而整个组织的目的在于在一定的地域范围以内照管畜群”。接着他又强调：“这种家庭的主要标志，一是把非自由人包括在家庭以内，一是父权……。Familia［家庭］这个词，起初并不是表示现代庸人的那种脉脉温情同家庭龃龉相结合的理想；在罗马人那里，它起初甚至不是指夫妻及其子女，而是指奴隶。Famulus 的意思是一个家庭奴隶，而 Familia 则是指属于一个人的全体奴隶。……这一用语是罗马人所发明，用以表示一种新的社会机体，这种机体的首长，以罗马的父权支配着妻子、子女和一定数量的奴隶，并且对他们握有生杀之权。”① 既然家长制家庭是一种“新的社会机体”，而且是一种“中间形式”，即“表示着从对偶婚向一夫一妻制的过渡”②，那么，它就还不是以私有制为基础的社会细胞。

家长制家庭在发生、发展的过程中同样具有“二重性”，这在我国西南少数民族中不乏实例可资证明。云南原碧江县（今已分属福贡、泸水两县）某些地区的勒墨人（白族的一个支系），从解放前的情况看，家族公社的一些特点还很明显：以父系血缘为纽带的家族成员基本上仍聚居于一寨；各公社都有数量不等的公有地和私有地；除个体劳动及其产品归小家庭外，普遍存在伙种共耕（包括公有地共耕和私有地共耕），在平摊出种子的前提下，实行产品按户均分；同一家族成员有互相帮助的权利与义务；有共同的祭祀活动和公共墓地。然而，勒墨人的基本生产生活单位是一夫一妻制的个体家庭，私有制有了长足发展，有的还开始蓄养奴隶。绝大多数奴隶以养子女身份生活在主人的家庭中，与主人同吃、同住、同劳动。女奴可嫁人，男奴可娶妻，甚至还可继承主人的财产，经主人同意亦可参加家族公社的活动。据民主改革时的不完全统计，在洛本卓地区

① 《家庭、私有制和国家的起源》，第54页。

② 同上书，第55页。

1 000户左右的勒墨人中，有十来户蓄奴，数量一般为一二人。蓄奴最多的只有两户，分别为14人、30余人。由此可见，勒墨人蓄奴并不普遍，奴隶的地位并不太低。①

西藏察隅县自称“达让”或“格曼”的僜人，民主改革前也有类似勒墨人的情况，只是家长制家庭的特点更加明显。(1) 实行一夫多妻。据1976年调查，曾属或仍属多妻的男子占10%左右。多妻家庭都有一幢长屋，屋内分隔成若干小间，每新买一个妻子，丈夫就给长屋加盖一二间。各个妻子自成一个生产生活单位。家中的贵重财物和野放的牛只属于丈夫。诸妻以丈夫为中心，负责经营丈夫分别交给的土地，她们的人身听由丈夫主宰。(2)蓄养奴隶。在10 000多僜人中，蓄奴户和奴隶的数目约占1%。多妻的家庭往往蓄奴，奴隶们被分配到诸妻那里，与主人妻子一起劳动和吃住。有些主人还允许奴隶自营小块土地，自养少量禽畜，甚至为能干的奴隶购买妻子，允许他们自设灶塘和仓库。但是，奴隶本身及其子女、土地、产品等，归根结底为主人所有。(3) 在土地（包括山林、荒地和猎区）所有制方面，保留着“同姓公有”的形式。各户对开垦的土地拥有占有、使用权以至继承权，但按惯例不得买卖。生产工具、房屋和园圃是各家庭的私有财产。(4) 出现了各姓杂居一个村寨的现象，但尚未完全消除按姓聚居的传统。(5) 出现了地区性的首领“嘎背亚梅”，原意为中间人或调解人，后逐渐由办事公平合理的社会公仆转化为向群众敲诈勒索、脱离群众的一股力量。②

与勒墨人、僜人相似或进一步发展了的家长制家庭，在云南福贡怒族、西盟佤族和西藏米林珞巴族中也可看到。③

---

① 参阅詹承绪：《略论勒黑人社会的发展》，见《民族学研究》第5辑，民族出版社1983年版。

② 参阅《僜人社会历史调查报告》，中国社会科学院民族研究所1978年铅印本。

③ 参阅《怒族社会历史调查》，第47—73页，云南人民出版社1981年版；《佤族社会历史调查（二）》，第42—60页，云南人民出版社1983年版；《西藏米林县珞巴族社会历史调查报告——珞巴族调查材料之一》，中国社会科学院民族研究所1978年铅印本。

家长制家庭与农村公社比较，两者的过渡性虽有相似之处，但更重要的却是表明阶级关系和统治关系的产生存在着两条道路。正如恩格斯在说明阶级和统治关系的产生时所说："这些关系是经过两条道路产生的"。他详细分析了农村公社兴衰过程中阶级形成的客观规律后曾指出："除了这样的阶级形成的过程之外，还有另一种阶级形成的过程。农业家族内的自然形成的分工，达到一定的富裕程度时，就有可能吸收一个或几个外面的劳动力到家族里来。在旧的土地公有制已经崩溃或者至少是旧的土地共同耕作制已经让位给各个家族的小块土地耕作制的那些地方，上述情形尤为常见。生产已经发展到这样一种程度：人的劳动力所能生产的东西超过了单纯维持劳动力所需要的数量；维持更多的劳动力的资料已经具备了；使用这些劳动力的资料也已经具备了；劳动力获得了价值。……奴隶制被发现了。"[①] 这里说得很清楚，只要生产力发展了，劳动生产率有了较大提高，劳动产品有了一定的剩余时，个体家庭就自然而然地会从家族公社中分裂出来，形成独立的私有制经济。随着贫富分化的发展，比较富裕的个体家庭便会逐渐吸收一个个外来的劳动力——奴隶。这就意味着产生了由自由人和奴隶组成的家长制家庭，亦即产生出家长奴隶制。不过，家长制家庭还保留着原始共产主义很长的一截尾巴，奴隶的劳动远未成为社会经济的基础。

发展程度不尽相同的家长制家庭的种种情况表明，它同农村公社一样，都是原始社会向阶级社会发展的一个过渡形式。如果说，家长制家庭与农村公社有什么不同，那就是发展的趋势不同，即排除特定的因素干扰，家长制家庭这一中间形式将因家长奴隶制的充分发展而进入奴隶制社会；农村公社这一中间形式则由于水利灌溉工程等特殊的公益劳动的需要而以封建农奴制社会为归宿。前者如凉山彝族，后者如西双版纳傣族，都为我们展示了活生生的典型例证。

顺便提一下，走上家长制家庭这条发展道路的民族，由于私有

① 恩格斯：《反杜林论》，第176—178页，人民出版社1970年版。

财富的进一步增多，由于家长奴隶制的存在及其发展，以及原始民主形式的明显残存，不同的地缘部落和部落联盟之间，频繁地发生了旨在抢掠土地、人口、牲畜等财富的战争，于是便产生了军事民主制。“其所以称为军事民主制，是因为战争以及进行战争的组织现在已成为民族生活的正常职能。”① 荷马时期的希腊社会、古罗马历史上的所谓王政时期正是军事民主制的古典范例；像我国解放前的西盟佤族等，也有着类似的情形，而凉山彝族的奴隶制则仍能比较明显地看到它的一些痕迹。

第三节 奴隶社会形态

一、奴隶社会的历史地位

奴隶社会又称奴隶占有制社会，是以奴隶主占有生产资料并占有和剥削生产者——奴隶为主要基础的社会，亦即奴隶占有制生产方式为主导的社会。

奴隶社会是人类历史上第一个人剥削人的社会，在人类社会的演变过程中占有重要的地位。恩格斯指出：“随着在文明时代获得最充分发展的奴隶制的出现，就发生了社会分成剥削阶级和被剥削阶级的第一次大分裂。这种分裂继续存在于整个文明期。奴隶制是古代世界所固有的第一个剥削形式；继之而来的是中世纪的农奴制和近代的雇佣劳动制。这就是文明时代的三大时期所特有的三大奴役形式；公开的而近来是隐蔽的奴隶制始终伴随着文明时代”。② 列宁也说过：“整个现代文明的欧洲都经过这个阶段，——奴隶制在两千年前占有完全统治的地位。世界上其余各洲的绝大多数民族也都经过这个阶段。在最落后的民族中，现在也还有奴隶制的遗迹，例如

① 《家庭、私有制和国家的起源》，第161页。

② 《家庭、私有制和国家的起源》，第173页。

在非洲现时还可以找到奴隶制的设施。”① 奴隶社会是私有制为基础的社会的发端，是人类第一个阶级对抗的社会。奴隶社会在人类社会发展的链环上占有重要的历史地位。

在漫长的原始社会，没有私有制，没有阶级，也就没有阶级剥削和压迫，因而不存在任何国家形式。进入奴隶社会，作为阶级压迫的工具——国家出现了。从整个世界史来看，最初出现的都是奴隶制国家，以古希腊、罗马为典型。中国的夏代和商代也都是奴隶社会。

奴隶社会是人类历史上最残酷的人吃人的社会，但它的出现，毕竟是一个巨大的历史进步。人类社会进入奴隶社会，标志着野蛮时代结束，文明时代开始。恩格斯指出：“只有奴隶制才使农业和工业之间的更大规模的分工成为可能，从而为古代文化的繁荣，即为希腊文化创造了条件。没有奴隶制，就没有希腊国家，就没有希腊的艺术和科学；没有奴隶制，就没有罗马帝国。没有希腊文化和罗马帝国所奠定的基础，也就没有现代的欧洲。我们永远不应该忘记，我们的全部经济、政治和智慧的发展，是以奴隶制既为人所公认、同样又为人所必需这种状况为前提的。在这个意义上，我们有理由说：没有古代的奴隶制，就没有现代的社会主义。”② 恩格斯之所以这样评价奴隶社会，正是从人类社会发展规律上来肯定奴隶社会的历史地位的。

奴隶社会发生于公元前二三千年前的古代，但是，奴隶制的遗迹却长期存在。在美国资产阶级革命时期，美国南部还存在着奴隶制，只是这种制度已不在整个社会占主导地位。在中国 2000 多年的封建社会中，也可寻出奴隶制的残迹。特别是在中国少数民族中，直至 20 世纪 50 年代，不但残存着某些家长奴隶制，而且还有四川凉山彝族所保留的奴隶社会。这些都是我们研究奴隶占有制社会形态

① 《论国家》，《列宁选集》第 4 卷，第 45 页，人民出版社 1972 年版。
② 恩格斯：《反杜林论》，第 178 页，人民出版社 1972 年版。

的一块活化石。

二、家长奴隶制

家长奴隶制又称“父权奴隶制”，是原始社会向阶级社会过渡时期的一种萌芽状态的奴隶制。家长奴隶制属于原始社会形态范畴，不属于奴隶占有制社会形态范畴。但是，家长奴隶制是奴隶占有制社会的起源。

家长奴隶制是父权制家庭的产物。恩格斯在论述奴隶制产生和发展的条件时写道：“为了能使用奴隶，必须掌握两种东西：第一，奴隶劳动所需的工具和对象；第二，维持奴隶困苦生活所需的资料。因此，先要在生产上达到一定的阶段，并在分配的不平等上达到一定的程度，奴隶制才会成为可能。”[①] 恩格斯所述的两个条件是家长奴隶制产生的前提。在父系家族公社早期，生产、分配达不到剩余程度，并不具备维持奴隶生活所需资料的水平。到了父系家族公社晚期，由于金属工具的采用，生产力有很大发展，作为父系氏族社会基本经济单位的父系家族公社内部结构发生了变化，开始吸收家族以外的人作为家族或家庭成员，以充当新的劳动力。妇女和儿童是奴隶的主要来源。多妻制是家长奴隶制的一种体现。中国云南独龙族富裕的父系家族的家长一般有 2—4 个妻子，多的达十几个。这些妻子有的是抵债来的，有的是以“聘礼”形式购买来的，实际是购买奴隶劳动力。独龙语称娶妻为“仆玛旺”，意为购买女人[②]。西藏僜人少数富裕家长也购买许多妻子，多至十几个。家族中的男奴隶都跟随家长的一个妻子干活、吃饭。家长的财产不仅包括土地、牲畜、奴隶，也包括妻子在内。妻子也可称为奴隶，家长对妻子常说：“你是我买来的奴隶，要好好干活。”[③] 民族学资料还表明，早期奴隶

---

① 恩格斯：《反杜林论》，第 158 页。

② 参见《独龙族社会历史调查》(一)，云南民族出版社 1981 年版，第 52 页。

③ 参见王晓义等：《僜人社会历史调查报告》，中国社会科学院民族研究所编印，第 51—58 页。

的出现与养子制度有密切关系。在氏族社会末期，人们出于义务收养孤儿，或因无子女而收养养子、养女。这种养子养女享有家庭成员的一切权利。但当剩余劳动出现后，养子养女便往往沦为奴隶。云南西盟佤族的调查提供了这方面的例证①。

家长奴隶制与古代社会的奴隶占有制有很大区别，主要表现在：

第一，家长奴隶制中的奴隶人数占社会人口比例很小，没有形成社会生产的基础。

第二，家长奴隶制是以自身需要而生产生活资料为目的的，而不是以生产剩余价值为目的的奴隶制。

第三，在家长奴隶制下奴隶的地位不像奴隶占有制下的奴隶那样低下，因为他们是以家庭成员的身份而存在。

第四，家长奴隶制中，还没有出现奴隶主阶级，使用和剥削奴隶的是家长制家庭的家长。家长奴隶制虽然是一种奴隶制，但还不属于奴隶社会形态范畴。

晚期的家长奴隶制开始向奴隶占有制发展。这时，奴隶的数量增多，而且奴隶多为成年男子。奴隶集中的家庭，奴隶劳动已有初步分工。奴隶劳动开始由生产家庭消费品转向生产作为商品的剩余劳动产品。奴隶的地位大大下降。以村寨为单位的对外军事掠夺频繁起来，战俘成为奴隶的一个主要来源。家长奴隶制从来没有构成占统治地位的生产方式。这时，广大自由民尚未进一步分化，蓄奴主即家长还没有完全脱离生产劳动，而成为真正的奴隶主。这一时期也没有形成国家。

如上一节所说，家长奴隶制进一步发展的趋势应该是进入奴隶占有制社会。但是，由于各民族社会内部结构和外部条件差异很大，有些民族的家长奴隶制并没有转变成奴隶占有制社会，或只是长期残存在阶级社会中。

---

① 参见田继周、罗之基：《西盟佤族社会形态》，云南人民出版社1980年版，第54—60页。

三、奴隶占有制生产方式的基本特征

奴隶占有制生产方式通常简称“奴隶制”。它的生产关系是以奴隶主占有生产资料并占有和剥削奴隶为基础的。奴隶制是人类历史上第一个人剥削人的生产方式，这种生产方式占统治地位的社会，便是奴隶社会。公元前5世纪到4世纪希腊奴隶制和公元前2世纪到公元2世纪罗马奴隶制最为典型。

奴隶占有制生产方式是在家长奴隶制基础上产生的，是社会生产力发展的必然结果。古希腊、罗马的那种古典奴隶制的出现，有其一定的历史条件，最重要的是以下两点：

第一，原始公社制度的彻底瓦解，私有制关系充分发展。恩格斯在谈到使用奴隶劳动的经济条件时指出：“要使奴隶劳动成为整个社会中占统治地位的生产方式，那就还需要生产、贸易和财富积聚有更大的增长。在古代的自发的土地公有的公社中，奴隶制或是根本没有出现过，或是只起极其从属的作用。”[①] 在原始公社晚期，大部分土地属于公有，私有制并不发达，生产者和生产资料分离的机会很小，贫富分化差距不大，奴隶制也就无法充分发展。在古代希腊和罗马，由于原始公社制度已土崩瓦解，贫富分化严重，奴隶占有制便充分发展起来。

第二，具有相当发达的手工业和商业。恩格斯论及奴隶劳动成为整个社会中占统治地位的生产方式时强调：“还需要其他东西，即高度发展的美术工业和手工业以及广泛的贸易”[②]。发达的手工业和商业可以为奴隶劳动的使用在农业以外提供新的经济领域；通过商品货币关系的作用，人们之间的贫富分化以及与此相联系的大地产才能出现，从而为在农业上使用奴隶劳动提供可能。“在古代世界，商业的影响和商人资本的发展，总是以奴隶经济为其结果；不过由于出发点不同，有时只是家长制的、以生产直接生活资料为目的的

---

① 恩格斯：《反杜林论》，第158页。

② 同上。

奴隶制度，转化为以生产剩余价值为目的的奴隶制度。”[①]

奴隶占有制生产关系具有以下基本特征：

(1)奴隶制生产关系的基础是奴隶主不但占有一切生产资料，还占有直接生产者——奴隶。奴隶主对奴隶的人身占有，是奴隶制区别于其他剥削制度的主要特征。在奴隶制度下，奴隶是奴隶主的财产，而且是最主要的财产。奴隶主不把奴隶当人看待，而把他们当作牲畜和生产工具。亚里斯多德曾说：“奴隶是一种有生命的财产”，“奴隶是有生命的工具，而工具则为无生命的奴隶”[②]。古罗马学者M.T. 瓦罗更形象地记述：“有些人把农具分成两类，即（一）干活儿的人和（二）人干活时必不可少的工具；还有一些人把它们分成三类，即（一）能讲话的农具，（二）只能发声的农具和（三）无声的农具。奴隶属第一类，牛属第二类，车子属第三类。”[③] 罗马法则明确规定：“奴隶在主人的权力之下，这种权力源自万民法。因为所有民族均认为主人对其奴隶有生死之权，而奴隶取得的任何东西均属主人。”奴隶主对占有的奴隶，可以随意处置，如买卖和屠杀。买卖奴隶在古代社会是非常盛行的，在巴比伦，一个奴隶价格和租用一头牡牛价钱相等。屠杀奴隶现象也很普遍，不过，由于奴隶是一种财产，奴隶主并不是无限度地滥杀。

(2) 奴隶是会说话的创造财富的工具，在奴隶制下，监督劳动达到最大限度。奴隶的地位低下，命运悲惨，被降到和牲畜一样的地位，受到各种非人待遇，因而他们对自己的处境自然怀有刻骨仇恨。奴隶的劳动是被迫的、消极的，他们以破坏劳动工具来发泄愤怒，奴隶主为防止奴隶破坏工具，把最粗糙最笨重的工具交给奴隶

---

① 马克思：《资本论》第3卷，第371页。

② ［古希腊］亚里斯多德：《政治论》Ⅰ，2，4（1253b25以下）；《尼可马卡伦理学》(Nicomachean Ethics) Ⅷ，11，6（1161b）；《攸德伦理学》(Endemian Ethics) Ⅶ，9，2（1241b24）。转引自《世界上古史纲》，下册，人民出版社1981年版，第183页。

③ ［古罗马］M.T. 瓦罗（Varro）：《论农业》(On Farming)，王家绶译，商务印书馆1981年版，第48页。

使用。为了防止奴隶逃亡和镇压奴隶反抗，奴隶主对奴隶采取残酷的监督手段。奴隶劳动是一种公开的强制劳动。奴隶在皮鞭下劳动，在酷刑下服役。奴隶制生产关系决定了强制劳动必然表现得最尖锐最露骨。

(3) 在奴隶制下，所有权关系掩盖了奴隶为自己的劳动。奴隶被迫做的劳动，比以生活资料的形式还给他们的劳动要多得多。由于奴隶主占有生产资料和占有奴隶，因而奴隶所生产的全部产品都归奴隶主占有和支配。奴隶主只从其中拿出极少一部分的生活资料来延续奴隶的生命，以便让奴隶继续为他们创造财富。有的社会，奴隶有少量财产，但这些财产是依附于奴隶主所占有的生产资料的基础之上的，以奴隶人身被占有为前提。奴隶占有的少量财产只是为奴隶主提供剩余价值，而不能为自己获取更多的生活资料服务。奴隶主完全是不劳而获的寄生阶级，利用奴隶创造的财富过着穷奢极欲、荒淫无耻的生活。和现代资本家把剥削来的剩余价值大量使用于扩大再生产（为了获取更多的剩余价值）不同，奴隶主阶级对他们所占有的大量剩余产品，除了用于个人享乐和其他浪费性开支外，几乎没有别的用途。奴隶主利用奴隶的大量剩余劳动，千方百计地寻求享乐和满足各种各样的物质欲望，像举世闻名的埃及金字塔、希腊神庙、罗马的剧场和竞技场等古代建筑，就是在这种情况下修建起来的。与奴隶主生活形成鲜明对照，广大奴隶过的是牛马不如的日子。

四、判断奴隶社会和奴隶制的标准

就世界范围而论，奴隶社会的发生距今时代遥远，文献及其它资料不是很充分，因而对于历史材料理解的歧义也自然产生。历来对有关奴隶社会问题争论激烈，这有政治因素在起作用，有理论问题需要探讨，有材料的选择与研究方法的不同等。奴隶社会是不是人类社会发展史上一个普遍发生的阶段，是争论的焦点。那些根本就不承认历史唯物论的史学家、民族学家、经济学家们对奴隶社会和奴隶制矢口否认不足为怪。力图以马克思主义唯物史观来阐明人类社会发展规律的研究者，都无法回避对奴隶社会和奴隶制的探讨，然而，他们的看法也相去甚远，有人主张奴隶社会是人类历史必经阶段，具有普遍性；有人主张奴隶社会不是人类历史必经阶段，只是某种特殊条件下的产物；有人认为奴隶社会虽然是人类社会发展史的一个阶段，但并不具有普遍性；有人认为西方和东方奴隶社会是两种类型，但都是人类社会发展的同一阶段；有人认为东、西方进入阶级社会，走的不是同一条道路；有人主张奴隶制不是人类社会出现的第一个剥削制度，与奴隶制同时或先于奴隶制，已出现了农奴制，等等。有关奴隶制的命名，也是五花八门，诸如典型的、不典型的、成熟的、不成熟的、古典的、东方的、发达的、不发达的、国家的、种族的、宗族的、普遍的、授产的，等等。争论的原因很多，而如何判断奴隶社会和奴隶制的标准，却是一个首要的前提。

以往任何一种社会的生产方式都不是纯而又纯的。毛泽东说过："社会都不是很纯的，看主体是什么。资本主义也是不纯，最先进的资本主义社会也有封建残余，美国南方还有奴隶制。"[①]所谓主体，即占支配地位的生产方式。马克思说："在这社会中一定的生产方式占支配地位，但是还不是这个社会的一切生产关系都从属于它。"[②]奴隶社会产生于原始的无阶级社会向阶级社会过渡之时，更不可能是纯粹的。判定一个社会是不是奴隶社会，就要看奴隶占有制生产方式是否是主体，是否占支配地位。如果一个社会的统治阶级掠取剩余劳动的主要来源是靠奴隶占有制生产方式，那么这个社会就是奴隶社会。有奴隶制的社会不一定是奴隶社会，而奴隶社会必定存在奴隶制，并且是占支配地位的生产方式。

判定奴隶制又以什么为标准呢？学术界看法也很不一致，其分歧的焦点往往在于如何判断劳动者是不是奴隶。一种意见强调以劳

① 见《范文澜历史论文选集》插页：《一九六二年春记录毛主席关于哲学问题讲话的手迹》，中国社会科学出版社 1979 年版。

② 马克思：《剩余价值理论》，《马克思恩格斯全集》第 26 卷 I，第 439 页。

动者是否有自己的财产来区分；一种意见强调以是否可以买卖或任意屠杀为标准。这都不是本质。判断是不是奴隶，最主要的一条是劳动者人身是否被剥削者完全占有。恩格斯说："在亚细亚古代和古典古代，阶级压迫的主要形式是奴隶制，即与其说是群众被剥夺了土地，不如说他们的人身被占有。"①

奴隶制度有不同类型。各国和各民族的历史条件很不一样，奴隶制不可能整齐划一。判定一个社会主要的生产者是否在人身上被完全占有，是识别是不是奴隶制乃至是不是奴隶社会的首要问题。

奴隶社会是社会发展史研究中争议最多的一种社会形态，奴隶制和农奴制的纠葛由来已久，是争论的主要课题，而农村公社形态与奴隶制和农奴制的关系，又是这一课题的争论焦点。关于这个问题，我们将在下一章中进行探讨。

第四节　封建社会形态

一、封建生产方式的基本特征

封建生产方式是以封建地主或领主剥削农民或农奴为基础的物质资料谋得方式。封建生产方式占支配地位的社会，是封建社会。

封建生产方式的基本特征如下：

（1）封建社会的生产关系的基础是封建地主阶级和农奴主阶级占有基本生产资料——土地和不完全占有主要的直接生产者——农民和农奴。恩格斯指出；"在整个中世纪，大土地占有制是封建贵族借以获得代役租农民和徭役租农民的先决条件。"② 在封建社会里，封建领主或地主剥削农奴和农民的主要手段是凭藉土地。比之奴隶，农奴有一定程度的人身自由，也有少量个人财产，如牲畜、工具等。但最主要的生产资料——土地基本上掌握在领主或地主手中，一部

① 恩格斯：《美国工人运动》，《马克思恩格斯选集》第4卷，第258—259页。

② 恩格斯：《反杜林论》，第183页。

分农民虽然有少量土地，只是封建土地所有制的附属品。大多数农奴和农民必须依附于封建领主和地主的土地上。如果说奴隶与奴隶主的关系是人身被占有，那么农奴或农民对农奴主或地主来说，表现为对土地的依附。马克思说："农奴是土地的附属品"[①]。列宁说得更明确："在农奴制社会中，农民被束缚在土地上。农奴制的基本特征，就是农民（当时农民占大多数，城市人口极少）被束缚在土地上，由此就有农奴制这一概念。"[②]认识到"农民被束缚在土地上"这一基本特征，是我们识别封建社会的关键所在。

（2）在封建社会里，封建领主和地主占有大量土地，依靠农奴和农民来耕种。农奴以地租形式取得土地使用权，以他们自己的工具进行劳动，这就使他们有可能建立起自己的小私有经济。这是区别于奴隶制的主要特点之一。就是说，在奴隶社会只有奴隶主经济，没有奴隶经济，而在封建社会中，占支配地位的是封建领主和地主经济，同时也存在着农奴经济和农民小私有经济。农奴和农民虽然与奴隶不同，但他们被束缚在土地上，对封建主保持着一定的人身依附关系，农奴和农民的人身仍受封建主的支配。这种人身依附，是封建主实行超经济强制的条件，正如列宁所说："农民对地主的人身依附是这种经济制度的条件。如果地主没有直接支配农民个人的权力，他就不可能强迫那些得到份地而自行经营的人来为他们做工。所以，正如马克思在阐述这种经济制度时所说的（前面已经指出，马克思把这种经济制度划入劳役地租的范畴《Das Ka ital》，Ⅲ，2，324），必须实行'超经济的强制'。"[③]在封建社会里，封建主为了强迫农民服劳役，总要利用政治上、法律上的各种特权，对广大农奴和农民实行人身支配，以便最大限度地榨取农奴和农民的血汗。

（3）封建剥削形式主要表现为封建地租。随着封建社会生产力

---

① 马克思：《雇佣劳动与资本》，《马克思恩格斯选集》第1卷，第355页。

② 列宁：《论国家》，《列宁选集》第4卷，第50页。

③ 列宁：《俄国资本主义的发展》，《列宁全集》第3卷，第158—159页。

的发展，封建领主和地主对农奴和农民的地租剥削形式也有所改变，先后出现过实物地租、劳役地租和货币地租三种形式。这三种地租形式，在大多数情况下，是同时存在的。但在封建社会的不同历史时期，其中的某一种形式则居于主要地位。但是，无论哪一种地租形式，其实质都是封建主无偿占有农奴和农民的劳动果实的手段。除此之外，封建主还采取高利贷等其它花样繁多的手段进行盘剥和奴役。“朱门酒肉臭，路有冻死骨”正是封建社会统治阶级和被统治阶级生活的鲜明写照。

封建社会是世界各地普遍经历过的一个社会发展阶段，但是，各民族和国家的封建社会产生的途径不同，所经历的封建社会时间不同，表现形式也不一样。总的说来，封建社会有两大类型，一是封建领主制，一是封建地主制，每一类型又表现出各种不同特点的形态。

二、封建领主制

封建社会中封建领主在他的领地上建立起来的剥削、役使农奴的经济组织和制度，称为封建领主制。这种生产方式占主导地位的社会称为封建领主社会。由于这种在所有制下被剥削的主要对象是农奴，因而又称为农奴制社会。

封建领主制以中世纪时期西欧封建国家为典型。西欧封建制度是在罗马奴隶制的废墟上产生的。罗马帝国末期，奴隶制生产关系已不再适合生产力的发展，以奴隶劳动为基础的大庄园经济不再是有利可图的经济形式，在这种情况下，奴隶主不得不将农业中的奴隶释放，同时将大庄园土地分成许多小块，租给被释放的奴隶或破产农民耕种，并向他们征收地租，这样就出现了封建主义性质的生产关系——隶农制。恩格斯说，隶农“是中世纪农奴的前辈”[①]。与此同时，也出现了广大自由农民沦为依附农民的过程。欧洲封建生产关系产生于奴隶社会内部。在奴隶制度走向崩溃、封建主义生产

① 《家庭、私有制和国家的起源》，第147页。

关系业已产生的时候，罗马帝国由于日耳曼人、高卢人、斯拉夫人以及其他部落的入侵而灭亡。“野蛮人”的征服加速了西欧封建化进程。“封建主义决不是现成地从德国搬去的；它起源于蛮人在进行侵略时的军事组织中，而且这种组织只是在征服之后，由于被征服国家内遇到的生产力的影响才发展为现在的封建主义的。”[①]公元4—5世纪，尚处于原始社会末期的日耳曼人大批南下，与罗马境内的奴隶、隶农起义相配合，推毁了罗马帝国，先后建立起一些封建国家。日耳曼人对罗马的征服对于西欧封建制的确立起到催化剂的作用。恩格斯说：“德意志人确实重新使欧洲有了生气，因此，日耳曼时期的国家破坏过程才不是以诺曼-萨拉秦人的征服而告终，而是以采邑制度和保护关系（依附制度）的进一步发展为封建制度而告终”。“使欧洲返老还童的，并不是他们的特殊的民族特点，而只是他们的野蛮状态，他们的氏族制度而已。”[②]

恩格斯高度评价日耳曼人的氏族制度对罗马帝国奴隶制的崩溃及封建制的形成所起的催化作用，但并不意味着这种征服在一种新制度的产生过程中起决定作用。封建制度的类型不是单一的，其产生的途径也是多样的，关于西欧封建制度的类型及产生途径，学术界争议很大。以往苏联学者就存在着日耳曼—克尔特型（封建制度直接由原始公社瓦解而产生）和罗马型（日耳曼因素与罗马因素综合产生封建制）之争[③]。

西欧封建领主制是以封建领地和庄园制度为基础的剥削制度，全部土地都属于封建领主所有，被称为“没有无领主的土地”。在早期发展过程中，采邑制是一种重要的形式。采邑是Fief，Beneficium，Feodum的译称，或译作“封地”“赏地”“恩地”。国王以受封者

① 马克思、恩格斯：《德意志意识形态》，《马克思恩格斯选集》第1卷，第81页。

② 《家庭、私有制和国家的起源》，第153页。

③ 参见马克尧：《西欧封建社会研究近况》，《世界古代史论丛》第一集，三联书店1982年版，第127—134页。

承担一定义务为条件，把土地连同土地上的居民封赐给亲信、臣属和贵族，这种封地称为采邑。采邑不得世袭，嗣子继承时须重新进行受封仪式。受封者不履行义务时，封主可以随时收回封地。受封的封建领主又把土地一部分作为采邑再分封给自己的下属，形成各级贵族等级。9世纪以后，随着封建关系的发展，原有规定逐渐弛废，采邑由终身占有变为世袭领地，只是仍以服军役为条件。这种世袭领地也称为封土。

在整个西欧封建社会，庄园制度（Manorial system）是封建领主在其领地上压榨依附农民的基本组织形式，是西欧封建经济结构的基本形态。庄园在西欧各国普遍存在过，但出现的时期、名称、组织形式等各有差异。领主在自己采邑中将领地一部分以“份地”形式分配给农奴和其他依附农民，另一部分由领主直接经营。在领主直接经营的土地上，建立领主住宅及其他公用建筑，如教堂、手工作坊、磨房等。这些建筑物的四周是农奴和其他附属农民房舍，形成一个村落，这就是所谓庄园。8世纪末，法兰克王国的大领主都拥有许多庄园，每个庄园大小不等，以原来的马尔克（即农村公社）为基础。领主占有庄园中最好的土地和草地，与依附农民的份地犬牙交错。过去属于马尔克共有的森林、牧场、未分草地、荒地等也成为领主财产，农民须缴纳一定的费用才能使用。领主的土地形式上好似“公田”，但实际上是私庄，由依附农民携带自己的工具耕种。在领主的园地上也有奴仆操作，由领主提供工具。无偿地耕种领主经营的土地，是农奴的首要义务。这种无偿劳役是领主剥削农奴的主要手段。领主为了保证这种劳役剥削，首先得把一部分土地作为份地分给农奴，作为取得农奴劳役的必要开支。在农奴制下，农村公社的残余虽然在一些地方还保留着，但已成为封建领主剥削农民的组织形式。马克思说：“古代土地公有制的残余，在过渡到独立的农民经济以后，还在波兰和罗马尼亚保留下来。这种残余在那些地方成了实现向比较低级地租形式过渡的借口。土地一部分属于单个农民，由他们耕种。另一部分则共同耕种，形成剩余产品，它部分地用于公社的开支，部分地作为歉收时动用的储备等等。剩余产品的最后这两部分，以及最终全部剩余产品连同生长这个剩余产品的土地，都逐渐为国家官吏和私人掠夺；原来的自由农民，有义务共同耕种这种土地的土地所有者，这样就变为有义务从事徭役或交纳产品地租的人，而公有地的掠夺者则变为不仅是被掠夺的公有地的所有者，并且也是农民自己土地的所有者。”①

每一个封建领主在自己的领地内，都是最高统治者，握有行政司法大权。领主还包括据有领地的僧侣。中世纪的欧洲，在封建领主土地所有制基础上，以国王为最高统治者，封建等级从属关系分成公爵、伯爵、子爵、男爵和骑士等，构成一套封建贵族等级制。西欧封建社会的农民大体上是农奴，被束缚在土地上，世代为农奴主服务，人身依附于农奴主。农奴的必要劳动时间是在他的份地上生产自己家庭所必需的生活资料，剩余劳动时间则完全是为领主生产剩余产品，即地租。在农奴制下，地租形式主要是劳役地租，也有一部分实物和货币地租。此外，农奴还要负担各种超经济制下的各种剥削。中世纪的农奴处境不比奴隶强多少。“农奴制，特别是在俄国维持得最久、表现得最粗暴的农奴制，同奴隶制并没有什么区别。”② 所谓“没有什么区别”，并不是把农奴制和奴隶制划等号，而是强调农奴受压迫程度之深。

14—15 世纪，随着商品货币关系的发展和大规模的农民起义，西欧农奴制逐渐解体。15 世纪以后，西欧多数国家基本上废除了农奴制，但农奴制在德国和东欧一些国家曾出现再现情况。至 1848 年以后，在欧洲资产阶级革命的冲击下，普鲁士、奥地利、巴伐利亚的农奴制才最后崩溃。俄国的农奴制一直延续到 19 世纪后半叶(1861 年沙皇政府颁布废除农奴制法令)。印度的农奴制在英国殖民统治下的某些地区仍然残存了一个时期。俄国学者马克西姆·马克

① 《资本论》第 3 卷，见《马克思恩格斯全集》第 25 卷，第 905—906 页。

② 列宁：《论国家》，《列宁选集》第 4 卷，第 46 页。

西莫维奇·柯瓦列夫斯基（Максим Максимович Ковалевский）所著《公社土地占有制，其解体的原因、进程和结果》一书探讨了19世纪印度和俄国农奴制下的公社土地所有制形态。

中国历史上是否经历过封建领主制社会阶段，学术界看法不一。一种意见认为，西周属于封建领主制社会。在中华人民共和国实行民主改革以前，西藏地区的藏族、云南西双版纳的傣族、新疆和田地区墨玉县夏合勒克乡的维吾尔族，大体上处于封建领主制发展阶段。

三、封建地主制

与封建领主制相对而言的是封建地主制，以中国封建社会的中期和晚期为典型。封建地主制是地主将土地分租给农民，对农民榨取地租（主要是实物地租）的剥削制度。

中国的封建社会是什么时候开始的？中国的封建社会是怎样产生的？中国封建社会的结构特点是什么？中国封建社会长期延续的原因是什么？这些都是学术界争论多年且至今仍在讨论的问题。但是有一点是无可怀疑的：中国的长期封建社会主要是封建地主制经济占支配地位。从这个意义上说，封建地主制就是指的中国封建制。

毛泽东对中国的封建地主制度曾有个概括：

“中国封建时代的经济制度和政治制度，是由以下的各个主要特点构成的：

“一、自给自足的自然经济占主要地位。农民不但生产自己需要的农产品，而且生产自己需要的大部分手工业品。地主和贵族对于从农民剥削来的地租，也主要是自己享用，而不是用于交换。那时虽然有交换的发展，但是在整个经济中不起决定的作用。

“二、封建的统治阶级——地主、贵族和皇帝，拥有最大部分的土地，而农民则很少土地，或者完全没有土地。农民用自己的工具去耕种地主、贵族和皇室的土地，并将收获的四成、五成、六成、七成甚至八成以上，奉献给地主、贵族和皇室享用。这种农民，实际上还是农奴。

“三、不但地主、贵族和皇室依靠剥削农民的地租过活，而且地主阶级的国家又强迫农民缴纳贡税，并强迫农民从事无偿的劳役，去养活一大群国家官吏和主要地是为了镇压农民之用的军队。

“四、保护这种封建剥削制度的权力机关，是地主阶级的封建国家。如果说，秦以前的一个时代是诸侯割据称雄的封建国家，那么，自秦始皇统一中国以后，就建立了专制主义的中央集权的封建国家；同时，在某种程度上仍旧保留着封建割据的状态。在封建国家中，皇帝有至高无上的权力，在各地方分设官职以掌兵、刑、钱、谷等事，并依靠地主绅士作为全部封建统治的基础。

“中国历代的农民，就在这种封建的经济剥削和封建的政治压迫之下，过着贫穷困苦的奴隶式的生活。农民被束缚于封建制度之下，没有人身的自由。地主对于农民有随意打骂甚至处死之权，农民是没有任何政治权利的。地主阶级这样残酷剥削和压迫所造成的农民的极端的穷困和落后，就是中国社会几千年在经济上和社会生活上停滞不前的基本原因。”①

从以上概述可以看出，中国地主封建制与西欧领主封建制的本质是共同的：主要的生产资料——土地由封建主所有，农民的剩余劳动被地主以地租形式全部盘剥，农民和农奴的地位差不多。但是，地主封建制和领主封建制比较，还是有许多不同特点，其中最主要的是，在地主封建制度下，土地可以买卖，以实物地租为主要剥削手段，实行小农经营。中国地主封建制的一个显著特点，就是它的历史发展的长期性和缓慢性，有人称之为“长期停滞不前”。中国的封建地主制度对周边的邻近国家和民族有较强烈的影响。在近代以前，中国一大部分少数民族也都先后进入封建地主制发展阶段。1840年鸦片战争以后，封建地主制仍然延续到中国的半封建半殖民地社会。直到中华人民共和国成立后，开展了大规模的土地改革运动，这种封建地主制度才被消灭。

① 《中国革命和中国共产党》，《毛泽东选集》第2卷，第618—619页。

本章主要参考书目：

①恩格斯：《反杜林论》，人民出版社 1970 年版。

②马克思：《政治经济学批判大纲》第三分册，人民出版社 1977 年版。

③马克思：《摩尔根〈古代社会〉一书摘要》，《马克思恩格斯全集》第 45 卷，人民出版社 1985 年版。

④摩尔根：《古代社会》，商务印书馆 1977 年版。

⑤恩格斯：《家庭、私有制和国家的起源》，人民出版社 1972 年版。

⑥林耀华主编：《原始社会史》，中华书局 1984 年版。

第十章 亚细亚生产方式问题

第一节 亚细亚生产方式问题的争论

亚细亚生产方式已成为学术界一个专门术语，英文写作 Asiatic mode of production（或作 the Asian mode of production）。

亚细亚生产方式的概念是马克思于 1859 年在他的著名的经济学著作《政治经济学批判》序言中正式提出的，他说："大体说来，亚细亚的、古代的、封建的和现代资产阶级的生产方式可以看作是社会经济形态演进的几个时代。资产阶级的生产关系是社会生产过程的最后一个对抗形式，这里所说的对抗，不是指个人的对抗，而是指从个人的社会生活条件中生长出来的对抗；但是，在资产阶级社会的胎胞里发展的生产力，同时又创造着解决这种对抗的物质条件。因此，人类社会的史前时期就以这种社会形态而告终。"① 马克思在这里明确地把"亚细亚的"和"生产方式"组合成一个概念，这也是在马克思和恩格斯的著作中唯一的一处。但是，与此相关的论述在马克思、恩格斯著作中却屡见不鲜。

马克思在提出亚细亚生产方式概念时，已对东方社会进行了研究，他在先此不久写《〈政治经济学批判〉导言》中谈到"公社所有制"时指出："资产阶级经济只有在资产阶级社会的自我批判已经开始时，才能理解封建社会、古代社会和东方社会。"②

从上可知，"东方社会"和"亚细亚的"是同义语，亚细亚生产方式概念与马克思关于东方社会理论是紧密相关的。马克思和恩格

① 《政治经济学批判》，第 5 页。

② 《马克思恩格斯选集》第 2 卷，第 83 页。

斯在探讨资本主义经济规律的同时，十分注意资本主义生产以前的诸社会形态，对东方社会予以极大的关注。亚细亚生产方式概念，就是马克思从1853年以来对东方特别是印度公社的研究为基础产生出来的。1853年6月2日，马克思在致恩格斯的信中介绍了法国医生弗朗斯瓦·贝尔尼埃所写的《大莫卧尔、印度斯坦、克什米尔王国等国游记》(1830年，巴黎)。他写道："贝尔尼埃完全正确地看到，东方（他指的是土耳其、波斯、印度斯坦）一切现象的基础是不存在土地私有制。这甚至是了解东方天国的一把真正的钥匙。"[①] 四天之后，恩格斯复信马克思，表示完全赞同马克思的看法："不存在土地私有制，的确是了解整个东方的一把钥匙。这是东方全部政治史和宗教史的基础。"[②]

马克思和恩格斯抓住"不存在土地私有制"这把钥匙，开始对东方社会形态的探索与研究。马克思在同年同月写的《不列颠在印度的统治》一文中，把注意力集中在印度社会中保存的农村公社上面。他说："从很古的时候起，在印度便产生了一种特殊的社会制度，即所谓村社制度，这种制度使每一个这样的小单位都成为独立的组织，过着闭关自守的生活。"[③] 与此同时，马克思在致恩格斯的信中，详细地引述了一份议会报告书中关于印度村社的材料。他指出："这些田园共和国只是怀着猜忌的心情防范邻近村社侵犯自己村社的边界，它们在新近刚被英国人侵占的印度西北部还相当完整地存在着。我认为，很难想象像亚洲的专制制度和停滞状态有比这更坚实的基础。"[④] 马克思在1857—1858年写成的《政治经济学批判大纲（草稿）》中，有一个章节专论《资本主义生产以前的（所有制）形态》，提出了"亚细亚形态"的概念，实际上就是"东方形态"，在此基础

① 《马克思恩格斯全集》第28卷，第256页。
② 《马克思恩格斯全集》第28卷，第260页。
③ 《马克思恩格斯选集》第2卷，第66页。
④ 《马克思恩格斯全集》第28卷，第272页。

上，形成了“亚细亚生产方式”的概念。

马克思和恩格斯有关亚细亚生产方式的论述内容十分丰富，但其核心，则是紧紧围绕着东方社会特别是印度社会中存在的农村公社为基础的土地公有制形态。这从马克思为《资本论》第一卷第二版加进的《政治经济学批判》的一个注释可以看得十分清楚。这个注释说：“仔细研究一下亚细亚的、尤其是印度的公社所有制形式，就会得到证明，从原始的公社所有制的不同形式中，怎样产生出它的解体的各种形式”。[①] 70年代以后，马克思和恩格斯在他们的著述中继续深入探讨农村公社土地所有制形态，但再没有使用亚细亚生产方式概念。恩格斯的《家庭、私有制和国家的起源》也没有提及这个概念。

毫无疑问，亚细亚生产方式概念是马克思提出来的。但亚细亚生产方式问题却是后人引起来的。所谓亚细亚生产方式问题，是20世纪以后人们对马克思提出的亚细亚生产方式概念及其所涉内容理解看法不一而引起的长期争论。马克思提出的亚细亚生产方式究竟指的是一种什么样的社会经济形态？马克思提出这一概念的本意是什么？所概括的本质内容又是什么？马克思晚年是否放弃这一提法？这一概念是否科学？古代东方与西方社会发展道路是否相同？人类社会发展规律如何概括？古代东方社会是否经历了一条特殊发展道路？这一连串的问题，都是在马克思、恩格斯去世后人们提出的与亚细亚生产方式紧密相关的问题。后人或者为解决这些问题从关于亚细亚生产方式的论述中寻求理论依据，或者从这些问题的研究入手去探求亚细亚生产方式的本来涵义，于是就产生了亚细亚生产方式问题。这一问题聚讼纷纭，至今争论仍在继续。

亚细亚生产方式问题讨论的实质是探讨社会形态及人类社会发展规律，这与民族学研究有着十分密切的关系。民族学所能提供的“活”材料，越来越受到学术界的关注和重视。当前，在中国的讨论

① 《马克思恩格斯全集》第23卷，第95页。

中，民族学工作者已置身其中，民族学所提供的材料开始被史学界、经济学界所采纳。亚细亚生产方式问题理所当然地是中国少数民族社会形态研究中必需注意的课题。

亚细亚生产方式的核心内容是什么？这是争论的焦点。在探讨亚细亚生产方式过程中，土地公有制的印度村社是马克思研究的出发点。

在1859年，马克思是不是把亚细亚生产方式和奴隶制划上等号了呢？决不是。他当时虽然没有发现原始社会的本质，但已认识到在亚洲存在的农村公社土地公有制，这种公有制与阶级对抗社会的私有制是不相容的，因而他把存在这种土地公有制的社会看成是人类社会发展的第一阶段，也就是说，他当时认为存在于印度的公社土地所有制是最古的形态，具有这种所有制形态的社会是人类最初社会。他在《政治经济学批判》一书中有一个注解："仔细研究一下亚细亚的、尤其是印度的公社所有制形式，就会得到证明，从原始的公社所有制的不同形式中，怎样产生出它的解体的各种形式。例如，罗马和日耳曼的私人所有制的各种原型，就可以从印度的公社所有制的各种形式中推出来。"① 马克思的这种观点持续到70年代。他在给库格曼的信中说："公社所有制起源于蒙古的说法是一种历史的谎言。正像我在我的著作中多次指出的那样，它起源于印度，因而在欧洲各文明国家发展的初期都可以看到。俄国公社所有制的特殊斯拉夫的（不是蒙古的）形态（它也可以在非俄罗斯的南斯拉夫人中看到）甚至最像经过相应的改变的、印度公社所有制的古代德意志的变种。"②

把印度公社土地所有制看成是最原始的形态，这是马克思限于当时历史条件的认识水平，也是当时认识的最高水平。由此我们可以看出，马克思提出亚细亚生产方式的概念，试图以此代表人类社

① 《政治经济学批判》，第17页。

② 《马克思恩格斯全集》第34卷，第636页。

会发展的初始阶段，其核心内容是以印度村社为代表的公社土地所有制。今天看来，农村公社的土地所有制不是原始社会最古的所有制形态。亚细亚生产方式由于其内在的矛盾，自然不是原始社会的科学术语，把亚细亚生产方式看作是人类最初社会，自然不妥，亚细亚生产方式，也自然不是一个科学的概念。然而，亚细亚生产方式概念提出，却为原始社会史的发现和确立，树立了一块不可磨灭的里程碑。19世纪70年代末，由于摩尔根发现了氏族，原始社会的本质被揭示出来。1881年5月到1882年2月中旬，马克思研读了《古代社会》一书之后，对原始社会的认识产生了飞跃，进而发现了农村公社的本质，改变了过去对印度的公社所有制的看法。他在写给查苏利奇的信稿中说："德国的农村公社是从较早的古代类型的公社中产生出来的。在这里，它是自生的发展的产物，而决不是从亚洲现成地输入的东西。在那里，在东印度也有这种公社，并且往往是古代形态的最后阶段或最后时期。"① 与原先的论述相比较，有两点明显变化：（1）印度公社不过是"古代形态的最后阶段或最后时期"，是农村公社，而不是最古的原始公社；（2）欧洲各地的公社不是从印度起源的，印度公社不是比欧洲公社更古老的形式，在它们之前，尚存在"较早的古代的公社"。可以说，这时马克思已改变了以往认为印度公社是最古老的原始形式的看法。因之，用以印度公社土地所有制的核心内容而概括出来的"亚细亚生产方式"概念来表达人类最初社会是不科学的，马克思、恩格斯后来放弃这一概念也是顺理成章的。尽管如此，从亚细亚生产方式的提出到放弃，却是科学探索人类原始社会的一个重要研究过程，特别是有关农村公社形态的认识和研究，马克思在亚细亚生产方式探索过程中做出了无与伦比的贡献。

---

① 《马克思恩格斯全集》第29卷，第43—44页。

第二节 农村公社与奴隶制、农奴制

一、农村公社的次生形态

马克思在探索亚细亚生产方式过程中取得的一个显著的科研成果是发现了农村公社二重性的本质，划分出农村公社的原生形态和次生形态。马克思说："农业公社既然是原生的社会形态的最后阶段，所以它同时也是向次生的形态过渡的阶段，即以公有制为基础的社会向以私有制为基础的社会的过渡。不言而喻，次生的形态包括建立在奴隶制上和农奴制上的一系列社会。"① 这里，马克思划分出农村公社的两种形态，原生形态属于原始社会最后阶段，次生形态存在于阶级社会。农村公社形态在社会发展史上的地位如下图：

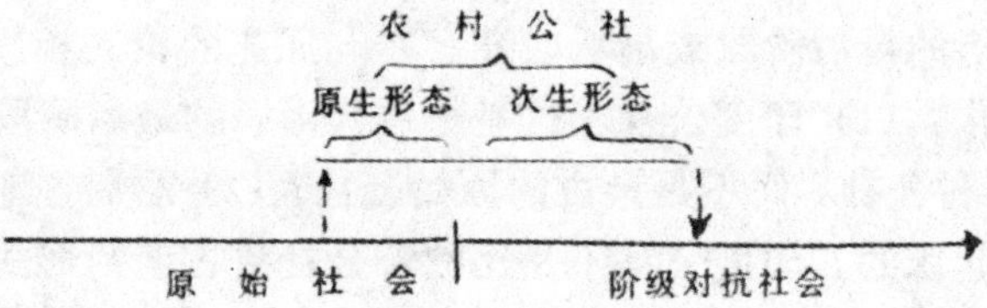

原生形态农村公社是原始社会解体过程中的产物，也是人类社会由原始社会向阶级社会过渡时期的一种社会组织形式，这一点，我们在第九章第二节已经叙述过了。现在，让我们再来看一看农村公社次生形态的阶级社会中的地位和作用。

农村公社次生形态保留在阶级社会，这是没有疑义的，大量的民族学资料已经证实。现在需要搞清的第一个问题是，在阶级社会中存在的农村公社是否还划分次生、再次生类型？这个问题也是由马克思的一段论述引起的。他在给查苏利奇复信草稿初稿中写道：

① 《给维·伊·查苏利奇的复信草稿(三稿)》，《马克思恩格斯全集》第29卷，第450页。

"各种原始公社（把所有的原始公社混为一谈是错误的；正像地质的形成一样，在这些历史的形成中，有一系列原生的、次生的、再次生的等等类型）的解体的历史，还有待于撰述。到现在为止，我们只有一些粗糙的描绘"。[①]有人依据上引圆括号中的话，把农村公社在阶级社会中的存在划分为次生形态和再次生形态，把二者解释成相互连贯的村社发展阶段，认为具有次生形态的是奴隶制，具有再次生形态的是农奴制。这种看法失之于简单化，也不符合马克思本意。前引这段话中的原生、次生、再次生不是对农村公社的解释，而是对原始公社的粗线条的描绘。实际上，在阶级社会中的农村公社类型多种多样，但发展阶段都属于次生形态，不存在由奴隶制下的村社次生形态向农奴制下的村社再次生形态过渡问题。

关于农村公社发展阶段，马克思科学地划分出原生形态和次生形态。但是，他没能具体解决次生形态在哪一种阶级社会中能够完整地存在，并构成这种社会生产关系的基础的问题。

二、农村公社与奴隶制相斥性、与农奴制相适性

农村公社在奴隶社会、封建领主社会和个别资本主义社会的一定发展阶段都存在过。中世纪的印度和俄国农奴制度下的农村公社是众所周知的，在古希腊斯巴达占领下的希洛人[②]，在资本主义生产关系已确立的俄国都有农村公社组织存在。然而，农村公社并不构成这两种社会的统治基础，它不过是残存在这两种社会中不占支配地位的旧的生产关系的组成部分。被占领前的希洛人的村社是一种原生形态，恩格斯认为在斯巴达人统治下的希洛人"处于农奴地位"[③]，有人认为是"国有奴隶"。俄国的农村公社是一种次生形态，

① 《马克思恩格斯全集》第19卷，第432页。

② 希洛人（Heilotes 或 Helots），又译黑劳土、赫罗泰。希洛人多系被斯巴达征服的的拉哥尼亚和美塞尼亚地区的原有居民。他们被强制固定于土地之上，为斯巴达奴隶主（Spatiatai）耕种，交纳实物租并负担劳役。学术界有人认为希洛人是"集体奴隶"，有人认为是农奴。

③ 《家庭、私有制和国家的起源》，第61页。

它依附的不是资本主义生产方式，而是残存在资本主义制度下的农奴制生产关系。在阶级社会中，农村公社的存在并不决定某一社会的性质，相反，那个社会占支配地位的生产方式却决定农村公社能否继续存在或瓦解的命运。

次生形态的农村公社究竟构成哪一种社会的基础？这在亚细亚生产方式问题讨论中争议很大，问题的焦点集中在农村公社与奴隶制、农奴制的关系上。

在马克思、恩格斯的论述中，往往把奴隶制和农奴制相提并论。马克思说："现代家庭在萌芽时，不仅包含着奴隶制（servitus），而且也包含着农奴制，因为它从一开始就是同田间耕作的劳役有关的。它以缩影的形式包含了一切后来在社会及其国家中广泛发展起来的对立。"[①] 马克思在《政治经济学批判大纲》中论及资本主义生产以前诸社会形态时，多次把奴隶制和农奴制并列在一起，只要留心一下就不难发现，这种情况与东方社会中的公社形态紧密相关，即公社、奴隶制、农奴制交织在一起。马克思写道："以部落制（这是社会最初的表现形态）为基础的所有制，其最基本的条件是作部落底成员，这就使得那被本部落所侵占所征服的其它部落丧失财产，而把那个部落本身变成本部落无机的再生产条件，看成是归它所有的东西。所以，奴隶制和农奴制只不过是那以部落制为基础的所有制更进一步的发展形态。它们必然改变一切部落制形态。在亚洲形态之下，它们所能改变的最少。因为这个形态是以手工业与农业合而为一的自给自足的单位为基础的，征服不是那样不可缺少的条件，像在地产和农业单纯占优势地方那样的情形。另一方面，也因为在这种形态下，个人从来不曾成为财产所有主，而只是占有者，他事实上是体现了社会统一的那个人底财产和奴隶；所以奴隶制在这里，既不破坏劳动条件，也不改变基本的社会关系。""在奴隶制、农奴制之下，劳动者本人成为他人或社会底自然生产条件（这在东方普遍

① 转引自《家庭、私有制和国家的起源》，第55页。

奴隶制度之下是不会有的，只有欧洲才会有这种情形）——因而，所有制已不复是亲身从事劳动的个人对客观劳动条件的关系；所以奴隶制或农奴制，虽然说是以公社和公社内的劳动为基础的所有制底必然的和一贯的产物，但总是派生的，不是原来就如此的。”[①] 在亚细亚生产方式讨论中，主张东方奴隶制说者以此为主要理论依据，认为具有公社形态的东方社会是“普遍奴隶制”，把这种奴隶制下的公社社员称为“尽人皆是的奴隶”、“集体奴隶”，进而得出农村公社是东方奴隶制的特征，是东方奴隶制的基础。

不可否认，马克思在探讨亚细亚生产方式过程中确实把农村公社和奴隶制度联系在一起，他在《不列颠在印度的统治》一文中说过：“这些田园风味的农村公社不管初看起来怎样无害于人，却始终是东方专制制度的牢固基础；……这些小小的公社身上带着种姓划分和奴隶制度的标记”[②]。限于当时的历史条件，马克思不可能对保留着农村公社形态的东方社会性质做出具体的科学的分析，而只能看到农村公社在阶级对立的专制制度下存在着，并视为这种制度的牢固基础；他不可能指明哪一个具体的奴隶制是以农村公社为基础的，因而“普遍奴隶制”也好，“体现了社会统一的那个人的财产和奴隶”也好，都是理论上的探讨，不能视为已经得到证实的结论。

“普遍奴隶制”是马克思在刚刚开始探讨亚细亚生产方式时提出的一个推论性的论点，这个提法并不妥当。在马克思和恩格斯有关农村公社的论述中把农奴制和奴隶制相提并论，主要原因是他们已经感觉到农村公社对奴隶制发展的阻力，或奴隶制对于农村公社的破坏力。恩格斯在《反杜林论》中对公社和奴隶制的关系的认识进一步深化。他说：“要使奴隶劳动成为整个社会中占统治地位的生产方式，那就还需要生产、贸易和财富积聚有更大的增长。在古代的自发的土地公有制的公社中，奴隶制或是根本没有出现，或是只起

① 《政治经济学批判大纲（草稿）》第3分册，第111、114页。

② 《马克思恩格斯选集》第2卷，第67—68页。

极其从属的作用。”①

农村公社自身特点决定它与奴隶制具有相斥性。在历史上，农村公社是作为原始公有制的延续而产生的，它虽然出现了原始公有的对立物——私有，但在所有制方面，土地公有制仍是公社赖以存在的基础。奴隶制是作为原始公有制的对立物出现的，在所有制方面，奴隶主私有制已成为统治基础。奴隶制不是由村社内部关系转化来的，它是一种非村社关系，是对村社的否定。奴隶制不可能在农村公社基础上建立起来，相反，它只有彻底摧毁公社，才有可能发展。农村公社也不可能成为奴隶制统治的基础。农村公社社员之间的关系是平等的，不存在奴役与被奴役的关系。农村公社虽然产生了生产者之间贫富差别，但这种差别不是悬殊的，原始的平均主义仍占有重要地位。但在奴隶制生产关系下，奴隶主和奴隶之间是人身占有的奴役关系，社会财产完全集中在奴隶主阶级手中，无偿占有造成了贫富差异悬殊。奴隶主要使农村公社社员成为名副其实的奴隶，其先决条件是彻底打破农村公社的组织形式，因而农村公社不是任何一个奴隶社会统治的基础，奴隶制占支配地位的社会中可以由于征服或其它手段把农村公社纳入自己的统治之下，但是这种村社并不决定整个社会的性质。不能设想历史上曾经存在过一个整个以农村公社为“集体奴隶”的奴隶占有制社会。

农村公社与农奴制却具有相适性。这就是说，在农奴制度下，农村公社的基本结构不发生大的变化，农村公社的躯壳仍然完整地保留，只不过其性质已发生根本性变化，从而成为农奴制社会的基本组织形式，构成这个社会的统治基础。农村公社为什么能够适应农奴制统治？第一，村社的公有土地所有制很容易在“国有”或“封建领主所有”的名义下继续保留。这就是封建领主所有制下的土地所有制的二重性，既是封建领主的私有，又是农村公社社员的“集体所有”。第二，农村公社的小土地劳动形成的小生产经济，比较适

① 《反杜林论》，第158页。

合封建领主经济结构。封建领主毋需改变村社社员一家一户的生产方式，便可以实行封建劳役或赋税地租的剥削。封建领主社会是以劳动者的土地依附为特征的，通过农村公社的组织形式，那些实际上已经蜕变成为农奴的村社社员被牢固地束缚在封建领主土地所有制之中。农村公社是农奴制发生和发展的根源。马克思指出："在多瑙河各公国，徭役劳动是同实物地租和其他农奴制义务结合在一起的，但徭役劳动是交纳给统治阶级的最主要的贡赋。凡是存在这种情形的地方，徭役劳动很少是由农奴制产生的，相反，农奴制倒多半是由徭役劳动产生的。罗马尼亚各州的情形就是这样。那里原来的生产方式是建立在公社所有制的基础上的，但这种公社所有制不同于斯拉夫的形式，也完全不同于印度的形式。一部分土地是自由的私田，由公社成员各自耕种，另一部分土地是公田，由公社成员共同耕种。这种共同劳动的产品，一部分作为储备金用于防灾备荒和应付其他意外情况，一部分作为国家储备用于战争和宗教方面的开支以及其他的公用开支。久而久之，军队和宗教的头面人物侵占了公社的地产，从而也就侵占了花在公田上的劳动。自由农民在公田上的劳动变成了为公田掠夺者而进行的徭役劳动，于是农奴制关系随着发展起来。"①

原生的农村公社是农奴制生产关系产生的条件，次生的农村公社又可能成为农奴制社会统治的基础，这可以从历史或民族学所提供的实例得到证明。西欧中世纪农奴社会的出现与日耳曼人的公社组织有密切关系，在印度、俄国的农奴制下存在着典型的农村公社形态。但是，农奴制社会的类型并不是单一的，不是所有的农奴制社会都具有农村公社形态。

亚细亚生产方式问题的核心是农村公社形态。而农村公社形态、奴隶制和农奴制的实例正是民族学所能提供的。20 世纪 50 年代以前，中国凉山彝族奴隶制和西双版纳傣族农奴制提供了两个生动例

① 《资本论》第 1 卷，《马克思恩格斯全集》第 23 卷，第 265—266 页。

证。在凉山彝族奴隶制下，看不到任何农村公社的痕迹，而在西双版纳傣族农奴制下，却保留着比较完整而典型的农村公社，这有力地证明农村公社和奴隶制的相斥性、和农奴制的相适性。中国的民族学应该为解决亚细亚生产方式问题做出贡献。

本章主要参考书目：

①马克思：《政治经济学批判》，人民出版社 1976 年版。

②马克思：《政治经济学批判大纲》第三分册，人民出版社 1977 年版。

③马克思：《给维·伊·查苏利奇的复信草稿》，《马克思恩格斯全集》第 19 卷，人民出版社 1965 年版。

④马克思：《资本论》，第一、第二、第三卷，人民出版社 1975 年版。

⑤《外国学者论亚细亚生产方式》，中国社会科学出版社 1981 年版。

第十一章 中国少数民族社会形态及其向社会主义过渡

第一节 中国少数民族社会发展不平衡性

一、不平衡性是中国少数民族社会发展的主要特点

中国是一个统一的多民族的国家，现有56个民族，每个民族都有自己的历史和文化，都为中华民族的形成和发展做出了贡献。50年代以前，中国各少数民族社会形态十分复杂，多种多样，表现出极大的不平衡性。有的民族社会发展水平和汉族差不多，不仅进入了封建地主经济发展阶段，某些资本主义工商业也有一定程度的发展，有的民族却还保留着浓厚的原始公社残余。非但如此，某一个民族自身社会发展也极不平衡，一部分地区地主经济已占主导，而另一部分地区则尚处于奴隶制生产关系之下，甚至有的还保留着某些原始公社残余。

这种不平衡性是在长期的历史发展过程中形成的。自秦统一中国，建立了统一的中央集权的封建国家，封建制度在中国占据着支配地位，延续2000多年之久。尽管经济在发展，技术在进步，政治舞台上王朝不断地更迭，但封建地主经济结构没有改变，处于一种“超稳定状态”。中国各少数民族社会形态都无法摆脱这个占支配地位的封建地主制的强烈控制和影响。在封建地主制刚刚确立之时，中国少数民族先民的社会已呈现出多种复杂的形态。在中国长期的封建社会，封建地主阶级的总代表中央王朝以武力征伐、出使招抚、羁縻统治、土司制度等各种各样的手段维持对少数民族的统治，一方面，力图促使那些不利于封建统治的民族和地区改变其落后形态；另一方面，为了自身的利益，不仅承认一些民族和地区固有的社会形

态，而且把这种形态纳入整个封建统治的结构之中。历代封建王朝都不可能从他们统治的民族和人民利益出发来改变或维护那些在全国范围不占支配地位的落后形态。从少数民族自身角度而言，不论是哪一个社会形态的代表人物都不会充当旧制度的变革者，他们一方面想方设法维持与中央王朝的附属关系，一方面千方百计地维护落后的社会结构存在下去。在封建地主制占支配地位的社会，落后的形态只要不构成对封建统治有威胁性的因素，就有足够的条件长期存在，或者说，可以获取继续存在的土壤。然而，在占支配地位的封建地主结构中，任何一种从属的落后形态一成不变也是不可能的，同时由于封建社会自身的保守、封闭和落后性，少数民族的落后形态也是不可能彻底改变的。

中国少数民族中长期保留落后社会形态的地区都受着特殊的自然地理的制约。总的说来，这些地区基本上都处于边疆，或山川阻隔、交通不便等自然条件险恶之处，也就是那些对于封建王朝鞭长莫及不易于直接控制之地。1840 年鸦片战争以后，中国逐渐沦为半封建半殖民地社会，对于少数民族的落后生产方式无能为力，这样，彻底变革少数民族落后生产方式的任务，历史地落在中国共产党领导下的社会主义新中国身上。

二、一部活的社会发展史缩影

中国少数民族中的落后社会形态一直残留至 20 世纪 50 年代初期。在此以前，中国少数民族社会形态主要有四个类型。第一种是封建地主所有制，主要是那些与汉族交往密切的民族，如满、回、壮、朝鲜以及蒙古、彝、黎等族的大部分及藏族的一部分。第二种是封建领主制，包括大部分藏族，部分傣、维吾尔、彝、纳西等族。第三种是奴隶制，基本上保留在四川和云南大小凉山地区的部分彝族中。第四种是保留有浓厚的原始公社制残余，这主要不同程度地存在于云南边疆山区的独龙、怒、傈僳、佤、布朗、基诺、景颇、拉祜、德昂、哈尼，西藏的珞巴，中东南地区的瑶，海南岛的黎，内蒙古和黑龙江地区的鄂温克、鄂伦春，台湾的高山等族之中（有的只是其中的一部分)。以现代的民族社会去追溯历史发展的链环，中国少数民族中保留的诸社会形态构成了一部“活的社会发展史”，在民族学研究中有着宝贵的科学价值。

中国共产党和中央人民政府十分重视少数民族地区社会形态的变革及社会形态研究。早在1954年，中央人民政府主席毛泽东在解释宪法草案时就说过：“少数民族地区经济特点是什么？比如第五条讲中华人民共和国的生产资料所有制现在有四种，实际上我们少数民族地区现在还有别种的所有制。现在是不是还有原始公社所有制呢？在有些少数民族中恐怕是有的。我国也还有奴隶主所有制，也还有封建主所有制。”① 这里提出问题的依据正是新中国民族学工作者通过社会调查所提供的。中国是社会主义国家，实行各民族一律平等，共同进步、发展繁荣的民族政策。变革少数民族中落后的社会形态，是国家和各民族人民根本利益所决定的。另一方面，对于社会发展史的“活化石”科学价值的发掘，也是中国民族学义不容辞的职责。1956年，社会主义生产关系在全国范围内已经确立并占据支配地位，变革少数民族中保留的落后形态的时机成熟，毛泽东向中国民族学工作者提出“抢救落后”的指示，就是说，要在变革过程中，把“活的社会发展史”的宝贵科研资料记录下来，整理出来，保存下来。自1956年春开始，中国开展了大规模的少数民族社会历史调查，这是对少数民族状况的一次空前规模的大普查，其中心内容，是社会形态的调查，在此基础上，中国少数民族社会性质研究取得了丰硕成果。

在当今世界，仍然存在或刚刚消失不久的前资本主义社会的典型形态材料已不多见，因而，由于历史原因造成的中国少数民族社会发展不平衡性所残留的多形态的“活化石”，是民族学研究中不可多得的宝藏。时至今日，中国少数民族社会仍然是民族学研究中一个有价值的课题。下面将分别概述中国少数民族社会中长期存在而

① 《关于中华人民共和国宪法草案》，《毛泽东选集》第5卷，第128—129页。

且刚刚消失不久的原始公社制残余、奴隶制和封建领主制社会形态。

第二节　中国少数民族中的原始公社残余形态

一、两种经济文化类型

中国保留原始公社制浓厚残余的少数民族，比较集中地分布在东北和西南地区，大体上分为两种类型：

（一）林海雪原中的游猎经济

这种类型的主要代表是东北额尔古纳河流域和大小兴安岭的鄂温克和鄂伦春族。他们居住的地区气候寒冷，森林茂密，鸟兽资源丰富。这两个民族的人民世代以狩猎为经济生活的主要来源，马鹿、狍、狍子等野兽是主要猎取对象，并以采集、捕鱼弥补食物的不足。人们过着游猎生活，随时搬家。“鄂伦春”词有两种含义，一是使用驯鹿的人；一是山岭上的人。鄂温克是民族自称，意为“住在大山林中的人们”。从这两个民族的族称也可看出与游猎经济活动的密切关系。17 世纪中叶以前，鄂伦春族的社会发展还处在父系家族公社阶级。父系家族公社的组织称为“乌力楞”。当时氏族组织虽然存在，但已不是社会的基本经济单位。乌力楞在鄂伦春原始狩猎经济生活中占据重要位置。每一个乌力楞包括着同一祖先若干代子孙的一些小家庭。乌力楞的家族长称为“塔坦达”。乌力楞内部生产资料公有，大家过着共同劳动、平均分配的原始共产制生活。狩猎是主要的经济部门，是衣食的主要来源。适应游猎生活，其住居是简陋的易于拆建的圆锥形帐篷——仙人柱。17 世纪中叶以后，由于外界输入铁质工具和枪支，出现狩猎产品与农牧手工业产品的交换关系，鄂伦春的原始家族公社开始逐渐瓦解，乌力楞内部的个体家庭在经济生活中起着越来越大的基本经济单位的作用，导致乌力楞由血缘组织向地缘组织演变。但是直到 1945 年，鄂伦春族还没有进入阶级社会。

鄂温克族分布地域较广，居住分散，内部社会经济发展很不平衡。聚居在鄂温克族自治旗和陈巴尔虎旗的鄂温克族占本族人口半数以上，从事畜牧业生产，过游牧生活。早在17世纪末，鄂温克族已处于原始社会末期向阶级社会过渡的阶段。至1945年，鄂温克族的大部分已处于封建社会阶段，主要从事农业和半农半猎经济。只有居住在额尔古纳左旗的一小部分人还处于原始社会末期父系家族公社阶段，他们生活在原始森林之中，一直过着游猎生活，同时饲养驯鹿，常被称作"使用驯鹿的鄂温克人"。这部分人也住"仙人柱"，又称"撮罗子"。其基本的社会经济单位也称"乌力楞"，一般由五六个或十余个"柱"（即家或户）组成，是具有血缘关系的父系家族公社。家族长称为"新玛玛楞"，由选举产生。主要生产活动是集体出猎，由新玛玛楞分配任务，由若干个人组成的"安格娜加"（意为同猎者，即小组）完成。1945年以前，这种家族公社已开始发生变化，狩猎用的枪支、驯鹿已为小家庭所有，个别猎获物如鼠皮也成为猎获者个人所有。然而，家族公社仍在生产和生活中起着主导作用，个体家庭还没形成完全独立的经济单位。

（二）刀耕火种的山地农业经济

中国保留原始公社制残余的少数民族，绝大多数属于这种类型，主要分布在西南地区，散见于中东南地区和西藏地区。如果说游猎经济属北方型，那么山地农业经济则属南方型。

在中国云南，山峰和谷地相对高度最大的横断山西北段居住着独龙、怒和傈僳族。在云南西南部交通不便，与外界处于半隔绝状态的山区聚居着一些民族，如阿佤山中心的佤族，德宏傣族景颇族自治州山区的景颇族、德昂族，布朗山上的布朗族，西双版纳攸乐山的基诺族，以及拉祜、哈尼等族，都在不同程度上从事原始山地农业经济。与此相同的还有西藏高原上的门巴、珞巴族和僜人，海南岛五指山深处的黎族，台湾的部分高山族。原始山地农业的典型耕作方式是刀耕火种。不同地区的刀耕火种农业又有不同的发展程度。较原始的是用砍刀将成片的森林砍倒，待晒干后焚烧，辟出可种植的土地，用尖木棍戳洞点种，不中耕，不施肥，耕种一年后便丢荒。这属于原始性的游耕。有的地区已使用铁锄，一块地可连种三年左右，属于半轮歇或半固定耕地。比较进步的已使用犁耕，从少休耕渐渐发展为固定耕地。还有的地方已经完全摒弃刀耕火种。上述以原始的山地农业经济为主要经济部门的民族，都在不同程度上保留着原始公社所有制，存在着多种样式的社会经济生活基本单位。

不论是狩猎经济，还是山地农业经济，都是由低下的生产力决定的，都是与原始公社制生产关系相适应的。这两种落后的原始经济有一个共同点：都保留在交通闭塞、气候恶劣的与世隔绝的山区。这两种类型经济的变化均与先进的生产工具出现和交换关系的发生发展有着直接的关系。历史上的民族压迫也是阻碍这两种类型经济变化与发展的重要原因。

二、中国少数民族原始公社制残余反映出的阶段性和多样性

尽管上述众多的少数民族在经济类型上大体分为两种，但由于社会生产发展水平的决定，不同民族地区保留的原始公社制残余反映出的原始公社制发展阶段性是多种多样的，大体说来，有以下三种情况：

（一）血缘共同体公有制

人类最初的公有制是血缘共同体的公有制，这一阶段，包括前氏族公社、母系氏族公社和父系家族公社。在中国保留原始公社制残余的少数民族中，仍可见到各种各样的血缘共同体公有制形态。

直至1949年以前，中国滇川交界的泸沽湖地区的云南永宁纳西族还保留着浓厚的母权制残余。这种母权制，不是存在于原始社会，而是残留在封建领主制度之下，但仍是探索母系社会的一块难得的活化石，受到学术界重视。在这里普遍存在着一种被称为“依度”的血缘共同体，也是一种社会经济的基本单位。有的研究者认为依度

是母系家庭组织[①]；也有人认为依度不属于家庭或家族的范畴，而应当定名为“母系亲族”，是母系氏族不断分裂的产物，是规模比氏族小、血缘关系更为亲近的母系血缘集团，实际是“小氏族[②]；还有人认为依度应该是一种母系家族组织[③]。不管人们见解上有多少分歧，对于这种母系制的残余都是承认的。在依度之上有“斯日”，包括几家至几十家血缘家庭。斯日意为“一个骨头”、“一个根根”。斯日之上曾经有“尔”的氏族组织。母系家族和家庭的残余形态在云南省澜沧县拉祜族及台湾省高山族阿美人中也不同程度地保留着。

在少数民族中父系氏族制度的残余保留得最多。在彝、哈尼、基诺、景颇、独龙、怒、佤、苗、瑶等族中存在着父子连名制，即父名与子名相连的命名制。这种制度产生于母系氏族解体、父系氏族确立之后，其直接原因主要由于母系转入父系之后，世系由按母系计算改为按父系计算，在这种情况下，采用父子连名方式可以确保父系血统按直系血亲承递，并可区分出直系血亲与非直系的远亲。四川凉山彝族父子连名制保留得最为完整。

在父系氏族制残留中，父系家族公社在许多民族中仍是社会基本经济单位，如鄂温克和鄂伦春族的“乌力楞”、独龙族的“吉柯罗”、云南金平拉祜族（“苦聪”人）的“卡”、怒江流域怒族的“提古尼”、西双版纳布朗族的“戛滚”、海南岛黎族的“纹茂”（即“合亩”），等等。这些家族公社形态具有多种类型，资料丰富，是原始公社制研究的一个重要课题。

（二）原始公有制向私有制过渡形态——农村公社

由于生产条件和生活方式不同，农村公社又分为游猎公社、游牧公社和农业公社等类型。

---

① 参见宋恩常：《纳西族的母系家庭》，《民族团结》1962年第8期；詹承绪等：《永宁纳西族的阿注婚姻和母系家族》，上海人民出版社1980年版。

② 参见严汝娴、宋兆麟：《论纳西族的母系“衣杜”》，《民族研究》1981年第3期。

③ 夏之乾：《纳西族母系“衣杜”的社会性质问题》，《民族团结》1981年第5期。

在中国少数民族中，原生形态的游牧公社都已蜕变为依附封建制度的次生形态。原生形态的游猎公社的遗存在鄂伦春族中仍可看到，是由血缘关系的父系家族公社乌力楞发展出来的。原生的农业公社比较多见，主要存在于云南、西藏等地。云南省有西盟县的佤族，勐海县的布朗族，陇川、瑞丽、盈江县的景颇族，景洪县的基诺族，西藏自治区米林县的珞巴族等，50年代以前均处于这一发展阶段。如布朗族村社还保留着定期分配土地的古老传统。这些农业公社虽然各具特点，但都具有“公有私耕”的共性，都是地缘性组织，贫富分化开始出现。对于这些农业公社的研究，大大丰富了对农村公社原生形态的认识。

（三）剥削和奴役关系产生形式——家长奴隶制

最初的剥削和奴役关系，产生于家长奴隶制。家长奴隶制本身不构成社会发展阶段，只不过是原始社会转向阶级社会的一个过渡时期。它产生于父系家族公社成为基本的社会结构时期，隐蔽地存在发展于父系家族公社之中，并不构成社会经济的主体结构。但是家长奴隶制却是原始社会内部最有破坏性的瓦解力，剥削和奴役关系发展的结果是使父系家族公社解体，新型的奴隶占有制生产关系确立。父系家族公社——父系家长奴隶制——奴隶占有制是原始社会向阶级社会过渡的一条途径。父系家族公社——农村公社——以农村公社为躯壳的农奴制，是原始社会向阶级社会过渡的另一条途径。中国少数民族中存在过的家长奴隶制为探讨原始社会向阶级社会过渡提供了宝贵材料，值得重视。大兴安岭山区布特哈、莫力达瓦等旗以狩猎为主的鄂温克族，云南的怒族、佤族、景颇族、傈僳族，西藏的门巴族、珞巴族和僜人等，都不同程度地保留着家长奴隶制。

综上所述，可以看出中国少数民族原始公社残余反映出原始公社发展的阶段性。同时，每个民族所残留的原始公社制的阶段性又不是单纯的，而具有复杂的多样性，例如在许多民族中，既有血缘共同体公有制成分，又有农村公社形态，还可以见到家长奴隶制因素。此外，这些原始公社制遗存又不同程度地打上了阶级社会的烙印。值得注意的是，某些早已进入阶级社会的民族还在某些方面保留浓厚的原始公社制残余，如处于封建领主制下的永宁纳西族具有典型的母系制家庭，处于奴隶制阶段的凉山彝族存在典型的父子连名制。这种多样性既与某一民族社会发展进程的过渡性有关，又与某些特殊条件造成的残留因素分不开，而且，还必须看到受周边环境条件影响所带来的变异性。因此，研究中国少数民族原始公社制残余，必须进行深入的历史考察和具体的比较分析。

第三节　凉山彝族奴隶制

一、凉山彝族奴隶制的由来、发展和延续

解放以前，中国四川、云南交界处的大、小凉山彝族地区（包括今凉山彝族自治州和宁蒗彝族自治县一带），大约有130万人，曾长期保留着较完整的奴隶占有制社会形态。这不仅在中国民族史上是绝无仅有的，在世界民族史上也是罕见的。

彝族是我国西南地区一个古老的民族。据汉文文献记载，东汉时期彝族先民社会便已出现家长奴隶制。公元8世纪，以彝族先民为主体建立起的南诏地方政权和东蛮三部（勿邓、两林、丰琶）政权都是以奴隶制占主导。彝族进入凉山的时代也很久远。据彝文文献记载，凉山彝族的主要支系古侯、曲涅在唐代时由云南进入凉山时，带着奴隶而行。他们到达凉山后，诸部发生多次掠夺奴隶和财产的战争。到了元代，以彝族先民名称命名的罗罗斯宣慰司的建立，标志着北起大渡河，南迄金沙江，东起马湖江，西至泸沽湖这片广阔地区内，彝族成为主体民族，而彝族奴隶制在这一区域占据支配地位。明清两代，中央王朝虽然在这一地区推行土司制度，彝族土司“兹莫”势力一度发展起来，但很快衰弱，彝族奴隶制一直延续到20世纪50年代。作为一种奴隶占有制社会状态，延续2000年之久，这无论在中国历史上还是在世界历史上都是特有的现象。凉山彝族的奴隶制是在周围强大的封建势力影响与制约下而存在的，因

此，其发展的进程，不能不具有特殊性。

二、凉山彝族奴隶制的特点

把凉山彝族奴隶制和欧洲古代希腊、罗马的奴隶制相比较，二者的本质是相同的，即都是奴隶占有制社会，都是建立在少数的奴隶主阶级对广大奴隶和劳动群众的统治和专政的基础之上。但是，由于特殊的历史条件制约，彝族奴隶制又独具鲜明的特点：

1. 闭塞的自然经济和落后的生产力

由于历代封建王朝和国民党政府推行的民族歧视和压迫政策，僻远险阻的地理环境所制约，也由于奴隶制度本身对于生产力发展的禁锢与破坏，凉山社会经济发展长期处于停滞不前的落后状态，基本上没有形成物质资料生产的社会分工。农业是主要生产部门，生产力水平低下，尽管从周围地区输入了铁制工具，但数量不足，质量低劣。土地利用率低，轮歇地占总耕地一半左右。无水利设施，也不进行中耕施肥，粮食产量很低。自制工具质量也很低劣，因奴隶主宁可用好铁铸成刑具、镣铐，也不用来制造工具。部分山区长期采用原始性刀耕火种的耕作方式。畜牧业是主要副业，由于饲养、管理粗放，繁殖率很低。手工业之间没有明显的分工，传统的家庭手工业是擀毡和编织披衫（彝语称“擦尔瓦”）。与古希腊、罗马的奴隶制形成鲜明对照的是，凉山彝族奴隶社会基本上没有商品生产，因此商品交换也没有形成独立的经济部门。20世纪初，由于帝国主义侵略，鸦片烟输入凉山，大小军阀为了扩充势力，强迫彝民种植罂粟，并以枪支交换，至使鸦片在这里泛滥，出现畸型的商品交换。从生产力方面可以看出，凉山彝族奴隶制社会不是在正常条件下发展和延续下来的，具有原始的落后性。

2. 凉山彝族奴隶制的阶级关系，通过特有的森严的等级关系表现出来

凉山彝族奴隶社会完全按照血缘关系并参照生产资料占有状况及在生产中的地位，严格划分为五个等级：兹莫、诺、曲诺、阿加和呷西。兹莫（包括改土归流以前的土司、土舍和土目）和诺（即

黑彝）是统治等级。曲诺（即白彝）、阿加（为获奴产子，由主子强制配婚而分居的奴隶）和呷西（住在主子家中供役使，从事家务和田间、放牧劳动的单身奴隶）是被统治等级。统治等级和被统治等级之间界限森严，不可逾越，用奴隶主的话说："黄牛是黄牛，水牛是水牛。"统治等级和被统治等级绝不容许混淆，彼此之间不许通婚。各个等级在长期的历史发展过程中，由于生产资料占有情况及在生产中所处地位，决定了他们分别从属于特定的阶级：奴隶主、奴隶或劳动者。中华人民共和国成立后实行民主改革时划分阶级的情况，就说明了这个问题。奴隶主阶级包括绝大部分兹莫、诺和少量经济地位上升的富裕曲诺（不超过曲诺等级总户3%），只占凉山彝族总户数5%。奴隶阶级包括全部呷西和绝大部分阿加以及一部分因经济地位下降的贫苦曲诺，占总户数70%。中间阶层劳动者包括大部分曲诺、少数阿加及极少数因经济破产而贫困的黑彝，占总户数的25%。等级和阶级的划分，由于长期历史的发展和经济地位的变化，经常出现某种错动，但二者基本上是一致的。可以说，凉山的等级制度实际上就是在特殊情况下的阶级制度的反映。等级制度是凉山彝族社会赖以存在的基础。奴隶主集中占有土地和奴隶，是凉山彝族奴隶制剥削的主要形式。人身占有表现得十分突出。奴隶主对奴隶的统治，具有残酷的野蛮性。

3. 特有的社会政治结构——以黑彝父系为纽带的家支制度

家支，彝语称为"楚西"或"楚加"，是内部严禁通婚并以父子连名制谱系作为链条贯穿起来的一个父系血缘集团。在凉山彝族社会，看不到农村公社的痕迹。强大的父系血缘关系阻障着地缘关系社会组织的产生与发展。每个家支都依据同一彝姓分为若干家族，每一家族又分为若干支族。家支有自己固定的地域范围，可能包括几个、十几个甚至几十个村寨，有时这些村寨并不是连成一片，而是分散到各个不同的区域。家支是原始父系家族公社的延续和发展，但它在奴隶占有制度的长期作用和影响下，其性质和作用已发生了本质的变化。远在唐代，凉山地区"勿邓""两林""丰琶"三部首领都被唐朝分别册封为“郡王”。元朝在这里设置了罗罗斯宣慰司的统一的地方政权组织机构，但明清时期，特别是改土归流以后，土司势力逐渐衰落殆尽，而黑彝奴隶主家支势力强大起来。在凉山，没有一个黑彝奴隶主的统一政权组织，但是，为等级制度服务的家支组织，尤其是黑彝的家支组织起着黑彝奴隶主阶级专政工具的作用。在这种意义上，家支是凉山最重要的上层建筑的政权组织形式。黑彝家支之间彼此不相统属，各自为政，彝谚所谓“鸡蛋鸡蛋一般大，黑彝黑彝一般大”，表示黑彝之间彼此地位平等，没有高低之分。每个家支对它所有的成员具有相当强的约束力，起到调节、互助、抵御外力入侵、对外进行掳掠活动等作用。白彝虽然也有家支，但都分别从属于黑彝主子家支的统治。每个家支都有头人，其地位凭个人的能力获得，最多维持终身，不能传袭。家支内重大事件由头人召集家支成员大会讨论决定。血缘纽带是维系家支的根本，以血统“神秘”、“高贵”为精神支柱的黑彝家支，实行严格的等级内婚制和家支外婚制。由于家支林立，不相统属，不同家支之间往往为争夺奴隶、土地和财物而发生械斗，这就是凉山彝族奴隶社会中延续不断的“打冤家”。凉山彝族奴隶制不像古希腊、罗马奴隶制那样，有着一整套强大的奴隶主阶级专政的统一的国家机器，而是家支林立，带有较浓厚的原始公社制残余，具有原始的分散性。

4. 在凉山彝族奴隶制的发展过程中，始终贯穿着复杂的民族关系问题

由于凉山长期处在中央王朝的封建制度统治之下，凉山彝族奴隶制的发展，不能不受到封建制度的强烈影响和制约。但是，历史上的统治阶级为了自身利益人为地制造彝汉两族的矛盾，起到的是阻障社会生产力正常发展的消极作用。一方面是历代统治阶级对凉山彝族实行残酷的种族灭绝和民族隔离政策，不断对彝区实行“剿灭”、“平服”；另一方面是凉山黑彝奴隶主为了维持奴隶制度和自身生存，利用民族矛盾，对周围的汉族和其他民族实行残酷的烧杀劫掠政策，使大批汉人和其他民族的人民沦为黑彝的娃子（奴隶）。

“剿灭”和“抓娃子”，是汉彝反动统治者共同种下的两颗灾难的苦果，给凉山及周边彝汉等各族人民带来了巨大的灾难。利用民族矛盾掩盖阶级矛盾，是历史上反动统治者的惯用手法。这种民族矛盾，在凉山地区表现得尤为强烈。正因为如此，凉山彝族奴隶制在历史上表现出强烈的民族对立性。

凉山彝族奴隶制是在一种特殊的历史条件下残留下来的，是得不到正常发展的畸形的奴隶制。然而，它却是现代社会不可多得的奴隶制的一个活化石，为中国民族学工作者提供了研究这种社会形态的宝贵材料。凉山彝族奴隶制在中国民族学研究中占有的重要性已为学术界所公认。

第四节 中国少数民族的封建领主制

一、多种类型的封建领主制

在以汉族为主体的中国通史中，长期的封建地主制发展阶段之前是否存在过封建领主制阶段？换句话说，中国的汉族是否经历过封建领主制？这是学术界仍然在讨论的问题。然而，中国少数民族却提供了一些封建领主制的实例，成为探讨中国历史上的封建领主制问题进行比较研究的佐证。中国少数民族封建领主制研究不仅是民族学的重要内容，也是中国古代史、中国封建经济史所关注的一个课题。

民主改革以前，中国少数民族中约有400万人口的地区保留着不同程度的封建领主制及其残余。比较完整的是西藏封建农奴制、西双版纳傣族封建领主制、新疆墨玉县夏合勒克乡维吾尔族封建农奴制。云南的阿昌族、拉祜族、宁蒗纳西族、武定彝族、红河南岸部分哈尼族，广西的部分瑶族、壮族、布依族，西藏的门巴族，也都保留着封建领主制残余。历史上，土家族也经历了封建领主制的发展阶段。蒙古族的封建牧奴制亦是一种封建领主制形态，解放前仍保留着某些残余。新疆哈萨克族存在着一种游牧宗法封建制，它虽然保留着氏族部落组织残余，但这种早期封建制仍具有封建领主制的特征。

类型多样化是中国少数民族封建领主制形态的主要特点。第一，不仅在以农业为主的民族存在，以游牧或畜牧经济为主的民族中也存在。第二，封建领主占有主要的生产资料——土地和牧场，这是共性。但各种封建领主制的基本经济结构又有较大的差异，突出地分为村社型和庄园型。这两种类型以西双版纳傣族封建领主制和西藏封建农奴制为代表，是中国封建领主制的典型形态。

二、西双版纳傣族封建领主制

西双版纳傣族自治州地处我国西南边陲。直至20世纪50年代初，在中国共产党领导的民主改革实现以前，西双纳版长期处于封建领主制之下。

西双版纳为傣语音译，原意为“十二千稻田”，是傣族历史上分配各种负担的十二大单位，每一版纳包括若干个“勐”。历史上，西双版纳以农业为生产部门，农具较粗糙，生产技术发展迟缓，农业和家庭手工业结合，商业交换不发达，自然经济占主导地位。

在公元12—14世纪，西双版纳傣族农奴制开始形成。明清时期，西双版纳地区最高封建领主是中央王朝加封的宣慰使，傣语又称为“召片领”，意为“广大土地之主”。西双版纳全区土地、山林、河流均属最高领主所有，傣谚称“南召领召”，意思是“水和土地都是官家的”。封建领主的最高政权机构是“议事厅”，傣语叫“司廊”。议事厅下属一级行政单位叫“勐”，之下还有“陇”“播”“火西”等组织形式。最基层单位是村寨，傣语称为“曼”。这一整套组织形式是以封建领主大土地所有制为基础建立起来的。土地不能买卖，耕地的14%为农奴主直接占有，用作私庄或作为赐给家臣的薪俸田。属于私庄的土地，有宣慰田和召勐（意为“一片土地的主人”，即勐的领主）的土司田。属于薪俸田的土地，包括召片领、召勐划给家臣的波朗田及地方当权头人的头人田。这类土地不能世袭。大部分土地是农奴的份地，包括村寨集体所有的寨公田，约占总耕地面积的 58%，还有家族占有的家族田，约占总耕地面积的 19%，这两种土地，是封建领主利用历史上遗留下来的农村公社分配土地的形式，通过村寨头人把土地分配给农奴耕种。此外还有不到 10%的土地是“私田”。

封建领主制度的阶级关系通过等级制度体现出来。领主阶级约占人口的 8%，包括召片领、召勐、波朗（由召片领或召勐委派的官员）以及村寨当权头人，其中属于贵族出身的分为“孟”和“翁”两级，平民出身的为村寨头人，分为“叭”“鲊”“先”三级。农奴阶级约占总人口的 90%，按其来源和承担不同形式及数量的封建地租而划分为“傣勐”和“滚很召”两个等级。此外，还有少数由贵族后裔构成的“召庄”，其土地可以私有，不承担封建负担，属于自由阶层。由于土地被封建领主所垄断，造成农奴在经济上对农奴主的依附关系，农奴成为土地的附属品，形成农奴主对农奴人身不同程度的占有。“种田出负担”，是农奴对领主的基本职责。

西双版纳傣族封建领主制最显著的特点，是存在着比较典型的农村公社形态。社会改革以前，村社是西双版纳傣族封建领主社会最基层组织，是社会的基本细胞。一般情况下，每一个村寨（曼）即为一个农村公社。村社有自己的界限，土地在形式上属于村寨集体所有，但由于在封建领主所有制下，这种集体所有实际上已变成集体占有，而在观念上，人们还认为是“寨公田”。寨公田不能买卖，只有取得村寨成员资格，才有占有和使用寨公田的权利。公社成员对村社土地没有所有权，迁离村寨，便失去对土地的占有和使用权。村社土地在村社成员间进行定期分配，分散经营。村社还保留着某些原始民主形式。傣族村社是存在于封建领主社会之中的一种农村公社次生形态的典型。

既是封建领主的大土地私有制，又是农村公社所有的土地公有制，于是形成了西双版纳傣族社会土地所有制的二重性，这种土地所有制的本质是前者，而不是后者。寨公田实际上已成为“负担田”。但是，农村公社在社会中的职能仍是很重要的，不仅仅是形式而已。农村公社构成了这种封建领主社会自然经济的基础。

在西双版纳封建领主制下存在着家奴，其身份是地位低下的农奴，而不是生产奴隶。由于农村公社形态非常牢固，家长奴隶制的发展受到抑制，在傣族历史上没有经历过典型的奴隶占有制形态①。农村公社在封建领主制度下不但没有彻底破坏，反而成为封建领主制统治的基础。这有力地表明农村公社与封建领主制具有相适性。

三、西藏农奴制

中国西藏历史上存在着农奴对农奴主依附关系为基础的封建农奴制，这一制度一直延续到1959年中国共产党领导下进行的民主改革时才予以废除。西藏农奴制保留得较为完整，它不属于西双版纳那种农村公社型，而是庄园型农奴制的一个代表。

西藏农奴制社会的生产力水平低下，农业生产工具简陋，畜牧生产落后。商业不占重要位置，传统的农牧交换，多取以物易物形式进行。

西藏的农奴主阶级包括地方政府、贵族和寺院，俗称“三大领主”。农奴主集团占有西藏全部土地、山林及大部分牲畜、农具、房屋及其它生产资料。农奴阶级约占西藏人口90%，他们在人身上依附于农奴主。农奴主要包括“差巴”和“堆穷”两个等级。差巴意为支差的人，领种地方政府差地，为地方政府及所属农奴主支差。堆穷意为小户，主要耕种农奴主及其代理人分配的少量份地并且服役。堆穷地位略低于差巴。除农奴阶级外，还有占总人口5%左右的奴隶，藏语称“囊生”，意为“家中饲养的”。囊生既无财产所有权，又无人身权利，完全被农奴主所占有，主要从事家内劳役。奴隶的子女仍为奴隶，具有浓厚的奴隶制残余，是西藏农奴制度的一个特点。

领主庄园制是西藏农奴制的根本制度。藏文史料记载表明，早在10世纪前后，已出现封赐的庄园。至清朝时期，领主庄园制更加完备。庄园，藏语称“溪卡”，本有村庄的含义。每个庄园都有一座

① 有关傣族是否经历过奴隶制问题，学术界存在不同看法。

比较高大称作“溪康”的庄园正宅，为庄园的主要标志。溪卡是庄园的总称，其中封建政权的叫“雄溪”，寺院农奴主的叫“却溪”，贵族农奴主的叫“革溪”。大大小小的庄园棋布于广大农区和半农半牧区，既是强制农奴劳动、剥削农奴的经济组织，又是镇压农奴的基层机构。庄园土地的 基本经营形式是把耕地分为两部分，一部分留作领主及其代理人经营，藏语称作“傲新”或“雄江格新”，意即自营地或公共的土地；另一部分分给农奴经营，作为份地。农奴为了领得份地而无偿地耕种农奴主自营地，是劳役地租的主要形式，此外，还要负担繁多的家内劳役。农奴使用份地大致可分两种情况：一是由堆穷向农奴主庄园自营地支差的份地，即“内差”份地；一是由 差巴向地方政府支差的份地，即“外差”或“差岗”份地。“内差”是典型的劳役地租，“外差”系以劳役地租为主兼有实物和货币的混合地租。在庄园制度下，农奴不仅被束缚在土地上，而且在超经济强制下，必须在人身上依附于农奴主。

在西藏农奴制中，看不到任何原始的农村公社的残留痕迹，却可见到浓厚的奴隶制色彩。西藏农奴制是从早期奴隶制演变发展而来的。正是奴隶制抑制了农村公社形态的发展。比之西双版纳傣族封建领主制，西藏农奴制的残酷性和奴役性更近于奴隶制。

第五节 中国少数民族的政治制度

与各民族复杂的经济制度相适应，其社会制度呈现多样性。

中国少数民族各种社会经济形态存在于统一的封建国家之中，因而，中央王朝的政治统治及封建地主阶级统治制度对各少数民族社会政治有着重要的影响。例如，明清时代在少数民族地区普遍存在的土司制度，便是中央王朝实行的对少数民族地区的统治制度。由于社会经济发展阶段的不同，由于社会结构条件不同，每个民族又具有自己独特的政治制度。各种政治制度复杂多样，有的存在于原始公社残余浓厚的社会，有的保留在奴隶制社会，有的属于封建领主或封建地主社会。

从民族学角度研究，既可将中国少数民族多种多样的政治制度按社会发展史的阶段性分类，又可根据各种制度表现出来的特点，分为原始民主型、血缘纽带型和中央政府委任型三种类型。每一个民族的社会制度都包含着复杂内容，划分出几种类型只是为了突出某种政治制度在民族学方面所表现出来的主要特点而已，同时，我们必须看到许多民族的政治制度往往具有多类型因素，因而这些类型只是大体上的划分。

一、原始民主型

这种类型主要存在于原始公社制残余浓厚的少数民族地区或保留着比较完整的农村公社形态的已进入阶级社会的民族之中。比较典型的有以下几种：

（一）基诺族的长老制

基诺族共有1.8万余人（1990年），聚居在云南省西双版纳傣族自治州景洪县基诺山的基诺洛克。解放前基诺族还处于原始公社发展末期阶段，农村公社形态已经产生。基族诺农村公社是由不同氏族成员共居的地缘村落组成（个别父系家族公社组成的村寨除外）。村社土地所有制的基本形式是公有制，其内部占有形式则分为村社共有、氏族或父系大家族公有、个体家庭私有三种形式，其中公有制是主要的。与此相适应，基诺族的政治制度是村社长老制。村社一般有两个长老，首席称卓巴，次为卓生，由特定的古老氏族的最年长者充任。受傣族村社的影响，长老中的卓巴称为寨父，卓生称为寨母。他们是村社中受尊敬的领导人，其主要职责涉及村社生产、生活和宗教祭祀方面，在调节纠纷、对外交往等方面也起着重要的作用。长老不脱离生产劳动，没有薪俸报酬，具有公仆性质，但在年节、婚丧平均分配肉类食物时，可以多得到一部分。长老制体现出原始民主。

（二）瑶老制和石牌制

瑶老制是瑶族地区普遍存在的一种社会组织形式，具有政治制度的职能。瑶老制产生于原始农村公社向阶级社会过渡阶段。瑶老是村寨的首领，由民主选举或自然形成，一般由经验丰富、办事公道，在村民中享有威望的年长者担任。瑶老不脱离生产劳动，无特权。其主要职责是主持村寨生产活动，调节纠纷，掌管宗教祭祀等公共事务，组织村寨共同行动抵御外界侵扰等等。他们是社会公仆，重大事务由全寨大会决定。

瑶老制在不同地区有不同名称，滇南一带称为“目老”，滇西南和桂西南一带称为“丛会”，湖南桂北一带称为“回壮”。广东省连南瑶族自治县在民主改革前保留的瑶老制比较完整。

随着瑶族进入阶级社会，瑶老制的组成和性质逐渐变化，有的瑶老成为享有特权的头人。

石牌制也是瑶族的一种具有原始民主残余性质的政治组织形式，1940 年以前存在于广西大瑶山地区（今属金秀瑶族自治县）。这种组织是以一个或若干个村寨为单位，对于防盗贼、保护生产、婚姻聘礼、保护外来正当商人、处理纠纷等问题订立共同遵守的规约，这种规约称为“石牌律”“律法”或“条规”，刻在石牌上，称作石牌。这种石牌法规也有写在纸上或木板上的。由于参加户数、村寨数量不一样，有总石牌、大石牌、小石牌之分。石牌头人由办事公正、善于言辞、威信较高的人担任，多为男子。村民遇到纠纷，双方分别向小石牌头人申诉情由，谁理多谁胜诉，若争执不下再找大石牌直至总石牌头人，然而石牌头人并不能强行定案，只是起调解作用。村寨对外械斗时，石牌头人任军事指挥。

（三）侗、苗、布依、水等族的“款”

款是湖南、贵州、广西一带侗、苗、布依、水等族村寨中具有农村公社性质的社会组织，历史记载中称为“合款”“议款”“议榔”“合榔”。款有大、小之分，大者由一二十个毗邻村寨组成，小款由三五个村寨组成。凡参加款的村寨，彼此间有互相支援的义务和监督执行“款约”的权利。款有款首，称为“蒙”，即头人，下面还有“宁老”或“荆老”，一般都是一家族或一村寨之长，由公认的有威望、办事公正、熟悉款词的老人充当，不能世袭。款首的主要职责是负责调解纠纷、召集款众议事、主持制定款规、执行惩罚、处理对外交往事宜。款首平时参加生产劳动。款有不成文的习惯法款约，由参加联款的村寨共同制订。通常三年或九年“集款”一次。随着封建生产关系发展，款的原始民主性质逐渐减弱，至清末、民国初年，款的组织开始消失，但某些残余形式还继续保留着。

二、血缘纽带型

血缘纽带在氏族社会中占据着支配地位。在阶级和剥削关系已经发生或私有制已基本确立的一些民族中，血缘关系不仅仍然牢固地保持着，而且以这种关系为纽带维系着某种政治制度。在中国少数民族中，比较突出的有以下几种：

（一）黎族合亩制

合亩制是海南岛 1947 年以前部分黎族地区(今保亭、琼中、乐东三县交界处)特有的一种生产和社会组织。“合亩”是海南汉语的意译，黎语意为“同祖人共耕祖公田”，是经济生活中的基本单位，由若干户有血缘关系的父系小家庭组成，有的合亩包括非血缘的外来户。合亩制具有原始公社共同体的性质，土地共有、集体劳动、平均分配仍占据主要地位。合亩又具有政治组织的职能。每个合亩有一个亩头，一般由父系长辈担任。亩头主持合亩的生产和分配，处理合亩内外的一切公共事务。在个别有外来户参加的合亩中，剥削关系已经发生，部分亩头利用自己的地位和特权在分配中多得产品。

（二）景颇族山官制

景颇族主要聚居在云南省德宏傣族景颇族自治州。中华人民共和国成立以前，景颇族社会已发展到农村公社趋于解体和向阶级社会过渡阶段，一方面存在着浓厚的原始公社制残余，一方面出现了阶级分化。景颇族在政治上受着中央封建王朝所委封的傣族土司的统治，同时又有自己相对独立的政治制度——山官制。

“山官”系当地汉族称呼，景颇语叫做“贡萨统”，又称“杜”“杜瓦”。山官是从原始农村公社分化出来的世袭贵族，分为大、中、小三类，有自己的辖区，在辖区内行使独立权力。山官辖区的社会成员一般分为官种、百姓和奴隶三个等级，等级界限严格，互不通婚。山官必须出身于官种血统，实行幼子继承的世袭制。山官是辖区最高的政治首领，是习惯法的体现者和执行者，战时则是军事领袖。山官享有各种特权。山官下有寨头，由山官委派。各山官辖区之上没有形成统一的更高一层的政治组织，山官之间也没有直接统属关系。大山官一般都有家内奴隶。

（三）凉山彝族家支制

凉山彝族家支制度是以父系血缘为纽带建立起来的家族制度，在凉山彝族奴隶制社会中，起到政治组织的作用。这在本章第三节已经述及。

三、中央政府委任型

元、明、清时期，在统一的中央王朝政治制度之下，允许少数民族地区保留固有的政治组织形式，但须经过中央政府承认并正式加以委任。这种类型在少数民族各类型政治制度中占的比重最大，主要有政教合一制度、盟旗制度和土司制度三种形式。

（一）政教合一制度

宗教在一些少数民族中具有强烈的影响，在西藏农奴制和新疆夏合勒克乡维吾尔族农奴制社会中，都存在着政教合一的政治制度，而西藏藏族政教合一制尤为典型。

民主改革以前，统治西藏绝大部分地区的西藏地方政府（噶厦）是由封建世俗贵族和僧侣上层联合专政的政权组织。

西藏全区性的政教合一制度，始于13世纪中叶。当时西藏佛教萨迦派受元朝政府之命掌管了西藏地方封建政权。至18世纪中叶，清朝政府命令七世达赖喇嘛掌握政权，建立噶厦，正式规定僧俗官员的品位、职权和名额，确立了一整套封建统治组织，使这一制度发展到完善阶段，一直延续到1959年民主改革前。

在西藏地方政权中，达赖喇嘛是最高权力的化身，他既是宗教领袖，又是政治领袖，集宗教、政治大权于一身。地方政府的官员分成僧官和俗官两个系统。俗官几乎全部出身于封建世俗贵族家庭；僧官绝大部分出身于贵族家庭，首先履行出家手续，再经过学习受训后获得官职。噶厦原设委员四人，称为噶伦，依例由一名僧官和三名俗官担任。噶厦下面设有两个并列的机关，译仓掌管僧官系统，仔康掌管俗官系统。区域行政机关也分别由僧俗官员担任总管和县官。为了维护农奴制度，西藏地方政府设有军队、法庭、监狱等一系列统治机构。这种政教合一的制度实质上是封建贵族专制的政权组织。这一制度在 1959 年民主改革运动中废除。

（二）盟旗制度

盟旗制度是清朝政府在蒙古族地区实行的封建统治制度，是根据满族八旗制度的组织原则，在蒙古族原有社会制度的基础上逐步建立起来的。旗不是蒙古族固有的社会政治制度的继续。蒙古族社会中原来存在着兀鲁思、土绵、鄂托克、爱玛克等彼此间具有领属关系的大小领地。自 19 世纪上半叶起，清政府逐渐取消了蒙古族原有的领地之间的区分和统属关系，大致在鄂托克或爱玛克的基础上进行改编，建立新的组织——旗。旗有札萨克旗、总管旗和喇嘛旗之分，以札萨克旗为多。旗为军事、行政合一组织，既是清朝国家行政体制中蒙古族地区的军事、行政基本单位，又是清朝皇帝赐给旗内各级蒙古族封建主的世袭领地。旗设“札萨克”，即一旗之长，由中央政府委任旗内蒙古族封建主中有功于朝廷者担任。旗以下行政单位为“佐”（或称“箭”，蒙语称“苏木”），佐下每十户设一个“什长”。贵族每一家族都有一个族长（蒙语称“努图克达”），掌管族内事务，受旗札萨克管辖。

盟为旗的会盟组织，合数旗而成，通常由中央政府任命各旗中的一位札萨克兼摄盟长。朝廷指定适当的地点为固定会盟处，各札萨克定期在此集会。会盟由盟长主持，审查各旗箭丁，决定佐领的改编等事项。此外，还进行各旗箭丁检阅，行使检查财务、清理民刑案件等职权。盟长不能直接干预各旗事务，也无权发布命令，但盟长有向清政府告发权，起到对地方事务的监督作用。

盟、旗之上，有清政府驻防将军、都统、总督、大臣的管辖。盟旗制度是清政府统治制度的组成部分。民国时期，盟旗制度仍存在一段时间。1945年内蒙古地区解放后实施民主改革，封建的盟旗制度彻底废除，但是，盟、旗作为地理名称和行政区划单位名称，一直保留至今。

（三）土司制度

土司制度是元、明、清封建王朝对中国西南和西北地区一些少数民族地区实行的统治制度。在这种制度下，由中央政府册封各族各地首领世袭官职，充当地方政权机构长官。土司制度始于元代，延续于明清时期，少数土司残留至中华人民共和国成立后实行民主改革时。

土司制度是封建王朝对那些社会经济发展水平落后的少数民族地区实行的封建统治。土司制度开始实行时，仅适应当地保留原有的统治方式，并不改变所统治地区固有的社会经济结构和政治组织制度。历史上，土司制度在处于奴隶制和封建领主制阶段的民族地区都实行过，某些保留着原始公社制浓厚残余的少数民族中也曾设过土司，因此，情况比较复杂。总的看来，土司制度与当地社会的封建领主经济结构比较适应，那些存在时间久、土司统治比较稳固的地区，其经济基础都是封建领主制。

根据各地少数民族首领辖域及权力大小，中央政府册封的土司规格、职权也不一样。明、清两朝土司分武职和文职两个系统，武职称“土司”，隶于兵部，有宣慰使司、宣抚使司、安抚使司、招讨司、长官司、千夫长等品位高低之别。文职称“土官”，隶吏部，实际受当地地方政府管辖，有土知府、土知州、土知县之分。清代还设有许多土千户、土千总、土把总、土外委、土目、土舍、土巡捕等规格较低的土官职，亦在土司之列。武职土司规格较高者，往往掌管一个地区的军事行政全部大权。在土司中，规格最高、权力最大的是宣慰使司。

历史上，随着少数民族地区政治经济的发展变化，中央王朝通过“改土归流”使土司制度存在的范围越来越小，但并没能彻底废除。1956年民主改革以前，西双版纳傣族土司—车里宣慰使司是规格最高、延续时间最久的土司，其社会政治组织和制度也最为完备。此外，至20世纪上半叶，云南省傣族、哈尼族、彝族、白族、阿昌族、纳西族、藏族，四川省彝族、羌族、藏族，青海省土族等民族的部分地区，名义上还保留着品级较低的土司称号及世袭制度。

第六节 中国少数民族向社会主义过渡

一、关于落后民族超越资本主义直接向社会主义过渡理论

处于资本主义以前诸社会形态的民族在一定条件下，可以超越资本主义发展阶段直接进入社会主义，这就是马克思主义社会形态学说中的“直接过渡”理论。

直接过渡的理论，在19世纪时马克思、恩格斯就提出来了，他们对这个问题的研究基于对俄国农村公社的命运的讨论。1875年，俄国民粹派思想家彼得·尼基提奇·特卡乔夫（Петр Никитич, Ткачев）在题为《致弗里德里希·恩格斯先生的公开信》中就俄国社会问题歪曲社会主义革命理论，把俄国公社所有制下的农民描绘成“本能的、传统的共产主义者”，“比西欧各国人民更接近于社会主义”。为批驳特卡乔夫，恩格斯发表《论俄国社会问题》一文，对俄国农村公社土地制度进行深入剖析，同时，探讨了这种村社形式在什么条件下才会向高级形式过渡的问题。他写道：“俄国的公社所有制早已度过了它的繁荣时代，看样子正在趋于解体。但是也不可否认有可能使这一社会形式转变为高级形式，只要它能够保留到这样做的条件成熟的时候，只要它能够发展到农民已不再是个别而是集体从事耕作的程度；并且应该使俄国农民不经过资产阶级的小块土地所有制的中间阶段，而实现这种向高级形式的过渡。然而这种过渡只有在下述情况下才会发生，即西欧在这种公社所有制彻底解体

以前就胜利地完成无产阶级革命，而这个革命会给俄国农民提供实现这种过渡的必要条件，其中也为他们提供在整个农业制度中实行必然与其相联系的变革所必需的物质。可见，特卡乔夫先生断言俄国农民虽然是‘私有者’，但比西欧没有财产的工人‘更接近于社会主义’完全是胡说八道。恰恰相反，如果有什么东西还能挽救俄国的公社所有制，使它有可能变成确实富有生命力的新形式，那么这正是西欧的无产阶级革命。”① 在这里，恩格斯提出了公社所有制下的农民不经过资产阶级的小块土地所有制的中间阶段而实现向高级形式过渡的可能性，同时也强调指出，实现这种过渡必须具有必要的条件，即西欧的无产阶级革命。

有关俄国农村公社的命运的争论引起马克思的高度重视，他在1881年写给俄国民粹运动、社会民主主义运动的参加者维·伊·查苏利奇的信稿中集中地阐述了自己的见解。他说明了《资本论》中关于分析资本主义生产的起源的论述，指出：“在这种西方的运动中，问题是把一种私有制形式变为另一种私有制形式。相反地，在俄国农民中，则是要把他们的公有制变为私有制。”基于这种分析，他进一步提出：“由此可见，在‘资本论’中所作的分析，既不包括赞成俄国农村公社有生命力的论据，也不包括反对农村公社有生命力的论据，但是，从我根据自己找到的原始材料所进行的专门研究中，我深信：这种农村公社是俄国社会新生的支点；可是要使它能发挥这种作用，首先必须肃清从各方面向它袭来的破坏性影响，然后保证它具备自由发展所必需的正常条件。”②

马克思提出的“农村公社是俄国社会新生的支点”的见解中，无疑包含这种原始的公有制因素可以在高级形式的公有制社会发挥作用的思想。马克思在给查苏利奇复信初稿中写道：“如果革命在适当的时刻发生，如果它能够把自己的一切力量集中起来以保证农村公

① 《马克思恩格斯选集》第2卷，第625—626页。
② 《马克思恩格斯全集》第19卷，第269页。

社的自由发展，那么，农村公社就会很快地变为俄国社会复兴的因素，变为使俄国比其他还处在资本主义制度压迫下的国家优越的因素。”[①] 在复信第二稿中他又说：“俄国吸取这种生产方式的肯定成果，就有可能发展并改造它的农村公社的古代形式，而不必加以破坏（我顺便指出，俄国的共产主义所有制形式是古代类型的最现代的形式，而后者又经历过一系列的变化）。”[②] 只要将信稿的提法和复信的提法加以比较，我们就可以看出马克思对农村公社的生命力问题处于探讨过程之中。他的注意力集中在原始公有制向高级形式的公有制的过渡问题，其看法不能说已完全成熟。

马克思和恩格斯在 1882 年俄文版《共产党宣言》的序言中，进一步明确地指出：“《共产党宣言》的任务，是宣告现代资产阶级所有制必然灭亡。但是在俄国，我们看见，除了迅速盛行起来的资本主义狂热和刚开始发展的资本主义土地所有制外，大半土地仍归农民公共占有。那么试问：俄国公社，这一固然已经大遭破坏的原始土地公共所有制形式，是能够直接过渡到高级的共产主义的公共所有制形式呢？或者相反，它还须先经历西方的历史发展所经历的那个瓦解过程呢？”“对于这个问题，目前唯一可能的答复是：假如俄国革命将成为西方无产阶级革命的信号而双方互相补充的话，那么现今的俄国土地公共所有制便能成为共产主义发展的起点”。[③] 在这里，马克思和恩格斯提出了处于资本主义生产以前社会形态下的国家和民族直接过渡到社会主义的理论，其主要内容是农村公社土地公有制的生命力问题。他们虽然把农村公社土地所有制看成是原始共产主义的公有制形式，但具体所指的公社已不是原生形态，而是存在于阶级社会中的次生形态。因而，不能把马克思、恩格斯直接过渡的思想局限在处于原始公社发展阶段的民族。直接过渡的理论

① 《马克思恩格斯全集》第 19 卷，第 441 页。

② 同上书，第 444 页。

③ 《马克思恩格斯选集》，第 1 卷，第 231 页。

的核心在于超越资本主义发展阶段，而这种超越，不是自发的，而是必需具备必要的条件。

列宁总结了俄国十月社会主义革命胜利后最初几年解决民族问题的经验，在《关于民族和殖民地问题委员会的报告》中发展了马克思主义直接过渡理论，提出落后国家或民族可以避免资本主义而过渡到社会主义的问题。他指出："问题是这样提出的：对于目前正在争取解放、而战后已经有了进步运动的落后民族，国民经济的资本主义发展阶段是不可避免的说法究竟对不对。我们对这个问题的回答是否定的。如果革命胜利了的无产阶级对他们进行系统的宣传，而各国苏维埃政府以它所拥有的一切手段去帮助它们，那么，说落后民族无法避免资本主义发展阶段就不对了。在一切殖民地和落后国家，我们不仅应该组成能够独立进行斗争的基干队伍，即党的组织，不仅应该立即宣传组织农民苏维埃，设法使这种苏维埃适应资本主义前的条件，而且共产国际还应该指出，还应该从理论上说明，在先进国家无产阶级的帮助下，落后国家可以不经过资本主义发展阶段而过渡到苏维埃制度，然后经过一定的发展阶段过渡到共产主义。"① 在这里，列宁指出了比较完整的处于资本主义生产以前的国家和民族在先进国家和民族的帮助下可以超越资本主义直接过渡到社会主义的理论思想。

中国共产党领导的中国革命不仅进一步发展了直接过渡理论，而且把这一理论付诸实践。毛泽东在1939年指出：处于半封建半殖民地的中国极有可能"避免资本主义的前途，实现社会主义的前途"②。随着中华人民共和国的建立，在马列主义关于直接过渡理论指导下，处于落后社会形态的少数民族超越了一个或几个社会发展阶段，直接过渡到社会主义。

二、中国少数民族地区的两次巨大变革

① 《列宁选集》第4卷，第336页。

② 《毛泽东选集》第613页。

1949年中华人民共和国成立以后，中国少数民族地区发生两次巨大的社会变革。

第一次变革，是50年代的社会变革。中国少数民族地区落后的社会制度，严重地束缚了各少数民族生产力的发展，改革落后的社会制度，是各民族繁荣发展的关键，是各族人民迫切的愿望。中华人民共和国成立后，中国共产党和人民政府领导各少数民族实行民族区域自治的同时，积极帮助少数民族进行社会改革。由于少数民族地区社会发展一般比汉族地区落后，社会经济结构复杂多样，因而根据不同情况和特点，社会改革采取了不同的方式和政策。

在社会结构与汉族相同或大体相同的民族地区，采取与汉族地区大体相同的方法，实行土地改革，废除了封建地主土地占有制度。

在藏、傣、哈尼等族封建农奴地区，凉山彝族奴隶制地区，以及一些情况特殊、条件许可的部分少数民族农业地区，采取和平协商改革的办法，进行民主改革。和平协商改革的特点是：在充分发动群众的基础上，经过劳动人民和上层人士协商，确定改革的时间、步骤和方法，然后由政府颁布法令施行。废除农奴主和奴隶主土地所有制，将土地分配给农奴、奴隶和无地、少地的农民。废除封建主、奴隶主特权，解放农奴和奴隶，实行人身自由和政治平等。对接受改革的封建主和奴隶主不进行面对面的斗争，除没收土地和征收多余的牲畜、农具等生产资料外，其余财产不动，不降低他们的生活水平。政治上给予适当的安排。各民族的上层分子在改革中的态度是和平协商的一个关键。部分地区的上层人物中的反动分子发动武装叛乱，但无法阻挡民主改革的实现。

对于少数民族牧业区的社会改革，采取了比农业区更为缓和的方式，对牧主实行赎买政策。

在保持着原始公社制浓厚残余的少数民族地区，没有进行系统的民主改革，主要是帮助他们发展生产和文化事业，并在发展生产和互助合作过程中，对妨碍生产发展的旧制度和原始落后因素进行必要的改革，逐步地直接过渡到社会主义。

各民族地区的社会改革，一般分为两步，第一步是民主改革，废除封建制度和奴隶制度。第二步是进行社会主义改造，消灭生产资料私有制，完成向社会主义的过渡。

50年代的社会改革，是一场废除旧制度的变革，是政治经济的变革，是根本性变革。

进入80年代，少数民族地区开始第二次巨大变革。50年代以后，中国少数民族地区尽管发生了飞跃性变化，但旧社会留下的贫穷和落后面貌并没有彻底改变。在经济和文化方面，少数民族与汉族相比，还存在着相当大的距离。如果说整个中国还没有彻底摆脱贫穷和落后，那么带着旧制度伤残的大多数少数民族的贫穷和落后的肿瘤更难以在短时期内消除掉。中国是社会主义国家，社会主义要消灭贫穷和落后。大力发展生产力，实现社会主义现代化，是中国各族人民共同的宏伟蓝图。中国共产党实行坚持四项基本原则，坚持改革和开放的方针，同样适用于少数民族地区。自1978年以来，少数民族地区出现了许多新变化。少数民族地区面临着一场新的历史性变革，这是可以预见的。这是一场改变贫穷和落后的变革，是一场经济变革，也是传统和文化观念的变革。这场变革是50年代社会改革的继续和发展。现在，这场变革已经拉开帷幕。面临这场变革，中国少数民族地区正在遇到而且将继续遇到前所未有的新矛盾、新冲突和新问题。旧的落后的社会经济制度虽然不复存在，但旧的制度上生长出来的贫穷和落后、观念与传统并不是短时期内就可以消除的。特别是由于旧制度给许多少数民族造成的封闭性、商品经济不发达性，已成为当前改革的严重阻力。在新的形势下，现实给我们提出了许许多多与社会形态相关联的新问题。探讨这些问题，是中国民族学面临的迫切课题之一。

本章主要参考书目：

①林耀华：《民族学研究》，中国社会科学出版社1985年版。
②《凉山彝族奴隶社会》，人民出版社1982年版。

③林耀华、陈永龄、宋蜀华、王辅仁集体讨论，宋蜀华执笔：《对我国藏族、维吾尔族和傣族部分地区解放前农奴制度的初步研究》，《历史研究》1962年第5期。

④费孝通：《民族与社会》，人民出版社1981年版。

⑤林耀华、黄淑娉、庄孔韶：《中国解放前保留原始公社制残余的少数民族及其向社会主义社会的过渡》，《民族学研究》第6辑，民族出版社1985年版。

⑥吴恒、祁庆富：《凉山彝族奴隶制度废墟上建设社会主义的几个问题》，《民族学研究》第6辑，民族出版社1985年版。

第四单元
婚姻家庭与亲属制度

人类的婚姻、家庭与亲属制度，是民族学研究的重要对象之一。这三者互有不可分割的内在联系，即婚姻是建立家庭的前提，家庭是缔结婚姻的结果，亲属制度则是婚姻家庭制度的产物。但是，它们又各有自己特定的概念和基本的内容，因此，我们应分别予以说明。

第十二章　婚姻家庭制度

每一个人从呱呱落地到老死病终，莫不与婚姻家庭结下不解之缘。婚姻家庭问题的客观存在及其在社会生活中占有的重要地位，人人都能感受到。比如，对这个问题处理得好，将令人生活得幸福、欢乐；处理失当，就可能带来烦恼、忧伤。对于婚姻家庭问题，我们应该作横向和纵向的考察，才会有一个明确、科学的认识，因为它既涉及现实生活的各个方面，又涉及历史发展进程中的所有链条；既有理论和政策、法规问题，也有世界观、人生观和道德风尚问题。

第一节　婚姻家庭的基本概念和理论

婚姻指男女两性的结合，而且这种结合就是为一定历史时代和一定地区内社会制度及其文化和伦理道德规范所认可的夫妻关系。婚姻关系的成立，意味着夫妻双方彼此存在着各项权利和义务。性生活只是诸项权利和义务中的一个。如果男女之间发生性行为，只要未履行特定的某种手续，不符合某时某地的社会规范，并不能构成婚姻。由于失和等原因，通过一定的手续，夫妻离异了，婚姻关系随之解除；倘若丧偶，原先的婚姻关系也自然宣告结束。

家庭是由一定范围的亲属（如夫妻、父母子女、兄弟姊妹）所组成的社会生活细胞。它的联结纽带是婚姻关系和血缘关系（进入阶级社会以后又增加了收养关系，从而形成拟制血缘关系）。基于婚姻关系的缔结，形成了最初的家庭成员——夫妻，尔后又产生出其他一系列的家庭成员。自古迄今，家庭毫无例外都是人类自身生产和再生产的一种社会组织形式，但它的职能远不止此，比如在社会经济生活中，在传统文化和道德风尚的教育中，等等，都有其特殊的功能。

至于家庭的结构和规模，因时因地而有区别。通常存在的家庭结构类型，有核心家庭、扩大家庭、联合家庭、不完全家庭（即配偶缺一）、单身家庭。家庭规模的大小，与家庭类型密切相关，人口少者一至数人，多者十几人以至数十、上百人。按照历史唯物主义的观点，婚姻家庭制度就其性质来说，属于上层建筑的范畴，总是受着某种生产方式的制约。马克思主义关于经济基础与上层建筑之间相互关系的基本原理，完全适用于对婚姻家庭问题的分析。然而，婚姻家庭问题又有别于上层建筑中的其他问题，因为它还有自己固有的特性，即自然属性和社会属性。

婚姻家庭制度固有的自然属性，是不难为人理解的。男女两性的差别和性本能，是婚姻在生理上的基础。成年的男女，通过对异性的追求——恋爱而达到结婚的目的，这就是生理作用的一种表现。种的蕃衍，即人口的生产和再生产，以及由此而引起的父母子女、兄弟姊妹、祖父母孙儿女等家庭成员之间的血缘关系，则是家庭所特有的生物学功能。所以婚姻与家庭是以两性结合和血缘联系为其自然条件的，若无视这种自然条件，就无异于否定婚姻家庭的客观存在。

生理学和生物学对人类婚姻家庭有着积极的制约作用。对此，美国民族学家摩尔根在100多年前就已做过雄辩的论证，指出自然选择原则对于人类自身发展的特殊意义。恩格斯是同意摩尔根的意见的，并在《家庭、私有制和国家的起源》一书中，充分阐明了人类在由杂交到血缘婚（集团内婚）、氏族外群婚再到对偶婚的历史过程中，自然选择原则发生着重要作用。例如，他在谈到家庭组织上的第二个进步时指出，由于排除同胞的（母方的）兄弟和姊妹之间，最后甚至禁止旁系兄弟和姊妹之间的结婚，“按照摩尔根的看法，这一进步可以作为‘自然选择原则是在怎样发生作用的最好例证’。”“不容置疑，凡血亲婚配因这一进步而受到限制的部落，其发展一定要比那些依然把兄弟姊妹之间的结婚当作惯例和义务的部落更加迅速，更加完全。”[①] 又如，在谈到由于婚姻禁例日益复杂（在所承认的一切亲属之间禁止结婚）群婚就越来越不可能，而终于被对偶家庭排挤掉时，恩格斯又写道：“在这种越来越排除血缘亲属结婚的事情上，自然选择的效果也继续表现出来。用摩尔根的话来说就是：‘没有血缘亲属关系的氏族之间的婚姻，创造出在体质上和智力上都更强健的人种；两个正在进步的部落混合在一起了，新生一代的颅骨和脑髓便自然地扩大到综合了两个部落的才能的程度。’”[②]

其实，不论是古代还是近现代，任何国家制订有关婚姻家庭方面的法律，都不能不考虑到婚姻家庭所固有的自然属性。比如，有关当事人必须是异性以及婚龄的规定，对近亲结婚的限制，把缺乏性行为的能力作为禁止结婚或判决离婚的理由，把生育子女的事实作为确定亲子关系的依据，父母与子女之间有抚育或赡养的权利与义务，通常情况下直系亲属享有财产继承权，等等，都是尊重自然属性的具体表现。

我们固然应正视婚姻家庭中的各种自然属性，但决不可过分夸

① 《家庭、私有制和国家的起源》，第35页。

② 《家庭、私有制和国家的起源》，第44页。

大它的作用，更不能忘记婚姻家庭中还存在着具有本质意义的社会属性。资产阶级法学家通常认为婚姻是一种契约，有的又说婚姻只是"一种存在于一男一女之间较为持久的关系，其持续将超过生殖行为"。至于家庭，他们或者说是一种"生物社会群体"，"它的功能最低限度要能提供性爱需求的满足和控制，包括性欲关系，以及生育子女及其保护和教养"；或者认为家庭只"是一种符合于婚姻制度的结合，而为社会所认可的一种性关系的形式"。极而言之，他们说的婚姻不外是包含着生理学、生物学上的意义，他们说的家庭只是诸如生育、子女的保护和濡化、经济合作、亲属结构、性爱与性欲的模式和控制等。很明显，这些看法，都不承认婚姻家庭的社会性及其在阶级社会中的阶级性，不承认生产方式对它所起的决定性作用。

马克思主义认为："人的本质并不是单个人所固有的抽象物，实际上，它是一切社会关系的总和。"[①] 社会性是人类的根本属性。婚姻原子之间和家庭成员之间的关系，是社会关系的一种特殊形式。为了揭示婚姻家庭的性质、特点及其产生和发展变化，以及在社会生活中的地位和作用，远非运用自然属性就能阐明，而必须从社会制度的整体上进行考察才能获得正确的答案。包括婚姻在内的家庭关系，同社会的种种关系存在着千丝万缕的内在联系，有其非常复杂的社会内容。婚姻家庭中的社会关系，包括物质的和思想的两个方面。作为经济基础的生产关系，必然要在婚姻家庭的经济关系中表现出来；社会物质生活条件中的其他因素，也都对婚姻家庭有着程度不同的制约或影响。至于思想关系，如感情的、伦理的，在阶级社会中还有政治的、法律的等等，同上层建筑各领域也有着不可分割的联系。

在社会物质生活条件中，物质资料的生产方式起着决定性作用。人们在一定的生产力发展水平下结成的生产关系，是最基本的社会

---

① 《马克思恩格斯全集》第21卷，第5页。

关系，而且基于它又产生出其他各种社会关系。从这个意义上说，婚姻家庭的性质和特点等，是由作为社会经济基础的生产关系决定的。经济基础对婚姻家庭的要求，会直接或间接地在上层建筑各领域中表现出来。这种要求既表现为有关婚姻家庭的观点、观念，也表现为由各种行为规范所构成的有关婚姻家庭的制度。我们一方面要肯定经济基础对婚姻家庭制度的决定作用，另一方面又要看到上层建筑各领域对婚姻家庭制度所发生的制约作用。正如列宁所说："如果企图把两性关系从它们整个思想体系的总的联系中划分出来后的本身变化，直接归结到社会的经济基础，那就不是马克思主义，而是唯理主义。"① 上层建筑对婚姻家庭制度的制约作用，在政治、法律、道德、宗教等领域中表现得十分明显。风俗习惯对婚姻家庭制度的影响也不应忽视。由此我们便可理解，为什么有着同一类型的经济基础的民族和国家，在婚姻家庭制度上却有着各不相同的某些特点。

婚姻家庭制度既然属于一定经济基础之上的上层建筑，那么，它也和上层建筑的其他方面一样，必然会能动地反作用于经济基础，对生产力的发展起积极的或消极的作用。旧的或没落的婚姻家庭制度及其观念，是束缚生产力发展的一种消极因素；先进的婚姻家庭制度及其观念则是促进生产力发展的一种积极因素。

从理论上严格说来，婚姻家庭制度与婚姻家庭关系，是应该予以区别的。这种区别，在阶级社会里尤为重要。例如，在实行剥削制度的社会里，不同阶级的人们在形式上都实行一夫一妻的婚姻家庭制度，但事实上，在剥削阶级与被剥削阶级两个营垒中，各自的婚姻家庭关系根本无法相提并论。就以资本主义社会来说，资本家阶级在形式上实行一夫一妻制的不乏其人，可是以聚敛私有财富为天职的资本家们，婚姻家庭关系的建立和瓦解莫不与金钱紧紧扣在一起；在这里，对于相当一部分人来说，父权和夫权膨胀到了极点，通奸和卖淫是司空见惯的事情。而对于普通劳动者来说，最大的问

① 引自蔡特金：《回忆列宁》，第59—60页，人民出版社1960年版。

题是维持生计，根本没有聚敛财富的可能，缔结婚姻、建立家庭往往为自然规律所使然，或者当作他们的一项社会义务，但真诚相爱和彼此和谐这些新型的婚姻家庭关系却在萌芽、滋长着。又如，在社会主义阶段，特别是像我国这样一个处于社会主义初级阶段的国家，虽然已形成了以公有制为基础的一夫一妻的婚姻家庭制度，与以私有制为基础的奴隶社会、封建社会、资本主义社会一夫一妻的婚姻家庭制度有着本质上的不同，但是，阶级社会所固有的那些父母包办、门当户对、拜金主义等残余远未扫除尽净，而且至今还在不同程度地腐蚀、影响着社会主义的婚姻家庭关系。

第二节　群婚及其家庭形式

一、原始群实行杂交

在人类发展阶梯的最底层，即原始群时期，男女成员之间，实行杂乱的性交关系，尚未产生婚姻规则，没有家庭形式可言，也没有真正的社会组织和社会规范。

首先严肃地提出人类曾经存在过“男女杂交”这种原始状态的是摩尔根。对此，马克思深表赞同，所以他曾写道：“最古是：过着杂交的原始群的生活；没有家庭；在这里只有母权能够起某种作用。”① 至于恩格斯，在《家庭、私有制和国家的起源》这一杰作的初版中，仅通过300多字（按中文计）的评论，就充分表明了支持摩尔根的态度；在出第四版时，针对19世纪80年代“否认人类性生活这个初期阶段，已成时髦”，总想“使人类免去这一‘耻辱’”②的状况，更是旁征博引，透彻地分析了动物学、民族学、民俗学等方面的丰富资料，雄辩地阐明了原始的杂乱性交关系，是“同从动

① 马克思：《摩尔根〈古代社会〉一书摘要》，见《马克思恩格斯全集》第45卷，第337—338页，人民出版社1985年版。

② 《家庭、私有制和国家的起源》，第29页。

物状态向人类状态的过渡相适应的"，"如果戴着妓院眼镜去观察原始状态，那便不可能对它有任何理解"①。

此种男女杂交的原始状态，是属于非常遥远的洪荒时代，我们已不可能在社会的化石中间，找到它的直接证据了。然而，间接的证据，不论在中国还是在外国，可以说俯拾皆是，这包括古籍的星散记载和民间流传的神话故事。

例如，我国的《吕氏春秋·恃君览》写道："昔太古尝无君矣，其民聚生群处，知母不知父，无亲戚、兄弟、夫妻、男女之别，无上下、长幼之道"。《管子·君臣》也说："古者未有君臣上下之别，未有夫妇配匹之合，兽处群居，以力相征。"寥寥数语，便勾画出了原始人日常生活的轮廓。这些古籍，虽无"杂交"一类的字眼，但不难看出，只有实行杂交才会存在那样一种原始状态。

民间的神话传说故事，不仅有迷人的艺术魅力，而且蕴藏着重要的学术研究价值。保尔·拉法格说得好："神话，我们对它加以嘲笑，把创造它和信仰它的行为看作是荒谬的，但是相反地，在原始人看来是可以理解的和自然的。"②

曲折地反映男女杂交的神话传说故事，是相当丰富的。例如，我国鄂伦春族有小伙子和老太婆同居生下儿女的故事③，傣族有小伙子与妈妈结婚和女儿与父亲结成夫妻的故事④，黎族有母亲与儿子婚配的故事⑤，台湾泰雅人有接连两代亲子相婚的故事⑥。又如国外

---

① 参见《家庭、私有制和国家的起源》，第29—33页。

② 保尔·拉法格：《宗教和资本》，第1页，王子野译，三联书店1963年版。

③ 参阅吕光天：《北方民族原始社会形态研究》，第75—78页，宁夏人民出版社1981年版。

④ 参阅王国祥：《傣族神话里的古代婚姻家庭》，中国民族学学会第三届学术讨论会（1984年）论文。

⑤ 参阅刘咸：《海南黎人文身之研究》，见《民族学研究集刊》，1936年1期。又林冠群：《"勾花"的传说》，见《民族研究》1981年第3期。两则传说情节不同，主题相同。

⑥ 参阅何廷瑞：《台湾土著诸族文身习俗之研究》，见台湾大学《考古人类学刊》。

的例子，印度有梵天（一切众生之父）同自己的女儿萨拉瓦斯提特结婚的故事，埃及有阿蒙以成为自己的母亲的丈夫而骄傲的故事，古代斯堪的纳维亚文献《伊达》里有奥丁成为自己的女儿弗里基的丈夫的故事①，等等。

恩格斯在论及嫉妒心和血亲婚配的观念都是较后才发展起来的时候指出："不仅兄弟和姊妹起初曾经是夫妇，而且父母和子女之间的性交关系今日在许多民族中也还是允许的。班克罗夫特证明，白令海峡沿岸的加惟基人、阿拉斯加附近的科迪亚克岛上的人、英属北美内地的提纳人，都有这种关系；勒土尔诺也提出了关于印第安赤北韦人、智利的库库人、加勒比人、印度支那半岛的克伦人的同样事实的报告；至于古希腊人和古罗马人关于帕提亚人、波斯人、斯基台人、匈奴人等的故事，在这里就不必说了。在血亲婚配尚未发现之前（这的确是一种发现，而且是一种极其宝贵的发现），父母和子女之间的性交关系所引起的憎恶，并不大于其他不同辈的人们之间的性交关系；……如果我们从我们所知道的最早的家庭形式上抛弃那种与它们有关的血亲婚配的观念，——这种观念跟我们的观念完全不同，而且往往是跟它们直接冲突的，——那末我们就得出一种只能叫做杂乱的性交关系的形式了。所谓杂乱，是说后来由习俗所规定的那些限制那时还不存在。"②

资产阶级同其他剥削阶级一样，竭力宣扬社会是家庭的集合体，并藉此进而证明，私有制是亘古不变、应予顶礼膜拜的圣物。为此，在婚姻关系问题上，他们莫不坚持人类一出现即已实行父权的一夫一妻（或多妻）制，其论据是嫉妒心所使然。无产阶级的叛徒卡尔·考茨基，由于"读了很多这方面的书"，竟对恩格斯多次的严厉批评置若罔闻，始终顽固地认为，在原始时代，嫉妒"是社会的决定性因素"，而且它与"妇女自由在第一阶段促进了一夫一妻制"，试

① 参阅保尔·拉法格：《宗教和资本》，第6页。

② 《家庭、私有制和国家的起源》，第32—33页。

图论证人类的性交关系最早的状态决不是杂乱性交和群婚[①]。芬兰学者韦斯特马克（Edward Westermack）在1891年出版的《人类婚姻史》及其1926年出版的缩写本，都受到了考茨基的基本观点的决定性影响，并进一步作了发挥。他引证鸟类、猿类的“习惯”，说它们都是由严格的一雄一雌或一雄数雌及其幼儿组成为家庭的，进而论证雄者强烈的嫉妒心使得杂乱性交和群婚成为不可能，这种动物界的状况“能适应人类原始情态”。“在人类既存种族及类人猿间，男性妒嫉之普遍，乃初期人类具有嫉妒心之有力的明确佐证”。[②] 这种观点，至今仍为某些学者首肯并加以传播。

其实，一些较有见地的资产阶级学者早在100年前就提出了不利于上述观点的看法。例如，埃斯潘纳斯在《论动物的社会》一书中写道：“群是我们在动物中所能看到的最高的社会集团。它看来是由家庭构成的，但是家庭和群一开始就处在对抗之中，它们是以反比例发展的。”[③] 这非常清楚地说明了雄性在交尾期内嫉妒是怎样削弱或者暂时瓦解任何共居生活的群，或者说，雄者的嫉妒，既联系又限制着动物的家庭，使动物的家庭跟群对立起来。“单是这一点就足以证明，动物的家庭和人类的原始社会是两不相容的东西；脱离动物状态的原始人类，或者根本没有家庭，或者至多只有动物中所没有的那种家庭。”[④] 假如正在形成中的人，实行的是一夫一妻制的性关系，存在着所谓雄者的嫉妒心，那就根本不可能组成较大规模的持久的群。面对严酷无情的大自然的力量，原始人靠那极其孤立、弱小的小家庭（如果说有这样的小家庭）的力量，怎么能够脱离动物状态呢？因此，为了在发展过程中从动物状态脱离出来，即实现

① 参阅恩格斯致考茨基的信，见《马克思恩格斯全集》第35卷，第432—433、447—450页；第36卷，第61页。

② 参阅韦斯特马克：《人类婚姻史》，王亚南译本，神州国光出版社1930年版，第2—19页。

③ 转引自《家庭、私有制和国家的起源》，第30页。

④ 《家庭、私有制和国家的起源》，第31页。

自然界中最伟大的进步，就不能不需要一种因素——以群的联合力量和集体行动来弥补个体自卫能力和谋生能力的不足。

总之，我们只要坚持历史唯物主义的科学精神，并不试图抹去“奇耻大辱”，就应该承认：在实现由动物（狭义上的）向人转变的过渡阶段，由于自身的生存和发展的需要，成年雄者只能相互宽容而无嫉妒心，现在或较早时期通行的禁例（如禁止血亲婚配观念）不可能产生，所以定然实行一种比群婚更早、更简单的性交关系——原始的杂乱性交关系。但是，“由此决不能说，在这种关系的日常实践中也必然是乱得毫无秩序的。短时期的成对配偶，像现在甚至在群婚制中在大多数场合也有的那样，决不是不可能的。”①

人猿终揖别。其标志是地球上出现了利用石材打制的劳动工具。为了生计，原始群终究随着人口增殖而分成若干小集团，于是出现了第一个社会组织形式——前氏族公社，随后又产生了氏族公社。

人类社会的产生和发展，婚姻规则也随之出现并日益完善，杂交成为往事，代之而起的是群婚。

二、群婚及其家庭形式

人类实行群婚的历史时期是相当漫长的，这包括前氏族公社时期和母系氏族公社的前期和中期。

人类先是实行集团内群婚，然后才是集团外群婚。前者就是通常所说的血缘婚（班辈婚），与之相应的家庭形式叫做血缘家庭；后者通常称之为氏族外群婚，与之相应的家庭形式，因摩尔根采用了夏威夷土著的“普那路亚”这一名称，所以称为普那路亚家庭。实际上，氏族外群婚的形式并非只有一种而是多种，但是相应的家庭形式在特点上却无不同。不过，“普那路亚”乃是群婚的最高发展阶段，最具向下一个阶段——对偶婚阶段发展的典型意义，所以自摩尔根定名以来，一般学者都相继沿用，把“普那路亚”家庭看作是族外群婚时期家庭形式的代表。

---

① 《家庭、私有制和国家的起源》，第33页。

（一）血缘婚及其家庭形式

通过长期的物质生活资料生产的实践，特别是人类自身生产的实践，直立人不知不觉地服从自然选择原则的作用，逐渐从杂乱性交关系的原始状态中脱离出来，即排除亲子间的性交关系，只允许同一辈的男女之间结成配偶，并且最终形成为人人必须遵守的一种社会规则。按照这种社会规则，婚姻集团是按照辈数来划分的，即祖父祖母构成第一个夫妻圈，父亲母亲构成第二个夫妻圈，后者的子女构成第三个夫妻圈，再下一代即曾孙儿女构成第四个夫妻圈，如此等等。这意味着，同一辈的男女既互为兄弟姊妹，也互为夫妻，而禁止上下辈男女之间的婚配，就是说，排除祖先和子孙之间，双亲和子女之间结为夫妻的权利和义务。这是人类婚姻家庭发展史上的第一个大进步。

这种家庭形式早就绝迹了。不过，正如恩格斯所说："我们不能不承认这种家庭一定是存在过的，因为它所表现的血缘亲属等级只有在这种家庭形式之下才能发生；同时，家庭后来的全部发展，也使我们不能不承认这一点，因为这种发展要求以这一家庭形式的存在作为必然的最初阶段。"①

我们先来看看亲属称谓情况。按照这时的通婚规则，即同一辈的男女才有通婚的权利与义务，于是在亲属方面并无父方与母方、夫方与妻方之分，也没有血亲与姻亲上的区别。例如，对父亲与叔伯父、姑父、姨父、舅父使用同一个称呼，因为这一辈的男子都属于母亲的丈夫（不论是否成为事实）；对母亲与姨母、姑母、舅母使用同一个称呼，因为这一辈的女子都属于父亲的妻子；所有下一代男女，虽然能够分清自己的生身母亲，但不能分清自己的父亲，所以这些男女们作为儿女，相互之间一律互称为兄弟姊妹。

在我们看来不免感到奇特的这种亲属制度，除摩尔根曾在夏威夷土著中发现外，其遗迹直至20世纪中叶，在我国一些兄弟民族如

① 《家庭、私有制和国家的起源》，第34—35页。

鄂伦春族、高山族、佤族、阿昌族中也能找到。阿昌族的遗迹表现得更明显些。在这里，伯父、姑父、舅父、姨父同称为“龙帕”；伯母、姑母、舅母、姨母同称为“巴”；胞兄、堂兄、姑表兄、舅表兄同称为“喳唉”；胞姊、堂姊、姑表姊、舅表姊、姨表姊同称为“衣”；儿子、侄子、外甥、内侄同称为“早”；女儿、侄女、内侄女同称为“乌早”①。这些称谓虽然并不反映现实中的婚姻关系，但为我们提供了同一辈男女曾经互为夫妻的佐证。

引人瞩目的是，云南基诺族的亲属制度资料以及各种风俗，对于肯定历史上血缘婚的存在颇有说服力。直至20世纪中期，在他们中间，除了父辈因外族影响较为进步外，在己辈、儿女辈、孙儿女辈三种亲属关系里，都各有男女通性的总称：己辈称“车饶”，它包括我的兄弟姊妹以及一切远近从表中的兄弟姊妹、兄弟之妻、妻之丈夫等；儿女辈称“饶古”，它包括儿子、女儿、侄子、侄女、儿媳、女婿等一切子女辈；孙儿女辈称“里饶”，它包括孙子、孙女、外孙、外孙女和一切同辈亲属中的孙子、孙女们。这种亲属称谓并非完全僵死，因为许多习俗在不同程度上同它还保留着关系。据调查，不少村寨仍允许血缘氏族内的男女恋爱和同居，只是禁止正式结婚而已。迄至50年代，个别村寨（属于同一氏族）非同胞的男女，如誓死成婚，或是由女子备一定礼物拜认另一个氏族的某长者为父亲，便可越过族内禁婚的障碍而达到结婚的目的；或是他们按照古规，手捧猪头到巴别寨长老处去请求，并经长老的种种考验和用猪头祭祖后，终于遂了相匹配的夙愿。对于大多数同族男女虽可恋爱并同居，但不得正式结婚者，在一年一度的过年仪式上，可以尽情吟唱“巴什”情歌。情歌的主要内容是，绘声绘色地描写氏族内情人自幼相处，成年后更钟情互爱，最后经过曲折斗争达到了结婚的目的。若一对“巴什”恋人在世时不能完婚，他们认为死后将到另一世界即

① 云南少数民族社会历史调查组编：《阿昌族简史简志合编（初稿）》，第6页，1963年铅印本。

祖先“鬼魂”居住的地方去结婚。[①] 如此生动的民俗资料，不是证明人类历史上存在过血缘群婚，还能证明什么呢？

“神话是保存关于过去的回忆的宝库，若非如此，这些回忆便会永远付之遗忘。”[②] 透过神话故事来看血缘婚的史迹，一直受到历史唯物论者的重视。马克思在1882年春季所写的一封信中，以最严厉的语调，批评瓦格纳根据斯堪的那维亚和德国史诗创作的《尼贝龙根》歌词对原始时代的曲解。歌词说：“谁曾听说哥哥抱着妹妹做新娘?”对此，马克思回答道：“在原始时代，姊妹曾经是妻子，而这是合乎道德的。”[③]

我国民间流传的洪水故事或创世史诗，描写兄妹结婚的不乏例证，涉及到的民族包括汉、黎、瑶、布依、傣、傈僳、彝、苗、高山、纳西、哈尼等。值得我们注意的是，这些作品大体上可分为两大类：一是兄妹结婚被认为是合理的，甚至自豪地把自己看成是他们的后裔，这一类作品可以哈尼族的《奥色密色》、傣族的《布桑嘎与雅桑嘎》为代表；二是兄妹婚配受阻隔，往往带有悲剧的色彩，受孕生下的不是肉团（块）就是异物（葫芦、冬瓜、皮口袋等），这一类作品占绝大多数。虽然这两类作品都反映了历史上有过血缘婚的事实，但第一类显得更为古朴，第二类则反映了人类在自身生产过程中逐渐形成了阻止血亲婚配的观念。

血缘婚与血缘家庭存在于前氏族公社之中，并基本上同前氏族公社相始终。马克思曾指出，人类社会形成之初，“生活上的共产制”必然作为当时人们“生存的必要条件”而通行于血缘家庭和普那路亚家庭中。他还说：“一旦原始群为了生存必须分成较小的集团，它就从杂交转变为血缘家庭；血缘家庭是第一个有‘组织的社会形

---

① 以上详见杜玉亭：《血缘家庭史迹新探》，载云南省历史研究所《研究集刊》1982年第2期。

② 保尔·拉法格：《宗教和资本》，第53页。

③ 转引自《家庭、私有制和国家的起源》，第34页注。

式'。"[①] 恩格斯在《家庭、私有制和国家的起源》一书中也写道："家庭组织上的第一个进步在于排除了父母和子女之间相互的性交关系"。"每个原始家庭，至迟经过几代以后是一定要分裂的。原始共产制的共同的家庭经济（它毫无例外地一直盛行到野蛮时代中级阶段的后期），决定着家庭公社的最大限度的规模，这种规模虽然依条件而变化，但是在每个地方都是相当确定的。不过，一旦发生同母所生的子女之间不许有性交关系的观念，这种观念就一定要影响到旧家庭公社的分裂和新家庭公社的建立（这种新的家庭公社这时不一定要同家族集团相一致）。"[②] 这里提到的"旧家庭公社"，当是指前氏族公社；至于"新家庭公社"，联系恩格斯把排除同母所生的子女之间的性交作为前提，又考虑到共产制原始公社不同发展阶段的序列，它当是指母系氏族公社。由此可知，在人类社会的初期阶段上存在的"血缘家庭"，从婚姻家庭发展史的角度来考察，它是第一种家庭形式；从社会制度的组织形式来说，它又是原始共产主义社会的第一个发展阶梯。

（二）氏族外群婚及其家庭形式

前氏族公社向母系氏族公社的转变，意味着集团内群婚（血缘婚）向集团外婚即氏族外群婚的转变。

随着对劳动工具——主要是石器制作技术水平的提高，采集和渔猎经济有了长足的进步，人群的规模扩大了，并且有了较为稳定的定居生活。这样，一个集团便由于人口的自然增加而分裂成几个集团，这些集团之间常常可以而且需要联合起来从事经济活动，彼此建立起社会方面的某种联系。他们要实现自然而又密切的交往和联系，最好的形式莫过于缔结婚姻关系，即实行族外群婚。在这里，我们虽然强调了当时社会经济的发展促成了集团内群婚向氏族外群

① 马克思：《摩尔根〈古代社会〉一书摘要》，见《马克思恩格斯全集》第45卷，第347—348页，人民出版社1985年版。

② 《家庭、私有制和国家的起源》，第35—36页。

婚的转变，但丝毫无意否认自然选择原则在这种转变过程中所起到的积极作用。

1. 自然选择原则

所谓自然选择原则的积极作用，是指没有血亲关系的群体成员之间的联姻，创造出在体质上和智力上更强健的人种，这些群体的进步、发展比那些仍然实行集团内血亲婚配的群体更迅速。对此，恩格斯深刻地指出："这一进步的影响有多么强大，可以由氏族的建立来做证明；氏族就是由这一进步直接引起的，而且远远超出了最初的目的，它构成地球上即使不是所有的也是多数的野蛮民族的社会制度的基础，并且在希腊和罗马我们还由氏族直接进入了文明时代。"①

自然选择原则发生作用，实质上就是克服近亲婚配的弊害。在这里，我们可以运用遗传学方面的基础知识去理解。

每个正常人的身体，都是由各种各样的细胞组成的。每个细胞核里都有 46 条染色体，两两成双，共有 23 对。每条染色体上布满了遗传基因，这些基因一半是父亲传下来的，另一半是母亲传下来的。遗传基因满载着来自父母的各种遗传的密码，这些密码巧妙地控制着人体各部分的生长发育，并能将父母的特征遗传下去，所以一家人总是有一点相像。

假定父亲有一个遗传上的特性，由一对基因 A、B 代表；母亲有另一个遗传特性，由另一对基因 C、D 代表，他们生育的子女，基因分配必然具有如下图所示的几种可能：

父亲 ‖ 母亲 —A、B / C、D→ 子女 { AC BC / AD BD }

如果子一代中哥哥体内的一对基因有 BC，妹妹体内也有一对基因 BC，那末，这一对兄妹的基因是 100%相同；如果妹妹的一对基因为 AC，他们只有 50%相同（C 相同），若为 BD，也有 50%相同

① 《家庭、私有制和国家的起源》，第 35 页。

（B 相同）；倘若妹妹的一对基因为 AD，他们就完全不相同（0%）。相同机遇以 100 计，所有亲兄弟妹妹基因相同的机会就是（100＋50＋50）/（100＋100＋100＋100）＝1/2。这表明，遗传特性相同的可能性高达 50%。

这些亲兄弟姊妹与其他人通婚，所生下的子女，即子二代，就成了表兄弟姊妹的关系。如果其中一对表兄妹结婚，表兄身上来自父亲的 1/2 基因，就有可能与表妹身上来自母亲的 1/2 基因相同，而他们的父母本来就是兄弟姊妹，所以已有 1/2 基因相同的可能性。这样，他们出现基因相同的机遇就是 1/8。据此类推，子三代，他们的基因有可能相同的机遇则为 1/32。

我们人体的每个细胞里至少有 5 万个以上的基因，在这么多的基因中，不免夹杂着个别的有害基因（致病基因）。非近亲婚配者，如一方某个基因是有害的，另一方某个基因却往往是正常的，双方一经结合，有害基因被正常基因所掩盖，于是生下的孩子仍表现为健康。如果是表兄妹结婚，由于他们的基因有 1/8 的机遇相同，而相同的基因又是有害的，那末他们两人结合后，这两个有害基因就很容易在下一代反映出来，形成某种遗传性疾病。这就是近亲结婚易生下不健康孩子的原因。

近亲结婚很容易使后代（子一代或二代）得先天性、遗传性疾病，如聋、哑、瞎、傻，或其他畸形状态的疾病。这已为科学的调查研究所证实。据统计，先天性和遗传性疾病的发病率，近亲结婚的比非近亲结婚的高达 150 倍，婴儿死亡率一般高出 3 倍。当然，得先天性疾病，并不能都归因于近亲结婚，因为也可能是环境所致（如孕妇得了某种疾病或使用了某种不当药物，遭到放射或其他污染的毒害等）。但调查数据表明，遗传因素比环境因素造成的先天性疾病要整整高出一倍。

有人会说，某些近亲结婚生下的孩子不是很好吗？这种情况确实有，其原因，或者他们的病态基因可能较少，或者虽有却不属于关键性的病，或病态基因隔代才会表现出来。然而，无论如何，近亲通婚者后代的遗传素质，总不如非近亲通婚者好。

一位医学家曾根据有智力缺陷子女的线索，去了解他们父母和同胞兄弟姐妹的智力程度，结果如下表①：

父母智力情况	被调查人数	子女智力正常（%）	子女智力低下（%）	子女智力有缺陷（%）
正常×正常	18人	73	5	22
正常×低下	59人	64	33	3
低下×低下	252人	28	57	15
低下×缺陷	89人	10	55	35
缺陷×缺陷	141人	4	39	57

从上表可以看出，父母双方智力都正常的，所生子女智力正常的占多数；父母智力低下，所生子女智力明显受到影响；父母智力都有缺陷，所生子女智力多数很差。这说明，智力低下或缺陷的确与遗传有关。

古人类学的材料对我们也是有启发的。北京猿人处于前氏族公社时期，他们的寿命很短。据对骸骨考察，在大约40个北京猿人中，死于14岁以下的占39.5%，死于30岁以下的占7%，死于40—50岁的占7.9%，死于50—60岁的占2.6%，其余的43%寿命尚未确定②。诚然，北京猿人的生产力水平极端低下，生活条件十分恶劣，对寿命有明显的影响，但他们实行集团内的血亲婚配，这无疑也是寿命短促的一个重要原因。

阻止血亲婚配观念的好处，并不是一开始就为人所认识，要不然，怎么会有过杂交和血缘婚呢？只是到了后来，生产力有了一定的发展，人群逐渐增多，并且有了相对说来较为稳定的定居生活，阻

① 楼象：《生育的知识》，第101页，科学普及出版社1981年版。

② 参阅贾兰坡：《中国猿人》，第130页，上海龙门联合书局1951年版。

止血亲婚配的观念才逐渐产生。开始是个别集团的个别人初步排斥了同胞兄弟姊妹婚，然后渐渐扩大了范围，并由起初的同胞扩及到从兄弟姊妹、再从兄弟姊妹；随着不许互相通婚的“兄弟”和“姊妹”类别的日益增多，这种婚姻现象遂演变成一种普遍的惯例，并最终成为一种固定的制度，从而将昔日的集团内婚排除了，代之以新规——集团外婚（族外群婚）。它的典型代表是普那路亚群婚。

2. 普那路亚群婚

排除兄弟姊妹（起初是同胞的，后来扩至远房的）之间的婚姻关系，是人类婚姻家庭发展史上的第二个大进步。由于配偶者年龄相近，这一进步比排斥亲子间通婚的那种进步重要得多，也困难得多。

族外群婚的主要特征是一定的家庭范围内相互的共夫和共妻，不过在这里是把丈夫的姊妹和妻子的兄弟排除在外。具体地说就是：男子只能以别一氏族的女子为妻，女子也只能以别一氏族的男子为夫；在可通婚的范围内，男子仍可以把任何女子作为自己的妻子，反之，女子也可以把任何男子作为自己的丈夫。事实上，在共夫共妻的情况下，一个男子在许多妻子中可能有一个主妻，一个女子在许多丈夫中也可能有一个主夫。主夫主妻维持着较为经常、持久的婚姻关系。这样的婚俗，是摩尔根在夏威夷土著中发现的。在他们中间，丈夫彼此已不再互称为兄弟，而是称作“普那路亚”（“亲密的伙伴”或“亲爱的朋友”之意）；妻子彼此间同样如此称呼，所以摩尔根称以此婚俗为基础的家庭为普那路亚家庭。普那路亚婚是群婚的最高形式，“亦即可以用来最容易地说明向更高形式过渡的那种形式”①。

实行族外群婚的家庭，丈夫和妻子分别属于自己所在的母方氏族，只是过性生活时，男子才去妻方氏族拜访妻子。至于日常的生产和生活，夫妻都是分别依附于自己的母体——氏族公社。由于孩

① 《家庭、私有制和国家的起源》，第40页。

子归于母亲氏族，因此他们只能继承母亲的财产，而不能继承父亲的财产。“在一切形式的群婚家庭中，谁是某个孩子的父亲是不能确定的，但谁是孩子的母亲却是知道的。即使母亲把共同家庭的一切子女都叫做自己的子女，对于他们都担负母亲的义务，但她仍然能够把她自己亲生的子女同其余一切子女区别开来。由此可知，只要存在着群婚，那么世系就只能从母亲方面来确定，因此，也只承认女系。”① 这种只从母亲方面确认世系的情况和随着时间的推移而由此发展起来的财产继承关系，巴霍芬称之为“母权制”。对于这个名称，恩格斯指出：“它是不大恰当的，因为在社会发展的这一阶段上，还谈不到法律意义上的权利。”② 只是为了简便起见，恩格斯采用了这一名称。直到今天，它仍普遍为民族学者所沿用。

族外群婚的具体形式并非只有一种，它可以因不同地区、不同民族而有自己的形式，而且不同的具体形式还可能反映了群婚的不同发展阶段。

3. 级别婚

19 世纪在澳大利亚土著中发现的级别婚也是一种族外群婚形式。在南澳大利亚芒特-甘比尔地区的部落中，有两个婚级，即克洛基和库米德；同时他们又是两个氏族，克洛基为白鹦鹉，库米德为黑鹦鹉。依性别说，每个婚级都包括了男、女两部分（每个婚级的男子们是兄弟，女子们是姊妹，他们均出自同一假定的女祖先，所以这些男女之间互为兄弟姊妹），因而存在两个婚级就有四个性级。他们实行母系制度下的两个级别的婚姻制度，或者叫两个婚级、四个性级的级别婚。如以英文字母大写 A、B 代表两个婚级的女性，小写 a、b 代表男性，＝代表婚姻关系，↓代表下传世系，⌐ 代表同胞兄弟姊妹关系，他们的婚制可列表如下：

① 《家庭、私有制和国家的起源》，第 38 页。

② 同上书，第 39 页。

氏　　族	婚　级	性级　女	性级　男	婚姻与世系
白　鹦　鹉	(一) 克洛基	(1) A	(1) a	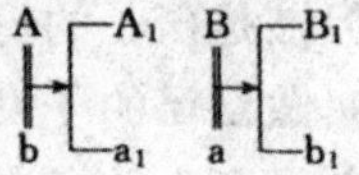
黑　鹦　鹉	(二) 库米德	(2) B	(2) b	

以克洛基的女性为例，其婚姻与下传世系为：

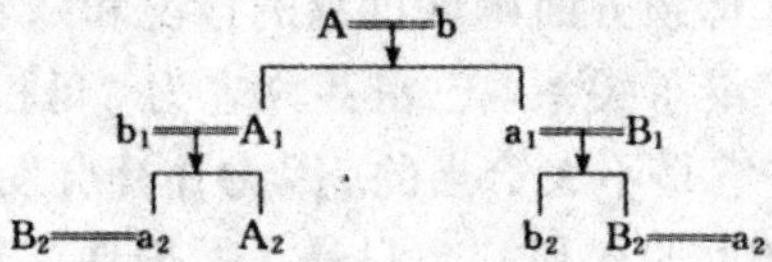

从上表可看出：这里仅仅排除母方兄弟姊妹间、母方兄弟的子女间，母方姊妹的子女间通婚。由于按母亲方面计算世系，这里的三代人都属于白鹦鹉氏族，并同在一个婚姻级克洛基之内，所以男女以兄弟姊妹相称，彼此不能通婚，而母方兄弟的子女与姊妹的子女之间可以通婚，因为这两部分人分属于不同的氏族，亦在不同的婚姻级。这里出现的情况，就是我们通常依父系概念所说的交错姑舅表婚。这无疑是走出血缘群婚的第一步。

这种两个婚级、四个性级的婚制，从理论上说，按母亲计算世系，父亲与女儿因不属于同一个氏族和婚姻级，应允许通婚。这种理论上允许亲子相婚的情况可能在实践上不存在，所以恩格斯指出："据我所知，在澳大利亚，父母和子女间的婚姻关系的例子，还没有人提到过；而比较晚一些的外婚形式，即母权制氏族，照例也默然以禁止这种关系为前提，把这种禁例看作一种在氏族产生时就已存在的事情。"①

为完全排除亲子相婚的可能性，进一步阻止血亲婚配的办法已在澳大利亚土著中产生出来，这就是在新南威尔士达令河流域卡米拉罗依部落中所实行的那种四个婚级、八个性级的级别婚。卡米拉

① 《家庭，私有制和国家的起源》，第 41 页。

罗依部落是母系社会，有两个胞族、六个氏族；四个婚级、八个性级，我们若仍然采用上述的那些符号，他们的婚制可列表如下：

胞　族	氏　族	婚　级	性级 女	性级 男	婚姻与世系
库帕廷	鹂鹋、袋狸、黑蛇	(一)	(1) 依帕塔 A	(1) 依排 a	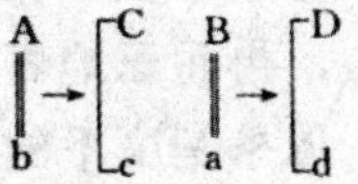
狄尔比	鬣蜥、袋鼠、负鼠	(二)	(2) 卡波塔 B	(2) 库比 b	
库帕廷	鹂鹋、袋狸、黑蛇	(三)	(3) 布塔 C	(3) 孔博 c	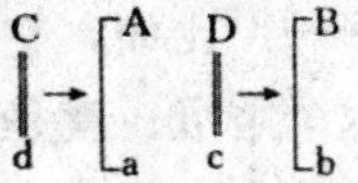
狄尔比	鬣蜥、袋鼠、负鼠	(四)	(4) 马塔 D	(4) 慕里 d	

以库帕廷胞族的第一婚级女性依帕塔 A 为例，其婚姻与下传世系为：

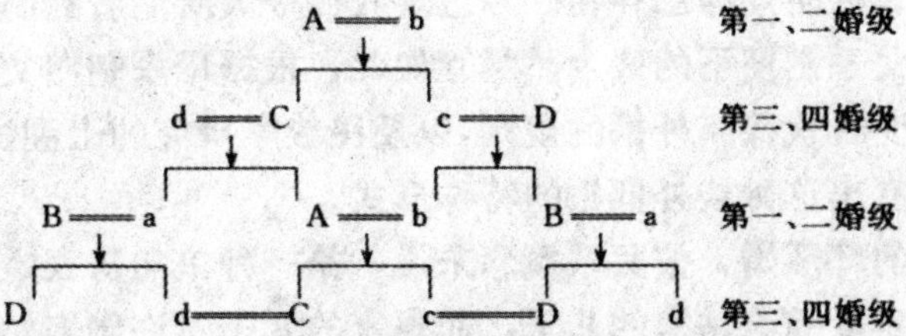

从该表可看出：这里如同两个婚级、四个性级的制度，排除了母方兄弟姊妹间、母方兄弟的子女间、母方姊妹的子女间的婚姻关系，因为这三组的任何一个世代，都属于同一胞族（“库帕廷”或“狄尔比”），亦同属于一个婚姻级。这里也同样实行我们通常所说的交错姑舅表婚。但是，卡米拉罗依部落的级别婚较之芒特-甘比尔地区部落的级别婚有着明显的不同：第一，儿女虽然与母亲同属于一个胞族中，但并不属于母亲所在的那个婚姻级，而列入一个新的婚姻级。第二，每隔一代必定重新恢复到原来的婚姻级（如孙儿女就回到了祖父母的那个婚姻级)，即“一代总是属于第一和第二级别，下一代则属于第三和第四级别，第三代又重新属于第一和第二级别”①。第三，无论从实践上还是从理论上看，母亲与儿子、父亲与女儿即亲子间均不复有通婚的可能。实际上，婚级越多，相互婚配的血缘关系就越疏远。由此我们看到，阻止血亲婚配的意向，被一而再、再而三地表现出来。

母系制度下的级别婚，是族外群婚的一种低级、原始、粗野的形式。不过，应注意的是，级别婚制度本身十分复杂，发展水平高低不一。比如，它除了上述两个婚级、四个婚级外，还有八个甚至十六个婚级；就是实行四个婚级的部落，在世系计算上，有的按母亲计算，有的已发展到按父亲计算；有的可能仍属于族外群婚，而有的却进入到了对偶婚阶段②。

4. 环形婚

环形婚（环状联系婚的简称）是族外群婚的另一种形式。它大概在母系氏族公社时期即已存在。不过，我们今天所能看到的环形婚实例，都是父系制度下的残余。尽管如此，根据母系制向父系制的转变并不改变古代氏族外婚的规则，以及民族学研究的上溯法，我们还是可以恢复出这种族外群婚的特殊形式。

我们所说的环形婚，按父系概念来说，是一种单向舅表婚，即舅家的女儿固定要嫁给姑家的儿子，而舅家的儿子不许倒娶姑家的女儿。它的残余形态，直到20世纪中叶，在我国独龙族、景颇族中间都还存在。

以云南贡山县原第三行政村为例。据1960年调查，该村尚残留有4个氏族、12个家族，共有70多个一夫一妻制的小家庭，列表如下（表中的英文字母大小写代表未婚男女）：

---

① 《家庭、私有制和国家的起源》，第41页。

② 详见陈克进：《澳大利亚级别婚试析》，《民族学研究》第7辑，民族出版社1984年版。

氏　族	家　族		户　数
狄　巴	木　切　王 Aa		5
	木　切　图 Bb		分散各村
	孔　门 Cc		10
	龙　拉 Dd		5
	力　担 Ee		1
木　仁	拉　辟 Ff		
	肯　顶	肯　顶（汪　梅）Gg	12
		孔　干 Hh	4
		布卡王 Ii	6
马　必　力	学　哇　当 Jj		11
	丙　当 Kk		5
郭　劳　龙	孔　当 Ll		15

按照他们的通婚规则，狄巴氏族力担家族男女 Ee 的婚嫁情况如下图所示（英文字母大小写分别代表各家族未婚的男子、女子，→表示女子出嫁方向）：

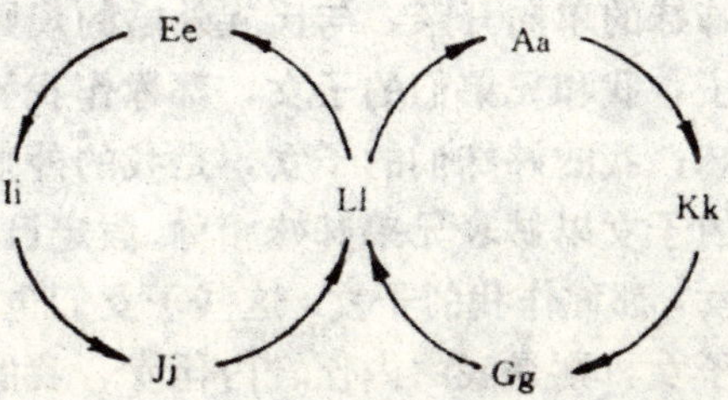

如左半图所示，郭劳龙氏族孔当家族的姑娘 l 嫁给狄巴氏族力担家族的男子 E，力担家族的姑娘 e，嫁给木仁氏族布卡王家族的男子 I，布卡王的姑娘 i 嫁给马必力氏族学哇当家族的男子 J，学哇当的姑娘 j 嫁给郭劳龙氏族孔当家族的男子 L，这里正好完成了一个循环。

然而，只要符合氏族外婚的古规，循环圈就不一定是一个，而可能出现多个（可以是因为有多个姑娘要出嫁，也可以隔代重复出现）。比如，从右半图所示可以看到，郭劳龙氏族孔当家族的姑娘l，不一定都嫁给力担家族的男子E，也可以嫁给狄巴氏族中的另一个家族木切王的男子A，木切王的姑娘a则嫁给马必力氏族中另一个家族丙当的男子K，丙当的姑娘k嫁给木仁氏族中另一个家族肯顶的男子G，肯顶的姑娘g嫁给郭劳龙氏族孔当家族的男子L。这里也正好完成了一个循环圈。

云南德宏傣族景颇族自治州的景颇族，也存在着这种环形婚，他们叫做“丈人种”和“姑爷种”。它的涵义是：姑母的儿子有权而且必须娶舅父的女儿为妻，而舅父的儿子却绝对不容许娶姑表姊妹，意谓“血不倒流”。在实践上，这种婚姻关系远远超出了姑家和舅家的范围，而是扩大到姑家姓氏和舅家姓氏，即姑爷种姓氏的任一男子必娶丈人种姓氏的任一女子，而丈人种姓氏的男子却不准倒娶姑爷种姓氏的女子①。

从亲属称谓来看，实行这种开亲关系，必然是：舅父、岳父同称，舅母、岳母同称，婆婆、姑母同称，公公、姑父同称。这种姑表兄弟对舅表姊妹的单向开亲，与氏族外婚的规则完全一致。假定己身是一个男子，我和兄弟们的子女，都称作我的子女，这些子女互称为兄弟姊妹；我的姊妹们的子女，是我的外甥、外甥女，我的子女对姊妹们的子女以姑表兄弟姊妹相称。假定己身是一个女子，我和姊妹们的子女，都称作我的子女，这些子女们也互称为兄弟姊妹；我的兄弟们的子女，则是我的内侄、内侄女，我的子女对我兄弟们的子女以舅表兄弟姊妹相称。由此便可看出，兄弟们的子女与姊妹们的子女这两部分人，都不再属于互为同胞或堂兄弟姊妹的范畴，或者说，他们不复有共同的双亲、共同的父亲或母亲。因此，按照氏族外婚的规则，这两部分不同祖的人，容许缔结婚姻关系。

从上可知，无论是独龙族还是景颇族，一个姓氏实质上就属于

---

① 详见陈克进：《景颇族的婚姻形态》，载《社会科学战线》1981第1期。

古代遗留下来的一个氏族，限制在本姓内通婚，正反映出古代实行过氏族外婚的规则。父权制下的氏族外婚是由母权制下的氏族外婚发展而来的。根据母权制规例，氏族或家族以女性为中心，世系按母亲计算，实行妻方居住，男子“出嫁”到妻方氏族，于是甲、乙、丙三个氏族（这是环形婚起码所需）的婚嫁，在古代应如右图所示。这就恢复了一些民族古代族外群婚的面貌。

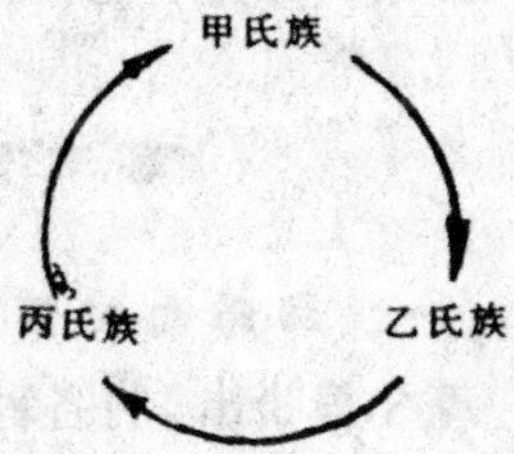

顺便提一下，在某些民族的现实生活中，除了单向舅表婚，还有单向姑表婚和交错姑舅表婚，这些都是古代族外群婚的一种残留。单向姑表婚与单向舅表婚正好相反，即舅家的儿子理应娶姑家的女儿为妻。对于这种婚制，黔东南侗族称之为“买表”。解放前，在他们中间，女儿一旦降生，注定要做舅表兄弟的妻子；如果没有合适的配偶，外甥女欲另适他人时，必须征得舅家的同意，并应当把部分以至绝大部分彩礼聘金送去作抵偿，而姑娘的父母倒没有绝对的支配权。类似的婚俗，在清水江苗族中解放前也存在过。

至于交错姑舅表婚，在云南沧源佤族中曾十分盛行。据 1956 年调查，在“央冷部落”被调查的 40 对婚姻中，就有 27 对属于这种婚例，约占 7/10。他们的交错姑舅表婚是相当严格的，比其他民族更具典型性：舅方嫁出一个姑娘到姑方，姑方必须回嫁一个姑娘作抵，如果这一代无法回嫁，也应在下一代把姑娘嫁给舅方；即便舅方这一代没有或没有相当的匹配对象，姑娘出嫁所得的彩礼通常要全部归属舅方。倘若双方都有可匹配的对象，而姑方的姑娘不嫁给舅方却嫁给他人，往往会引起严重的婚姻纠纷，即舅方要对姑方和她的亲家进行报复，甚至允许任意夺取他们的动产。

总之，古代族外群婚并不限于一种，而是有多种具体形式。恩格斯曾预言：在级别制度与普那路亚“这两种婚姻形式之间，我们无疑还会发现某些中间阶段；在这里，目下摆在我们面前的还是一个刚刚敞开而尚未有人进入的研究领域。”① 一个世纪以来的一系列新发现和新的研究成果表明，恩格斯的预言是正确的。这说明，只有遵循历史唯物主义的方法论，我们在学术园地里进行探索才不会迷失方向，并有所建树。

第三节 对偶制婚姻家庭

一、群婚向对偶婚过渡及其遗俗

摩尔根指出，将各种婚姻家庭形态依发展次序予以恢复，“并不是说：某一种形态完全出现在某一级社会之中；某一种形态普遍而且绝对地盛行于同一级社会的一切人类部落之中；然后，它在下一个更高级的形态中消失。伙婚制（即群婚制——引者注）的个别情形可以在血婚制（即血缘群婚——引者注）中出现，反之亦然；偶婚制（即对偶婚——引者注）的个别情形可以在伙婚制中出现，反之亦然；而专偶制（即一夫一妻制——引者注）的个别情形也可以在偶婚制中出现，反之亦然。专偶制的个别情形甚至可以出现在伙婚制那样的低级状况中，而偶婚制的个别情形甚至可以出现于血婚制那样的低级状况中。不仅止此，某一部落也可以比较它更为进步的部落先进入某一种家族形态。例如，易洛魁人之具有偶婚制家族，是在低级野蛮社会之时，而处于中级野蛮社会的不列登人却仍实行伙婚制。……我想试图说明的只是：家族开始于蒙昧社会的血婚制，然后进步为专偶制，其间经历了两个有着明显标志的过渡形式。对于这种结论，证据似乎是充分的。每一种形态在开始时都只在部分地、然后才是一般地、最后才是普遍地流行于广大地区。普遍流行之后，它又逐渐为继起的形态所吞没，而后者又开始部分地，然后一般地，最后普遍地流行于同上地区。在这种顺序相承的进步过程

① 《家庭、私有制和国家的起源》，第43页。

中，进步的主流是从血婚制走向专偶制。”①

摩尔根的这一席话，是唯物主义的，也是符合辩证法的。在婚姻家庭的历史发展过程中，对偶婚起着群婚向个体婚制转变的桥梁作用。

这里我们不得不涉及到从群婚到对偶婚的过渡形式问题。恩格斯认为，正是妇女通过赎身的办法，实现了群婚到对偶婚的过渡，而男子是从来就不愿意放弃古老的群婚权利的。所谓“赎身”，是指女子必须在一定时期、一定的范围内献身于男子们，以此换取自己的贞操权利，亦即“把自己从古时存在过的共夫制之下赎出来，而获得只委身于一个男子的权利”②。

这种为赎身而做出的“牺牲”，随着时间的推移而愈来愈轻。对此，恩格斯引证巴霍芬《母权论》的话说：“年年提供的这种牺牲，让位于一次的供奉；从前是妇人的杂婚制，现在是姑娘的杂婚制；从前是在结婚后进行，现在是在结婚前进行；从前是不加区别地献身于任何人，现在只献身于某些一定的人了。”③

妇女的赎身，有的民族披上了宗教的外衣。比如，古代巴比伦的每一个妇女，不问贫富贵贱，在她的一生中都必定要在米莉塔神庙里，献身给不相识的男子。米莉塔是古代巴比伦神话中的爱神（又名伊施塔尔或阿斯塔尔忒）。按照习俗，每年去献身的姑娘们坐在神庙里，并用绳子在他们之间拦出通道，不相识的男子就沿着通道进行选择。他一旦选中，便把银币（多少不论）抛到姑娘膝上，并对她说：“我以米莉塔女神的名义来为你祝福。”随后，他们到神殿外去交媾。当这个姑娘交媾完毕，就是说在女神面前完成任务以后，男子便不能随意得到她了。类似的习俗，在其他地方也有，如古代叙利亚（腓尼基）和塞浦路斯岛等地，所有的妇女在结婚以前，都

① 摩尔根：《古代社会》，第466页。

② 《家庭、私有制和国家的起源》，第47页。

③ 《家庭、私有制和国家的起源》，第48页。

必须在阿斯塔尔忒神庙里为不相识的过路男子献身。这种披上宗教外衣的赎身风俗,“差不多在地中海和恒河之间的所有亚洲民族中间都可遇到”①。

其他民族，则没有这种宗教外衣。在一些民族中，妇女的赎身表现为在结婚之时应尽初夜权的义务：新郎的亲朋或者应邀前来参加婚礼的客人，在举行婚礼时，都可以提出古代遗留下来的对新娘的权利，而新郎按次序却是最后的一个。

妇女赎身没有宗教色彩的另一种表现，是姑娘出嫁以前享有极大的性自由。被恩格斯视为例证的，古代有色雷斯人、克尔特人等，近代有印度的许多土著居民、马来亚各民族、太平洋地区的岛民和许多美洲印第安人。姑娘婚前享有性自由的习俗，解放前在我国的一些少数民族中也不难见到，比较典型的可以黎族、景颇族为例。

这种习俗，黎族有多种叫法，如“菲杂”（走夜路）、“堂它”（性关系）、“陶汤翁”（跟女人玩）等，汉族一般称之为“放寮”。因放寮而发生性关系，双方都不必承担正式结婚的义务。放寮期间生下的子女，不受人歧视，将来的丈夫也乐于相认。因此，民间形象地说过去的黎族女子，是“背着孩子找爱人”。此外，维持放寮关系的时间很短，一般仅有几天，几个月的很少，一、二年的更属个别，因而某个男子或女子才十二三岁，竟有了许多个放寮对象。不过，在若干个放寮对象中，往往有一个是最为依恋的情人，他们之间来往的时间也较为长久，有的甚至生了孩子以后还继续来往。这里所谓“背着孩子找爱人”，以及若干个放寮对象中有一个相对稳定的情人这一事实，显然在一定程度上反映了古代群婚向对偶婚过渡的情景。

景颇族男青年正式结婚前无不参加“串姑娘”（载瓦话为“干脱总”，景颇话为“恩拉达卜”）。这不只是指他们婚前的恋爱活动，而且还包括享有性生活的自由权利。这就易产生未婚有孕和非婚生子女的问题。一旦出现这种情况，未婚女子就实行“指腹认亲”或

① 《家庭、私有制和国家的起源》，第48页。

"抱子认亲"。所谓"指腹认亲"，是指女子怀孕后，不待生育就依据性生活的对象确指某人为胎儿的父亲。所谓"抱子认亲"，是指女子性生活的对象不止一人，只好待生育后，依婴儿的像貌来确认某人为其父亲。进入20世纪以来，"指腹认亲"已日益少见，而"抱子认亲"则几乎没有了。不管哪一种"认亲"，男子都是真诚接受的。"认亲"后，男子必须杀一头牛、一只猪、几只鸡为女方"祭鬼"、"洗脸"，以示道歉。要是男子喜欢她，便按礼仪娶为妻子；不愿意的话，女子照样嫁人，子女亦随母亲，并从后夫姓。男子若只要子女而不娶其母，可再送女方一二头牛和其他礼物，尔后，女方则应对子女尽哺育抚养的义务，但不能享有任何权利，如收纳女儿出嫁聘金、养老等。值得注意的是，景颇族的"指腹认亲"较之"抱子认亲"显然进步得多，因为妇女无须生育了子女凭像貌去"认亲"，而是怀了孕即可"认亲"。这说明对婚前性自由的限制是愈来愈严格的。在群婚制下，并无为子女"认亲"的问题，而后来却要在为之献身的某些人中"认亲"，直至最后只委身于一人。可见，景颇族的两种"认亲"遗俗，反映了古代妇女为"赎身"以求贞操而做出"牺牲"，是愈来愈轻的。

二、对偶制婚姻家庭

随着人类的社会经济发展到一定的程度，氏族制度的日趋发达，自然选择原则还继续发生作用，以及不许相互通婚的"兄弟"和"姊妹"类别的日益增多，那种群婚制下主夫主妻的成对配偶必然会日益巩固下来。由于婚姻禁例越来越复杂，即由于次第排斥亲属通婚（起初是血统较近的，后来是血统愈来愈远的亲属，最后甚至扩及到姻亲关系的），任何群婚形式便越来越不可能，并终于在实际上完全不可能存在了，结果仅有仍是松散联系的单一对偶，这一对偶分子一经解体，婚姻也就停止了。这样，就由群婚发展到个体婚的初级阶段——对偶婚。在这一阶段上，一个男子和一个女子共同生活于母系家族公社之中。婚姻的缔结，一般都需通过某种手续或仪式，如交换礼物、请人引见等。起初，缔结婚姻往往还是当事人的事情，往后则要受到母亲及其家族公社其他长辈们的某种干预，甚至发展到像美洲印第安人易洛魁部落那样，当事人只是临近婚期才知道。

对偶婚制的特点，主要是一对男女的结合尚不牢固，容易为任何一方撕破；一旦离异，双方都有重新寻找配偶的自由权利，所生子女归母亲所在的氏族和家族公社。由于这种婚姻形式组成的对偶家庭，“本身还很脆弱，还很不稳定，不能使人需要有或者只是愿意有自己的家庭经济，因此它根本没有使早期传下来的共产制家庭经济解体”①。典型的对偶家庭存在时期，正是母权制氏族兴盛时期，亦即母系家族公社取代了母系氏族公社的时期，因而对偶家庭实际上依存于母系家族公社，成为家族公社不可分割的一部分。然而，氏族制度的一些基本特点依然存在，如实行氏族外婚，按照母权制法则，子女的血统仍按母亲计算；财产归母系亲属继承。在居住制方面，则由昔日的临时拜访妻子，改为从妻居，男子在妻方家族公社从事生产活动并参加消费。

关于古代的对偶制婚姻家庭，今天我们只能通过残存着的各种社会化石进行考察。那些活化石，不仅使我们可以看到这种婚姻家庭形式的基本特点，而且可以了解其演变的阶段性。

直到20世纪四五十年代，我国云南宁蒗彝族自治县永宁纳西族（自称“纳”、“纳日”或“摩梭”）还残存着一种“阿注”婚姻。涤除封建领主制所附加的迷蒙色彩，它为我们提供了对偶制婚姻家庭的产生及其初始阶段的大致情形②。从相对意义上说，结交阿注有短期和长期之分，所谓短期，是指两三天、几个月或一年半载；所谓长期，则指两三年以至二三十年。对于正常的人来说，在一生中都

① 《家庭、私有制和国家的起源》，第45页。

② 详见严汝娴、宋兆麟：《永宁纳西族的母系制》，云南人民出版社1983年版；詹承绪、王承权、李近春、刘龙初：《永宁纳西族的阿注婚姻和母系家庭》，上海人民出版社1980年版。永宁纳西族有一个古老的词语，即“主若主咪”，直译是男男女女在一起，意译就是一群男女的结合。在解放前的几十年间，他们借用了普米族“阿注”——“朋友”这个词，不过，它对有性关系的男女适用，对一般的朋友也适用。

结交过几个或一二十个阿注，个别的甚至有上百个。这些阿注都是临时性的。在他们中间，大多数人都有长期阿注，而且只要年龄不大或还有兴致，又往往同时保留着短期阿注。结交任何一种阿注关系，均必须遵守古老的惯例——族外婚，其他诸如年龄差异、辈分高低都不是障碍。结交阿注取决于双方自愿，随时都可进行，相应地，阿注关系的解除也极为容易，如一方不接待或不拜访，就成为结束关系的理由。

长期阿注关系存在着如下几个特点：

第一，长期阿注是主要的配偶，短期阿注是补充性质的次要配偶。虽然主次之分并非绝对，而是可以变动的，但他们到了壮年之后，毕竟有了与某个异性的配偶关系维持相对稳定的愿望和事实。

第二，虽然结交了长期阿注后并不排除自由结交短期阿注的权利，但长期阿注在性生活方面已享有优先权。只要双方有结交长期阿注的愿望，男子必须采取简单而又不可缺少的行动——把被窝搬到女子客房去，这意味着他从此可以光明正大地在这里同宿。长期阿注的双方或某一方与第三者建立短期的阿注关系，通常都要注意回避，而短期阿注也尊重人家的优先权。

第三，结交长期阿注已不再满足于馈赠小礼物，而发展到了男子对女家的物质（主要是生活必需品如茶、盐等）帮助，参加女家的捕鱼、种地、砍柴、养猪等经济活动，乃至双方家庭（“依度”）还有生产协作关系（“依底”）。

第四，基于长期阿注关系的存在，父子观念开始出现。如有的男阿注派人为产妇送食品，为婴儿送衣服、饰物，有的女阿注带子女去为生父奔丧等。不过，这种父子关系的确认，尚未形成一种社会规范，所以许多人明知彼此是父子关系亦不相认，在途中偶然相遇也冷若冰霜。

以上各点，可以说大体上反映了对偶制婚姻家庭产生初期的主要特征。

对偶制婚姻家庭的进一步发展，我们从云南永胜县他鲁人的遗俗中可以有所了解[①]。

他鲁河东岸的他鲁人，是彝族的一个支系。据1962年调查，他们的婚姻分为两种情况，一是正式结婚关系，叫做“尼木勒”；二是非正式结婚关系，叫做“尼查马”。

“尼木勒”相当于我们平常所说的结婚。“尼木勒”的成立，全凭双方自愿，只有极少数由父母包办。一般都要经过择偶、订婚、迎娶各道仪式。实行夫方居住。按父亲计算世系。财产传子（不一定是亲生子）不传女。夫妻之间并无严格要求对方忠贞的义务。他们结婚时，没有繁缛的礼节，离婚也很容易。离婚极为普遍，如兰遮村，已婚男子19人，就有17人离过婚；妇女改嫁达三四次的也不乏实例。离婚后，子女随母亲回家并改母亲姓，即便他们已成人甚至娶妻生了子女也如此。当母亲改嫁后，这些子女又跟随着母亲并改继父姓；不随母亲可继续留在母亲娘家，或作舅父的养子女。

他鲁人除“尼木勒”外，一般都有“尼查马”这种非正式婚姻关系，不仅年轻时有“尼查马”，而且正式结婚后仍然可有“尼查马”。“尼查马”实际上是正式结婚关系“尼木勒”的准备和补充。

“尼查马”关系的缔结很容易。只要属于通婚范围（同氏族不婚），假如看中某个异性，你就可以去追求，而且往往妇女比男子主动。在现实生活中，年轻人更常见的是通过集体活动来缔结“尼查马”：一群小伙子到姑娘的小屋去拜访，最后姑娘示意其中一个留下，即表示她愿和这个小伙子结“尼查马”。不论是个别进行还是集体进行追求，一旦双方愿意，即可发生性关系。“尼查马”关系持续时间不一，有一两天散伙的，也有长达十几年的。已建立“尼木勒”关系的夫妻，在缔结“尼查马”关系时，对正式配偶要注意回避，但不受社会舆论的谴责，更谈不到法律制裁。这种“尼查马”关系所生下的子女和“尼木勒”所生下的子女一样为人尊重。姑娘未嫁在

① 参阅汪宁生：《云南永胜彝族（他鲁人）的原始婚姻形态》，见《西南民族研究》，四川民族出社版1981年版。

家生孩子，同样有人持礼来祝贺。及至她正式出嫁，一般都带上孩子到夫家，夫家对此不以为忤，反以为荣。

总之，他鲁人的婚姻家庭形式，虽然早已属于父系一夫一妻制，但对偶婚的特点还明显地残存着；不仅婚前性生活自由，而且婚后还享有相当宽容的婚外性自由，与此相应的，则是人们嫉妒感情的的缺乏和贞操观念的淡薄。婚姻的缔结和解除，全凭当事人的意愿，尚未形成一种社会规范予以约束。这些表明，他鲁人的婚姻家庭具有极不稳定、经常改组的特点。

此外，像解放前广东乳源的瑶族、广西金秀和贺县部分村子的瑶族，有所谓"打伙计"或"点火把"（又称"结相好"、"做同年"）之俗；云南耿马、澜沧等县的拉祜族，实行共产制的母系大家庭、丈夫从妻居的习俗，都在不同程度上反映了古代对偶制婚姻家庭早期的某些特点。

至于美洲印第安人，19世纪中叶还处于对偶制婚姻家庭的发展阶段。据摩尔根介绍，这里的易洛魁人以及许多其他印第安人的婚姻，不是以感情，而是以方便和需要为基础。子女的婚姻由母亲们安排，所以一般情况下，行将结婚的双方并不知道议婚的情况。服从这种婚约是一种很少有人拒绝的义务。在结婚之前，新郎一方应对新娘最亲密的亲属赠送礼物（礼物已含有购买的意思），是这种婚姻手续中的特色之一。但是，婚姻关系只能维持到夫妻双方愿意维持时为止。丈夫可以任意抛弃妻子，另娶他人而不遭非议；妇女也享有同样的权利，可以离弃丈夫另嫁他人，而不违背传统习俗。但是，反对离异的舆论情绪逐渐形成，并且日益强烈。在一对夫妇发生意见分歧而离异迫在眉睫的时候，双方氏族中的亲属便试图进行调解，如未获成功，才听凭离异。于是妻子离开她丈夫的家，带走她的子女（这些子女被视为女方所有）和她的个人财产，而她的丈夫对她的财产不能有任何要求；若在共同家室中女方亲属占多数（常常是这种情况），那么就是丈夫离开妻子之家。

印第安人基于这种婚姻，建立起相应的家庭形式——对偶家庭。

若干个这样的家庭居住在一幢房子里，并共同组成一个母系共产制家族公社。这一事实说明：这种家庭组织过于薄弱，不足以单纯应付生活的艰苦。虽然如此，这种对偶家庭却是建立在一男一女相匹配的基础之上的，因而具有一夫一妻制家庭的某些特点。妇女不仅是其丈夫的妻子，也是为他安排饮食、操持各种家务的主妇。她所生的子女，现在已较有把握地确认为他的亲生子女了。子女由夫妻共同照料，因此生儿育女有助于巩固这种结合并使之能维持长久。

以易洛魁部落为代表的印第安人，在对偶制婚姻家庭这一阶段上，并没有产生出一种新的亲属制度，即没有改变旧的——类别式的亲属制度。正如摩尔根所说："某些姻亲关系似乎也发生了改变，以适应新家族的亲属关系；但是其基本特点却没有发生改变。事实上，偶婚制家族在不知其长久的一个时期中，一直被一种与实际存在的亲属关系基本不符的亲属制所掩盖，而无力摆脱出来。这一点充分说明了它为什么比专偶制要低级一些，专偶制是继之而起的、能够瓦解这种亲属机构的力量。"①

综合国内外的民族学资料，可以追溯出古代对偶制婚姻家庭形式具有以下的几个特点：

（1）婚姻建立在一男一女成对配偶的基础之上，因而出现了一夫一妻制的萌芽，成为一种初期的个体婚制，但未完全排除不同表现形式的群婚残余习俗，即缺乏独占的同居。婚姻关系很容易由任何一方撕破，因而对偶家庭很不稳定。

（2）婚姻家庭的建立和解体，取决于当事人的意愿，因社会上尚未形成一种可以左右当事人的道德规范。

（3）没有产生出单独的亲属制度，仍沿用群婚时期的类别式亲属制度。

（4）夫妻居住地，起初为望门居，男子只是晚上才去拜访妻子；随后实行从妻居，即男子离开母亲氏族搬到妻子那里去居住；当母

① 摩尔根：《古代社会》，第465页。

系家族公社向父系家族公社过渡后，逐渐改行从夫居，即妻子离开母亲氏族出嫁到丈夫那里去。其中从妻居是最基本的形式。

(5) 从先前子女只知其母不知其父发展到知母又知父，但父系制确立前，无论对偶家庭、家族公社和氏族，仍以女性为中心，按照母系制度计算血缘亲属关系和确定财产继承权。

(6) 由于其自身的脆弱没有独立的家庭经济，完全依附于实行集体劳动、共同消费的原始共产制家族公社。

这些特点，都属于古典的形态，而不是近现代的残余形态。就19世纪美洲印第安人易洛魁部落的对偶制婚姻家庭来说，严格按照上述六个基本特点来衡量，应该说它基本上还属于古典形态。

第四节　一夫一妻制婚姻家庭

母权制向父权制的过渡，实质上是共产制的母系家族公社向父系家族公社的过渡。从婚姻家庭方面看，在父系家族公社时期，除初期还保留有对偶婚残余外，一般都是实行一夫一妻制的个体婚；由夫妻及其子女组成的小家庭，在较长的一个时期里，只是一个消费单位，而其他的经济生活和社会、宗教活动等仍从属于父系家族公社，即它尚未从根本上从共产制公社的母体中游离出来；只有在以财产私有制为基础的阶级社会孕育临产之时，作为社会细胞的个体家庭才逐渐形成，而它的最终确立，则是阶级社会开始的标志之一。这就是说，一夫一妻制的个体婚与一夫一妻制的个体家庭，在概念上不能等同看待，相对而言，前者从对偶婚发展而来的速度快一些，后者从对偶家庭发展而来的速度要慢一些，即有待多种条件的成熟方能取得完全的胜利。

一、对偶制向一夫一妻制过渡及其遗俗

“在成对配偶制中，群已经减缩到它的最后单位，仅由两个原子组成的分子，即一男一女。自然选择已经通过日益缩小婚姻关系的范围而完成了自己的使命；在这一方面，它再也没有事可做了。因

此，如果没有新的、社会的动力发生作用，那么，从成对配偶制中就没有任何根据产生新的家庭形式了。但是，这种动力开始发生作用了。”①

所谓新的、社会的动力发生作用，归根结底，是指社会生产有了质的飞跃。随着锄耕农业的发展和复杂化，从前主要从事狩猎的男子逐渐参加到农业生产中来，以至到后来成为农业部门的主要劳动力；同时，狩猎渐渐地失去了本来就较有限的经济意义。在驯养野生动物的基础上，禽畜的饲养业逐渐发展起来了，有的地区因自然条件适宜甚至出现了原始畜牧业。饲养业和原始畜牧业的出现和初步发展，具有极为重要的意义，即为人们提供了新的生活资料，如肉类、奶制品、皮毛和毛织品等。面对社会生产的多样化，也由于生理条件的不同，两性间出现了新的劳动分工，男子就不只在渔猎业、饲养业或畜牧业，而且在原始种植业中具有决定性的意义；妇女却逐渐减少了在社会生产中的作用，甚至主要从事辅助性的生产和家务性的劳动了。这表明，妇女原先所具有的重要的经济作用基本上被男子所取代，而这又引起了男子和妇女在社会上和各个家族、直至对偶家庭里的地位发生相反的转变。

由于生产力的发展，农畜产品的大量增加和品种的增多，人们有进行较为正常的物物交换的可能。禽畜和农产品等财产，逐渐从家族公社成员的共有制中发展出个别家族首领占有的现象。这一公有向个人占有发展的趋势终于引起男子对财产继承权的关切，以及促使对偶家庭产生某种自营家庭经济的意愿。

然而，“根据母权制，就是说，当世系还是只按女系计算的时候，并根据氏族内最初的继承制度，氏族成员死亡以后是由他的同氏族亲属继承的。财产必须留在氏族以内。最初，由于构成财产的物品不多，在实践上大概就转归最亲近的同氏族亲属所有。就是说，转归母方的血缘亲属所有。但是，男性死者的子女并不属于死者的氏

① 《家庭、私有制和国家的起源》，第50页。

族，而是属于他们的母亲的氏族；最初他们是同母亲的其他血缘亲属共同继承母亲的，后来，可能就首先由他们来继承了；不过，他们不能继承自己的父亲，因为他们不属于父亲的氏族，而父亲的财产应该留在父亲自己的氏族内。"①就是说，男子创造着社会财富，在他死亡以后，这些财富应当转归他的姊妹们以及她们的子女所有，或者转归他母亲的姊妹的子女所有，而他自己的子女却是不许继承的。随着男子在社会生产和财富积累过程中日益显示出决定性的意义，便使他们在社会和家庭中比妇女占有更重要的地位，并势必产生利用这种增强了的地位来改变旧的继承制度以利于子女的意图。而要实现这种意图，就必须发展父权，为此首先是要求改变妻方居住为夫方居住，以保证生育出确凿无疑的出自一定的父亲的子女，进而则要求改变传统的世系计算法则。

当经济基础已经具备，母权制向父权制的过渡便是水到渠成的了，所以这一空前的变革或许能够从"一个简单的决定"开始。正像恩格斯所说："只要有一个简单的决定，规定以后氏族男性成员的子女应该留在本氏族内，而女性成员的子女应该离开本氏族，而转到他们父亲的氏族中去，就行了。这样就废除了按女系计算世系的办法和母系的继承权，而确立了按男系计算世系的办法和父系的继承权。"② 然而，母权制为父权制所取代，实是女性具有世界历史意义的失败，因此，在实践上，母权制的习惯势力进行了不简单的反抗。特别是当妇女的经济作用仍然存在，以至继续发挥出较大的影响时，她们并不会轻易就实行那个一反传统的决定，而自然要采取各种办法来抗拒或延缓男子发展父权的要求。大量的民族学资料表明，母权制的颠覆、父权制的胜利，是经过了长期而又复杂的斗争才一步一步得以实现的。

从婚姻家庭形式演变来看，母权制向父权制过渡的一项重要内

① 《家庭、私有制和国家的起源》，第52页。

② 同上书，第53页。

容，正是对偶制向一夫一妻制过渡。对于这种过渡，我们几乎无从直接考察，但是，就许多富有学术价值的遗俗进行分析，不难看出这种过渡的历史端倪。

1. 父亲对子女的确认

父亲对子女确认的表现，各式各样。首先是子女的名字问题。所有野蛮人都有自己特定的名字。“野蛮人把这个名字看得像最贵重的珍宝似的。……照摩尔根的说法，名字是属于氏族的”①。最初，个人的名字与氏族的名字合二为一，往后才发展起母子连名制。解放前，云南勐海县巴达区的布朗族还有母子、母女连名的现象，如章加寨岩温迪和玉英苏夫妇有 8 个子女，其中 6 个女儿的名字为玉诺英、玉光英、玉苏英、玉拙英、玉素英、玉嗄英，2 个儿子的名字为岩洛英、岩信英，除“岩”和“玉”为男女性别通用者外，每个名字的末尾都用“英”，就是基于母亲名字的第二个音节“英”的绵连②。云南贡山县原四区四村的独龙族，据 1957 年调查时发现，在孩子名字前仍多连母名，特别是在男孩子名字前一般都连母名③。这种母子连名制本是母权制的一种习俗。一旦父权的发展已不可避免，男子确认亲生子女的要求便是合乎情理的事情；即使在妻方居住的情况下还不能为自己的子女获得财产继承权，男子也力求首先冲破按母亲计算世系的传统，争取到子女随父姓（在古代即是父方氏族名或家族名），为他们尔后把财产传给自己的子女铺平道路。

正是在这种社会背景下，出现了双系制以及往后更改家族名、甚至出现父子连名的现象。这种遗俗，直到近现代还能看到。例如，解放前湘南部分瑶族和广西大瑶山的瑶族（盘瑶），都还有不同程度的从妻居习俗，在一般情况下，所生的子女，总是第一个随母姓，第

① 保尔·拉法格：《财产及其起源》，第 36 页，三联书店 1962 年版。

② 参阅杨鹤书：《布朗族怒族家长制家庭公社发展类型的比较》，见《民族学研究》第 7 辑，民族出版社 1984 年版。

③ 云南省编辑委员会编：《独龙族社会历史调查（一）》，第 113 页，云南民族出版社 1981 年版。

二个随父姓，第三个随母姓，其余类推。又如西双版纳勐腊和景洪二县的克木人，直至20世纪80年代初尚有女儿随母姓、儿子随父姓的习俗。再如云南思茅、临沧地区的拉祜族，在20世纪50年代初期还有一些母系残余相当浓厚的家族公社，在这里，家族的血统按母亲计算，盛行妻方居住。但是，他们的家族长一般不再是女性而是男性（大多是长女的丈夫），而且以男性的姓氏来命家族名了。其中澜沧县巴卡乃寨的拉祜族，直到民主改革前夕，改女姓家名为男姓家名的现象仍在继续发生[①]。

进步一些的事例，则如云南孟连县公吉大寨的佤族和屏边县的苗族，在民主改革前，男子外出结婚，无论是有年限的“上门”还是终身“上门”，所生子女的姓氏都随父而不随母[②]。

摩尔根在研究印第安人诸部落时已注意到，随着改变世系计算而出现了改变名称的现象。对于摩尔根的研究，马克思作了详细摘录并写有评注。对于他们的意见，恩格斯以肯定的口气予以引述：“在肖尼人、迈阿米人和德拉韦人各部落中，已形成一种习俗，即用父亲氏族的族姓之一来给子女取名字，用这种方法把他们列入父亲的氏族，以便他们能继承自己的父亲。‘借更改名称以改变事物，乃是人类天赋的诡辩法！当直接利益十分冲动时，就寻找一个缝隙以便在传统的范围以内打破传统！’（马克思语）因此，就发生了一个不可救药的混乱，这种混乱只有通过向父权制的过渡才能消除，而

---

① 参阅云南省编辑组：《拉祜族社会历史调查（二）》，第10、23、31等页，云南人民出版社1981年版。

② 《民主改革前孟连县公信区公良乡佤族母权制残余调查》称，公吉大寨的习俗，外出结婚的佤族男子“在女家不受尊重”；婚后所生子女，一律父姓，但子女一律归母亲。见云南大学历史研究所民族组编印：《拉祜族佤族崩龙族傣族社会与家庭形态调查》，第90—91页。

《边屏苗族社会历史调查》指出，屏边苗族男子“上门”比较普遍，有二三年的，也有终身的，但姓氏不变，所生子女的姓氏亦随父不随母。见云南大学历史研究所民族组编印：《云南省金平屏边苗族瑶族社会调查》，第53页。

且确实这样部分地被消除了。'一般说来，这似乎是一个十分自然的过渡。'（马克思语）"[①]

父亲确认子女的另一种主要表现，是对生理学开了个玩笑，竟然去仿效妇女生育坐月子，即通常所说的"产翁坐褥"。我国古籍曾就南方一些少数民族盛行产翁习俗作了记载。例如宋代李昉等撰《太平广记》引《南楚新闻》说到的僚人、越人，明代钱古训《百夷传》提到的傣族，清代李宗昉《黔记》提到的贵州威宁苗族，都有丈夫替妻子坐月子的习俗。出自清代猎奇好事者之手的《黔南苗蛮图说》，更是通过图画加文字的形式记载了仡佬族先民产翁坐褥的习俗。其文曰："其（仡佬）俗甚异，妇生子便起，其夫卧床褥，饮食皆如乳妇，俗称产翁。弥月乃出，稍不卫护，其妻病焉。诞子经三日，便澡身于溪河。出耕作返，具饮食供夫，一日除乳儿外，悉无暇刻。"[②]

产翁习俗不只在我国有，在美洲、欧洲、亚洲的一些土著居民中也有。如亚马孙河和俄利诺科河流域的印第安人，"在大多数部落里，母系氏族和妻方居住婚占着优势，但是，已开始向父系氏族过渡，与此有关的是他们当中存在着产翁坐褥的习俗：在妻子生产的时期，丈夫躺在床上仿效产妇的样子，享受好些日子的护理和照顾。"[③] 又如法国和西班牙交界处的巴斯克人好几个世纪以来都还有产翁习俗。沙尔·弗勒克写道："这个习俗就是当女子生了小孩子，是父亲坐床，是父亲假装作痛，大家也是照顾父亲，几乎是很相信真是父亲生了小孩子了。并且邻舍男女来贺喜的也是贺父亲，也是照应父亲，……并不挂念于母亲，母亲仍然是专心去做她的家务。"[④]

沙尔·弗勒克引用保尔·拉法格的话说："'装产'的习惯，是

① 《家庭、私有制和国家的起源》，第53页。

② 此为手稿，中央民族大学图书馆藏。

③ C.П. 托尔斯托夫等编、周为铮等译：《普通民族学概论》第1册，第179页，科学出版社1960年版。

④ 沙尔·弗勒克著、许楚生译：《家族进化论》，第139页，大东书局1930年版。

男子用来夺取女子的财产和她的品级之欺骗的手段中之一种。因为女人的生小孩子，就是在家庭中享得特权的原因。男子其所以装产，因为他要使人相信他也是生小孩子的人。”接着，他又补充道：“这种行动的方法，供给了男子做他承认父权之用，为男子表明出来，他对于小孩子之权，也同于母亲对于小孩之权一样，在家族进化的方向中，做了由母权制度过渡到父权制度的阶梯。”[①]这些话是对的。的的确确，“产翁坐褥”绝非某一民族或某一地区的偶发现象，而是古代社会人们在由母权制向父权制过渡期间流行相当广泛的一种习惯，它反映了男子为把占有的财富传给子女而确认子女的强烈要求，以及为实现这个要求所采取的象征性举动。

毫无疑义，父亲还会有其他确认子女的具体表现。在古代，父亲获得对子女的确认权，只是男子在家庭中对女子取得比较有限的初步胜利，因为只有当子女从父亲那里获得了财产的继承权才具有决定性的意义。事实上，从遗俗看，往往有这样的情形：婚后所生子女都已随父姓，但子女由夫妻互相分，而且原则上还是妻子多分；特别要紧的是，儿子并无财产继承权，而由女儿来继承。尽管如此，父权的发展毕竟阻遏不住，在社会上逐渐获得了认可。例如，云南孟连县部分村寨的佤族，母系残余较浓厚，分子女并无什么经济意义，但社会上已经有了这样的规定：分给父亲的子女，在病故前必须回到父亲的本家，尸体应埋葬在父亲所属的氏族墓地，即使子女是外出结婚的也必须这样做[②]。前述永宁纳西族社会有了生父死亡时子女前去吊唁的奔丧习俗，也说明了这一点。

2. 改妻方居住为夫方居住

男子要求打破传统的妻方居住而改行夫方居住，这是母权制向父权制、对偶制向一夫一妻制过渡的另一种重要表现。

---

① 沙尔·弗勒克著、许楚生译：《家族进化论》，第145—146页。

② 有关分子女诸事，详见云南省编辑委员会编：《佤族社会历史调查（三）》，第86、94页，云南人民出版社1983年版。

在以女性为中心的妻方居住条件下，丈夫们是不大受人尊敬的，为子女们改变财产继承制度更是无法实现的，因为在母系氏族及其属下的家族公社或对偶家庭中，对于财产和子女的支配权都操在妇女手中，即操在最年长的女性老祖宗直到妻子的手中。从血缘关系看，丈夫们不属于妻子的氏族，因为他们是由别的氏族“嫁”到这里来的。丈夫在妻子的氏族、家族公社里创造着财富，但不能最后拥有它；他在真诚地尽义务养育着子女，这些子女却不属于他；甚至当他本人失去宠信时，也必须随时听候命令，收拾行李滚蛋。

然而，当男子的经济地位不断增强并与旧传统产生不可调和的矛盾时，男子就要求不再“嫁”到妻子的氏族去，而是把妻子娶到自己的氏族来，以保证子女确系自己所传。

直至20世纪中叶，我国民族学资料表明，妻方居住向夫方居住的转变，有过妻方居住与夫方居住交错并存的漫长过程，并由此衍生出各种习俗。

在父权尚不发展的地区，夫方居住往往仅有象征意义，基本上还是实行妻方居住。例如，云南耿马县芒美乡拉祜族只是在婚礼过程中才反映了男子的愿望：在举行婚礼的头一天，一对新人在妻家举行简单的宗教仪式，请双方的歌手对唱；第二天，在友伴的陪同下，新婚夫妻先到妻家的地里从事象征性劳动，并用竹筒分别给妻家的亲友背水，之后，他们一起来到夫家，同样从事象征性的劳动，然后才回妻家居住[①]。孟连县那列拉祜族也有近似的习俗，即婚后的第三天，男女一起来到男家，住一宿后即回女家长住。

西双版纳布朗山的布朗族，婚姻家庭的缔结分为“甘伯”（订婚）、“甘内木”（结婚）和“甘教特”三个阶段。甘伯、甘内木阶段，是男子访问妻子的望门居阶段，即男女各自在自己出生的家庭从事生产和生活，丈夫只是在夜里才到妻家居住；甘教特阶段，是指望

① 参阅云南大学历史研究所民族组编印：《拉祜族佤族崩龙族傣族社会与家庭形态调查》，第7—8页。

门居三年后，男子才有权商得同意，将妻子和子女接来实行夫方居住。不论是否独女，都应照此办理①。此例简直是形象地图解了妻方居住向夫方居住转变的必然趋势。

妻方居住与夫方居住并存的习俗，在一些民族中很典型。湖南广大瑶族地区有“两边走”习俗：结婚后，男子先入居女家，双方在女家劳动一月半月后，再到男家劳动一月半月，如此循环不已，一年四季夫妻双双在两个家庭中轮流生产和生活。这种夫妻双方往返居住的习俗，西双版纳景洪等县的傣族称为“三比掰，三比骂”（三年去，三年来），即男子必须先到岳家“上门”三年方能把妻子接回家来，三年后他们又得返回岳家去，如此往复，直到另立门户或继承了一方的财产为止。

一旦父权有了进一步的发展，妻方居住就往往是非常短暂的，甚至可用经济等手段来获得夫方居住。例如，在解放前，勐海县巴达区布朗族，男子只需到妻子家里居住七夜（白天回到自己家里劳动而不是为岳家劳动），便可将妻子领回家来。更有甚者，如云南金平县太阳寨瑶族男子的“上门”，除女方无劳力必须终身“上门”外，只要男子不愿继续过“上门”生活而要离开妻子的父母家，就可交纳礼银以补“上门”未满的期限。勐海傣族也出现了男子不愿“上门”而通过交身价钱的办法来实行夫方居住的习俗。以经济手段来改变夫妻居住地的遗俗，反映了古代一夫一妻制婚姻取得了决定性胜利。这正如恩格斯所指出的：“当父权制和一夫一妻制随着私有财产的份量超过共同财产以及随着对继承权的关切而占了统治地位的时候，婚姻的缔结便完全依经济上的考虑为转移了。”②

在对偶制向一夫一妻制转变过程中，女子对于夫妻居住地的变化，因习惯的惰性决不是那么顺从的，于是有不落夫家的习俗流传

① 云南省编辑组：《布朗族社会历史调查（一）》，第58页，云南人民出版社1981年版。

② 《家庭、私有制和国家的起源》，第76页。

下来。

这种习俗相当普遍。一般是这样的：举行婚礼后，新娘即返回娘家居住。在居留娘家期间，只有逢年过节或农忙之时，经召唤，她才到夫家小住几天。究竟不落夫家要多长日子，各例不一，有一二年的，也有三五年的。通常一旦她怀孕临产，就不得再居留娘家而必须到夫家居住。这种习俗，在我国的侗族、苗族、黎族、布依族、壮族、怒族中间都曾不同程度地存在过。

有对比价值的是，柯斯文在苏联沃舍梯南方发现了如下的不落夫家习俗："已婚的女子在迁到夫家一、两年后回到自己的母家去，留在这里一年或两年，就要看各种情况，……这种风俗对于所有结婚的人都绝对有效的。他（指新郎——引者）被叫做'来访者'（xuyn-doedzy badyn，'в гостях сидение'，而做客的新娘被叫做'居留娘家的女郎'（badoeg čyzg，'сидяшая девушка）。由于同时而起的风俗，任何已婚的女子一到怀孕，照例即返到娘家，一定要在这里初产。……'居留'完毕时，新妇带着自己氏族的礼物以及必须的摇篮同婴儿一起回到丈夫那里去。"[①] 这种一定要返娘家初产的遗俗雄辩地说明：在母权制下，世系是以女系来计算的，母亲所生的子女以及女儿所生的子女都是属于母亲氏族的成员；在母系向父系、对偶制向一夫一妻制过渡改行夫方居住的初期，旧的习惯势力的确是在对抗着父权的发展。

3. 通过抢劫妇女缔结婚姻家庭

由于母权制习惯势力的抗拒，男子曾不得不采取过一系列由大到小的妥协。这是受社会发展进程的制约，并与父权发展的程度相一致的。当男子的经济地位以及由此而产生的社会地位提高到占优势的时候，为强制实行夫方居住，彻底完成对偶制向一夫一妻制的转变，就采取抢劫妇女（在允许通婚的氏族范围内）来缔结婚姻关系，并且由起初的偶然行动成为往后较为通行的一种惯例。

---

① M.O. 柯斯文：《返娘家风俗》，见《民族问题译丛》1957 年第 4 期。

抢婚习俗，从亚洲、非洲到欧洲、美洲都不乏其例。近现代残存的习俗，大多是作为一种婚礼仪式出现。我国古代汉族也有抢婚习俗，如古籍《易经》卷三所谓“白马翰如，匪寇婚媾”即是。蒙古、鄂温克、苗、瑶、彝、傣、纳西、德昂、布朗、傈僳、黎等兄弟民族，在古代或直到解放之初，都曾不同程度地保留着抢婚的遗俗。智利中部阿老干人的材料对我们尤有启发。在西班牙殖民者入侵中南美时，阿老干人正处在父权制确立的初期，有了父系大家族，开始实行夫方居住，但母权制的习惯势力还相当强大，这突出地表现在社会上并存着父系与母系两套亲属组织：在一个类似村子的“洛夫”内，居住着一个或几个父系大家族，属于同一父系血统的人们组成一个亲属集团“切温”，因同一“洛夫”内的妻子们来自不同的母系图腾集团，于是属于同一图腾的妻子及其所生的子女又另组成一个亲属集团“德夫”；数个“洛夫”联合成为一个“列乌埃”，与此相应，在一个“列乌埃”范围以内，属于同一图腾的人们又另组成一个“卡乌因”；大约九个“列乌埃”联合为一个“埃利亚列乌埃”，在“埃利亚列乌埃”的范围以内，属于同一图腾的人们又另组成一个“居加”。显然，每一个社会成员都被列入父系和母系两套亲属组织中。与这样的社会制度相联系，阿老干人在缔结婚姻关系方面还保留了抢婚的习俗：一是在结婚仪式中作“佯抢亲”，即未婚夫以及他的友伴们应当把未婚妻抢走；二是在女方父母不同意的情况下，就真的进行抢亲了。不过，依照惯例，不论假抢或真抢，都只限于娶第一个妻子时才发生，而且被抢者都是本部落内属于通婚氏族的妇女。①

从国内外各种抢婚习俗来看，我们可以得出这样的结论：通过抢劫妇女来缔结婚姻家庭，并作为一种社会惯例盛行起来，只能出现在对偶制向相对严格的一夫一妻制、妻方居住向夫方居住、母权

① 参见苏联科学院民族研究所：《美洲各民族》第2卷，第368—371页，苏联科学出版社1959年俄文版。

制向父权制过渡的历史时期，而不会更早。这就是说，只有当建立在经济基础之上的父权发展到一定程度，而且不打破母权制的传统势力就难以进一步发展时，抢婚才出现于野蛮人中间。

二、阶级社会的一夫一妻制婚姻家庭

前面说过，在父系家族公社时期，一夫一妻制婚姻虽已存在，但一夫一妻制的个体家庭在经济生活等方面尚未从公社这一母体中游离出来。随着生产力水平的较大提高，金属生产工具的出现，社会分工的发展，个体劳动的日益重要和越来越普遍，首先是家长的儿子们及其配偶和子女组成的小家庭，随之是其他小家庭，所拥有的财富不断增加（相应地，公社共有财富的成分则不断减少），便逐渐从共产制家族公社中分裂出来，并终于演变成为生产和生活的基本单位。一夫一妻制家庭的最终确立是文明时代——阶级社会开始的一个标志。

阶级社会以及国家产生的根源，在经济上是生产资料及其他财产私有制的充分发展，在阶级关系上是剥削阶级与被剥削阶级不可调和的对立。然而，它们产生的具体途径，在古代一般不外有二：一是由父系家族公社经家长奴隶制阶段发展为奴隶社会和奴隶制国家；一是由父系家族公社经农村公社阶段发展为农奴社会和封建制国家①。由此我们不难理解马克思的话："现代家庭在萌芽时，不仅包含着 Servitus（奴隶制），而且也包含着农奴制，因为它从一开始就是同田野耕作的劳役有关的。它以缩影的形式包含了一切后来在社会及其国家中广泛发展起来的对抗。"②

一夫一妻制家庭是不以自然条件为基础，而以经济条件为基础，即以私有制对原始的自然长成的公有制的胜利为基础的头一个家庭形式。它与对偶家庭相比较，夫妻关系要牢固得多，已不能任意解

① 参阅陈克进：《关于原始社会的分期》，载《中央民族学院学报》1986年第3期。

② 马克思：《摩尔根〈古代社会〉一书摘要》，《马克思恩格斯全集》第45卷，第399页。

除。不过，丈夫在家庭中居于统治地位，通例是丈夫有解除婚姻关系的权利，可以随心所欲地抛弃他的妻子，所以这只是对妇女而不是对男子的一夫一妻制。在夫妻之间的忠诚上也存在这种片面性，特别是男子掌握的财富越多、权力越大，其片面性就更加突出：男子可以恣意寻欢，或暗中姘居，或公开纳妾，妻子无权干预；妻子被严格要求保持贞操和忠诚，若有外遇，就要受到严厉的惩罚。至于子女，因父权的恶性膨胀，他们只能完全听命于父亲——一家之主。由此我们看到，一夫一妻制家庭充满了对抗的基础——经济基础是私有制，社会基础是男性对女性的绝对统治。其片面性、对抗性的表现，就是男子破坏一夫一妻制，娼妓制度成为一夫一妻制的补充；由于女子的反抗，通奸成为必然的副产品。所以一夫一妻制家庭，“是自文明时代起分裂为各个阶级的社会在其中运动着，但是既不能解决又不能克服的那些对立和矛盾的一幅缩图”[①]。

一夫一妻制个体家庭的上述特点，在古希腊、罗马人的家长制家庭中有着突出的表现。“这种家庭的主要标志，一是把非自由人包括在家庭以内，一是父权。”[②] 家长集夫权、父权、主人于一身，支配着妻子、子女和所占有的奴隶，并且对他们握有生杀之权。由于丈夫在家中掌握了权柄，妻子则被贬低，被奴役，变成生孩子的简单工具。虽然像希腊英雄时代的妇女较之于奴隶社会的妇女更受尊敬，但“她对于男子说来仍不过是他的婚生的嗣子的母亲、他的主要管家婆和女奴隶的总管而已”[③]。

我国西藏民主改革前僜人的家长制家庭也是一个典型例子。如额曲流域和察隅曲[④] 上游的僜人，实行一夫多妻的家长制家庭所占的比例较大。在这里，作为家长的男子，买得一个妻子后，还可以

---

① 《家庭、私有制和国家的起源》，第 65 页。

② 同上书，，第 54 页。

③ 同上书，第 60 页。

④ “曲”是“河”之意。

买第二个、第三个甚至更多的妻子，从而组成多妻家庭。每买一个妻子，丈夫就把长屋延伸一二间，跟新妻一起生活，并将一块土地交给新妻去经营，收获物归入新妻的仓库，因而每个妻子都自成一个生产和伙食单位。野放在山里的牛只以及家中的贵重物品，为丈夫所有。诸妻以丈夫为轴心，丈夫有主宰每个妻子的权力，她们的人身、财产都属于丈夫。凡蓄养奴隶的家庭，奴隶及其子女和禽畜、粮食等动产皆属主人所有。总之，在僜人一夫多妻的家庭中，诸妻及其子女和奴隶及其子女，生活在父家长的绝对统治之下。① 在这里，正如恩格斯指出的那样："正是奴隶制与一夫一妻制的并存，正是完全受男子支配的年轻美貌的女奴隶的存在，使一夫一妻制从一开始就具有了它的特殊的性质，使它成了只是对妇女而不是对男子的一夫一妻制。这种性质它到现在还保存着。"②

奴隶社会和封建社会的一夫一妻制家庭，不过是上述家长制家庭的发展。对于奴隶主、封建主来说，一夫多妻受到法律的保护，妻子是用财物或名为"彩礼"、"聘金"买来的，甚至是公然抢掠、霸占来的。妇女的地位十分低下，完全处于从属的地位，人身自由根本没有保障，她们随时都可能由于失宠而被卖掉或被抛弃；倘若有失丈夫的"尊严"（如外遇之类），就不免被逼死或打死。对于子女，家父掌握着全部权力，如决定他们的婚事和一生的命运，任意剥夺子女尤其是女儿的财产继承权。

至于在被压迫阶级中间，人们都是真正愿意实行一夫一妻制的，家庭成员之间的关系和谐一些。不过，奴隶能否成婚，全在于主人的旨意，即便侥幸准予成婚，奴产子也是归主人所有。农民（农奴）的境况虽然比奴隶好得多，但也无法逃脱"父母之命、媒妁之言"，"三纲五常"等等封建绳索的束缚。

资本主义制度下一夫一妻制家庭，与奴隶社会、封建社会相比

---

① 详见吴从众：《僜人父权制的家庭与婚姻》，载《民族研究》1980年第1期。

② 《家庭、私有制和国家的起源》，第60页。

较，在本质上没有什么不同，即都是建立在私有制的基础之上，以经济条件为转移。尽管资产阶级鼓吹虚伪的自由、平等、博爱，给婚姻家庭问题罩上了一层面纱，但恰如恩格斯所揭露的那样："初夜权从封建领主手中转到了资产阶级工厂主的手中。卖淫增加到了前所未闻的程度。婚姻本身和以前一样仍然是法律承认的卖淫的形式，是卖淫的官方的外衣，并且还以不胜枚举的通奸作为补充。"①

在资产阶级中间，婚姻家庭的建立不外乎两种方式。一种是父母为儿女决定婚事，其结果自然是一夫一妻制所固有的矛盾得到了充分的发展：丈夫方面大肆实行杂婚，妻子方面大肆通奸。另一种是当事人在某种程度上把恋爱作为结婚的基础。在后一种方式下，丈夫实行杂婚并不那么厉害，而妻子的通奸也比较少些。然而，即使是最好的场合，也只不过是导致极端枯燥无聊的夫妇同居。这两种结婚方式，莫不以保存和继承私有财产作为终极目的，因而他们的婚姻都是由双方的阶级地位来决定的，总是属于权衡利害的婚姻。这种权衡利害的婚姻，"往往变为最粗鄙的卖淫——有时是双方的，而以妻子为最通常。妻子和普通的娼妓不同之处，只在于她不是像雇佣女工计件出卖劳动那样出租自己的肉体，而是一次永远出卖为奴隶。"②

在资本主义社会中，私有制得到了充分的发展，人与人之间占支配地位的是商品经济关系，因此，对于资产者来说，婚姻家庭的建立是利益关系选择的结果，利益关系一旦瓦解，就直接导致婚姻家庭的解体。家庭成员之间，甚至夫妻之间，充满着自私自利关系。夫妻不仅互相缺乏体贴照顾，而且经济上也往往是分家的，比如不少人一人有几处、多种财产（如地产、股票等），夫妻之间并不清楚对方的实际财产数目。

对于劳动者来说，即使以某种程度的性爱为基础建立起了婚姻

① 恩格斯：《反杜林论》，第255页，人民出版社1970年版。
② 《家庭、私有制和国家的起源》，第69页。

家庭，也不能不受资本主义生产社会化、现代化和商品经济竞争愈益激烈的制约，以及受资产者腐朽的生活方式和意识形态的影响。就现代西方社会来看，首先，与资本主义初期相比，资本家对于劳动者的要求发生了明显变化，即由主要要求劳动者出卖体力转变为越来越趋向于以要求劳动者出卖智力为主。这意味着，为了能够生存，劳动者只能用更多的精力和时间去换取新技术、新知识。其次，资本主义竞争的非道德性，虽然只是在资本家之间才会得到最充分的表现，但这种竞争的冷酷性和绝对排他性也会不可避免、不同程度地反映到劳动人民中间来。作为一个劳动者，只有在体力上和智力上（这一点更突出）强于他人，才能保证自己的工作权利和生存权利。或者牺牲个人生活，为着生存去挣扎；或者为着"自由"的个人生活走向死亡。第三，随着科学技术的不断进步，资本主义社会生产的节奏日益加快。这种生产节奏，不只要求劳动者的工作行为与它相适应，而且要求他的个人生活也必须与之相适应，因而他的整个个人生活，势必随着生产节奏的逐渐加快，不断被扭曲着、淹没着。总之，伴随不断发展的资本主义生产而来的，是这种生产与劳动者个人生活之间分离和对立程度的加深；劳动者个人生活，被资本家对劳动力更苛刻的要求剥夺了。可以说，劳动者结婚和建立家庭的可能性越来越经常地被现代资本主义的生产排挤掉了，即便他们建立了家庭，也常常是不易稳定的。由此就不难理解，为什么号称文明的西方社会，在婚姻家庭方面会出现"独身者多、离婚者多、私生子多"的畸形现象，而且存在愈演愈烈的趋势，成为一种难以解决的而且十分复杂的社会问题。

至于妇女的权利和地位，尽管西方各国的法律都有"提倡"或"保护"的规定，但是在资本主义制度下，真正实现男女平等是根本不可能的。就美国来说，处处都有歧视妇女的现象。妇女在就业和工资等方面仍处于不平等的地位，绝大多数妇女集中在收入低、专业训练少、提升慢的职业里，如办事员、零售商、装配工、服务行业等，她们的经济收入大大低于男子。1982年，美国3/5的职业妇女收入不到1万美元，13%的职业妇女收入不到7000美元，妇女收入仅为男子的60%。美国就业妇女不只工资低、晋级机会少，而且失业机会比男子更大，因为削减计划和裁减人员往往是从妇女开始的。妇女受丈夫虐待的现象还很严重。据统计，美国每年有600万妇女遭丈夫殴打，其中有2 000至4 000人被殴打致死。1979年美国联邦调查局发表的一份报告说，死于非命的妇女中有40%是被丈夫所谋害的。1995年美国卫生部长坦言，"家庭暴力是美国社会未经承认的瘟疫"①。

在此，我们不妨重温恩格斯对婚姻家庭的嬗变所作的精辟论述，以提高对阶级社会中一夫一妻制婚姻家庭的科学认识。他说："在包括许多夫妇和他们的子女的古代共产制家庭经济中，委托妇女料理的家务，正如由男子获得食物一样，都是一种公共的、为社会所必需的劳动。随着家长制家庭，尤其是随着一夫一妻制个体家庭的产生，情况就改变了。家务的料理失去了自己公共的性质。它不再涉及社会了。它变成了一种私人的事务；妻子成为主要的家庭女仆，被排斥在社会生产之外。只有现代的大工业，才又给妇女——只是给无产阶级的妇女——开辟了一条参加社会生产的途径。但在这种情形之下，如果他们仍然履行自己对家庭中的私人事务的义务，那么他们仍然会被排除于公共的生产之外，而不能有什么收入了；如果她们愿意参加公共的劳动而有独立的收入，那么就不能履行家庭中的义务了。在这方面，不论在工厂里，或是在一切劳动部门直到医务和律师界，妇女的地位都是这样的。现代的个体家庭建立在公开的或隐蔽的妇女的家庭奴隶制之上，而现代社会则是纯粹以个体家庭为分子而构成的一个总体。……在现代家庭中丈夫对妻子的统治的独特性质，以及确立双方的真正社会平等的必要性和方法，只有当双方在法律上完全平等的时候，才会充分表现出来，那时就可以看出，妇女解放的第一个先决条件就是一切女性重新回到公共的劳

① 参见《中美两国人权比较》，《光明日报》1996年3月11日。

动中去，而要达到这一点，又要求个体家庭不再成为社会的经济单位。”①

不必讳言，20世纪以来特别是第二次世界大战以来，西方各国的婚姻家庭发生了不同程度的变化。这是越来越多的妇女接受了文化教育，积极争取并参预社会政治与经济以及文教、科研等活动，并由此促进妇女解放运动日益发展的结果。它的具体表现，诸如父母对儿女婚事决定权有所放松，择偶标准不特别重视经济因素，而比较强调情趣一致和智力水平，伴侣之间提倡忠实，女性要求自立、丈夫应分担子女抚育教养和家务劳动，等等。据1987年一个有关美国人对家庭问题所持态度的统计资料，他们对结婚、建立一个稳固的家庭已大为重视，而痛恨很高的离婚率。大多数美国夫妇认为，夫妇二人应共同担负家务和照管孩子的重责。被调查的人当中，约63%的成年妇女都说，她们希望结婚，有职业，有孩子，而10年前赞成这种生活方式的仅为52%②。在英国，面对“败坏道德标准”的严重状况，强调爱情在婚姻中的地位的呼声强烈起来，以至1986年上院通过了得到政府支持的一项修正案，要求教育部门在从事性教育时，注重“帮助学生正确对待道德观念和家庭生活价值的方式”，使他们懂得自我克制以及确立互敬互爱的关系和保持稳定的家庭生活的重要性③。在资本主义国家中，日本妇女受歧视的现象向来十分明显，她们的工资水平一直居西方各国之末。然而，在妇女解放的世界性潮流冲击下，近40年来对妇女的陈腐观念也逐渐发生了变化。1949年日本劳动省妇人少年局《关于封建性的调查》表明，男子对妇女就业持反感的占80%左右。到1966年，男子开始对妇女就业持“抽象肯定，具体否定”的态度，敢于公开站出来反对女子参加工作的男子少了。进入80年代以后，许多人赞同工作、家庭两不

① 《家庭、私有制和国家的起源》，第71—72页。

② 参阅《青年参考》1987年10月16日报导。

③ 参阅路透社伦敦1986年6月4日电讯。

误，从过去一结婚即告退职转变为生了孩子也不退职。据日本广播协会1985年的舆论调查，职业妇女的91.6%都想保持现有职业，做丈夫的则有87.2%的人给予支持①。诸如此类的可喜变化，固然值得欣慰，但对于妇女的彻底解放、真正实现男女平等来说，那不过是一种希望的闪光而已。

三、社会主义时期的一夫一妻制婚姻家庭

社会主义时期的婚姻家庭，从形式上看，也是一夫一妻制，但根本不能与往昔的一夫一妻制相提并论，因为它有自己崭新的内容和本质特征。

首先，占主导地位的公有制是婚姻家庭的经济基础。它是对千百年来婚姻家庭以私有制为经济基础的根本否定。这一否定是某一国整个社会经济制度变革的结果；经济制度的变革愈深愈彻底，它对建立新型的婚姻家庭制度和婚姻家庭关系的影响就愈加强大和深远。社会主义经济的公有程度，从横向看，城乡有别；从纵向看，社会主义的各个发展阶段不尽相同。比如具体到我国目前的社会主义初级阶段，一般说来，在大中城市，公有制的程度较高，即国有经济所占的比例远高于集体经济，而个体经济所占的比例比较有限；在农村，公有制的程度较低，主要是集体经济占举足轻重的地位，个体经济及其影响力则要比城市大一些。尽管有诸如此类的复杂因素，但婚姻家庭的建立和持续，总是受社会主义公有制经济的制约。就是说，公有制为婚姻建立在爱情基础之上，为家庭成员和谐地生活在一起，提供了可靠的经济基础。

第二，在不违背国家政策、法律的前提下，实行婚姻自由，即当事人有权按照自己的意愿决定本人的婚姻问题，而不受他人的强制和干涉。这是社会主义民主在婚姻问题上的具体体现。爱情是婚姻的基础，包括父母在内的任何人都不得侵犯当事人在婚姻问题上享有的合法权利。婚姻自由是社会主义制度下两性关系的必然要求。

---

① 参阅《中国妇女报》1987年12月12日第4版。

结婚自由是婚姻自由的主要方面，离婚只是在少数夫妻间出现的现象，但离婚自由也是不可缺少的，它是结婚自由的必要补充。社会主义法制保障本国公民享有婚姻自由的权利，作为公民则应该正确地行使这种权利，不得以婚姻自由为藉口而侵害他人和社会的利益。

第三，严格实行一夫一妻制，即不只是对妇女，也对男子，切切实实地行一夫一妻的制度。一夫一妻制的原则，是指任何人不得同时有两个或更多的配偶：有夫之妇或有妇之夫，在配偶死亡或离婚之前不得再行结婚；未婚的男女也不得与两个或两个以上的人结婚；在我国，除个别少数民族地区由于历史原因造成的以外，一切公开的或隐蔽的一夫多妻或一妻多夫式的两性关系都是违犯社会主义国家法律的。

第四，无条件地实行男女平等。男女平等是指妇女和男子在政治、经济、文化、社会和家庭生活各方面均享有完全平等的权利。这一原则深刻地表明了社会主义婚姻家庭制度的本质，它彻底否定了自阶级社会产生以来男尊女卑、夫权和父权统治的旧观念、旧传统、旧习俗，是巩固和发展社会主义婚姻家庭关系的重要保障。男女平等的原则，不仅表现在结婚和离婚问题上，而且集中表现在夫妻关系上：夫妻在家庭中的地位是平等的，在人身关系和财产关系等方面也都是平等的。例如，夫妻双方均有使用自己姓名的权利，有参加生产、工作、学习和社会活动的自由，有处理共同财产的平等权利，有互助扶养的义务和互相继承遗产的权利，等等。在家庭成员之间同样如此，不分性别、长幼一律平等，即不论是兄弟姊妹，还是公公与儿媳，岳母与女婿等，彼此的关系都是平等的。

第五，社会主义的法律保护妇女、儿童和老人的合法权益。从婚姻家庭关系上来保护妇女、儿童和老人的合法权益，体现了社会主义制度的优越性，同时对于促进男女平等，发扬尊老爱幼的风尚，巩固社会主义的家庭关系，有不可估量的积极意义。

从目前来看，社会主义各国在婚姻家庭方面的法律规定和实践不尽相同，但以上五个方面则是共同的，也可以说，基本上反映了社会主义时期一夫一妻制婚姻家庭的基本面貌和实质。

然而，社会主义是从旧社会脱胎而来的，在人类历史上方才几十年时间，虽说公有制已普遍占了主导地位，人们的社会主义觉悟空前提高，但从经济基础到上层建筑各领域都不免残存有旧社会的痕迹。社会生产力远未充分发展起来，还没有建立起雄厚的物质基础，社会公共事业还不发达，社会保障体系远未完善，因而建立和维持婚姻家庭关系的经济因素尚未完全消除。就我国目前来看，由于市场经济和货币交换的存在，人们的经济收入和文化生活水平还有较大差别，家庭事务远未融入公共事业中，个体家庭在整个社会生活中仍在起着积极的作用（其中经济消费尤为明显），再加上社会主义的道德水准并不普遍很高，因此，以不同形式具体表现出来的买卖婚姻和陈腐的婚姻家庭观等精神枷锁，往往还严重地束缚着相当数量的人们（这一点农村表现得更加突出）。

社会总是在向前发展的。劳动人民中间早在阶级社会就已经萌发的夫妻之间的互敬互爱，随着社会主义精神文明和物质文明建设的发展，终将普遍而充分地在地球上出现：男子不会用金钱或借助社会特权等手段来获得女性，而女性除了爱情也不会出于经济及其他利益考虑才委身于男子。这是一种真正崇高的性爱。它对于双方来说，爱情炽热到不能结合在一起是极大的不幸，感情破裂到不能使彼此分离也是极大的痛苦。此时对于性关系的评价有了一种新的道德标准：是结婚还是私通？是不是由于爱情，由于割不断的挚爱而发生？同时，我们认为，人类理想的社会制度——共产主义的实现，并不是消灭一夫一妻制本身，而是导致两性权利的完全平等，夫妻之间的互相忠诚、互相敬爱。

本章主要参考书目：

① 恩格斯：《家庭、私有制和国家的起源》，第二章，人民出版社1972年版。

② 摩尔根:《古代社会》,第三编,杨东莼等译,商务印书馆 1981 年版。

③ 林耀华主编:《原始社会史》,第一、二、三、四章,中华书局 1984 年版。

第十三章 亲属制度

亲属制度是反映人们的亲属关系以及代表这些亲属关系的称谓的一种社会规范，通常又称之为“亲属称谓制度”或“亲属名称制度”。在原始时代，它的重要性正如恩格斯所指出：“亲属关系在一切蒙昧民族和野蛮民族的社会制度中起着决定作用，因此，我们不能只用空话来抹煞这一如此广泛流行的制度的意义。”“父亲、子女、兄弟、姊妹等称谓，并不是简单的荣誉称号，而是一种负有完全确定的、异常郑重的相互义务的称呼，这些义务的总和便构成这些民族的社会制度的实质部分。”① 对于亲属制度的研究，古今中外的学者都很重视，只是出发点和深入的程度各有不同。

第一节 亲属制度与婚姻家庭的关系

人类出现在地球上至少已有300万年以上的历史，我们今天之所以能大致上恢复出婚姻家庭制度演变的轨迹，首先应归功于美国民族学家摩尔根对亲属制度的创造性研究。

由于帮助纽约州附近易洛魁人赢得了地产官司等特殊原因，摩尔根经请求被塞讷卡部落鹰氏族收为养子。在这里他发现，人们对谁应称为父母，对谁应称为自己的子女，在头脑里是很明晰的，但是，与现实生活中人们的相互称呼却不完全一致。比如，作为一个男子，一方面不仅把亲生子女称为自己的子女，而且把兄弟的子女也称为自己的子女，这些子女则都称他为父亲；另一方面，他把自己姊妹的子女称为外甥外甥女，姊妹们的这些子女称他为舅父。作

① 《家庭、私有制和国家的起源》第26页。

为一个女子，把自己的子女和姊妹们的子女都称为自己的子女，这些子女都称她为母亲；而她把自己兄弟的子女称为内侄儿女，这些内侄儿女都称她为姑母。于是兄弟们的子女间、姊妹们的子女间，一概互称为兄弟姊妹；而兄弟们的子女与姊妹们的子女间，则互称为姑舅表兄弟姊妹。

摩尔根在塞讷卡部落的狼、熊、龟、海狸、鹿、鹬、苍鹭等氏族中，发现他们的相互称呼和实际概念的矛盾状况一如鹰氏族。再扩大调查范围，易洛魁部落联盟其他部落也存在这种情况。即便如奥季布瓦人，虽然在文化、语系方面与易洛魁人不一样，但仍然具有跟易洛魁人大体相同的那种矛盾现象。从有关达科他人和克里克人的资料中也发现了类似情况。对此，摩尔根本来并未认识到它在学术上的重要价值，而是为探索印第安人是否来源于亚洲，拟了有200个涉及婚姻、家庭、亲属称谓问题的调查表格，向美国本土和各大洲散发。结果意外地发现，世界上大多数实行对偶婚的部落，其亲属称谓与实际存在的婚姻、家庭关系，都一如易洛魁人那样存在着矛盾；同时又发现，波利尼西亚群岛中夏威夷土著居民的婚姻家庭关系，正好与易洛魁人那里的亲属称谓相符合。他对夏威夷的亲属称谓进行仔细研究后进一步发现，这里的称谓使用情况与现行的婚姻家庭关系亦不相符，因为按现实存在的婚姻家庭关系，兄弟姊妹之间不能结婚，但从亲属称谓看，兄弟姊妹们的子女都是他们共同的子女，而这些子女则把父母的兄弟姊妹同样称为父母，在平辈间自然又都以兄弟姊妹相称。据此，摩尔根推测，在此之前存在着另一种更原始的婚姻家庭形式，即父母与子女间禁止通婚，而一群姊妹则同时就是一群兄弟“合法”的妻子。他按照逻辑推理，进一步往前追溯时猜想：更早的时期，必定存在着一种原始的杂乱的性交关系，即任何一个男子是任何一个女子的配偶，反之亦然。这样，摩尔根便提出了婚姻家庭制度的进化理论。

这种进化理论的意思是，有什么样的婚姻形式就会有什么样的家庭形式，有什么样的婚姻家庭形式就会有什么样的亲属制度。摩尔根认为:“每一种亲属制度表达了该制度建立时所存在的家族(家庭)的实际亲属关系,因此,它也就反映了当时所流行的婚姻形态和家族形态”。①

就是说,亲属制度是婚姻家庭形式的反映或记录,但它并非一下子就能形成。实际上,某一种婚姻家庭形式产生的初期,记录它们的亲属制度尚未形成;只有在某一种婚姻家庭形式的成熟阶段,即发展到了较晚的阶段,与之相应的亲属制度才会在社会上流行开来。而婚姻家庭形式是随着社会的发展不断向前发展的,当与之相应的亲属制度巩固下来时,原有的婚姻家庭形式已经向新的一种婚姻家庭形式发展了,在这新的婚姻家庭形式产生之初,却还没有新的亲属制度出现,因此,只得沿用上一发展阶段的亲属制度。正如摩尔根指出:“家族(家庭)表现为一种能动的要素;它从来不是静止不动的,而是随着社会从低级阶段向高级阶段的发展,本身也从低级形态向高级形态进展。最后脱离一种形态而进入另一种较高的形态。反之,亲属制度却是被动的;它把家族每经一段长久时间所产生的进步记录下来,并且只是在家族已经急剧变化了的时候,它才发生急剧的变化。”②

对于摩尔根的论断,马克思在作《古代社会》一书摘要时批注道:“同样,政治的、宗教的、法律的以至一般哲学的体系,都是如此。”③ 恩格斯在《家庭、私有制和国家的起源》的有关章节中也曾一字不落地引用摩尔根的见解,并明确指出:“当家庭继续发展的时候,亲属制度却僵化起来;当后者以习惯的方式继续存在的时候,家

① 摩尔根:《古代社会》,第390页,商务印书馆1977年版。引文中“家族”一词,德文为Familia,英文为Family,俄文为Семья,按中文习惯,这里均应译作“家庭”。在中文里,“家族”与“家庭”的词义有所不同,前者的概念比后者宽泛,但外文都是使用同一个词,因而造成有关著作的中译不一致。对此类用词,请读者注意分辨。

② 摩尔根:《古代社会》,第433页。

③ 马克思:《摩尔根〈古代社会〉一书摘要》,见《马克思恩格斯全集》第45卷,第354页,人民出版社1985年版。

庭却已经超过它了。不过，正像居维叶可以根据巴黎附近发现的有袋动物骨骼的骨片，而确实地断定这种骨骼属于有袋动物，并断定那里曾经有过这种已经绝迹的有袋动物一样，我们也可以根据历史上所留传下来的亲属制度，同样确实地断定，曾经存在过一种与这个制度相适应的业已绝迹的家庭的形式。”①

正是基于上述对亲属制度与婚姻家庭形式之间的关系做出彼此有着直接联系而又相互矛盾的科学解释，以及对社会生产力和经济制度等方面的考察，恩格斯才论定：“三种婚姻形式大体上与人类发展的三个主要阶段相适应”，即“群婚制是与蒙昧时代相适应的，对偶婚制是与野蛮时代相适应的，以通奸和卖淫为补充的一夫一妻制是与文明时代（按：指阶级社会）相适应的”②。与这些婚姻形式相适应，则存在着血缘家庭（集团内群婚）、普那路亚家庭（氏族外群婚）、对偶家庭和一夫一妻制家庭这几种家庭形式。至于极其邈远的洪荒时代，属于正在形成中的人，根本无任何的婚姻规则，而实行毫无限制的原始杂乱性交，因此并无家庭形式可言。

第二节 亲属、亲系、亲等

一、亲属

亲属为社会关系的一个重要方面。从法学角度讲，它指因婚姻、血缘和收养而产生的人际关系。例如，因结婚形成夫妻关系，因生育而产生父母子女、兄弟姊妹关系，因收养而发生养父母与养子女关系等。这些夫妻、父母子女、兄弟姊妹、养父母与养子女之间的关系，都是亲属。

亲属与家属是有区别的。家属是家长的对称。按照中国古代家长制以及民国时期民法规定，家有家长与家属两个部分，除家长以

---

① 《家庭、私有制和国家的起源》，第27页。

② 同上。

外的人，即同居一家的祖父母、父母、夫妻、子女、兄弟姊妹、孙子女等，均为家属。此外，非亲属以永久共同生活为目的的同居者，如旧社会的妾、童养媳、未婚亡夫媳等，也得视为家属。反之，虽有亲属关系，但异财别居者，并不视为家属。如兄弟业已分家，即便同门居住，也不得谓为一家。新中国成立后废除了家长制，但现实生活中，仍沿用家长、家属的称谓，然而，法律上并无家长、家属间权利、义务的规定。

亲属与家庭成员也是有区别的。家庭成员是指一定范围内的亲属，即他们在一个家庭内共同生活，彼此负有抚养、扶养或赡养等权利义务。我国婚姻法所提到的家庭成员，有夫妻、父母、子女、祖父母、外祖父母、孙子女、外孙子女、兄弟姊妹等。可见，亲属不都是家庭成员，而家庭成员一般都是亲属，例外的情况极为罕见。

在法律上，亲属存在有权利、义务与无权利、义务关系的区分。有权利、义务关系的亲属范围及其内容依法律规定为限。在我国，夫妻、父母子女、兄弟姊妹间，祖父母、外祖父母与孙子女、外孙子女间存在权利、义务关系，其他亲属之间除法律另有规定者外，不发生权利、义务关系。

亲属间都有固定的身份与称谓，不得随意变更。如夫妻、父母子女、兄弟姊妹、伯叔姑与侄子女、舅姨与甥子女等。亲属关系的消灭因其发生的依据不同而有所不同。自然血亲不得人为消灭，只有当事人死亡而自然消除。拟制血亲依法而产生，也依法得以解除。配偶和姻亲关系，因结婚而形成，由于离婚而不复存在。

在不同的历史时期和不同国度，亲属种类的划分不尽相同。在我国古代，亲属分为宗亲、外亲和妻亲三种：男系血统的亲属为宗亲，女系血统的亲属为外亲，妻的本亲为妻亲。妻为“来归之妇”，冠以夫姓，列入夫宗，故以夫的宗亲计。我国现行法所承认的亲属亦为三种，即血亲、姻亲、配偶。作此划分，不论男系、女系和父系、母系，均按血缘分其远近，这就消除了古代重宗亲、轻外亲的宗法观念。某些外国（如德、法）的现行法，只承认血亲、姻亲为亲属，而把配偶排除在外。

亲属既有血亲、姻亲之分，又有直系、旁系之别。以下分别略作介绍。

直系血亲：指有直接血缘关系的亲属。它又有自然直系血亲和拟制直系血亲之分。自然直系血亲是指因出生自然形成有直接血缘联系的亲属，即生育己身和自己所生育的上下各代亲属，不分父系、母系与男系、女系，均为直系亲属，如父母与子女，祖父母、外祖父母与孙子女、外孙子女等。直系血亲中的长辈亲（尊亲）有父母、祖父母和外祖父母等，晚辈亲（卑亲）有子女、孙子女、外孙子女等。拟制直系血亲是指通过法定程序，使本无直系血缘关系的人之间发生直系血亲关系，享有与自然血亲同等地位的亲属。如通过收养使收养人与被收养人发生养父母子女关系、养祖孙关系；子女随母或随父再婚，与后父（继父）或后母（继母）之间发生抚养与赡养关系的继父母子女关系，都属于拟制直系血亲。无论是自然形成的还是拟制的直系血亲，相互间均享有权利、义务关系。如我国婚姻法规定，三代以内的直系血亲间，享有一定权利和承担相应的义务，诸如互相扶养、赡养的义务和相互继承遗产的权利。

旁系血亲：指有间接血缘关系的亲属。它可分为自然旁系血亲和拟制旁系血亲。自然旁系血亲是指因出生自然形成的有血缘联系的亲属，即同出一源的血亲，如兄弟姊妹与自己同源于父母，姑表兄弟姊妹与自己同源于祖父母，舅姨表兄弟姊妹同源于外祖父母等。旁系血亲的范围比直系血亲大得多。我国古代以五代内的旁系血亲计入亲属范围，超出五代者即所谓“出五服”不再视为亲属。拟制旁系血亲是指通过法定程序使本无旁系血缘联系的人之间发生血亲关系，在法律上享有与自然旁系血亲相同地位的亲属。如通过收养形成的兄弟姊妹、养伯叔姑与养侄子女、养舅姨与养甥子女，通过父母再婚形成的与继父或继母有抚养关系的继兄弟姊妹、继伯叔姑与继侄子女等。旁系血亲之间关系的密切程度低于直系血亲。在我国只有二代内的旁系血亲，即兄弟姊妹、养兄弟姊妹、有扶养关系的继兄弟姊妹间发生抚养的权利与义务，其他的均无法律上的权利、义务关系。

直系姻亲：因婚姻而发生的亲属。配偶一方的直系血亲即为另一方的直系姻亲，如夫的父母为妻的直系姻亲，妻的父母为夫的直系姻亲。在我国，直系姻亲之间一般无法律上的权利、义务关系。但是，如配偶一方亡故，另一方与公婆或岳父母继续共同生活，并尽有主要赡养义务时，得享有继承权，且为第一顺序继承人。

旁系姻亲：因婚姻而发生的亲属。配偶一方的旁系血亲即为另一方的旁系姻亲，如夫的伯、叔、姑、舅、姨和兄弟姊妹为妻的旁系姻亲，妻的伯、叔、姑、舅、姨和兄弟姊妹为夫的旁系姻亲。血亲与血亲的配偶之间，也为旁系姻亲，如自己与兄弟姊妹的配偶之间，自己与伯、叔、姑、舅、姨的配偶之间，均为旁系姻亲。配偶的血亲的配偶，即己身与配偶的血亲的配偶之间亦为旁系姻亲，如妻的兄弟之妻及姊妹之夫，妻的伯、叔、舅之妻及姑、姨之夫，夫的兄弟之妻及姊妹之夫，夫的伯、叔、舅之妻及姑、姨之夫等。旁系姻亲之间一般无法律上的权利、义务关系。

配偶，在我国历来视为亲属的一种。他们在法律上有权利、义务关系。配偶基于婚姻而形成，因一方亡故，或依法定程序离婚而解除。配偶是产生血亲和姻亲两大亲属系统的基础，在家庭中起着核心的作用。未依法取得夫妻身份的同居男女，不得视为配偶。

二、亲系

亲系是指亲属的系统或亲属间的联系。各种亲系互相交织，形成一个总的亲属网络。从历史的角度看，亲系是沿着从女系到男系、母系到父系、以男性为中心到男女平等的方向发展的。因亲属之间血缘联系的特点不同，可以区分出不同的亲属系统。按中介人的性别，可以分为男系亲和女系亲；按血缘来源，可分为父系亲和母系亲；按血缘关系的亲疏远近，可分为直系亲与旁系亲；按亲属的行辈，可分为长辈亲和晚辈亲等。作这样的划分，往往对确定某些人的社会地位和相互的权利、义务关系是有意义的。在现代，男系亲与女系亲、父系亲与母系亲的划分，已失去现实意义，但直系亲与旁系亲、长辈亲与晚辈亲的划分仍有着现实意义。以下分别略作介绍。

（一）男系亲与女系亲

男系亲是指以男子为中介计算的亲属。它包括父、子、伯、叔、侄的血缘后代，如父母子女、祖父母与孙子女、兄弟姊妹、堂兄弟姊妹、伯叔与侄子女等。在封建宗法制度下，宗亲即为男系亲，从高祖父到元孙及其配偶（“来归之妇”），在室之姑、姊妹等，都列入男系亲。

女系亲是指以女子为中介计算的亲属。它包括母的亲属与女的亲属，如外祖父母与外孙子女、舅姨与甥子女等。在封建宗法制度下，外亲、妻亲均为女系亲，如外祖父母、姨（在室）舅、表兄弟姊妹（在室）、姑表兄弟姊妹（在室）、岳父母、内兄弟及在室的内姊妹等，都一概列入女系亲。

我国古代的礼法宣扬男尊女卑的观念，重男系亲而轻女系亲。在社会主义制度下，男系亲与女系亲在法律上的权利、义务关系是平等的。

（二）父系亲与母系亲

父系亲是指以父为中介计算的亲属，母系亲则是以母为中介计算的亲属。在封建宗法制度下，它们分别被称为父党、母党，而且加以严格的区分，以利于封建统治。父系亲、母系亲与男系亲、女系亲，既有联系又有区别；有时互相重叠，有时又不尽相同。例如，父之兄弟之子，既是男系亲，也是父系亲；而父之姊妹之子，为父系亲，但不得视为男系亲，因其间有姊妹介入，得计入女系亲。父系亲与母系亲的区别，是旧时男尊女卑的一种表现，而且在礼法上有其功用，如堂兄弟姊妹为父系亲，不得通婚；表兄弟姊妹为母系亲，容许通婚。现代法多采用男女平等原则，因此，男系亲、女系亲与父系亲、母系亲的区分，并无什么意义。例如，按照我国法律规定，在祖孙间的抚养、赡养问题上，祖父母、外祖父母与孙子女、外孙子女的法律责任是完全相同的。

（三）直系亲与旁系亲

直系亲包括直系血亲和直系姻亲。它们的含义前面已说过，这里从略。

（四）长辈亲与晚辈亲

亲属按辈分高低可区分为长辈亲和晚辈亲。辈分是指亲属横向的位置而言，与年龄大小无关。同一世代者为同一辈分，简称同辈，或称平辈。同辈之上为长辈，包括父辈、祖辈等；同辈之下为晚辈，包括子辈、孙辈等。同辈之内又有排行，即分长幼次第。父辈以上的亲属统称为长辈亲（旧称尊亲）。子辈以下的亲属统称为晚辈亲（旧称卑亲）。同辈称同辈亲属或平辈亲属。

长辈亲即辈分高出己身的亲属，包括父母及与父母同辈以上的亲属，如父母、祖父母、外祖父母、伯、叔、姑、舅、姨等。晚辈亲即辈分低于己身的亲属，包括子女及与子女同辈以下的亲属，如子女，孙子女，外孙子女，侄子女，甥子女等。

长辈亲与晚辈亲，均有直系、旁系与血亲、姻亲之分。如父母、祖父母、外祖父母，为直系长辈血亲；伯、叔、姑、舅、姨为旁系长辈血亲；子女、孙子女、外孙子女为直系晚辈血亲；侄子女、甥子女为旁系晚辈血亲；公婆、岳父母为直系长辈姻亲；夫或妻的侄子女、甥子女为妻或夫的旁系晚辈姻亲。

三、亲等

亲等是衡量亲属关系亲疏远近的尺度。亲等少则关系近，亲等多则关系远。根据世界各国亲属法的规定，亲等制度分为世代亲等制和等级亲等制两类。

世代亲等制，即是以一世代为一亲等的计算制度。外国多采用罗马法的亲等计算法。其计算方法是：在血亲方面，直系血亲从己身上数或下数，每一世代为一亲等，如父母与子女是一世代，为一亲等；祖父母与孙子女、外祖父母与外孙子女是二世代，为二亲等，其余类推。旁系血亲则从己身上数至共同的直系血亲，再由共同的直系血亲下数至要计算亲等的亲属，一世代为一亲等，所数代数之和，即为自己与所指亲属的亲等数。如计算自己与兄弟姊妹的亲等，从己身上数至同源直系血亲——父母，为一世代，再由同源直系血亲——父母数至要计算的亲属——兄弟姊妹，亦为一世代，其世代数相加为二世代，故兄弟姊妹为二亲等。又如计算自己与伯、叔、姑、舅、姨的亲等，从己身上数至同源的祖父母、外祖父母为二世代，再由祖父母、外祖父母下数至要计算的亲属为一世代，其世代数相加为三世代，故自己与伯、叔、姑、舅、姨为三亲等。在姻亲方面，血亲的配偶从其血亲的亲等，如子为直系血亲一亲等，则媳为直系姻亲一亲等。配偶的血亲从其配偶的亲等，如岳父母为妻的直系血亲一亲等，亦即为夫的直系姻亲一亲等。配偶血亲的配偶，也从其配偶的亲等，如妯娌即以夫的兄弟与夫的亲等计算，为旁系姻亲二亲等；又如自己与夫（妻）的舅父是姻亲，因夫（妻）与其舅为三亲等的旁系血亲，所以自己与夫（妻）的舅父就是三亲等的旁系姻亲。

此外，个别国家如英国，采用寺院法的亲等计算法。它对直系亲属亲等的计算，与罗马法计算相同。但它对旁系亲属亲等的计算，并不合算双方的世代数，故与罗马法计算法不同。其方法是：从己身上数至同源直系血亲，再从要计算的亲属也数至同源直系血亲，如两次所数世代数相同，其相同数为亲等数；如两次所数的世代数不同，则按代数多的一方定其亲等。例如，计算自己与兄弟姊妹的亲等，从己身上数至同源直系血亲——父母，为一世代，再从要计算的兄弟姊妹上数至同源直系血亲——父母，也为一世代，二者相同即代数都是一，故自己与兄弟姊妹的亲等为一亲等。又如计算自己与伯、叔、姑的亲等，从己身上数至同源直系血亲——祖父母，为二世代，再从要计算的伯、叔、姑上数至同源直系血亲——祖父母，为一世代，两次所数的代数不一致，故取其多数，即自己与伯、叔、姑之间的亲等为二亲等。堂兄弟姊妹照此计算亦为二亲等。余此类推。

对上述两种计算方法进行比较，显然有很大差异，如兄弟姊妹按罗马法计算法为二亲等，按寺院法计算法为一亲等；伯、叔、姑按罗马法计算法为三亲等，堂兄弟姊妹为四亲等，而按寺院法计算法则这两类均为二亲等。可见，寺院法不能准确地表示旁系血亲间的亲疏远近，故现代各国大多弃而不用，而采用比较科学的罗马法的亲等计算法。

等级亲等制，是以世代的远近，参酌地位的尊卑、恩情厚薄、男女之别，定其亲等等级的制度。我国古代的丧服制和日本明治三年新律纲领所定的“五亲等”制度，都是等级亲等制。如我国古代以丧服的差等来区分亲属的亲疏远近，凡五等，轻重有差，亲者、近者其服重，疏者、远者其服轻。此类等级亲等制是重男轻女的男系亲等制，明显地反映了男女地位、父子地位等方面的不平等，所以无论我国和日本于今都已废弃不用。

我国现行法尚未明确采用世代亲等计算法，但对血亲关系的亲疏远近却是用世代来表示的。依据我国婚姻法的世代计算法，已身为一代，隔一代就算两代。如1950年婚姻法对五代以内的旁系血亲通婚作了“从习惯”的规定，1980年婚姻法对三代以内的旁系血亲作了禁止通婚的规定；刑事诉讼法对近亲属的范围，规定为夫、妻、父、母、子女、同胞兄弟姊妹。

第三节　亲属制度的分类

亲属制度的研究，颇大程度上建立在对其分类的基础之上。因为通过分类，可以用最简单的述语来说明复杂的亲属称谓的性质和关系，所以历来为民族学者所重视。

美国民族学家摩尔根是亲属制度研究的创始者。他先后在《人类家庭的血亲和姻亲制度》(1871)、《古代社会》(1877)名著中，介绍、阐述了人类历史上存在过的三种亲属制度，即马来亚式亲属制、土兰尼亚—加诺万尼亚式亲属制（通常简称土兰亲属制）和雅利安式亲属制。这三种亲属制顺序相承，并以三种婚姻家庭形式为其基础；每一种亲属制都力求尽事实所可能知道的情况来表达与之相应的婚姻家庭形式下人与人之间的实际亲属关系。

对这三种亲属制，摩尔根又划分为根本不同的两大类：类别式（马来亚式和土兰尼亚—加诺万尼亚式）和说明式（雅利安式）。类别式的特征是，只计算群体而不计算个人的亲属关系，无论直系或旁系亲属，只要辈分相同，除性别外，都用同一称谓说明。说明式的特征是，对于亲属分辨直系、旁系，或用基本亲属称谓来说明，或将这些基本称谓结合起来加以说明，由此显示每个人与自身的亲属关系都各不相同。

在摩尔根看来，波利尼西亚人包括在马来亚家庭的范围之内，故他们的亲属制度称为马来亚式，虽然真正的马来亚人在某些细节上已改变了他们自己的制度。同时，他又在同一意义上使用夏威夷式和洛特马式的术语，并指出这是类别式亲属制度中最简单的，因而也就是其最古老的形式，而且是揭示了后来产生土兰尼亚—加诺万尼亚式的原始形式。

马来亚式亲属制度所承认的血缘关系只有基本的五种，或者说，一切亲属不论远近一律归纳到分为五类的亲属关系之中，每一个人都用相同的亲属称谓称呼与之同一类中的任何其他人。具体情形如下：我自己，我的兄弟姊妹，我的从表、再从再表、三从三表以及更疏远的从表兄弟姊妹，都属于第一类，所以这些人不加区分一律都是我的兄弟姊妹。我的父母以及他们的兄弟姊妹，他们从表、再从表和更疏远的从表兄弟姊妹属于第二类，所有这些人毫无区别一律都是我的父母。我的祖父母、外祖父母以及他们的兄弟姊妹和他们的种种从表兄弟姊妹属于第三类，所有这些人都是我父母的父母。在我之下，我的儿女以及他们的种种从表兄弟姊妹，如同前例，属于第四类，所有这些人毫无区别一律都是我的子女。我的孙男孙女以及他们的种种从表兄弟姊妹属于第五类，所有这些人同样都是我的孙男孙女。

摩尔根认为，土兰尼亚—加诺万尼亚式亲属制是由马来亚式加以改革而形成的类别式亲属制。他以塞讷卡部落易洛魁人的亲属制为美洲加诺万尼亚部落的典型，以印度南部的泰米尔人的亲属制为亚洲土兰尼亚部落的典型。按此制，所有的亲属关系，无论亲疏远近，仍是分成各个类别，但它与马来亚式亲属制相比较，约有一半相同，另一半相异。例如，基于兄弟姊妹通婚的马来亚式亲属制，一个男子或女子称其兄弟姊妹的子女为自己的子女，这些子女都称他们为父母。由于氏族组织的存在并实行族外群婚的原则，即兄弟与姊妹间不复有通婚关系，故在土兰尼亚—加诺万尼亚式亲属制下，一个男子称其兄弟的子女仍为自己的子女，而称其姊妹的子女则为外甥、外甥女（这些子女称他为舅父）；一个女子称其姊妹的子女仍为自己的子女，而称其兄弟的子女则为侄男、侄女（这些子女称她为姑母），如此等等。

说明式亲属制是人类社会文明时代的亲属制度。摩尔根认为，它与类别式的马来亚式亲属制、土兰尼亚—加诺万尼亚式亲属制相衔接，是随着私有财产制度的出现和一夫一妻制婚姻家庭的产生新形成的，但它并非由类别式亲属制改造而来。自摩尔根以来，人们一般以雅利安式去指代说明式亲属制，其实，因分布的民族不同而称名各异，如流行于闪米特族系的名闪米特式，流行于乌拉尔族系的名乌拉尔式，等等。一夫一妻制下的每一种亲属关系都是专用的。在这种情况下形成的新的亲属制，必然是通过基本称谓或基本称谓的复合词来说明亲属关系，例如，其称谓有兄弟之子、父之兄弟、父之兄弟之子等。在摩尔根看来，作为雅利安式亲属制的典型代表——罗马式亲属制，是一夫一妻制下出现的一种最完善、最科学的亲属制。在这里，将摩尔根的说明略述如下。

在直系中，从己身到六世祖为上行六代，从己身到六世孙为下行六代，在对这些亲属进行说明时只使用几个基本称谓——父、母、兄、弟、姊、妹、子、女。如果想表示第六代祖先以上，就以六世祖为新的说明起点，由此便有，六世祖之父，这样一直上溯到六世祖之六世祖，便是己身的第十二代直系男性祖先。以此类推，六世孙便是已身的第十二代男性后裔。

第一旁系的男支由兄弟开始，其序列为兄弟之子、兄弟之孙、兄弟之曾孙，一直到已身的兄弟之六世孙。若须说明第十二代后裔，就以兄弟之六世孙为第二个起点，由此而有兄弟之六世孙之六世孙，并作为这一序列的终点。以此类推，同一系的女支由姊妹开始，其序列为姊妹之女、姊妹之外孙女、姊妹之外曾孙女，直至姊妹之六世外孙女；再推至姊妹之六世外孙女之六世外孙女，即是姊妹之第十二代后裔。

第二旁系的男支，由父亲的兄弟即“叔伯”开始，包括他本人和他的后裔。由此便有叔伯之子、叔伯之孙、叔伯之曾孙，直至叔伯之六世孙。若须继续往下表达这一系列的第十二代后裔，则越过中间几代以后，到达叔伯之六世孙之六世孙。以此类推，同一系的支女，由父亲的姊妹即“姑”开始，由此便有姑之女、姑之外孙女，直至姑之六世外孙女，以及姑之六世外孙女之六世外孙女。

第三旁系的男支，由祖父的兄弟开始，他被称为叔伯祖（叔伯大父）。其序列为叔伯祖之子、叔伯祖之孙，直至叔伯祖之六世孙，然后到叔伯祖之六世孙之六世孙为止。同系的女支由祖父之姊妹即“祖姑”开始，她的后裔也按同样的方式说明之。

以此类推，第四旁系和第五旁系的男支，分别由曾祖父的兄弟即“叔伯曾祖”和高祖父的兄弟即“叔伯高祖”开始；女系分别由“曾祖姑”和“高祖姑”开始，他们的后裔都按同样的方式予以说明。

以上所述各系都是针对父系说的。在说明母系亲属的时候，以女性直系代替男性直系即可，唯第一旁系保持不变。第二旁系的男支，就母系而言，其序列为舅、舅之子、舅之孙，推至舅之六世孙，而止于舅之六世孙之六世孙。其女支序列为姨、姨之女，余类推。第三旁系的男支和女支分别由“舅祖”和“姨祖”开始；第四旁系分别由“舅曾祖”和“姨曾祖”开始；第五旁系分别由“舅高祖”和“姨高祖”开始。各系各支中的人都按上述的同样方式予以说明。

至于姻亲的称谓，则有夫、妻、公公、婆婆、岳父、岳母、媳妇、女婿、嫂、弟媳、姊夫、妹夫、内兄、内弟、大姑、小姑、大姨、小姨等二十余种。

在摩尔根研究的基础上，后之学者对亲属制度纷纷提出了自己的分类见解。现择其影响较大者略作介绍，供大家参考。

英国人类学家 W.H.R. 里弗斯在《亲属关系与社会组织》(1914) 一书中，首次指出马来亚式亲属制不是最早的形式而是晚期的形式，并将其改称为夏威夷式，同时把土兰尼亚—加诺万尼亚式改称为“氏族制”，把说明式改称为“家族制”，又另增一种“亲族制”(把父母的兄弟姊妹及兄弟姊妹的子女各别异称)，于是提出了一种四分法。

美国民族学家 R.H. 罗维，在《外婚制与亲属关系的类分制》(1915) 等论著中，以尊一辈的血亲为基础，辅以直系、旁系之别，也提出了一种“四分法”：(1) 行辈型，即把旁系的亲属称谓依辈分全部纳入直系的亲属称谓体系中。如夏威夷人，与父同辈的男性概称为“父”，女性称为“母”。(2) 二分合并型，即把旁系的亲属称谓一分为二：与父母同性的这一半纳入直系的亲属称谓体系中，如易洛魁人，父之兄弟与父同性同称为“父”，母之姊妹与母同性同称为“母”；与父母异性的这一半纳入旁系的亲属称谓体系中，如中国汉族，父之姊妹与父异性别称为“姑”，母之兄弟与母异性别称为“舅”。(3) 二分旁系型，即把旁系的亲属称谓一分为二，但都和直系的亲属称谓有别，如中国汉族，父之兄弟与父同辈同性，依年龄长幼分别称为“伯”、“叔”，父之姊妹与父同辈异性则别称为“姑”(同二分合并型)。(4) 直系型，即把直系的亲属称谓与旁系的亲属称谓各别异称，但旁系的同辈亲属称谓不复区别，如英、美人，父母之称仅用于生己身者，父母之兄弟与父母同辈异系，均别称为“uncle”，父母之姊妹与父母也是同辈异系，均别称为“aunt”。可见，从实质上说，罗维在摩尔根分类的基础上只是增加了二分旁系型。

美国文化人类学家 G.P. 默多克，通过对 250 个社会群体的婚姻家庭和亲属组织进行量化分析写出了名著《社会结构》(1949)。他主张，亲属称谓的决定因素是多元的，而且与社会行为的模式有着密切的关系。正如摩尔根和里弗斯等学者相信的一样，一种亲属称谓并不是一个单独的因素运作的结果，而是确实地反映了社会组织。他又指出，当社会及文化状况改变时，亲属称谓也随之改变，这种改变同样是受内在外在的因素交互作用的结果。默多克依平辈亲属为基础的分类法，进一步创建了亲属称谓的如下六种图式：

（1）夏威夷式。即摩尔根所命名的马来亚式，相当于罗维四分法中的行辈型。这是人类社会最原始、最简单、使用称呼最少的称谓制。它以辈分和性别为称谓区分原则，如一个男子，已身对同辈同性人，包括同胞兄弟、堂兄弟和表兄弟都使用同一称呼，对同辈异性人，包括同胞姊妹、堂姊妹和表姊妹使用另一种称呼；己身对长一辈的所有男性使用一个称呼，对长一辈的所有女性使用另一种称呼，余此类推。

（2）爱斯基摩式。相当于罗维四分法中的直系型。按此式，直系和旁系之间有明确界限，父亲有别于父之兄弟和母之兄弟，但父之兄弟和母之兄弟用同一称呼；母亲有别于母之姊妹和父之姊妹，而母之姊妹和父之姊妹的称呼相同。或者说，姑舅表兄弟姊妹与堂姨表兄弟姊妹同称，而与同胞兄弟姊妹异称。

（3）易洛魁式。相当于罗维四分法中的二分合并型。摩尔根命名为土兰尼亚—加诺万尼亚式。依此制，父与父之兄弟同称，对母之兄弟使用别称；母与母之姊妹同称，对父之姊妹使用别称。这种直系、旁系混合的现象，也反映在与己身同辈的称谓里。

（4）克罗式。相当于罗维四分法中的二分合并型。依此式，父之姊妹之女（姑表姊妹）及其女，与父之姊妹（姑）同称，其男性则和父之兄弟同称，而舅表兄弟、姊妹和己之子、女同称。

（5）奥玛哈式。亦相当于罗维四分法中的二分合并型。依此式，母之兄弟之子（舅表兄弟）及其子，与母之兄弟（舅）同称，其女性则和母之姊妹同称，而姑表兄弟、姊妹则与已之姊妹之子、女同称。

（6）苏丹式。相当于罗维四分法中的二分旁系型。此式对各种亲属关系的区分极为细致，如父、母、叔、伯、姑、舅、姨、兄、弟、姊、妹、堂兄弟、堂姊妹、父亲姊妹的女儿（姑表姊妹）、父亲姊妹的儿子（姑表兄弟）、母亲兄弟的儿子（舅表兄弟）、母亲兄弟的女儿（舅表姊妹）、母亲姊妹的儿子（姨表兄弟）、母亲姊妹的女儿（姨表姊妹）等，都有单独的称呼。此式较接近我国汉族的称谓制。

美国民族学家E. 多尔认为，亲属制度的类型与复杂的社会组织和文化发展水平相互联系在一起，没有商品经济的前工业民族，某种程度上类别式亲属制占压倒优势，而有商品经济的工业民族则说明式亲属制占压倒优势，同时提出了由简到繁依次发展起来的四种亲属称谓制，即“二合一式”、“交叉辈份式”、“家族式”和“现代区别式”。其所列举的样例甚多，如二合一式有达科他、多姆白等20多个民族，交叉辈份式有巴厘、奥玛哈等20多个民族，家族式有阿尔巴尼亚、亚美尼亚等30多个民族，现代区别式有讲英语和西班牙语的20多个民族。

在过去的苏联，民族学家对亲属制度的分类也是见仁见智，各执一词。例如，M.B. 克柳柯夫同某些西方学者一样，反对摩尔根提出的关于类别式亲属制与说明式亲属制的划分，认为类别式亲属名称不仅在一切亲属制度（包括摩尔根所说的说明式亲属制）中存在着，而且这些名称还构成说明式亲属制的大部分称谓；被摩尔根命名的类别式亲属制和说明式亲属制之间，没有任何原则性的差别，就是说，一切亲属制实际上都是类别式的亲属制，只不过程度不同罢了。[1]

苏联的另一些学者，如较具代表性的Ю.И. 谢苗诺夫，在《婚姻和家庭的起源》一书中，一方面肯定摩尔根天才地猜到了类别式亲属制与说明式亲属制的名称之间的质的区别，并且有保留地时而

① 参阅Ю.И. 谢苗诺夫：《婚姻和家庭的起源》，第47页正文和注①，蔡俊生译，中国社会科学出版社1983年版。

使用它们，另一方面又对这两大类的亲属制名称及其内涵进行修订，并做出自己的解释。他同意英国学者里弗斯关于夏威夷式（即摩尔根命名的马来亚式）的亲属制是从土兰尼亚—加诺万尼亚式亲属制中产生的，是后者简化的结果的观点，并进而提出了两合亲属制的命名，以取代包含马来亚式、土兰尼亚—加诺万尼亚式的类别式亲属制。他认为，氏族出现以后，氏族是两合婚姻组织的组成部分。最初，大概只有两种名称，一种用来标明本氏族的成员，另一种用来标明联盟氏族的成员。分别用来标明本氏族男人集团和女人集团的成员，以及联盟氏族男人集团和女人集团的成员的专有名称，是后来才出现的。随后，亲属制度的演变多数是导致辈份的划分，首先就是相邻辈份的划分。相邻辈份男人和女人的不同名称的出现，往往与限制甚至完全禁止这些辈份之间的性交关系有联系。一般说来，哪里有准确的两合组织，哪里也就有最古老、最简单的两合亲属制。这种古老的两合亲属制是由两合氏族群婚产生的，它反映着两合群婚的关系。两合氏族群婚的特征决定着两合亲属制的一切基本特征。两合亲属制所知道的仅仅是个体集团之间的关系，而并不知道个体作为单个个体之间的关系；因此，两合氏族群婚就只是个体集团之间的社会关系，而不是个体之间的社会关系。

此外，谢苗诺夫对摩尔根关于说明式亲属制的命名和解释亦多有微词，并主张代之以系-级式亲属制。他认为，摩尔根用来标明传统亲属制度的术语（说明式）选得并不成功，仅就它不足以成为“类别式”这个术语的对立物就可以说明这一点。“说明式”这一术语指的是标明亲属关系的方法，而“类别式”这一术语指的是用每一个名称来标明众多的人们。况且，亲属制度的说明式性质不过就是这样一种基本事实的外在表现，即用这些名称标明的亲属关系是由若干亲属级构成的亲系的总和，是仅仅存在于个体之间的关系。正是亲属关系的这种系-级性质使得有可能通过叙述、通过起初使用的不多几个名称的组合来标明亲属关系的。因此，把传统的亲属制度（即文明社会产生以来的亲属制度）描述成“说明式”亲属制度，实质上只不过是对这种亲属制度的系-级性质、个体性质的一种不完善的、不太相宜的反映。

谢苗诺夫提出系-级亲属制的命名，是基于对现实亲属关系的理解。他指出：亲属就是由出生联系起来的人们。这种联系有两种形式，一种是纯粹由生育联系起来，一种是由生育的共同性联系起来。通过生育的联系是最简单、最基本的亲属关系形式。为了标明这种最简单的亲属单位，常常使用"亲属级"(стелень родства)这个术语。一个生育另一个的人们是由一个亲属级联系起来的，他们是第一级的亲属。孙女与祖父已经不是由一个，而是由两个亲属级联系起来的，他们是第二级的亲属。曾孙女与曾祖父是由三个亲属级联系起来的，他们是第三级的亲属。任何亲属之间的关系，不论亲属级的数目多少，都构成亲系。亲系可由一个亲属级构成，也可由许多亲属级组成。在后一种场合，亲系乃是各亲属级的一个链条。换句话说，这种亲系是由一个或几个最基本的亲属单位（亲属级）所组成。不过，他认为，对亲属关系作如此解释，还只是从形式方面作了描述。亲属关系不单纯是个人与个人之间的关系，而且总是表现为作为体系中心的一个人（"我"）同作为个人的亲属出现的所有其他人的关系，而这些人则用同他相适合的亲属名称来表示。最基本的亲属名称有"父亲""母亲""儿子""女儿"，以及补充性的"兄弟"和"姊妹"。一切联系"我"和我的基本家庭以外的人的亲系，都用这六个名称相结合的办法来表达。他又指出：系-级式的亲属关系始终具有两个方面的（双向的）性质，它总是把一个人既同父亲又同母亲联系起来；它起初是随着对偶家庭的出现和发展而产生的，尽管尚未立即在亲属名称的体系中得到反映。

从上可知，百余年来，人们就亲属制度的分类原则和使用的名称对摩尔根做出诸多修正或批判。但正如美国研究摩尔根的专家L.A.怀特所说："这个问题曾进行了多次辩论，辩论的人大概都没有读过摩尔根专门探讨这一点以后所写的著作——他们认为，我们的'说明式'亲属制包括'类别式'亲属制的称谓，如cousin〔从表兄弟姊妹〕或 uncle〔伯叔或舅〕。但是，这些称谓并不是类别式的，因为它们并没有把直系亲属与旁系亲属合并在一起。”“某些人曾倡议用亲属称谓的类别来代替摩尔根的提法。但如 A.R. 拉得克利夫-布朗在《亲属制度之研究》一文第 7 页所指出的，‘类别式’和‘说明式’这两个术语看来并不‘合乎理想’，但它们‘使用已久，而且也没有人提出过任何更完善的术语，虽然某些人切盼革新。’”①

在这里，我们要强调指出：亲属制度是在历史发展过程中形成和发展起来的，不能离开当时当地的历史实际进行分析。某一个民族的亲属称谓图式所表述的，不过是这一民族亲属称谓的一个断面。在这个断面上，各个具体成员的称谓都是历史的产物，但彼此出现的时间也许早晚不同，其转变又可能与外来文化接触有关。血亲和姻亲的关系如何起作用，它们又如何与行为模式相联系，所有这些，都需要做出具体、细致的分析。对此，中国学者对于汉族、达斡尔族、藏族（四川）、纳西族（云南永宁）、基诺族、高山族等等所作的调查研究以及所取得的成果，就是有力的证明。

例如，云南西双版纳的基诺族，从 20 世纪五六十年代所调查的亲属称谓制资料看，颇为接近类别式的马来亚制，同时又有独特的古朴的色彩。其中尤为引人注目的是，除父辈因受外族影响较为进步外，祖、孙、子、已辈都各有一种男女通性称谓。如“里饶”，用于孙子女、外孙子女和一切同辈亲属中的孙子女；“饶古”用于子女、侄子女、儿媳和女婿及其他同辈的子女；“车饶”用于已辈中的兄弟姊妹以及一切远近从表兄弟姊妹和兄弟之妻、姊妹之夫。②

又如，云南宁蒗彝族自治县永宁纳西族（自称“纳”、“纳日”或“摩梭”），直至 20 世纪中期民主改革前后，尚在流行的亲属称谓制，

① L.A. 怀特为摩尔根《古代社会》第三编第一章所作的注释。见《古代社会》第 397 页，商务印书馆 1981 年版。

② 参阅杜玉亭：《血缘家庭史迹新探》，见云南省历史研究所《研究集刊》1982 年第 2 期；《基诺族亲属制比勘摩尔根图式刍论》，见《民族研究》1981 年第 2 期。

类别式仍占绝对优势，说明式只是少量的，而且是新出现的。这与那里的婚姻家庭状况大体相一致。正如有的学者所指出，由于永宁纳西族婚姻家庭在中心区和边缘区发展不平衡，中心区基本上以母系亲属称谓为主，边缘区则在继续沿用某些母系亲属称谓的同时，产生了一些专门表达一夫一妻制家庭亲属关系的父系亲属称谓，或虽然沿用某些母系亲属称谓，但赋予了它父系亲属的含义。

永宁中心区母系亲属的基本称谓有15种，在实际生活中的使用情况如下：

己身为女子，对自己的和血缘不论远近的姊妹的子女，都以“若”（子）、“木”（女）相称，对一切兄弟的子女则以“则乌”（甥或侄）和“则咪”（甥女或侄女）相称；对这些女儿的子女，即一切孙子辈，均称为“如乌”（孙男）、“如咪”（孙女）。

己身为男子，对自己的和血缘不论远近的兄弟和姊妹的子女，均称为“则乌”、“则咪”，但其中用于称姊妹们的子女含有甥男、甥女之义；这些女儿的子女，亦即孙子辈，一律称为“如乌”、“如咪”。

无论是女子或男子，对母亲、母亲的姊妹、母亲兄弟的女阿注（舅母）等，均称“阿咪”，只是依长幼而有“阿咪直”（大妈妈）、“阿咪吉”（小妈妈）之分；对母亲的兄弟、母亲及其姊妹的男阿注，皆称为“阿乌”，即“舅父”。

无论男女，对母亲的母亲（外祖母）及其姊妹（姨祖母）、母亲和舅父的阿注的母亲、自己的阿注的祖母，称为“阿移”，都是祖母；祖母的兄弟（舅祖父）、母亲和舅父的阿注的舅父、自己阿注的母亲的舅父，叫“阿普”，即都称为祖父。

无论男女，母亲的祖母及其兄弟姊妹、母亲和舅父的阿注的祖母及其兄弟姊妹、自己的阿注的母亲的祖母及其兄弟姊妹，不分性别，通统称为“阿斯”，即曾祖。

在同辈之间，不论是否母系血亲，也不论男或女阿注的兄弟姊妹，凡长于己的兄、姊通称“阿木”，而幼于己的，弟称“格日”，妹称“各咪”。

男女之间的阿注关系，当地纳西族叫“阿注”或“主若主咪”，意即朋友或男女伴侣。

值得注意的是，不论中心区还是边缘区，在同辈之间，既有类别式称呼又有说明式称呼，如兄、姊采用通性称谓“阿木”，弟称“格日”，妹称“各咪”，兄嫂和弟媳则分别称“阿木楚咪”和“格日楚咪”，姊夫和妹夫分别称作“阿木哈楚巴”和“各咪哈楚巴”[①]。

以上基诺族、纳西族的亲属制，显然有自己特殊的社会文化背景，如不作具体分析，是不会得出科学的结论的。但无论怎样纷繁复杂，亲属制度的分类终究要归宿于类别式和说明式这两大分类中。

摩尔根曾在自己的论著中提到中国的汉族“九族”称谓制，并指认它是以马来亚式亲属制为基础。作此论断，似嫌轻率。其实，中国汉族的亲属制也有一个演变过程。据考证，它有过老、壮、幼三等亲属制[②]，也发展起了非常丰富的属于说明式的亲属制。对此，林耀华于 1935 年在牛津大学社会人类学大师拉得克利夫-布朗(A. R. Radcliffe-Brown)的指导下，曾绘制出中国汉族自古以来跨九代的“父系家族亲属称谓表”凡五幅（可惜释文已于抗战离乱期间丢失）。由于这些图表体现了各种亲属关系的特色，迄今仍有很大的参考价值，特首次公诸于世（详见章末彩色附表）。

本章主要参考书目

① L. H. 摩尔根：《古代社会》第三编，杨东莼等译，商务印书馆 1981 年版。

② G. P. 默多克：《社会结构》(New York，1949)。

③ ю. И. 谢苗诺夫：《婚姻和家庭的起源》，蔡俊生译，中国社会科学出版社 1983 年版。

---

① 有关永宁纳西族的称谓，详见詹承绪等：《永宁纳西族的阿注婚姻和母系家庭》，上海人民出版社 1980 年版。

② 何星亮：《从哈、柯、汉亲属称谓看最古老的亲属制》，《民族研究》1982 年第 5 期。

第五单元　文　化

在学术界，许多人都把民族学（Ethnology）等同于文化人类学（Cultural anthroplogy）。许多学术著作也把文化人类学的学派和学者，统统冠之为民族学学派和民族学家。这反映了两者在研究对象、范围上的基本一致性。文化与民族学有着特殊关系，同样，文化与民族学的研究对象——民族，关系也非同寻常。正因为如此，民族学一贯重视对文化的研究。那么，什么是文化？文化的性质及其具体内容，以及民族学研究文化的意义，便是本单元需要回答的主要问题。

第十四章　文化的概念

第一节　文化的概念

在社会科学领域里，文化的概念始终是个比较含混的、争论不休而又歧义层出的问题。19 世纪中叶以来，人类学、民族学各种流派的代表人物都给文化下过各自的定义，并对文化的内涵与外延做出了不同的界定。此外，历史学、考古学、语言学、社会学、哲学、心理学、宗教学、政治学等学科在涉及文化研究时也都各持己见，提出了各式各样的文化定义。1952 年，美国人类学家 A. 克鲁伯和 K. 克拉克洪合写的一部专门就文化一词作详尽探讨并加以评述的著作——《文化——关于概念和定义的评论》，罗列了从 1871—1951 年

80年间较为严格的定义就有161种①，然而，这还仅限于西方世界，对当时的苏联、东欧以及中国等社会主义国家尚未统计在内。后来，法国社会心理学家A. 莫尔又继续此项统计，结果表明，到20世纪70年代，世界文献中的文化定义已达到250多种。这几乎成了有多少人研究文化，就能产生出多少文化概念。如果对如此众多的文化概念仔细审视，便不难发现，各种关于文化概念的界说都有其一定的理由，但又都不能说达到了无懈可击的完美境界。其实，文化作为一种历史现象、历史事物，是随着社会的发展而不断变化的，其内容和结构总是在日益丰富，其地位和作用也总在不断调整，因此，关于文化的概念也就必然随之发生变化。

下面，让我们简略回顾一下中国和西方对“文化”一词涵义的不同演进历程。

中国堪称是世界文明发达最早的国家之一，有着数千年光辉灿烂的历史文化。但是在中国，“文化”一词却没有一个统一的、确切的概念。中国古代文献中，“文”与“化”两字最初是分开使用的。“文”的本意是指色彩交错的纹理。《礼记·乐记》称：“五色成文而不乱。”引申为文雅、人的修养，常与“质”、“野”对称。如《论语·雍也》称：“质胜文则野，文胜质则史，文质彬彬，然后君子。”进而又引申为美、善。如《礼记》郑玄注“文犹美也，善也”。“化”本意为更易、生成、造化。如《易·系辞下》云：“男女构精，万物化生”；《礼记·中庸》：“可以赞天地之化育”，等等，实则皆指事物形态和性质的改变。到战国秦汉之际，“文”与“化”出现了并联使用的情况，而到公元初，复合词的“文化”才正式见诸文章，但其含义与现在不同，是指统治者治理民众、国家的一种理论、政措与方法，是与“武功”相对的“文治”与“教化”的总称。如成书于战国末期的《易·贲卦·象传》云：“观乎天文，以察时变。观乎人文，

---

① 转引自巴格比著、夏克等译：《文化：历史的投影》，上海人民出版社1987年版，第91页。

以化成天下。”这里的“人文”与“以化成天下”紧密联系，“以文教化”的思想已十分明确。西汉以后，“文”与“化”终于以一个整合词的形式出现。如西汉刘向的《说苑·指武》称：“凡武之兴，为不服也，文化不改，然后加诛。”晋人束广微《补亡诗·由仪》称：“文化内揖，武功外悠”。南齐王融《曲水诗序》中的“设神理以景俗，敷文化以柔远”。那些都是说，“文化”是与“武功”相对的一种统治方法。同时，文化也指封建国家的礼乐制度、法令条文等。所有这些涵义，显然与我们现在的理解是有差别的。

在西方，“文化(culture)”的涵义同样也有一个演变过程。它最初来源于拉丁文“cultura”，意指耕作、培养、教育、发展出来的事物，是与自然存在的事物相对而言的。例如野生动植物并非文化，经过人工驯化后的家畜、农作物则为文化；地上的石块、树枝并非文化，经过人工打磨加工，制成石刀、石斧、木尖棒等生产工具则是文化；自然界的日、月、星辰并非文化，而原始人把它们想象成为人格化的神灵加以崇拜则是文化。到了古希腊、罗马时期，随着人们对社会生活和政治生活的参与，认为人的理智也需要进行加工，就像农民整治和耕种土地一样，于是文化一词又被理解为培养公民参加社会生活和政治生活的能力，普遍使用于知识水平、教育程度、思想修养上。中世纪的欧洲，神学笼罩着社会，文化被“颂主”、“祭祀”一类的术语所取代，人们改造自然的能力退让给了神的创造力。文艺复兴时期的思想家主张人道，反对神道，倡导以古代希腊、罗马文化取代宗教神学文化，文化被用以说明人的形成与发展过程。到了18世纪，在法国启蒙运动思想家们的著作里，文化又与人的教养联系了起来，他们把文化的历史过程归结为理性的发展过程，用科学、艺术的成就来说明资本主义的政治制度与社会秩序是理性的体现。在德国古典哲学家的著作中，文化被视为处于人们社会规范之外的绝对精神领域，认为人类文化发展的状况及其意义，就是在于达到这种精神的绝对自由。为此，他们不断从道德领域、美学领域或哲学领域试图为德国资产阶级的社会发展寻找出路。由此可见，无论法国启蒙思想家还是德国古典哲学家的文化观，都是当时资本主义社会发展的需要，它和后来民族学、人类学作为一门学科所讲的文化涵义是不一样的。

“文化”一词真正的本质涵义，是19世纪中叶以来随着民族学、人类学的产生而赋予的。其中最早做出专业性研究成果的当属被誉为英国人类学之父的民族学、文化人类学学家爱德华·伯纳特·泰勒（E.B.Tylor，1832—1917）。泰勒在1871年出版的《原始文化》一书中，首次把文化作为一个中心概念提了出来，并将它的涵义作了如下的系统表述：“文化就其广泛的民族学意义来说，是作为社会成员的人所习得的包括知识、信仰、艺术、道德、法律、习俗以及任何其它能力和习惯的复合体。”[①] 泰勒的文化定义是学术界第一次给文化的一个整体性概念，其影响重大而深远。因为它为后来众多的社会科学家，尤其是民族学、文化人类学学家表述文化现象、界定文化概念勾画出了一个基本的范围和轮廓。时至今日，国内外各种讨论文化定义的论著和世界主要百科全书中的“文化”条目，几乎无一例外地都要提到这一公认的最早的专业文化定义。

不过，泰勒的定义也并非完美无缺。在这里，文化尽管被视为一种复合体，包含的内容非常广泛，但它的明显不足是在于缺少物质文化的内容。为此，后来美国的一些文化人类学、社会学学家如奥格本、亨根斯、维莱等，对泰勒的定义予以修正，补充了“实物”一词，使文化成了“包括实物、知识、信仰、艺术、道德、法律、习俗以及任何其他能力和习惯”[②]。

中国学术界对文化问题的关注是20世纪20年代前后随着西方民族学、人类学的引进而开始的。早在“五四”前夕中国新文化运动的激烈酝酿阶段，陈独秀、李大钊等人在他们发表的诸如《东西族根本思想之差异》（陈独秀，《新青年》第1卷第4号，1916）、《东西文明根本之异点》（李大钊，《言治》季刊，1918）等文章中，文化问题就随着东

① 转引自《人类学导论》，中央民族大学民族学系内部教材，第26页。
② 转引自孙本文：《社会的文化基础》，世界书局1932年版，第24页。

西方文明的讨论而出现了。“五四”运动以后，围绕着东西方文明比较研究的深入，什么是文化，如何看待和发展中国文化等问题，一时间成了学术界热烈讨论的重要议题。其中关于“文化”一词的界定也就出现了仁者见仁，智者见智的局面。在一般流行的看法中，多以文字、文学、教育、出版、学术、思想等为文化，或专以文学为文化，以教育为文化，以科学为文化，以伦理道德为文化的，亦即主要指精神文化。而一些学术大家们则把文化引向广义的文化层。如1920年蔡元培发表了《何为文化?》的演讲，提出“文化是人生发展的状况”，并列举衣食住行、医疗卫生、政治、经济、道德、教育、科学等皆属文化的具体事项①。同年，梁漱溟在其《东西文化及其哲学》一书中，把文化释为“人类生活的样法”②，并认为，人的生活样法可分为精神生活、物质生活和社会生活三大内容，从而使文化的内容渐趋系统化。1922年，梁启超发表《什么是文化?》的文章，提出文化是“人类心能所开释出来之有价值的共业。”③ 它所包含的内容也极为广泛，如种族、政治、法律、教育、饮食、服饰、住宅、交通乃至考工、农事等等。1926年，胡适发表了《我们对于西洋近代文明的态度》的文章，首次把文化与文明加以区别，提出“文明(civilization)是一个民族应付他的环境的总成绩”，而“文化(cnlture)是文明所形成的生活方式”④。与梁漱溟的界定基本相同。上述学者的文化界定尽管都还存在着不够完整之处，但民族学、文化人类学意义上的广义文化概念在他们的思想中已经基本形成。

全国解放后，由于人类学、民族学和社会学等学科被取消，关于文化的概念问题便很少被提及，直到80年代初这些学科重新恢复为止。1982年，中国学术界在上海复旦大学举行了一次“中国文化

① 《蔡元培美学文选》，北京大学出版社1983年版，第113页。

② 梁漱溟：《东西文化及其哲学》，上海商务印书馆1929年版，第53页。

③ 梁启超：《什么是文化?》，载《学灯》1922年12月9日。

④ 胡适：《我们对于西洋近代文明的态度》，载《现代评论》第4卷，第38期。

史研究学者座谈会”，会上，来自全国各地的学者们就“文化”一词的概念进行了热烈讨论，只是最终仍各持己见，莫衷一是。有鉴于此，有的与会者甚至提出，文化的概念就像“模糊数学”“模糊逻辑”一样，它的界域本来就是不可确定的①。

当然，文化的定义、概念还是有的，只不过因学科不同，研究者的视角不同，对文化的解释有所差异而已。目前中国学术界多数人的意见，文化有广义与狭义之分。广义的文化是指“人类社会历史实践过程中所创造的物质财富和精神财富的总和。狭义指社会的意识形态，以及与之相适应的制度和组织机构”②。

在中国民族学界，对“文化”一词的解释与上述广义文化的解释基本类似，只是它的表述更具体更全面些。它认为：文化是人们在体力劳动和脑力劳动过程中所创造出来的一切财富，包括物质文化和精神文化，以及人们所具有的各种生产技能、社会经验、知识、风俗习惯等。

第二节 文化与文明

“文化”和“文明”都是民族学、文化人类学学家经常使用的概念，也是人们在日常生活中的两个常用词。但对它们含义的异同以及两者间的关系却很少有人深入探究。关于“文化”一词，我们在前节已有介绍，至于对“文明”一词的认识也存在不同的见解。通常的解释有：（1）文明即文化，如物质文明、精神文明；（2）指人类社会的进步状态，与“野蛮”相对而言；（3）有时也作“光明”解释③。

“文明”这一概念早在公元前2世纪就已出现，但学术界广泛采

① 参见《中国文化》第1辑，复旦大学出版社1984年版，第4—6页。

② 参见《辞海》，上海辞书出版社1989年版。

③ 参见《辞海》，1989年版“文明”条。

用却是在 18 世纪中叶。“文明”一词与拉丁文“civis”（公民）、“civilis”（公民的）、“civitas”（有组织的社会）等术语有关。法国米拉波（B. R. Mirabeau）侯爵于 1757 年写道：“文明赋予社会以道德的原则和形式”，而苏格兰思想家弗格森（A. Ferguson）于 1767 年认为，人类是从野蛮走向文明的。这种解释在欧洲影响深远。美国民族学家摩尔根在《古代社会》一书中把人类历史划分为三个时代：蒙昧时代、野蛮时代和文明时代。他认为，文明时代是阶级产生、国家建立、文字发明和一夫一妻制家庭出现而开始的人类历史时期。恩格斯批判性地利用了摩尔根《古代社会》一书的材料，并在他自己创造性研究的基础上写成《家庭、私有制和国家的起源》这一划时代的光辉著作。恩格斯在这本书中写道：“文明时代是社会发展的一个阶段，在这个阶段上，分工，由分工而产生的个人之间的交换，以及把这两个过程结合起来的商品生产，得到了充分的发展，完全改变了先前的整个社会。”[1] 接着，恩格斯又总结性地归纳出了人类从野蛮时代过渡到文明时代的几个特征：（1）经济基础——分工、交换和商品生产。（2）婚姻家庭关系——确立了新的家庭形式（一夫一妻制），把个体家庭变成社会的经济单位。（3）政治上——国家“毫无例外地都是统治阶级的国家，并且在一切场合在本质上都是镇压被压迫被剥削阶级的机器”。（4）社会的精神生活——统治阶级的意识形态成为占统治地位的意识形态。[2]

在苏联时期，学术界的普遍认识是“文明”有以下三种意思：（1）文化的同义词，在马克思主义著作中也用来表示物质文化。（2）社会发展、物质文化和精神文化所达到的一定的水平和程度（如古代文明、近代文明）。（3）继野蛮时代之后社会发展的程度。[3]

---

① 《马克思恩格斯选集》第 4 卷，人民出版社 1972 年版，第 170 页。

② 参阅《马克思恩格斯选集》第 4 卷，人民出版社 1972 年版，第 170—174 页。

③ 《苏联大百科全书》，第 28 卷，第 533 页。

在英法学者中，“文明”一词先前多被认为是指一种“修养的状态”，或“一种特定的行为模式，诸‘如作为修养结果的优雅风度和充满和平的政治生活”。如今则普遍倾向于“指一种较高级的，较发达的文化形态，或者较特殊地指城市文化”。①

在德国，学术界的普遍看法是：“文明”有广义和狭义两种解释，前者是指良好的生活方式和风尚；后者是指社会在脱离了人类群居生活的原始自然状态之后，通过知识和技术手段而形成和完善起来的物质和社会状态。②

至于“文明”与“文化”的相互关系问题，学术界至今似缺乏深入的讨论。从目前仅有的资料看，大体有如下几种观点：第一种，文化与文明不分，作为同一概念使用。第二种，两者相互比较，认为“文化”包括“文明”，即“文化”概念所包含的内容要比“文明”更加广泛。第三种，认为“文明”与“文化”不是部分与整体的关系，而是社会生活的两个方面、两个特征，文明是社会物质发展水平的主要特征，而文化是社会精神发展水平的主要特征。

上述不同说法表明，文明与文化两者间的关系既十分密切，但又毕竟是两个有所区别的不同概念。

本章主要参考书目：

① 恩格斯：《家庭、私有制和国家的起源》第九章，人民出版社1972年版。

② 张岱年主编：《中国文化概论》，北京师范大学出版社1994年版。

③ 马凌诺斯基著、费孝通译：《文化论》，中国民间文艺出版社1987年版。

---

① 美·巴格比著、夏克译：《文化：历史的投影》，上海人民出版社1987年版，第89—90页。

② 参阅联邦德国《大百科辞典》，1979年版。

④ 摩尔根著、杨东莼等译《古代社会》第一编，商务印书馆1981年版。

⑤ 美·巴格比著、夏克译：《文化：历史的投影》，上海人民出版社1987年版。

第十五章 文化的性质

第一节 文化的结构

文化由哪些要素构成？它的结构是如何划分的？或者说文化是以怎样的形态存在着？民族学、文化人类学学家们因所持的标准不同而意见不尽一致。

功能学派创始人、英国民族学、人类学学家马凌诺斯基在其《文化论》一书中，根据文化功能，将文化分为四个方面：(1) 物质设备；(2) 精神文化；(3) 语言；(4) 社会组织[①]。美国社会学学家W.F. 奥格本在他的《社会变迁》一书中，从文化功能与文化起源相结合的角度，把文化划分为物质文化和非物质文化，然后再将非物质文化又分为宗教、艺术一类的精神文化和规范人类行为的制度、习惯一类调适文化[②]。在20世纪70年代以前，苏联学术界从马克思主义的唯物史观出发，普遍采用将文化分为物质文化和精神文化的两分法。国外学术界的上述种种观点，在不同时期，对我国学术界都产生过不同程度的影响，并因此而出现了对文化结构的众多分类法。归纳起来，有二元结构说、三元结构说、四元结构说乃至多要素说等等。

二元结构说，通常指文化是由物质文化和精神文化两大部分构成的观点。如前所述，此观点源于苏联学术界，20世纪50年代以来也为中国学术界所普遍接受。这里所说的物质文化，是指人类创造

① 马凌诺斯基：《文化论》，中国民间文艺出版社1987年版，第1页。

② 参见W.F. 奥格本：《社会变迁》，浙江人民出版社1989年版。

的物质财富及其创造方式，它包括劳动工具和人类为满足衣、食、住、行等多种需要而创造出来的一切物质产品。精神文化是指人类脑力劳动所创造出来的一切成果，它包括思维、语言、知识，以及属于上层建筑中的哲学、科学、伦理、道德、教育、法律、制度、风俗习惯、宗教、文学艺术等。

物质文化、精神文化二元结构说的理论基础是马克思主义的唯物史观。马克思、恩格斯在他们共同创作的《德意志意识形态》一文中指出："我们仅仅知道唯一的一门科学，即历史科学。历史科学可以从两个方面来考察，可以把它划分为自然史和人类史。但这两个方面是密切相联的；只要有人存在，自然史和人类史就彼此相互制约。"[①] 在这里，马克思主义创始人把历史科学分为自然史和人类史两个相互联系、相互制约的方面来考察，不仅规定了历史科学应该研究的一切方面及相互联系，而且揭示了人类各种文化现象的内在联系，为人们进行各种文化现象分类提供了科学依据。"自然史，即所谓自然科学"[②]，它是人类在认识、改造、适应和控制自然界过程中所取得的成果，它表现为自然科学、技术、知识以及由此创造出来的工具、房屋、服饰、食物、器皿等物质文化。它是人类生存的基础，为人类生活提供了最基本的条件。人类史，即所谓社会科学，它是人类在物质文化创造过程中，认识、改造、适应和控制社会环境所取得的成果，它表现为社会组织、制度、政治、法律、风俗、习惯、伦理、道德、语言、教育，以及宗教信仰、审美意识、文学、艺术等精神文化。它是人类生存的样式和自我完善的方式。所谓自然史与人类史的密切联系与相互制约，在这里也就表现为物质文化与精神文化的密切联系与相互制约。自然科学、技术知识以及由此创造出来的物质产品决定和推动着社会结构、社会组织、社会制度、伦理、道德、法律、风俗、习惯、语言、教育等规范体系以

---

① 《马克思恩格斯选集》第1卷，人民出版社1972年版，第21页注。

② 同上。

及宗教、信仰、文学、艺术等观念体系的精神文化发展。同样，精神文化诸因素也相互作用并共同反作用于物质文化的发展与进步。

应当承认，视文化为物质和精神的二元分类法也并非十分准确和完美。例如，作为物质文化的一切物质产品，它所包涵的脑力劳动、精神创造是不言而喻的；同样，归入精神文化中的社会组织、制度、法律、道德等，它们既能以观念形态存在，但又非单纯的观念文化现象，也是一种社会现象、社会规范。故此种分法有“非此即彼”的简单化之嫌。

文化结构的二分法，除物质文化、精神文化的区分外，还有含义与之相近的“显在文化”与“潜在文化”；“表层文化”与“深层文化”；“硬文化”与“软文化”等区分。

三元结构说通常是指把文化区分为“物质文化、制度文化、精神文化”或“实物文化、行为文化、观念文化”的三层面分类法。

持“物质文化、制度文化、精神文化”三分法者认为，在文化的结构上，物质文化属于表层，精神文化属于深层，在它们之间，还应分出一个属于中层的制度文化。在内容的划分上，物质文化仍如上述。精神文化仅包括人们的文化心理以及诸如政治思想、法律、道德、伦理、哲学、艺术、宗教等意识形态的各方面。制度文化则包括社会的经济、政治、法律体制及其运作方式，也包括婚姻、宗教等各种制度。它反映着个人对社会的参与形式，具有规范性和鲜明的时代性。在阶级社会，这种参与形式具有阶级性，不同阶级对社会参与的内容、方式截然不同。这三个层面之间有机结合，存在着相互作用和相互制约的关系。

持“实物文化、行为文化、观念文化”三分法者认为，三者也是文化的三个层面。作为第一层面的实物文化，除人类制造的一切物质产品外，还应包括在某种特定文化圈内被赋予象征性文化含义的自然物，如东亚文化中的兰、梅、菊、竹等。属于第二层面的行为文化，包括了生产——技术行为、语言——符号行为、伦理——政治行为三大方面。构成第三层面的观念文化，也由“事实如此”观念（亦称证实性知识）、“应当如此”观念（亦称价值性观念）和思维模式三部分组成。这三者的关系，一般地说，有什么样的思维模式，就会产生怎样的证实知识模式和价值观念模式，反之亦然[①]。

四元结构说有“精神文化、行为文化、制度文化、物质文化”的四分类法和“智能文化、物质文化、规范文化、精神文化”的四分类法。

持“精神、行为、制度、物质”四分类法者认为：精神文化包括宗教信仰、价值观念、审美意识、伦理道德、文化心理、经验等；行为文化包括人的行为模式、生活方式、生产方式、婚姻与家庭方式及各种风尚习俗、节日等；制度文化包括政治与经济制度、体制、法律、典章等；物质文化包括衣食住行用及劳动工具等物化的文化现象。这四方面依次构成文化的从内到外的不同层次。精神文化是核心层，也最稳定。然后由里往外依次是行为文化、制度文化，物质文化为最外层，也最不稳定。在整个文化体系中，物质文化、制度文化都易于改变，但精神文化中的很多要素却会超越客观而存在，进而支配人的思维、行为与创造[②]。

持“智能、物质、规范、精神”四分类法者认为：智能文化包括科学、技术、知识等；物质文化包括房屋、器皿、机械等；规范文化包括社会组织、制度、政治和法律形式、伦理、道德、风俗、习惯、语言、教育等；精神文化包括宗教、信仰、审美意识、文学、艺术等。其中，智能文化和物质文化表现为人类在认识、改造和控制自然界过程中所取得的成果，可归为第一类文化。规范文化和精神文化则表现为人类在物质文化和智能文化创造过程中，认识、改造、适应、控制社会环境所取得的成果，可归为第二类文化。第一类文

---

① 参阅赵仲牧：《一种文化构造理论及其研究方法的模式》，载《民族文化论集》，云南大学出版社 1993 年版。

② 参见郑晓云：《文化认同与文化变迁》，中国社会科学出版社 1992 年版，第 32—35 页。

化所形成的合力作用推动第二类文化的发展。同样，第二类文化诸因素也会相互作用并作用于第一类文化[①]。不难看出，此种分类法并未摆脱物质文化与精神文化两分法的基本框架。

此外，还有文化的“多要素论”或多结构说。如认为构成文化的要素主要包括精神文化、语言符号、规范体系、社会关系和社会组织以及物质产品等[②]，有的甚至多达几十种。显然，此类分法似缺乏明确的层次性，有过于零乱之嫌。

有鉴于此，也考虑到我国民族学界的传统习惯，关于文化的结构与内容，我们仍然以物质文化和精神文化的二元分类法，在本单元内分章予以介绍。

第二节 文化的特征

一般认为，文化有五个方面的特征，即文化的普遍性与特殊性、文化的后得性、文化的适应性、文化的分化与整合、文化的变异与涵化。下面分别略作分析。

一、文化的普遍性与特殊性

从文化概念的探讨中，我们已经明确文化是人类特有的，是人所创造的，换句话说，一切文化都是人的文化。文化作为人的创造物，集中体现了人的本质和力量。故有人说，“文化的本质就是人化”。由此可以认为，文化的普遍性就表现在：文化是人类、人类群体（如民族、阶层等）以及个人所特有的，是人类社会、民族社会以及每个人所普遍具有的。然而，由于地理、生态条件等生存环境的差异性，人类不可能创造同一模式的文化。如生活在北极地带的人，创造了爱斯基摩文化；生活在草原地带的人，创造了草原游牧

---

① 参阅司马云杰：《文化社会学》，山东人民出版社1987年版，第16页。

② 参见徐万邦、祁庆富：《中国少数民族文化通论》，中央民族大学出版社1996年版，第11—12页。

文化；生活在河湖平原地带的人，创造了农耕文化，等等。即便是在相似的生态环境下，若地域不同，人们创造的文化形式仍可大不相同。因此，文化又具有多样性和特殊性。这就是说，一方面，人类具有创造文化、享有文化的普遍性本领，另一方面，人们又生活在不同的文化环境中，都在特定的文化单位中成长，通过他们又使这种文化传统世代传递。

一些民族学、人类学学家也指出，不同民族群体所具有的多样性、特殊性的文化内容往往是用普遍性的框架组织起来的，不同文化在终极价值和一般性伦理约定方面是非常相似的。因此，试图从跨文化的比较中寻求一种伦理法则的普遍性因素，则成为值得探索的新目标。

二、文化的后得性

所谓后得，是指后天的学习所得，而不是先天就有的。就是说，文化是人类的“社会遗传”，而不是通过生物遗传基因遗传、产生的。譬如说，被一个民族普遍具备或享有的事物，并不都属于文化这一范畴。像一个民族典型的头发形状、颜色就不是文化，它是由生物遗传决定的，但是，当人们把它加工成不同发型的时候，就被赋予了文化的含义。从社会普遍意义上说，男人留短发，女人留长发；古代的中国，男子多留全发，清代的男子梳发辫；中世纪的欧洲，男子尚戴假发。吃亦如此，吃本身是一种维持生存的生理需要，不属于文化范畴。但吃什么，怎样吃？都是后天习得的。不同的民族对食物有不同的选择，有不同的制作方法。如农业民族与畜牧业民族不同，中国人与西方人不同。在中国，南方人与北方人不同，内地汉族与边疆少数民族不同。甚至吃的方式也因地区因民族而异，如西方用刀叉，东方用筷子，有的则用手抓，等等。所有这些，都是后来习得的结果。所以人们才说，各民族都有自己独特的饮食文化。

三、文化的适应性

一般说来，文化是具有适应性的，这主要是指对特定自然环境的适应性和对社会环境的适应性两方面。首先，文化代表着对自然环境和生物需要的适应。例如，某些在其他文化看来似是不可理解的行为，如果从环境适应的观点来看，是容易理解的。美国民族学学家恩伯有这样一个举例：居住在赤道地区的一些民族存在一种看似十分奇怪的产后禁忌，即在婴儿2岁左右断奶以前，禁止母亲发生性行为。其实，该禁忌代表了一个民族对其自然环境的适应。如果没有这种禁忌，一位母亲很快又生了孩子，她就不可能再给较大的孩子喂奶了。较大的孩子吃不上母奶，就会患一种赤道地区常见的夸希奥科病（严重蛋白质缺乏症）。这样一来，产后性禁忌就起到了为婴儿提供更好的生存机会的作用。“因此，在某些赤道国家，长期产后禁忌可能是一种适应性习俗。”[①] 同时，文化还代表着对社会环境的适应，亦即对邻近民族等不同文化群体的适应。这种适应往往是在社会压力下被迫进行的。如造型独特的我国闽南家族堡垒式民居，川西北羌族碉楼式民居等，显然是在与周围群体或民族交往过程中受到较大压力有关，就是说，它代表着对周围特殊社会环境的一种适应性反映。

由于文化系统不同，不同的民族或群体面对相同的环境可能会采取不同的适应方式。如在适宜农业发展的我国东北平原，由于气候寒冷，以汉族为代表的当地各族创造的是旱地粟作文化，而这里的朝鲜族，则坚持着他们的水田稻作文化传统。

必须指出，在同一文化系统中，并非所有的文化要素都具有适应性，有些可能是中性的，或者是随着历史的发展而成为中性的。像服饰和礼仪规则等文化因素，从适应的意义上看就可能是中性的。尤其是在当今社会，它们可能与生物需要和环境条件已没有直接关系了。另外，有些文化并不主动去适应变迁的环境，甚而为保持自己原有的习俗而不惜付出沉重的代价。如生活在巴西中部的印第安塔皮拉佩人在与欧洲人的接触及疾病影响下，人口锐减，但即使这样

① 参阅C. 恩伯、M. 恩伯：《文化变异》，辽宁人民出版社1988年版，第44页。

也未改变他们妇女不应生三个以上孩子的限制人口习俗①。

尽管如此，一般来说，文化大都是具有适应性的。文化适应普遍具有积极意义，因为无论是主动适应还是被动适应，它都出于一种社会的需要。

四、文化的分化与整合

所谓文化分化，是指从旧文化体系中分化出新文化体系的过程。这里所说的旧文化体系，可以是民族的、国家的或整个社会的，也可以是社区的、群体的。因为它们的文化在一定程度上都是由许多文化要素彼此联结、互相依存结成的综合体，都可以构成相对独立、自给自足的体系。在社会发生变化时，不论其变化的原因是政治的、经济的，还是其它社会因素，如异族入侵，外来文化传播等，在旧文化体系中就会产生新的需要，新的价值取向，并与旧的文化发生矛盾冲突。当这种矛盾冲突突破临界点时，原来的文化体系就被打破，发生文化的分化现象，衍生出新的文化体系或系统，对于这种现象，学术界通常称为文化分化。

文化分化现象在历史上屡见不鲜。如中国古代先秦时期的周文化，到春秋时期，由于各诸侯国社会经济的发展，分化出许多独立的文化体系。《诗经》“风、雅、颂”中的“风”，共收15国，俗称“十五国风”，它是以文学的形式对这些国家政治、民情和社会风尚的描述，实际上反映了15个程度不同的相对独立的文化体系。再以我国许多少数民族的文化发展来看，北方草原地区的蒙古族，由游牧文化体系中分化出了农耕文化体系；大兴安岭中的鄂温克人，由森林狩猎文化体系中分化出了畜牧、农耕文化体系，等等。由于每一次文化分化都会外化出一些新文化，所以文化也就愈来愈丰富，愈多样，愈复杂。

文化在变化过程中不仅有分化，同时也发生整合。所谓文化整合，即指不同文化相互影响、吸收、融化、调和而趋于一体化的过

---

① 参阅《文化变异》，辽宁人民出版社1988年版，第46页。

程。文化有排他性，但同时也有融合性。特别是当不同的文化杂处于一起时，它们必然会互相吸收、融化、调和，发生内容和形式上的变化，最后逐渐整合成为一种新的文化体系。在我国这个统一多民族国家中，中华民族文化的形成就是文化整合的典型实例，它是由不同民族的多元文化经过数千年的相互影响、吸收、融化、调合而发展成为今天这种状况的。我国56个民族中的任何一个民族，在其形成和发展过程中也都有着类似的经历。

通常认为，一个国家或一个民族，其文化体系愈是整合了不同的文化要素，那么它的文化体系就愈丰富、愈有生命力。反之，一个文化体系愈丰富、愈有生命力，它的整合能力就愈强。无整合能力的文化是脆弱的，经不起历史的挫折。历史上许多民族及其文化的消失，正是文化整合能力脆弱导致的结果。

五、文化的变异与涵化

文化变异又称文化变迁，是西方民族学、人类学中经常使用的一个概念。英国功能学派人类学、民族学学家通常把文化变迁称为文化变异或文化转变。它最初是由进化论学派人类学学家研究“文化进化”逐渐发展而来的。

所谓文化变迁，简单地说，就是指或由于民族社会内部的发展，或由于不同民族间的接触而引起的一个民族文化系统，从内容到结构、模式、风格的变化。

在这个定义中，首先指出了引起文化变迁的两大动因，一是内部的，是由于该民族社会自身的发展，即进化、发明、发现而引起的文化变迁；二是外部的，是在与不同民族的接触中，受到他民族文化的传播影响，出现借用或创新而导致的文化变迁。在西方民族学史上，进化论学派比较强调民族内部自身进化发展的动因而不大重视民族间文化的接触。传播学派则重视文化的横向散布，认为文化变迁的动因就是文化传播。功能学派集二者之长，既强调共时性研究，又重视历史性研究，马凌诺斯基的《文化变迁的动力》一书，便是这一观点的代表作。定义的后一部分，即“一个民族文化系统，从内容到结构、模式、风格的变化”，是对文化变迁性状的判断标准。一般认为，文化变迁通常都是从文化内容的变化开始的。比如今天一个发明，明天一个创造，或是外来文化因素一点点一件件的传入等等，渐渐引起整个文化结构发生变化或文化风格发生变化，从而形成文化变迁。但并不是说，任何文化内容的增量或减量都是文化变迁。如当代中国青年发式的变化，尤其是女青年的短发、“刷子”、“羊尾巴”、“披肩发”、烫发等等，这些充其量只是一种时髦的变化，它虽然也是一种文化内容的变化，但它并不影响整个文化体系的结构、模式和风格，因此，我们尚不能称之为文化变迁。只有当这种发式文化的变化与整个文化结构联系在一起时，即由文化结构的改变而引起变化的时候，或者说，它属于整个文化体系变化的组成部分的时候，才能算作文化变迁的内容。仍以中国人的发式为例，1911年辛亥革命推翻了清王朝，废除了封建帝制，学习西方民主制度，建立共和制，男子剃发辫，不留发或留短发；妇女剪长发，留短发。这是一次涉及到中国几千年政治制度、传统习俗、道德观念、价值观念的巨大变革，发式的变化成为反封建，否定封建文化，倡导新文化的一部分，因此，也是一次极其深刻的文化变迁。它是中国社会整体文化变迁的一个组成部分。

涵化（Acculturation）是文化变迁理论中的一个重要概念。它是指由两个或两个以上不同文化体系间持续接触、影响而造成的一方或双方发生的大规模文化变异。产生文化涵化的前提条件有两条，一是文化接触，二是文化传播。作为条件之一的文化接触，是指相互、持续地接触。文化各异的民族群体之间接触时间越长，面越广，交往越深，相互采借的东西就会越多，他们的文化相似性就会越大。如在我国这样具有数千年历史的统一多民族国家中，各民族间的交错杂居与密切交往就是这种接触的典型例证。涵化的另一前提是文化传播，它是指由一种文化向其范围之外转移或扩散，引起他们文化的互动、采借以及整合过程。在不同文化的持续接触中，文化传播不可避免，而且也只有通过大量的相互传播，涵化才能最后实现。

在涵化过程中，由于互相接触的各方文化差异程度的不同，以及变迁一方文化内部选择的不同，都有可能呈现不同的过程和出现不同结果。一般认为，文化涵化可能会出现以下几种情况：一是接受，即通过接触、选择、采借，接受了某些文化成分。当然此种接受有的是被迫的，称“逆涵化”；有的是自愿的，称“顺涵化”。二是适应，即把接受过来的各种文化成分同自己传统文化体系的部分或全部协调起来的过程。由于协调的方向不同，其结果或是接受他文化的影响，逐渐失去本文化的特点而成为他文化一部分的过程，它反映在民族问题上，就是所谓民族同化；或者是在两种文化的接触交往中，发生双向的调适，产生与各自原有文化特征均不相同的新特征，从而形成一个新的单一的文化，它反映在民族问题上，就是所谓的民族融合。三是抗拒，即在涵化过程中，由于政治上处于支配地位的文化压力太大，变迁发生过猛，致使许多人不易接受，从而导致排斥、拒绝、抵制或反抗现象。总之，涵化的过程和结果是多样的，但它们都属于文化变迁的内容。

本章主要参考书目：

① 柯斯文：《原始文化史纲》，人民出版社1956年版。

② 托尔斯托夫主编：《普通民族学概论》，周为铮等译，科学出版社1960年版。

③ 司马云杰著：《文化社会学》，山东人民出版社1987年版。

④ 张文勋主编：《民族文化学论集》，云南大学出版社1993年版。

⑤ 郑晓云著：《文化认同与文化变迁》，中国社会科学出版社1992年版。

第十六章　民族学文化研究的意义

第一节　文化与民族

在《文化的概念》一章中，我们已经说明：文化是人类创造的，同时，文化又陶冶和塑造了人类本身。由于种种原因，人类不可能创造同一种模式的文化，而人类创造的不同类型、不同模式的文化，又将他们自己塑造成了各具不同文化特征的群体——民族。或者说，正是人们创造文化的环境不同、条件不同，方式和途径也不尽一样，致使文化具有了不同特点。这些特点体现在文化的物质和精神的各个层面上，从而形成了各自相对稳定的物质生产方式、生活方式、行为规范、社会组织、生活习惯、语言和思维方式以及价值观念等。正是这些相对稳定的文化特点，才塑造了各有区别的民族。

因此，可以认为，一个民族之所以成为民族，最根本的莫过于形成自己特有的文化。这些相对稳定且具有特点的文化，毫无例外地都会体现在民族这个人们共同体每个成员的实际生活中，体现在他们的思维方式和行为方式上，体现在他们所创造的物质产品和精神产品上。与此同时，这些具有特点的文化，还会以各种方式在这个民族中流传下去，世代相继地产生影响，从而形成本民族的文化传统。于是文化特点和文化传统，便成为区分民族的一个最重要的标志。

把文化作为区分民族的最重要的标志，是否与通常认为由斯大林所阐释的马克思主义的民族定义相背离呢？回答是否定的。为马克思主义学者乃至西方许多学者所普遍接受的斯大林的民族定义认为："民族是人们在历史上形成的，有共同语言、共同地域、共同经济生活以及表现在共同的民族文化特点上的共同心理素质这四个基本特征的稳定共同体。”① 从民族学的文化涵义上讲，把文化作为区分民族的重要标志，不仅不是对斯大林民族定义的否定，而是在坚持马克思主义基本原理基础上，对该理论的深入展示和诠释。

首先，“共同地域”。它是同一民族文化产生的基础条件。就是说，人们在什么样的地理与生态环境中从事物质生产，就会产生什么样的物质生活和精神生活以及由此形成的文化形态（例如通常所说的农耕文化、游牧文化、渔猎采集文化等）。其次，“共同语言”。语言本身就是文化要素。语言是人类在劳动中创造的，语言的沟通又推动了人类文化的创造。只有共同语言，才能创造共同的文化。第三，“共同经济生活”。人类改造自然所从事的经济活动及其经济生活，不仅是产生文化的源泉，其形式和成果，也是文化构成的重要内容。共同经济生活必然是构成共同文化的重要方面。第四，关于“表现在共同的民族文化特点上的共同心理素质”。一个民族共同的文化特点，当然包括着物质文化和精神文化这两大部分的特点。产生于其上的共同心理素质（包括十分重要的民族认同感在内），作为文化的内容更是不言而喻。

上述分析表明，文化与民族的不可分离性。文化与民族都是历史的产物，人类在社会生产实践中创造了文化的同时，也创造了民族。一个人们共同体在自身的生产活动与社会活动中，创造了共同的文化并形成了民族；一个民族及其文化在发展中必然也要形成独特的文化传统。这种文化传统世代影响着该民族群体及其每个成员，而一个民族群体又靠这种传统文化紧紧凝聚在一起。因此，该传统文化一方面表现为本民族全体成员所共有，一方面又与其他民族相区别。由此可以说，在当今世界，文化都是民族的，民族是文化的载体。文化都具有民族性，民族性是当代文化的又一显著特征。

民族是历史的产物，它总是在不断发展、演变的，因而文化的民族特征也会随之演变。但是，文化的民族特征具有相对的稳定性，

---

① 《斯大林选集》上卷，人民出版社1979年版，第64页。

特别是凝聚民族群体的伦理道德、思维方式、价值观念而形成的民族文化精神，作为民族群体文化的根本特征，作为民族文化的基本传统，是不会轻易改变的[①]。文化的民族特征的相对稳定，使得作为民族的人们共同体也相对稳定。因此，文化传统与民族特征是不可分割的。不同的民族创造了不同特点、不同传统的文化，不同特点、不同传统的文化又塑造了不同的民族。故只有透过不同特点、不同传统的文化，我们才能准确地区分、识别出不同的民族[②]。

综上所述，可以认为，把文化作为区分民族的重要标志是符合马克思主义基本原理的，同时，也抓住了民族的核心内容。综观一部中外民族学史，可以说不论哪一种学派和思潮，无一不是在为寻求解释民族文化异同的本质和规律而在构建着自己的理论。尽管学派不同，方法不同，但以文化为研究本位这一点上则是相同的。与此相应的是，民族学家为民族所下的各种定义，都是围绕着文化的各种内涵而展开的；也都以文化研究作为学科的根本课题[③]。所以，文化和民族是不可分割的，民族学研究民族与研究文化并行不悖。

第二节　民族学文化研究的意义

民族学研究文化的意义是多方面的，试作如下分析。

第一，如上节所述，民族学的文化研究，可以使我们更清楚地认识民族的内涵与特点，以便对民族异同做出更合理、更准确的区分。

第二，民族学的文化研究，可以使我们透过文化，更准确地揭示负载它的那个民族的社会。

---

① 参见杨镜江：《论文化的民族性和时代性的辩证统一》，载《北京师大学报》1992年4期。

② 参见林超民：《文化的本质与民族学的发展》，见《民族文化学论集》，云南大学出版社1993年版，第78页。

③ 黄淑娉：《民族识别及其理论意义》，载《中国社会科学》1989年第1期。

与物质文化相比，早期的民族学、文化人类学似乎更重视对人类信仰、习俗、婚姻、家庭、习惯法、宗教等精神文化的研究。古典进化论学派代表人物L.H. 摩尔根的《古代社会》一书，以19世纪中期美洲印第安人社会为例，通过对其婚姻、家庭与亲属称谓制度的研究，提出了人类家庭进化理论，进而阐释了人类原始社会的历史以及向阶级社会进化的学说，便是这类研究的典范。民族学对人类物质文化研究的重视相对较晚，但成果却相当丰富、显著。民族学研究物质文化，首先要求能够全面而精确地描述每个物质文化因素，必须懂得并描述出这些物的生产技术及效用。但是，描述仅仅是研究物质文化的一种辅助手段，而不是目的。对于民族学研究者来说，更关键的是注意一个物品的社会作用及其与人（它的生产者与消费者）的关系，并由此而引发出人们之间的关系。而后者的研究较之物与人、人与物之间关系的研究，具有更为重要的意义。犹如经济学家关于财产的解释，财产所反映的并非只是人与物的关系，更重要的是由财产所引起的人们之间的经济关系、阶级关系、社会关系。

例如，服饰的职能，在寒冷地区是保护身体、防御寒冷和周围环境对身体的不良影响。在热带，穿衣则主要是用来装饰身体。此外，服饰还有区分性别和标志社会地位的职能。从原始社会早期开始直到前资本主义社会（部分地到资本主义社会），人类的服饰发展趋势是越来越多、越复杂。这一发展过程的主要原因并非由于防寒的需要，而是通过装饰来更严格地实行性别区分。这无疑与从群婚过渡到对偶婚、一夫一妻制的婚姻进化有关，也与在家庭和社会中确立父权制有关。

服饰也是一种社会标志，即标志一个人的社会地位。服饰的这一职能早在旧石器时代晚期就已存在。随着社会制度越来越复杂，不同等级的服饰也就越趋分化。在东方和欧洲的封建时代，贵族与庶民、市民与农民之间在服饰上的差异是明显的，每个等级都有特定的服装样式，互相不得逾越。我国从先秦时期起，统治阶级的衣裳冕冠，就有按等级尊卑区分的严格制度。17世纪时的一个法国贵族，凭服饰不仅能说明他不同于一般平民，同时还能标示出他的地区和特点，因而他绝不会被看成是西班牙的贵族。总之，服饰在确立和巩固等级制度、等级意识中曾起过重要作用。

由此可见，民族学研究文化，可以使我们透过纷繁复杂的各种文化现象，去洞察并揭示负载它的那个民族的社会。

第三，民族学的文化研究，有利于推动我国各民族社会主义物质文明和精神文明建设。

文化是社会构成的重要参数，同时也是人类社会化的重要中介。任何民族成员的社会心理、习惯、性格、行为总是与一定的民族文化环境密切相关。如今，在社会主义现代化事业迅猛发展的中国，建设高度的社会主义物质文明与精神文明是我们各族人民正在努力实现的目标。然而，实现这一目标，又与人的社会化紧密相关。每个民族成员，对社会主义现代化具有什么样的态度和行为，采取何种价值取向，都与一定的社会环境、文化传统以及文化的陶冶有关。新中国建立以来，我国的社会主义新文化已经得到了很大发展，并已深入到各族人民的社会生活中。但是，与现代化的要求相比，目前的文化总体状况仍然相当落后，而且文化成分也相当复杂。从社会发展程度看，我国现阶段的文化除了社会主义的成分外，还有几千年来的传统文化，包括长期的封建文化、近百年来的半殖民地半封建文化、众多少数民族社会中残存的其它前资本主义文化，以及我国实行对外开放政策以来逐渐影响我国社会生活的西方现代资本主义文化。从文化展现的形态看，我国南方和北方，内地和边疆，汉族和众多少数民族，在文化上既有共性，又有各自的特点和个性。这些文化或相互影响、相互渗透，或相对独立、自成系统，但都在以不同形式、不同程度地影响和规定着人们的价值取向和行为取向。因此，我国社会主义现代化建设面临着非常复杂的文化现实。对此，我们只有深入实际调查研究，在摸清每种文化的现状与特点的基础上，从理论的高度指导人们的价值取向和行为取向。只有这样，我们才能在建设具有中国特色的社会主义现代化建设进程中，取得物质文明和精神文明的共同进步。

总之，民族学研究文化，不仅在于研究各民族社会文化的现象是如何相互影响和发展的，而且还在于从理论上阐述文化是如何影响人们的思维、观念、心理、性格和行为的，是如何影响并作用于民族社会进程的。因此，其理论意义与现实意义都不可低估。

第四，民族学的文化研究，有利于各地区各民族间的相互了解与交往，增进相互理解、尊重、信任与合作，为世界和平与繁荣做出贡献。

任何民族的文化，都是该民族群体长期劳动创造及智慧的结晶，其优良部分不仅有利于本民族的发展，而且也是全人类的共同财富。同时，一个民族的文化，塑造着一个民族的精神、品格、价值取向、思维方式，以及种种行为方式、风俗习惯等，因为他们是一个民族生存发展必不可少的因素。当今世界，民族众多，文化千姿百态。民族学研究各民族的文化现象、特点、功能与发展规律，首先要使不同文化的民族，不论其人口多少，文化发展高低、快慢，都有平等地存在与发展的权利，都视其为人类文化宝库的组成部分。我们承认每种民族文化都有自己的特点和优点，然而，若每个民族、每种文化中的人们都认为自己的文化比其他文化优越、伟大，就会步入狭隘的民族主义及唯我独尊的误区中，甚至由此产生对其他文化的偏见和歧视，人类文化的平等地位就无法体现。长期以来，世界工业化发达国家的文化伴随其经济活动范围的扩大而不断向外传播，他们的先进部分自然有利于欠发达国家民族的发展，但它也必须承认并尊重这些民族自身文化的风格、特点与发展道路，否则后果会是相反的，而且也违背了人类文化平等发展的原则。再者，对异民族文化的认识、理解、尊重，有利于人类的和平共处。放眼世界，当今很多不安定因素，在一定意义上讲，几乎都与文化因素有关。由于文化隔膜造成的偏差而产生了民族、种族、文化上的歧视与冲突。那种站在自己文化立场上歧视其他文化的不平等态度，直接影响着世界和平。与此同时，今日世界上一些新兴民族国家随着经济增长及民族文化的复苏，局部地区也出现了新的文化对立状态。人类需要和平共处，就必须把自己的文化摆在与其他民族文化平等的地位上，相互尊重、理解，只有这样，才能消除偏见与歧视，消除因文化而导致的冲突，实现人类的和平共处与文化的共同繁荣。

本章主要参考书目：

①张文勋主编:《民族文化学论集》,云南大学出版社 1993 年版。

②郑晓云:《文化认同与文化变迁》，中国社会科学出版社 1992 年版。

③曹锡仁等：《社会现代化与观念的演进》，贵州人民出版社 1988 年版。

第十七章　物质文化

所谓“物质文化”，是指劳动工具和人们为了满足生活需要而创造出来的一切财富。在民族学研究中，不仅要重视这些劳动工具和财富，同时还要注意使用它们的技能和经验，即把它们同如何使其用于生活结合起来进行研究。例如，对一把耕地的犁，我们要研究的不仅是犁的各个组成部分和构造，而且还要研究使用这种犁的方法，包括如何把犁套在耕畜身上的方法，以及劳动时的动作，等等。

人类生活必需的衣、食、住、行都属于物质文化的组成因素，深入研究这些文化因素是民族学的主要任务之一。马克思说过：“人们为了能够‘创造历史’，必须能够生活。但是为了生活，首先就需要衣、食、住以及其他东西。因此第一个历史活动就是生产满足这些需要的资料，即生产物质生活本身。”①

现在，我们把物质文化分成劳动工具、住所、饮食、服饰及交通运输等几部分分别简述如下。

第一节　劳动工具

劳动工具是人类所特有的，是人区别于动物的一个重要标志，因为只有人才能制造劳动工具。按照政治经济学的解释，劳动工具又叫生产工具，指把人的劳动传导到劳动对象上去的一切物件（如石斧和机器等）。生产工具以及劳动过程中必要的其他物质条件（如土地、生产建筑物、道路等），同属劳动资料；而劳动资料与劳动对象（人们为生产物质财富而以劳动加于其上的一切东西，如矿石、棉花、

① 《马克思恩格斯选集》第1卷，第32页，人民出版社1972年版。

钢材等）的总和，则称作生产资料。生产工具是劳动资料中的决定性因素，其发展水平是衡量人类控制自然的尺度，各个经济形态就是根据怎样生产和使用什么生产工具来划分的。

劳动工具是与人类社会同时产生的，最初的劳动工具很可能是木制工具。许多文化史学家认为，人类发展中最早曾经存在过一个木器时代。他们提出，我们的远古祖先最早使用的是木制工具。民族学材料证明，凡是不知道使用金属的许多后进民族，在他们的生活中曾广泛使用木制工具。在亚洲和南美热带或亚热带地区的某些民族中间，木制工具要比石器多得多。

最古老的木制工具很可能就是一根木棒，或称其为锄掘棍、狼牙棒。前者是一根一端削尖或磨尖（往往是用火烧过）的木棒，用以挖掘泥土；后者是猎狩用的一端稍粗的棍棒或投矛。在东南亚地区还用竹子来代替木材。

石制工具始于原始社会早期。最早的石器可能是用打落燧石块的方法加工而成的手斧。用石片制成的刮削器、尖状器等的广泛使用则已是旧石器时代前期之末。到了新石器时代，先是磨制石器，后是石器的钻孔术，在世界各地（澳大利亚某些地区除外）都已普遍使用。

根据考古学资料，在旧石器时代前期和后期之交，开始使用贝壳、骨骼和兽角来制造工具。大概到公元前4000年末期，在古代文明的各个中心，人们学会了冶金技术（炼铜、金、银）。后来，用铜和铁制成合金——青铜。约在公元前1000年间，铁得到广泛使用。青铜时代和铁器时代并非到处都存在过，如澳大利亚和大洋洲的各族人民根本不知道冶金，在美洲也只有安第斯山脉的某些地区和大陆的腹地才知道冶炼青铜。

劳动工具是随着生产力的发展不断变化的。当人类依靠狩猎、采集和捕鱼为生时，他们所使用的工具十分简陋，甚至是没有区分地一器多用。同一根锄掘棒或同一块石头，既可用于狩猎和采集，也可作为捕鱼的工具（作投枪用），必要时还可用作防御或进攻的武器。

最初，挖掘棒与投枪很难区分，逐渐地投枪尖端装上了石制、贝壳或骨制的尖状物，后来才发展到青铜和铁制的矛头。在澳大利亚人、巴布亚人、爱斯基摩人以及印第安人的一些群体中可以见到各种类型的投枪，在亚洲和欧洲的旧石器时代后期的遗址中也发现有骨制的投矛。

弓与箭的使用可能是在中石器时代（贾兰坡先生在《郑州大学学报》1984年第4期上撰文说，弓箭始于3万年前）。制作弓箭的材料和使用方式各地有所不同。到原始公社末期，弓箭已成为主要的狩猎和军用武器了。在奴隶社会和封建社会漫长岁月里，直到发明火器为止，弓与箭在人们生活中一直起着十分重要的作用。

原始时期的另一重要工具是狼牙棒，它的制作和形式也是多种多样的（从最简陋的一根树枝到饰有雕刻和穗子的十分精致的大洋洲狼牙棒）。澳大利亚的飞去来器（bumerang）实际上也是一种变形的狼牙棒。它是一种用来打击鸟兽的投掷武器，没有击中目标时它还可以返回到投掷者手中。在古埃及、印度北部以及中美洲等地都使用过类似的飞去来器。此外，吹箭铳、投石器、流星索、套索等都是原始时代独特的工具和武器。吹箭铳是一种用吹气的方法将箭射向目标的武器，用于狩猎和战争。在古代，世界上有两个使用吹箭铳的中心，一个是印度尼西亚，这里称为“苏姆彼坦”（sumpetan），另一个是南美热带地区，称之为“萨尔巴坎”（sarbakan）。流星索是由绳索或皮条末端的皮包与小圆石块组成的一种投掷器，它能使石块飞得很远，用以击中目标。这种武器在南美、波利尼西亚和爱斯基摩人当中都可见到。套索是捕捉动物用的一种工具，在绳索的一端挽绕一个活结圈套用以套住动物的颈脖。南美和中美洲的猎人、牧人至今还在使用。套杆与套索类似，亚洲各畜牧民族自古以来就广泛使用。

采集虽是古代攫取经济的主要部门之一，但采集所使用的工具却很简单，主要是一根挖掘棒或是一根一头带杈的树枝，用以采集各种可食的根块、茎块、果实、昆虫等。这时，需要一些附属用具，如篮子、背包、网兜等，这些用具多用兽皮缝制或用树皮纤维等编织而成。所以，最早的器具和器皿的出现可能与采集业有直接关系。

捕鱼要比狩猎和采集晚一些，大概是在旧石器时代后期才开始。古时候，捕鱼工具与猎具有很多共同之处，猎具同时也就是鱼具，如用投枪扎鱼，用弓箭射鱼，用各种狼牙棒打鱼。鱼钩的发明可能也是在旧石器时代后期，它对古代各族的经济意义十分巨大。最早的鱼钩是骨质的。用网捕鱼则已是旧石器时代末或新石器时代初期的事了。

随着生产力的发展，人们从采集野生的可食物品进而发展到从事农业。我们知道，农业分成两大部门，即农田耕种和动物饲养。根据出土文物，最古老的耕作工具还是那根在采集经济时就已使用的挖掘棒，只是一端稍呈扁状，由此逐渐发展成为铲和锹。最原始的铲子完全是木质的，后来才在铲头固着一块较坚硬的材料（石片、贝壳、铁等）。在古代农具中使用最广的是锄。最初的锄只是一个两边长度不同的树杈而已，短边的尖端稍尖，用以锄土。锄有各种各样的类型，在其发展过程中逐渐完善起来，锄头由木质演变成石制、骨制、贝壳、青铜、铁质的。新石器时代许多磨制的石片无疑是用作锄头的。在大洋洲土著、美洲印第安人以及东南亚许多地区那些尚未使用金属的各族人民的农业中，这种石锄曾起过重大作用。

除挖掘棒、铲和锄外，斧和刀也应该属于原始的农具。刀和斧最初是用石、骨、贝壳制成，后来才发展成使用金属。在古代刀耕火种农业中，清理土地时主要就靠这类斧和刀。后来又慢慢地出现了镰刀（带齿或平刃）以收获庄稼。

在人类历史中，动物饲养业几乎与耕种业同时存在，但使用的劳动工具要比耕种工具简单得多。在日常实践中使用最广的是各种套索。与饲养业有关而出现的是乘骑和驮运，随后出现了鞍和各种挽具。

利用畜力耕作（主要是用牛和马），这在农业中是一大进步，由此出现了犁耕农业。犁耕农业最早大约是在公元前3000年间出现在西亚文化高度发达的地区。最古老的犁是一种单铧木犁，这种犁实际上只能在地上犁出一道浅沟，不能起到翻土的作用，后来，各地根据不同的自然条件、土壤性质、栽种植物以及制作犁的材料，又发明了许多不同类型的犁。

随着社会经济的发展，劳动工具不断得到改进和完善，这里就不再述及了。

第二节 住 所

在衣、食、住、行中，住的历史较悠久。自古以来，世界各地各族人民的住所各式各样，这首先取决于他们的社会经济发展水平，自然地理条件，以及经济文化类型和生活方式等等。在原始社会生产力水平低下和技术条件十分简陋的情况下，人们的居住方式与自然地理环境的依赖关系显得特别突出。

住所的主要功能是保护人们免受风、雨、寒冷、水灾的侵袭，以及防御野兽等外来侵犯、保护火种等。人类最早的住所是自然界中的山洞、树洞以及灌木丛等天然的掩蔽处。周口店北京猿人和山顶洞人，以及国外尼安德特人、克鲁马农人等的遗址就是早期穴居的典型例子。我国境内天然岩洞很多，因此穴居的习惯一直延续至近代。云南独尤族解放前还“筑屋于树，或就石洞为屋”[①]。又如非洲南部的布须曼人，他们在游猎时经常就在浓密的灌木丛中住宿。他们也因此被称为“布须曼人”（“布须”在荷兰语中即“灌木丛”的意思，“曼”即“人”）。塔斯马尼亚人和印度的维达人常以大树洞为住所。类似例子在世界各地都有。

大约从旧石器时代晚期起，人类才开始营建人工住所。最古老的人工居所是用树枝、树叶等搭成的挡风棚。过着游荡生活的采集

① 陶云逵：《俅江纪程》，见《云南边疆》杂志1941年12—15期。

者和猎人就以挡风棚栖身。南美的火地人、中非的俾格米人、南亚的安达曼人以及美洲的许多印第安人，不久前还保留有这种风篱式的住宅。

除挡风棚外，巢居——在树上用树枝编成的巢状掩蔽所，也是最古老的居住形式。在我国史书中有关巢居的记载很多，如《韩非子·五蠹》中说“构木为巢”，《魏书》中“依树积木，以居其上，名曰‘干兰’”，唐代东谢蛮“散居山洞间，依树层巢而居”[①] 等等。在国外，如东南亚的新几内亚、印度尼西亚、非洲热带森林地区，直至近代还在树林的平台上建造窝棚，形似小屋。这可能是森林地区居民的创造，其目的是为了防止野兽、大水或敌人的进攻。

因为原始猎人和采集者采取游荡的生活方式，他们的住所十分简陋，便于搬迁。我国东北鄂伦春族过去的仙人柱就属于这种类型。这是一种圆锥形的简单住所，用若干树枝搭成一个支架，上面用桦树皮或兽皮覆盖，一般面向南开，中央有一火坑，顶部留孔，用以通风和冒烟。类似住所在世界许多地区流行颇广，北美平原印第安人称其为“蒂比”，西伯利亚的许多民族称之为“楚姆”。澳大利亚人的蜂房形小屋、蒙古族的“蒙古包”和藏族的“牛厂”，可能都是在这种圆锥形建筑的基础上发展起来的。

在地下挖坑栖身无疑也是人类居住的古老形式之一。这种地窖式住所普遍流行于从事渔业和海洋捕捞业（捕捉海兽）的各族人民之间。如北美太平洋沿岸的印第安人、西伯利亚东北部的楚克奇人、克里亚克人、伊捷尔缅人，以及爱斯基摩人等，他们已经是定居或定居的渔民。据考古学材料，这种地窖式住所在旧石器时代后期就已经出现，而且具有一定规模。可以肯定，这是整个公社或是一个氏族的住所。

原始猎人和渔人的地窖，有四方形、圆形、椭圆形等各种式样。窖顶用一根或几根柱子支撑，用树皮、草皮、苇席覆盖，呈尖顶、平

① 参见宋兆麟、黎家芳、杜耀西：《中国原始社会史》，文物出版社 1983 年版。

顶、双斜面、四斜面形。四周的墙用木头、粘土、石块等加固。地窖中央有一火塘。窨顶的出烟口也就是住户们的出入口，用一根砍有缺口的木桩作为上下的梯子。楚克奇人和克里亚克人的地窨，除顶部出入口外还另设一个边门，专供妇女进出用。

随着农业的发展，人类开始定居生活，住所逐渐趋于固定化。建筑形式发生变化，地方性特点也日益明显和突出。我国北方因气候较寒冷，住所多属地窨式，南方因湿热则多干栏式建筑。干栏建筑多见于长江流域和华南地区，是百越文化特点之一，延续很久。近代在我国壮、侗、瑶、傣、德昂、景颇、佤、哈尼族以及台湾少数民族，都不同程度地保留着干栏建筑的遗风。干栏建筑一般上面住人，下圈禽畜。

这里还应专门提及游牧民族的住所。为了适应游牧的生活方式，他们的住所都是易建易拆、搬运方便的建筑。西伯利亚地区的许多养鹿民族，如恩加纳桑人、谢尔库普人、涅涅茨人、埃文基人、汉蒂人、曼西人，以及部分阿尔泰人、哈卡斯人等，直至现在还居住在这类建筑里。蒙古包就是在此基础上发展而来的。在西伯利亚南部，有一种独特的六角形木结构"蒙古包"，下面是用圆木柱横垒成墙，顶部用泥土或毛皮覆盖。很明显，这种建筑是把从俄罗斯人那里学来的壁桁建筑术与蒙古包结合在一起的典型。

西亚、北美以及我国藏族地区牧民居住的大帐篷，还有吉普赛人和高加索诺盖人安置在轮车上的住屋——大棚车，北美易洛魁印第安人的"长屋"，我国海南岛黎族的船形屋等等，都是从原始的档风棚发展而来，都属于人类古老的住所形式。

世界各地农业民族的住所种类很多、形态各异，但在建筑技术上不外乎两大类：柱架结构和壁桁结构。前者的特点是由竖立的木柱作屋架支柱，其上架横梁，梁上盖屋顶，四周的墙则根据地理条件采用各种不同的材料——木板、土墙、用树枝或竹条编成的篱笆等。屋顶的建筑技术和使用材料也因地制宜，在比较干燥的地区，一般采用单斜面或双斜面屋顶，斜面坡度很小。在雨水较多的地带，则多双斜面或四斜面的屋顶，且坡度较大，即“高屋顶”。用料有树皮、茅草、木板、棕榈树叶、石板、瓦片等。

柱架结构的房屋是我国及东南亚各国最常见的农舍。中国汉族农民的住屋多属这种类型，用圆木作柱子（往往竖在石墩上），用土坯或烧砖砌墙，双斜面屋顶。屋内多隔成三开间，大门朝南开在中间堂屋。

壁桁建筑是用一根根原木横架而成的木屋。因为所需木料较多，故多见于盛产树木（松杉等）地区。我国四川、云南等森林资源较富饶地区的少数民族——彝、纳西、傈僳、怒、独龙、藏等族的住屋即属壁桁建筑。

上面，我们简单描述了人类住所的发展历史。作为民族学工作者还必须重视对居民点的研究，因为居民点与住宅史的研究关系十分密切。所谓“居民点”是指历史上处在不同地区、不同社会发展阶段的各族人民，由于经济、生活等方面的需要所建造的各种建筑物综合体，也就是日常所指的“村落”、“村寨”、“城镇”等。在原始社会时期，一个住所也就是一个居民点。例如，在北方寒冷地区，旧石器时代狩猎者居住的大岩洞，实际上又是他们的村落。在南美热带森林地区的印第安人当中，不久前还存在着只有一个住所的居民点。这里居住着人口众多的大家族，甚至整个宗族。

大多数居民点均由许多建筑物组成，其中包括各家住宅和某些经济性的建筑物。原始公社时期的居民点按其性质可分为临时性和永久性两类：猎人和采集者的住地属临时性居民点，因为他们要经常变换自己的住地；对渔民和海兽捕猎者来说，他们的住地则属于永久性居民点，因为他们是较长期地居住在一个地点。当然，对后来定居的从事农业的各族人民来说，他们的住地乃是典型的永久性居民点。

我们还应注意居民点的形式，要研究居民点的平面分布，即具体了解各类住所和其他各种用途的建筑体在地面上的分布和配置。只要不是独院村落，各个居民点都会构成一个具有一定目的的平面图。当然，有时也可见到各个建筑物之间缺乏有机联系的“不规则”的居民点。

原始居民点按布局来分不外乎两种类型：圆周式和排列式。前者是一个组成圆形的建筑群，中央是一个广场，各类建筑物排列在广场周围。据考古学资料证实，这种居民点在新石器时代就已存在。东欧特里波列文化（今乌克兰西南部和摩尔达维亚境内）的锄掘农业者的住地，可视为这类居民点的典型例子。

排列式居民点在全球分布很广，如居住在大河两岸、湖滨或海滨地区的渔民总是把他们的住所排成一列，或平行的几排。农业居民也往往沿着一条主要干道排列建房，形成一排或几排。在山区，排列式村庄往往依山坡建成一排排、一行行的阶梯式建筑。后来，街区式的城镇可能就是从排列式居民点发展而来的。

最后，研究古代居民点的变迁原因也是我们必须注意的一个重要方面。原始村落的兴衰变迁是经常性的现象，猎人和采集者的村落多半分布在森林或山区地带，因为这里有较多的猎物和可食的块茎植物。渔民的村舍一般都建筑在大河或湖海之滨，农村则多在平原，尤其是在大河三角洲土壤肥沃的地区。至于居民点的变迁问题，其原因比较复杂。对于逐水草而居的牧民来说，哪里有牧草哪里就是他们的家。牧民的这种住地变迁是属于局部临时性迁移。有些居民点的变迁（特别是农村），则往往由于水火等自然灾害的吞噬。东欧伏尔加河流域考古遗址很多就是毁于大火。

再是由于疾病原因而引起人们大规模的迁徙。古时候，瘟疫时有发生，每逢这类疾病流行时，大批人畜难免一死，人们只好放弃原住地而躲向别处。此外，战争、迷信以及某些风俗习惯等等都可能引起人们迁移。如我国云南拉祜族的一支苦聪人遇到丧事，一般都把死者埋在屋内，然后把房子烧毁，举族迁走。由此可见，古代居民点变迁主要由于经济原因，同时也与自然灾害、战争等一系列因素有关。

第三节　饮食和炊事

一、火的使用

我们在具体分析饮食和炊事之前，探讨人类如何使用火和掌握火的问题是十分必要的，因为使用火与熟食、后来的烹调关系十分密切。根据考古和民族学资料，我们可以设想，人类是先知道使用火然后才学会人工取火。北京周口店发现的灰烬遗迹和经过燃烧的动物骨骼表明，约50万年前的北京猿人已能相当熟练地用火了。根据云南含元谋人化石地层中的煤屑以及山西西侯度文化遗址的烧骨，表明中国的远祖早在170万年前就已经懂得用火。

人类最初何以知道使用火？这个问题目前很难解释清楚。我们知道，人类最早使用的火来自自然界，如由于雷电打击、火山喷发或干燥的树枝互相摩擦等而引起火源。很可能，我们的祖先是在偶然中感受到火能够带来温暖，久而久之就逐渐接近火源并作为火种将其保存起来。不言而喻，人类由惧怕火到敢于接近火源，再设法将火种妥善地保存起来，这要经过一个很长的实践过程。民族学材料证实，早期人类居住的洞穴或其他住所里都保存过这类火种。

人类什么时候由使用火和由保存火种转为人工取火？近年来，不少学者认为，人工取火与人类制作劳动工具有关，因为在制作过程中木石或石块之间相互摩擦或撞击时会发生火星。可以理解，从直接观察到火星到人工取火，是一条漫长的道路，特别在当时人们的联想能力十分有限的情况下。我们估计，只有在早期智人阶段才有可能掌握人工取火的技能。

钻木取火可能是最古老的人工取火方法，也是用之最广的一种方法。这是用一根硬质木棒在木质较松脆的木头上不断旋转，当木棒与木头接触处（往往已形成一个凹坑）的木屑开始冒烟时将其移到火绒或干草上使之燃烧。据说钻木取火的整个过程在正常条件下只需几分钟的时间。可是这是一种十分艰难的技能，必须有长期的实践经验才能掌握。

此外，也有用一根木棒在一块木坂的凹沟上前后不断划动来取火，因其形态类似犁地，故称为“犁火法”。在密克罗尼西亚和波利尼西亚地区都发现过这类取火法。在我国西南少数民族中，以及在印度和婆罗洲等地还有用唧筒取火的方法。这种方法比较复杂，是在一个木筒中放入易燃物（火绒等），用一个活塞上下运动，多次压缩发热而引燃火绒。又如澳大利亚人还能用飞去来器、印度尼西亚人用竹片、巴布亚人用木锯等相互摩擦的方法来取火。慢慢地，由以石击石发展到以金属击石的方法发明了火镰。南北美洲的火地人和爱斯基摩人都熟悉用这种方法取火。在欧洲出土的一些旧石器时代晚期的遗址中，发现黄铜矿石和燧石存放在一起，很可能是打击取火用的。这种打击取火的方法后来在奴隶社会和封建社会时期的许多民族中还普遍沿用。古代罗马人已知道硫磺的易燃性，所以用燧石打击硫磺来取火。到了资本主义时代发明了用化学药品作原料的取火法，1650 年出现了磷和硫磺的化合物，直到 19 世纪中叶在英国第一次出售“磷瓶”，随后很快就出现了琼斯发明的“金星火柴”。

二、炉灶设备

随着人类社会的进步，只会使用和保存火还不够，需要寻找更为合理的方法来利用燃烧时发出的热能。当人们一旦熟练地掌握火以后，火就成了生活中不可缺少的东西。它可以被用来烹调食物、取暖、照明、防御野兽和昆虫的威胁等等。火既是人们的朋友又是危险的敌人，处理不当时，火能将食物烧糊、烧伤人畜，或酿成不可收拾的火灾。合理地使用火才能做出更适合人类需要和美味可口的食物。烧火和烹调食物的地方就是炉灶。最简单的“炉灶”是直接在地上燃烧的篝火。早在旧石器时代前期，人们就已知道使用篝火。在整个原始社会时期，篝火一直是煨烤食物的主要场所，也是人工采光与热的唯一源泉。

在热带或亚热带地区，烹调食物的炉灶往往安置在室外，如在大洋洲的许多地方，整个村落只有一个公共的露天“厨房”（阴雨天用窝棚遮盖)。在地窖或半地窖式的住所里，往往在地上挖一个坑作为炉灶，在我国仰韶人文化、龙山文化以及欧洲的特里波列文化的许多遗址中都发现有火坑的遗迹。与火坑不同的是火塘，这是在地面上用三块或若干块石头搭成的炉灶。这种火塘广泛见之于世界各地，在我国云南景颇、佤、德昂等住干栏式建筑的各族人民当中，直至近代还在使用。

火塘是后来发展成砖砌炉灶的基础。由于各地不同的经济文化类型，炉灶式样也各不相同。我国北方的热炕（利用烧煮食物的余热烧炕)，我国南方许多地区习惯于使用带烟囱的台灶，欧美等地烘烤面包的烤炉等，都属于不同类型的炉灶。

与炉灶紧密联系着的是烟囱。我们的远古祖先虽然早知用火，但是在很长一段时间里却不知道利用烟囱，火坑和火塘冒出来的烟是靠屋顶、墙缝或敞开的大门扩散的。这种现象在世界许多地方至今还可见到。最早的烟囱可能起源于防火罩，时间约在旧石器时代后期。当时为了熄灭随烟外冒的火星，往往在炉灶的上方设置一块防护板，渐渐地由防护板发展成中间开口的防火罩，这就是最原始的烟囱了。

三、烹调食物

当人类还不知道使用火以前有一个生食阶段。这种生食的习惯，即使在今天文化高度发达的许多民族中还保存着，如北美和欧亚北部地区的许多民族——爱斯基摩人、楚克奇人、克里亚克人、恩加纳桑人、洛帕尔人等直到现在还有生食鱼肉的习惯，俄罗斯人和日本人十分喜爱吃一种生鱼片和生腌小青鱼，我国的赫哲族爱吃生鱼片，白族喜吃新鲜生猪肉等等。

熟食，这是人类的一大进步。熟食不仅能使食物更加可口，而且易于消化，更适合人体的营养的吸收，大大有利于人类生理上和各种器官的进化和发展，特别是对人脑的发展。熟食的方法很多，最原始的方法是烧和烤（煨)，如把可食的种子、根块植物或整个小动物直接放在篝火上烧，埋在炭火里煨，或者放在烧烫的石板上烤。

米、麦、豆类食物最初也只能是烤着吃，后来才将其磨成粉捏成饼状烤吃。利用石板烘烤食物是较早的发明。《礼记·礼运》注："中古未有釜甑，释米捋肉，加于烧石之上而食之耳，今北狄犹然。"《古史考》："加物于燧石之上食之。"我国独龙族、纳西族地区，过去有一种圆盘形的石板，用时架在火塘上，在烧热的石板上烙饼，称为"石锅"。许多游猎者则更为简单，他们把面团直接埋在热炭中煨吃；当他们猎获野兽时，除去兽头和四肢，挖去内脏，然后将烧红的石块填入腹腔，再将它埋入火坑内。"烤肉串"也是很古老的一种熟食方法。

"煮食法"的出现要比烧烤晚得多。有人以为煮食是从使用陶器才开始，其实不然。在陶器出现以前，人们已经知道各种煮食法。首先是在天然的温泉中泡煮食物，如新西兰的毛利人常将捕到的鱼虾投入热泉中泡煮。但这种温泉只是在个别地方才有，不普及。最盛行的原始煮食是石烹法，即先将食物放入铺有动物毛皮的土坑里，再往里面倒水和投掷烧红的石块。也有将烧红的石块放进水桶里或不漏水的编织器皿中泡煮。我国东北地区一些少数民族过去曾普遍使用这种方法。"熟物刳木贮水，灼小石淬水中数十次，瀹而食之。"[①]还有用竹筒煮饭的，如陈鼎在《滇游记》中说："腾越铁少，土人以毛竹截断，实米其中，炽火煨之，竹焦而饭熟，甚香美，称为竹釜。"这种竹釜在我国云贵、两广一带至今犹存。

当人类掌握制陶技术后，陶器就成了主要的炊煮工具。制陶是原始社会时期一大发明，有了陶器人类才能把各类食物煮成适合胃口的食品。《古史考》称："黄帝始蒸谷为饭，烹谷为粥。"凡是在已经掌握用陶器炊煮的地方，饭、粥和汤就成为人们日常的主要食物。

用作炊具的陶器多为夹砂陶，因为它有耐火烧、传热快和不易破裂等优点。我国河南裴李岗文化、仰韶文化和浙江河姆渡文化遗址都发现有大量炊具，有夹砂陶罐、陶釜、陶鼎等。

---

① 方式济：《沙龙纪略》，见小方壶斋舆地丛钞本。

随着农业的出现和发展，人类的饮食发生了重大变化，谷物成了农耕者的主食，肉类和蔬菜成了副食。世界各地由于经济文化不同，食物品种和习惯也各有特点。例如东亚和东南亚地区各族多习惯于把米煮成米饭，或把米磨成粉做成各种食物，欧美各族则爱吃面包，又如我国南方人爱吃米饭，北方人多吃馒头。把谷物炒熟来吃也是重要食品之一，如有的把玉米、大麦等炒熟后直接嚼吃，有的把炒熟的谷物磨成粉吃，或先将谷物磨成粉然后炒熟食之。光绪新修《中甸志》稿本称：藏地“居民以青稞磨为面，用酥油、盐茶和之，名曰糌粑。”这种食物携带方便、食用简易，营养丰富，至今仍是藏族农牧民的主要食物。

贮存食物的方法和手段因地而异，包括通过晒、煮、烤、冻等方法来贮存。如安达曼人和菲律宾的阿埃塔人把煮肉或熏肉存放在密封的竹筒内，印度的维达人则知道用蜂蜜涂在肉品上，晒干后用树皮包起来存放在树洞里，然后再用粘土将树洞封住。北方各族利用气温低这个特点来贮存食物，如北美印第安人用植物油和酸果汁拌肉末能保存很长时间。我国赫哲族及西伯利亚许多民族将鱼晒成鱼干或做成鱼松保存起来。

还在原始社会时期，人们已不满足于解决饥饿问题，渐渐地要求食物可口。开始时，有人以粘土、陶土、泥炭和石灰等来调味，有人则开始觅食野蜂蜜。据考证，人们在新石器时代时就已知道食用家制蜂蜜。用盐作佐料可能要晚得多，最早，人们从植物的灰烬或咸水（特别是海水）中获得盐分。《滇略》卷九称：“其（威远）境内莫蒙寨有河，汲其水浇火上炼之，即成细盐。”可见，把咸水泼在热炭上是早期制盐的一种方法。有的地方则从地下获得岩盐。盐是人体不可缺少的成分之一，缺盐或少盐，人就不能正常发育，轻者感到全身无力，重则危及生命。所以，盐不仅能使人增进食欲，更重要的是促进了人体的发展。

起初，我们的祖先只会用清水来解渴，渐渐地陆续出现了各种饮料，如蜂蜜、麦芽露酒、茶、椰子酒、啤酒、葡萄酒、克瓦斯、白干等。最初的饮料可能是浸泡某种植物种子或茎叶的汁水，如我国鄂伦春族过去泡黄芪为饮料。酒的历史十分悠久，最早是利用植物的块根或果实中的淀粉发酵。澳大利亚人知道一种灌木（皮切尔—bicher）来酿酒，波利尼西亚人及一些印第安人能用胡椒属植物酿制烈性酒，甚至可用作麻醉剂。《旧唐书》卷一九七中称："俗以椰树花为酒，其树生花，长三尺余，大如人膊，割之取汁以成酒，味甘，饮之亦醉。"农业发展后，开始用谷物酿酒，进而逐渐提高酿造技术，制酒的原料和酒的品种也就越来越多。在牧区，牧民以牛奶或马奶酿酒，中亚地区许多民族以及我国蒙古、鄂伦春等民族的马奶酒被誉为畜牧民族对人类的一大贡献。

茶，是世界各族最喜爱的饮料之一。有关古人采摘树叶泡水解渴的传说几乎到处都有，这可能就是人类喝茶的开始。但是，人们开始种植茶树、掌握制茶工艺却只有3000多年的历史。相传我国是世界上最早制茶的国家。汉宣帝时王褒的《僮约》赋中已讲到"烹茶尽具"和"武都买茶"（武都是今四川绵竹县北的一座山名，当时的产茶区）。从《僮约》中可以得知，茶叶不仅是一种饮料，而且已成为商品。我国四川至迟在2000年前已有饮茶习惯。到了唐代，饮茶之风甚盛，因而出现了一位茶叶家陆羽，他总结了种茶、制茶、饮茶的丰富经验，在公元780年写出了我国第一部关于茶叶的专著《茶经》。

四、器皿和用具

与饮食、烹调关系密切的是各种家用器具。世界各地各族人民尽管各有自己的生活特点，但对各种器具的需求和使用是一样的。如专门用来盛水的器皿，自古以来在人类日常生活中一直起着十分重要的作用。在陶器和金属出现以前，这些器皿用木料、竹子、桦树皮、动物的毛皮等制成。随着陶器的发明，厨房用具发生了巨大变革。陶器对人类的贡献是显而易见的，当世界各先进民族已普遍使用金属器皿时，陶器仍然是他们生活中必不可少的用具。人类使用陶器大约已有10 000年的历史。我国考古工作者根据出土陶片将我国陶器分成三个发展阶段，即仰韶彩陶文化、龙山黑陶文化和小屯白陶文化。

最初，人们进食没有专门用具，直接用手抓食。李京《云南志略》载，我国古代僚人“无匕匙，手摶饭而食之”。康熙《台湾府志》卷七《风土志》称：高山族“粥则环向锅前，用柳瓢吸食，饭则各以手团之而食”。据民族学家推测，最早的食具可能就是一把刀子。开始是石刀或贝壳刀，后来逐渐发展成用金属制成。古时候，刀是一种万能工具，从旧石器时代早期起就已被世界各族人民所使用，欧美等地直到今天还在使用刀叉进餐，不是没有渊源的。

我们中国人习惯用筷子吃饭，据资料证实，我国在西汉时就已使用筷子。朝鲜，日本及东南亚一些国家使用筷子无疑是从我国传去的。匙、碗、盘、碟等也是人们生活中不可缺少的器皿。最早的碗、钵等都是蚌壳、椰子壳、竹筒，乃至人的头盖骨等这类天然器具。

在探讨餐具时，我们不能不联想到瓷器的发明。瓷器由陶器发展而来。据现在所能见到的文献，我国首先提到瓷器的是西晋藩岳的《笙赋》：“倾缥瓷以酌酃”。所谓“缥瓷”就是瓯瓷（今浙江温州）制造的青瓷，这种青瓷还只是半陶半瓷的原始瓷器。真正精美的就更晚了，欧洲在 18 世纪时才开始知道生产瓷器。

人类最初没有桌椅板凳，总是席地而坐，围绕火塘进食。我国汉族使用桌椅木器是从少数民族传入的。到了汉代，西域各族与汉族联系日益密切，于是西域的坐具等便传入汉族地区。当时最常见的是“马扎”。这是一种简易坐具，即两木相交，中间穿以绳子，可张可合。汉族人民在学习兄弟民族制作坐具的基础上，不断改革，才制造出各式各样的新式家具。

第四节 服 饰

“服饰”一词内容很广，它既包括人身上穿着的衣裳（上衣下裳)、鞋、帽以及各种装饰品,也包括文身和各种化妆品、涂料等等。服饰是人类物质文化的重要组成部分,人类从动物界分离出来后就知道要穿衣服。

根据民族学资料,历史上还未曾有过一个不穿不戴的民族。旧石器时代中期的刮削器是专门用来加工毛皮的,而加工毛皮看来主要是为了制作服装。到了旧石器时代后期,人们的穿着已相当复杂,因为这时已发现有钻孔器、骨针、骨锥等缝制工具。在西伯利亚布列吉出土的旧石器时代的小雕像(用猛犸牙刻制),除面部外全身都紧裹着毛皮缝制的服装。

关于服饰的起源问题,至今难予解释清楚。多数民族学家认为,服装起源的根本原因是为了保护身体、防御寒冷。因此,他们认为服装的故乡在地球的北半部气候寒冷地区。也有人认为,服装起源于人类的羞耻感。他们以近代一些民族学材料,即有些民族广泛佩挂遮羞布把下身和胸部掩盖起来这种现象,作为自己的理论依据。

关于服饰起源,这是一个十分复杂的问题,其根本原因应该出自实用。分布在寒带和温带地区的人们为了御寒和保护身体,很早就采摘树叶或树皮来遮盖身体。在热带地区虽然不需防寒,但为了防御烈日照射、风雨袭击或虫蛇咬伤等,也促使人们采取措施来保护身躯,如用油脂或泥土涂抹身体、披盖树叶等。

至于人类服装的发展和演变那就更复杂和多样化了。早在原始社会时期,无论在北半球或是南半球,人们广泛流行穿戴“腰巾”——围在腰际的一块毛皮或草巾。这种腰巾式的围裙不久前在太平洋、美洲和非洲热带地区还可见到。后来,渐渐地出现了一种“四角巾”——串过两腿之间的一块兜布,这种四角巾在日本和印度等地后来成为男子服装的主要组成部分。四角巾与“套腿”(套在腿部的兽皮筒)相结合逐渐形成了裤子。据多数民族学家的意见,裤子的发明者是中亚地区的牧民,主要是便于骑乘。人类最早的上衣是“披肩”(一块兽皮)。很明显,在寒冷季节,人们面对篝火围成一圈,为了遮盖背火一边的肩和背就需要使用披肩或斗篷。类似披肩的上衣直到现在还为很多民族所沿用，只是形式不同而已。在亚欧广大温带地区广泛流行各种长短不一的披肩。在美洲印第安人当中普遍流行一种四角形中间带孔套头穿的斗篷，他们称其为“彭戈”（pongo）。这种套头无袖斗篷在世界各地几乎都可见到，古希腊人称它为“赫伊顿”（haiton）、罗马人称之为“图尼哈”（tuniha），北方俄罗斯妇女穿的“萨拉凡”（sarafan）实际上也是从“彭戈”发展而来的。后来，套头斗篷与套袖相结合便成了最初的上衣，渐渐地又把斗篷的前胸打开就成了敞襟的外衣。这种对面开襟的长短不一的外衣后来在东亚和东南亚广大地区十分普及。

缝制服装的材料是多种多样的，这主要取决于社会经济发展水平和自然地理条件。早期衣料可分两大类：动物类——兽皮、鸟羽以及鱼皮等；植物类——树叶、树皮、草、竹叶等。我国南方及大洋洲、澳大利亚等地区许多民族广泛使用“塔布”（树皮布）来缝制衣服。康熙《永昌府志》卷二十四称，景颇族“以树皮毛布为衣，掩其脐下，首戴骨圈，插野鸡毛，缠红藤”。过去，云南西双版纳傣族也曾以箭毒树皮为原料，经水浸、发酵、捶击等过程，制成衣服。陈鼎《滇黔游记》称云南“夷妇纫叶为衣，飘飘欲仙。叶似野栗，甚大而软，故纳缝纫，具可却雨”。但是，随着对纤维（动植物类纤维）加工技术的发展，上述多种衣料都为纺织品所取代了。

古代，人们有很长一段时间是赤足而行。鞋子的出现要比衣服晚一些。在热带或部分亚热带地区，长期以来几乎就没有鞋子，甚至在社会文化发展水平比较高的许多民族当中，直到最近还习惯于赤足走路和劳动。最简单的鞋子是裹在脚上的一块兽皮，后来逐渐由包脚布发展成草鞋、布鞋、皮鞋等等。世界各地的许多民族自古就知道利用多种草本植物或树皮制成“草鞋”，我国南方的汉族和一些少数民族经常穿着多种类型和用不同原料编织而成的草鞋，不少俄罗斯农民直到近代还在穿“拉普季”（lapti）——一种用经过加工的树皮条编织成的草鞋，法国人穿的“沙博”（sab，——用木料做成的鞋子）也是如此。

皮鞋的发明权无疑属于狩猎和畜牧民族。而印第安人的“莫卡辛”（mokasin）一度被认为是一大发明和杰作。这是一块湿鹿皮包在脚模上干燥后形成的“靴子”，几乎盛行于整个北美地区。缝有鞋底和鞋跟，即更为完善的靴鞋的出现更晚。首先是由中亚细亚的牧民制作的。还有毡靴，也与畜牧民族有关，特别是在北方寒冷地带最普及，俄罗斯人至今还在使用。

关于帽子或头饰的起因，学者们之间还存在不同意见。有人认为戴帽子是为了御寒和防日晒，也有人认为帽子是一种装饰品，或者说是一种标志，用以表示戴帽人的性别、年龄、部落组织、社会地位、图腾信仰等等。早期帽子的种类和形式很多，即使在同一部落内部，男女间、大人与小孩、从事各种职业的人所戴头饰各有特点。例如，在大洋洲的一些部落当中，年轻人帽子上插有不同颜色的羽毛，以标志他们已是受过成丁礼考验的成年男子。在非洲，用来标志掌握政权的复杂头饰，只有领袖人物才能佩戴。世界上有许多民族至今还保存着这种遗风，未婚姑娘可以不戴头饰，而已婚妇女则必须保持一定形式的装束。

不可否认，有些头饰是为了保护头部而产生的，如炎热地区戴用麦秆、竹子或其它材料编织而成的凉帽，又如戴皮帽、毡帽等是为了保护头部免受寒冷和风吹。自从纺织品发明后，世界各地出现了多种多样的头巾、头帕等等。

各种装饰品是服饰的一个重要组成部分。最早的装饰品见之于旧石器时代晚期。在旧石器时代的遗址里发现有多种不同形状的垂饰，特别是带孔的动物齿、小珠等，无疑这类细小物件都是挂在人体上的装饰品。北京周口店山顶洞人已知用石珠、海蚶壳、兽牙、鱼骨等作装饰品来打扮自己。在旧石器时代遗址的发掘中还可见到赭石碎片，很可能是为了美观而用来涂抹皮肤表面的。

各种装饰按性质来说可分成三种类型：一是固定在人身上的，如文身、发型、搽指甲等；二是悬挂或穿戴在人体上的，如各种垂饰等；三是损毁人体的局部或使人致残作为装饰的，如为了佩戴耳环而刺扎耳垂，为了带鼻环而刺穿鼻中隔，打掉门牙或臼齿，甚至把颅骨敲成凹形等等。纹饰是最古老的装饰形式之一，它与保护皮肤免受寒冷，或是由于防潮湿和干燥有关（如在身上涂抹油脂和泥土等）。据民族学资料，澳大利亚土著居民的文身与宗教迷信，尤其是与图腾崇拜（在躯体上刻画图腾动植物）有关。有时还与某种魔法观念有关，如在出征前在身上或脸上画上某种图案，用以壮自己的胆或威吓敌人。新西兰毛利人的首领们满脸文纹，图案愈复杂意味着他的地位愈高。“文身”一字的外文“tattoo”，即“记号”的意思。我国南方许多民族，如傣、佤、独龙、高山等都有文身习俗。古代傣族还有染齿和包齿的习俗，《蛮书》卷四说：“黑齿蛮以漆漆其齿，金齿蛮以金镂片裹其齿，银齿以银，有事出见人则以此饰，寝食即去之。”

发型（发式）是一个人外表的重要部分。人类自古就十分重视发型装饰，特别是妇女的发式早在原始社会时起就有很大的区别。古代发式虽然式样颇多，但归纳起来可以分成三大类：一是披发型。美拉尼西亚人和波利尼西亚人一直流行这种发型。我国云南独龙族直至近代还盛行披发。《永昌府文征》卷三十说：“男女均系散发，前垂齐眉，后披齐肩，左右盖耳，稍长则以刀截去。”二是结发型，即把头发梳成一束或若干束后盘起来打成结。这种发式几乎流行于世界各地。三是编发型，即将头发编成辫子，如中亚地区的突厥人，以及我国的藏族等至今还习惯编发。

在古代，梳理头发的工具五花八门。非洲西部的农民不久前还在使用一种做工十分精致的雕刻梳子，用牛粪、粘土、动物脂肪等多种材料制成，需费时数月。过去，世界上许多民族的梳妆台十分讲究，装饰有贝壳、玻璃珠、羽毛等。我国已发现不少石器时代的梳理工具，如山东泰安大汶口出土的象牙梳子，中原地区出土的许多骨笄，可能是插在发髻上用的。古代男子虽不十分讲究发型，但却重视胡须的修饰。这在世界各地各有特点，如有的爱蓄胡，有的喜留须。日本北海道的阿伊努人和高加索地区的亚美尼亚人认为，留大胡须是美丽和富有男子气概的一种标志。与此相反，有些印第安人则把留胡须视为丑态而尽可能把脸面拔得光光的。

耳饰。目前，佩戴耳环的人几乎遍及世界各地，尤其是妇女。耳饰种类很多，五光十色，琳琅满目。人类喜爱耳饰由来已久，最迟不会晚于新石器时代。在我国甘肃礼县仰韶文化遗址中发现的陶人像，两耳都有孔，很可能就是拴挂耳饰用的。耳饰分耳环、耳坠和耳管等。解放前，我国傣族喜在耳孔上插入一个小竹筒。古代称这种饰物为瑱、珥。凉山彝族男女均挂耳垂，用彩线拴着玉石珠子。

手镯。手镯也是一种古老的装饰品。在新石器时代遗址中出土的陶环和石环，大小尺寸正适合手腕粗细。如我国山东大汶口文化的陶环，很可能就是原始形态的手镯。根据民族学资料，木制和草编的手镯在原始社会时期已相当流行。到了青铜时代就出现了金属质地的手镯，有浇铸而成的，也有用铜条弯成的；有圆圈形的，也在圆筒形的。至于用金银等贵重金属制成的手镯，在中世纪时才出现。

戒指（指环）。佩戴在手指上的饰物称为戒指。目前在世界各地几乎都可见到。究其起源可追溯到旧石器时代。戒指是人类较早使用的一种装饰品。据说，戴指环与狩猎有关，开始时是拉弓箭时所用的扳指，后来才逐渐演变成为装饰品。古代的指环有木制、石制、陶制等。在我国仰韶文化遗址中出土有小型陶环，可能是套在手指上的。到了青铜时代，戒指多用金属制成，后来又发展成金戒指、银戒指、玉石翡翠戒指等。戴戒指不单纯是为了装饰，同时也标志着一个人的社会经济地位、年龄、性别，如订婚戒指、结婚戒指等等。

项饰（项链、项圈）。挂在颈脖上的装饰物称为项饰。世界各地许多民族自古就知道佩戴项饰。古时候的项链、项锁、项圈等用多种原料制成。新石器时代开始出现了用石珠和骨片制成的项链。我国陕西临潼姜寨的一个少女墓中出土有大量带孔骨珠、石珠、石管、贝壳和兽牙等，这些小珠都是制作项链用的。到了青铜时代又出现了金属项链。在古埃及，随着玻璃的发明很快就制成了玻璃珠项链。

后来又发展成用金、银等贵重金属制成的各种类型的项饰。戴项饰不仅是为了美观，同时也标志着主人的社会经济地位，有时还与宗教迷信思想有关。乾隆《凤山县志》卷三说：高山族“或串海螺壳、树实，红白相间，长数十围，系于颈或手腕间以为美观”。世界各地许多民族都有戴项链的爱好。我国苗、瑶、景颇等民族的项饰和胸饰丰富多彩，新娘出嫁时都要佩戴项饰和胸饰（多系银质）。非洲西部地区某些民族的少女喜戴铁质饰物，有时重达数十斤，甚至影响行动自由，必须有人搀扶着行走。

第五节　交通工具

在人类历史初期，没有任何交通工具和运输工具，他们徒步行走，搬动重物靠手提、肩挑、背驮或头顶，有时直接拖着走。最古老的运输工具还是那根木棍，它不仅是狩猎工具，也是步行时的拐棍和扛物的工具。远在旧石器时代早期，人们就已知道用棍棒扛东西了。先是把重物放在棍棒的一端扛在背后，渐渐地发展成了扁担，就是用一根木棍两头挑上重物。扁担是人类最早、也是保持时间最久的运输工具之一，它对人类社会和生产的发展起过极其重要的作用。世界各地的早期居民几乎都知道使用扁担，东欧古代斯拉夫人经常用它来挑水，我国南方尤为普及。扁担一般多用竹子制作，也有用韧性木材制成的。

一根木棍或扁担，中间挂着重物，由两个或更多的人抬着走，这也是最早搬运重物的方式之一。进而也可以用两根棍棒来代替一根棍棒，如担架等，用肩扛和手抬。南美奈布恰人常用挂在两根木棍中间的吊床来抬他们的主人。后来的轿子即由此发展而来。在古埃及、巴比伦、罗马以及印度等地都有类似的敞篷或带篷的肩舆。我国汉代班固的作品里曾经提到“步辇”，可见我国早在汉代就已经有轿子了。轿子在我国流传很久。清初，皇帝和各级官吏坐的轿子从形式到颜色都各不相同，三品以上官员的轿子用银顶，在京城时要用四个人抬，出京则用八人，四品以下只许坐锡顶的、两个人抬的小轿。

冰鞋、滑雪板。古时候，多种运输工具的动力都是人本身，全部负荷都落在人的双脚上，因为搬动重物只有人的双脚接触地面。因此，有些民族学家把保护双脚的装备也看成是交通工具之列。北半球的各族人民长期生活在冰天雪地的环境里，他们的运输或在雪上行走时都得采取必要的措施和装备。冰鞋能使人们迅速稳当地在冰上来往。最初的冰鞋可能是用硬骨制成。欧亚某些地区大约在公元前 20 世纪就已知冰鞋。古日耳曼人的史诗《艾达》中提到的“冰骨”即指冰鞋而言。中世纪时，荷兰在木板上钉有铁条的“冰鞋”就是由冰骨发展而来。现代用的钢刀冰鞋是 1850 年在美洲最早出现的。

一年中大部分时间都是冰天雪地的极北地区，滑雪板对人们的生活和经济发展起着十分重要的作用。滑雪板有两种基本类型：一是踏行式（俗称踩雪板），它能保证人在雪上行走不致陷下去；二是滑行式（或称滑雪板），人们穿上它能在硬雪表面滑行。无疑，踩雪板要比滑雪板原始和古老得多。踩雪板的形式很多，有圆形、椭圆形、球拍形等等。

西伯利亚和北美地区的爱斯基摩人在新石器时代就已知道使用滑雪板。这对他们经济和文化的发展直接有关，所以不少学者认为，在欧亚美三洲的北部曾经存在过“滑雪狩猎文化”。因为有了滑雪板，人们才能在隆冬季节出入于原始森林地带进行狩猎活动。北美印第安人制作的滑雪板不仅形式各异，而且十分精致轻巧。早期的滑雪板往往在下面钉有北方鹿或海豹的毛皮以减少摩擦力，这是洛帕尔人的一大发明，后来通过斯堪的纳维亚传布到世界其他地方。我国北方各族很早就知道使用滑雪板，元代称之为木马，《大明一统志》引《殊域图咨录》说：“……木马形为弹弓，系足激行，可及奔马，二者止可冰雪上行。”这两种类型的滑雪板至今都没有失去作为交通运输工具的作用和意义。

曳架、雪橇、驮架和车辆。远在旧石器时代早期，人们已知道将重物放在地上拖曳而行。山顶洞人就是用这种方法来拖运猎获的野兽和柴火等物的。但是，这种拖曳与地面附着的面积大，阻力也大。后来利用树枝作架，在两杈之间拴上横木而成拖架。先是人力，后发展成利用畜力来拉曳架，西伯利亚和北美地区至今还流行狗拉曳架。

雪橇的发明可能与曳架有关。世界各地的雪橇种类很多，加拿大印第安人的“托博甘”是一种前端翘起的长形雪橇，北欧洛帕尔人的“克列日卡”是横腰切断半只船形的宽雪橇。在斯堪的纳维亚，甚至夏季也在使用这类“雪橇”在针叶树林的平地上运送木材。古埃及人用这种设备在沙漠地区运送大件重物。

有人认为，狗是最古老的驾畜，但它不能用作骑乘和驮载，因为狗的身体小，力量不够。骑乘和驮载几乎是同时平行发展的，大概在新石器时代，牛（特别是牦牛）和驴已被用于驮载。渐渐地马和骡才被用作驮畜。沙漠之舟——骆驼是亚非沙漠地区的主要驮畜。在哥伦布发现“新大陆”以前，美洲大陆的唯一驮畜是 骆马。西伯利亚的驯鹿也是供驮载用的。

车轮的发明是交通运输发展中的一场革命，因为车轮滚动大大减少了车子与地面的摩擦力，人类从此就可以把重大物件作长距离的搬运。关于轮车出现的时间问题多种文献记载不一，据考古学资料，公元前 4000 年代末和 3000 年代初，在西亚美索不达米亚地区已有轮车出现。我国文献《古今图书集成·考工典》卷一〇六《车舆部汇考一》载，“黄帝有熊氏始见转逢而制车”，小屯村甲骨文有关双马架车的记载，都表明我国殷代已熟知制车技艺了。无疑，中国和印度是轮车发源地之一，后来才传播到东亚和东南亚各地。

原始的车轮只是一块圆木板，车轴与车轮是固定在一起的。这类早期车轮在世界各地至今尚有保存。至于从整块圆木板发展成带条辐的车轮又经历了一个过程，直到公元前 3000 年代初在西亚地区才开始出现。最古老的轮车可能是由人在后面推着走的独轮车，后来才逐渐发展成双轮车、三轮车和四轮车等。相传我国最早是黄帝首创牛拉车，到了夏禹时代，有位叫做奚仲的驯马拉车，从此才开始乘坐马车。在河南安阳曾发现有殷代的马车坑，有用四匹马拉的，也有用三匹或两匹马拉的。

路和桥。我们的远古祖先在狩猎和采集时必须步行，因而他们只能选择最方便的小路行走，尽力绕开大山、河流、湖泊、沼泽和密林等多种障碍。但是，人们毕竟还得设法去清除石块、树木、杂草等来开辟蹊径，遇到沼泽地带则设法铺垫，以免陷入泥坑。而比较完善、能通车辆的道路是在原始社会后期出现的。从民族学资料看，即使是在落后的澳大利亚部落分布地区也已有古老的商道，甚至已有贯穿整个澳大利亚的南北通道，长达 3000 公里。在非洲，北起地中海沿岸直到大陆深处腹地都有复杂的道路网。在亚洲和欧洲，这种古道更多，其中应提到的是“丝绸之路”。早在公元前 2 世纪时，我国珍贵的丝绸即沿着这条古道运往西亚各国，更往西直达罗马帝国。

桥是过河的工具。最简单的是独木桥。在小溪里按步伐距离放置若干石块，这是最古老的“石桥”。但在遇到河面较宽、水流湍急的河流时，这类桥就不顶用了，逐渐开始用木柱、树枝等来建造较为复杂的木拱桥。这种桥在世界各地几乎都有过。我国独龙族、怒族、傈僳族、彝族等地区还曾使用溜索桥。夏瑚在《云南北界勘察记》附录二《怒俅边疆详情》一文中说：“猫人不知为船以渡。只用篾索三根，平系两峰，虽以木槽溜邦，衔索系腰，乃须手挽足登，方能徐渡。”古时候，桥的种类很多，有木桥、石桥、浮桥、绳索桥等等。

筏和船。可以设想，水上的交通工具要比陆地的交通工具更早出现，因为人们在陆地不用专门设备即可徒步搬运小件重物，而在水面如不借助运输工具就无法运行。据推测，最早的水上运输工具可能是被风吹或由水冲而落入河流、湖泊中漂流的树木，进而才把几根树杆并排联在一起，于是出现了最简单的木筏。塔斯马尼亚人的木筏在形式上已类似舟船，它是用大块桉树皮卷成圆筒，一个套一个连接起来并用草绳捆紧制成。南美的的喀喀湖畔的印第安人用芦苇制作这种筏子，有时还在筏上张帆。我国傣族利用竹子制作筏子。类似各种筏子在世界许多地区至今还在使用，在我国南方和印度等地，木筏和竹筏还是重要的水上运输工具之一。

恩格斯在《家庭、私有制和国家的起源》中曾经指出："火和石斧通常已经使人能够制造独木舟"。[①] 根据这一说法，人类至少在旧石器时代就已知道制作独木舟了。事实证明，世界各地各族人民几乎全都知道使用独木舟。早期的制作方法是选择一段粗大的树干，先用火烧去中心部分，然后用石斧凿成船形。在西伯利亚森林地区，直到近代还在使用类似独木舟的水上运输工具。

相传我国古代黄帝首先造船。《易·系辞》中说："黄帝氏作，刳木为舟，剡木为楫，盖以黄帝为是。"这说明木桨也是利用火烤制而成。船桨的形式各异，大小长短各地不一。在我国浙江吴兴钱山漾遗址出土的木桨，是用青冈木制作的，翼呈长条形，长 98.5 厘米，宽 19 厘米，柄长 87 厘米，正中有脊。从殷代的图形文字来看，当时已知用木板造船，且有船舱模样，还有像人立在船上撑篙的形状。从独木舟到知道用木板造船是一大进步。我国东北大小兴安岭一带因盛产桦树，当地鄂伦春、鄂温克、赫哲等族使用一种桦皮船，以木杆为架，外包以桦树皮，用兽筋缝合。我国纳西、回等民族的羊皮筏子，藏族和羌族的牛皮筏子，以及爱斯基摩人、阿留申人使用的"卡亚克"——只供单人用的密封式小皮船和"乌米亚克"——较大的敞口船，都属于这类船只。

---

① 《家庭、私有制和国家的起源》，第 21 页。

本章主要参考书目：

① 恩格斯：《家庭、私有制和国家的起源》，人民出版社 1972 年版。

② 柯斯文：《原始文化史纲》，人民出版社 1956 年版。

③ 林惠祥：《文化人类学》，商务印书馆 1934 年版。

④ 林耀华主编：《原始社会史》，中华书局 1984 年版。

⑤ 宋兆麟、黎家芳、杜耀西：《中国原始社会史》，文物出版社 1983 年版。

⑥ 托卡列夫：《外国民族学史》，中国社会科学出版社 1983 年版。

⑦ 托尔斯托夫主编：《普通民族学概论》，科学出版社 1960 年版。

第十八章　精神文化

精神文化同物质文化一样，是民族文化的一个重要方面。作为观念形态的精神文化是客观世界的反映。一个民族的精神文化的形式和内容决定于一定民族的社会、经济和生活方式。同时，民族的精神文化又反过来对民族的社会、经济的发展施以影响和作用。

一般来说，精神文化是人类精神生产的全部成果。由此看来，民族的精神文化应包括上层建筑的各个方面，如哲学、科学、伦理、道德、教育、法律、风俗习惯、宗教、文学和艺术，等等。但是，严格地说，上层建筑与精神文化并不等同，因为除上层建筑以外，还包括作为民族文化一种形式的思维和语言，以及自然科学知识等，它们都属精神文化的范畴。

必须强调指出，在阶级社会里，民族的精神文化常常具有深刻的阶级性。毛泽东曾正确地指出："一定的文化是一定社会的政治和经济在观念形态上的反映。"[①] 这就是说，每个时代，一定阶级、阶层的人们的思想意识总是在精神文化的各领域中表现出来的。

精神文化和物质文化虽然是文化的两个方面，但是二者又是有机的统一。精神文化不可能与物质文化截然分开，因此精神生产的成果常常表现为一定的物质形式，例如书刊、乐谱、画稿，等等。

目前，我国正处于建设社会主义精神文明的新时期，革除和改造旧的、具有消极因素的精神文化现象，建立和发展社会主义精神文化，有十分重要的意义，也是摆在我们民族学工作者面前的一项重要任务。

① 《毛泽东选集》第2卷，第666页。

第一节 思维、语言和民族心理

任何精神文化都是人类意识活动的产物。精神文化作为观念形态的东西，离不开人类的思维和语言。观念形态是客观事物在人们头脑中的反映，思维则是存在和意识之间的媒介，语言则又是思维的工具。如果说，思维和语言是文化结构最深层的分子，则民族心理（包括思维方式、价值观念等）就是它们的外延，是一种文化过程。一个特定民族的思维、语言和心理，与一定的精神文化联系着，因为它们是一切文化的基础。

一、思维和语言的起源

大约300万年以前，人类的远祖——早期直立人由于在劳动过程中锻炼了双手，推动了人类本身全部器官的进化。随着人类最复杂的器官——脑的发展，感觉器官进一步得到完善。这时，原始人在劳动实践中逐步加深了对客观世界的认识。尽管如此，他们此时对自身的活动和客观的认识还带有局限性，还没有超出感性认识的范围。虽然从感觉到知觉再到表象（记忆），已初步显示出认识由部分到全体，由直接到间接的发展趋势，但是，它们共同的特点仍然是一种对客观事物直观的认识。

理性认识是认识上的飞跃，是人类对客观事物本质和全部的认识过程。思维实际上就是这种过程。这是人类运用概念、判断和推理等形式反映客观事物的过程。由此看来，思维是与社会劳动实践密切联系在一起的。在这一点上，对于世界上任何民族都没有例外。西方心理学和民族学学家曾经有过一种反动理论，认为落后民族的思维活动是“神秘的”、“荒诞的”，是“非逻辑性”的。这是十足的反科学的种族主义观点。大家知道，人类如果没有逻辑性思维，即使最简单的人造石器也制造不出来。这说明，对任何民族来说，思维是共同的，而且随着劳动和社会实践范围的不断扩大，经验和教训的不断积累，思维能力也在不断提高。

思维活动是与语言直接联系着的。动物有语言吗？关于这个问题各国专家们做过许多实验。大多数学者认为，动物没有也不可能有人类那种语言能力。如美国麻省理工学院动物学学家查姆斯基和哈佛大学社会生物学教授威尔逊通过长期的实验以后宣布说，人类的语言与其他任何动物的发音符号根本不同，语言是人类独有的。

马克思主义出现以前，对语言的产生有过种种说法，但一直未得到科学的解释。到了1846年，马克思和恩格斯在《德意志意识形态》一书中指出："语言也和意识一样，只是由于需要，由于和他人交往的迫切需要才产生的。"① 后来，恩格斯又进一步阐明了这一观点："劳动的发展必然促使社会成员更紧密地互相结合起来，因为它使互相帮助和共同协作的场合增多了，并且使每个人都清楚地意识到这种共同协作的好处。一句话，这些正在形成中的人，已经到了彼此间有些什么非说不可的地步了。需要产生了自己的器官：猿类不发达的喉头，由于音调的抑扬顿挫的不断加多，缓慢地然而肯定地得到改造，而口部的器官也逐渐学会了发出一个个清晰的音节。"② 至此，人们才认识到，语言是原始社会初期，人类在集体劳动生活过程中，为了协调行动，彼此呼应，互相帮助，完全为适应社会交际的需要而产生出来的。

二、思维和语言是精神文化的基础

思维是人类特有的一种精神活动，是从社会实践中产生出来的，所以思维和作为思维工具的语言都是一种精神文化现象。

精神文化的各种不同形式和内容是人类精神生产(思想意识)的产物。从这个意义上看，思维和语言不同于一般的精神文化，它们既是精神文化，也是整个文化结构形成的基础。

思维是人脑对客观事物间接的概括性的反映，属于认识的理性阶段，是更复杂、更高级的认识过程。间接性和概括性是思维过程

① 《马克思恩格斯选集》第1卷，第35页。

② 《马克思恩格斯选集》第3卷，第510—511页。

的重要特征。

间接性是通过其他事物的媒介来认识客观事物，即借助于已有的知识经验来理解那些没直接感知过的事物。在我们进行民族社会历史调查时，充分利用思维对事物表象进行本质的认识就非常重要。如果我们要了解（当然只能是间接的）某民族的某村寨具有农村公社的特点，就只能通过许许多多社会的、人际的、经济的、家庭的、文化的点点滴滴的事物为“媒介”，用间接的方法进行认识。村寨里，如果有人得了病，他们不去请医生，而是用巫师祭神祛灾，我们由此可以推断这个地区还一定程度上存在迷信和原始宗教势力。

概括性是指可以将同一类事物的共性和本质特征进行概括。例如上面我们举的例子，只有将许许多多有关的客观事物的共性和本质进行概括，才有可能了解某个民族的某村寨是否具有农村公社的特点。

现代人正是具有了高度发达的逻辑思维以后，民族的文化生活才变得今日这样丰富多彩。在原始社会，由于生产力水平的极端低下，人类的思维和语言带有一定的局限性，但是，他们也曾创造了令后世惊叹的原始文化。根据民族学资料，某些当代原始民族中的医药、卫生、天文、地理等知识的渊博经常使西方科学家叹为观止！这充分证明，人类不断发展的思维科学对观念文化产生的巨大力量。

随着社会生产的不断发展，人类思维能力的不断提高，语言作为人们社会交际和社会发展的工具也在不断丰富。

在一些原始民族中间，语言相对来说比较简单。如词汇量少，语法不十分规则等。也许这正说明他们的抽象思维能力有一定局限性。思维和语言的关系是不可分割的，因为思维只有在语言材料的基础上才会有生命力。

语言，虽然是一种精神文化现象，但它又不同于一般精神文化，不属于上层建筑，没有阶级性。因此，由语言本身属性决定，它和思维同为精神文化的先决条件，是精神文化产生的基础。

三、民族心理是一种文化现象

什么是民族心理？概括地说，民族心理表现为一个民族对客观事物的认识、情感、意志等方面的心理活动。

民族心理，与思维、语言一样，都是一种文化现象，或称文化过程。由于各民族生存的自然条件和地理环境不同，经济基础不同，文化水准不同，与外界接触和开放程度不同等种种因素，民族心理表现在各民族身上，总是具有各自的特点，这样就形成了不同的民族心理。

研究民族心理必须注意两点：第一，民族心理是一种客观存在，它是与活动的外部和内部条件相互联系的，所以我们研究民族心理时，必须依据可以观察并可以检验的客观事实，严格贯彻客观性的原则，切忌根据主观愿望去猜测某个特定民族的心理活动规律；第二，任何心理现象都是在发展的，而且是长期形成的，我们要避免用形而上学的方法对待民族心理，将一个特定民族的心理活动看成是静止的。因此，在民族心理研究中，我们一定要遵循发展的原则，由于时间的各种因素的影响和作用，民族心理也可能发生变化。同时不仅要看到现时的特征，而且要看到其发展前景，包括较稳定的民族心理特点。

民族心理有多种表现形式，如价值观念、思维方式、民族性格、审美情趣等。其中重要的一种形式是传统思维方式。对任何民族或个人，思维是共同的。就是说，他们都具有抽象思维的能力。可是思维方式，即思考问题的方法则是不完全一样的，因为思维方式充分反映着一个民族的心理过程。

究竟思维、语言、民族心理三者在民族文化中的地位怎样？用一句话来说，没有思维、语言、心理过程就没有具体的民族文化的实体，而民族文化实体又制约着各种不同的文化现象。

四、信息和信息传递

同思维、语言一样，信息也是一种文化过程，一种准文化现象，是人类的感官接收的外界事物（动态、语言、文字）的反馈。

现代先进的信息和传递技术是人类在生产活动中长期积累下来的，是对自然界各种现象不断认识、不断探索的结果。信息和信息传递手段的发展有赖于人类生产经验和抽象思维能力的提高，即便是最原始的信息技术也是人们在生产实践活动的基础上产生和发展起来的。由此可见，最早的信息技术在原始时代就已经产生了。事实上，在当今世界上一些经济、文化相对落后的民族中仍可找到许多古代信息和信息传递的遗迹，这是民族文化的宝贵资料。

民族学资料证明，拟态、手势、声音、信号、鼓语、烽火、信物，等等，都是远古人类经常使用的信息手段。

远古人类的语言往往不能完全表达意思，或者运用语言太费力，于是便借助拟态或手势，把自己对各种事物的认识，以及与外部事物的关系表达出来。例如，在澳大利亚土著居民和美洲印第安人中，手势语言就曾广泛使用。据德国民族学家斯·施特雷劳（Strehlow·Th）对澳大利亚阿兰达人手势语言的研究结论，手势不但能表达具体事物，而且也能表达抽象的概念。

当原始时代人们传递和接收信息遭到地理上的阻隔，使拟态、手势等信息手段不起作用时，他们则采取打"鼓语"、"旗语"等其他办法。例如，北美印第安人的游牧部落在发现野牛群时，便不得不用"旗语"（往往是一个树枝或一根野牛尾），作为动员全部落集体捕猎的信号。在非洲许多地区十分流行鼓语作为人们互通消息的手段。例如，苏丹的尼罗人秋季大祭时，用鼓语向邻近村落通知仪式的开始。在亚洲，古代多用烽火向同盟部落或国家传达敌人入侵的战争警报。

各种不同形式的原始信息传递和接收技术在我国少数民族中间也曾流行。例如，铜鼓、木鼓、牛角号、竹笛、羽箭、鸣枪等，都曾作为信息传递的工具。

后来，随着人类科学和文化的发展，特别是工业革命以后，信息技术逐步向更高阶段发展。现在，信息技术已进入电子、激光和微电脑的崭新时代，它作为人类精神文化的表象和内容的组成部分更日益复杂化。同时，也反映出文化体系是一个多层次的复合体。正如我国著名科学家钱学森指出：过去，思维、语言、文字、推理加在一起创造了我们的文化，但是现在又要考虑加进一个新的东西，就是电子计算机。电子计算机已经成为我们文化的一个手段，一个工具，要加到思维、语言、文字、推理里面去。

第二节 教育、道德和法律

教育、道德和法律作为社会意识形态，是社会上层建筑的重要组成部分。

教育、道德和法律各有不同的内容和特点。教育是以一定目的对人进行思想、文化、技能和体质训练的一种手段；道德是人与人或人与社会间的一种行为规范；法律则是在原始习惯法之后，由统治阶级规定的一种社会行为规则。

教育、道德和法律与其他上层建筑一样，都是一定社会的生产力、生产关系和政治的反映，同时又对它们以影响和反作用。由此看来，适用于一切社会和时代的教育、道德和法律是不存在的。我们研究教育、道德和法律的起源和发展，研究它们在民族文化中的地位和相互之间的关系，必须牢牢掌握教育、道德和法律各自的特殊的本质和特点，因为我们只有把握住了这种本质和特点，才能搞清楚它们与其他文化现象的关系。我们只有了解了它们的起源和发展的历史过程，才能使我们更好地让教育、道德和法律为社会主义现代化建设服务。

一、教育的起源和发展

教育是人类社会所特有的一种文化现象。教育起源于生产劳动实践。由于劳动生产活动，人类远祖的体质结构发生了质的变化，随着制造劳动工具，最终脱离了动物界。有了人类，便产生了社会，这就为教育的产生提供了条件。

最初的人类社会，不管它多么简单，也需要教育，总结经验，传授知识，进行物质生产和人的再生产，以推动社会的进化。因此，原始社会的教育活动就是根据这种原始社会的集体劳动和生活需要产生的。

原始社会的人们尽管面对残酷的大自然，生活极其艰难，但是，他们仍需要一代一代地进行教育。当时教育的内容只不过是，怎样制造和使用简单的各种石器，怎样保护火种，怎样采集到更多的野果和捕获到更多的野兽，等等。

一代又一代的口头知识的传授，劳动生产经验的积累日益增多，原始公社时期的农业革命、村落文化的出现、家庭结构的演变、婚姻形态的发展等，从文化学角度来看，这些都是人类最早的教育行为的伟大成果。

新石器时代经济文化的发展，使教育从萌芽状态的非自觉性行为变成自觉性的、有目的性的行为。教育始终是和生产劳动等社会实际生活结合在一起的。

大量民族学资料告诉我们，原始社会的教育有两个明显的特点：一是言传身教，一是按年龄大小进行教育。我国北方的鄂伦春族曾这样将男孩子培养成一名猎手：夏天，大人外出打猎时，就将5—6岁的男孩子带在身边。空隙时便教孩子做狩猎性的各种游戏，如打熊、打犴的动作等。当孩子长到12—13岁时，便随大人进山学习打猎。当孩子长到15岁或更大一些时，便可以正式参加打鹿、犴等较温驯的动物了。

原始教育是生产劳动的需要，也是社会的需要。它与原始社会的社会生活、经济生活、宗教文化生活有密切的关系。

原始教育不同于阶级社会的教育。

第一，原始教育作为一种社会教育不具有阶级性。

第二，原始教育还没有成为专门化部门，只是一种自发性教育，它多是与劳动生产实践一起进行的，而且也没有固定的教育场所。

第三，原始教育的形式是与原始公社制度相一致的。

阶级社会以后出现了教育的专门场所——学校。阶级社会的教育成为统治阶级维护政治统治和经济剥削的手段。阶级社会的学校也成了国家机器的一部分。当然，学校在开始产生的时候，还不都是纯粹的教育机关，教育还经常与政治、社会活动混在一起，后来才逐步成为专门的教育单位。总而言之，阶级社会出现以后，原始教育的社会性已经被破坏，学校教育成了阶级统治的工具。

在原始社会，教育与原始宗教活动有密切关系。往往一次重要的氏族或部落内部的祭鬼神的活动都是对青少年进行教育的时刻。到了阶级社会，教育同样与宗教有千丝万缕的联系。规模较大的佛教、伊斯兰教、天主教各大寺院和教堂往往是传授哲学、宗教、天文、地理、历史、民俗等多种知识的重要场所。例如，西藏喇嘛教寺庙里就有严格的经法教育制度：在大经堂之下，一般设有学习显、密二宗的学院。学修显宗教理，必需学好因明学（包括逻辑学和认识论）、般若学（认识论）、中观论（佛教哲学的一种）、戒律论（行为学）和俱舍论（道德修养理论）五种经论。此外，在大寺庙还设有专门培养医学人才的学院——曼巴扎仓，以及学习天文、历算和占卜，培养具有一定自然科学知识人才的学院——丁科扎仓，等等。

二、道德的本质

道德也是一种文化现象，是社会意识形态之一。它是人们共同生活及其行为的准则和规范，是评价人们行为善与恶、美与丑、正义与非正义、光荣与耻辱的标准。

道德具有鲜明的时代性。在人类社会发展的不同阶段上有着不同的道德内容，不同的道德原则和不同的道德规范。永恒的、适用于一切时代的道德是没有的。在阶级社会，道德又具有鲜明的阶级性，不同阶级必然有不同的道德观念。同其他社会意识形态一样，道德由社会经济基础决定，并为一定的社会经济基础服务。

劳动，不仅创造了人本身，而且创造了人的社会关系和人的意识，随着人类劳动生产实践和人际关系的复杂化，为道德的产生准备了主客观条件。

原始社会的道德产生于母系氏族公社时期，因为这个时期人们之间，以及个人和社会之间关系的行为规范才开始成为社会规范的一部分。氏族社会以前，人类在艰苦的生存环境下，与大自然的斗争中，一切行为只能服从集体生活，人与人的关系还不需要任何道德的保证。到了母系氏族公社时期，由于社会分工的出现，使人与人的社会关系日益复杂化，这样便产生了个人利益与其相互交往的人们共同利益之间的矛盾，于是人们初步具有了善与恶、正义与非正义、公正与偏私、诚实与虚伪等种种道德观念。

当然，这时期的道德内容还是比较简单的。它往往同原始社会的宗教、风俗、传统和习惯融合在一起。后来，只是由于社会劳动生产力的进一步发展，人类思维能力的进一步提高，道德才从人们的统一意识中分化出来，成为独立的社会意识形态之一。

原始社会的道德观是纯朴的、高尚的。这是由原始社会的生产方式所决定的。原始社会的朴素而高尚的道德观也为整个人类的道德原则奠定了良好的基础。然而，原始社会的这种纯朴又高尚的道德不等于就是社会主义的精神文明的内容，因为原始社会的道德观的纯朴性、高尚性，还是处于幼稚和蒙昧的阶段。这是原始道德的局限性。这种局限性表现为原始道德的原则和规范只在本氏族、部落内部才有意义。这正如恩格斯所说："部落始终是人们的界限，无论对别一部落的人来说或者对他们自己来说都是如此"[①]。

三、习惯法是原始社会的行为规则

原始社会的习惯法还不属于法律范畴。习惯法是原始社会的社会规范的最主要的表现形式，是人们行为的准则。在原始社会，由于生产工具的简单，生产力水平十分低下，人们没有选择行为的自由，人们的行为只能受必然性的支配。当时人们的生理要求、生产要求、道德和宗教要求等等，都是混杂在一起的，人们必须无条件地服从于习惯。这种习惯存在于原始社会人们的一切生活和生产领域中。例如，集体生活的习惯，婚姻的习惯，复仇的习惯，管理的

① 《家庭、私有制和国家的起源》，第95页。

习惯，宗教仪式的习惯，等等。

在原始社会，每一个氏族成员都必须恪守这种不成文的习惯法。它是人们在长期的共同劳动和生活中逐渐地、自发地产生的，而且是世代相传的。

这种习惯法调整着氏族成员之间的相互关系，维护着氏族社会的社会秩序。这些行为准则反映了全体氏族成员的共同意志和利益，所以能够被人们所接受和自觉遵守，不需要像阶级社会那样有专门法制机关来监督执行。

在大量的民族学资料中有许多这种原始社会习惯法的实例。

以财产继承为例，尚处于原始母系氏族公社时期的美洲易洛魁人在财产继承权方面有不成文的明确规定：死者财产必须分配给本氏族的亲属。如果死者是男子，其财产首先分配给他的姐妹及其子女，以及他的诸舅，其次分配给他的兄弟；如果死者是女子，其财产的大部分分配给她的子女，其次分配给她的姐妹，她的母亲和诸姨[①]。再以损害赔偿为例，解放前，在我国西南地区部分少数民族中如有血亲复仇的集体械斗事件发生，械斗完结后，在调解赔偿方面就有许多不成文的习惯。在独龙族社会里，如械斗双方死伤相等，便不存在问题，如一方多死了人，则要赔偿命金，一般是死一个男子要赔九件物品，死一个妇女要赔七件物品。在这些物品中必须要有一二头牛，其余都是刀、锅、铁三角等物，命金由全村寨成员共同支付。

四、阶级社会的道德

随着私有制的出现，人类进入了阶级社会，道德也不可避免地涂上了一层色彩。

奴隶社会的道德是第一个阶级道德的类型。原始社会的纯朴、高尚的道德观念被奴隶制的残忍和邪恶的道德观念破坏和代替。在奴隶社会里，奴隶主阶级力图依靠掌握在他们手中的新的社会力量

---

① 摩尔根：《古代社会》，第934页。

——国家，将奴隶主的道德变成为全民和全社会的道德。买卖奴隶，杀死奴隶作祭品或殉葬品，成了奴隶主道德所认可的行为和准则。

在奴隶主阶级的道德规范中，把奴隶当成有生命的工具，可以任意虐待、绞杀；奴隶对于奴隶主要绝对忠诚等，都体现了奴隶主阶级的道德原则。

地主阶级的道德是封建社会占统治地位的道德，它是奴隶主阶级道德的继承、改造和发展。解放前，傣族封建农奴制的道德是以等级制度反映出来的。在汉族封建地主阶级的道德规范中，鄙视劳动和劳动者、男尊女卑等，体现了地主阶级的道德原则。在中国封建社会里，统治阶级宣扬“夫为妻纲，君为臣纲，父为子纲”的三纲和“仁、义、礼、智、信”的五常，形成了我国古代社会系统的、完整的封建道德体系。但我国在长期的反封建压迫和剥削的斗争中，广大劳动人民也形成了自己的道德规范。例如，封建统治阶级视为“贼寇”的农民起义，被广大农民看成是“义举”。农民的道德是对奴隶道德的继承和发展，它构成了各民族人民优良道德传统的重要内容。但是，农民毕竟是小私有者，在其道德原则和规范上不可避免地带有保守性和自私性。

在资本主义社会里，“金钱万能”是资产阶级道德的实质。资产阶级的极端利己主义的道德原则，就是赤裸裸的现金交易。资产阶级的道德观往往伴随高唱自由、平等、民主的高调，但充满着资产阶级道德的虚伪性和欺骗性。

五、法律的本质和特点

法律不是从来就有的。它是商品交换、私有制和阶级出现以后的产物，是伴随阶级社会的产生而产生的。阶级社会的出现，阶级之间的矛盾和斗争，在人类社会发展史上首先表现为奴隶主和奴隶之间不可调和的对立关系。原来反映原始公社时代社会成员意志和利益的行为准则的习惯法，已经不可能再调和这种新的社会关系。这样，掌握国家或民族的权力的统治阶级就必然要将他们的意志和利益固定在成文的法律里面，以作为其实行统治的工具。

奴隶制法律是奴隶社会经济基础的上层建筑，是奴隶主阶级意志的表现，是奴隶主阶级维护其经济利益和政治统治，对奴隶实行阶级专政的工具。

在奴隶制法律中严格维护和确保奴隶主阶级的生产资料所有权，特别是对奴隶的完全占有是其最重要一项的内容。例如，奴隶社会较早的一部成文法典《汉穆拉比法典》共有282条，其中保护奴隶主私有财产的条文就有121条，约占42%。我国从夏朝开始，即在奴隶制国家形成过程中，氏族贵族转化为奴隶主贵族时，就把原氏族公有的土地以及他们掠夺来的土地都转化为奴隶制国家所有，即归于奴隶主的总代表——国王所有。商代至西周，进一步确立了国王对全国土地和奴隶的最高所有权。当时，“溥天之下，莫非王土，率土之滨，莫非王臣”①。

当然，由于中西文化传统不一样，在法律内容上也有各自不同特点。例如，在罗马法中最发达的是调整平民关系的私法，而中国传统法律观念的核心则是刑法和官制法。

封建社会的法律是封建农奴主和地主阶级意志的表现。这种法律将封建农奴主和地主对农奴和农民的经济剥削、政治统治和等级特权用法律的形式固定了下来，以维护有利于统治阶级的社会关系和社会秩序，实现封建地主阶级的专政。

此外，在封建社会里，教会、寺庙也是最大的地主。宗教法在封建法律中占有相当重要的地位。宗教信条往往就是政治法规。封建统治阶级经常利用种种宗教信条，以“上帝”或“神”的旨意对广大农民实行残酷的剥削和压迫。

六、法律和道德的关系

法律和道德都是社会规范的重要组成部分，它们有着密切联系。

如前所说，道德是评价人们行为的善与恶、美与丑、正义与非

---

① 《诗经·北山》。

正义、光荣与耻辱的标准，所以在阶级社会里，不同的阶级都有自己的道德标准。一切民族的“共同道德”是不存在的。在这点上，法律与道德一样都有着鲜明的阶级性。

法律和道德虽然都是社会规范，但它们又有重大的区别。第一，法律和道德产生和存在的时间不同。法律是阶级社会的产物，而道德则存在于人类社会发展的每一个历史阶段。第二，道德规范调整关系的范围要比法律规范所要调整的范围广泛得多。凡是法律所禁止的行为，也是统治阶级道德所谴责的行为。但是，道德所谴责的行为，并不都是法律所禁止或惩罚的行为。第三，法律是统治阶级通过国家制定和认可的，并由国家的强制力保证执行的，而道德则主要依靠社会的舆论和人们内心信念的力量，以及人们的自然形成的习惯势力，等等。

法律和阶级道德的关系极为密切。它们有相同的本质，都是统治阶级意志的表现。它们共同的使命都是为了维护有利于统治阶级的社会关系和社会秩序。它们都是建立在同一社会经济基础的上层建筑。正因为这样，法律和阶级的道德是相互作用的。法律以其所特有的强制性，积极保护和推行统治阶级的道德，以扩大统治阶级道德的影响;统治阶级的道德则以舆论的力量动员人们遵纪守法，对法律的实施起着促进作用。有的时候，统治阶级的道德和法律意识又相互渗透，统治阶级往往把自己的道德标准直接确认为法律规范。总之，在阶级社会里，统治阶级常常是同时并用或交替使用这两种工具，有时以法律为主，辅之以道德；有时以道德为主，辅之以法律，或者两者完全结合在一起。

第三节 风俗习惯

风俗习惯作为民族社会心理的表现形式，是一种重要的文化现象。它直接反映并影响一个时代的民族精神和生活面貌。

风俗习惯是民族文化生活的组成部分。它指的是一个特定民族在衣、食、住、行、生产劳动、婚姻、丧葬、节庆、礼仪等方面的风尚和习俗。

由于人类政治、经济、文化各种因素的影响和作用，民族的风俗习惯才得以形成、发展和变化；同时，民族风俗习惯的发展、变化又反过来影响和作用于一个民族的政治、经济和文化。

考古学资料证明，风俗习惯在人类的早期发展阶段就已存在。大量的民族学资料也充分实证了这点。例如，摩尔根在《古代社会》一书中就多次提到处于母系氏族社会下美洲易洛魁人的各种古怪的宗教习俗和葬俗。

我国是世界文明古国之一。在我国历史文献资料中有大量、翔实的民族风俗习惯的记载。如《尚书》、《易经》、《礼记》、《山海经》、《诗经》、《风俗通义》、《古今注》，以及历代正史和各地地方志都保存有极其丰富的有关国内外各民族的风俗习惯的珍贵资料。

我国是一个多民族的国家。因各民族分布地区不同，经济文化发展水平不同，以及受邻近民族影响程度的不同，风俗习惯的内容和表现形式丰富多彩。

民族学研究风俗习惯，其主要意义在于：

首先，由于人类社会发展的不平衡，历史上各个不同时期、不同民族的风俗习惯是历史学和文化学研究的重要资料。例如，我们从带有原始母系制色彩的婚俗及其有关的礼仪中可以寻找原始社会人类婚姻和家庭制度的影子。

其次，我们可以由现存的民族风俗习惯追寻国内各民族在文化交流方面的成分，了解中国民族文化与邻近国家民族文化相互影响的痕迹。

第三，随着我国同世界各国关系的发展，国际友好交往的日益频繁，通过对世界各民族风俗习惯的研究，可以使我们进一步了解他们的心理素质、思想情感，以利于加强国际间的友好、合作，促进人类进步事业的发展。

一、风俗习惯中的精华和糟粕

风俗习惯是在人类漫长的历史进程中逐渐形成的，而长期的习惯势力又非一时可以改变的。因此，在各族人民中间往往存在新的和旧的、好的和坏的风俗习惯。这就是风俗习惯中的精华和糟粕。

怎样正确认识和对待风俗习惯中的精华和糟粕，对于民族学研究工作者非常重要。

对于精华，即好的民族风尚、习俗必须发扬，因为它有利于增强民族的自信心和自豪感，有利于精神文明建设，鼓舞人们实现现代化的斗志。例如，一年一度的蒙古族的那达慕，傣族的泼水节，壮族的三月三，等等，已成为欢庆丰收，民族友好交往，开展文体活动和物资交流的富有民族特点的节日。对于糟粕，即不健康的、有消极作用的风俗习惯则必须坚决废除，因为它不利于文化科学知识传播、发展和社会进步，不利于人们的正常生产和生活，危害民族团结和社会主义建设。例如，占卜吉凶、巫术治病，以及崇信神山、风水等，就需要进行社会主义教育，让人们自觉地加以废除。事实说明，在中国共产党的正确领导下，各民族是会自觉选择和保留好的风尚、习俗，改造或废除旧的、有害的风尚习俗的。

50 年代，周恩来曾说过："人家的风俗习惯是建立在自己的生活条件的基础上的。风俗习惯的改革，要依靠民族经济基础本身的发展，不要乱改。"① 这里提出了风俗习惯的改革与经济发展水平的密切关系。我们作为民族学工作者，目前在促进少数民族地区现代化建设过程中，应深入探讨尚存的多种风俗习惯，以为其发扬或改革出谋划策。

二、风俗习惯的特点

风俗习惯作为不同地区的民族心理素质和价值标准的一种表现形式，有其内涵和外延的双重社会特征。

关于内涵特征，主要表现为民族性、地方性、集团性和约束性几个方面。

① 周恩来：《关于我国民族政策的几个问题》，人民出版社 1980 年版，第 28—29 页。

民族性是指世界上各民族都有自己独特的，以区别于其他民族的风俗习惯。中国人不同于法兰西人，阿拉伯人不同于日本人，其根由在于两个民族间多层次传统文化的差异，在于各民族所处的具体的社会、历史和生活条件的不同。

地方性指的是表现在地理或乡土上的特点。就是说，由于人们生活的地理和社会环境的不同，风俗习惯往往表现出地方（区域）性的特色。因此，在同一民族的支系之间，风俗习惯很不相同。然而，地理和社会环境的相似又使几个民族的风俗习惯，处处表现出雷同。

集团性是指因阶级、阶层或社会集团不同，风俗习惯也可能不相同。这种特点在古代，在一些等级制度森严的民族中比较常见，而在现代民族中这一特性已日趋衰落。例如，封建时代的旧中国，衣食住行等物质文化方面的习俗，在帝王将相之家和黎民百姓中间就有明显的差别；沙俄时代，上层社会以讲法语为荣；至今在英联邦国家里的行政人员和知识分子中习惯以英语作为交际工具，等等，都是这种特征的表现形式。

约束性这一特征表现为在一些民族中有些习俗可以成为全体成员的行为规范，具有某种法的约束力。特别是在原始民族和现今尚保留某些原始公社制残余的民族中间，这一特点更为明显。例如，某些民族有一种习俗：订婚男女双方必须是属相不相克。这个习俗对于这些民族全体成员就形成了一种约束，一种婚姻法规。世界上许多民族都有一些适于本族人民的所谓不成文法（习惯法），都是这一特征的反映。

关于外延的特征，主要表现为承继性和变异性两个方面。

承继性，即历史承继性，是指风俗习惯是历史遗传的结果，有一种自然的承继特性。例如，中国人吃饭有使用筷子的习惯。这一习俗是一代又一代传下来的，不是谁偶然发明创造出来的。据文献记载，华夏民族至迟在商代，已有了使用筷子（箸）的生活习惯。对于世界上绝大多数民族来说，风俗习惯的起源都是古老的。

变异性是风俗习惯很重要的一个特征。某一种风俗习惯形成以后，它还会发展和变化，尽管这种发展和变化相对来说是缓慢的。关于变化的原因，大体有三种情况：第一，政治原因。这多是由历史上战争造成的民族统治和压迫而引起的。例如，7世纪时的宗教战争，西亚各民族生活习惯的阿拉伯化，清入主中原后，汉族和少数民族服饰和发式的改变，等等。第二，经济原因。经济的发展，商品的流通，也往往促成民族的风俗习惯的改变。大家知道，自古以来，我国北方的一些民族，多以肉类和乳类为食物。但近百年来，由于草原地区商品经济的发展，饮食结构发生了变化，面食和蔬菜在食物中的比重明显增大，这都是生活习俗的变异。第三，文化原因。这是由于民族间文化交流引起的民族风俗习惯的发展和变化。这是现代民族文化变异的主要原因。例如，从来以传统文化自豪的日本人，由于西方文化的渗入，自20世纪50—60年代起，传统的心态和生活习惯也发生了很大的改变。人们习惯穿着的和服，现在已成为节日的盛装，平时的服装已被西服、T恤衫、牛仔裤所代替；对大多数日本年轻妇女来说，她们在生活中已改变了那种守家是唯一的“本分”，柔顺是必备的“美德”的传统的习惯观念。

三、风俗习惯的分类

俗话说：“十里不同风，百里不同俗。”这句话充分说明各地区、各民族的风俗习惯的丰富多采。

尽管现在还没有关于风俗习惯的分类法，但是为了叙述的方便和系统化，我们将风俗习惯大体归纳为：物质文化生活习俗、社交习俗、家庭习俗、人生习俗和岁时节令习俗五个方面，并略加介绍。

1. 物质文化生活习俗

它包括人们在劳动生产、衣、食、住、行等物质生活活动中的全部习俗。由于物质生产和生活是人类最基本的生存条件，因此，这种习俗对于任何民族来说，是一种能充分反映民族心理状态、价值观念和审美意识的习俗。一般说来，这类习俗的变化是缓慢的。

2. 社交习俗

这类习俗是人类历史上形成得很早的。应该说，有了社会，就有了社交习俗。社交习俗大体可以包括见面、称呼、祝贺、战斗、请客、通信、拜访等个人或集团交往方面的全部习俗和礼仪。其中每一个习俗的形式又各种各样。以见面习俗为例，各民族大不相同，有问好的，有合十的，有握手的，有亲吻的，等等。恐怕没有人能说清世界上见面礼有多少种。

3. 家庭习俗

家庭习俗包括家庭或家族成员间存在的全部习俗和礼节。它大体又可分为以下几类：称谓习俗、辈分习俗、敬老习俗、回避习俗等。一般说来，以人伦主义为传统文化核心的东方民族的家庭习俗要比西方民族复杂得多。

4. 人生习俗

人生习俗包括人们在整个生命旅途中主要阶段上的全部的生活习俗。由于这种习俗具有突出的社会性和民族性，而且发展、变化相对缓慢，所以人们往往将这类习俗看成是能反映一个民族的特点。

根据内容和行为次序，我们又将人生习俗分为以下几种：

(1) 降生礼俗。人的出世，任何民族都将它看成为人生中第一件大事。民族学资料告诉我们，在远古时代，一个小生命来到世界上，就意味着民族和部落的兴旺、发达。这一习俗，实际上包括降生前、后两种内容的习俗。在降生后的习俗中又可分为产妇和婴儿两方面的不同习俗。在原始民族中曾有一种“产翁制”(即男子代替妻子坐月子) 习俗也属于这类习俗。

(2) 生日礼俗。这一礼俗包括孩子出生后的满月、百日、周岁，以及以后的生日的种种习俗。这类礼俗各民族有各自不同的特点。

(3) 成人礼俗。从童年到青少年时代是一个人步入成年的开始，这是人生的转折时期。正因为如此，世界上各民族或早或晚都曾存在过这种习俗。直至今天，这一习俗仍然保留在许多民族中间，只不过是现代民族的成人礼俗的内容、形式、意义都与原始社会时代大不一样了。据历史文献记载，封建社会的汉族士大夫阶层的男子成人礼——士冠礼的仪式就很繁琐，从活动的内容看，就有筮日、加三冠、易服、饮醴酒、受新名等多种复杂程序。

(4)结婚礼俗。在世界各民族的各种各类的风俗习惯中,没有比结婚礼俗(简称"婚俗")更为普遍,更为复杂的了。每个民族都有自己的婚俗,甚至一个民族有几种婚俗,各地区也有不同的婚俗特点。

婚俗一直引起学者们的兴趣和重视。原因固然有许多,但很重要的一点是,研究婚俗可以使我们从一个侧面来了解人类社会发展史的一个片断。例如,有的民族中有这样一种婚俗:如果家族内姑舅姨表兄弟姐妹之间坚持结婚,则要在广场上举行一个惩罚仪式。这种习俗显然是一种"族内婚"转为"族外婚"斗争过程中的遗迹。在许多民族中有一种"不落夫家"的婚俗,它表明历史上曾有过实行妻方居住的对偶婚形态。

根据婚俗的来源,还可以分为以下三种类型:

第一种,由社会家庭形态中两性权力斗争演化而来的婚俗。这类婚俗的形式最多,内容也最丰富。在这一类的婚俗中,主要有买卖婚、掠夺婚、劳役婚、换婚、转房婚、妻姐妹婚等。

第二种,来源于宗教信仰的婚俗。这类婚俗有时在整个婚礼过程中只作为其中的一个组成部分。例如,藏族、傣族、哈尼族、怒族等许多民族的婚俗都带有明显的宗教色彩。

第三种,来源于神话传说的婚俗。这类婚俗比较少见。例如,过去景颇族的婚俗中,新娘必须举行"过草桥"的仪式。这种仪式据说来源于创世英雄宁贯瓦与龙女结婚的神话故事:因龙女身上有鱼腥味,便让龙女从铺有"棒升草"的"桥"上走过,从此就有了"过草桥"的婚俗。

(5)丧葬礼俗。丧葬礼俗也是一种普遍存在的、具有鲜明民族特点的风俗习惯。葬俗充分反映了各民族生者对死者的缅怀感情的心理状态。葬俗起源也很早,大概是旧石器时代中期便已经出现。这时期的葬俗常常是与人类的灵魂崇拜有密切关系。

葬俗的内容可分丧礼和葬式两个方面。关于丧礼,各民族都有自己的特点,繁简不等。当然丧礼的复杂程度与死者的社会地位、财富的多寡有直接联系。以解放前汉族农村地区为例，丧礼（丧事）可分五道程序：①停尸；②招魂；③吊丧；④殡仪；⑤送葬。每一道程序还有许多礼俗。

关于葬式，虽然种类也很多，但不外乎土葬、火葬、天葬（鸟兽葬）、树葬、水葬、塔葬、悬棺葬等。

5. 岁时节庆习俗

岁时节庆也是民族的重要习俗之一。自古迄今，还没有一个民族没有自己传统的节日和时令庆祝活动的。

世界上究竟有多少种节日活动？很难做出统计。以我国为例，各民族的节日目前虽然还没有做过全国性的调查，但仅就曾经普查过的贵州一省来看，民族的节日集会每年达1000多次。贵州省的调查说明，不同民族有不同的节日。往往同一民族由于地域不同，节日也不完全一样。至于节日活动的时间、内容和形式，更是同中见异，异中见同，色彩纷呈。

岁时节庆习俗，可以说是民族文化生活直接的表现形式。如果说物质文化生活习俗、社交习俗、家庭习俗和人生习俗只是分别构成这种表现形式局部的话，那么，岁时节庆习俗则是这一表现形式的综合，因为只有岁时节庆习俗才有可能全面或比较全面地反映民族的历史、经济、物质生活、宗教、道德、审美观、禁忌等各种文化现象。

根据岁时节庆习俗的来源、性质，我们初步将它分为以下几种类型：

（1）时令节日。这类节日在民族节日中最为普遍。如我国汉族、满族、土家族等民族的春节、清明节、上元节，藏族的萨洛节（新年），哈尼族的十月年等。

（2）宗教节日。这种类型的节日和节庆活动也比较普遍。例如，圣诞节、感恩节是基督教信徒的重大节日，古尔邦节和开斋节是信仰伊斯兰教各民族的传统节日。我国藏族的雪顿节、萨噶达瓦节，布朗族的祭竜等，都属于宗教节日。

（3）庆丰收节日。这也是起源很早的在各民族中流行普遍的节庆活动。例如，藏族的望果节，苗族的吃新节，景颇族、傈僳族的新米节，阿昌族的尝新节等，都是一年一度庆祝丰收的重大节日。

（4）传说型的节日。这类节日的种类尽管没有前三种多，但在我国和世界上一些民族中也不少见。如彝族的火把节、跳公节，其来源都与传说故事有关。例如，火把节据说是为了纪念一位叫阿提拉巴的古代英雄高举火把向凶神作战的事迹。苗族的四月八，传说是纪念英烈“亚努”。汉族的端午节，蒙古族的马奶节，布依族的六月六等，都属于这类节日。

（5）纪念型节日。这是指为了纪念某个重要日子而一年一度举行的节庆活动。这类节日多产生于现代。纪念性的节日一般可分为国际的和国内的两种。国际性的如五一劳动节、三八妇女节等，国内的如国庆节、建军节，等等。

必须强调的是，如果说民族的岁时节庆习俗在形式上的变化不十分明显的话，那么，在内容上的变化就非常明显了，而且往往是根本上的变化。我国少数民族的传统节庆活动，解放前和现在就有了很大差别。例如，过去有三多：迷信色彩多，劳民伤财多，落后成分多。现在的节庆活动，绝大多数已成为发展生产，增进民族团结，移风易俗，鼓舞民族精神的节庆活动了。

岁时节庆习俗有哪些特点呢？除了具有风俗习惯的一般特征以外，它还有两个鲜明特点，即娱乐性和社交性。

岁时节庆活动中的娱乐性质有可能在节庆产生之时起就已经存在。宗教节日，最初表现为祭祀活动，而祭祀活动经常是鼓乐齐鸣，载歌载舞。像居住在印度尼西亚的巴厘人，在祭海神节时的庆祝活动简直是盛大的化妆舞会，煞是热闹。我国哈尼族“米索扎”节中的磨秋、苗族新年的踩歌堂、壮族的歌圩、侗族花炮节等节庆活动，没有一个不是充满欢乐的盛会。

除娱乐外，民族的岁时节庆习俗也具有一定的社交性质。这种社交性主要表现在青年男女交友方面，而且是为本民族群众所公认的、合法的。如苗族的“游方”和“芦笙会”、布朗族的“赶表”、傣族的“开门节”、仫佬族的“走坡”等等，都具有社交性质。青年男女利用节日，通过对唱山歌、交谈，互送信物，跳舞、游戏等方面自由恋爱，选择配偶。以壮族“歌圩”为例可以使我们进一步了解其社交功能。

壮族“歌圩”由来已久。根据宋代《太平寰宇记》的记载看，“歌圩”的目的，是答谢神灵赐丰收。大概11世纪以后，“歌圩”才逐渐既有文化娱乐又有男女传情的性质。在歌圩中有一种“飞沱”的活动，实际上是以“抛绣球”寻觅意中人的一种方式。如果姑娘将“飞沱”（绣球）抛给了心爱的人，随即双双退出，倾诉衷情，互赠信物，订下终身。这种“歌圩”活动一直流传至现在。

第四节 宗教与宗教信仰

在人类社会里，宗教是客观存在的一种历史现象，它与人类的物质文明、精神文化生活的各个领域和层面有着千丝万缕的联系。宗教与人类关系的这种事实，突显出宗教在文化人类学研究之中具有重要地位。正是由于这一缘故，人类学、民族学学家把宗教也划入本学科的研究领域，从而形成了独特的分支学科——宗教人类学。

一、宗教是一种文化

宗教属于一种世界观和意识形态，因此，它也是一种文化现象，是以虚幻方式反映社会现实生活的一种文化体系。这种以虚幻反映方式为特征的文化，总是附着在某种文化实体上，通过一定的文化系列如哲学、道德、文学、艺术、习俗、典籍等对人类发生实际作用，影响人们的思想情趣，成为人类社会精神文化的一个组成部分。

宗教是包括宗教信仰、教义、教律、组织和神话传说、情感体验、心理状态等复杂内容的综合体，也就是由教徒及其组织、宗教思想理论和宗教仪式制度三种基本要素构成的系统结构。这些要素相互联系、交渗互涵，包摄着极其广泛的内容。宗教既是一种信仰实践，又是一种社会力量，也是一种生活方式。

从信仰观念看，宗教的各种神话传说、教义信条、信仰观念等，体现了对超自然、超现实神秘力量的虚幻信仰。正如恩格斯指出："一切宗教都不过是支配着人们日常生活的外部力量在人们头脑中的幻想的反映，在这种反映中，人间的力量采取了超人间的力量的形式。"① 宗教信仰观念是对客观现实幻想、歪曲的反映，是颠倒了的世界观。这是宗教文化的深层结构。

从社会意识看，宗教信仰观念的许多内容也是社会存在的反映，尽管这种反映处在"远离物质经济基础"的地位，但它还是这些经济基础的曲折反映，是一种社会的上层建筑，而且在不同的阶级社会里，往往是特定阶级利益和需要的反映。在宗教的社会意识里，既有历史和时代生活的投影，也包含着阶级矛盾、社会矛盾的折射。

从它包摄着道德范围看，宗教意识中的重要内容就是伦理道德规范。各种宗教对人生的价值、意义都做出了各自特定的判断，提出了一整套约束人们思想行为的准则和规范，在历史上曾产生过正、负两个方面的巨大影响。

从包摄着文学艺术看，一切宗教都十分重视通过文学艺术手段来表达自己的存在和力量，推行自己的教义和主张。宗教文学艺术对于吸收广大教徒，形成教徒的宗教意识、激情、道德和价值观以及影响世俗文化的发展，都发挥了重要作用。

宗教还包摄着心理习俗。宗教是有宗教需要的人的一种真诚而又向往的心理需要。从宗教信仰和仪式中激发出来的那种情感体验，使教徒获得内心的宁静和解脱，并经过长期积累，逐渐渗透和转化到了民族感情、心理结构和风俗习惯之中，成为民族文化的组成部分。

这一切说明，把宗教作为一种文化现象来考察、研究是十分必要的。宗教的产生是人类历史发展的必然产物，是人类获得自我意

① 《马克思恩格斯选集》第3卷，第354页。

识时，对自己力量的虚妄认识和异化。从认识发展史的角度看，原始社会的人们从没有宗教到有了宗教，应当说这是人类的巨大飞跃，因为这表明人的思维概括力和想象力提高了。同时，宗教文化也是人类文化发展过程中的必经阶段。宗教现象和人类的文化现象是紧密联系着的。从一定意义上说，迄今为止的人类文化可大致分为宗教文化和世俗文化两大类。宗教文化还是世俗文化最古老的渊源或积累形式。

比如原始宗教的图腾崇拜，包括图腾禁忌、图腾仪式和图腾艺术，为人类文化体系的确立开创了先河。在图腾文化中，不仅形成和包容了原始人类的世界观、意识形态以及音乐、舞蹈、绘画、婚姻、习俗等各种制度化了的生产、生活方式，而且还体现了原始人类探索自然奥秘的前科学时期的萌芽活动。从这个意义上说，原始人类的宗教文化是人类最古老的文化渊源。人类进入文明时代的哲学、科学、文学、艺术的俗文化部是从宗教文化体系中逐渐分离出来的。在我国，自汉魏两晋南北朝以来，儒、道、佛（教）三家思想文化的融合而形成了中国文化，或者说形成了中国多元文化的复合结构。这说明对宗教文化的分析研究，有助于对整个人类文化的全面理解。

二、宗教起源理论和历史条件

宗教同世界上其他社会现象一样，有其自身发生和发展的过程。宗教的起源并非像宗教神学家断言的那样是神的启示，与人类同时出现的。宗教是人类社会发展到一定阶段的产物。在人类开端的相当长时期，没有也不可能产生宗教。宗教观念和宗教信仰是在人类社会生产力达到一定的发展水平，人的思维有了一定抽象概括能力时才出现的。

古人类学研究成果告诉我们，从古猿逐步进化至人类，大致经历了早期猿人、晚期猿人和早期智人、晚期智人约 300 万年的历史。迄今考古发现最早的宗教遗迹不超过 10 多万年。1891 年在印尼爪哇特里尼尔发掘的晚期猿人（约 150 万年—40 万年前）化石，就没有任何宗教信仰的痕迹；在我国，约50万年前的北京猿人遗址也没有发现有宗教信仰迹象。

民族学田野调查资料也说明了这一问题。19世纪，学者们在南美洲火地岛考察，发现当地原始氏族部落的居民语言不清，只知使用一些简单粗糙工具，人死并不举行任何埋葬仪式，没有一点宗教信仰观念；斯里兰卡的维达人、印度的西朗人、澳洲黑人及巴西亚马孙河上游的一些原始"初民"，既不知神为何物，更不懂上帝；苏门答腊密林中生活的库尼部落，不会生火和打错，基本靠吃野果、树根为生，没有任何宗教观念可言。这都说明宗教和宗教信仰并不是与人类同时产生的。

根据考古发现，人类原始宗教信仰观念大约产生在人类早期智人阶段，即旧石器时代中期，距今大约10多万年。从对德国尼安德特人（西方早期智人）遗址的发掘中，可知这一时期的原始人类，已产生了把自己与大自然分开的自我意识，萌发了人与人存在一定社会关系的观念，并形成了一些与原始信仰观念有关的习俗。

宗教如何产生，从19世纪下半叶到20世纪初期，许多人类学、民族学、宗教学学家以理性的批判精神进行了深入探讨，提出不少具有学术价值的理论和思想主张。其中影响较大者，有泰勒的"万物有灵论"，马雷特的"前万物有灵论"，杜尔干和弗洛伊德的"图腾说"，斯宾塞的"祖灵论"，弗雷泽的"巫术论"，施米特的"原始启示说"或"原始一神论"。此外，还有"自然神话论"、"实物崇拜论"、"鬼神论"等等。这些起源论中，除了"原始启示说"把最初的宗教说成是上帝对原始人的启示以外，其他诸种起源论都否定宗教天赋论，主张宗教的产生与人的思维和情感活动有紧密联系，"把宗教起源归结为原始人的错误观念和错误联想，把宗教的神还原为原始人的幻想，把神的神性还原为人的人性"①。

① 吕大吉等主编：《中国民族原始宗教资料集成》总序，第2页，中国社会科学出版社1995年版。

宗教是一定社会历史条件下的产物，这是历史唯物主义在宗教问题上的一个基本观点。

首先，宗教观念是在社会生产力达到一定发展，人的思维具有抽象概括能力时才会出现的。当人还没有把自己从自然界中分离出来，还没有形成自我意识或自我意识还十分微弱之时，宗教是不会产生的，况且人的这种自我意识又是与原始社会的物质生活条件紧密联系在一起的。“爪哇猿人”、“北京猿人”时代人类之所以还没有宗教观念，是当时社会生产力极端低下，生产活动方式很简单，生产范围窄小，人们还不能认识到周围自然物、自然现象对人类生活的影响和意义，不具有人与自然界相区别的能力。后来，随着生产规模的逐步扩大，生产工具不断改善，人们逐步认识到自然现象同人类生活的联系，从而产生对自然现象抱有某种幻想并开始有了利用它、控制它的愿望，在此基础上自然现象才被神化。可见，宗教起源同人类生产活动的一定阶段相联系。

其次，就人的思维能力和自我本身说，也是一定物质生产、生活活动的结果。人类把自身同自然界区别开来的意识，正是人类社会实践，特别是生产斗争实践的结果。如果没有长期生产、生活实践，就不会产生自我意识和培养出一定的思维能力。

其三，从人类初期信仰的内容看，宗教的最初产生与人类的物质生活条件有关。原始人类最初所崇拜的多是与人们的生产、生活有着密切关系的自然物和自然现象。首先把自然物、自然力神灵化、人格化而加以崇拜。正如恩格斯所指出：“在历史的初期，首先是自然力量获得了这样的反映，而在进一步的发展中，在不同的民族那里又经历了极为不同和极为复杂的人格化。”①

综上所述，宗教观念、宗教信仰，既不是人类从来就有的，也不单单是人类自我意识的产物，它是与人类社会生产的一定阶段和社会条件相联系的历史现象。宗教起源有其深刻历史背景。

---

① 《马克思恩格斯选集》第3卷，第354页。

三、宗教发展、演变的规律性

宗教在原始社会一定发展阶段产生之后，随着人类社会的不断发展曾经历了在不同社会形态下的各自发展阶段。在近现代又有新的变化。它的内容存在于世俗的基础之中，它的历史离不开对社会物质发展史的考察。为此，我们把历史上的各种宗教现象放在当时的社会历史条件下来考察,勾画出宗教发展的一个大致轮廓和线索。

（一）原始宗教的基本形式和特点

人类历史上最早出现的宗教，在宗教学上通常称之为原始宗教或自发性宗教、自然宗教。根据考古发现，人类原始宗教大约产生于10多万年前。如上文所说，从对尼安德特人及其后的新人的考古发掘中，可知当时的原始社会的人们已形成了一些与原始宗教有关的习俗。随着原始社会不断发展，原始居民在严峻的生存斗争中，因不能理解自然界各种变化莫测现象的因果关系，从而也产生了恐惧、惊惶和猜测，认为在他们周围的各种事物中存在着超自然的力量，主宰和支配着人们的生活。因此便对自然物、自然力如天体、大地、日月、星辰、山川、雷电、风雨等作为人格化的神灵加以膜拜，并企望以祈祷、祭祀、舞蹈、音乐等形式对它们施加影响，由此产生了对大自然的崇拜。

在氏族社会中除流行对自然物、自然力或自然神灵的崇拜外，还流行图腾崇拜，相信本氏族与某些动植物或自然物间有一种超自然的血缘关系，因而某些动植物被认为是与本氏族有联系的共同祖先或亲族加以神化、崇拜。图腾这一词起源于北美印第安人鄂吉布瓦人的土语，意为亲族。图腾崇拜的起源可追溯到旧石器时代中期。当时血缘婚向族外婚过渡，氏族开始形成，为实行族外婚制，避免血亲婚配，氏族与氏族间既要联系又要能够区别，因此每个氏族都要有自己独立的标志。最容易作为标志物的是该氏族经常接触或起过特殊作用的自然物。这反映了图腾崇拜的产生有其社会的和认识的根源。图腾崇拜的对象，不管是动物还是植物，都不是指某一个别的个体，而是指该物类的全体，具有综合性质。

原始公社后期，随着父权制家族的建立和灵魂、精灵观念的发展，还产生了对祖先和氏族领袖崇拜。这个时期的宗教是母系氏族公社时期的宗教基础上发展起来的，属于晚期的原始宗教，亦称部落宗教。祖先崇拜是以灵魂为基础的。更准确地说，是以鬼魂崇拜为基础的。在原始社会的人们看来，鬼魂观念是有差别的。灵魂与肉体结合在一起，只有做梦或生病时才离开肉体，这与他们没有多大利害关系，因此不成为崇拜对象。鬼魂则不同，它在人死后离开肉体。这种灵魂既可保护人也可加害于人，因此成为崇拜对象。在鬼魂崇拜基础上，人们进一步把同自己有血缘关系的祖先灵魂，特别是对本氏族、部落有过贡献的氏族、部落首领的亡灵，看成是本部落氏族的守护神加以崇拜，从而形成原始宗教的祖先崇拜。这种崇拜在原始宗教中占有很重要的地位。以我国为例，祭祀祖先一直是汉民族古代宗教中的主要形式，在鄂伦春、彝、壮、傣、苗、黎、高山等少数民族地区也是长期以来原始宗教的主要崇拜形式。

原始宗教的表现形式，除了上面所说到的以外，还有灵物崇拜、生殖崇拜、巫术等等。这些崇拜与我们上面所列举的那些崇拜一样，具有共同的特点：

一是自发性。原始宗教的各种崇拜都是全体氏族成员间自然形成的，正如恩格斯说它“并没有欺骗成分”。就是说，并不是某个人或集团出于某种目的有计划制造出来的，因此亦称“自发宗教”。

二是氏族性。不论是大自然崇拜，还是图腾崇拜，或是祖先崇拜，都是以血缘关系为纽带的整个氏族的崇拜，而不是个别人的崇拜。

三是地域性。地理环境对原始宗教的内容与形式都有很大影响。各种崇拜对象往往带有环境的烙印，具体表现为山居祭山，海居祭海，乡居祭土地，等等。

四是象征性。原始宗教的崇拜对象，与人们的日常生活有密切联系，出于对崇拜对象的依赖之感和敬畏之情，进而把它神化，祈求得到它的恩赐。随着神灵观念的演进，神的神性愈益崇高，神的权能日渐增大，人对神的依赖感和敬畏情也就相应膨胀。对神的信仰愈是虔诚，人的宗教感情越发强烈。情动于中势必发之于外，表现为相应的语言和行为。由于神灵只是幻想中的存在，任何人都不可能对神有实在感触，所以一切表现神灵的语言和行为不能不是拟人化的和象征性的。[①] 此外，原始宗教还有全民性、功利性、制度性等特点。这些特点的形成，归根到底，是由原始时代氏族制度和经济条件决定的。

（二）古代宗教的发展变化

原始社会后期，随着社会生产力的不断发展，私有制、阶级和社会大分工相继出现，导致了整个社会制度的根本变革，人类便开始步入了古代文明社会。与此相适应，原始的氏族宗教、部落宗教发展到了古代文明社会的民族宗教、国家宗教和随后的世界宗教。如印度的婆罗门教和印度教，两河流域的巴比伦教，巴勒斯坦的犹太教，伊朗的琐罗亚斯德教，以及晚期的希腊宗教和罗马宗教，中国的道教……以上宗教被史家们称为古代宗教或古典宗教。这些宗教大部分由原始宗教发展而来，继续保持着对自然神的崇拜，但也发生了根本性变化：

一是神灵崇拜对象不再依附任何自然物而成为独立的精神实体。原始宗教信仰中人们往往把自然物、自然力本身作为直接的崇拜对象。古代宗教则不然，它们的崇拜对象多是脱离了具体事物的独立精神实体。崇拜对象的这种转变与人类思维能力提高有着密切关系。由于人类思维发展到具有抽象概括的能力，所以能够远离具体事物，对现实的客观因素进行抽象和重新组合，产生出自己所需要的种种幻想形象。

二是主神观念逐渐确立。原始宗教是多神崇拜的体系。当文明社会产生后，各个不同阶级和各种社会集团都把宗教作为实现政治统治的工具，特别是统治集团总是把自己的意志和要求强加于宗教，

---

① 吕大吉等主编：《中国各民族原始宗教资料集成》总序，第3页。

加上自然、社会的各种现象的相互联系的统一性的被认识，宗教崇拜对象也就逐渐由分散走向集中，由多神崇拜走向一神。最后，至上神和绝对唯一神终于取代了原始宗教的分散众神，成为国家或民族的保护神。

三是出现了专门主持和从事宗教活动的神职人员。在原始宗教中，祭司、巫师和酋长、军事首领一样，是经过民主推选的，或是由氏族部落酋长兼任的。自从阶级社会产生以后，也使统治者和宗教职业者开始分离，祭司、巫师、僧侣便逐步走上世袭化和职业化道路，并随着社会发展，逐渐孕育出一个专门从事和主持宗教活动的神职人员组成的僧侣集团，成为社会的一个特殊阶层。

四是具有较严密的组织形式和较系统的神学理论。原始宗教中，由于神职人员多是临时或兼职，因此不可能有一个独立、统一的宗教组织。随着职业化神职人员出现，建立独立统一的宗教组织不但必要，也成为可能。古代宗教的不断发展，各种神职人员日益增多并职业化，这就要求建立较严密的组织形式，以适应宗教发展的需要。在国家宗教阶段，这种组织形式已逐步达到统一和规范化。严密宗教组织的建立和完善，使宗教不再只是一种社会意识，而且是一个重要的社会实体，一支重要的社会力量。

同时，大批职业化神职人员出现，使古代文明社会宗教的理性因素具有了质变性的增长。他们有足够时间对宗教教义等进行系统的研究和论证，制定出一整套复杂而又规范的宗教制度，从而使古代宗教在宗教观念上理论化和系统化，在宗教行为上规范化，随之出现了卷帙浩繁的宗教经典。

（三）近现代宗教的发展变化

近现代宗教是由古代宗教发展而来，佛教、基督教和伊斯兰教在世界各个地区占着主导地位。另外，地区或民族性宗教如印度教、犹太教、锡克教、道教、神道教等仍在流行。原始宗教还残存于一些社会发展比较缓慢的地区。

近现代宗教既承继了古代宗教的基本特点，又在适应近现代社会经济、政治、文化的发展条件而发生了新的重要变化，这是一个自然有序的过程。这种变化是多方面的，但主要集中表现在神权和人权、教权和政权、神性神道和人性人道的关系上。[①] 这三种关系上的变化是自欧洲文艺复兴运动以来开始的。

在神权和人权的关系上，现代宗教开始重视人权。古代宗教是以神权否定人权为特征的，神具有支配人类命运的绝对权力。这种神权是通过教权和王权而体现出来的，是封建社会的必然产物。当人类进入工业社会以后，人们改造自然和社会的能力大为提高，为人权高于神权提供了思想认识基础，因而通过人类自身努力来求得生存权和发展权的人权意识逐渐上升。近代以来，基督教在这方面表现得最为突出。第二次世界大战后，在亚非广大地区出现的宗教“社会主义”思潮，重视人的自身权力，要把上帝神明启示同人类自身的努力结合起来，在现实世界上创造一个宗教式的“社会主义”社会，其中包括基督教“社会主义”，伊斯兰“社会主义”和佛教“社会主义”。近现代宗教中，强调只有依靠上帝和神明才能拯救人类的古代宗教来说，确实是一个重大变化。

在神权和政权关系上，近现代宗教中实行了“政教分离”。在古代宗教中，教权是神权的体现者，它以不同形式并在不同层次上与世俗政权结合，实行“政教合一”。像基督教、伊斯兰教和我国的藏传佛教等都是较为典型的。自 16 世纪欧洲文艺复兴运动起，中经 1787 年美国在宪法第一条修正案中规定“政教分离”以后，具有基督教传统的西方国家近代以来大都实行了政教分离政策。具有伊斯兰教传统的国家，自 1923 年土耳其宣布实行政教分离，成立了土耳其共和国之后，目前除少数者外，也都实行了这种体制。在我国，藏传佛教在新中国成立后，通过民主改革，废除了旧时的“政教合一”制度。政教分离，结束了宗教专制主义，开创了宗教信仰自由的新时代。

---

① 陈麟书：《宗教学基本理论》第 139 页，四川大学出版社 1994 年版。

在神性与人性关系上，以人性替代神性要求成为发展的一种趋势。在古典宗教中，神性、神道是第一位的，而人性、人道则是被抑制和被批判的对象。这在宗教的各种禁欲主义中最为突出。宗教总是把人的“欲望”作为罪恶的根源，宗教修行的重要内容之一就是强调灭“人欲”。欧洲文艺复兴运动主张个性解放，肯定现世人生的意义，要求享受人生欢乐，称颂人性和人道的完美和崇高等。这虽然只是抽象的“人性”、“人道”观，但也反映了人类要求把自己从“神性”、“神道”的束缚中解放出来的愿望。宗教要想得到自己的发展，就必须适应这种客观要求，这是近现代宗教的一种变化趋势。

四、宗教的文化功能

宗教作为一种文化现象，它在精神方面具有多种文化功能。其中包括解释功能、艺术功能、文化交流功能、教育功能和宗教习俗功能等。①

探索、研究和解释自然现象、社会现象和精神现象是人类文化领域中最为重要的任务之一，宗教文化在这方面担任了前科学的解释功能。当人类难以用理性和实证方法来解释世界现象时，宗教文化就通过其特有的直观性、猜测性的幻想方式来填补这个“真空”而做出种种解释，具有前科学时代解释世界的特殊功能。因之，它在人类文化发展的不同历史时期具有不同的历史作用。宗教作为原始社会人类的总体文化时，它是人类唯一可能的一种思维方式，宗教文化的解释功能得到最为充分的发挥。它以直观性和猜测性的幻想方式来解释世界，为后来的文明社会人类科学地解释世界提供了最初的源头。当人类进入古代文明社会以后，人类不能完全局限于用宗教的思维方式来解释世界，而需要用理性的思维方式来解释世界，这样，哲学也就从宗教中分离出来了。在解释世界方面，哲学的理性思维比宗教的思维方式大大前进了一步，但终究还是属于形而上学

① 参阅陈麟书：《宗教学基本理论》，第106页，四川大学出版社1994年版。

的思辨性，还没有实证科学的基础，因此不能完全取代宗教文化的解释功能。科学发展的历史也证明了这一点。古代宗教的巫术操作可以说是科学实验的原始萌芽，古代宗教的巫医是人类的原始医学，古代宗教的炼丹是人类原始化学的源头，古代宗教的炼金术就是原始的冶金技术，古代宗教的占星术就是原始天文学的起始点，古代宗教的修心修身术已成为当代科学尚待开发的健身学，等等。宗教文化的那种前科学的解释功能，对于科学的发展具有萌芽性的启示作用。到了近代的工业时代，科学开始有了自己独立的理论体系和实验体系，并从包罗万象的旧哲学中分离出来，克服了旧哲学形而上学纯思辨的解释功能，把自然科学所需要的理论思维建立在科学实验的基础上，把社会科学所需要的理论思维建立在史实的基础上。这样，宗教解释功能的许多方面又被自然科学、社会科学和思维科学所取代。这在自然科学方面表现得最为突出。宗教已经把自然现象的解释的权利让位给了自然科学，因为宗教的幻想解释在自然科学的因果关系中无法立足。在社会领域里，现代人们在解释社会现象时，也主要求之于经济学、政治学、文化学和历史科学等，而不是求之于宗教教义。但宗教在解释人生问题、伦理问题和心灵问题上，还具有相当大的文化价值优势，有相当一部分人还渴望借助上帝和神明的至善力量来纯洁人们的心灵，洗刷社会的污浊，消除人间的苦难。宗教的至善文化，对于宗教信仰者和信教民族来说，它在抑制心理和社会丑恶现象方面具有特定的客观社会效应。

人类的文化是多元的。宗教作为一支独特文化元，它在世界各种文化的相互影响中，具有特定的交流功能，并在这方面具有良好的历史记录。印度佛教自释迦牟尼创立以来的2000多年历史中，佛教文化由印度传播到东亚、东南亚、南亚广大地区，影响十分深远。在佛教文化的传播过程中，各国通过对佛经的翻译、注释和创新，不仅发展了佛教本身，而且成为东方文化中的一支重要力量。特别是佛学的禅学文化，被西方学者称之为东方传统文化中的精华。禅是梵语的音译，为“禅那”的省称，意为“静虑”，即心绪宁静专注，深入思虑义理。禅学文化旨在通过内向性调心锻炼研究身心世界之秘如实认识自己，开发人的潜在本性，迸发出超越性的智慧，解脱以生死为中心的一切束缚，解决主观与客观矛盾，达到常乐我静。这种思想表现了东方文明的特质，成为东西方文化交流的主角之一。伊斯兰文化在中世纪东西方文化交流中产生过巨大的积极影响。伊斯兰教在传播移植过程中，阿拉伯人在穆罕默德“求智”、“求学”精神的鼓舞下，吸收了希腊的古典文化和印度、波斯的各种先进科学文化，并在此基础上创造了空前灿烂的阿拉伯伊斯兰文化。其中尤以医学、天文学、数学、文学、哲学等方面最为卓著，并对欧洲文明产生了重要影响，促进了后来欧洲“文艺复兴”运动的及早到来，为世界文明发展起到一定的推动作用。近代基督教在文化方面曾充当过传播西方文明的媒体。它在传入我国的过程中，传教士为了把“上帝的福音”带给古老的中国大地，把西方在天文、历算、地理、水利和火器方面的知识传播到中国。著名的传教士利玛窦把欧氏几何学、格里高利历法、世界地图介绍到中国，同时也把中国的科学文化介绍到西方，促进了中西方的文化交流。在近代西方列强推行殖民主义的过程中，基督教教会虽然充当了殖民主义的工具，但由于它把传播西方文明作为一种传教的手段，这对殖民地确实也在客观上起到了传播科学文化知识的作用。宗教发展的历史告诉我们，宗教一旦丧失其文化的交流功能，那么它就会停滞不前，甚至最终自行消亡。宗教文化的交流功能力度，取决于宗教文化素质本身。世界三大宗教之所以具有力度极高的文化交流功能，就在于它们具有为世界各民族所能接受的文化素质。

宗教教育是宗教文化得以源远流长的基础。这是以宗教教义为核心，通过一定的制度，以不同的方式对信教者进行的宗教教育。宗教教育的方式多种多样，归纳起来大致有五种，即堂式教育、学校教育、神职教育、传播教育和家庭教育。堂式教育是对广大教徒进行终身定期日常教育的一种最为广泛而持久的教育方式。基督教徒周日在教堂聆听神父、牧师的讲经，穆斯林在聚礼日接受阿訇的读经讲经，佛教徒在寺庙里接受方丈的讲经，对于保存和传播宗教文化是最为普遍有效的方式。学校教育是把宗教教育和国民普通教育结合起来的教育。这种教育制度在政教合一的国家、国教制国家中较为流行。在伊斯兰国家和实行共和制的穆斯林国家都普遍实行这样的宗教教育制度。这些国家的小学、中学到大学都接受系统的宗教教育。具有宗教传统的西方国家，公立学校虽实行政教分离而不设宗教课，但在私立学校和教会学校却都设有宗教课程。这种宗教的学校教育对于系统保存和发展宗教文化是十分重要的。神职教育是专门培养神职人员的一种宗教教育。这种神职教育在宗教教育中具有核心地位，因为神职人员本身就是进行宗教教育的执行者和组织者。传播媒介的宗教教育是近代以来通过电视、电影、广播、书刊和报纸进行的。这种宗教教育不仅突破了以上几种宗教教育在时空方面的局限性，而且还突破了不同宗教教育之间，信教者和不信教者之间的局限性，每个人都可以随时随地自愿接受宗教教育。基督教在这方面最为成功。家庭宗教教育与以上几种教育方式相比，具有自身的特点，它在培养宗教感情方面具有潜移默化优势，使信教者自幼在家庭中受到宗教的熏陶。以上说明，宗教的教育功能是全方位的，这对于发挥宗教的文化功能具有举足轻重的作用。

宗教的文化功能在宗教艺术方面也有着良好的历史记录，为人类的艺术发展做出了重要贡献，使宗教艺术成为人类艺术的重要宝库之一。这是因为宗教需要运用艺术的形象性和情感性来装饰自己。宗教观念文化通过语言艺术进行动态性的情感表达，即通过宗教文学的形式来发挥其自身特有的文化功能，如有以《圣经》为核心的基督教文学，有以《古兰经》为核心的伊斯兰文学，有以《佛经》为核心的佛教文学，有以《道藏》为核心的道教文学，有以《吠陀》为核心的印度教文学等等。这些宗教文学为宗教文化提供了艺术想象力的活动空间。宗教通过绚丽的绘画艺术来表现宗教文化的神圣性，即运用宗教绘画艺术形式发挥其自身特有的宗教文化功能。宗教绘画艺术的形式是多种多样的，其中有以布底为衬托的宗教油画艺术，有以纸型为衬托的宗教水彩水墨艺术，有以壁形为衬托的壁画艺术等等。这些绘画艺术为宗教文化提供了视角色彩的活动空间。如果说绘画艺术为宗教文化提供了平面的活动空间，那么雕塑艺术则为宗教文化提供了立体活动空间。用石雕、木雕、泥雕等艺术形式来表现圣灵的神圣性，佛雕艺术和佛教的石窟艺术在这方面占有突出地位。宗教音乐，如基督教的教堂音乐、佛教的念唱敲击音乐，道教的醮斋音乐等为宗教文化的拓展提供了声波音响空间。宗教的组织机构通过建筑艺术形成了庄严宏伟的宗教建筑艺术。佛教的庙宇、道教的宫观、基督教的教堂、伊斯兰教的清真寺、神道教的神社，都以其特有的艺术形象来体现其不同宗教文化的风格风貌。因此，宗教建筑艺术是宗教文化的综合载体。以上各种宗教艺术充分体现了宗教文化功能的价值，为人类留下了巨大的文化遗产。

宗教的生活习俗是宗教文化的重要组成部分，是宗教文化功能在人们生活习俗中的延伸，把宗教生活和日常生活的习俗融合在一起，就形成了一种特有的宗教习俗文化。这对于保持宗教文化的持续性具有十分重要的作用。宗教教义、教规和礼仪，通过祈祷、禁忌和节庆等形式，化解到教民的丧葬、服饰、饮食和娱乐等日常生活中，就形成了一种独特的宗教习俗文化。当这种宗教习俗的神圣性、礼仪性和娱乐性超过了惯常通用的程度时，就可以突破民族或国家的界限，而成为世界性的习俗文化。如基督教主张男女青年结婚时到教堂请牧师和神父举行婚礼；佛教主张人死后要举办超度亡灵仪式。把崇拜神明、祝福自己、娱乐民众结合为一体的宗教节庆，在这方面因具有更大的开放性、娱乐性而丰富了人们的文化生活。基督教的圣诞节，突破了信教和非信教之间的界限，几乎成为世界性的新年节，圣诞老人已经普遍地成为世界各国孩子们最受欢迎的慈祥“老年朋友”。上帝创世六天后的第七天为基督教的“安息日”(礼拜天)，已普遍地为世界各国所接受而为法定的休息日。宗教禁忌生活习俗虽具有狭隘的教派性，但由于它基于一种神圣教义的内涵而被教众认同，并成为他们宗教生活习俗的重要内容。如佛教规定在家信徒有“鱼肉不御”的斋日，基督教有耶稣“受难节”的“禁食”大斋，伊斯兰教有为降天启《古兰经》的斋月。这种宗教禁忌生活习俗体现了宗教的神圣性和庄严，一旦演变为民族的生活习俗，就成为该民族文化生活的特点，例如伊斯兰教的禁猪习俗，等等。

以上种种的宗教文化功能，都从某一个方面为人类文化的发展做出了贡献，构成了人类文化的多元化。但必须指出，宗教文化的负面功能也是存在的，因此，应从实际出发，实事求是地给予具体评价。

第五节 口头文学与艺术

口头文学、诗歌和艺术是一种社会意识形态，是文化的重要组成部分。作为社会文化现象的口头文学和艺术起源于人类的社会劳动实践，它们是一定社会的各民族文化和生活的形象的反映。

在人类最早的口头文学形式——神话和传说中就保存着大量的人类与自然、社会和自身斗争的生动事例。我国古代关于女娲和伏羲的神话表现了我国原始社会由血缘婚向族外婚发展的客观史实；大禹治水、羿射九日的神话反映了人类治理洪水、兴修水利和渔猎畜牧、稿稼耕种的社会经济生活。在原始艺术中，不论是绘画、雕刻，还是音乐、舞蹈，都真实地表现了原始时代人们战胜自然的决心和勇气。例如，西班牙阿拉塔米拉洞穴壁画，虽然绘制动机可能源于原始宗教的巫术行为，但它却反映了当时人们围猎野牛的勇敢精神。

在阶级社会里，民族文学和艺术是有阶级性的。处于被压迫地位的各族劳动人民创作的大量民间文学、诗歌和艺术作品反映了人民的思想、情感、意志和追求，表现了他们的思维方式、道德观念和审美情趣。

健康的民间文学、诗歌和艺术对于民族的政治、经济和文化的发展起着积极的推动作用。但是，我们也应当看到在民族文学和艺术中还有相当大一部分是千百年来流传下来的，它们不可避免地带有剥削阶级的思想烙印和影响。因此，我们必须用历史唯物主义的观点去分析鉴别它们，正确认识它们在不同历史时期在民族文化和生活中的地位和作用。

一、口头文学和艺术的产生

在谈到口头文学是怎样产生的问题时，鲁迅先生曾留给我们一段精辟的论述："我们的祖先的原始人，原是连话也不会说的，为了共同劳作，必需发表意见，才渐渐的练出复杂的声音来，假如那时大家抬木头，都觉得吃力了，却想不到发表，其中有一个叫道'杭育杭育'，那么，这就是创作，……倘若用什么记号留存了下来，这就是文学。"[①] 在这里，鲁迅大致指出了作为最早的口头文学之一的诗歌产生的理由：源于劳动生产实践。事实的确如此。如在美洲印第安人和澳大利亚土著民族的民歌中多数是劳动和收获季节时的即兴歌曲。我国最早的一部民歌诗集《诗经》，也有许多篇反映了我国古代劳动人民劳动生活的情景。

此外，在原始社会里，由于物质生产力水平极其落后，人类还难于正确理解大自然的各种现象，所以口头文学的产生与远古人类特有的思维方式和生活方式也有关系。这主要表现在当时人们幻想"用想象和借助想象以征服自然力，支配自然力，把自然力加以形象化"[②]，于是人类征服并支配自然的充满理想的口头文学的又一形式——神话出现了。

至于其它口头文学各种形式产生的原因也不例外，都是劳动生产实践的结果，是人类征服自然力和支配自然力意识的体现。

以下，我们谈谈艺术的产生问题。如果说口头文学产生的年代多少还带有推测性质的话，那么，艺术产生的年代，根据考古资料

---

① 《鲁迅全集》第6卷，第99—100页。

② 《马克思恩格斯选集》第2卷，第224页。

就可以较为确定了。大量可信的考古资料证实，原始艺术最晚在3—4万年以前就已存在。

艺术究竟是怎样产生的？

这个问题长期以来解释不清。古代希腊、罗马哲学家认为，艺术产生于模仿。例如亚里士多德就认为："音乐的节奏和旋律反映了性格的真相——愤怒与和顺的形象，勇毅和节制的形象以及一切和这些相反的形象，其他种种性格和情操的形象——这些形象在音乐中表现得最为逼真。"[①] 这种艺术来源于模仿的理论直到19世纪末还有很大影响。当然，现在这种理论已不再令人感兴趣，因为事实上许多艺术（如绘画）很难用模仿来解释。至于说到艺术的手段，模仿无疑确有重要地位。后来，又有人主张，艺术来源于感情的需要。如俄国著名作家列夫·托尔斯泰就认为："艺术起源于一个人为了把自己体验过的感情传达给别人，于是在自己心里重新唤起这种感情，并用某种外在的标志表达出来。"[②]还有人认为，艺术来源于游戏，或来源于宗教，等等。总之，西方许多思想家总是把艺术看成是人类观念形态的产物。

马克思主义认为，艺术来源于人类的社会劳动实践，它同其他文化一样，都是一定的社会生活在人们头脑中的反映。因此，任何原始艺术都不外是表现人从劳动实践中得出的认识、情感和思想的一种形式。艺术本身产生于劳动实践，可以从两种意义上去理解。第一，人类创造艺术所使用的手、言语和进行抽象思维的脑无一不是劳动实践的产物；第二，劳动生活和实践是艺术创作取之不尽、用之不竭的源泉。

从内容上看，原始社会的生产方式决定了口头文学和艺术的局限性。它们反映的，只能是远古人类简单的劳动生产和社会生活，因而采集、狩猎、原始耕作等等是这个时期口头文学和艺术必然的和

① 亚里士多德：《政治学》，中译本，第420页。

② 列夫·托尔斯泰：《艺术论》，中译本，第5—6页。

根本的主题。

从表现形式上看，粗犷的、鲜明的、有强烈节奏感的，常常是原始民族口头文学和艺术的主要表现手段。它正如俄国思想家普列汉诺夫所说："对于一切原始民族，节奏具有真正巨大的意义。对节奏的敏感，正如一般的音乐能力一样，显然是人类的心理和生理本性的基本特质之一。"① 音乐表现是这样，原始的诗歌、舞蹈、绘画和雕塑也不例外，在表现形式上同样都具有这一特点。

二、口头文学的内容和形式

口头文学不同于一般的文学作品。这是因为：①口头文学是远古居民的集体创作；②口头文学是以口耳相传的形式保留下来的(包括已记录整理的和尚未记录整理的)。

口头文学的种类很多，主要有神话、传说、民间故事、歌谣、史诗、民间叙事诗、谚语、民间说唱，等等。

1. 神话

神话是用幻想形式表现神化了的远古时代英雄的民间故事。它反映了原始时代人们对世界起源、自然现象和社会生活的朴素认识和理解，表达了他们征服自然的美好愿望和理想。

神话是原始社会生活的折光反映。在早期神话中，以开天辟地和人类起源的内容为主。早期神话的形式是十分简洁而朴素的。后来，随着氏族社会的繁荣和发展，神话也越来越丰富、复杂，万物起源、民族来源和英雄崇拜等内容在神话中都得到了反映。

世界上各文明古国，如巴比仑、古埃及、印度、希腊和罗马以及我国都有极其丰富的神话。在我国，特别是在一些少数民族中，许多古老的神话被完美地保存下来，这是我国宝贵的文化遗产。如彝族的《梅葛》和《阿细的先基》、苗族的《古歌》、纳西族的《创世纪》和佤族的《司岗里》，等等。

神话的内容情节是大胆、神奇、幻想的。但是，我们可以从神

① 普列汉诺夫：《论艺术》，三联书店 1964 年版，第 34—35 页。

话的幻想的层层纱幕前后窥察到原始时代人们社会生活的情景。如鲁迅先生少年时代十分神往《山海经》中记载的“长股奇肱之域”。传说长股国的人腿很长，这很可能是水边居住的原始民族，看见水鸟捕鱼，幻想人有长脚，能站在水中捕鱼的一种想象。奇肱国的人“一臂三目”①，“能为风车，从风远行”②。这是原始时代人们看见风云运动的现象后，企图借助风力表达出他们想快跑快飞的愿望。这种幻想是和他们的劳动生活紧密相关的，是有其现实的物质基础的。在远古神话中那些反映原始时代人们向大自然进行不屈斗争的优美神话，对我们更具有永恒的社会价值和艺术价值。

神话作为原始时代出现的文学创作，必然与原始宗教信仰有密切关系。它表现为神话中的“神”，常常成了人们崇拜的对象，而宗教崇拜的神，又常常成了神话中的主角。于是造成宗教、神话混淆不清的结果，以至阶级社会以后，使不少神话变成了宗教的奴仆，而剥削阶级则经常利用神话来宣扬宗教的“魅力”，诱使人们在“神”的面前温顺、屈服，以麻痹人民群众的斗争意志。

2. 民间传说

民间传说，是指各族人民群众口头流传的，与历史人物、事件相联系的或与地方风物古迹有关的一种文学创作。

一般说来，传说比神话的出现要晚些。

由于传说不需要以历史事实为根据，只是在某种程度上反映了一定社会的历史生活和时代面貌，因此，传说比神话更富有社会性。当然，传说根本不同于历史故事和人物传记，因为传说还富有幻想性。正是这个特点，人们往往将它与神话和民间故事混淆在一起。其实，传说与神话还是有区别的，因为神话几乎完全是通过神化了的故事情节来表现内容的，而传说则是为历史人物、事件和风物为根据，以幻想的手法来表现的。

① 《山海经》第七《海外西经》。

② 《博物志》卷二《外国》。

我国各民族的民间传说极其丰富多彩。从内容情节来看，不论是赞颂劳动、热爱乡土的传说，还是反映社会生活和历史斗争的传说，都可以给人们以美的享受和人生的哲理。如歌颂劳动和劳动人民的《鲁班的故事》，反映男女坚贞爱情的白族的《望夫云》，表现人民聪敏、机智、勇敢的维吾尔族的《阿凡提的故事》，反映傣族人民与反动统治阶级斗争和表现人民力量和智慧的《泼水节的传说》等，无一不给人们以启迪和教育。

在我国少数民族中有许多关于民族起源和迁徙的传说。这种民间传说与同一主题的荒诞的神话相比较，应该说，多少具有某些现实意义。例如，云南原碧江县（今分属于福贡、泸水两县）傈僳族中的拉扒氏族的传说，就可以使我们从一个侧面了解到，他们最早的先世可能是来自丽江流域的崇拜虎图腾的傈僳族的一个支系部落。

3. 民间故事

民间故事是民族口头文学中最大的一种散文形式的创作。

英国民俗学家麦荀劳克曾指出："民间故事是浪漫的、想象的文学的最早形式，是世界各处原始人民的口传文学。"在这里，劳氏仅仅谈到了民间故事的主要特点，可是，民间文学也还有自己的特点，这就是在情节中没有特定的人和事。浪漫的、想象的这一特点，在民间故事和神话、传说中是共同的，只有无特定的人和事这一特点，使民间故事与传说区别开来。

民间故事包括：童话（魔法故事）、动物故事、民间寓言、生活故事、民间笑话等。但是在民间故事中，也往往包含一些神话和传说的成分。

4. 民间歌谣

民间歌谣实是民歌、民谣、儿歌和童谣的总称。它是各族人民口头流传的既能歌又能颂的一种民间文学形式。

在内容和形式上，歌谣的特点是：词句凝练，合辙押韵，风格朴素、清新，多抒情。如流行在各民族中的劳动、祭礼、恋爱、婚礼、丧葬等社会活动场合下的独唱、对唱、合唱都是歌谣不同的表现形式。

歌谣来源于人类的劳动和社会生活。歌谣的产生可能要先于民间故事，以至神话、传说。劳动号子可以认为就是一种原始的劳动歌谣了。

大概由于歌谣这种形式活泼，易于表达人们的感情、意志和愿望，所以时至今天在我国和国外一些民族中间仍然广泛流行。在我国一些少数民族地区，经常举行定期或不定期的群众性的歌唱活动。壮族一向以能歌著称，传统的群众性文娱活动"歌圩"，于每年春秋时节，各地定期轮流举行。每到圩日，男女对歌，以猜谜、盘问等形式，唱出动人的歌词，以表达感情。此外，傣族、布依族和苗族等许多民族都有赶歌会的习俗。这都说明歌谣源远流长，从远古迄今一直扎根在人民群众之中。

从内容上来看，歌谣可以分为劳动歌、仪式歌、生活歌、情歌和故事歌等。

5. 史诗和民间叙事诗

史诗和民间叙事诗都是人们口头流传下来的一种诗歌形式。

民间叙事诗不同于一般的诗歌（歌谣），就在于它有比较完整的故事情节和人物形象。史诗则是民间叙事诗的一种，属于古代叙事诗中的长篇作品，而且它多是反映具有重大意义的历史事件或以古代神话、传说为内容，塑造伟大的英雄形象。

史诗可分为创世史诗和英雄史诗。其中创世史诗由于充满神话色彩，所以又可以称它为神话。如上面提到的彝族《梅葛》、苗族《古歌》、纳西族《创世纪》也是创世史诗。

英雄史诗的产生比创世史诗略晚。它最早产生于父系氏族社会初期，而盛行于奴隶社会。英雄史诗由于多以一定历史事件为基础而更具有现实意义。

世界上许多民族都有英雄史诗流传下来。如古希腊人的《伊利亚特》，古印度人的《腊玛延那》、《玛哈帕腊达》，古日耳曼人的

《尼贝龙根之歌》等等。在我国少数民族中产生过著名的三大英雄史诗，它们是藏族的《格萨尔王传》、蒙古族的《江格尔传》和柯尔克孜族的《玛纳斯》。这些史诗无一不是反映了各民族先民征服自然、战胜邪恶、追求幸福和美好生活的坚定信念。

民间叙事诗也是产生较早的一种艺术形式。一般认为，它比史诗产生略晚，可能在奴隶社会晚期才开始出现。在我国，早在商周时代就已经产生了优美的民间叙事诗，如《诗经》中的《谷风》和《氓》就是代表。我国少数民族的民间叙事诗非常丰富，在中国文学史中占有重要地位。例如，彝族中撒尼人口头流传的《阿诗玛》，就是一首美丽、动人的长篇民间叙事诗。诗中通过两个性格鲜明、光彩照人的艺术形象——阿诗玛和阿黑，歌颂了劳动、勇敢、自由和斗争精神，体现了撒尼人反抗阶级压迫的坚强意志和追求自由、幸福的美好愿望。除此以外，还有傣族的《娥并与桑洛》、侗族的《珠郎与娘美》、蒙古族的《嘎达梅林》、傈僳族的《生产调》和《逃婚调》等，都是为我国各族人民所熟悉和喜爱的民间叙事诗。

6. 谚语

谚语也是民间文学形式的一种。它的特点是：文字精炼，富于哲理，通俗易懂，引人深思。换句话说，谚语是流传于民间的简练、通俗而又富有意义的语句。在哈萨克人中就流传着："最干净的水是泉水，最精炼的话是谚语。"

谚语在世界许多民族的口语中是经常使用的，它多反映劳动人民日常生活和斗争的经验和教训。本质上说，谚语是劳动人民创造的语言财富。

根据谚语的思想内容，它可分为两大类：一类是关于劳动和斗争经验的谚语；另一类是知识和教育方面的谚语。如以谚语的含义和作用来看，又可细分为讽颂的、规戒的、生产的、天气的和常识的各种谚语。

谚语，这种民间文学形式也产生得很早，大概最晚在阶级社会早期就已经出现了。据考证，在我国，夏商时代已经有了谚语。不过，在封建社会，谚语曾被认为“鄙、俚、野、俗”。这种对谚语的贬斥正说明了谚语来自民间，是劳动人民智慧的结晶。

当然，谚语与其他各种民间文学一样，也不可避免地存在精华和糟粕两方面的内容。正如鲁迅先生所说：“谚语固然好像一时代一国民的意思的结晶，但其实，却不过是一部分人们的意思。”这就说明，谚语具有历史局限性和阶级性。

此外，在民间文学这一艺苑奇葩中还有许多其他形式，如民间说唱、谜语、笑话，等等，这里不再一一介绍了。

三、艺术的内容和形式

艺术和口头文学一样，都是精神文化的重要内容，是社会意识形态的组成部分。

其实，艺术和口头文学，都是通过塑造形象来反映人们的劳动和社会生活的。两者的区别在于：口头文学与其他文学形式是以语言为手段来塑造形象，表达人们的思想感情的；而艺术则是以造型和表演为手段来塑造形象，表达人们的思想感情的。

根据艺术表达思想感情的两种不同手段，通常将艺术分为造型艺术和表演艺术两大类。在造型艺术中，包括绘画、雕塑、装饰等；在表演艺术中，包括音乐、舞蹈、戏剧等。

（一）造型艺术

1. 绘画

在原始社会时期，人们基于某种社会生活的需要，就开始利用绘画这一艺术形式来为自己服务了。据考古学资料证明，人类在距今3万年前已掌握了绘画这门艺术。术。

当时，人们作画的颜料是俯首可得的一些矿石土，细树枝或草茎也可能成了他们最好的绘画工具。他们利用这些简单的颜料和绘画工具在兽皮、树叶、地面和岩壁上绘制一幅幅或大或小的单线图像。

由于时代的久远，远古的人们留给后人的绘画太少。迄今发现的人类最早的绘画作品是一些在洞穴岩壁上绘制的彩色动物画。这些洞穴彩绘以法国和西班牙北部发现的为多。如众所周知的西班牙阿尔塔米拉(Altamira)洞穴画,就被称为西方文化史上的一颗珍珠。阿尔塔米拉洞穴是旧石器时代晚期伊比利亚人的文化遗址。在其洞壁和洞顶岩石上用红、黑两色绘制了大量千姿百态的动物群像。阿尔塔米拉洞穴画的发现，说明处于旧石器时代晚期的克罗马农人的艺术才能已达到相当的水平。

在我国，至今尚未发现旧石器时代晚期的彩绘，所见到的最早的绘画作品，主要是新石器时代留存下来的岩画和陶器上的彩绘图案。例如，在青海大通上孙家寨出土的一件属马家窑文化的彩陶盆内绘有一组舞蹈人像，姿态生动，具有浓厚的生活气息。内蒙古阴山岩画和广西花山岩壁画所表现的那些或跳跃、或奔驰、或静立等栩栩如生的各种动物形象，都证明在距今数千年以前，我国各民族先民绘画艺术才华已达到相当高的水平。

我们必须注意，各民族基于不同时代、不同的生活方式，其绘画的内容、形式和风格都各有自己的特点。再者，在许多民族中绘画艺术又经常同他们的建筑艺术或装饰艺术结合在一起。例如，西藏寺院建筑上的彩绘，就是建筑艺术和绘画艺术绝妙结合的杰作。

2. 雕塑

雕塑艺术，实际上包括雕、刻、塑三种造型艺术形式。雕塑的起源也很早。显然,旧石器时代晚期各种不同用途工具的日益增多,对雕塑的产生有着直接影响。例如，这个时期在欧洲曾经发现过许多小型动物雕像。不难看出，这些动物小石雕是与制造不同用途的各种石器同时制造出来的。

另外，在旧石器时代晚期的雕刻艺术中，值得一提的还有女神雕像。女神雕像通常由石灰石制成,大小从几厘米到十几厘米不等。被绝大多数专家推测为最早的这种雕像,是法国洛塞尔(Laussel)出土的“持角杯的少女”，它是雕刻在一块石板上的女性裸体浮雕。女神雕像在世界许多地方都有发现，据认为这些艺术作品与原始社会的女性崇拜有关。骨雕艺术也产生很早。例如，在我国山西峙峪文化遗址中就出土过一件骨雕作品。这件骨雕长 8 厘米、宽 3.1 厘米，雕刻痕迹十分清晰，显然是用石制雕刻器刻成的。骨雕图像分两部分：左图为猎人捕获羚羊的生动画面，右图为鸵鸟被围猎的惊慌形象。这件骨雕的发现充分说明，在我国约 3 万年前的远古人类已有了很高的创造思维能力和艺术观念。

雕刻岩画也是远古人类雕刻艺术的一种。一般认为雕刻岩画的出现比石、牙、骨雕刻的产生要晚。最早的大概不会超过旧石器时代晚期、新石器时代初期。究其原因也许是因为作画对象多为花岗岩石壁，不利用坚硬的金属工具是难于作画的。根据近几十年来在中亚、蒙古、东北亚和我国北方地区发现的岩画群来看，大多为从新石器时代到近代的作品。在我国，1979 年在连云港锦屏山马耳峰南麓将军崖发现的一石刻岩画群，就是新石器时代的雕刻艺术珍品，也是我国目前所发现的最早的岩画。岩画刻在黑曜石上，画长 22 米、宽 15 米。岩画内容有人面、草木、鸟兽和星云等图形，它是用敲凿和磨刻两种技术手法制成的。根据目前的资料，我国岩画（包括一部分绘制岩画）大都发现在边疆少数民族地区，遗址达数百个。在艺术风格上，不论是国内发现的，还是国外发现的都有许多共同的特点，这也许说明远古人类朴素的思想感情和对美好愿望执着的追求。从题材上看，岩画主要表现的是远古人类和古代民族劳动和社会生活的生动场面，其含义尽管还难于做出全面解释，但是，对于岩画的制作者们来说，一定具有某种神秘的实用价值。

在近代各民族的民间雕刻艺术领域里，各族人民都有自己的独具特色的代表作。例如美洲印第安人的彩绘人头木雕，东非马孔德人的乌木雕，西非贝宁人的青铜雕，爱斯基摩人的鱼骨雕，以及我国东北赫哲族、鄂温克族的桦皮雕等都极负盛名。

雕塑艺术的另一种形式是陶塑。它是在制陶术产生后才出现的。可以说，凡是一件制型优美的陶制品，都是陶塑艺术品。陶塑的题材非常广泛，有飞禽、走兽、家畜、房屋、人像，等等。我国发现的最早的陶塑是距今 7000 年前河南新郑裴李岗文化遗址出土的陶塑猪头和同时代的浙江余姚河姆渡文化遗址出土的陶猪。此外，在甘肃、青海等地区新石器时代文化遗址中还出土过一些人头或人面形的陶器。这些雕塑造型优美，艺术技巧颇高。最值得一提的，是1983年在辽宁牛河梁地区出土的距今5500年前红山文化时期的女神雕像。从女神庙出土情况来看，已发现大小六个个体的女神像部件，最小的与真人大小相当。这里还出土了一件完整的女神头像，其脸形及耳、目、口、鼻的塑造准确。头像运用圆雕手法，在写实的基础上又赋予大胆的夸张。我们可以毫不夸张地说，红山文化女神庙是我国文化黎明时期的艺术高峰，大型女神塑像是远古人类造型艺术的伟大杰作！

3. 装饰

装饰艺术是一种综合性的造型艺术。根据装饰艺术的特点，装饰艺术可能是在绘画和雕塑艺术以后出现的。装饰艺术种类很多，主要有器物装饰、编织装饰和人体装饰等。

器物装饰主要指在陶器、石器或竹木器具上绘刻有装饰性的图案花纹。严格说来，它是一种画在器物上的变体绘画。在器物装饰艺术中以几何图案为多，这些几何图案中又以三角纹、方格纹、波浪纹、网纹、锯齿纹、云纹为多。这些图案花纹一般都是由动植物形态简化演变而来。当然，有时还能在一些器物上发现难以解释的图形，其中也许还包括氏族图腾的图案。一些带有明显宗教性质的器物装饰主要用在各种“灵物”或法器上面。例如，在澳大利亚土著民族阿兰达人极为崇拜的灵物——“丘林噶”上面，就刻绘有许多色彩鲜明的各种图案。据认为，带有这种或那种图案的“丘林噶”，才真正具有“神奇的力量”。

编织装饰大概是新石器时代才出现的。根据考古学资料，编织装饰同编织一起，最早产生于距今8000—9000年以前。

在编织装饰艺术中，各民族都以本民族独特的艺术品而著称。有的民族善于在编物（草、竹、树皮等）上编织鸟兽图案，有的民族则善于在织物（毛、麻、棉）上织出绚丽多彩的花纹。

无论是婆罗洲伊班人的竹编，还是西亚波斯人的地毯；无论是我国湘西土家族的“西兰卡普”，还是诺敏河畔达斡尔人的桦皮锦盒，都是人类编织装饰艺术的珍品。

人体装饰，是人们在脸、四肢和身躯上暂时或永久性的装饰。它通常包括绘画、绘身、染齿、黥面、黥唇和文身等多种装饰形式。

人体装饰产生较早，有可能在母系氏族社会时期就有了人体装饰的习俗。根据民族学资料，人体装饰并非起源于远古人类的审美情趣，而是由于氏族外婚的实际需要产生的，所以人体装饰常常与“成人礼”礼俗联系在一起。

大洋洲土著民族中的人体装饰艺术被人们看成是最发达和最复杂的。例如在澳大利亚中部的阿兰达人中，一个男人的文身过程往往要经历他整个一生。在我国中东南和西南地区，以前有许多民族都存在文身或黥面的习俗，例如，海南岛的黎族、云南的傣族和独龙族等青年男女达到一定年龄以后就要请人文身。文身装饰多为方的、圆的或三角形等图案。

随着社会的发展和进步，人体装饰在许多民族中间已逐步淘汰，而为其他各种装饰所代替。

（二）表演艺术

1．音乐

音乐是表演艺术的一种。它是通过富有表现力的这一艺术形式来表达人们的丰富思想感情，反映人类的劳动和社会生活实际的。

音乐通常分为声乐和器乐两大类。

音乐，作为社会意识形态，具有广泛的社会影响。各个民族的音乐都有自己不同的特点。

音乐的起源，长时期以来一直是个争论不休的问题。在音乐起源的各种理论中最有影响的，是所谓的“模仿说”。如古希腊哲学家德谟克利特（Democritus）就主张，人由于模仿鸟叫而学会了歌唱。我国古代有些人也认为，音乐是由于模仿声音而产生的。如《吕氏春秋·仲夏记》记载：“帝尧立，乃命质为乐，质乃效山林溪谷之音以歌，乃以麋輅置缶而鼓之；乃拊石击石，以象上帝五磬之音，以致舞百兽。”此外，还有“求偶说”和“宗教说”，等等。

马克思主义认为，音乐和其他艺术一样，都来源于劳动和社会生活实践。

原始声乐的产生，显然是与人们在集体劳动中为了协调动作，无意间喊出有一定节奏感的声音有关，有如现在的劳动号子。原始声乐的曲调和歌词都比较简单、粗糙，但节拍却极富感染力。根据民族学资料，19世纪澳大利亚土著民族的音乐的基本形式就是用手敲打着节拍的歌唱。歌曲的调子往往是固定的几种：祈雨调、求食调、情歌调等。我国布依族的山歌主要分“大调”和“小调”两种，“大调”多用于婚丧等隆重的场合，它的音调显得高昂、强烈；“小调”则多用在节日、恋爱等社交活动时，它的音调显得柔和、婉转。

总的说来，原始声乐的特点是，曲调变化较小，节奏感较强。

器乐，可能是与声乐艺术同时或稍晚出现的。所谓“拊石击石”，说明最早的原始乐器只是一种用于打出节拍，为歌舞伴奏的器具。

我国古代有许多有关乐器发明的传说，如“庖牺灼土为埙”，“夷作鼓”，“伶伦造磬”等。实际上，原始乐器不可能是一个人的创造发明，而是集体制作的结晶。

有人认为，器乐来源于狩猎生产，这是有一定道理的。由于狩猎需要，人们创造了各种诱捕飞禽走兽的音响工具。但是，应该看到，人类不同的劳动和社会生活实际将会产生不同器乐艺术，乐器的发明和创造绝不会是同一条途径。

我国迄今发现的最早的吹奏乐器，是浙江河姆渡文化遗址出土的陶埙和骨笛（一称骨哨），距今已有7000多年的历史。最早的打击乐器，是山西夏县东下冯遗址出土的石磬，距今有4000多年的历史。仅从以上所举乐器来看，其制造工艺已相当精巧。例如河姆渡出土的骨笛有一个吹孔和六个音孔，据考证，它比世界其他国家出土的骨笛约早3000年。其实，许多原始乐器因制造材料易风化腐蚀，难于保存至今。而7000多年前的陶埙和骨笛等乐器制作却已达到这样高的水平，所以我们有充分的理由认为，最古老的乐器也许在旧石器时代晚期或新石器时代初期就已经出现了。

我国少数民族中乐器的种类极其丰富，包括吹、拉、弹、敲各种乐器。其中一些乐器，如苗族的“地鼓”，佤族的“木鼓”，傣族的“鸡笛”，哈尼族的“响篾”，等等，从他们的制作工艺和造型来看，对于我们了解、探索原始器乐的产生和发展是难得的珍贵材料。

2. 舞蹈

在人类社会的初期，舞蹈和歌唱便同时产生了。民族学资料证明，舞蹈同歌唱一样，它在原始时代人们的劳动和社会生活中具有重要作用。无论是在狩猎、种值、收割，还是择偶、嫁娶、生育、丧葬、祭祀，氏族的乃至部落的成员都要跳舞，以表达他们的思想感情。

从我国文献记载中可以证实，在我们祖先的生活中舞蹈是非常普遍的。大家知道，2000多年前的《诗经》，就是一部乐歌的总集。墨子说过，它的每一首诗都是可歌可舞的。周代，学习跳舞已成了贵族子弟们的必修课程。汉、唐时，战士出征要为之壮行，跳一种出征舞；宴请客人，表示亲密友谊，要跳一种社交舞，叫“打令”。据文献记载，当时，舞蹈动作就有“抬、摇、送、挼”，可见技巧已相当复杂。

原始舞蹈有哪些类型和特点呢？我们认为，根据内容来看，原始舞蹈主要可分为：生产劳动舞、节庆舞、战斗舞、社交舞、宗教舞五种。

生产劳动舞产生得最早。最初它是一种纯模拟式的舞蹈，人们按节奏模拟动物和人的动作，再现劳动生产过程。如澳大利亚土著民族中流行的“袋鼠舞”，就是一种典型的模拟式舞蹈。扮演者的身后用草做一根长尾巴，惟妙惟肖模仿袋鼠的各种动作，另外两个人化装成猎人，悄悄走近“袋鼠”，以矛刺去，最后，“袋鼠”装死躺下，舞蹈便结束。另外，北美印第安人中有一种“野牛舞”，参加跳舞的有10多个男子，他们身披野牛皮，头戴带角的牛头面具，昼夜不停地跳，最后，仍以“猎人”刺死“野牛”而结束。生产劳动舞蹈中以狩猎舞蹈在原始部落里最为常见。此外，许多民族的民间舞蹈，如“插秧舞”、“采茶舞”、“拉网舞”、“挤奶舞”等等，都属于这一类的舞蹈。

节庆舞蹈，在原始社会和现代原始部落中都非常流行。由于这种舞蹈是为表达人们或生子，或成丁，或结婚，或丧葬时内心喜悦、激动的情感，所以舞蹈动作比较自由、奔放，节奏感强，而且参加的人数多，有时全村寨男女老幼一起跳。如在波利尼西亚人中，有专门的“节日舞”、“安葬舞”，这些舞蹈都是集体的，动作异常复杂，但他们都是原地用手作舞，不移动位置。这说明，不同内容的舞蹈形式是各民族共有的，但各民族又有自己舞蹈的不同特点。

战斗舞蹈，是氏族、部落的战士们为征战跳的一种舞蹈的基础之上。他们常常用舞蹈形式来表现出征、战斗、凯旋或失败时的激昂、勇敢、自豪、沮丧等思想感情。这种舞蹈在现代原始部落中间也普遍流行，但已转化为青年男女社交性的或纯礼仪性的舞蹈。这种舞蹈通常是集体进行的。

宗教舞蹈，又可以称为“祭典舞蹈”。它在原始舞蹈艺术中占有极为重要的地位。从原始社会迄今，这种舞蹈在许多民族中一直盛行不衰。宗教舞蹈最初可能就是图腾舞蹈或巫术舞蹈。图腾舞蹈近代尚流行在澳大利亚土著民族中间。这种舞蹈其实是他们图腾崇拜仪式的再现，表演者扮成不同图腾动物反复跳着。巫术舞蹈的宗教色彩要比图腾舞蹈浓，也比图腾舞蹈流行的地区广。巫术舞蹈在北美印第安人的宗教生活中占有很重要的位置。这种巫术舞蹈往往带有向鬼神祈祷的性质。我国景颇族的“布滚过”，也是迷信色彩很浓的带有祭典性的巫术舞蹈。傣族的“跳柳神”也是这种类型的舞蹈。跳的时候，由两个巫婆双手提着柳枝，在台子前面边走、边跳、边唱，另有四五个人尾随这两个巫婆，边跳、边伴唱。在跳的过程中，任何人都可以随便加入。所有这些都表明，这是一种原始的集体舞蹈。此外，满族的“萨满舞”、纳西族的“跳东巴”等都是宗教舞蹈。

3. 戏剧

戏剧是一种综合性的表演艺术。原始戏剧产生于原始音乐和舞蹈的基础之上。实际上，它是音乐、舞蹈、道白三位一体的一种表演艺术形式。由于戏剧本身的特点，它往往更容易表达人们的社会生活和宗教生活。可以说，原始戏剧是他们生活的再现，用以表现他们的思想感情，教育他们的后代。

最初，劳动生产舞蹈和宗教舞蹈对原始戏剧的产生有直接影响。例如，我们从澳大利亚土著居民的"莫隆戈"舞中就可以看到原始戏剧的雏型。"莫隆戈"舞是一种描写精灵故事的舞蹈，有完整的引人入胜的故事情节，甚至每一段故事要演一个夜晚，一共要演出五个夜晚，舞蹈者各有不同的角色，其中主要便是精灵——"莫隆戈"。由此看来，我们有理由认为，具有神话、传说情节的舞蹈是一种最早的戏剧（哑剧）艺术形式的萌芽。

虽然原始戏剧的早期形态在原始社会晚期已经出现，但是应该承认，它与现代戏剧艺术还很不相同。真正的民族民间戏剧到了阶级社会以后才产生。这时的民间戏剧形式更加多种多样，地方的、民族的独特的艺术风格也越来越浓厚。以白族的戏剧——"吹吹腔"为例，它的特点是唱词基本上为"三七一五"的民族形式；表演分唱、科、白三种；伴奏以唢呐为主；唱腔分高腔、一字腔、二簧腔、小二簧哭腔等 20 多种。白剧"吹吹腔"仍保持又歌又舞的形式，这也许是原始戏剧形态的一点痕迹。此外，在我国少数民族绚丽多彩的戏剧花园里，还有壮族的"师公戏"、侗族的"侗戏"、藏族的"藏剧"，等等。

本章主要参考书目

①马克思和恩格斯：《德意志意识形态》，《马克思恩格斯全集》第 3 卷，人民出版社 1965 年版。

②恩格斯：《家庭、私有制和国家的起源》，人民出版社 1972 年版。

③恩格斯：《反杜林论》，《马克思恩格斯选集》第3卷，人民出版社1972年版。

④《毛泽东选集》第2卷，人民出版社1964年版。

⑤林耀华主编：《原始社会史》，中华书局1984年版。

⑥杨堃：《民族学概论》，中国社会科学出版社1984年版。

⑦柯斯文：《原始文化史纲》，人民出版社1955年版。

⑧高尔斯基：《思维与语言》，三联书店1963年版。

⑨C.П.托尔斯托夫主编：《普通民族学概论》，科学出版社1960年版。

⑩吕大吉主编：《宗教学通论》，中国社会科学出版社1989年版。

⑪蔡仪主编：《文学概论》，人民出版社1983年版。

⑫朱狄：《艺术的起源》，中国社会科学出版社1982年版。

⑬普列汉诺夫：《论艺术——没有地址的信》，三联书店1964年版。

第六单元 民族学与我国现代化

回顾民族学的发展史我们可以看出，民族学不仅是各民族实际生活状况的调查与文化理论的研究，它还是一门应用性很强的学科。本单元将介绍西方应用人类学的概况，民族学在我国的应用，以及少数民族地区的经济建设、生态、人口和教育等有关问题。

第十九章 民族学的应用

对民族学应用的关注由来已久。早在20世纪初期，英、美、法等殖民强国便试图将民族学知识用于殖民地管理；俄国十月革命后，苏联民族学家在国内进行了广泛的民族调查，为列宁、斯大林制定有关民族政策，提供了重要依据；我国在50年代大规模进行的少数民族社会历史调查以及民族识别工作，更是举世瞩目，堪称民族学成功运用于现实的一个范例。一部民族学发展史，既是人们不断了解和认识各民族的历史，也是人们运用这些知识为现实服务的历史。

将我国建成现代化的社会主义强国，是全国各族人民的共同奋斗目标。研究少数民族地区现代化建设中所出现的新情况、新问题，为少数民族地区现代化建设做出自己的贡献，是民族学工作者义不容辞的责任。这对中国民族学来说既是一个机遇，也是一个挑战。

第一节　西方应用人类学简介

一、名称来源及发展阶段

何谓应用人类学？众说纷纭，莫衷一是。台湾人类学家李亦园先生所下的定义，代表了相当一部分人的看法。他认为应用人类学是一门人类学家将其对于人类、社会和文化的观念和知识，用于改善和增进人类社会生活的学问①。而美国著名人类学家马文·哈里斯则从另一角度指出了这种研究的实质："应用人类学的核心内容是公众或私人组织委托进行的研究，这些组织希望研究工作能达到符合它们利益的实际目的。这些组织包括联邦的、州的、地区的，以及国际性的政府部门和机构……"②

由于各个时期的需要不同，人类学所应用的方面亦因之而异，而其名称自然也就有所不同。一般认为"应用人类学"（Applied Anthropology）一词，最早是由美国人类学家丹尼尔·布林顿（Daniel G. Brinton）开始使用的。他在1896年向美国科学促进会（The American Association for the Advancement of Science）发表其就任主席的讲演中，提到了"应用人类学"。但真正现代意义上的"应用人类学"一词，实际上是功能学派的创始人之一阿尔弗雷德·拉得克里夫-布朗（Alfred Radcliffe-Brown）最先使用的。他于1930年在澳一新科学协进发表了一篇报告，其题目即是"应用人类学"。而英国功能学派的另一位创始人马凌诺斯基（B. Malinowski），则在1929年使用了"实践人类学"（Practical Anthropology）一词。此外还有"行动人类学"（Action Anthropology）和"人类学工程"（Anthropolo-

---

① 参阅李亦园：〈人类学的应用〉，《文化人类学选读》，食货出版社1977年版，第445页。

② 参阅［美］马文·哈里斯著、李培茱等译：《文化人类学》，东方出版1988年版，第421页。

gy Engineering）等各种名称[①]。1941年，应用人类学学会在美国成立，并出版了一种刊物《应用人类学》(Applied Anthropology)，1949年改名为《人类组织》(Human Organization)。这个学会声称其宗旨是"促进对控制人类之间相互关系的那些原则所进行的科学研究，鼓励人们广泛地运用这些原则去解决实际问题"。它感兴趣的主要是以下三个领域：精神健康问题，工业组织研究，以及经济发展与文化变迁的关系。为了开展最后一个课题的研究，1951年还创办了一种专刊《经济发展与文化变迁》（Economic Development and Culture Change）[②]。

关于应用人类学的发展阶段，有各种不同的说法。如美国人类学家约翰·范·威林根据美国的情况，划分出五个阶段：1. 前学科阶段；2. 应用民族学阶段；3. 联邦服务阶段；4. 角色扩大阶段；5. 政策研究阶段。香港中文大学的谢剑博士则认为这不具有普遍意义，而将其归纳为三个阶段：前学科阶段（？—1860）；2. 应用民族学阶段（1860—1940）；3. 职责扩大阶段（1940—）。

厦门大学的石奕龙先生根据自己的研究，提出了四阶段划分法。这比较符合西方应用人类学发展的总体情况。

（1）应用人类学的形成期。这一时期的最后年限应该是第一次世界大战的开始，也就是1914年以前。因为这以后世界的格局有了变化，应用人类学的内容也相应发生了一些变化。这一阶段，应用人类学还处于初创时期，一切都在逐步形成中。其主要工作多是为殖民当局制定政策及解决实际问题提供资料。

（2）应用人类学的发展初期。也可以说这是从事殖民地行政管理的时期。这个时期的应用人类学工作，主要都是从事殖民地行政

① 参阅《云五社会科学大辞典》第十册《人类学》，台湾商务印书馆1971年版，第297—298页。

② 参阅《国际社会科学百科全书》（International Encyclopedia of the Social Science），1979年版，第1卷，第328页。

管理。这一阶段大约是1914—1938年。

(3) 应用人类学的扩展阶段。这一时期，应用人类学的工作有了很大的扩展，从主要从事行政管理方面的工作扩展到了其他许多方面。这时期大约从1939年第二次世界大战爆发开始，止于1970年。这一阶段前期，即二战时期，许多人类学家卷入了与战争有关问题的研究；后期则以研究第三世界的发展问题为中心，研究内容扩展到更多的方面。

(4) 决策时代。大约从1971年开始至今。这一时期的特点是应用人类学家开始更多地介入决策研究。其研究内容几乎涉及到了人类社会生活的各个方面，从农村到城市，从异国到本国，从衣食住行到社会文化的变迁，可以说无所不包。①

二、主要研究范围

应用人类学的研究几乎涉及到了人类学的各个方面，其研究重点也随着社会的发展有很大的不同。这里择要作一叙述。

1. 殖民地的行政管理

这是人类学最早被应用的领域，也是通常所说的狭义应用人类学。它的发展与殖民主义有着不解之缘。英国作为一个老牌的殖民帝国，最先将人类学对异民族的知识应用于殖民统治。1899—1902年的南非战争结束后，英国皇家人类学会致书当时的殖民事务大臣，建议把不同的南非部落的法律和习俗记载下来，以便为制定一个开明的管理政策打下基础。②这可谓应用人类学的第一次尝试。1901年在伦敦成立了一个“非洲协会”(African Society)，其宗旨便是“了解非洲而治理非洲”。到20世纪20年代，人类学家被聘为殖民政府顾问的现象已非常普遍。他们常被称之为“政府人类学家”(government anthropologist)。当时的殖民官员都要接受人类学方面的教

① 参阅石奕龙：《应用人类学》，厦门大学出版社1996年版，第33—50页。

② 参阅《国际社会科学百科全书》(International Encyclopedia of the Social Science)，1979年版，第1卷，第326页。

育，学习有关的民族学课程。

美国的应用人类学研究与印第安人的治理问题有关。一般以人类学家麦克尔（S. Mekeel）在印第安人事务局支持下所进行的一些行政改革，作为美国应用人类学之始。第二次世界大战之后，美国在密克罗尼西亚联合国托管地的管理中，也大量聘用人类学家。

第二次世界大战后，特别是60年代之后，殖民地人民纷纷挣脱枷锁，走上独立自由之路。而人类学在这方面的应用也就逐渐成为历史。

2. 国民性研究

这种研究源于美国的种族心理学派。该派代表人物玛格丽特·米德（M. Mead）及其老师本尼迪克特（Ruth. Benedict），很早便开始了文化与人格的研究。他们提出了“文化模式”这一概念，并以此来研究民族的文化结构。第二次世界大战期间，他们响应政府的号召，参加了对敌国国情的研究。如对日本、德国、意大利，甚至对盟国苏联的研究。这种研究吸收了大批人类学家和心理学家，发展成专门的国民性研究。其目的是为政府制定政治、军事和外交政策，提供有关国家的民族文化和民族心理方面的依据。本尼迪克特所写的《菊与剑》（1946年），便是研究日本国民性的一本影响颇大的著作。

3. 公共卫生与医学人类学

在文化背景不同的落后地区推行公共卫生计划，人类学家可做出一定贡献。一方面，他们深谙当地人对疾病和卫生的观念与态度，因此能帮助医生采用当地人可以接受的方式推行卫生计划。另一方面，他们能运用自己所掌握的知识，调整卫生组织与当地人的人际关系，使卫生计划得以顺利施行。自第二次世界大战以来，在不发达地区推行卫生计划，大都有人类学家参加。

此外，人类学家还能对精神病医治做出特殊贡献。各民族对精神异常所持的标准不尽相同，各种精神病在文化背景不同的民族中的发病率和表现形式也各异。精神病乃是一种病态心理，它的发病与病人所受的传统教育，所处的文化环境息息相关。因而该病的诊断和治疗不仅需要医学的和心理学的知识，还需要人类学的知识。这种综合的治疗和研究，遂发展成一门新学科——民族精神病学。

50年代之后，在英美等国逐渐形成了一门人类学的分支学科——医学人类学（Medical Anthropology）。除了上述内容外，它还将其研究范围扩展到诸如各民族的医学体系、营养与文化、医疗保健服务、酗酒和吸毒等方面。

4. 技术变迁与经济发展

第二次世界大战之后，不发达国家和地区的各族人民大力发展本国经济，努力实现现代化。这种技术和经济的变化，势必会引起社会文化的变迁。如何处理好传统文化与现代化的关系，乃是一个重要课题。这种研究始于西方发达国家（主要研究以往的殖民地以及时下给予援助的国家），后来逐渐扩展到发展中国家。人类学家对非西方文明民族的社会结构、文化模式和人格体系有深刻了解，能对这类问题提供较为可靠的答案，所以许多国际组织，如联合国的各分支机构，在推行技术援助和经济发展计划时，都聘有人类学家作顾问。而在亚洲、中南美洲和非洲许多国家，人类学家也逐渐卷入了现代化建设，并做出显著成绩①。

5. 社区研究与发展人类学

这是人类学家极感兴趣的一个领域。它要求人类学家不仅实际观察而且亲自指导社区的社会文化变迁，并使之按计划逐步达到预定目标。这方面的一个经典案例便是维科斯（Vicos）河谷的康乃尔秘鲁计划（Cornell Peru Project），它几乎出现在所有西方文化人类学的教科书中。

维科斯是秘鲁高原地区的一个种植园，居住着373户印第安农民。他们在经济上处于农奴地位，受着压迫和剥削。康纳尔大学在

---

① 参阅《云五社会科学大辞典》第十册《人类学》，台湾商务印书馆1971年版，第299页。

1951年租用了这片种植园，并把它转给人类学家艾伦·霍姆伯格管理，其发展目标是提高印第安人的生活水平，使他们在经济上独立。到1962年，农民买下了种植园。他们的收入有了提高，健康状况得到了改善，并且也有了自己的文化教育事业。这被认为是发展项目成功的令人瞩目的证据①。

福克斯计划（Fox Project）是发展研究的另一个典型案例。早在20世纪30年代，芝加哥大学人类学系的塔克斯为了学生实习方便，选择衣阿华州塔马地区的福克斯印第安人作为研究对象。后来这个点慢慢形成了一个与发展研究有关的项目。经过几十年的实地研究，他们逐渐形成了一套与维科斯计划不同的概念。与主张人类学家有意识地指导和参与介入不同，福克斯计划把自我决定（Self-determination）作为行动原则和基本目标。他们的工作就是促成社区的自我发展。这一目标也始终影响他们做田野工作时的行为②。

6. 工业人类学

哈佛大学的梅奥（Elton Mayo）、沃纳（L. Warner）及他们的学生E. 查普尔（Elliot Chapple），首先开始这方面的研究。他们认为一个群体，不论是工厂还是商店，都构成一个人群，其人群关系模式乃是决定工作效率的主要因素。他们采用人类学中的参与观察法，研究人群互动的规律，总结人群关系模式，以便解决该人群中所发生的问题，从而提高工作效率。最有名的例子是1929—1932年在芝加哥西方电器公司哈松（Harthone）工厂所做的实验。此种研究在英美等国较为普遍。如查普尔等人便组织了工业关系顾问公司，专门从事这项事业。

7. 教育人类学

这种研究也始于种族心理学派。他们在“文化与人格”的研究

① 参阅马文·哈里斯著、李培茱等译：《文化人类学》，东方出版社1988年版，第431—432页。

② 参阅石奕龙：《应用人类学》，厦门大学出版社1996年版，第218—219页。

中，对每一民族的抚幼方式及其对“基本人格”形成的影响，有较为深刻的了解。将这种抚幼理论置于泛文化的背景之下，交叉比较，便可排除文化上的偏见，从而促进现代教育理论建设。这对幼教及民族教育尤有帮助。

目前在美国还有一些人采用人类学方法，研究现代学校教育制度。如曾经当过教师的菲利普·克西克（Philip Cusick），为了更深入地了解学生，决定以参与观察者的身份去观察学生。他在学校住了6个月。为了使学生不把他当成教师，他不系领带，与学生同样穿着，并与学生一样只说自己的名字而不告诉姓。他跟学生们一起从这个课堂到那个课堂，一起吃午饭和交谈。在此期间，他有许多有趣的发现，这些都写入了一份调查报告《中学校内》。[①]

此外，教育人类学的研究还包括许多其它方面。如文化与教育的关系，教育制度的比较研究，多元文化社区的教育问题，学校内的种族歧视，教育政策评估，双语教学，以及人类学教学工作的推广等。

8. 都市人类学

二战以后，人类学研究取向发生了很大变化。一方面是文化人类学的传统研究对象日渐减少，一方面是城市中的种族、民族矛盾与第三世界迅速都市化所带来的一系列问题日益引起人们的关注，于是部分人类学家开始把目光转向都市。这种研究可分为两大类，一类是对都市本身的宏观研究，如都市的起源、发展、形态结构及空间秩序等；一类是对都市内部人文现象的微观分析，如移民适应问题、贫穷文化、城市中的亲属与邻里关系、民族和种族矛盾、城市犯罪问题（黑社会帮派）等等。

虽然社会学、经济学、地理学、环境学等众多学科都在研究城市，但民族学依然保持着自己的特色。都市人类学家并不将都市视

---

① 参阅［美］辛格尔顿著、蒋琦译：《应用人类学》，湖北人民出版社1984年版，第69页。

为主题，而是背景；他们把主题放在研究一个邻里、一项住宅计划、一条街道，如同以前人类学家研究一个村落或一个民族，将其视为一个缩影、一个具体而微型的社会一样。在研究方法上，除了坚持传统的实地调查法外，还广泛采用了社会学、人口学和历史学的方法，并在此基础上提出了一些新方法。如范维森（Van Velsen）和米切尔（Clyde Mitchell）的情境分析法（Situational analysis），以及许多人类学家都乐于采用并有较深研究的网络分析法[①]。

9. *决策研究*

对于什么是"政策"有许多不同的理解。传统上认为它是国家或政党在某一历史阶段为实现特定目标所制定的一系列行动准则。而有些人则认为政策并非国家或政党的专利，其他的组织，如公司企业，也可以有自己的政策。这是一种较为宽泛的定义。这里所指的是后者。

70年代以来，人类学家越来越多地介入了有关政策方面的研究。这一方面是因为有些人类学家进入行政机构，自己成了决策者，如H·克莱德·威尔逊（H. Clyde Wilson）便做过密苏里州哥仑亚市市长；另一方面许多人类学家已不满足仅对政策做描述和评价工作，他们希望积极参与决策过程并对政策施加自己的影响。这就是所谓"新应用人类学"的出现，或者说应用人类学的"决策时代"。他们研究的范围包括：决策过程分析、不同利益集团对政策的反应、政策的代价与效益分析、公众参与决策的情况，等等。当然，有些人对此持有异议。他们认为，人类学家的专业职能是向有关部门提供对某一情况或组织的客观分析，而不是参与决策和实施过程。按照这种方式，人们才能期望人类学保持住其科学地位[②]。

---

① 参阅阮西湖、张继焦：《国外都市人类学的理论、方法及发展趋势》，见李德洙主编：《都市化与民族现代化——中国都市人类学第一次全国学术讨论会论文集》，中国物资出版社1994年版，第39—40页。

② 参阅马文·哈里斯著、李培茱等译：《文化人类学》，东方出版社1988年版，第458页。

此外，由于人口、生态、妇女和老人问题已日益引起人们的关注，人类学家也把目光转向这些方面，并相应产生了人口人类学、生态人类学、妇女人类学和老年人类学等分支学科。总之，应用人类学家已把视野扩展到了现代社会生活的各个方面。

综上所述，人类学家确实能够以其对民族、文化与社会的专门知识，协助政府官员或其他有关人员，解决各种复杂问题，但切不可对此估计过高。一则人类学家本身不是决策者（对绝大多数学者来说这是不争的事实），即使他们的意见是对的，也未必能发挥多大效力。二则人类学家“受雇”于人，当雇主与研究对象的利益发生冲突时，他们往往很难保持较独立的科学家地位。在金钱与良心之间做出抉择，对于一个生活在“金钱万能”的世界里的人，实非易事。这就是当今西方人类学家时常提及的职业道德问题。显而易见，这类问题在资本主义国家是无法根本解决的。从这一点讲，只有社会主义制度下，人类学知识才能真正造福于人类。

第二节 民族学在中国的实践与应用

中华人民共和国成立以前，我国的民族学大都是翻译、介绍和传播西方各学派的理论。1935 年，拉得克利夫-布朗应吴文藻先生之邀在燕京大学进行学术讲演。作为应用人类学的先驱者之一，他极力倡导将人类学的知识应用于实际社会生活。在吴文藻先生的主持下，按照拉得克利夫-布朗的建议，燕京大学社会学系的师生进行了一系列的中国农村社会生活调查，并在学术界产生了一定的影响。

抗日战争期间，许多高等院校和科研机关迁到了西南大后方，从而使一些民族学家有机会深入少数民族地区进行实地调查。他们在此基础之上，对国民党的“边政建设”作过一些建议，希望在民族学的应用方面有所作为。即除了实地调查民族地区状况，探索民族接触、文化交流与社会变迁的法则外，还力图使“边疆政策有所依据，边疆政治得以改进，而执行边政的人对于治理不同民族不同文化的边民，亦可有所借镜”①。但在当时的历史条件下，这只能是一种美好的愿望，当然不会有什么效果。

中华人民共和国成立后，党和国家十分重视少数民族地区的社会发展和经济建设。这为民族学在新中国的实践与发展开辟了广阔的道路。新中国民族学的特点之一就是与国家的民族工作密切相关。

（一）民族识别工作

我国民族识别所取得的成绩，已引起国际民族学界的广泛注意。这是我国民族学工作者以马克思列宁主义理论为指导，通过实地调查，运用民族学知识解决实际问题的一个创举。就其方式、规模及所取得的社会效果而言，说它对世界应用人类学的发展做出了特殊贡献，并不为过。

民族识别涉及到民族学、语言学、历史学等多种学科，但毫无疑问，这首先是个民族学问题。各民族的历史、语言、经济生活、风俗习惯等等，都是识别一个民族的重要依据，这些也正是民族学研究的重要内容。民族学一贯强调实地调查，而这种调查所提供的第一手资料，也正是识别民族的最重要的依据。

民族识别为全面落实党的民族政策打下了基础。各个少数民族真正享受到当家作主的权利，并在许多方面得到国家的照顾。例如，对于那些通过识别并由国家确认下来的少数民族，中央人民政府允许他们采取某一形式的区域自治，在各级人民代表大会上让他们占有一定比例的席位，并在财政拨款、招生、招工等方面给予照顾。基于这一点，少数民族把正式承认自己是单一民族的日子，作为盛大的节日加以庆祝。而为此付出了辛勤劳动的民族学工作者，也自然得到他们的高度尊重。

民族学在民族识别的实践中进一步丰富和发展起来，这尤其表

① 吴文藻：《边政学发凡》，见《边政公论》第1卷，第5—6期（1944年）。

现在理论与实践的结合方面[①]。

（二）少数民族社会历史调查

新中国成立初期，中央人民政府先后派出西南、西北、中南、东北与内蒙古四个中央访问团到少数民族地区访问。访问团的一些副团长和成员就是民族学家，他们在慰问并听取少数民族意见的同时，调查了民族地区的政治经济情况，为党制定民族政策提供了参考依据。1956—1958年，在党中央和全国人民代表大会民族事务委员会的领导下，在全国范围内开展了少数民族社会历史调查工作。通过这次大规模的调查，积累了大量原始资料，基本上弄清了各主要少数民族的社会发展情况，为制定少数民族地区社会改革的方针，提供了科学依据。譬如，对与汉族地区社会发展基本相同的少数民族农业区（约3 000万人），我们基本上采取了和汉族地区相同的做法。对解放时还保留有原始公社制残余的一部分少数民族（约60万人），我们采取了直接过渡的方式。对处于奴隶制（约100万人）和农奴制（约400万人）的若干民族，我们则采取了"和平协商"的方式及赎买政策。对从事畜牧业经济的少数民族，我们也采取了相应的社会改革方式。显然，关键在于确定某个民族或其一部分究竟处于何种社会形态。而这就需要以马克思列宁主义为指导，进行深入的社会历史调查。民族学工作者在这次调查中，充分发挥了自己的专长，起到了重要作用。与此同时，他们在新中国民族学的实践与应用方面，也迈进了一大步。[②]

（三）近年来民族学中一些应用项目的研究

不可否认，由于左倾思潮的影响，新中国民族学的发展受到了严重阻碍。民族学应用方面的研究是在"文化大革命"结束之后，才

① 参阅江平主编：《中国民族问题的理论与实践》，中共中央党校出版社1994年版，第37—50页。

② 参阅费孝通：《对中国少数民族社会改革的一些体会》，见《民族与社会》，人民出版社1981年版，第32—55页。

充分地得到发展。1982年中国民族学学会召开第二次学术讨论会，中心议题便是“民族学与现代化建设”。1985年9月中国人类学学会则以“人类学的应用”为议题召开了第三次学术讨论会。由此可以看出中国民族学界对应用研究的重视。与此同时，通过邀请国外学者讲学、办培训班、翻译介绍国外著作等方式，还引进了一些国外应用人类学的理论与方法。如1985年3月，中国人类学学会和厦门大学人类学系联合举办“应用人类学培训班”，请美国衣阿华州立大学的黄树民教授为来自全国各地的学员讲授应用人类学课程。香港中文大学的谢剑1989年编著了中国第一本应用人类学教科书，由台湾桂冠图书股份有限公司出版。四川人民出版社于1990年出版了该书的简化字本，书名改为《理论与实践：当代应用人类学简介》[①]。

自改革开放以来，随着少数民族地区现代化建设的逐步开展，一些与民族学密切相关的实际问题也不断显露出来。如民族经济问题、民族人口问题、民族文化教育问题、生态环境问题，以及医疗卫生、宗教信仰和风俗习惯等诸多方面的问题。这些问题有以下几个特点：(1) 实践性强，与现实密切相关；(2) 问题复杂，需要多学科的综合研究，并时常导致新的边缘学科的出现，如民族经济学、民族人口学；(3) 来势猛，范围广，而且许多问题带有国际性，如发展中国家所共同面临的生态问题和人口问题。

与此相应，民族学的应用研究比前一时期也有很大进步。从所涉及到的内容看，“其研究范围已从民族识别、民族地区社会文化变革等，扩展到了民族地区社会经济建设与其原有基础之间的关系，商品经济发展对民族文化特点的影响，民族教育事业与民族地区社会经济发展的关系，民族区域自治与民族地区社会经济及文化水平的提高，现代精神文明建设与民族传统文化的关系，现代化过程中的人的问题，以及一些在各民族现代化过程中产生出的社会问题等范

① 参阅石奕龙：《应用人类学》，厦门大学出版社1996年版，第56页。

围”。[①]

可以相信，随着这种研究的深入，我国的应用民族学研究必将走向世界，为世界各民族的繁荣与发展做出自己的贡献。在本单元的以下各章，我们将围绕其中的几个问题，进一步展开讨论。

第三节　民族学与现代化

发展中国家的现代化问题是一个国际学术界的热门话题，也是自二战以来民族学十分重视的一个研究领域。

何谓现代化？最一般最明了的解释为：现代化是发展中的社会为了获得工业发达社会所共有的某些特点，而经历的文化和社会经济变迁的、包容一切的全球性过程。它可理解为由四个亚过程组成。第一个亚过程是技术发展，即简单的传统知识与技术为科学的知识与技术所取代；第二个亚过程是农业的发展，即从生存农耕到商品农耕的转变；第三个亚过程是工业化，即越来越重视无生命形式的能源——尤其是化石燃料——来驱动机器，人和牲畜动力越来越失去其重要性；第四个亚过程是都市化，这一点特别以人口从乡村到城市的迁移为标志。随着现代化的发生，其他的变迁也可能随之而来。如政治制度的变革，传统信仰和习惯的削弱，亲属联系的弱化等等。也就是整个社会文化的变迁。这个过程如果失去控制就会造成许多社会问题。[②]

我国目前所进行的现代化运动，无论其规模还是速度都是史无前例的。这已引起世界各国各界的普遍关注。在我国开展应用民族学方面的研究，一定要正确理解和认识民族学与我国现代化建设的关系。我们认为，“四化”建设，特别是少数民族地区的“四化”建

① 参阅石奕龙：《应用人类学》，厦门大学出版社 1996 年版，第 57 页。

② 〔美〕威廉·A·哈维兰著、王铭铭等译：《当代人类学》，上海人民出版社 1987 年版，第 576 页。

设，需要民族学提供科学的依据，需要它做出自己独特的贡献。反之，民族学也需要研究“四化”建设中出现的新情况、新问题，在新形势下不断充实、丰富和发展自己。这是互相联系的两个侧面，缺一不可。我们只有同时看到这两个方面，才算真正全面地认识了两者的关系。

一、“四化”建设需要民族学

这可从以下三个方面来看。

(1) 少数民族地区。我国的“四化”建设之所以能振奋起亿万人民的精神，除了它符合人民的心愿，还因为它建立在科学的基础之上。这种科学性体现在各个方面，需要许许多多的学科为它提供科学依据。例如，我国20世纪末人口应控制在多少，届时男女比例如何，会不会出现人口老化问题，今后每年的人口增长率以多少为宜等一系列问题，都需要人口学家回答，并以此作为制定人口政策的依据。同样，我国各少数民族的现状如何，他们在“四化”建设中会遇到哪些特殊问题，如何解决这些问题，则需要民族学作答，并以此作为制定民族地区“四化”建设政策的依据。尽管少数民族地区现代化建设中所遇到的问题极其复杂，需要多学科的综合研究，但民族学首当其冲。如民族地区的人口控制与经济发展、民族教育、少数民族的都市化、宗教信仰与风俗习惯等许多问题，都有待民族学工作者进行深入调查并提出自己的意见和看法，以供有关部门决策时参考。

(2) 汉族地区。中国是一个以汉族为主体的国家，有着几千年的悠久历史。在中国建设“四化”，既不能也无法抛弃数千年的汉族文化传统。没有现成的外国经验可以套用。这就需要我们认真研究汉文化的特点，研究汉族的风俗习惯、伦理道德、民族艺术以及心理素质等等。这些东西无疑都在变动，但它又具有相当的稳定性。在现代化的洪流中，如何正确地分析和对待汉族的传统文化，“取其精华，弃其糟粕”，将对中国的“四化”建设产生重大影响。经济发展、技术革命与传统文化的矛盾，已成为愈来愈引人注目的问题。中国作为四大文明古国之一，因袭着几千年历史的重担，其变革之巨，冲突之烈，可想而知。我国正在进行四个现代化的建设，民族传统文化对现代化的影响，越来越引起人们的重视。近年来海内外学者对以儒家思想为代表的中国传统文化的深入探讨与反思，绝非偶然现象。实际上，汉民族文化的影响早已跨出国门，波及亚洲乃至整个世界。韩国、台湾、香港、新加坡亚洲四小龙的迅速崛起，使人们对儒家文化有了新的认识。而国内外对《孙子兵法》和《三国演义》中经营谋略的研究，则使我们对在市场机制下发掘传统文化的积极因素充满了信心。当然，许多封建文化糟粕的负面影响也不容低估。如“重男轻女”和“传宗接代”的思想，使一些农村地区的人口出生率居高不下，这对本已困难的脱贫工作无疑是雪上加霜。再如江浙一带有些富裕起来的农民，不是把钱用来投入再生产，而是托人看风水大修阴宅。这显然是受了“选风水宝地，托祖宗阴德，以求后世发达”思想的影响。民族传统文化是民族学研究的重要内容，可惜我们在这方面的研究尚十分薄弱。虽然这一课题在哲学界、史学界乃至文化艺术界都得到了深入广泛的探讨，但民族学以其丰厚的文化理论和独具特色的实地调查方法，仍能在这一领域大有作为。

（3）世界民族研究。“对外开放”是我国“四化”建设的一个重要政策。随着现代化的进程，我们将与越来越多的国家和民族建立政治、经济、科学和文化等方面的关系。世界上约有2 000多个大小不同的民族，中华民族只是世界民族之林的一员。今后，我们将愈来愈多地与文化背景迥异的各种民族打交道。全面了解这些民族的历史和现状，无疑会极大地促进我们同其他民族的友好关系，从而加快“四化”建设的步伐。这个任务责无旁贷地落在了民族学工作者的肩上。

改革开放初期，由于我们对国外民族的风俗习惯了解不多，因此在旅游接待、贸易谈判等涉外工作中，时常无意中造成一些误会，以至影响到工作。如我国有敬老的传统，有的导游在上下楼梯时见到年龄稍大的外宾便主动搀扶，结果遭到冷淡的拒绝。其实他误会了你的好意，他的潜台词是：你是不是觉得我太老了，自己上不了楼梯？像这样由于文化差异造成的误会还有许多。随着国内外交流的增多，随着一批批介绍世界各民族文化习俗的书籍面世，这样的事例已日趋减少。在研究世界民族状况和普及世界民族知识方面，我国的民族学者做了许多有益的工作。

二、民族学也离不开"四化"建设

首先，中国民族学面临的一项基本任务，或者说中国民族学的一个显著特点，便是为各民族的繁荣和发展服务。从历史上看，民族识别和少数民族社会历史调查都是如此。现在正在进行的"四化"建设是关系到国内各民族现代化的大事，中国民族学应该也必须置身其中，研究少数民族地区"四化"建设中出现的新情况、新问题，为各民族的共同繁荣做出自己的贡献。

其次，历史经验告诉我们，任何学科的发展都离不开社会实践。受到人们重视，优先得到发展的学科，往往是那些研究社会中最急需解决的问题的学科，而囿于传统项目研究，远离社会实践的学科，难免被冷落。自然科学不谈，仅经济学和法学的持续高"热"与哲学和历史学的冷冷清清所形成的巨大反差，便能说明许多问题。当然，这里面有学科特点和国家投资的问题，但也的确存在调整自身的研究角度和研究内容，以适应时代发展需要的问题。在国家尚不富裕时，把钱更多地花在研究急需解决的问题上，是十分自然的。就民族学而言，原始社会的婚姻家庭制度要研究，民族学的基本理论要研究，但不需要很多人去搞，更多的人还是应当参加与当前社会变革有关问题的研究。而当前我国最伟大的社会实践就是"四化"建设，它为我国民族学工作者提供了广阔的活动舞台。我们欣喜地看到，已有越来越多的民族学工作者认识到这点，并积极投身于这方面的研究。自 90 年代以来，有关应用方面的民族学研究迅速增加，其研究内容也涵盖了众多方面。如少数民族地区商品经济发展研究；少数民族地区文化发展研究；少数民族地区乡镇企业发展研究；少数民族地区教育与宗教关系研究；藏族现代化中的人口问题；云南边境少数民族地区毒品问题及其对策研究；不同类型少数民族地区发展社会主义市场经济的对策研究，等等。综上所述，从学科自身发展来看，中国民族学也必须投身于这一伟大变革，在社会实践中丰富和发展自己。

最后，我国民族学要想跟上世界民族学发展的潮流，就必须以现代化的研究手段武装自己。时至今日，民族学的田野调查早已摆脱了仅靠口述笔录的老模式。一些发达国家的民族学家在调查中广泛使用了录音、照相和摄影仪器，他们带回的原始资料不仅有文字记述，还有照片和录音录像等视听材料，而且大多数文字资料现场便已录入计算机(笔记本电脑)，甚至通过线路直接传送到计算中心。相对以往的“手工作业”方式，这已不是数量的差别，而是质的不同。试想，对研究民族语言和民族音乐的人来说，非专家的记音记谱怎能与实况录音相比？再详细的婚礼描述，如何能替代同一题材的民族志影片？场面的热烈，服饰的绚丽，人物的复杂表情和微妙关系，恐怕是专业作家都难以尽述的。跨民族的比较分析是民族学研究的重要方法，而人类关系区域档案（HRAF）则是进行这种研究必不可少的手段。今天的人类关系区域档案早已由计算机管理，它能瞬间检索到有关材料，在极短的时间里完成复杂的相关分析计算，指出某两个或多个文化因素间的相关程度如何。这在以前是无法做到甚至不可想象的。马凌诺斯基 20 世纪 20 年代写就的《西太平洋的航海者》中，便附有多张照片；我国 50—70 年代的民族调查报告中，则几乎见不到这类资料。实现中国民族学研究手段的现代化，必须购置相应的仪器设备，如录音机、摄像机、电子计算机等等，这无一能离开国家的现代化。只有经济发展了，国家富裕了，各学科才有钱去购置高档的教学科研设备。可以说，没有中国的现代化就没有中国民族学的现代化。

本章主要参考书目：

①李亦园：《人类学的应用》，《文化人类学选读》，食货出版社1977年版。

②石奕龙：《应用人类学》，厦门大学出版社1996年版。

③［美］辛格尔顿著、蒋琦译：《应用人类学》，湖北人民出版社1984年版。

第二十章　民族地区的生态问题

民族学是以民族共同体为研究对象，揭示其产生、发展、变化与消亡规律的科学。任何民族的生存与发展，都有其自身的规律与进程，但作为某个具体民族，其产生的早晚、发展的快慢，却与地理条件、生态环境关系极大。这是因为，任何一个民族，都有它自己传统的生计方式、思想文化等经济文化特征，而这些特征与传统在很大程度上是受其居住的地理、生态环境影响与制约的。例如，世代居住在东北大小兴安岭原始森林中的鄂伦春人，森林生态环境就决定了他们的生计方式主要是采集和狩猎。正是这种低下的生产力，决定着他们的生产关系直到解放初期仍然是集体劳动、平均分配。世居北方草原地区的蒙古族，草原生态环境就决定了他们的生计方式是草原畜牧业，吃肉食、喝奶茶、穿毛皮、住毡房，则是他们独特的经济文化传统。又如世居南方沿江平原、平坝地区的壮、侗、布依等族，生态环境决定了他们的生计方式主要是农耕稻作。而世居西南山区的怒、佤、景颇等族，生态环境决定了他们的生计方式则是山地农耕、刀耕火种。如此等等。由此可见，民族学对任何民族的研究都离不开对其所依附的生态环境的考察，这也充分反映了民族学与生态学的密切关系。上述两门学科互相联系、互相渗透的研究，我们称之为民族生态学。

我国是一个统一的多民族国家，由于历史的原因，少数民族的社会经济文化发展，与汉族相比，普遍处于落后状态。因此，当今的四化建设，对少数民族就显得更加需要，更加迫切。我国少数民族地区40多年来社会主义建设的实践使人们逐渐认识到，要想尽快实现民族地区的四个现代化，不仅要了解各民族生产力、生产关系发展的历史与现状，掌握其客观存在的社会经济规律，而且要了解各民族赖以生存的生态环境的各种差异与特点，按照客观存在的自然生态规律去发展、建设。只有这样，才能在四化建设中，把发展民族地区的经济文化、提高少数民族人民经济文化水平的现实利益同保护生态平衡的长远利益结合起来。因此，民族地区的生态问题，是关系到我国民族地区四化建设的顺利实现，关系到我国少数民族走向繁荣发展的重要问题之一，是民族学与现代化研究的又一重要领域。

第一节　什么是生态问题

一、关于生态学

生态问题是一门科学，通常称生态学。按照德国动物学家黑格尔（Ernse Haeckel）1866年在《有机体普通形态学》一书中所提出的定义，大意是“生态学是研究生物有机体与无机环境之间相互关系的科学”。一个多世纪来，随着生态科学在实践中的广泛运用，如今它的内容更丰富、涵义更完整，即生态学是研究生命系统与环境系统之间相互作用的规律及其机理的科学①。

在这里，所谓生命系统，就是自然界具有一定结构和调节功能的生命单元，如动物（包括人类在内）、植物和微生物。所谓环境系统，就是自然界的光、热、空气、水分和各种有机和无机元素相互作用所共同构成的空间。生命系统和环境系统在特定空间的组合，就构成了“生态系统”。

实际上，生命系统是一个广泛的概念，可大可小。一般地说，它可以是一个池塘，一个湖泊，一片农田，一片森林，一块草地，甚至一座城市。若小，可以小到含有几个藻类细胞的一滴水；若大，它可以大到整个地球或宇宙本身。以一个池塘为例。在这里，鱼类依赖水中的浮游动植物而生活，鱼死后，水里的微生物把它分解为无

① 许涤新：《生态经济学的探索》，见《光明日报》1984年2月26日。

机化合物；而微生物在分解过程中，又消耗水中的氧气；这些无机化合物又是浮游生物的营养源泉；而浮游生物在光合作用下，又产生氧气来补充水中氧气的消耗。浮游动物吃了浮游植物，鱼又吃了浮游动植物。就这样，在池塘里，微生物——浮游动植物——鱼类之间，就构成了一个特定的生态系统，建立了微妙的平衡关系。从大的范围来说，地球也是一个生态系统，地球表层里的空气、水分、土壤和岩石等无生命因素（或成分）维持着生物的生命，一切生命就存在于这个表层的环境中。地球上的各种生物之间，生物与非生物（环境）之间，进行着物质循环与能量交换，它们互相依赖，互相制约，保持着一定的平衡关系。

二、植物在生态系统中的重要作用

不论任何一种生态系统，它实际上都不过只有两个基本部分，即有生命的部分和无生命的部分，亦称为生命系统和环境系统，而有生命部分中的植物，在整个生态系统中起着至关重要的作用。

绿色植物利用叶绿素通过光合作用，把取得的太阳能贮存起来，不断地为它自身所利用。与此同时，它吸收二氧化碳而放出氧气。这样，植物为其它生物提供了食物和氧气。因此，植物被称为“生产者”或“自养者”。

动物吃植物，并把植物贮存起来的太阳能吸入体内，转化为化学能。它在利用这种能量的同时，吸收氧气，放出二氧化碳。因此，以植物为食或相互为食的动物被称为“消费者”或“它养者”。

微生物进一步把动植物遗体分解成为无机养分而还给土壤（环境），提供给生产者（植物）重新吸收利用。因此，微生物便被称为“分解者”或“还原者”。

以上的生产、消费、分解过程，实际上就是植物吃非生物，动物吃植物的过程。从中不难看出，被称为“它养者”（消费者）的动物对被称为“自养者”（生产者）的植物，存在着一种依赖关系，而实际上，大多数动物也都是以植物群落为给养库和庇护所的。这就是我们所说的植物在整个生态系统中起着至关重要作用的原因。

三、关于生态平衡

生态学认为，在每个生态体系中，都具有由一定生物群体和生物栖居的介质所组成的结构，并进行着物质流动和能量交换。在一定的时间和相对稳定的条件下，生态系统各部分的结构和功能，处于相互适应与协调的动态平衡中。这就是人们所说的生态平衡。简单地说，生态平衡也就是生态系统内部各个环节（成分）彼此相互制约、相互协调，保持一定的平衡关系。

生态平衡的体现是随处都存在的。如前面举例，在池塘里，大鱼吃小鱼，小鱼吃浮游生物，而鱼一死，尸体被微生物分解，成为浮游生物的营养食物。这样，鱼类、浮游生物与微生物之间保持着这种往返不息的物质循环和营养关系，这就是生态平衡。

生态系统的平衡不是绝对的，因为环境因素随时变迁，生态系统也随之改变。一般来说，生态系统对外界影响有一定的弹性。小的干扰或改变，虽然可以使生态暂时失去平衡，但是生态系统内部具有自动调节能力以消除外来的干扰，经过一段时间，可以恢复到原来的状态。然而，这种自动调节能力是有限度的，超过限度时，就会遭到破坏而无法恢复平衡。一个生态系统要维持相对稳定，最基本的一条，就是你从这个系统中取走什么，那你就要在适当时间归还什么，反之也一样。大自然不是一个只入不出的剥削者或贪婪的聚敛者，但也不是一个过分慷慨大方的施主，它的原则是"等量变换"。加进一个新的因素或者减少某个重要成分，使物质与能量的输出与输入发生变化，或超过一定限度，都将使它失去规律，而导致这一生态系统朝着另一方向发展或者崩溃，也就是生态平衡遭到破坏。

四、保持生态平衡对人类繁荣发展的重要性

实践证明，在一定的时间里保持生态平衡，保持生态系统各部分的功能，使它处于相互适应、相互协调的平衡状态中，这对发展工农业生产，进行经济建设不仅非常必要，而且意义重大而又深远。例如，对于农田，补偿农田肥力的消耗就是保证那些包含在农

田中的物质和能量的输入与输出的平衡。那种只顾利用和消耗土地肥力，而不让土地恢复肥力的做法，实际上就是在破坏土地的肥力和农田的生态平衡。对于森林，实现采育并重就是在保证森林本身的生态平衡。那种只顾眼前利益，过分采伐、只采不育和滥砍乱伐森林，制造无林化的做法，就是对生态平衡的大破坏。无林化不但取消了树林对空气、对水分的调节作用，而且带来严重的水土流失。水土流失对一个国家、一个地区所带来的经济损失之大是难以计数的。对草原畜牧业和江河湖海的水产资源问题，亦是如此。

总之，人类历史的实践活动已经清楚地表明，盲目追求和滥用资源，无视它的生态规律，就必然要付出沉重的代价，受到自然规律的惩罚。从世界范围看，历史上作为人类文明发祥地的西亚两河流域、埃及尼罗河流域、印度恒河流域和我国的黄河中上游流域，由于农业的过分开垦，很久以来，大部分已经变成深受干旱与沙化袭击，自然灾害频频发生的荒凉地区。在我国，这些年越来越突出地感到，以往在北部和西北干旱地区，由于毁草开荒等不合理的土地利用，造成了草原局部沙化；在西南亚热带地区，由于不顾当地自然生态条件，毁掉了原有郁闭的森林植被，以致出现了严重的土壤冲刷、气候失调和生产力大幅度下降等严重现象。

当前，我国已经进入到一个全面开展社会主义现代化建设的历史新时期，正在蓬勃发展的四化建设事业更需要我们尊重客观存在的生态规律，研究生态规律，按生态规律办事，以便把当前的生产发展和长远的经济繁荣结合起来，把近期的经济建设目标、计划同国家、民族永久繁荣昌盛结合起来，使我国的社会主义建设事业建立在科学的基础上，永远立于不败之地。

第二节 我国民族地区的主要生态类型及其状况

众所周知，我国是个农业国，12 亿人口中农业人口比例几乎占

80%。我国少数民族人口约9 120多万，农业人口高达90%以上，比例数又甚于全国。这说明，我国少数民族比起汉族，对农业有更大的依赖性，因此，农业生态系统的自然状态，以及它对少数民族地区经济发展和少数民族人民生产、生活的影响与重要性就更为突出。

农业是一个庞大而复杂的生态系统。广义的农业应该包括农田种植业，草原畜牧业，淡水养殖业，以及林业、副业等等。它们又可分属于不同的生态类型，构成各自独立的生态系统。我国少数民族地区地域辽阔，自然条件复杂，气候多样，有着不同的农业生态环境，但最主要的可分为农田、森林、草原三种类型。

一、少数民族地区的农田生态

我国少数民族分布地区辽阔，占全国总面积的60%以上。这里有着多种多样的自然地理条件，既有山地、高原、平原，又有盆地、谷地、岛屿；既有温带地区，又有热带、亚热带和寒温带地区。这种复杂的自然地理环境适应多种植物生长，尤其为少数民族地区的种植业提供了多样化的条件。但是，少数民族居住区大多都是边疆省区，这里虽有平原，可是山地面积却占了总面积的80%。正如俗话说的，“八山一水一分田”。在数千年的历史上，我国各族人民开垦草原，砍伐山林，疏干沼泽，圩湖筑堰，经世代相继、坚忍不拔的努力，如今少数民族地区开垦出的农田达2亿多亩，它是我国各族人民赖以生存和发展的重要财富。

1. 农田生态系统的功能与作用

种植业的劳动对象是农田。农田是农业生产的自然物质基础，又是人类为达到一定目的而变革自然的场地。农田作为一个独立的生态系统，它有自己的物质循环和能量转换规律。农田的生产对象是农作物。在一定气温条件下，农作物茎叶利用二氧化碳，根部吸收土壤中的水分和矿物养分，通过叶绿素的作用，不断把太阳能转化为化学贮藏能，即转化为碳水化合物、蛋白、脂肪、维生素等。一些牲畜以这些农产品为食，人类又以这些农产品和牲畜及其产品为食。人类和动物的排泄物以及农作物的茎叶等残体，经过微生物分解后变为矿物养分，又归还土壤中，供农作物吸收利用。因此，在农田生态系统中，物质不断地循环，太阳能不断地转化为化学贮藏能。人类遵循着自然规律，不断地增加物质和能量到农田生态中去，维持这些成分之间的平衡，使农作物正常发育，以达到增加物质量（产量）的目的。在农田种植业中，人们如果忽视了生态平衡，有意或无意地破坏生态系统中的任何一个或几个因素，如乱改耕作制度，不合理的施肥、排灌、整地，片面强调农田水利工程建设等，都会阻碍农田生态系统中物质循环和能量交换的正常进行，结果就会引起一系列的恶性循环，导致生物量下降、农作物减产，乃至自然灾害等严重后果。

2. 少数民族地区农田生态的状况

40 多年来，我国少数民族地区的农业，由于进行了一系列的技术改革和科学种田实验，生产取得了巨大成绩。但是在维护农田生态平衡问题上，仍存在着主观、盲目，无视科学规律等严重倾向，其中影响最大、最普遍的问题之一，是如何因地制宜地建立合理的耕作制度。

所谓因地制宜地建立合理的耕作制度，其含义有两点：第一，从生态平衡的观点来看，这项耕作制度是否符合本地的自然地理、气候条件，亦即是否有利于农田生态系统的平衡。第二，是看这项耕作制度在某个地区实行能否取得较大的经济效益。

粮食是农田种植业中的首要产品，但不是唯一的重要产品，况且在少数民族地区多种自然环境与气候条件中，并非毫无差别地都适宜于粮食生产或某一两种粮食品种的生产。这是由于受不同的地形、土壤、气候等各种条件制约造成的。例如内蒙古自治区，这里土地辽阔，农业生产的潜力很大。由于地处温带北部，气候寒冷而干旱，并不完全有利于粮食作物的生长，而种植胡麻、甜菜等经济作物却普遍比较适宜。但是，在过去较长一段时间里，由于片面强调“以粮为纲”，忽视了多种经营、全面发展，把胡麻、甜菜等经济作物挤掉了。其结果，既影响了食油和食糖生产，粮食也没搞上去。解放后的前30年里，粮食单产和总产尽管有所增加，但幅度不算大，潜力也有限，远远赶不上经济建设和人口增长的需要。内蒙古自治区50年代末是全国余粮省区，到70年代成了缺粮户；50年代的胡麻种植面积曾达到560万亩，总产达1.4亿公斤，70年代末种植面积下降到0.75亿公斤。据统计，仅此一项每年就少收入数千万元。由此可见，如果能充分认识当地发展农业的生态条件，制定合理的耕作制度，注意多种经营，适当扩大胡麻、甜菜的种植面积，既可以丰富人民生活，增加农民收入，又可以支援粮食生产，为其发展提供资金。又如西藏自治区，是个平均海拔4000米以上的高原山区，气候寒冷干旱，昼夜温差大，植物生长期短；但日照充足，紫外线强，适宜青稞、豆类等作物生长。因此，西藏的农业生产大多是以种植青稞、豆类以及油菜籽等油料作物为主。长期以来，藏族人民在生产实践中总结了一套青稞、豌豆倒茬种植，种地养地、增强地力的经验。另外，以青稞做成的糌粑，是藏族人民每日三餐的主要传统食物。但是，“文革”期间，由于片面强调小麦高产，在许多地区不适当地强调普及冬小麦种植，排挤甚至废弃传统的青稞、豆类倒茬种植制度，结果既违背了当地自然生态规律，也违背了藏族群众千百年来的饮食生活习惯与经济文化传统。由于连年进行冬小麦重茬种植，土地肥力无着，地力下降，种小麦未能增产，农田的生态平衡又渐遭损害。再如多民族聚居的甘肃省，各族人民在长期的生产实践中实行一种粮食生产以夏粮为主，夏粮又以小麦为主，豆、麦、秋粮轮作倒茬，小麦以豆茬为主的茬口，形成有利于农田生态平衡和提高产量的布局。然而，50年代中期和70年代初期，由于片面强调压缩夏粮，扩大秋粮面积，提出消灭低产作物的口号，大砍扁豆、莜麦等，不适当地扩大高粱、玉米面积，采取了不合理的作物布局，打乱了合理的轮作倒茬耕作制度，结果高产变成了低产；不少地方由于秋粮面积过大，秋茬地当年无力进行翻耕，翌年只得板茬播种，地力骤减，造成粮食减产。在广西、湖南、云南、贵州等南方少数民族山区，自60年代起，特别是十年内乱期间，受“左”的错误影响，不顾具体条件，“一刀切”地推广双季稻。这样，一方面由于缺乏合理的水田轮作，地力年复一年被削弱，土壤沼泽化；另一方面，山区比起平原，气温偏低，光照时间短，作物无法得到足够的光能和大气热能，结果农民付出了加倍劳动，双季稻产量却往往达不到一季稻的水平。另外，在许多少数民族居住的边远、偏僻山区，过去一段较长时间里片面强调“以粮为纲”的方针，为要做到粮食自给，甚至要为完成粮食征购任务，群众到处开荒，造成了越广种越薄收、越薄收越广种，水土流失和干旱越来越严重、地力越来越下降的恶性循环。

党的十一届三中全会以后，由于纠正了过去片面强调以粮为纲等经济领域“左”的错误思想，按照科学规律办事，按照生态规律发展农业的重要性已越来越为各民族广大群众所认识。实践证明，不论过去、现在、还是将来的很长一段时间里，在农业仍然是主要经济成分的少数民族地区，农业生态平衡的恢复和发展，可以说是我国少数民族地区经济迅速起飞的关键。

二、少数民族地区的森林生态

我国是个幅员辽阔、地大物博的国家，但森林资源却相当贫乏。据80年代初统计，全世界森林面积约为670亿亩，我国只有18亿亩，还占不到3%，在当时世界160多个国家和地区中排第8位。若以人均有林地计算，全世界人均有林地15.6亩，我国人均不足2亩，占世界人均有林面积的12.8%，居世界第120位。我国森林覆盖率解放初只有8%，现在已增加到13%，但仍然只相当于全世界森林覆盖率平均水平的一半。然而，我国这些有限的森林资源分布又极不均匀，其中半数以上集中在内蒙古、黑龙江、吉林、四川、云南五个少数民族聚居省区。就全国范围的分布状况看，东北的长白山、大小兴安岭，内蒙古的大青山，宁夏的贺兰山、六盘山，甘肃的祁连山，新疆的天山，青藏高原，云贵高原，川康地区，湘南山区，桂北大瑶山、十万大山等南岭山系，以及海南岛等森林地带，也都是少数民族分布区。

1. 森林生态系统的功能与作用

森林生态系统在国民经济中的作用是十分重要的。首先，因为森林生态系统是保护自然界生态平衡的核心，森林作为整个陆地生态系统中的重要组成部分，自然界物质和能量交换的枢纽，对地面、地下和空间的生态环境都有着多方面的影响，在整个生物圈里物质和能量交换过程中，以及保护自然界生态平衡过程中，占有特殊地位。森林植物枝叶繁茂，光合作用面大，根系发达，能充分利用气候、土壤等条件，高效捕捉和贮藏太阳能，产生最大的生物量。森林经过光合作用形成的有机物质占陆地生态系统有机物总量的53.4%，积累蕴藏的碳量占植物蕴藏总碳量的90%，它每公顷生产的生物量达100—400吨（干重），约为农田和草木植物群落的20—100倍；同时，森林占有最大的生态空间，具有明显的层次结构，地上、地下各层形成各自特殊的生态环境，支持不同的生物区系，它对促进生态系统良性循环起关键作用；森林有着很强的涵养水源、保持水土的功能。降雨时，雨水的14—40%被林冠所截留，5—10%被林下枯枝落叶层所吸收，其余50—80%的降水渗入地下，成为地下水的补充，而流经地表的不超过1%，从而削弱了雨水对地表的冲刷。据西北水土保持部门测定，在降雨340毫米的情况下，耕地中泥土被雨水的冲刷量比林地高10—100倍。一亩林地与一亩裸露地相比，至少要多蓄水20立方米。5公顷林地的含水量相当于一座容量为100万立方米的水库。[1]森林能够调节气候。林区的地表水蒸发量小，但树干本身就像抽水机一样，能把大量水分从土壤中抽出，通过强大的蒸腾作用喷洒到空中，从而增加空气的湿度。在夏季，一公顷森林一天可蒸发70—100吨水分。由于林区气温低，湿度大，水蒸气容易凝结成云雨，再还原成地表水。据测量，林区及其附近的

① 杜洪作：《生态平衡的核心是什么》，见《论生态平衡》第20页，中国社会科学出版社1983年版。

降雨量一般比无林或少林区多16—30%。森林能够防风固沙。风是由空气流动而产生的，当风经过森林时，一部分风力进入林区，由于树干和树枝的阻挡及气流本身的冲撞摩擦，风力逐渐减弱，迅速降低，乃至完全消失；另一部分风力则沿着林缘上升，越过森林，激起许多漩涡，成为乱流，能量逐渐减少。实践证明，一条防护林，可以使树高20—25倍距离内的风速降低一半。沙是因风而起并产生流动的，而树木有庞大的根系，能紧固沙土。森林能削弱风的携沙能力，逐渐把流沙固定下来。日久天长，雨蚀风化，加上树木的枯枝落叶及其它植物被根菌分化瓦解，沙子就变成了有肥力的土壤，为农牧业生产提供了良好条件。森林还能净化空气，减少污染。森林通过光合作用，吸收空气中的二氧化碳，排出氧气。据计算，全世界森林一年放出的氧气，超过世界50亿人口呼吸需要的10倍。平均每公顷面积的森林每天吸收二氧化碳达一吨之多，一棵树就像一个小小的氧气发生器和二氧化碳吸收器。森林还有吸毒、吸尘和净化空气与水质的功能。科学家们验证，栓槭树、桂香柳、加拿大柳等树能吸收空气中的醛、醇、醚和致癌的安息香吡啉等毒气，桦、柏、桉树和冷杉、梧桐等还能分泌一种挥发性植物菌素，能杀死空气中的白喉、伤寒、痢疾、肺结核等病菌。

森林生态系统的上述功能与作用充分说明，森林在维护自然界生态平衡中发挥着关键作用。

其次，森林生态系统是国家经济建设和各族人民生产、生活极端重要的原料基地之一。森林生态系统在能量转换和物质循环中所产生的最重要产品是木材。木材用途极广，无论工业、农业、交通运输、国防建设，还是人民群众日常的生产生活，都须臾离不开它。据统计，1949—1978年的30年间，除农民自己和社队集体自用的木材外，各地向国家提供的木材共约8.5亿立方米，其中绝大部分来自少数民族地区。另外，森林还提供多种多样的林副产品，如有柿子、板栗、大枣等木本粮食；有茶油、椰油、橄榄油、文冠果等木本食用油和桐油、乌桕等工业用油；有桂圆、荔枝、椰子、柑桔、沙田柚、香梨、猕猴桃、无花果等名贵果品；有樟树、丁香、玫瑰、桉树等芳香原料；有香菇、竹笋、金银木耳、发菜等山珍美味；有橡胶、生漆、松香、紫胶、白腊等化工原料；有大量中草药材。此外，还有多种珍禽异兽、毛皮等森林动物资源。上述种种林副产品，有的是我国传统出口物资，有的是重要的工业原料，有的是人民生活必需品，有的珍贵动植物群已经被划入国际野生动物保护区加以重点保护。这对支援国家建设，满足人民生活需要，促进少数民族地区经济发展都有着积极的推动作用。

以上情况说明，森林生态的保护，对国家富强、人民幸福和民族繁荣的极端重要性。

2. 少数民族地区森林生态的状况

主要分布在少数民族地区的我国森林资源，解放以来得到了党和国家的极大重视和保护。新中国成立以来，先后颁布过50多个有关保护森林、发展林业的重要文件，为发展我国林业建设，制订了正确的方针和政策。到1977年为止，我国建成了东北山地用材林、水源林，四川盆地梯田用材林，南方山地用材林，云南高原特种用材林、经济林，西部高原水源林、用材林，西北、内蒙古农牧防护林，甘肃、新疆灌溉、农牧防护林，青藏高原草地畜牧防护林等18个林区，植树造林达12.2亿多亩（实际保存面积4.2亿亩），对改造自然，调节气候，保障农牧业生产，满足国家建设和人民生活需要发挥了巨大作用。但是，随着国家经济建设的迅速发展，我国人口的急剧增加，加之我们在政策上的几度失误，特别是十年内乱的严重干扰，使刚刚恢复的林业建设又遭到了破坏，其主要表现为滥砍乱伐，采育比例严重失调。全国大部分林区采伐量超过生长量，有的林区超过25—50%，有的甚至超过生长量的几倍，森林面积迅速减少。例如，黎、苗等少数民族聚居的海南岛，50年代森林覆盖率为25%，80年代初已下降到7.2%，被滥砍乱伐的森林面积达949万亩之多，占解放初1 295万亩森林面积的3/4。多民族的云南省，1963—1975年的12年间，森林面积遭砍伐达1 831万亩，平均每年净减 152 万亩之多。仅在该省西双版纳傣族自治州基诺山一地，这个面积只有 90 万亩的基诺族聚居区，1980 年以前，平均每年毁林开荒达 5 000 亩，森林覆盖率以每 30 年递减 20%的速度在缩小。四川西部藏、彝、羌等少数民族山区，森林资源的年消耗量超过生长量的 3 倍。目前，我国森林面积约 18 亿亩，森林活体木材蓄积量为 95 亿立方米，但可采蓄积为 35 亿立方米。如果按照近年来森林资源平均年消耗量 2 亿立方米的速度发展下去，全国的森林资源到 20 世纪末就将被全部砍光。

森林被大量破坏，不仅加剧了我国木材和林副产品供需的矛盾，而且破坏了许多少数民族林区自然生态平衡，导致了各种自然灾害，严重地影响了少数民族地区经济建设的发展和人民生活的改善。仍以少数民族聚居的祖国宝岛海南岛为例，70 年代前后，由于森林面积急骤下降，破坏了水源涵养，造成了当地自然生态的严重失调。1978 年竟发生了罕见的旱灾，有 1 069 条河水断流，占河川总数的 68%，使 62%的山塘、水库干涸或在死水位以下，有 4 800 口水井枯竭，90 万各族群众生活用水发生了困难。又如云南西双版纳傣族自治州，50 年代，森林覆盖率达 60%，到 1978 年已锐减到 33%，造成自然生态系统的严重恶化，气温升高，雨量减少，特别是风、旱、水灾等自然灾害频频出现，仅 1979 年这一年各种严重自然灾害就达 6 次。再如东北大兴安岭南部地区，在 80 年代，由于不合理的采伐与火灾，使大面积森林被毁，自然生态失去平衡，空气湿度下降，降雨量由过去的 600 毫米减少到 380 毫米左右，风沙增大，干旱连年发生，严重影响了当地蒙古、鄂温克等民族的农牧业生产和生活。从整个大兴安岭地区看，森林的过分砍伐还使松花江、辽河上游河源山地的土壤涵水功能大大下降，一到雨季，河水泛滥，1985、1986 两年辽宁、吉林、黑龙江三省部分地区连续遭受洪水灾害，就是大兴安岭森林生态遭到破坏的又一巨大恶果。又如我国少数民族分布较多的东北、华北、西北“三北”地区，由于森林覆盖率低，加之“文革”时期人们片面强调“以粮为纲”，毁林开荒，毁草开荒，导致风沙等自然灾害连续不断，土地以每年平均2 000万亩的惊人速度在沙化，流沙不仅吞没了成片的良田、牧场，而且日渐扩大、南移，以至首都北京已经处在沙化的边沿。这样的教训在世界各地比比皆是。对此，早在100多年前恩格斯就已深刻地指出："我们不要过分陶醉于我们对自然界的胜利。对于每一次这样的胜利，自然界都报复了我们。……美索不达米亚、希腊、小亚细亚以及其他各地的居民，为了想得到耕地，把森林都砍光了，但是他们做梦想不到，这些地方今天竟因此成为荒芜不毛之地，因为他们使这些地方失去了森林，也失去了聚积贮存水分的中心。阿尔卑斯山的意大利人，在山南坡砍光了在北坡被十分细心地保护的松林，他们没有预料到，这样一来，他们把他们区域里的高山畜牧业的基础给摧毁了；他们更没有料到，他们这样做，竟使山泉在一年中的大部分时间内枯竭了，而在雨季又使更加凶猛的洪水倾泻到平原上。"① 1961年周恩来到云南省西双版纳傣族自治州视察工作，对毁林开荒、滥砍乱伐森林的现象提出了尖锐批评。他说："西双版纳号称美丽富饶之乡，如果破坏了森林，将来也会变成沙漠，我们共产党人就成了历史的罪人，后代会责骂我们的。"②

在少数民族地区大力开展四化建设的今天，森林生态的培育与保护，可以说是关系到四化目标能否顺利实现的重要课题之一。

三、少数民族地区的草原生态

我国是世界上草原资源最丰富的国家之一。草原生态系统所占空间范围约43亿亩，主要分布在从东北平原西部，经内蒙古高原、鄂尔多斯高原、黄土高原，直达青藏高原南缘一线以西，即从北纬51°到28°的广阔范围内，绵延4500公里，占全国土地面积的29%。从行政区划来看，主要分布在黑龙江、吉林、辽宁、内蒙古、宁夏、甘肃、青海、新疆、西藏和四川十个少数民族聚居省区，亦称畜牧

① 《马克思恩格斯选集》第3卷，第517—518页。

② 转引自《人民日报》1978年9月17日《采取有效措施加强森林保护》一文。

业十省区。此外，南方各省还有草山草坡7亿亩尚未得到充分利用。根据自然地理及行政区划，我国草原一般又划为五大区，即东北草原区、蒙宁甘草原区、新疆草原区、青藏草原区和南方草山草坡区。这是我国传统的畜牧业基地，故又有五大牧区之称（一说五大牧区为内蒙古、新疆、青海、西藏、川西）。

1. 草原生态系统的功能与作用

草原，简单地说，就是大面积保持着草木植被或灌木植被的地区。草原植被与草原外界环境的非生命部分，如日光、空气、水分、土壤等，以及有生命部分，如草食动物、肉食动物、微生物，和人类之间构成复杂的网络，其间进行着能量交换和物质循环。草原的这种网络关系就被称为草原生态系统。草原生态系统在国民经济中的地位和作用是十分重要的。它主要表现在：

首先，草原生态系统是人类食物、衣着消费的重要来源之一。草原的绿色植物通过光合作用固定太阳能，生产有机物质牧草，草食牧畜将牧草转化为肉、奶、皮、毛等畜产品。前者称为初级生产，后者称为次级生产。草原生态系统通过牧草——草食动物——人类消费的"食物链"，不断进行能量转化和物质循环。人类在这种能量转化和物质循环中，不断获得经济利益。全世界草原每年的净初级生产量（减去牧草自身呼吸消耗）约有148.3亿吨（干重），占陆地生态系统生产的有机物质的13.8%。草原生态系统平均每平方米的生物量（牧草生产量）为1.6公斤，约为农田系统生物量的1.5倍。目前，全世界许多地区的反刍类家畜需要营养的95%以上来自饲草，其中大部分来自草原。人们利用草原生产了大量的畜产品。我国利用草原生态系统生产的畜产品价值就相当可观。

其次，草原生态系统是保护生态平衡的重要方面。草原生态系统是陆地比较不发达的生态系统类型。在正常的自然条件下，主要是水分、二氧化碳充足时，每一个植物群落都可以经由地衣阶段、苔藓阶段、草木植物阶段、乔木阶段而形成森林的顶极群落，达到在单位面积上有机体数量最大、生物量最大的生态系统阶段。例如民族众多的云南省热带雨林便属于这类生态系统。但是，草原生态系统一般所处的自然环境是大陆性气候，雨量稀少。森林和粮食作物等在这类地区不太适宜生长，而以草木植物为顶极群落，即构成草原生态系统。但是，也正因为草原生态系统不发达的发展经历，使它具有较强的适应干旱环境的能力，对这些地区的生态环境起着保护作用，使之不易过分干燥，土壤风蚀，沙化不致太严重。例如，生长在内蒙古和甘、宁、青、新等省区荒漠草原上的琐琐草，其主根扎入土壤深处3—5米，侧根可达到5—10米，可以充分利用环境中为数不多的水分，以维持其机体水分平衡，从而使它在严酷的荒漠中得以生存。这类草原占上述五省区天然草场的34%。适宜这类环境生长的主要牲畜骆驼，几乎占全国骆驼总数的100%。在以我国少数民族为主的牧区、半牧区，离开了草原植被的保护，就会立即带来土壤的沙化、盐碱化和牧草退化等一系列自然生态遭到破坏的严重现象。

2. 少数民族地区草原生态系统状况

在以少数民族为主的我国草原畜牧业地区，由于解放后生产关系的变革和生产力的解放，草原畜牧业得到了迅速的恢复和发展。例如，从1949年到1979年的30年间，一方面全国少数民族自治地方的草原建设从无到有，从小到大，面积近8 000万亩，牧畜从4 000多万头增长到1.7亿头，增长4倍多；另一方面，由于我国草原畜牧业发展的起点低，水平相当落后，加之缺乏科学的经营管理，特别是十年内乱的破坏，使少数民族牧区草原生态系统出现了一系列严重问题。

首先，草原退化严重。用生态学的术语来说，草原畜牧业是以利用草原生态系统的剩余生物量① 为手段生产畜产品的经济事业。

① 草原生态系统的剩余生物量，指草原生态系统的初级生产量要经过以下几个方面的扣除，才能用于畜牧业生产：第一，牧草本身的呼吸消耗，第二，草原生态系统中其它生物的消耗，第三，人类的樵采、挖掘药材等损耗。

畜牧业生产要受到生态系统的结构及其自然规律限制，而不能随意扩大。当牲畜采食量大体与草原剩余生物量相当，即草原生态系统的内部结构和运动规律不被破坏时，草原生态系统能大体上维持平衡。反之，如果牲畜采食量长期大于剩余生物量，就会使草原生态系统的内部结构受到破坏，失去平衡。就是说，草原上的牲畜超载过牧，会造成草原生态平衡的破坏。我国广大少数民族牧区的情况正是如此。据统计，我国十个牧业省区，1949 年大小牲畜年末存栏数为 2 916 万头，到 1978 年发展到 8 666 万头，平均每头牲畜占有可利用草地面积，1949 年为 999 亩，1978 年为 397 亩。据内蒙古伊克昭盟调查，该地区养一只羊需 14 亩草地，而实际只有 6.6 亩。由于超载过牧，使草原的再生产能力受到破坏，天然植被退化。据 1981 年统计，我国 43 亿亩草原中，退化的达 10 亿亩，占 23%。我国畜牧业重要基地之一的内蒙古草原，退化草场已占草场总面积的 1/3，而且还在一段时期里以每年 600 万亩的势头在发展。草原退化的明显标志，一是单位面积产草量下降，一是牧草质量变化，主要是可食性牧草比重下降，毒草、杂草增加。如青海省果洛藏族自治州，草原退化前，杂草、毒草占 19—31%，退化后达到 30—60%。

其次，草原沙化严重。草原生态系统的全部生物，包括依靠它生活的人类，归根结底是依靠初级生产物——牧草生存的，所以草原植被是草原生态系统的基础。而盲目开荒，招致草原大面积沙化，就会使这个基础削弱或遭到破坏。草原生态失去存在的基础，其严重后果是可以想象的。然而，在我国广大少数民族牧区，从 60 年代中期开始，由于政策一度失误，在片面强调“以粮为纲”和所谓“牧民不吃亏心粮”的口号下，出现过多次盲目大开荒，先后共弃牧毁草、开垦草原 1.5 亿亩，造成草原大面积沙化，使我国的沙漠面积达到 4.92 亿亩。仅内蒙古伊克昭盟，20 多年间弃牧开荒就达 600 多万亩，而造成的沙化面积达 1800 万亩，是开垦荒地的 2 倍。从全国看，在北方的 12 个省区、207 个县（旗），都不同程度地存在着沙化问题。全国 2 093 个国营农牧场，6 682 万亩耕地，大部分都集中在内蒙古、黑龙江、吉林、宁夏、新疆等省区。过去，国家对国营农牧场的投资，每开垦1亩荒地投资70元。在上述草原地区的大面积开垦，无疑等于是国家花钱买了新的人工沙漠。

再次，能量流失严重。我国过去衡量畜牧业发展的传统标准是看各类牧畜的年末存栏数，而不注重实际经济效益。这就造成了每年冬季都要保留大量牲畜。过多的牲畜冬春时节缺乏必要的饲料补充，遂造成大批死亡或掉膘损失。据统计，一般年份牧区牲畜死亡率约超过5%，受灾年份死亡率约超过24%；而冬春季掉膘损失则为死亡损失的3—5倍。两项相加，每年损失量为国家牲畜收购量的6—7倍。同时，冬季存栏牲畜过多，使冬秋牧场和来年夏季牧场的负担更重。因为牲畜在冷天因饥饿而将避风草场啃食干净，甚至连草根也难幸免，从而毁灭了植被。过冬后的幸存者体重消耗很大，为使这些牲畜有出售价值，还得重新牧养、过夏，从而加大了牧草消费量。这样年复一年地恶性循环，同样严重削弱了草原生态系统。

草原退化、沙化和能量流失等生态破坏的直接后果，就是畜牧业发展缓慢乃至下降。据上述十个牧业少数民族省区的统计，1949—1965年间，牲畜头数增长1.5倍，而自1966年起，发展开始慢而不稳。1966—1978年13年间，仅增长了13.4%，其中有的年份还有下降。尤其是内蒙古牧区，1949—1957年牲畜年均递增9.2%，1958—1967年，年均递增5.7%，1968—1978年，年均递减0.1%，1978年全年牲畜总头数退到了1960年的水平。不仅牲畜头数发展缓慢，而且质量也显著下降。据调查，至80年代中期，羊只平均体重下降了10斤，每只羊的产毛量也由过去的几公斤下降到仅1公斤左右。

总之，上述情况说明，我国少数民族地区草原生态系统随着经济活动的进一步开展，已经出现了生物单纯化、结构简单化、生产力下降的不良倾向。这就是说，草原生态已经受到了严重破坏。因此，开展对草原生态问题的研究，加强草原建设和畜牧业生产的科学管理，努力恢复草原生态平衡，是我国少数民族地区加快经济建设，实现四化目标，促进民族繁荣与发展的又一项重要课题。

第三节 保护生态平衡，促进民族繁荣

从以上对少数民族地区生态状况的大致观察，我们不难看出，与全国相比，少数民族地区有其地大物博的优势，具备着多种类型的较为优越的自然生态条件。仅此而言，它是我国少数民族进行四化建设，实现繁荣发展的有利因素，是尽快摆脱历史上遗留下来的经济文化落后这一事实上不平等状况的重要物质基础。由于种种原因，长期以来，这种优厚的物质基础、有利因素却受到自觉或不自觉的严重破坏。然而，令人欣喜的是，在社会主义现代化建设迅猛发展的今天，在新时期党的经济政策、民族政策的正确指引下，与经济发展和民族繁荣密切相关的生态问题已经越来越为人们所重视，尤其是得到了党和国家的关心与支持。

一、农业是我国少数民族地区生态建设与民族繁荣的关键

党中央在十二大政治报告中明确指出，今后必须坚决保护各种农业资源，保持生态平衡，以加快农业现代化的步伐①。这是因为，在一定意义上说，农业生态是关系到国家四化建设速度与成败的大问题，关系到实现各民族间事实上平等和民族繁荣的大问题。

如前所述，我国 9 120 多万少数民族人口中，90%以上以农为主，这就决定了少数民族地区生态建设问题必须从农业入手。广义的农业包括农（种植业）、林、牧、副、渔各业。各业生产同自然的再生产交织在一起，形成了相互渗透、相互制约的不可分割关系。农业生产的过程，就是农业各部门之间，以及各部门与自然环境之间进行能量和物质转化的过程。如果农业生产结构合理，各种生产比例协调，这种能量和物质转化就顺利，农业的劳动生产率就高，农

---

① 参阅《中国共产党第二十次全国代表大会文件汇编》，第 15 页，人民出版社 1982 年版。

业经济的发展速度就快。反之，结构不合理，比例关系失调，这种转化就会遇到困难，农业劳动生产率不仅难以提高，甚至还会下降、倒退。换句话说，农业各部门与自然环境之间是否保持良性循环，对农业生产影响极大。这对历来就以农、林、牧相互交织、共同发展为重要特点的少数民族地区经济来说，情况尤为如此。由于特殊的地理环境，少数民族地区农业经济中的粮食、林业和畜牧业在发展中是相互依赖又相互制约的。当我们单纯为追求粮食生产而毁林开荒、毁草开荒，破坏林业与畜牧业存在的基础之时，农业生态的良性循环也随之遭到破坏，自然界就会突如其来地对我们进行报复。上述少数民族地区农、林、牧三种生态系统现状中的实例，又一次证明了这一点。

二、"种草种树，发展畜牧"对实现少数民族地区生态平衡，促进民族繁荣意义重大

为了认真对待生态平衡这一严肃的科学课题，迅速处理好生态平衡与经济建设之间的协调关系，党和国家领导同志在对全国各省、区，尤其是南北方少数民族省、区进行多次深入调查研究后，于1982年召开的北方干旱地区农业工作会议上，明确提出了一条"种草种树，发展畜牧"，实现生态系统的良性循环，以加速实现少数民族地区农业现代化的方针①。这是一条尊重科学，以科学规律为指导，从少数民族地区的实际出发，实事求是的方针，也是一条对少数民族地区经济建设与民族繁荣有着深远影响的正确方针。它不单纯对北方少数民族地区，而且对包括南方山区在内的全国少数民族地区都具有普遍意义。这是因为：

首先，种草种树、发展畜牧的方针是从我国少数民族地区生态条件的实际情况出发的，它抓住了少数民族地区全面发展农业的关键。我国少数民族分布地区约为500多万平方公里，而耕地面积却不到1/10。大面积的荒山、荒坡、荒滩有待开发，大量的荒水可以

① 参见《民族团结》1983年第10期。

利用。全国现有的18亿亩森林和43亿亩草原大部分都在少数民族地区。论森林，面积并不算大；论草原，大多数质量差，载畜量低，平均每亩草原每年大约只生产2两肉、1两毛。由于林少、草少，养的牲畜少，返还给土地的肥料和大地涵养的水分也就少，因而水土流失、土壤贫瘠、干旱以及洪涝、风沙等，成了农业全面发展、实现农作物稳产高产的重要障碍。所以，要使农业有一个突破性的发展，光靠粮食不行，光靠种植业不行，必需要粮、林、牧并举。而中央提出的种草种树，则是要以此为突破口，以草以林促畜牧，以草以林促粮食，以草以林促工业。这不仅是北方少数民族干旱地区发展农业的根本出路，而且对南方少数民族山区乃至全国农业的发展，对进一步处理好全国农、林、牧、副、渔的关系，改革农业生产结构都具有重要意义。

第二，种草种树、发展畜牧的方针，是在分析历史经验的基础上，为造福子孙后代，实现生态良性循环而提出的一项战略措施。我国历史上曾是个林草丰茂的国家。四季常青的南方自不待言，就是西北、华北的广大地区，古代也曾经是“大山乔木连跨数郡”的林木荫翳之地。直到明代，今日兰州市的皋兰山还被诗人形容为“天晴万树排高浪”的林海。我国内蒙古阴山之下的草原，早在北魏时期曾被诗人赞誉为“天苍苍，野茫茫，风吹草低见牛羊”的丰美牧场。但是，经过历代的战乱和任意砍伐，昔日林海般的陇原，成了“山穷水劣，风高土燥，秋旱春迟”的一片赤地；昔日风吹草低见牛羊的牧场，也已是蒿草稀疏，黄沙漫漫的荒漠旱川。这种变化，既是一种历史的启示，又可以从生态学上得到说明。首先，历史的记述使我们认识到，生态环境的变化与人类活动有直接关系。我们的祖先由于不明了生态科学的真谛，有意或无意地破坏了自己生存的环境，从而干下了有负于后人的蠢事。今天，掌握了生态科学知识的我们，就要从前人的错误中吸取教训，一方面，绝对不能再步他们的后尘，干那种“吃祖先饭，砸子孙碗”的蠢事；另一方面，下定决心，从种草种树、发展畜牧着手，让被昔日破坏了的生态环境，从我们这一代手中开始恢复、改变。其次，以生态学的观点分析，一个地区的气候如何，要看三个条件，一是阳光的辐射，二是大气的环流，三是下垫面的大地情况。大地的反射率和粗糙的情况，亦即有无植被或植被的好坏，直接影响着气候的调节及其好坏。种草种树，不仅可以增加和改良大地植被，促进牧业，促进粮食等种植业，促进工业，直接创造更多的财富，而且可以在一定程度上改变自然条件，使它变得更有利于各民族人民的繁荣发展，有利于他们的子孙后代。

第三，种草种树、发展畜牧的方针，进一步为各民族人民指出了农、林、牧、副、渔全面发展的新路子。在过去较长一段时期里，由于我们对少数民族地区自然条件的认识不够全面，加之指导思想的失误，曾片面强调种植业而忽视了林、牧、副、渔业；片面强调以粮为纲而忽视了经济作物；眼睛只盯着有限的耕地而忽视了大面积可以利用的土地和水面；只注意水、土工程措施而忽视了种草种树等生物措施等，对农业生产的布局、结构和全面发展产生了消极影响。而滥砍乱伐森林、林权多变、毁林毁草开荒等更加重了植被的破坏，加剧了生态系统的恶性循环。结果是强调粮食，粮食增长并不那么快；只抓耕地，许多耕地产量并不那么高，因为人们向土地的投入少，有机肥不够，即使有了灌溉条件，也不能充分发挥作用。在这种情况下，过分地依靠化肥，又造成土壤结构的破坏，影响作物生长。这些教训告诉我们，发展农业必须尊重生态规律，即首先要抓好种草种树，也就是从生态系统的“生产者”入手，扩大作为“生产者”的植物，增殖作为“消费者”的牲畜，再经过微生物这个“还原者”，把返回给土地的动植物残体和排泄物分解后，供给植物吸收。这就是说，应以有机物的合理循环转化为主，再加上化肥、农药等无机物，尽可能采用现代科学手段，不断提高土地的生产率和各种自然资源的利用率，实现农、林、牧、副、渔全面发展。无容置疑，这是一条全面发展农业的正确途径。

当前，在祖国960万平方公里的辽阔大地上，从北方到南方，从内地到边疆，从汉族地区到少数民族地区，党中央提出的因地制宜发展农业，实现生态系统良性循环的“种草种树，发展畜牧，改造山河，治穷致富”的号召，已经深入人心，在许多民族学家、经济学家、生态学家等科学工作者的积极建议、具体指导和帮助下，在党和各级政府部门的大力推动下，这项既服务于现在又着眼于未来的工作，正在扎扎实实地进行着，而且已经取得了许多可喜的成果。如地处西北黄土高原腹地的甘肃省临夏回族自治州，昔日光山秃岭，干旱贫困，从1984年起，响应中央号召，大抓种草种树，发展畜牧，仅两年时间，即种多年生牧草30万亩，造林37万亩，牲畜由100万头增加到120万头，走上了农、林、牧协调发展和生态良性循环的道路，全州面貌发生了可喜变化：一是解决了昔日燃料、饲料、肥料俱缺问题，破坏植被现象基本停止；二是解决了几十万回、东乡、保安、撒拉等族群众吃肉难、吃奶难的问题；三是促进了传统毛皮市场的繁荣和饮食服务业的发展。事实使我们确信，随着我国少数民族地区生态平衡的逐步恢复，各民族地区的经济文化建设速度必定会大大加快。

本章主要参考书目：

①《论生态平衡》，中国社会科学出版社1983年版。

②《我国的草原》，商务印书馆1982年版。

③《中国少数民族经济概论》，中央民族学院出版社1985年版。

④钱学森：《草原、草业和新技术革命》，见1986年3月7日《人民日报》。

⑤《念好草木经，打好草木仗》，见《民族团结》1983年第9期。

第二十一章 民族地区的经济建设问题

我国社会主义制度的建立，从根本上铲除了民族压迫的根源，为各民族的共同繁荣、发展创造了最有利的条件，但是，要彻底改变我国少数民族地区贫困落后的面貌，使后进民族尽快跻身于先进民族行列，逐步消除历史上遗留下来的经济文化方面事实上不平等，实现各民族的共同繁荣，其根本的一条，就是发展经济。为此，正确认识经济对实现民族现代化的作用，全面了解、分析我国各民族经济文化类型的特征，以历史唯物主义的观点和实事求是的科学态度，认真研究如何发展少数民族经济，成为当今民族学研究的重要课题之一。这种研究被归入“经济民族学”的范畴。

第一节 经济是民族现代化的基础

一、我国新时期的民族工作任务

马克思主义一贯认为，无产阶级取得了国家政权，特别是建立了社会主义制度，各民族人民当家作主之后，最主要的任务就是大力发展生产力，坚定不移地把工作重点转移到经济建设上来，为逐步改善全体人民的物质和文化生活而努力。中国共产党十一届三中全会的召开，是这一历史性转变的标志，从此，我国进入到一个以发展经济为中心任务的社会主义现代化建设新时期。我国是一个统一的多民族国家，实现四化是各民族共同的目标和任务。为此，会议公报指出，新时期党和国家的民族工作任务是：“贯彻执行新时期的总路线总任务，坚决贯彻党的民族政策，加强民族团结，巩固祖国统一，维护边疆、少数民族地区的安定，充分调动各少数民族人民的社会主义积极性，为把我国建设成为社会主义现代化强国而努力奋斗；国家在实现现代化过程中，大力帮助少数民族加速发展经济和文化建设，大力培养有共产主义觉悟的少数民族干部和各种专业技术人才，逐步消除历史上遗留下来的事实上的不平等，使各少数民族能够赶上或接近汉族的发展水平。”公报的这一段话，既正确地反映了一个民族从落后走向繁荣的客观规律，又充分表达了我国各族人民的共同愿望和根本利益，认真地付之实践，我国各族人民共同繁荣、发展就大有希望。

二、现代化需要少数民族，少数民族需要现代化

在我们多民族的社会主义大家庭里，少数民族人口虽然只占全国总人口的8%，但他们所居住的地区占全国总面积的60%以上，这是我国历史发展形成的一个基本特点。从这个特点出发，毛泽东曾提出，要搞好社会主义建设，必须把少数民族方面的地大物博同汉族方面的人口众多很好地结合起来。现在，要实现我国的四化大业，就必须在更大规模和更紧密的程度上把这两方面结合起来。“社会主义现代化非常需要少数民族，少数民族非常需要社会主义现代化”，就是这种结合的重要性、必要性形象而又生动的概括。

为什么说现代化非常需要少数民族呢？因为我国少数民族比较集中地分布在祖国的边疆地区。这里有连绵的山脉，由于它们的地质构造复杂多样、发育历史不同，各自具有独特的成矿条件，因而金属矿、非金属矿、可燃性有机岩等能源矿藏应有尽有，而且品种多、储量大、品位高、分布广。其中部分民族省区，在煤炭、石油、稀土、锰、铅、汞、铬、硼砂、磷石灰等矿藏储量方面，皆居全国之首。同时，山上还有宝贵的森林和多种动植物资源。仅森林资源一项，就占全国森林面积的一半以上，而多民族的云南省，由于境内多高山峡谷，植物从寒带到热带垂直分布，被誉为“植物王国”。民族地区还有广袤的草原，其面积占到全国草原的90%，它是我国最重要的畜牧业基地，其中仅牛、羊两类牲畜就占全国牛、羊总数的一半以上，而马匹的生产要占全国的80%，骆驼占100%。这些牧区是我国广大农村的耕畜和城乡肉食品的重要供应基地。民族地

区还广布着众多的平原、高原、河谷、盆地，经过各族人民的世代开发，早已成为我国传统的农作物基地。它所生产的粮食作物，数量可观，品种多样、齐全，经济作物更具特色，如甘蔗、橡胶、茶叶、烟草、油桐、长绒棉等等，其产量与质量在全国都占有举足轻重的地位。由此可见，民族地区是我国发展现代化工业、现代化农业、现代化国防和现代化科学技术极其重要的原料基地，是实现社会主义四化大业的强大物质后盾。此外，我国少数民族人口9 120多万，他们勤劳、勇敢、富于智慧，是建设社会主义的一支重要力量，尤其是民族地区四化建设最基本的力量，所以四化建设非常需要得到少数民族的支持和参加。如果没有少数民族的支持和参加，没有少数民族地区经济文化建设的迅速发展，要实现国家的四个现代化是不可能的。

为什么说少数民族非常需要现代化呢？这是因为我国少数民族社会经济，在解放前大都长期停滞在资本主义以前的落后状态。解放后，他们在党和国家领导下，经过社会改革，在短短的十几年内，废除了各种剥削制度和的原始公社制残存，跨过了一个或几个历史发展阶段，和那些社会经济结构与汉族大体相同的少数民族一道，过渡到社会主义社会。这是一个超过几百年甚至几千年的巨大的社会飞跃，也是对马克思列宁主义关于落后民族在胜利了的先进民族无产阶级的大力帮助下，可以避免资本主义发展阶段，过渡到社会主义这一理论的丰富和发展。但是，我国少数民族在建立了社会主义制度以后，他们原先就很落后的经济文化面貌一时难以改变，历史上形成的民族间事实上的不平等还显著存在。所以，单凭社会制度的飞跃是不够的，社会主义制度的建立，只是解放了生产力，为新的生产力的巨大发展提供了可能性；要把可能变为现实，就必须依靠执政的无产阶级政党的正确政策和全国各族人民的创造性劳动，在今后几十年内再实现一次大的飞跃。这个飞跃就是：国家在实现四个现代化的过程中，大力帮助各少数民族在自力更生的基础上加速经济文化发展，逐步消除历史上遗留下来的事实上的不平等，使他们能够赶上或接近汉族的发展水平。因此，少数民族非常需要现代化，迫切需要现代化。

周恩来说过："建设社会主义工业化的国家，是任何民族都不能例外的。我们不能设想，只有汉族地区工业高度发展，让西藏长期落后下去，让内蒙古牧区长期落后下去，这样就不是社会主义国家了。我们社会主义国家，是要所有兄弟民族地区、区域自治的地方，都现代化。"[①]

发展经济，实现四化，是中华民族巍然屹立于世界民族之林的强大物质基础；发展少数民族经济，加快少数民族地区的四化建设步伐，则是我国少数民族实现真正的民族平等与繁荣的物质保证。

三、发展经济、促进四化，是民族学工作者的光荣责任

为了开创社会主义现代化建设的新局面，中国共产党在第十二次代表大会上，确定了我国经济建设的战略目标、战略重点和战略步骤，会议报告指出："从一九八一年到本世纪末的二十年，我国经济建设总的奋斗目标是，在不断提高经济效益的前提下，力争使全国工农业的年总产值翻两番，即由一九八〇年的七千一百亿元增加到二〇〇〇年的二万八千亿元左右。"[②] 这是一个鼓舞人心的宏伟计划，同时，也是一个在对我国经济与社会发展的历史与现状进行充分分析研究基础上制订的实事求是、完全符合我国国情的计划。少数民族经济是我国社会主义国民经济的重要组成部分，实现全国工农业总产值翻两番的目标，同样也是少数民族地区经济建设的重要任务。那么，依据国家的总体计划和总的要求，少数民族经济和少数民族地区经济应如何发展，如何行动，如何为完成这一计划而努力呢？这就要求我们对少数民族社会经济，从内容到形式，从历史到现状，做出客观、具体、实事求是的分析，借以制定科学的适合

① 周恩来：《关于我国民族政策的几个问题》，人民出版社 1980 年版，第 23 页。

② 《中国共产党第十二次全国代表大会文件汇编》，人民出版社 1982 年版，第 15 页。

于少数民族区情、族情的具体计划来。民族学工作者有责任、也有能力从本学科的角度，对这一光荣而又艰巨的任务做出自己的贡献。

第二节 因地制宜地发展民族地区经济

党的十一届三中全会以来，少数民族地区经济发展普遍良好，同本地区的过去相比，发展相当迅速。但是，同全国发展水平相比，却存在着较大差距，与沿海先进省市相比，差距则更大。从工农业总产值的增长幅度看，1950—1983年，全国工农业总产值每年平均递增9.2%，少数民族自治地方则为7.6%。1988年全国人均工农业总产值为2189元，民族自治地方仅为1560元，几乎相差1/3。根据五个少数民族自治区和云、贵、甘、青四个自治区待遇的多民族省的资料，1986的人均工农业总产值在全国的排列名次是：新疆第十四位，宁夏第十九位，甘肃第二十位，青海第二十三位，云南第二十六位，广西第二十七位，贵州第二十八位，西藏第二十九位，几乎都在全国平均水平以下。这九个省区中，人均值最高的是新疆，为997元，最低的是西藏，为419元，与沿海地区相比，相差好几倍。如果与上海人均7661元相比，西藏相差18倍还多。

少数民族地区经济发展与全国相比所存在的差距，一方面反映了历史的和自然条件等种种原因，造成了少数民族地区经发展底子薄、基础差这一客观现实，另一方面，也反映了加速发展少数民族地区经济的必要性和紧迫性。因为如前所述，少数民族经济是我国社会主义经济的重要组成部分，“我们国民经济没有少数民族的经济是不行的”[①]。而且，少数民族地区只有呈现出比以往任何时期都要更快的发展速度，才能逐步缩短与汉族地区经济发展的差距，尽快实现各民族的共同繁荣。

新中国成立以来的历史与实践经验告诉我们，要加速我国少数

① 《毛泽东选集》第5卷，第154页。

民族地区经济与社会发展，促进民族经济繁荣，必须重视以下几方面的问题：

第一，生产关系的变革必须与生产力的发展相适应。

少数民族地区民主改革和社会主义改造的完成，标志着新的社会主义生产关系的初步确立，它为各民族生产力的发展提供了广阔前景。但是，在过去较长的一段时期里，由于“左”的干扰，在全国范围内，普遍出现了生产关系的变革越出常轨，被人为加快的现象。与全国相比，少数民族地区生产力发展水平更低。例如，从生产力的重要内容之一生产工具看，在广大农牧区，大多至今还在使用着传统的砍刀、锄头、砍土镘、二牛抬杠、连枷以及勒勒车、套马杆等千年一贯制的简陋工具或部分改良农具，机械化工具很少；从劳动技能看，民族地区科学技术水平普遍很低，经营管理人才缺乏，有的村寨甚至连找个记账员或会计都很困难；从自然生产力看，民族地区有的山高谷深，居住分散，耕地零散，无法使用大农具，有些高寒山区、盐碱荒漠地区生产条件更差。面对如此低下的生产力水平，主观主义地改变某些生产关系的做法，违背了客观规律，多年来，给民族地区的生产和各族人民生活带来了相当普遍的不良后果。

党的十一届三中全会以来，在全国农牧区普遍实行联产承包责任制的推动下，我国少数民族地区也逐渐推广了包产到户的经营管理责任制形式。这种责任制，实际上是生产关系的一种调整。它的出现一举解决了我国农牧区长期没有解决的生产关系与生产力不相适应的矛盾。毛泽东曾经指出：“中国的一切政党的政策及其实践在中国人民中所表现的作用好坏、大小，归根到底，看它对中国人民的生产力的发展是否有帮助及其帮助大小，看它是束缚生产力的，还是解放生产力的。”[①] 我国少数民族地区广大农牧民乐于接受“双包”责任制形式，就是因为它并不是束缚了生产力，而是解放了

① 《毛泽东选集》合订本，第980页。

生产力。因此，我国少数民族经济的发展，必须十分注意生产关系要与生产力水平相适应这一客观规律。

第二，改革落后的生产方式，消除落后的思想意识。

解放后，经过社会改革，我国各民族先后越过了一个或几个社会发展阶段，直接进入社会主义社会，经济文化的发展、变化是巨大的。但是，与汉族相比，部分少数民族的社会进步又显得缓慢，究其原因，其中重要一点是与这些民族解放前落后的社会发展阶段有关。一般说来，其缓慢程度是与原社会形态的落后程度成正比的。这里，仅以在解放时仍保留有浓厚原始公社制残余的东北鄂伦春族和云南部分景颇族为例。

地处东北边疆的鄂伦春族，直到解放时，仍过着采集、游猎为主的经济生活。他们的生产工具主要是枪支、马匹和猎犬；冬住山阳，夏住河滨，居无定所；衣兽皮，食兽肉，辅以采集和捕鱼。这种单纯向大自然索取型经济，没有多少剩余产品，因此，造成他们始终无法跨出共同劳动、平均分配的原始公社制社会发展阶段。解放后，党和政府帮助鄂伦春人实现了定居，引导猎民们在狩猎生产的同时，还兼事保护森林，饲养驯鹿、家畜家禽，并发展了农业。但在解放后的前30年里，他们仍未能适应农业这种生计方式，也不重视商品生产和按劳分配。80年代以来，当土地承包责任制推行后，许多人便纷纷脱离农田，重新操起进山采集、狩猎的旧业。殊不知，随着现代社会科学技术的进步和对大自然的开发，可供狩猎的空间已在日趋缩小，继续坚持这种落后的生计方式是没有前途的。采猎业收获极不稳定，且所获甚微，每年都需要国家扶助。

地处云南德宏地区的部分景颇族亦存在着类似情况。解放前刀耕火种型农业生计方式直到80年代仍未有多少改变。其原因，一方面是此种生计方式投资少，得益多，方便、省事；另一方面认为这是世代相继、不愿丢弃的民族传统。然而，这种落后的生计方式既使大批森林资源遭到毁坏，严重危害着当地的生态环境，又严重影响着景颇族农业向深度和广度发展，影响着本民族经济文化的进步。

因此，大力发展生产力，改变落后的生计方式与传统观念，抓好两个文明建设，是少数民族获得发展，摆脱贫困的又一关键。

第三，因地制宜地制定生产方针。

少数民族地区幅员辽阔，资源丰富，自然环境复杂，气候条件多样，从而造成了自然资源、经济结构多样性、复杂性的特点。在这里，有适宜农业经济发展的平原、绿洲、盆地，也有适宜畜牧业经济的广阔草原；有适宜渔业水产经济的江河、湖泊，也有适宜林业、狩猎业和其它多种经营的山区等。因此，各民族地区在制定本省区的生产方针时，必须考虑上述地理、自然等生态条件和民族分布、各民族传统的生计方式、经济文化特征，以及现阶段的交通运输、商业流通、技术力量、资金储备、劳力组成、历年来各项生产指标等各种客观条件与主观因素。在全面分析、综合研究的基础上，发挥优势，扬长避短，提出符合本地区特点和实际情况的生产方针。要在“决不放松粮食生产，积极开展多种经营”[①]这一国家发展农业总方针指导下，从当地实际情况出发，做到宜农则农，宜牧则牧，宜林则林，或以粮为主，粮林、粮牧、粮油结合；或以林为主，林粮、林牧结合；或以牧为主，牧农、牧林结合。总之，多种经营，择优发展。党中央从祖国少数民族聚居的大西北实际情况出发，提出“种草种树，发展畜牧”，以草促牧、以牧促粮的所谓“反弹琵琶”的经济发展方针，就是对边疆少数民族地区因地制宜地制订经济发展计划，做出了示范，指出了方向。

第四，多种经营，综合发展。

长期以来，少数民族地区经济发展缓慢的又一原因，是忽视了自然规律与经济规律，不重视发展多种经营。从1958年起，特别是“文革”期间，由于片面强调以粮为纲，乱垦牧场，滥伐森林，围湖造田，单纯追求扩大耕地面积，结果不仅破坏了自然资源和生态平衡，使粮食生产因缺乏多种经营的支持与配合而无法提高，而且劳

---

① 《三中全会以来重要文件选编》下册，人民出版社1982年版，第944页。

动者的经济来源也被堵绝。

我国少数民族大多地处边疆，山多地少，草原辽阔，发展粮食生产条件有限，但发展多种经营的条件却相当有利。因此，若仅仅把劳动力集中在有限的耕地上，搞单一的粮食生产，将其它丰富的资源置于一旁，就必然造成土地、人力与资源的巨大浪费，影响群众生产的发展和生活改善。例如，广西壮族自治区邕宁县，地处山区，全县人均占有耕地1.5亩，林地2.6亩，荒山荒坡2.1亩。过去把主要精力放在人均1.5亩的耕地上，经济发展缓慢。80年代起，他们改变原来单一生产方向，实行多种经营、综合发展的方针，结果粮食产量从人均808斤提高到1122斤，香蕉、柑桔、菠萝等亚热带水果平均增长5倍，人均收入也迅速增加。云南西双版纳景洪县基诺山中的基诺族，1980年以前还一直从事原始粗放的刀耕火种农业。1980年引进先进技术，推广种植砂仁和茶叶加工、木材加工与榨糖等多种经营，使农业内部的生产结构发生巨大变化，收入增加。同时，毁林数字也大大减少。

实践证明，在那些粮食生产较困难的地区，鼓励群众发展具有本地生产优势的经济作物，允许用经济作物交换粮食，这不仅可以避免继续毁林开荒、毁草种粮、破坏植被，而且有利于生产发展。同时，鼓励发展商品生产，疏通供销渠道，做到广开门路，用各种方法创造财富，增加收入。这样，就能做到地尽其力，物尽其用，人得其所，经营效益显著增加。多年来的实践证明，多种经营，综合发展，是繁荣我国少数民族地区经济的一项战略措施，是少数民族治穷致富的必由之路。

第五，提倡科学种田，重视智力开发。

农业和畜牧业，是少数民族经济的重要部门。农牧业的兴衰，直接关系到少数民族的繁荣与发展。在广大农、牧区，普及科学知识，提倡科学种田，科学养畜，是发展少数民族地区农牧业生产的关键之一。

长期以来，由于少数民族文化教育与科学技术落后，农牧业生产水平普遍较低。如农业，直到1979年，全国少数民族地区粮食单位面积产量平均为242斤，是内地平均产量的1/3左右。畜牧业也一样，由于牧场缺乏建设，牧草自生自灭，草原严重退化，因而载畜量低，牲畜又没有一套科学管理方法，稍遇自然灾害就大批死亡。据统计，1950—1979年的内蒙古和新疆，因自然灾害死亡的牲畜达1.2亿头，比同期国家收购的牲畜总数要多得多。实践证明，重视科学知识，实行科学种田、科学养畜，推广良种，适时栽培，合理施肥，扩大复种面积，合理利用草场，加强草原建设，发展饲料加工，精心饲养管理，农牧业单位面积产量就会大幅度提高。如云南西双版纳勐海县，1981年用4万亩土地开展水稻生产科技综合试验示范，使原来平均仅409斤的亩产一举提高到665斤，每亩增产255斤，总共增产1 023万斤，增产指数达62.34%。内蒙古、新疆的畜牧业自80年代初开始经过加强科学管理，已经完全扭转了生产不稳定，甚至下降的趋势。

由于历史的原因，大多数少数民族居住在边疆，交通不便，文化落后，生产中推广和采用先进技术困难很大。所以，培养和造就少数民族的各种技术人才，加快少数民族的智力开发，已成为十分迫切的问题。通过各种渠道，采取各种形式培养和造就人才，挖掘现有的智力资源以及争取内地汉族科技人才的支援，都是加快少数民族地区社会经济发展的重要途径。

第六，发展民族工业，加强对口支援。

周恩来曾经指出："要富裕就要有工业，一个民族没有工业不可能富裕起来。"① 解放前，我国少数民族地区的工业可以说是"一穷二白"。解放后，在党和国家帮助下，少数民族地区先后建立了一批轻重工业企业，但基础仍十分薄弱。因此，除了很有必要加强对原有企业的挖潜、革新、改造，努力提高经济效益外，还需要根据本地区资源与物产等优势，发展一批新的工矿企业，增加一些新的工

① 周恩来：《我国民族政策的几个问题》，第21页。

业生产能力，逐步改变单纯原料产地的状况，为少数民族地区经济的迅速发展和人民生活改善奠定基础。

由于少数民族地区长期以来经济文化发展缓慢，底子薄，因此，发展工业需要国家在资金、物资、技术力量方面给予必要的支援。与此同时，组织内地工业较发达、科学技术较先进的省市与少数民族地区挂钩，进行对口支援也十分重要。早在 1970 年，国家就做出了北京支援内蒙古，上海支援云南、宁夏，天津支援甘肃，河北支援贵州，江苏支援广西、新疆，山东支援青海，全国支援西藏的决定。其方法是通过经济联合或技术协作等形式，经济发达省区利用自己在资金、技术和经营管理方面的优势，同少数民族地区的物产资源优势相结合，或开发资源，创办新企业，或对少数民族地区现有企业进行技术改造，提高设备利用率、产品质量和经济效益，使双方的优势都能得到充分发挥。如宁夏银川生漆厂生产的醇酸漆，因技术落后，生产一锅需要 20—30 小时，清锅停产 2 天。后来在上海市支援下，经过工艺改造，生产周期缩短到 16—18 小时，清锅不停产，效率提高 2 倍，而且提高了质量，降低了成本。又如云南昆明化肥厂，建厂 13 年亏损 1200 万元，在江苏常州化肥厂帮助下，改造了技术，提高了管理水平，很快扭亏为盈。内蒙古呼和浩特市造纸厂，虽然工艺设备比江苏先进，但因经营管理水平低而长期亏损，经常州造纸厂厂长与一名会计科长前往帮助，不到 2 个月就转亏为盈。又如四川甘孜毛纺厂，原来生产的毛织品质量差，本地都难以推销，后经重庆毛纺厂援助，提高了产品质量，增加了花色品种，打进了北京市场，很快扭亏为盈。江苏省支援广西的项目达 70 多个，大部分仅在两三年内就大见成效。

实践证明，对口支援是一种调动全国力量帮助少数民族地区发展经济文化的投资少、见效快、收益大的好办法，是党的各民族共同发展繁荣政策的具体体现。

第七，发展市场经济，加快改革步伐。

与内地汉族地区尤其是沿海地区相比，少数民族地区经济相对落后的一个突出表现，是市场经济很不发达。大多数农牧区商品交换发展程度不高，规模不大，基本上还处在封闭式的自然经济状态。

少数民族地区市场经济落后的主要原因是：(1) 整个社会生产力发展水平低下，生产工具、生产技术、劳动组织与劳动管理都很落后，剩余产品不多。(2) 社会分工很不发达，许多农牧区特别是边远山区，一家一户或一屯一寨基本上是自产自用。(3) 交通闭塞，往来不便，如有的地区，群众到附近小市镇赶集也需要花去一两天时间。(4) 传统习惯束缚严重，不少民族中存在着耻于经商的思想。(5) 长期“左”的错误政策的影响。从“四清”到“文革”，不断地“割资本主义尾巴”，使本来就微弱的少数民族地区商品经济受到摧残。

理论界曾经有一种“把国家的计划经济同商品经济对立起来的传统观念”，认为发展商品经济就会引起两极分化，就会导致资本主义。党的十二届三中全会所作的《关于经济体制改革的决定》彻底否定了“把计划经济同商品经济对立起来的传统观念”，明确提出了社会主义经济是“有计划的商品经济”这一历史唯物主义的科学论断。《决议》还指出，我国还存在有国家、集体和劳动者个体等多种所有制经济成分，“坚持多种经济形式和经营方式的共同发展，是我国长期的方针”。实践证明，发展单一经济形式，必然走向封闭式经济体制；发展多种经济形式，自然就会走向开放式经济体制。我国少数民族地区经济还很落后，发展也很不平衡，因此，大力发展有计划的商品经济，坚持多种经济形式的经营方式，加快从自然经济向商品经济的转化，是当前少数民族地区推动经济发展，搞好经济改革的当务之急。

自然经济向商品经济转化，是一个历史的发展过程，因而需要有一定的社会条件。少数民族地区尤其要加强各种措施，创造必要的条件。就现阶段一般情况来说，应当采取的措施与条件可有以下几方面：(1) 积极扶持各民族中的专业户，以促进社会分工的发展和商品化程度的提高；(2) 组织好“集”、“场”、“街”、“圩”等各种民族形式的集市贸易，活跃农牧区的初级市场；(3) 大力发展各民族传统特种产品和特需商品生产，以扩大传统的民族市场；(4) 允许各族农牧民到城镇开店设厂，以生产适合本地区各族人民需要的产品与商品，并以此推动小集镇乃至县级经济中心的建设；(5) 加快少数民族地区交通建设，以沟通各地市场，促进物资交流；(6) 建立并加强少数民族地区的商品信息活动，以扶持和发展商品生产与商品交换；(7) 利用自然资源优势，大力发展少数民族地区旅游业，以扩大民族交往和推动少数民族地区第三产业的发展；(8) 开放边境贸易，以加强国际联系，活跃边疆少数民族地区的市场经济；(9) 国家要有计划地在有条件的少数民族地区建设现代化大型工矿企业，以促进少数民族地区经济中心的形成和发展。

第八，珍惜国家支援，坚持自力更生。

帮助少数民族发展经济文化，逐步消除历史上遗留下来的各民族间事实上不平等，是党和国家的一贯主张。新中国成立以来，毛泽东曾多次强调："我们要诚心诚意地积极帮助少数民族发展经济文化建设。"① "帮助少数民族，让各少数民族得到发展和进步，是整个国家的利益。"② 为此，国家在建设投资、物资技术等方面，采取了许多有效措施。如在财政方面，国家每年给予少数民族的财政补贴达 40—50 亿元，此外，还有 10 亿元左右的"少数民族地区补助费"、"边疆少数民族基本建设资金"、"边境事业费"以及"支援不发达地区发展事业资金"等专项经费；在一部分生产特别落后的少数民族地区，还实行税收减免政策和无偿发放农具，以减少支出、增加收入来促进生产。但是，少数民族地区的经济发展，归根到底，还得要靠自己的努力，走坚持自力更生的道路。周恩来说："所有的民族都是优秀的、勤劳的、有智慧的，只要给他们发展的机会；所有的民族都是勇敢的、有力量的，只要给他们以锻炼的机会。世界上

---

① 《毛泽东选集》第 5 卷，第 279 页。

② 《毛泽东接见西藏国庆观礼团时的讲话》，见《新华月报》1954 年第 7 号。

所以有些民族比较落后，这是环境造成的，是因为没有给他们发展锻炼的机会。我们社会主义的民族政策，就是要使所有的民族得到发展，得到繁荣。”[①] 我们相信民族地区的各族人民，在党中央的统一领导下，依据党和国家新时期社会主义建设总路线和国民经济发展宏伟战略目标的要求，有智慧、有能力，开创本地区经济文化建设的新局面。

本章主要参考书目：

①杨堃：《论拉法格对民族学和经济民族学的贡献》，见《中国少数民族经济问题研究》第3集。

②《中国少数民族经济概论》，中央民族学院出版社1985年版。

③《民族经济学研究》第2集，宁夏人民出版社1984年版。

④《民族工作参考手册》，民族出版社1982年版。

⑤费孝通：《西部经济发展和各民族共同繁荣》，见《民族团结》1986年第11期。

⑥于光远：《少数民族经济的现代化》，见《中央民族学院学报》1986年第2期。

① 周恩来：《关于我国民族政策的几个问题》，第19页。

第二十二章　少数民族的人口问题

目前，人口问题已得到人们的普遍重视。新中国成立以来的经验证明，我们在发展社会主义经济的同时，必须有计划地控制人口增长，使人口发展与经济、社会的发展相互适应。这是付出了巨大代价之后，才得到的历史教训。

我国是一个多民族的国家，除汉族以外，还有55个少数民族。他们与汉族一样，也存在着程度不同的人口问题。由于历史、地理、经济、文化以及风俗习惯等方面的原因，这些问题显得更为复杂。民族人口问题关系到少数民族地区的现代化建设，关系到各个民族的兴旺发达，是一项十分紧迫、十分重要的研究课题。

民族无论大小，都由一定的人口组成。各民族人口的数量、质量及其变化，在相当程度上决定着民族的存在与发展。民族学研究民族形成、发展和消亡的规律，人口是一个不可忽视的重要因素。民族人口研究将使我们对民族共同体的认识更加深刻、更加全面。

民族人口研究需要综合运用人口学和民族学的理论与方法。这种取长补短的研究，必将在理论、方法上乃至体系上，极大地促进两门学科的发展。

实际上，民族人口研究在苏联存在时期就已逐渐形成一门新的边缘学科——民族人口学，而且在国际上产生了一定的影响。在1978年的第十届国际人类学和民族学大会上，苏联学者B.И.科兹洛夫（Козлов）作了题为《出生率的民族文化因素》的报告，将这门学科推向世界。鉴于发展中国家的人口迅猛增长，大会所设的人口委员会专门讨论了加强民族人口学研究的问题。①

在我国，以往的人口研究大都局限于汉族或汉族地区。改革开放以来，随着人口研究工作的全面开展，人们开始重视少数民族人口问题。先是一般的人口学研究，继而注意到各民族的特点，如早婚、近亲结婚、独特的饮食习惯、宗教以及民族转化过程对人口变动的影响。这些都是民族学的传统研究项目。事实表明，民族人口是一个极其复杂的客体，仅靠人口学研究是不够的，还需要多学科特别是民族学的通力合作。

第一节 中国的少数民族人口研究

一、新中国成立前的少数民族人口研究

中国历史悠久，有丰富的文献资料，其中不乏对古代各民族人口的记载。但这些数字大都是估计性的约数，而且散见于各类书中，如不加以科学的考证和整理，很难作为研究的依据。

以现代科学的观点来看，我国历史上没有系统的少数民族人口研究，只零散保存了一些民族人口的资料。但这仍是一座极为珍贵的宝库。80年代后期，开始有学者注意到这一领域的研究。如秦和平撰写的《清代凉山彝族人口发展的原因及其相关的问题》②，刘淑英的《两汉少数民族人口构成及其特点》③等一些文章。虽数量不多，但开创了一个研究方向。相信今后会有更多的人关注这方面的研究。

解放前，少数民族受到歧视，甚至不被承认，因此很少有人过问和研究他们的人口状况。我国著名人口学家陈达先生于解放前在

---

① 参阅［苏］Ю. В. 勃罗姆列伊：《第十届国际人类学和民族学大会》，见《民族译丛》1979年第4期。

② 载《中国少数民族人口》1990年第4期。

③ 载《中国少数民族人口》1990年第3期。

美国以英文出版的《现代中国人口》一书中，曾提到边疆少数民族人口发展的政策问题，并提供了昆明地区一些少数民族的人口资料[①]。吴文晖和朱鉴华曾对川西藏区进行过人口调查，并撰文指出该地人口下降的几个原因，如男子为喇嘛者几达1/3，溺婴溺女之风盛行等[②]。胡庆钧在1943年2月，对川南叙永三个苗寨的人口进行了颇为细致的调查[③]。另外，像杨汉先的《川南八十家苗民人口调查》，陶云逵的《云南几个土著的现代地理分布与人口估计》，以及俞湘文的《河曲藏区人口之研究》等文章，都是为数不多而又十分珍贵的少数民族人口资料。

此外，在某些帝国主义国家的传教士、探险家和学者的著作中，也可得到一些边疆少数民族的人口资料。如日本人三浦运一的《东北各少数民族人口之生死统计》，便提供了许多重要的少数民族人口资料。

二、新中国成立后的少数民族人口研究

（一）解放后至“文革”时期

解放后，为了更好地开展民族工作，我们进行了大规模的少数民族社会历史调查。其成果主要收集在后来陆续出版的“民族问题五种丛书”中。在这些珍贵的资料里，含有大量的人口统计数字。此外，孙敬之教授于60年代主编的《中华地理志》，也有论述我国少数民族人口状况的章节。

50年代初期进行的民族识别工作为确定我国民族成份，统计各民族人口数字，提供了科学依据。至60年代，我国成功地举行了两次全国性人口普查，即1953年的第一次全国人口普查和1964年的第二次全国人口普查。由于每次都将民族列为基本项目，故而有可能获得较为准确的各民族人口数字，并进行比较研究。

① 参阅陈达著、廖宝昀译：《现代中国人口》，天津人民出版社1981年版，第117页。
② 《西康人口问题》，见《边政公论》第3卷第1期至第2期。
③ 载《边政公论》第3卷第12期。

不过，总的来看，由于这一时期在人口问题上的左倾思想的影响，人口研究长期以来成了令人望而生畏的“禁区”，而少数民族人口则更是无人过问。

（二）“改革开放”至今

“文化大革命”结束之后，人口问题得到高度重视。人口研究也从主要集中于汉族地区转而开始注意少数民族地区。这一时期的少数民族人口研究可大致划分为两个阶段：80年代中期以前为第一阶段，以后为第二阶段。

1. 第一阶段（1978—1986年）

这一阶段处于少数民族人口研究的起步阶段，主要任务是弄清少数民族人口的基本情况，如数量变化、地区分布、存在的主要问题等。

1981年10月，在贵阳召开了“全国部分少数民族人口调查研究讨论会”，以后又相继在兰州和昆明开了两次。这一时期的论文内容包括：要重视少数民族人口的研究；宗教对人口的影响；民族演变过程对民族人口变化的作用；我国少数民族人口再生产类型的特点及其转变；对西藏、广西、新疆、内蒙古和宁夏自治区人口问题的研究等。总起来看，这一阶段的少数民族人口研究有以下几个特点：（1）重视人口质量研究；（2）强调民族人口政策与计划生育方面的研究；（3）从人口学角度分析民族人口问题的文章较多，但对各民族的特点重视不够，或者说较少从民族学角度分析和探讨这些问题①。少数民族人口现象受到所处社会形态及民族文化心理的制约，我们只有在运用人口学方法的同时也运用民族学方法去研究，才能取得突破性的成果②。尽管这一时期的研究尚存在不少问题，但它积累了资料，培养了队伍，从而为下一阶段的繁荣发展奠定了基础。

2. 第二阶段（1987—）

---

① 陈长平：《谈谈民族人口研究》，见《民族团结》1984年第3期。

② 吕光天：《我国少数民族人口研究述评》，见《中国社会科学》1986年第1期。

这是少数民族人口研究繁荣发展的阶段，取得了很大成绩，可谓硕果累累。

1987年由甘肃省人口学会出面创办了《中国少数民族人口》杂志。这对推动少数民族人口研究起到了积极作用。此后，《中国少数民族人口》、《壮族人口》、《民族人口学》、《中国民族人口的演进》等一系列民族人口学著作相继问世。这标志着我国的少数民族人口研究无论在深度还是广度上，都大大向前迈进了一步。

在此期间曾多次召开学术研讨会，使民族人口研究的水平不断提高，影响日益扩大。特别是1993年10月于昆明召开的“第四次全国人口普查民族人口国际研讨会”，进一步提高了中国少数民族人口研究在国际上的地位。此外，一些较大规模的科研项目也相继完成。如“中国少数民族人口综合研究”、“少数民族人口家庭、婚姻、生育和节育情况调查”，以及联合国人口基金支持的一些中国少数民族人口调查研究项目。

自80年代末期开始，中央民族学院（中央民族大学的前身）、各省区高等院校及各地计划生育委员会，举办了不少少数民族人口与计划生育学习班。这对促进民族人口研究，推动少数民族地区的计划生育工作，起到了很大作用。

（三）发展趋势

我们可以将其概括为微型化、多元化与国际化。

1. 微型化。随着民族人口研究的发展，民族内部的人口差异已日益引起人们的重视。笼统地从整体上研究某一民族，特别是那些遍及全国人口百万以上的大民族，已无法使我们的研究更加深入。以藏族人口为例，不仅城市和农村不同，农区和牧区不同，就是西藏地区和四川、青海等地也不同。因此，今后更多的将是对某一民族的局部的微观调查，例如上面提到的“中国少数民族人口综合研究”所进行的社区人口调查。在此基础之上，我们才能更为深刻地概括出各民族人口的特点。

2. 多元化。这里有两层含义，一是指研究的内容多元化，一是指研究的方法和参加研究的学科多元化。(1) 内容多元化。现在既有人研究原来的老课题，如各民族人口的数量变化、地区分布和人口结构，也有人研究涉外婚姻、饮酒对人口素质的影响以及人口流动与民族关系等新问题;既有人研究整个地区乃至全国的民族人口，也有人研究一个乡镇、一条街道的民族人口。总之，研究的题材更加广泛多样。(2) 研究方法和参与学科的多元化。早期从事民族人口研究的大都是人口学者，故多半运用人口学方法从人口学角度加以研究。后来，人们逐渐认识到民族人口是一个极其复杂的客体，需要多学科进行共同研究才能掌握它的规律。于是方法和参与学科便日益多元化起来。看来，对少数民族人口进行跨学科、多角度的综合研究，是今后发展的一种趋势。

3. 国际化。国际化也有两层含义，一是指研究内容的国际化，一是指参与研究的单位或人员国际化。(1) 我国有不少民族跨境而居，如蒙古族、朝鲜族、哈萨克族、傣族等，近年来海内外有些学者开始注意到对他们进行对比研究。此外，我国有些人也开始对国外民族人口进行研究，如世界穆斯林人口的研究。不过，这种研究刚刚起步，相信今后会有进一步的发展。(2) 研究单位与人员的国际化。90 年代以来，我国少数民族人口研究得到了联合国人口基金会的资助，随着研究成果的增多，其影响也日益扩大。于是，不少海外机构和个人表示愿意与我们合作，共同开展这一领域的研究。这种趋势有增无已。

第二节　中国少数民族人口的历史、现状与特点

一、少数民族人口的历史发展

(一) 解放前的少数民族人口

1. 人口约数

1953 年第一次全国人口普查，少数民族人口占全国人口的

6.06%。考虑到瞒报情况（这已被后来大量汉族改报少数民族成分所证实），实际少数民族人口比例当高于此数。如果解放前全国人口估计为45 000万（1947年），少数民族人口的比例以7～8%计，其人口总数当在3 150～3 600万之间。当然，这只是一个估计的约数。

2. 基本状况

解放前少数民族人口与全国一样，同属于高出生率、高死亡率、低增长率的传统人口再生产类型，只是程度更甚，即早婚早育现象更严重，死亡率更高，平均寿命更短，人口素质更为低下。例如，据1943年在四川南部叙永地区的调查，当地苗民的出生率为33.6‰，死亡率为50.5‰，自然增长率为－16.9‰。解放前全国文盲约占80%，而少数民族的文盲比例更高，有的少数民族仍停留在刻木结绳记事的阶段。总起来看，解放前少数民族人口增长缓慢，有的民族人口锐减乃至濒临灭绝的边缘。

（二）解放后的少数民族人口

解放后少数民族人口不断发展，呈现出由慢到快的增长趋势（参见下表）。

1953—1990年少数民族人口的增长

年度	净增长人口	平均每年增长	
	万人	万人	(%)
1953—1964	461	41.91	1.12
1964—1982	2 727	151.50	2.93
1982—1990	2 391	298.87	3.87

资料来源：根据四次人口普查资料整理。

其发展过程又可分成两大阶段，1964年以前少数民族人口增长速度低于全国平均水平，故人口虽有增长但占全国的比例略有下降：1964年以后增长速度高于全国平均水平，占全国人口的比例逐步提高（参见下表）。

中国少数民族人口发展表

单位：万人

时　间	1953.7.1	1964.7.1	1982.7.1	1990.7.1
全　国	58 260	69 458	100 817	113 368
汉　族	54 728	65 456	94 088	104 248
少数民族	3 532	3 993	6 729	9 120
少数民族（%）	6.06	5.78	6.70	8.04

资料来源：根据四次人口普查资料整理。

1953年第一次全国人口普查前上报的族称达400多个，最后经国家正式确认的有41个。此次普查人口最多的少数民族是壮（僮）族，人口为661万。人口百万以上的少数民族有壮、回、蒙古、藏、维吾尔、苗、彝、满、布依等10个民族，人口合计为2 860万，占少数民族人口的81%。

1964年全国第二次人口普查时，少数民族增加到53个，人口百万以上的少数民族仍是10个，人口合计3 287万，占少数民族人口的82.3%。

这一时期少数民族人口增长缓慢，平均每年递增率为1.12%，低于全国（1.57%）和汉族（1.59%）的同期水平，故其占全国人口的比例由6.06%降至5.78%。

1982年全国第三次人口普查时，少数民族增加到55个，人口总数达6 729万。人口百万以上的少数民族有15个（新增侗、瑶、白、土家、哈尼），人口合计为6 035.47万，占少数民族人口的89.8%。

在此期间少数民族人口增长较快，年平均递增率为2.93%，高于全国（2.09%）和汉族（2.04%）0.84—0.89个百分点，其占全国人口的比例也由5.78%升至6.7%。少数民族人口增长较快的原因有两个，一是60年代以后，少数民族的死亡率进一步下降，自然增长率有所提高；汉族自70年代开展计划生育，出生率很快下降，人口增长速度减慢。二是“文化大革命”结束后，随着民族政策的进一步落实，有大量人口将民族成分更改为少数民族。

1990年全国第四次人口普查时全国仍为55个少数民族。人口百万以上的少数民族增加到18个（新增傣、黎和哈萨克族），人口合计8 541万，占少数民族人口的94.43%。在此期间少数民族人口的增长速度进一步加快，年均递增率达3.87%，远高于全国（1.5%）和汉族（1.29%）的水平，两者相差2.23—2.58个百分点，其占全国人口的比例也由6.7%上升到8.04%。这一阶段少数民族人口迅猛增长的主要原因是更改民族成分，其次为自然增长率继续高于汉族。此外，由于汉族与少数民族通婚的后代绝大部分都选择了少数民族，这也进一步加快了少数民族人口的增长。

二、少数民族人口的现状与特点

（一）人口现状

据1990年第四次全国人口普查，我国共有人口1 133 682 501人（包括现役军人，不含台湾省和港澳地区）。其中少数民族91 200 314人，占全国人口的8.04%。除了国家正式确认的55个少数民族以外，尚有未识别民族749 341人，外国人加入中国籍3 421人[①]。

少数民族中人口最多的为壮族，人口达1 548.9万；人口最少的是珞巴族，只有2 312人。其中人口超过百万的有18个民族，见下

① 国家民委经济司、国家统计局编：《中国民族统计（1949—1990）》，中国统计出版社1991年版，第41页。

说明：少数民族人口总数91 200 314中，已计入未识别民族和加入中国籍的外国人。

表：

中国人口超过百万的少数民族

单位：人

序号	民族别	人口	序号	民族别	人口
1	壮族	15 489 630	10	布依族	2 545 059
2	满族	9 821 180	11	侗族	2 514 014
3	回族	8 602 978	12	瑶族	2 134 013
4	苗族	7 398 035	13	朝鲜族	1 920 597
5	维吾尔族	7 214 431	14	白族	1 594 827
6	彝族	6 572 173	15	哈尼族	1 253 952
7	土家族	5 704 223	16	哈萨克族	1 111 718
8	蒙古族	4 806 849	17	黎族	1 110 900
9	藏族	4 593 330	18	傣族	1 025 128

资料来源：根据第四次全国人口普查资料整理

少数民族大部分居住在边疆地区。由于历史上的迁徙流动，各民族大都处于一种“大杂居、小聚居”的局面。

少数民族人口的生育、死亡和文化教育状况如下：

1. 生育。少数民族妇女的总和生育率在80年代下降很快，由1981年的4.24降至1989年的2.91，8年中下降了1.33个百分点，但仍高于全国（2.29）和汉族（2.24）的生育水平。各民族的生育水平相差悬殊，如朝鲜族妇女生育水平低于汉族，已达到更替水平以下，而哈萨克、维吾尔等族的妇女生育率则刚开始下降或还没有下降，妇女生育状况仍处于全国最高水平。一般来说，后者中早婚早育和多胎生育的现象也比较严重，开展计划生育工作难度较大[①]。

2. 死亡。(1) 总死亡率。全国人口的总死亡率为6.279‰，汉

① 参阅张天路、黄荣清主编：《中国民族人口的演进》，海洋出版社1993年版，第47页。

族为 6.221‰。总死亡率低于全国水平，在 5‰以下的少数民族有锡伯、乌孜别克、仫佬、赫哲、满和裕固等民族。总死亡率较高，在 10‰以上的有珞巴、独龙、佤、门巴、布朗、德昂、拉祜、怒、景颇、傈僳、哈尼、塔吉克等民族。其余的民族均在 5‰至 10‰之间。少数民族的死亡率差别很大，最高与最低相差 2 倍以上。由于死亡可以看作概率事件，人数太少则随机性较大，故小民族的死亡率在某一时期可能估计偏高或偏低。人口百万以上的民族，只有满族低于 5‰，哈尼族高于 10‰。（2）平均期望寿命。这是能够比较全面反映死亡力大小的指标。全国的平均期望寿命，男性为 68.36 岁，女性为 71.88 岁，男女合计为 70.05 岁。高于全国平均水平的有仫佬、锡伯、满、回和畲 5 个少数民族，其中除畲族以外均高于汉族（70.43）的水平。死亡力较高，平均期望寿命低于 60 岁的有佤、拉祜、布朗、怒、景颇、哈尼、傈僳、鄂温克等民族。平均期望寿命最高与最低的民族相差近 20 岁①。

3. *文化教育程度*。就总体而言，少数民族文化教育程度落后于全国平均水平，但各民族之间相差悬殊。（1）大学和大专文化程度人口占总人口的比例，全国为每千人有 14.2 人，超过这一水平的有蒙古、满、回和朝鲜 4 个民族。其中朝鲜族每千人有 43 人受过大专教育，是全国平均水平的 3 倍。（2）成人文盲率，即文盲和半文盲占同龄人的比例，就全国而言，虽然 1990 年比 1982 年有所降低，但除个别民族外，都属于高水平的行列。1990 年成人文盲率最低的为朝鲜族（7%）和满族（11.4%），最高的为藏族（69.39%）和哈尼族（60.4%）。而成人文盲率高于 40%的仍有苗、彝、布依、傣等民族。

（二）特点

（1）占全国人口的比重虽小，但绝对数不小；人口构成比较年

① 参阅张天路、黄荣清主编：《中国民族人口的演进》，海洋出版社 1993 年版，第 50—52 页。

轻，潜在的增长势头很猛。少数民族人口虽只占全国的 8.04%，但绝对数已接近 1 亿，远高于英、法等世界大国。据 1990 年人口普查资料，少数民族人口的年龄中位数为 21.9 岁（全国为 25.3），少儿系数为 34.03%（全国为 27.69%），人口构成还很年轻。当这些年轻人进入婚育年龄后，少数民族人口还会出现一个增长高峰。

（2）民族虽多，但大部分人口很少，即小民族居多。见下表：

少数民族人口数量级别统计表

单位：万人

人口数量级别	民族数目	人　　口	比重（%）
100 万以上	18	8 541.3	94.43
30—100 万	7	312.6	3.46
10—30 万	8	138.2	1.53
1—10 万	15	49.1	0.54
1 万以下	7	3.5	0.04
总　　计	55	9 044.7	100.00

注：资料来源：根据第四次全国人口普查资料整理。

从表中可以看出，我国 55 个少数民族中，人口百万以上的 18 个民族便占了将近 95%，人口 30 万以上的 25 个民族则几乎占到 98%。而其余 30 个民族加起来也仅占少数民族人口的 2%左右。这就是说，如果我们控制住了 25 个较大民族的人口，也就基本上控制住了少数民族的总人口。

（3）人口密度低。少数民族人口只占全国人口的 8.04%，却分布在约占全国 60%的土地上。据 1990 年人口普查资料，全国的人口密度为每平方公里 118 人，少数民族自治地方只有 24.8 人。而几个人口密度最低的省区，如西藏（1.8 人）、青海（6 人）、新疆（9 人）和内蒙古（18 人），都是少数民族居住的地方。这些地区大都是山林、草地、半干旱沙漠或高原，而且地处边疆，交通不便，因而总的情况是土地辽阔而人口稀少。但这样的地方土地载容量也相对较低，就目前的生产力水平来说，不宜过多发展人口。

(4) 人口素质有待进一步提高。从体质方面看，有的少数民族地区地方性疾病严重；有的少数民族地区因近亲结婚等原因，残疾人比例很高。从受教育程度看，有些少数民族地区教育普及率很低，文盲比例相当高，特别是妇女。值得注意的是，其中有不少人是新产生的文盲。

(5)解放前人口增长缓慢甚至下降，解放后有了大幅度增长，发展速度很快。以鄂伦春族为例，1915～1917 年有 4 117 人，1943 年 3 700 人，1953 年人口普查仅剩 2 251 人，以后则稳步上升到 1964 年的 2 700 人，1982 年的 4 132 人，1990 年更达 6 965 人。这在少数民族中是很典型的。全国少数民族人口，从 1953 年的 3 532 万人增长到 1990 年的 9 120 万人，年平均增长率 26‰，高于全国的平均增长率 18‰。而不少民族同期的人口增长率远高于这一平均数，如蒙古族为 32.6‰，满族为 38.7‰，高山族为 60.3‰。

(6) 人口状况很不平衡。这无论在人口的数量、质量还是密度上都表现得十分明显。就数量而言，壮族有 1 549 万人，珞巴族仅有 2 312 人，前者是后者的 6 700 倍。就密度而言，广西壮族自治区人口密度为每平方公里 178 人，而西藏自治区只有 1.8 人，两者相差近百倍。少数民族的文化程度普遍偏低，如藏族成人文盲率高达 69.4%，但朝鲜族文化程度却很高，成人文盲率只有 7%，远低于全国平均水平。

(7)大多数少数民族地区的人口增长与经济文化发展不相适应，出现了程度不同的人口失调问题。解放后大多数民族地区人口增长很快，而经济文化发展则相对较慢，于是相当一部分少数民族地区出现人均耕地不断减少，人均粮食增长不多乃至下降的现象。因此，少数民族人民的物质文化生活虽有所改善，但不少地区仍未摆脱贫困的境地。

以上便是少数民族人口的一些主要特点。这些特点是就少数民族总体而言，不一定适合于某一民族或某一地区。各民族各地区都有自己的人口特点，而且往往差别很大，甚至截然相反。此外，还需要指出，少数民族的人口特点是在历史发展中逐渐形成的，因而很难在短时间内根本改变。但这并不意味着一成不变。随着少数民族地区经济文化的发展，它们肯定还要发生种种变化。

第三节　影响少数民族人口变动的主要因素

一、经济因素

根据人口学的基本原理，经济因素是影响人口变动的主要原因。少数民族人口也不例外。其影响表现在各个方面。

（一）人口自然变动

即由出生和死亡造成的人口变动。从历史上看，解放后至60年代初，少数民族人口自然增长速度低于汉族，主要便是经济发展水平低于汉族地区，还在相当程度上保持着原先那种极端落后的生产方式（如大凉山彝族的奴隶制、西藏的农奴制），其出生率虽与汉族相差不多，但死亡率特别是婴儿死亡率很高，故自然增长率低于全国平均水平。60年代以后，经济和医疗卫生事业的发展使少数民族的死亡率下降，人口再生产类型由高—高—低进入了高—低—高类型，人口自然增长率开始上升并逐步赶上和超过全国平均水平。这种状况一直保持到现在。这里计划生育政策虽起了相当大的作用，但更深刻的主要根源还在经济方面。沿海和内地，特别是大中城市的高速发展，使社会对人口数量的追求逐渐转向对人口质量的追求，而这反映在人口行为上便是出生率的下降。少数民族地区经济发展的滞后，是其高出生率和高自然增长率的基本原因。

经济因素对人口自然变动的影响还表现在各少数民族之间及同一民族内部。如朝鲜族、满族由于经济比较发达，其妇女总和生育率不仅低于其他少数民族，而且低于汉族。1980年两者的总和生育率分别为1.56和1.85。而经济较为落后的德昂（5.03）、布朗（4.23）和柯尔克孜（6.14）等民族，则仍保持着很高的妇女总和生育率。在同一民族内部，经济发达地区的出生率低于经济落后地区的例子比比皆是。如以宁夏回族为例，城镇居民的出生率低于川区，而川区则低于南部的贫困山区。这足以说明经济对各民族人口出生率的重要制约作用。

（二）人口迁移变动

随着民族地区的改革开放和经济发展，少数民族的人口流动也日趋频繁。其主要形式为：

（1）从农村流入城市。这是城市工商业发展，农村剩余劳动力转移的必然结果。

（2）民族地区与内地及沿海地区的人口流动。如新疆从事小商贩的维吾尔族个体户几乎遍及北方各大城市；沿海地区的打工队伍中也出现了壮、土家等少数民族的身影。

（3）边疆地区民族特别是一些跨境民族的国际流动。边贸的发展是这种流动的直接原因。比较典型的如朝鲜族与朝鲜和韩国，傣族与缅、泰等国的人口流动。

（三）人口社会变动

即人们在各社会集团之间的流动。随着经济的发展，少数民族人口的文化构成、职业和行业构成都将发生改变。这主要表现为文盲率的降低，脑力劳动者的增多，以及从事第一产业人口比例的减少和从事二、三产业人口比例的增加。

二、政治因素

政治因素对民族人口的制约作用比较复杂，有些是直接的，有些是间接的。

（一）直接影响

1. 计划生育政策。

少数民族地区搞计划生育晚于汉族地区，而且政策掌握上始终比汉族要宽。如有的城镇少数民族可生二胎，农区、牧区和山区视情况可生三胎乃至四胎。对人数很少或地处边疆一线的少数民族则只宣传而没有具体的数额限制。这种计划生育政策显然有利于少数民族人口的增长。

2. 与恢复或改正民族成分有关的政策。

在第三和第四次人口普查前，为了让每个公民都能如实申报自己的民族成分，国家对恢复或改正民族成份制定了有关政策。这些政策的具体规定以及掌握的宽严，亦直接影响到更改民族成分的人口数量。

（二）间接影响

这主要是指国家对少数民族的各种优惠政策，如经济上有较多的补贴，招工提干可优先，上大学可降低录取分数线，计划生育方面可比汉族多生 1—2 胎等等，对少数民族人口增加所产生的影响。具体讲有如下两种情况：

1. 更改民族成分。

这是近十余年少数民族人口迅速增加的重要原因。而导致大量人口改变民族成分的动机，则直接与国家对少数民族的优惠政策有关。

2. 异族通婚后代的族属选择。

根据中国有关政策规定，不同民族通婚所生子女的族属可在父母所属民族中选择。由于国家和地方对少数民族的一系列优惠政策，使得绝大多数汉族与少数民族通婚所生子女都选择了少数民族。这进一步加快了少数民族人口的增长。

三、民族因素

民族因素对人口的影响表现于各个方面。

（一）民族因素对自然变动的影响

民族属性对自然变动的影响是间接的。它通过某种媒介，如家庭形式、婚姻习俗、宗教信仰等，才能对人口发生作用。

1. 出生率。这主要表现在家庭形式、生育观念、妇女地位和婚姻习俗等方面。一般来说，几世同堂的大家庭倾向于多生子女；重男轻女、多子多福思想盛行的地方出生率也较高；妇女地位（可用妇女文盲率和妇女就业率等指标相比较）与生育率呈负相关。早婚早育延长了妇女的生育年限，缩短了世代间隔，因而会极大地刺激人口增长。而在少数民族地区，往往流行早婚早育的习俗。以维吾尔族和哈尼族为例，19—20 岁组妇女的曾生子女数已达 0.511 和 0.422(1989 年)，这说明 19—20 岁的妇女中已有近一半的人生育了子女。由此足见这两个民族早婚早育情况之严重。

2. 死亡率。造成民族人口大量死亡的原因，除了地方性疾病外，主要是民族间的战争和野蛮的种族灭绝政策。如日本侵略者在占领东北期间对当地少数民族所采取的政策。他们用鄂伦春人作细菌试验，发给赫哲人“吸烟证”，从而造成大量的人口死亡，至解放时这些民族已濒临灭绝的边缘。民族因素对死亡率的影响表现在许多方面，其作用大小不一。如解放前彝族的“冤家械斗”和佤族的猎头习俗都直接造成人口死亡，而饮食习惯则与该民族是否患某种疾病，体质强弱，以及寿命长短密切相关。其他如产妇生孩子的方式、近亲婚配等都会直接或间接造成人口死亡，从而提高整个民族的死亡率。

（二）民族因素对迁移变动的影响

民族是人们共同体中最稳固的一种。在大规模迁移中人们往往举族而行，如 200 多年以前，锡伯族自东北迁入新疆伊犁地区。在小规模迁移时人们也常常要考虑迁入地是否有自己的同族。我国边疆地区的跨境民族国际迁移较多，人口流动频繁，与境外有自己的同一民族关系极大。如俄罗斯等民族的人口增减便与此类变动有关。

（三）民族转化过程对人口变动的影响

即整个民族或民族中的部分人改变民族属性对有关民族人口所产生的影响。一般说来，民族属性作为一种社会标志是不可改变的，但在某些情况下，它又具有改换或选择的可能。在我国民族转化过程有以下几种表现形式。

1. *民族识别*。解放后，随着民族识别工作的逐步开展，我国已陆续确认了55个少数民族。据第四次全国人口普查统计，还有749 341人的族属尚待识别。这些人族属的确定将会影响到各有关民族的人口。

2. *“还本归原”*。它指某些人从汉族或其他民族中分化出来，回归本民族的行列，即更改民族成分。如果涉及人口较多，无疑会对有关民族的人口产生重大影响。不过，因其只发生在特定情况之下，且与国家的政策密切相关，故多半只对各民族人口产生阶段性的影响。

3. *异族通婚*。即不同民族间的相互通婚。在我国主要是汉族与少数民族的通婚。由于该种婚姻所生子女的族属处于两可之间，故这些人选择族属的倾向性势必会影响到通婚民族的人口增长。

第四节 少数民族的计划生育

一、为计划生育“正名”

由于以往在人口问题上左倾思想的流毒，以及部分干部工作方法简单生硬，致使相当一部分人对“计划生育”产生误解，甚至引起反感。其实“计划生育”是个好政策，我们应当理直气壮地为它正名。

首先，“计划生育”不等于“节育”。“节育”是指节制生育，就是少生一些人口，这是计划生育的一种形式。而“计划生育”则是指有计划地生育人口，这包括有计划地减少人口，有计划地增加人口，以及将人口有计划地稳定在某一水平。人口生产与物质生产是辩证统一的，在有计划发展经济的同时，怎么可能设想无计划地生育人口？资本主义制度的种种弊端使政府无法控制和干预一家一户的生育，而社会主义制度则为此提供了良好的基础。就这一点讲，“计划生育”的确是社会主义优越性的体现。

其次，虽然古代社会中曾存在中断性交、延长哺乳期、堕胎、杀婴（特别是女婴）等一些节制生育的方法，但科学意义上的计划生育，只是20世纪才出现的新事物。近代以来生物学和医学的发展，使人们洞悉人类生育的奥秘，并能从技术上加以控制。这是人类进步的表现。这也为我们计划生育提供了前提条件。应当说，计划生育是当代医学给人类带来的福音。

二、少数民族的计划生育

民族繁荣必须控制人口增长，使之与经济文化的发展相互适应；而计划生育则是解决民族地区“人口增长过快，人口素质太低，经济发展甚慢”这一严重问题的重要措施，是各民族走向繁荣富强的必由之路。

下面简要论述少数民族的计划生育。

（一）必要性

（1）两种生产理论告诉我们，物质生产和人口生产必须相互适应。现代化生产都是按计划严格执行的，这就要求人口生产也必须按计划进行，否则便会产生种种人口失调问题。“计划生育”是指有计划地进行生育。就这一意义而言，任何民族都应实行计划生育。

（2）少数民族人口解放后增长十分迅速，不少少数民族地区已经出现人均耕地和人均草场减少，自然资源被毁，环境污染日趋严重等人口增长过快所造成的问题。为了合理利用自然资源，保护生态环境，使少数民族经济走上良性循环的轨道，必须适当控制少数民族人口的增长。

（3）人口增长过快，不利于民族繁荣。民族繁荣不仅需要有一定数量的人口，更需要有发达的经济和高素质的人口。少数民族地区经济比较落后，国民收入水平原本不高，如果人口增长太快，势必加大消费额，减少积累额。这样便会影响到对扩大再生产及文教卫生事业的投资，不利于经济的进一步发展和人口素质的提高。

（二）复杂性

与汉族相比，少数民族地区与少数民族本身都具有很多特点。开展少数民族地区的计划生育工作，必须充分考虑到这些方面，否则便会事倍功半。这是少数民族计划生育工作比较复杂的主要原因。

(1) 经济文化发展程度参差不齐。经济文化发展水平是影响生育和死亡的最重要因素。由于地理、历史等诸多原因，少数民族之间及同一民族内部，经济文化发展程度差异很大。有的接近甚至超过当地汉族的水平，有的连温饱问题还没有解决。如何针对各种不同的发展水平，制订并推行相应的计划生育政策，是少数民族地区计划生育工作的重点。

(2) 居住环境差异很大。①自然环境。我国地域广阔，少数民族从南到北、从东到西都有分布。蒙古族游牧的呼伦贝尔草原与傣族聚居的西双版纳丛林不同，宁夏回族居住的黄河河套也与青海藏族生活的高原环境迥异。这对各民族的生育、疾病和死亡都会产生相当程度的影响。②社会环境。这里主要指相互的民族关系。少数民族在全国处于一种“大杂居、小聚居”的局面，各民族所处的社会环境也不尽相同。有的民族聚居一处；有的民族散居各地；有的民族地处边疆，跨境而居；有的民族深居内地，为我国所独有。民族关系的好坏直接关系到计划生育工作的成败，对此我们必须予以充分注意。

(3) 宗教信仰不同。我国少数民族的宗教信仰比较复杂。信仰伊斯兰教的有回、维吾尔、哈萨克、撒拉等 10 个民族；信仰佛教的有藏族、蒙古族和傣族。此外，在少数民族中还有部分人信仰原始宗教和基督教、天主教等。宗教对人们的生育观念和生育行为有着深刻的影响，其作用既有正面的也有反面的。在这些地区开展计划生育工作，首先要尊重群众的宗教信仰，同时还要做好宗教职业者的工作。

(4) 风俗习惯和心理素质不同。各民族在长期的历史发展中形成了自己的风俗习惯和心理素质，其中不少是有关婚姻、生育和家庭方面的。如是否有“早婚早育”、“多子多孙”、“重男轻女”的观念；婚后与父母共同居住还是分开另过；是否有“不落夫家”、“招郎入赘”等习俗；如何赡养老人；等等。此外，有的民族较为开放，乐于接受新事物；有的民族相对保守，对新事物持谨慎态度。这些都会直接或间接地影响到计划生育工作的效果。

（三）基本原则

1. 因地制宜。即根据少数民族地区的不同特点，制定并推行相应的计划生育政策。由于各地少数民族的居住环境和经济发展程度有很大差异，其计划生育政策也应有所不同，以适合当地的实际情况。在实行计划生育的前提下，农区和牧区、平原和山区、内地和边疆都应有所不同，即都应有一些针对地方的具体政策与具体规定。如在死亡率特别是婴儿死亡率较高的山区和牧区，可以适当放宽生育指标，计划生育手术也应尽量少采用结扎方式，以免今后需要时恢复生育能力困难。

2. 因民族制宜。即根据各民族的特点，制定并推行相应的计划生育政策。少数民族在人口状况、宗教信仰、生活习俗和心理素质等方面都有自己的特点。只有尊重并考虑到他们的这些特点，才能既搞好计划生育工作，又加强民族团结。如人口百万以上的民族与人口较少的民族在生育指标上不应一样。在多数人信教的民族中，一定要处理好计划生育与宗教的关系。对有早婚和近亲结婚习俗的民族，既应制定有关政策和规定，也应做好移风易俗、晚婚优育的宣传。

3. 不搞“一刀切”。即在少数民族地区开展计划生育工作时，不用一个统一的政策和方法行之于所有的地区或所有的民族。也就是说，少数民族的计划生育工作应有一定的灵活性、针对性和适应性。

4. 适当放宽。即在计划生育政策的掌握上，少数民族应比汉族适当放宽一些。如具体的生育指标，超计划生育的处罚措施等等。一则少数民族在全国的比例仍远低于汉族，二则这样有利于民族团结和计划生育工作的持久开展。

本章主要参考书目：

①《中国民族统计》（1992），中国统计出版社 1993 年版。

②《中国民族统计》(1949—1990)，中国统计出版社 1991 年版。

③《中国 1990 年人口普查资料》(第一册)，中国统计出版社 1993 年版。

④张天路编著：《民族人口学》，中国人口出版社 1989 年版。

⑤邓志贤编：《民族人口学散论》，贵州民族出版社 1990 年版。

⑥张天路主编：《中国民族人口的演进》，海洋出版社 1993 年版。

⑦张纯元主编：《人口经济学》，北京大学出版社 1983 年版。

第二十三章 民族地区的教育与科技问题

经济是民族现代化的基础。发展经济是我国社会主义现代化建设的中心任务，是各民族繁荣发展的根本途径。然而，经济与教育、科技之间的关系是密不可分的，经济的发展离不开教育与科技事业的进步。可以说，教育与科技是打开经济繁荣之门的一对钥匙。为此，正确认识教育、科技对实现民族现代化的作用，全面认识我国少数民族地区教育与科技事业的现状，认真研究如何进一步发展教育、科技，以加快少数民族地区经济建设与民族繁荣的步伐，已成为民族学与现代化研究的又一重要课题。

第一节 教育、科技对实现民族现代化的作用

在一定意义上说，四个现代化的关键是科学技术现代化。没有现代化的科学技术特别是高技术，就不可能建设现代化企业、现代化工业、现代化国防，没有科学技术的高度发展，也就不可能有国民经济的高速度发展。科学技术是第一生产力，这是马克思主义的一个基本观点。早在100多年前，马克思就指出，机器生产的发展要求自觉地应用自然科学。他强调："生产力中也包括科学"①。生产力的基本因素是生产资料和劳动力。它的发展始终是和科学技术的进步紧密联系在一起的。科学是关于自然、社会和思维的知识体系，是对人类历史永远起推动作用的革命力量。当然，科学又是"知识

① 《马克思恩格斯全集》第46卷，第211页。

形态”的生产力，它只有通过技术才能转化为直接的生产力。所谓技术是指根据实践经验和自然科学原理而发展成为的各种工艺操作过程、方法和技能，以及与此相适应的劳动对象、生产工具和其他劳动资料。科学技术被劳动者掌握，就能转化为劳动的生产力；科学物化为生产资料，就转化为物质的生产力；科学深刻影响着生产过程的社会结合，就转化为社会的生产力。当今，科学技术正在经历着一场伟大的革命，几乎各个科学技术领域都发生着深刻变化，出现了新的飞跃，产生并正在产生着一批新的发明、创造。科学技术作为生产力，越来越显示出它推动社会进步的巨大作用。“当代的自然科学正以空前的规模和速度，应用于生产，使社会物质生产的各个领域面貌一新。特别是由于电子计算机、控制论和自动化技术的发展，生产自动化的程度正在迅速提高。同样数量的劳动力，在同样的劳动时间里，可以生产出比过去多几十倍几百倍的产品。社会生产力有这样巨大的发展，劳动生产率有这样大幅度的提高，靠的是什么？最主要的是靠科学的力量、技术的力量。”① 面对我国当前生产水平低，经济发展相对落后的状况，党的十五大报告中明确强调：科技进步是经济发展的决定性因素。要充分估量未来科学技术特别是高技术发展对综合国力、社会、经济结构和人民生活的巨大影响，把加速科技进步放在经济社会发展的关键地位，使经济建设真正转到依靠科技进步和提高劳动者素质的轨道上来。现代科学技术和现代化管理是提高经济效益的决定因素，是使我国经济走向新的成长阶段的主要支柱。离开科技进步和科学管理，不可能在有限的耕地上生产出足够的粮食和其它农产品，不可能在人口不断增加的情况下保持目前的温饱水平，更谈不上向小康以至更高水平前进。不改变设备陈旧、工艺粗糙、管理松懈的状况，工业和其它部门的发展也难以为继。产品水平低，质量差，消耗大，成本高，不仅糟蹋资源，不能缓解我国社会经济生活中的矛盾，在国际市场的竞争

---

① 《邓小平文选（一九七五年——一九八二年）》，第84页，人民出版社1983年版。

中也站不住脚。尤其是在世界新技术革命迅速发展的形势下，如果我们不抓紧时机急起直追，就无法缩短我们在经济技术上同发达国家之间的差距。这一切说明，科学技术进步和管理水平的提高，将在根本上决定我国现代化建设的进程，是关系到民族振兴和民族现代化的大事。

然而，科学技术的发展，四化建设的实现，其基础事业又是教育。1979 年，邓小平就明确指出，培养人才的事业是实现四化的基础。党的十二大明确地把教育列为国家社会经济发展的战略重点之一，这是对社会主义建设规律认识上的一个飞跃。党的十五大指出：深化科技和教育体制改革，促进科技、教育同经济的结合。人才是科技进步和经济社会发展最重要的资源，要建立一整套有利于人才培养和使用的激励机制。百年大计，教育为本。从根本上说，科技的发展，经济的振兴，乃至整个社会的进步，都取决于劳动者素质的提高和大量合格人才的培养。因此，必须坚持把发展教育事业放在突出的战略位置，加强智力开发。

从世界范围看，无数事实证明，教育、科技的发展，直接关系到一个国家、一个民族的前途与命运。世界许多经济发达国家的实践都集中反映了这样一个观点，即人才资本的投资比物质资本投资更重要、更有利。据美、苏、日等国经济学家计算，教育投资所获得的经济效益可达到这些国家国民收入的 1/4—1/3。如苏联学者在分析本国 1975 年的经济增长时发现，教育投资的收益率比生产领域中固定资产投资的收益率高 20%左右。用于提高专业知识花费 1 卢布，一年内可提供 0.53 卢布的利润，而 1 卢布的固定资产投资却只能提供 0.39 卢布的利润。保加利亚学者研究成果更表明，一个国家的教育费用同这种费用取得的经济效益之比为 1∶4，一个国家收入的 15—20%直接受教育的影响。美国从 1900 年到 1959 年投资效果比较表明，物质资本投资在此期间所获得的利润增加 3.5 倍，而教育投资增加利润达 17.5 倍[1]。由此可见，教育投资在任何国家、任何社会，都是一种能取得很高经济效益的投资。尽管如此，面对当今世界新技术革命的挑战，各个国家仍然在为自己民族的未来前途感到担心，并积极寻找对策，其中重要的办法之一就是在继续重视教育的前提下，着手对教育体制进行改革。例如，在经济技术领域长期处于资本主义世界领先地位的美国，80 年代后期已感到自己的地位已经在发生动摇。为此，他们组织大批人员调查了全国的教育现状，发现基础教育质量不高，于是大声疾呼：美国处在危险之中，要改革基础教育。经济实力后来居上，被世界称为“经济动物”的日本，也成立了临时教育评审会，研究日本面对 21 世纪教育方面要采取的对策，并广为呼吁：日本如果不把教育搞好，国家将来的生存都会成问题。这是因为，日本国土面积有限，缺乏物质资源，只有靠教育开发人才资源才是出路。面对这种激烈的世界竞争，我国的教育事业发展已经不能不提到重要的议事日程。如果我们的教育不搞好，民族素质不能提高，科学技术上不去，国家将很难摆脱落后状况，四个现代化也就无从谈起。一部中国近代史告诉我们，落后就要挨打，就会受侮，世界上就不会有我们国家、我们中华民族的地位。因此，重视并大力发展教育、科技，才是我们国家现代化、民族现代化的希望所在。

我国现在尚处在社会主义的初级阶段。其表现出的主要特征之一，就是生产力发展水平还很低，经济文化还相当落后。我国少数民族及其居住的广大地区（尤其是边疆），由于历史的原因，生产力发展水平更低，经济文化更为落后，与全国尤其是与东南沿海汉族地区相比，有着明显差距。教育是四化建设的基础，科学技术是四化建设的关键。从国家看，只有大力发展教育、科技，我国经济文化的落后状况才能改变，国家的现代化才有希望；从少数民族地区看，只有加速发展教育、科技，少数民族地区的现代化建设才能加

---

① 参见陈逢春：《人才战略纵横谈》，展望出版社 1986 年版，第 6—8 页。

快步伐，尽快缩短与全国的差距，广大少数民族人民向现代化迈进，走向共同繁荣发展的道路，以文明、进步的民族屹立于世界民族之林才成为可能。

发展民族教育、科技事业，既是一件具有远见卓识的战略决策，又是一件十分复杂、艰巨的工作。为了对少数民族以及民族地区教育、科技发展做出切合实际的中恳分析，制订出正确的方案，我们有必要对我国少数民族教育、科技的历史与现状作一番简要的分析与回顾。

第二节　全面认识我国民族教育、科技的历史与现状

一、民族教育、科技事业的历史性进步

在历史上，各族人民都以自己的聪明智慧，为祖国光辉灿烂的古代文化科学做过贡献。譬如，许多民族都创制有自己的文字，著有大量的文章典籍和科学著作留于后世，成为中华民族历史文化中的巨大财富，像著名的藏历、傣历等少数民族的天文历法，早在距今1300多年前的唐代就已经产生，并达到了很高的水平；传统的蒙医、维吾尔医、藏医、彝医、傣医等医学科学的发展也源远流长，典籍丰富，令世人瞩目。至于历史上涌现出的少数民族思想家、科学家等等，更是代代相因，不胜枚举。所有这些都在一定程度上反映了我国少数民族所曾经具有的文化素质。

然而，必须承认，由于中国几千年封建统治所造成的保守性、封闭性和社会经济发展的不平衡性，总的来说，少数民族的教育与科技事业一直处在十分落后的状态。尤其是还由于近代遭到帝国主义者的侵略、摧残，直到解放前夕，大多数少数民族远未达到近代教育的发展水平，甚至没有自己的近代文化和科学技术。有些少数民族地区的文化、教育、科技事业，可以说是一张白纸，仍处在数豆记数、刻木记事或结绳记事的原始状态。到1949年，全国没有一所

民族高等学校。普通教育也极为薄弱，少数民族的中小学生只占全国中小学生总数的2%左右。像青海这样一个若大的多民族省，解放前，少数民族中的文盲率竟达到99%[①]。文化教育如此落后，科学事业更无从谈起。这种局面直到1949年社会主义新中国的建立才彻底结束。

新中国成立后，少数民族的教育与科技事业得到了党和国家的极大重视，并把它作为解决我国民族问题，促进各民族共同繁荣发展的一个重要方面。

为了加速发展民族教育事业，1951年9月，召开了第一次全国民族教育会议，研究了在全国范围内如何开展民族教育工作的问题，明确了发展民族教育的方针。1952年4月，中央人民政府颁布了关于建立民族教育行政机构的决定，以加强各级政府部门对民族教育的领导。为加速民族教育事业的发展速度和效益，1956年6月，召开了第二次全国民族教育会议，主要研究了整个民族教育的发展规划问题。10年内乱之后，1981年2月，在党的十一届三中全会路线指引下，又召开了第三次全国民族教育会议。这次会议在认真总结建国30年来民族教育工作正反两方面的经验，提高对民族教育认识的基础上，明确了教育在四化建设中的地位和作用；交流工作经验，研究了在新的历史时期民族教育的发展问题等。

为了促进少数民族科学技术的进步，自1956年中央制定了《全国科学技术发展远景规划》（亦称“十二年规划”）之后，各少数民族省、区先后成立了科学技术委员会、科学技术协会（简称“科委”、“科协”）和包括自然科学、社会科学在内的众多科研机构，这些机构有的还伸展到地、县两级。1978年3月，国家召开了“全国科学大会”，会议遵照“经济建设必须依靠科学技术，科学技术必须面向经济建设”的方针，对大批优秀科技成果予以奖励。在大会推动下，各民族省、区也先后召开了类似会议，大大促进了本地区科

① 参见《五年来的民族教育》，《人民教育》1954年第10期。

技事业发展的步伐。1985 年秋，国家首次召开了全国少数民族地区科普会议，对四化建设中，各民族地区如何进一步做好科普工作，变资源优势为生产优势，振兴民族经济，提高劳动者素质等问题，进行了充分的交流和探讨。

总之，在党和国家的大力关怀、支持下，新中国成立以来，尤其是党的十一届三中全会以来，整个民族教育与科学事业日新月异，取得了令人瞩目的成就。

首先，一套从小学、中学到大学，从普通教育到成人教育的民族教育体系已经在全国范围内初步形成。以全国少数民族自治地方 1952 年到 1992 年 40 年间各级各类学校的发展数目来看，高等院校从 11 所发展到 102 所，增长 9 倍多；中等学校从 513 所发展到 12 148所，增长近 23 倍；小学从 59 597 所发展到 99 916 所，增长 1.6 倍。在校的少数民族学生迅速增长。以 1952 年与 1993 年相比，高等院校学生从 0.44 万人发展到 16.1 万人，增长 36.5 倍；中等学校学生从 20.9 万人发展到 606.5 万人，增长 29 倍；小学生从 467.31 万人增长到 1 844.3 万人，增长 3.9 倍[①]。有的省、区，还在重点中学设立了民族班。高等民族院校，现在已发展到 11 所。原来一般只设文科和干训，现在已设立了文、理、工、农、牧、医、师范等学校和专业，以适应四化建设的需要。从 1980 年起，在国家教委所属的全国 10 所重点大学里，也开办了民族班。

第二，初步建立了一支忠诚党的教育事业的少数民族教师队伍。培养一定数量的合格的少数民族师资，是发展民族教育、提高教学质量的关键。少数民族教师，一般既懂汉语，又懂本民族语言，熟悉本民族的历史文化，热爱民族教育、科学事业，因而易于受到本民族学生的信赖与欢迎。解放后，各级党和政府一直十分重视对少数民族师资队伍的培养。在少数民族集中的省、区先后建立了民族师范院校。其它各类院校，都注意开办师资班。而且，全国许多重

① 《中国民族统计年鉴（1949—1994）》，民族出版社 1994 年版。

点大学也将培养少数民族师资作为自己的光荣任务。这样，一支少数民族的师资队伍得到了迅速的发展、壮大。据统计，从 1952 年到 1993 年，少数民族的高等院校教师从 559 人发展到 2.69 万人，增长 48 倍；中等学校教师从 1.02 万人发展到 42.9 万人，增长 42 倍；小学教师从 5.98 万人发展到 83.68 万人，增长 13.9 倍[①]。截止到 1993 年底全国各级各类学校的少数民族教师总数达 72.8 万人。

第三，培养了大批少数民族各种建设人才。为了适应少数民族地区社会主义革命、建设事业的迅速发展，解放以来，党和国家通过各类院校，采取各种形式，培养了一大批少数民族政治干部和各种专业的科学技术干部。据统计，到 1983 年止，全国少数民族各类干部达 100 多万人，约占民族干部总数的 1/10。他们中，不少已担任各级党政部门的领导职务，或成为各个专业科研、技术部门的骨干力量。

当前，以经济建设为中心的社会主义现代化建设正在迅猛发展，管理人才、科技人才已经越来越显示出至关重要的作用。为此，各少数民族省、区更加紧了培养人才、招揽人才的步伐，并取得了显著成绩。以五大自治区为例，1985 年，仅自然科学技术人员一项，内蒙古拥有 17.36 万，新疆有 15.87 万，广西有 21.05 万，宁夏有 4.06 万，西藏有 1.26 万。这批人才不仅是以上民族地区四化建设事业的宝贵财富，而且也是帮助普及和提高当地各族人民文化科学知识的一支重要力量。

第四，少数民族文字的教材和各种文化科普知识读物的编辑出版工作得到了迅速发展。我国少数民族中，许多民族有自己的语言文字。使用民族文字，有利于少数民族普及教育，扫除文盲；有利于继承、发扬各民族的优秀传统文化；有利于现代文化科学知识的广泛传播与应用，是推动民族教育，尽快提高广大群众科学文化水平与民族素质的重要手段。解放以来，除了在北京设立有国家级的

① 《中国民族统计年鉴（1949—1994）》，民族出版社 1994 年版。

民族编译局和民族出版社外，全国有七个省和自治区也设立了编译出版机构，专门从事民族文字教材和各类图书、刊物的编译出版工作，并取得了显著成绩。以1952至1993年间用少数民族文字出版的各类图书为例，1993年为5 090万册，比1952年的661万册增长了7.7倍[①]。

以上大量事实说明，新中国成立以来，我国少数民族教育与科技事业的发展，速度很快，成绩显著，取得了举世公认的历史性进步。它是社会主义制度优越性的表现，是党的民族政策的胜利。

二、民族教育、科技事业的差距和问题

我国少数民族的教育与科技事业，解放以来虽然取得了历史性进步，但是，由于起点低，基础薄弱，不论从数量还是从质量的绝对值看，至今仍然十分落后，与全国平均水平特别是与经济文化发达地区相比，仍存在着很大差距。

在教育方面，首先，受教育人数比例低，文盲率高。据1990年全国第四次人口普查统计，在15岁以上的全国人口中，文盲率为22.21%，其中汉族为21.53%，少数民族为30.83%，高于汉族9.3个百分点。有的少数民族，如回族达33.11%，而藏族更高达69.39%[②] 第二，办学经费、学校基本建设、教学设备严重不足。少数民族地区一般由于生产力水平低，经济发展缓慢，地方财政能力弱，加之部分干部忽视教育事业，政府每年下达的教育经费，只能用来支付教师工资，用以修建校舍、改善教学条件的部分所占比重很少。校舍紧张，教具奇缺，这在不少少数民族地区并非是个别现象。第三，师资奇缺，且素质较差。少数民族地区由于教育基础落后，师资奇缺，以至小学毕业生教小学，初中毕业生教初中，高中毕业生教高中的现象相当普遍。不只数量少，而且质量低。例如，1983、1984年两年，云南先后对全省中小学教师进行考核，结果中

---

① 《中国民族统计年鉴（1949—1994）》，民族出版社1994年版，第372页。

② 参见《中国民族人口资料》，中国统计出版社1994年版。

学教师合格率为27%，小学教师合格率为46%，其中楚雄彝族自治州1—3年级教师合格率只有2.2%。

科技等文化事业是与教育紧紧联系在一起的。少数民族地区由于教育事业落后，其带来的直接后果是：第一，掌握现代化科学技术的人才缺乏。第二，劳动者的素质差。目前，在一些经济发达国家，受过高等教育的各种文化、科技专门人才与国家总人口之比为10—15∶1；我国为163∶1；我国少数民族地区为200—250∶1。据80年代前期统计，全国汉族约10万人有1名高级工程师，而少数民族约48万多人才有1名。云南省世居的24个少数民族中，有13个民族没有1名专业技术干部。甘肃省少数民族专业干部只占全省专业干部的3.5%。甘南藏族自治州干部中，小学以下文化程度的占50%。宁夏回族自治区的工人中，初中以下文化程度的占60%。由蒙古族、藏族为主的青海省广大牧区，总共才有200多个草原工作站，每万头牲畜还分摊不到1名兽医，平均每200万亩草原才有1名畜牧草原专业技术人员①。拥有大片原始森林，号称"植物王国"的云南，每15万亩森林也才平均有1名林业科技人员。至于广大农村、山区，农业科技人员则更为缺乏。

另外，民族地区文化教育的落后，科学知识的贫乏，直接影响了广大少数民族劳动者的素质。由于缺乏文化，劳动者无法学习和掌握先进的生产工具、技术和各种科学知识，所以在工农业生产中，就难以提高劳动生产率，达到增产增收的目的。甚至有的少数民族地区，农业至今还停留在刀耕火种的原始耕作阶段。由于缺乏文化，还造成人们的思想封闭、保守，不易接受新鲜事物，缺乏商品意识和价值观念，有的少数民族地区还被宗教迷信思想和传统落后习俗所充斥。至于缺乏卫生习惯、早婚、密育、近亲通婚生育弱智低能人口等仍到处可见。上述种种状况，既影响着少数民族地区科学知

① 梅进才：《青海经济发展战略问题初探》，见《中国少数民族经济问题研究》第7集，第62页。

识的普及和经济发展的速度，又影响着人口素质的提高。在四化建设迅速发展的今天，它将使得少数民族地区与全国特别是东部地区的差距日益加大，严重阻滞着我国少数民族经济现代化与民族现代化的步伐。

总之，综观新中国成立以来我国少数民族教育与科学技术发展情况，可以说成绩很大，但问题也不少。与全国相比，还存着巨大的差距，呈现出极大的不平衡性，与整个国家四化建设的形势很不适应。因此，民族学工作者必须以极大的责任感和紧迫感，为动员各个方面的力量来帮助少数民族地区加快教育、科学技术事业的前进步伐，为各族人民的经济发展与民族繁荣，献计献策，做出新贡献。

第三节　发展教育、科学技术，促进民族繁荣发展

面对我国少数民族教育、科学技术的现状，如何进一步促使其更迅速、健康地发展，以早日实现民族的现代化和各民族的共同繁荣发展？总结历史经验，我们认为，主要应从以下几方面做出努力。

一、加强学习、宣传，树立重视教育、科技的新观念

少数民族教育、科技事业解放后前40多年的发展不尽如人意，其中有政策、经济等多方面的原因，但更重要的是认识上的差距。解放前，我国少数民族社会发展缓慢，分别处在资本主义以前的各个社会发展阶段上。人们长期在传统封闭式自然经济的环境中生活，日出而作，日落而息，只求温饱，不图进取，生活贫困而不思教育，生产落后而无需科技。这种观念世代相因，根深蒂固。解放后，尽管改变了生产关系，但由于种种原因，生产力的发展缓慢，所以旧观念仍得以继续存在，其影响所及，既有一般群众，又有各级干部。应该说，这是民族教育、科学技术发展缓慢的较深层原因。对此，我们必须要有充分的认识，必须下大力气认真学习党的社会主义初级阶段理论和党的十一届三中全会以来的路线、方针、政策，用区内

外、省内外、国内外大量生动的事实，对广大干部、群众进行长期的、坚持不懈的教育，使人们认识到，要加速少数民族地区经济建设的步伐，努力实现现代化，在当今的少数民族地区，绝不是单纯的经济问题。发展生产力，振兴民族经济，是一场伟大的变革，必然要涉及到政治因素、思想因素、文化因素、传统因素等等。发展生产，缺这缺那但最缺的不是物，而是人，人才奇缺是当前经济建设中的最大难题。没有一批掌握现代化科学知识的专门人才，没有具备一定文化科学知识的劳动者，经济现代化便无从谈起。正如邓小平指出："现在我们国家面临的一个严重问题，不是四个现代化的路线、方针对不对，而是缺少一大批实现这个路线、方针的人才。道理很简单，任何事情都是人干的，没有大批的人才，我们的事业就不能成功。所以，现在我们搞四个现代化，急需培养、选拔一大批合格的人才。""我们要实现现代化，关键是科学技术要能上去。发展科学技术，不抓教育不行。"[①] 总之，要人们树立起教育是四化的基础，科学技术是四化的关键，只有抓好教育、科学技术，才能使民族地区四化建设早日实现这样一种新认识、新观念。

二、从实际出发，注意民族特点、地区特点和文化特点，使民族教育与科学技术的发展符合科学性

诚然，我国各民族都共同生活在统一的社会主义大家庭中，因而有许多共同性。但是，由于各民族间，或同一民族的不同地区，历史上所处的社会发展阶段不同，因而经济文化的发展极不平衡，人们的生产与生活方式、语言文字、宗教信仰、风俗习惯、文化素质、心理状态等方面都存在着许多差异，这些必然要反映到教育与科学技术上来，它要求我们在发展少数民族教育与科技事业过程中所采取的具体方针、政策、措施也要有所区别，不能硬搬内地汉族地区的一般作法，搞"一刀切"。

譬如，少数民族与汉族相比，解放前社会发展阶段比较落后，经

① 《邓小平文选（一九七五——一九八二年）》第193、37页。

济文化水平普遍偏低。那些处在原始社会末期、奴隶社会、封建农奴制（领主制）社会的民族自不待说，即使一些已经进入封建地主经济发展阶段的少数民族，几乎也谈不上什么教育或正规教育，科学技术更无从谈起。如今，这些民族或地区教育、科学技术一般说来，基础仍然薄弱，发展较为缓慢。因此，在这里，首先应该集中力量抓好基础教育，办好一批中小学，力争小学教育尽快普及起来。对于那些地处山区、牧区、边远地区的民族，还要考虑到他们居住分散、交通不便等状况，努力办好一批寄宿制学校。在普及教育的同时，也应从四化建设的长远目标出发，根据当地经济建设的特点和实际需要，有目的、有计划地适当培养一批少数民族地区经济文化建设的专门人才。总之，要根据民族特点与地区特点，调整好初、中、高三级教育的比例关系，以使得教育结构与当地民族的经济结构和生产力水平相适应。

发展民族教育、科学技术还要充分注意各民族地区文化特点。譬如，许多少数民族都有自己的语言、文字，有的还兼通汉语。对此，我们要从坚持语言平等这一党的民族政策出发，从本民族的文化传统和特点出发，在学校教育中，对有本民族语言文字的民族中小学，坚持用本民族语言教学，同时兼学汉语汉文。对只有本民族语言而无自己文字的民族，也应用本民族的语言辅助教学。对高等院校学习的少数民族学生，要通过一段时间补习好汉语文，使他们能较顺利地掌握好专业知识。在普及科学知识工作中，要注意运用本民族语言的广播、电视媒介和本民族文字书刊等，在群众中进行科普知识宣传。这样做，会使少数民族群众更容易接受，并能更快更直接地运用于生产生活中。又譬如，有些民族有着自己传统的宗教文化，而且大多源远流长，在广大群众中影响至深。如今，它的存在既有宣传宗教迷信，与现代社会争夺青少年，不利于民族教育、科学技术发展的一面，又有着对民族历史文化，包括某些科学知识保存、传承的一面。对此，我们要严格按照党的宗教政策，利用它的积极面，限制它的消极面，因势利导，为少数民族地区教育、科学技术的顺利发展做出贡献。

三、大力培养骨干，多形式、多渠道地发展教育、科学技术，为少数民族地区的两个文明建设做出贡献

民族教育与科学技术的骨干力量，一是教师，二是各类专业科技人员。只有具备一定数量和质量的合格教师与科技人员，教育、科技事业的多形式、多渠道发展才有可能。知识分子是现代化事业的一支骨干力量。因此，首先要认真落实党的知识分子政策，在力所能及的条件下，尽量解决他们在生活、工作方面的各种具体困难，巩固现有的教师与科技人员队伍，防止人才外流。其次，要对现有教师与基层科普人员进行培训、进修，以帮助他们更新知识，提高业务水平。第三，要采取积极措施，扩大教师和各级各类科技人员队伍，包括地方各类专业学校培养、高校输送和由发达地区招聘等。

四化建设为科学技术的发展与运用提供了最广阔的天地，科学技术又在迅速推动着四化建设的进程。这种形势要求教育与科技事业必须抛开常规模式，采取多形式、多渠道的方式发展，才能满足日益扩大的需求。少数民族地区的教育、科技事业本来就落后，所以多形式、多渠道地发展尤其必要。在教育方面，不要囿于正规学校办教育，而应该广开学路，国家、集体、个人一起上，并提倡自学成才；可以办综合性学校，也可以办培养某种技能为主的专业学校；以重点学校为主，还可以办各种形式的进修班、培训班；不仅抓青少年教育，也要抓成人教育、函授教育，等等。在科学技术方面，同样，在国家设置一定的科学技术服务机构的基础上，提倡国家、集体、个人一起上；放宽科技人员政策，促进科技人员流动，提倡科技人员到农村、山区、牧区搞技术承包，创办乡镇企业或定点开展有偿技术服务；认真推广“星火计划”；提倡科技扶贫；组织较高层次的科技人员对边远山区、牧区和乡镇企业提供技术信息、决策的咨询服务，等等。

教育、科技事业通过多形式、多渠道在少数民族地区的普及，其本身不仅是在人才、技术、劳动者素质等方面为少数民族地区经济

建设的迅速发展创造着条件，推动着少数民族地区的物质文明建设，同时，也是在思想文化教育、科学知识教育等方面进行的一场广泛而又深入的文化建设，是少数民族地区社会主义精神文明建设的重要组成部分。可以肯定，随着以经济建设为中心的现代化建设的发展，教育、科学技术将以它更强大的作用，促使少数民族地区“两个文明建设”之花开得更鲜艳。

本章主要参考书目：

①《邓小平文选（一九七五——一九八二年）》，人民出版社 1983 年版。

②陈逢春：《人才战略纵横谈》，展望出版社 1986 年版。

③《中国少数民族经济概论》，中央民族学院出版社 1985 年版。

④宋健：《中国科技界的使命》，《瞭望》周刊 1988 年第 2 期。

⑤洛布桑：《要把民族教育摆在战略地位》，《民族团结》1984 年第 5 期。

编　后　记

本书是由中央民族学院（今中央民族大学）多年从事有关教学、科研的同志集体编写的。具体分工如下：

林耀华　导言

庄孔韶　第一、二章（初稿）

张海洋　第二章（定稿），第三、四章

王庆仁　第五章第一节，第七章第一节

金天明　第五章第三、四节，第十四、十五章

陈克进　第五章第二节，第九章第二节，第十二、十三章

祁庆富　第六、八章，第九章第一、三、四节，第十、十一章

伊里奇　第十六章

白振声　第七章第二节，第十七、十八、二十章

陈长平　第十九章

全书由林耀华提出构架并审订内容，陈克进负责统一体例和文字修改。

同任何学科一样，民族学一直处在发展中，其研究领域和所涉及的具体内容，日益广阔和丰富。虽然本书力求运用马克思列宁主义、毛泽东思想的基本原理，结合中国民族学工作者的调查研究实际，去阐述民族学的基本课题，以体现中国民族学的特色，但缺憾之处仍在所难免，对此，俟日后再版时加以修订、补充。

再版跋

《民族学通论》自1990年问世以来，受到学术界、教育界的好评，被列为民族学（文化人类学）研究人员必读的基本著作，高等学校有关专业首选的教材或教学参考书；1991年获北京市第二届哲学社会科学优秀成果一等奖，1995年获国家教委首届人文社会科学优秀成果一等奖。如此荣誉，是对本书各位作者的最大鼓励和奖赏。

恩格斯在批判杜林时曾指出："我们决不需要担心我们现在所处的认识阶段和先前的一切阶段一样地都不是最后的。……认识就其本性而言，或者对漫长的世代系列来说是相对的而且必然是逐步趋于完善的，或者就像在天体演化学、地质学和人类历史中一样，由于历史材料不足，甚至永远是有缺陷的、不完善的，而谁要以真正的、不变的、最后的、终极的真理的标准来衡量它，那末，他只是证明他自己的无知和荒谬，即使真正的动机并不像在这里那样是要求承认个人的没有错误。"① 恩格斯的这一教导，就认识的本质作了历史的、辩证的分析，对于我们确有很大的启示。《民族学通论》从酝酿写作提纲到完稿付梓，迄今已有十余年。在这十余年间，首先，民族学调查研究取得了新的进展，可谓硕果累累；其次，改革开放的日益深入，国际学术交流随之扩大，国内民族学学家的视野大大开阔，因而对国外各种民族学学派的主要学术观点及其学说需要重新审视，并做出合乎实际的科学介绍；再次，国际风云变幻，尤其是民族矛盾和冲突频发，版图时有更易。因此，《民族学通论》予以修订，是时势使然。

为了出版修订本，中央民族大学出版社于1996年12月间召开

---

① 恩格斯：《反杜林论》，第88页，人民出版社1970年版。

原著主编、作者以及民族学界的专家、学者座谈会，并邀请在京多家新闻记者采访。在座谈会上，与会人士不仅充分肯定了《民族学通论》对学科建设的积极贡献，而且提出了许多建设性的修改意见。原著主编林耀华教授对同行提出的宝贵意见表示万分感谢，同时指出，该书从写作到出版已有十多年，在内容上进行调整、完善很有必要，的确应该搞个修订本了，但鉴于自已年事已高、精力不济，特委托门生、原著副主编陈克进教授全面主持修订工作。

本着座谈会精神以及反映学科发展的新情况，这次修订，对原著部分章节和内容作了必要的调整和增删。除原著作者参加修订外，修订人主要还有如下的变化：1. 考虑到金天明教授身体不适，无法参加修订，约请王庆仁副教授就国外民族学部分予以重写。2. 约请王建民副教授补写中国民族学的发展历程一节。3. 鉴于第五单元原作者由于健康原因或已过世，约请白振声教授负责修订（特别是新写了文化的概念、文化的性质、民族学文化研究的意义三章），另约请马启成教授重写了宗教与宗教信仰一节。4. 原著第六单元是讲民族学应用研究的，当初撰稿匆忙，未在理论上进行介绍，这次修订时约请陈长平副教授补写了民族学的应用一章。

学科在发展，知识不可穷尽，因而这次修订只是相对的，更不是最后的。

修订本的出版，是中央民族大学出版社积极促成的结果，也是中央民族大学民族学研究院民族学系同仁齐心协力的集体成果。具体分工如下：

陈克进　导言，第五章第二节，第九章第二节，第十二、十三章，编后记，再版跋

庄孔韶、雷虹霁　第一、二、三、四章

王庆仁　第五章第一、三、四节，第七章第一节

王建民　第五章第五节

祁庆富　第六、八章，第九章第一、三、四节，第十、十一章

白振声　第七章第二节，第十四、十五、十六、十七章，第十

八章第一、二、三、五节，第二十、二十一、二十三章

马启成　第十八章第四节

陈长平　第十九、二十二章

陈克进

1997.9.15

第八次重印的话

本书第1版于1990年面世，即引起同行瞩目，被多所高等学校指定为民族学或文化人类学专业攻读学士、硕士、博士学位的教材或教学参考书，并先后于1991年、1995年分获北京市、教育部（原国家教委）社科优秀成果一等奖。嗣后，在听取同行建议和结合教学实践的基础上，我们对本书做了必要的修改，即对个别理论观点的修正和部分章节内容的调整、充实，是为1997年的修订本。修订本出版的第二年，更荣获第十一届中国图书奖。这些都是政府有关部门和同行专家以及广大读者对本书作者劳动成果的肯定。

始料不及的是，本书修订本出版后的13年间，竟印刷了7次，印数达17000册。现在出版社又要重印了。借此重印机会，我代表修订本作者，深切缅怀主编林耀华先生，并郑重表态：热烈欢迎读者对本书不吝指正，或提出修改意见！

陈克进

2011年春